CB122189

Manual da
Jurisprudência Previdenciária do

STF e STJ

Súmulas comentadas e
decisões por assunto

abdr
ASSOCIAÇÃO BRASILEIRA DE DIREITOS REPROGRÁFICOS
Respeite o direito autoral

Organizadores:
FREDERICO AMADO
ANDRÉ LUIZ COELHO LISBOA
VINÍCIUS CAMARGOS MARTINS

Manual da Jurisprudência Previdenciária do STF e STJ

Súmulas comentadas e decisões por assunto

2ª edição

2024

EDITORA *Jus*PODIVM
www.editorajuspodivm.com.br

EDITORA *Jus*PODIVM
www.editorajuspodivm.com.br

Rua Canuto Saraiva, 131 – Mooca – CEP: 03113-010 – São Paulo – São Paulo
Tel: (11) 3582.5757
• Contato: https://www.editorajuspodivm.com.br/central-de-relacionamento

Copyright: Edições *Jus*PODIVM

Diagramação: Ana Paula Lopes Corrêa *(aninha_lopescorrea@hotmail.com)*

Capa: Ana Caquetti

A481m Amado, Frederico .
Manual da Jurisprudência Previdenciária do STF e STJ: Súmulas Comentadas e Decisões por Assunto / Frederico Amado, André Luiz Coelho Lisboa e Vinícius Camargos Martins – 2. ed., rev., atual. e ampl. - São Paulo: Editora JusPodivm, 2024.

832 p.

ISBN: 978-85-442-5245-1

1. Direito Previdenciário. 2. Direito Sumular e Jurisprudencial. I. Amado, Frederico. II. Lisboa, André Luiz Coelho. III. Martins, Vinícius Camargos. IV. Título.

CDD 341.6

BIBLIOTECÁRIA RESPONSÁVEL

Ana Carolina Ribeiro Mois – CRB7 – RJ 007348/0

Todos os direitos desta edição reservados a Edições *Jus*PODIVM.

É terminantemente proibida a reprodução total ou parcial desta obra, por qualquer meio ou processo, sem a expressa autorização do autor e das Edições *Jus*PODIVM. A violação dos direitos autorais caracteriza crime descrito na legislação em vigor, sem prejuízo das sanções civis cabíveis.

APRESENTAÇÃO

O Direito brasileiro, de tradição romano-germânico ("*civil law*"), vem sofrendo transformações consideráveis no modo de enxergar e aplicar o seu sistema de precedentes judiciais, mais timidamente no código de Buzaid de 1973 por força de acréscimos trazidos ao longo do tempo (a exemplo dos arts. 285-A, 518, § 1°, 545, letras "A", "B" e "C", etc.), e com contornos decisivos, através da publicação da Emenda Constitucional 45 (de 30.12.2004), e onze anos depois, pelo novo Código de Processo Civil (de 16.03.2015).

A chamada "súmula vinculante", contida na redação do art. 103-A de nossa Carta Maior por força do poder constituinte derivado reformador, é um exemplo marcante de adaptação do nosso ordenamento jurídico aos postulados do "*stare decisis*", como também, pelos ensinamentos trazidos no art. 927 e seguintes do CPC/15, os quais demonstram, a todas as luzes, que uma decisão judicial de nossas cortes de superposição deixa de possuir efeito *inter partes*, e passa a influenciar todos os julgados de idêntico teor em uma verdadeira ação hierárquica e estabilizadora de demandas de massa.

Nessa senda, conceitos tradicionais do direito anglo-saxão ("*common law*"), tais como "*leading case*", "*overruling*", "*distinguishing*", "*signaling*", etc., passaram a integrar o cotidiano dos tribunais pátrios sob essa nova ótica uniformizadora, reforçando conceitos já conhecidos como de "*ratio decidendi*" e "*obiter dictum*", no intuito de promover – com maior velocidade e eficiência – os ideais precípuos de pacificação social e segurança jurídica do direito.

Sem dúvida alguma, o sistema híbrido de precedentes – *common law* e *civil law* – que vem sendo utilizado em nosso ordenamento jurídico, facilitou a tarefa de tomada de decisões pelo magistrado, por se basear em prática anterior sobre o mesmo contexto fático, evitando caminhos tortuosos ou inovadores em sede de hermenêutica jurídica.

Destarte, o Direito Previdenciário não poderia abrir divergência, por ser o nicho natural dessas demandas repetitivas.

Com efeito, estamos diante de uma obra inovadora em conteúdo e organização, pois concede ao leitor toda a visão jurisprudencial presente nos boletins informativos, recursos especiais repetitivos, representativos de controvérsia, recursos extraordinários, com e sem repercussão geral, além de comentários aos enunciados de súmula das duas maiores cortes uniformizadoras do país, de forma atualizada e sistematizada.

Em nossa caminhada literária, percorremos o Regime Geral de Previdência Social (RGPS), o Regime Próprio de Previdência Social (RPPS), além do Regime de Previdência Complementar (RPC), seja sobre o ângulo do custeio, seja sobre os benefícios previdenciários deles decorrentes.

Para esta 2ª edição (2024), promovemos a atualização da obra pela jurisprudência previdenciária do STF e STJ até abril de 2024.

Espero que aproveitem o trabalho e sejam instrumentos multiplicadores do efeito uniformizador que o atual sistema de precedentes nos oferta, objetivando sempre o "bom combate", com critério e tendo em mente os precedentes qualificados do STF e STJ.

Um abraço!

Os autores.

AUTORES E ORGANIZADORES

FREDERICO AMADO

Procurador Federal/Procuradoria-Geral do INSS. Professor de Direito Previdenciário e Ambiental do Especcial Jus (www.especcialjus.com.br). Coordenador da Pós-graduação EAD em Prática Previdenciária da Faculdade Verbo em parceria com o Especcial Jus. Coordenador da Pós-graduação presencial em Salvador em Prática Previdenciária da FBB em parceria com o Especcial Jus. Coordenador da Pós-graduação presencial em Salvador em Direito Público da FBB em parceria com o Especcial Jus. Coordenador da Pós-graduação EAD em Prática Ambiental da Faculdade Verbo. Instrutor da Escola da AGU. Mestre em Planejamento Ambiental pela UCSAL. Especialista em Direito do Estado pela Unyahna. Palestrante.

ANDRÉ LUIZ COELHO LISBOA

Procurador Federal (AGU). Responsável, desde 2021, pela Gestão de Representativos de Controvérsia da TNU (PROC PREV/PGF). Ex-coordenador nacional das Equipes Regionais de Turmas Recursais (2019-2021). Mestre em Administração Pública pela Fundação Getúlio Vargas (FGV/EBAPE). Pós-Graduado em Direito Processual Civil pela Universidade do Sul de Santa Catarina (UNISUL). Pós-Graduado em Direito Previdenciário pela Universidade UNIDERP/Anhanguera. Pós-Graduado pela Escola Superior da Magistratura da Paraíba (ESMA/PB). Graduado em Direito pela Universidade Federal da Paraíba (UFPB). Ex-Assessor da Procuradoria de Justiça do Ministério Público do Estado de Sergipe.

VINÍCIUS CAMARGOS MARTINS

Procurador Federal (AGU). MBA em Direito Tributário pela Fundação Getúlio Vargas (FGV). Pós-Graduado em Direito Processual Civil pela Universidade Damásio de Jesus. Pós-Graduado em Direito Público e em Direito Tributário pela Universidade UNIDERP/Anhanguera/LFG. Graduado em Direito pela Universidade Estadual de Montes Claros – UNIMONTES. Graduado em Comunicação Social – habilitação Jornalismo pela Universidade Federal de Minas Gerais – UFMG. Ex-servidor do TRF1. Ex-servidor do TJMG.

SUMÁRIO

TÍTULO I

SÚMULAS PREVIDENCIÁRIAS COMENTADAS

PARTE 2

TÍTULO III

REGIME PRÓPRIO DE PREVIDÊNCIA SOCIAL (RPPS)

TÍTULO I

SÚMULAS PREVIDENCIÁRIAS COMENTADAS

PARTE 1

SUPERIOR TRIBUNAL DE JUSTIÇA

Súmula 44. A definição, em ato regulamentar, de grau mínimo de disacusia, não exclui, por si só, a concessão do benefício previdenciário.

Comentários:

Em caráter excepcional, na hipótese de perda de audição, a legislação previdenciária foi bem mais rígida para o pagamento do auxílio-acidente (art. 86, § 4º, da Lei 8.213/91).

Neste caso, em qualquer grau de deficiência auditiva, só será devido o benefício quando a redução ou perda da capacidade para o trabalho que o segurado habitualmente exercia tenha nexo causal entre o trabalho e a doença.

Logo, não será qualquer acidente que ensejará o pagamento do auxílio-acidente em razão da perda de audição, mas apenas os decorrentes de acidente de trabalho e equipados, como as doenças ocupacionais (profissionais e do trabalho).

De acordo com a Súmula 44, do STJ, editada em 1992, "a definição, em ato regulamentar, de grau mínimo de disacusia, não exclui, por si só, a concessão do benefício previdenciário".

Isso porque a Lei 8.213/91 exige que haja sequela decorrente de acidente de trabalho que gere perda de audição, mas não fixa um grau mínimo de deficiência auditiva.

Vale frisar que este entendimento continua sendo aplicado pela Corte Superior na atualidade, conforme se depreende da análise do seguinte julgado:

"PREVIDENCIÁRIO. RECURSO ESPECIAL REPETITIVO. AUXÍLIO--ACIDENTE. REEXAME DE PROVAS. NÃO-OCORRÊNCIA. DISACUSIA. PRESENÇA DOS REQUISITOS LEGALMENTE EXIGIDOS. SÚMULA N.º 44/STJ. APLICABILIDADE. RECURSO ESPECIAL CONHECIDO E PROVIDO. DEVER DE OBSERVÂNCIA AO ART. 543-C, § 7.º, INCISOS I E II, DO CPC E DA RESOLUÇÃO STJ N.º 08, DE 07/08/2008. 1. Inaplicabilidade, à espécie, da Súmula n.º 7/STJ, por não se tratar de reexame de provas, mas sim, de valoração do conjunto probatório dos autos. 2. Conforme a jurisprudência deste Tribunal Superior, ora reafirmada, estando presentes os requisitos legais exigidos para a concessão do auxílio-acidente com base no art. 86, § 4º, da Lei n.º 8.213/91 – deficiência auditiva, nexo causal e a redução da capacidade laborativa –, não se pode recusar a concessão do benefício acidentário ao Obreiro, ao argumento de que o grau de disacusia verificado está abaixo do mínimo previsto na Tabela de Fowler. 3. O tema, já exaustivamente debatido no âmbito desta Corte Superior, resultou na edição da Súmula n.º 44/STJ, segundo a qual "A definição, em ato regulamentar, de grau mínimo de disacusia, não exclui, por si só, a concessão do benefício previdenciário." 4. A expressão "por si só" contida na citada Súmula significa que o benefício acidentário não pode ser negado exclusivamente em razão do grau mínimo de disacusia apresentado pelo Segurado. 5. No caso em apreço, restando evidenciados os pressupostos elencados na norma previdenciária para a concessão do benefício acidentário postulado, tem aplicabilidade a Súmula n.º 44/STJ. 6. Nas hipóteses em que há concessão de auxílio-doença na seara administrativa, o termo inicial para pagamento do auxílio-acidente é fixado no dia seguinte ao da cessação daquele benefício, ou, havendo requerimento administrativo de concessão do auxílio-acidente, o termo inicial corresponderá à data dessa postulação. Contudo, tal entendimento não se aplica ao caso em análise, em que o Recorrente formulou pedido de concessão do auxílio-acidente a partir da data citação, que deve corresponder ao dies a quo do benefício ora concedido, sob pena de julgamento extra petita. 7. Recurso especial provido. Jurisprudência do STJ reafirmada. Acórdão sujeito ao regime do art. 543-C do CPC e da Resolução STJ n.º 08, de 07/08/2008 (3ª Seção, REsp 1095523, de 26.08.2009)".

Súmula 65. O cancelamento, previsto no art. 29 do Decreto-lei 2.303, de 21.11.86, não alcança os débitos previdenciários.

Comentários:

O DL 2.303/86 não abarcou o cancelamento dos créditos das autarquias federais, como os créditos do INSS nessa época:

> "O Decreto-lei 2.303/86 cancelou apenas os débitos para com a Fazenda Nacional e não os das autarquias federais. [...] Referida norma legal altera a legislação tributária federal, modifica a legislação sobre o IPI, o IR, e o IOF e se destina, exclusivamente à União e não às autarquias. Quando o legislador pretendeu cancelar os débitos das autarquias e da previdência social o fez expressamente, por normas legais a ela destinadas, como, por exemplo nos Decretos-leis n. 1.889, de 12 de novembro de 1981, 1.699, de 16 de outubro de 1.979 e 1.694, de 06 de setembro de 1979." (REsp 11444 RJ, Rel. Ministro GARCIA VIEIRA, PRIMEIRA TURMA, julgado em 10/06/1992, DJ 03/08/1992, p. 11248).
>
> O art. 29 do Decreto-Lei N. 2.303, DE 21.11.86, cancelou apenas os débitos para com a União, não abrangendo aqueles relativos a Previdência Social. [...]' No que concerne à autarquia previdenciária, a matéria está regulada pelo Decreto-Lei nº 1.899, de 12.11.81, que cancelou os débitos a ela atinentes, de valor originário igual ou inferior a Cr$3.000,00, hoje, Cz$ 3,00, constituídos até a data da publicação do referido diploma legal'." (REsp 16442 SP, Rel. MIN. ANTONIO DE PADUA RIBEIRO, SEGUNDA TURMA, julgado em 29/04/1992, DJ 25/05/1992, p. 7370).

Súmula 110. A isenção do pagamento de honorários advocatícios, nas ações acidentárias, é restrita ao segurado.

Comentários:

Cuida-se de Súmula aprovada pela 3ª Seção do STJ em 6/10/1994. O seu fundamento normativo é o artigo 129, parágrafo único, da Lei 8.213/91:

> Art. 129. Os litígios e medidas cautelares relativos a acidentes do trabalho serão apreciados:
>
> I – na esfera administrativa, pelos órgãos da Previdência Social, segundo as regras e prazos aplicáveis às demais prestações, com prioridade para conclusão; e
>
> II – na via judicial, pela Justiça dos Estados e do Distrito Federal, segundo o rito sumaríssimo, inclusive durante as férias forenses, mediante petição instruída pela prova de efetiva notificação do evento à Previdência Social, através de Comunicação de Acidente do Trabalho–CAT.
>
> Parágrafo único. O procedimento judicial de que trata o inciso II deste artigo é isento do pagamento de quaisquer custas e de verbas relativas à sucumbência.

Assim, apesar de antiga, a súmula ainda vigora, sendo que o STJ firmou tese que a isenção de custas e honorários advocatícios nas ações previdenciárias por acidente de trabalho na Justiça Estadual abarca apenas o segurado, e não o INSS:

Processo

REsp 41738 / MG
RECURSO ESPECIAL
1993/0034638-5

Relator(a)

Ministro CID FLAQUER SCARTEZZINI (299)

Órgão Julgador

T5 – QUINTA TURMA

Data do Julgamento

02/03/1994

Data da Publicação/Fonte

DJ 21/03/1994 p. 5499

RSSTJ vol. 8 p. 52

RSTJ vol. 70 p. 243

Ementa

PROCESSUAL – AÇÃO ACIDENTARIA – SUCUMBENCIA – CUSTAS – ISENÇÃO -LEI 8.213/91, ART. 129 – CLIENTELA.

– A ISENÇÃO DO PAGAMENTO DE CUSTAS E VERBAS RELATIVAS A SUCUMBENCIA, PREVISTA NO ART. 129 DA LEI 8.213/91, E DIRIGIDA AO OBREIRO ACIDENTADO E NÃO AO INSS.

– PRECEDENTES.

– RECURSO NÃO CONHECIDO.

Súmula 111. Os honorários advocatícios, nas ações previdenciárias, não incidem sobre as prestações vencidas após a sentença.

Comentários:

A base de cálculo sobre a qual incidirá o percentual fixado pelo julgador a título de honorários advocatícios, deverá se limitar às parcelas devidas até a data de prolação da decisão, com exclusão das posteriores.

Impende salientar que a Súmula 111, do STJ, não tem fundamento expresso na legislação processual previdenciária, pois inexiste norma que determine a exclusão da base de cálculo dos honorários de sucumbência das parcelas de benefício previdenciário devidas após a prolação da sentença, especialmente nos casos em que a sentença é alvo de recurso pelo INSS.

É bom lembrar que as condenações perpetradas em 1º grau nos Juizados Federais não abarcarão os honorários advocatícios, mas apenas as de 2º grau, por força do artigo 55, da Lei 9.099/05.

De acordo com o Enunciado 99 do FONAJEF, “o provimento, ainda que parcial, de recurso inominado afasta a possibilidade de condenação do recorrente ao pagamento de honorários de sucumbência”.

Apreciando o projeto de súmula n. 560, na sessão de 27/09/06, a Terceira Seção deliberou pela MODIFICAÇÃO da súmula n. 111.

REDAÇÃO ANTERIOR (decisão de 06/10/1994, DJ 13/10/1994): OS HONORÁRIOS ADVOCATÍCIOS, NAS AÇÕES PREVIDENCIÁRIAS, NÃO INCIDEM SOBRE PRESTAÇÕES VINCENDAS. (Súmula 111, TERCEIRA SEÇÃO, julgado em 27/09/2006, DJ 04/10/2006 p. 281).

No entanto, a modificação nunca foi aprovada.

Súmula 146. O segurado, vítima de novo infortúnio, faz jus a um único benefício somado ao salário de contribuição vigente no dia do acidente.

Comentários:

Até o advento da Lei 9.032/95, os benefícios por acidente do trabalho poderiam considerar como base de renda mensal o salário de contribuição do dia do acidente do trabalho (§ 1º do artigo 28 da Lei 8.213/91, atualmente revogado).

No entanto, essa regra foi revogada pela Lei 9.032/95, sendo utilizado o salário de benefício para o cálculo dos benefícios por acidente de trabalho desde então, tornando obsoleta a Súmula 146 do STJ.

Súmula 148. Os débitos relativos a benefício previdenciário, vencidos e cobrados em juízo após a vigência da Lei nº 6.899/1981, devem ser corrigidos monetariamente na forma prevista nesse diploma legal.

Comentários:

De acordo com o STJ,"a súmula 71, TFR[1], não é mais aplicável em casos de correção monetária, de débitos previdenciários vencidos após a vigência da lei n. 6899/81[2].[...] A Súmula n. 71-TFR, foi editada na ausência de lei expressa. Com edição da Lei n. 6.899/1981, e

1. **Súmula 71/TFR – 08/03/2017**. Seguridade social. Correção monetária. Critério. Benefícios. "A correção monetária incide sobre as prestações de benefícios previdenciários em atraso, observado o critério do salário mínimo vigente na época da liquidação da obrigação."

2. Art 1º – A correção monetária incide sobre qualquer débito resultante de decisão judicial, inclusive sobre custas e honorários advocatícios.

   § 1º – Nas execuções de títulos de dívida líquida e certa, a correção será calculada a contar do respectivo vencimento.

   § 2º – Nos demais casos, o cálculo far-se-á a partir do ajuizamento da ação.

desde que as prestações tenham vencido depois de sua vigência, não faz mais sentido a invocação daquela súmula." (REsp 59318 MG, Rel. Ministro EDSON VIDIGAL, QUINTA TURMA, julgado em 20/03/1995, DJ 24/04/1995, p. 10413).

Desta forma, desde a Lei 6.889/81, a correção comentaria dos débitos de benefícios previdenciários foi desvinculada do critério de reajuste do salário mínimo.

Súmula 149. A prova exclusivamente testemunhal não basta à comprovação da atividade rurícola, para efeito da obtenção de benefício previdenciário.

Comentários:

O tempo de serviço ou de contribuição não poderá ser livremente comprovado através do meio de prova testemunhal, por força do artigo 55, § 3º[3], da Lei 8.213/91, salvo configuração concreta de força maior.

Cuida-se de exceção ao Princípio do Livre Convencimento Motivado, se constituindo em resquício do sistema da tarifação da prova, diante do elevado número de testemunhos falsos, que lamentavelmente ocorrem na prática administrativa e judicial previdenciária.

A jurisprudência estende essa tarifação legal de prova ao período de carência, a exemplo da Súmula 149, do STJ.

De acordo com o STJ, em termos de aposentadoria por idade do trabalhador rural, "é prescindível que o início de prova material se refira a todo período de carência legalmente exigido, se prova testemunhal for capaz de ampliar sua eficácia probatória"[4].

Art 2º – O Poder Executivo, no prazo de 60 (sessenta) dias, regulamentará a forma pela qual será efetuado o cálculo da correção monetária.

3. § 3º A comprovação do tempo de serviço para os efeitos desta Lei, inclusive mediante justificação administrativa ou judicial, conforme o disposto no art. 108, só produzirá efeito quando baseada em início de prova material contemporânea, não sendo admitida prova exclusivamente testemunhal, salvo na ocorrência de motivo de força maior ou caso fortuito, conforme disposto no Regulamento.

4. AGREsp 1.117.709, de 25.05.2010.

Ademais, a jurisprudência do STJ vem admitindo documentos em nome de terceiros para a comprovação da carência para a concessão da aposentadoria por idade do segurado especial: "É sedimentado o entendimento das Turmas que integram a Egrégia Terceira Seção no sentido de que as atividades desenvolvidas em regime de economia familiar, podem ser comprovadas através de documentos em nome do pai de família, que conta com a colaboração efetiva da esposa e filhos no trabalho rural." (REsp 386.538/RS, Quinta Turma, DJ de 07/04/2003).

Ainda para o STJ, "para fins previdenciários, embora seja admissível a comprovação de atividade rural mediante a qualificação de lavrador do marido na certidão de casamento, é inaceitável a utilização desse documento como início de prova material quando se constata, como no caso em apreço, que o cônjuge, apontado como rurícola, vem a exercer posteriormente atividade urbana aposentando-se, inclusive, nessa condição" (AgRg no REsp 947.379/SP, STJ, Min. LAURITA VAZ, Quinta Turma, DJ 26.11.2007).

Considera-se início de prova material, para fins de comprovação da atividade rural, documentos que contêm a profissão ou qualquer outro dado que evidencie o exercício da atividade rurícola e seja contemporâneo ao fato nele declarado.

Na prática previdenciária, o mais comum é a certidão de casamento em que conste a profissão de lavrador; atestado de frequência escolar em que conste a profissão e o endereço rural; declaração do Tribunal Regional Eleitoral; declaração de ITR; contrato de comodato etc.

Súmula 175. Descabe o depósito prévio nas ações rescisórias propostas pelo INSS.

Comentários:

A propositura da ação rescisória exige do autor o depósito da importância de 5% sobre o valor da causa, a título de multa, caso a ação seja, por unanimidade de votos, declarada inadmissível, ou improcedente.

Mas no caso do INSS, por se tratar de autarquia federal, não se exige o referido depósito por força da Súmula 175, do STJ ("Descabe o depósito prévio nas ações rescisórias propostas pelo INSS"), que continua válida com a aprovação do CPC/2015.

Súmula 178. O INSS não goza de isenção do pagamento de custas e emolumentos, nas ações acidentárias e de benefícios, propostas na justiça estadual.

Comentários:

Nos processos em trâmite da Justiça Federal, por se tratar de autarquia da União, o INSS goza de isenção no pagamento das custas processuais (taxas), nos termos do artigo 46, Lei 5.010/1966.

Contudo, tendo em vista a proibição constitucional de uma pessoa política conceder isenção a tributos de outras entidades políticas (vedação à isenção heterônoma), o INSS deverá pagar as custas processuais nos processos que tramitam na Justiça Estadual, mas apenas deverá pagá-las ao final do processo, se vencido, **salvo isenção concedida pelo legislador estadual**:

Processo

REsp 988468 / RS
RECURSO ESPECIAL
2007/0224191-9

Relator(a)

Ministro CASTRO MEIRA (1125)

Órgão Julgador

T2 – SEGUNDA TURMA

Data do Julgamento

13/11/2007

Data da Publicação/Fonte

DJ 29/11/2007 p. 273

Ementa

RECURSO ESPECIAL. PROCESSO CIVIL. TRIBUTÁRIO. INSS. JUSTIÇA ESTADUAL. PAGAMENTO ANTECIPADO DE CUSTAS. DISPENSA. CONTRIBUIÇÃO PREVIDENCIÁRIA. FALÊNCIA. HABILITAÇÃO. CASO CONCRETO. POSSIBILIDADE.

1. O INSS não está isento das custas devidas perante a Justiça estadual, mas só deverá pagá-las ao final da demanda, se vencido. Precedentes: REsp 897.042/PI, Rel. Min. Felix Fischer, DJ 14.05.2007 e REsp 249.991/RS, Rel. Min. José Arnaldo da Fonseca, DJ 02.12.2002.

2. Os arts. 187 e 29 da Lei 6.830/80 não representam um óbice à habilitação de créditos tributários no concurso de credores da falência. Asseguram, na verdade, uma prerrogativa do ente público, que pode optar pelo rito da execução fiscal ou pela habilitação do crédito no concurso de credores da falência.

3. Escolhendo um rito, ocorre a renúncia da utilização do outro, não se admitindo uma garantia dúplice. Precedente: REsp 185.838/SP, Rel. Min. Franciulli Netto, DJ 12.11.2001.

4. O fato de permitir-se a habilitação do crédito tributário em processo de falência não significa admitir o requerimento de quebra por parte da Fazenda Pública.

5. No caso, trata-se de contribuição previdenciária cujo pagamento foi determinado em sentença trabalhista. Diante dessa circunstância, seria desarrazoado exigir-se que a autarquia previdenciária realizasse a inscrição do título executivo judicial na dívida ativa, extraísse a competente CDA e promovesse a execução fiscal para cobrar um valor que já teria a chancela do Poder Judiciário a respeito de sua liquidez e certeza.

6. Precedente: REsp 967.626/RS, desta relatoria.

7. Recurso especial provido.

Súmula 204. Os juros de mora nas ações relativas a benefícios previdenciários incidem a partir da citação válida.

Comentários:

Trata-se de súmula aprovada pela Corte Especial do STJ na sessão de 11/3/1998. Isso porque é a citação válida o ato que demonstra a mora do INSS.

Mesmo após o CPC/2015, a súmula continua válida, pois prevê o seu artigo 240 que a citação válida, ainda quando ordenada por juízo incompetente, induz litispendência, torna litigiosa a coisa e constitui em mora o devedor.

Súmula 242. Cabe ação declaratória para reconhecimento de tempo de serviço para fins previdenciários.

Comentários:

Trata-se de súmula aprovada pela Corte Especial do STJ na sessão de 22/11/2000. Eis passagem de um dos seus precedentes: "A ação declaratória, segundo o comando expresso no art. 4°, do Código de Processo Civil, é instrumento processual adequado para resolver incerteza sobre a existência de uma relação jurídica, sendo patente o interesse de agir do segurado da Previdência Social que postula, por essa via processual, o reconhecimento de tempo de serviço para efeito de percepção de benefício." (REsp 196079 RS, Rel. Ministro VICENTE LEAL, SEXTA TURMA, julgado em 23/02/1999, DJ 12/04/1999)".

A súmula continua válida após a vigência do CPC/2015. A sua ***ratio essendi*** é que o segurado tem interesse jurídico em apenas mover ação judicial contra o INSS para o reconhecimento de tempo de contribuição ou mesmo de período de carência para averbação no Cadastro Nacional de Informações Sociais, pois isso dará certeza sobre o reconhecimento deste período para fins previdenciários, garantindo a concessão futura do benefício.

Mas veja que é necessário o prévio requerimento administrativo como condição da ação judicial, conforme firmado em Repercussão Geral pelo STF no 631.240.

Súmula 272. O trabalhador rural, na condição de segurado especial, sujeito à contribuição obrigatória sobre a produção rural comercializada, somente faz jus à aposentadoria por tempo de serviço, se recolher contribuições facultativas.

Comentários:

A extinta (EC 103/2019) aposentadoria por tempo de contribuição era devida ao homem com 35 anos de contribuição e a mulher com 30 anos de contribuição, observada a carência de 180 contribuições mensais, ressalvada a tabela de transição de carência do artigo 142, da Lei 8.213/91, para aqueles segurados filiados ao regime previdenciário pretérito.

Mas não eram todos os segurados que terão direito à aposentadoria por tempo de contribuição. Inicialmente, por falta de previsão legal em seu favor, o segurado especial não se aposentava por tempo de contribuição, exceto se optou pelo recolhimento das contribuições previdenciárias de acordo com o regime do contribuinte individual.

Isso porque a contribuição previdenciária incidente sobre a produção rural (art. 25, *caput*, da Lei 8.212/91) só dava direito em termos de aposentadorias ao benefício por idade ou por invalidez, e não por tempo de contribuição.

Somente na hipótese em que o segurado especial verteu contribuições facultativas (art. 25, § 1º, da Lei 8.212/91) à razão de 20% sobre o salário de contribuição é que fez jus à aposentadoria por tempo de contribuição.

Súmula 289. A restituição das parcelas pagas a plano de previdência privada deve ser objeto de correção plena, por índice que recomponha a efetiva desvalorização da moeda.

Comentários:

É direito do participante o resgate da totalidade das contribuições vertidas ao plano pelo participante, descontadas as parcelas do custeio administrativo, na forma regulamentada.

Conforme já decidiu o STJ, "o beneficiário do plano de previdência complementar tem direito à devolução da totalidade das contribuições vertidas pessoalmente quando de seu desligamento, corrigidas monetariamente por índice que recomponha a efetiva desvalorização da moeda, mesmo que o estatuto assim não preveja, sob pena de configurar enriquecimento ilícito da entidade de previdência privada"[5] (g.n.).

Ainda de acordo com o STJ, "é devida a restituição da denominada reserva de poupança a ex-participantes de plano de benefícios de previdência privada, devendo ser corrigida monetariamente conforme os índices que reflitam a real inflação ocorrida no período, mesmo que o estatuto da entidade preveja critério de correção diverso, devendo ser incluídos os expurgos inflacionários (Súmula 289/STJ). A atualização monetária das contribuições devolvidas pela entidade de previdência privada ao associado deve ser calculada pelo IPC, por ser o índice que melhor traduz a perda do poder aquisitivo da moeda"[6].

Súmula 290. Nos planos de previdência privada, não cabe ao beneficiário a devolução da contribuição efetuada pelo patrocinador.

Comentários:

O resgate apenas se refere às contribuições pagas de segurado, e não pelo patrocinador. Esta Súmula 290 do STJ (publicada em 28.04.2004) foi aprovada em decisões à luz da legislação revogada (Lei 6.435/77). Contudo, continua sendo aplicada mesmo com o advento da LC 109/2001 que, em seu artigo 14, inciso III, somente prevê o resgate das contribuições dos participantes, silenciando sobre o resgate das contribuições do patrocinador.

Desta forma, entende-se que cabe ao plano de benefícios regular o tema, nada impedindo que possa autorizar o resgate também das contribuições do patrocinador em prol do participante.

Esta é a interpretação em sentido contrário que pode ser feita do artigo 26, da Resolução CGPC 06, de 30 de outubro de 2003, que diz que o "valor do resgate corresponde, no mínimo, à totalidade das contribuições vertidas ao plano de benefícios pelo participante, descontadas as parcelas do custeio administrativo que, na forma do regulamento e do plano de custeio, sejam de sua responsabilidade".

5. AgRg no REsp 262.675, de 26.03.2009.

6. REsp1177973, de 14/11/2012, 2ª Seção.

Assim sendo, ao afirmar que o mínimo do valor do resgate será à totalidade das contribuições do participante, abatidas as parcelas administrativas, é possível concluir que o plano pode inserir as contribuições do patrocinador, total ou parcialmente, no direito de resgate.

Entrementes, caso silente o plano, ou se este vedar o resgate das contribuições do patrocinador, crê-se que deverá ser permitido ao participante apenas o resgate das suas contribuições.

Vale registrar que o resgate não será permitido caso o participante já esteja em gozo de benefício[7].

No caso de plano de benefícios instituído por patrocinador, o regulamento deverá condicionar o pagamento do resgate à cessação do vínculo empregatício[8].

Esta norma regulamentar foi validada pelo STJ:

> INFORMATIVO 563 – "DIREITO CIVIL E PREVIDENCIÁRIO. CONDIÇÃO PARA O RESGATE DA TOTALIDADE DAS CONTRIBUIÇÕES VERTIDAS AO PLANO PRIVADO DE PREVIDÊNCIA COMPLEMENTAR DE ENTIDADE FECHADA.
>
> É lícita a cláusula que prevê a rescisão do vínculo laboral com o patrocinador como condição para o resgate da totalidade das contribuições vertidas ao plano privado de previdência complementar de entidade fechada. A LC 109/2001, embora preveja que os regulamentos dos planos de benefícios deverão estabelecer o resgate da totalidade das contribuições vertidas pelo ex-participante, dispõe que caberá aos órgãos públicos regulador e fiscalizador estabelecer regulamentação específica acerca do referido instituto. Nessa conjuntura, a norma infralegal editada pelo órgão regulador, dentro do exercício do poder regulamentar, que disciplina atualmente a forma pela qual será efetuado o "resgate da totalidade das contribuições vertidas ao plano pelo participante", prevista na lei complementar de regência -vinculando as entidades de previdência privada e participantes –, é a Resolução do Conselho de Gestão da Previdência Complementar 6, de 30 de outubro de 2003. Pois bem, o art. 22 da referida Resolução enuncia que: "No caso de plano de benefícios instituído por patrocinador, o regulamento deverá condicionar o pagamento do resgate à cessação do vínculo empregatício". Portanto, nos planos

7. Artigo 24, da Resolução CGPC 06/2003, alterado pela Resolução CGPC 19/2006.
8. Artigo 22, da Resolução CGPC 06/2003.

de benefícios patrocinados, é lícita a disposição regulamentar que estabelece como requisito ao resgate a cessação do vínculo empregatício com o patrocinador. REsp 1.189.456-RS, Rel. Min. Luis Felipe Salomão, julgado em 12/5/2015, DJe, 11/6/2015".

No caso de plano de benefícios instituído por instituidor, o regulamento deverá prever prazo de carência para o pagamento do resgate, de seis meses a dois anos, contado a partir da data de inscrição no plano de benefícios[9].

O regulamento do plano de benefícios deverá prever o pagamento do resgate em quota única ou, por opção única e exclusiva do participante, o pagamento em até doze parcelas mensais e consecutivas[10].

Súmula 291. A ação de cobrança de parcelas de complementação de aposentadoria pela previdência privada prescreve em cinco anos.

Súmula 427. A ação de cobrança de diferenças de valores de complementação de aposentadoria prescreve em cinco anos contados da data do pagamento.

Comentários:

As súmulas são comentadas em conjunto, pois a Súmula 427 contém a súmula 291, apenas a complementando.

Deveras, a prescrição qüinqüenal incide sobre quaisquer prestações cobradas de entidades de previdência complementar[11], mesmo anterior à vigência da referida norma complementar[12].

No que concerne especificamente à complementação de aposentadoria, prevê a Súmula 427, do STJ que "a ação de cobrança de diferenças de valores de complementação de aposentadoria prescreve em cinco anos contados da data do pagamento".

9. Artigo 23, da Resolução CGPC 06/2003.
10. Artigo 25, da Resolução CGPC 06/2003.
11. STJ, REsp 707.056, de 02.02.2010.
12. STJ, AgRg no REsp 858.978, de 14.04.2009.

O STJ vem pronunciando a prescrição quinquenal progressiva, também conhecida como de trato sucessivo, prescrevendo apenas as parcelas que antecedem ao quinquênio que precedeu o ajuizamento da ação, afastando a incidência da prescrição do fundo do direito:

Relator(a)

Ministro MARCO AURÉLIO BELLIZZE (1150)

Órgão Julgador

T3 – TERCEIRA TURMA

Data do Julgamento

08/09/2015

Data da Publicação/Fonte

DJe 23/09/2015

Ementa

> "AGRAVO REGIMENTAL NOS EMBARGOS DE DECLARAÇÃO NO AGRAVO EM RECURSO ESPECIAL. 1. PREVIDÊNCIA PRIVADA. COMPLEMENTAÇÃO DE APOSENTADORIA. REVISÃO DA RENDA MENSAL INICIAL. PRESCRIÇÃO. RELAÇÃO DE TRATO SUCESSIVO. ACÓRDÃO EM CONSONÂNCIA COM A JURISPRUDÊNCIA DESTA CORTE. INCIDÊNCIA DA SÚMULA 83/STJ. 2. VIOLAÇÃO DO ART. 19, I, DA LC 109/2001. SÚMULAS 5 E 7/STJ. 3. RECURSO IMPROVIDO.
>
> É compreensão de ambas as Turmas que compõem a Segunda Seção desta Corte Superior que, em demanda na qual se pleiteia a revisão de renda mensal inicial de benefício complementar de previdência privada, a relação é de trato sucessivo, razão pela qual a prescrição não atinge o próprio fundo de direito, mas apenas as parcelas reclamadas vencidas anteriores ao ajuizamento da ação".

No entanto, a pretensão do ente previdenciário de ser ressarcido perante o terceiro que percebeu indevidamente parcelas de benefício de previdência complementar não se sujeitará ao prazo quinquenal, pois se trata de relação que não se estabelece entre beneficiário e instituição de previdência complementar, e sim com terceira pessoa, não se aplicando, destarte, o artigo 75 da LC 109/2001..

Logo, neste caso, pertinente a aplicação do prazo trienal para o exercício da pretensão de reparação civil prevista do Código Civil, sendo este o correto posicionamento do STJ:

> Informativo 588 – "DIREITO CIVIL. PRESCRIÇÃO DA PRETENSÃO DE REAVER VERBAS PAGAS A TÍTULO DE BENEFÍCIO DE PREVIDÊNCIA PRIVADA COMPLEMENTAR INDEVIDAMENTE APROPRIADAS POR TERCEIRO. **É trienal o prazo prescricional da pretensão de entidade de previdência privada complementar de reaver verbas relativas a benefício indevidamente apropriadas por terceiro.** A questão diz respeito ao prazo de prescrição, se seria de 5 ou de 3 anos. O prazo quinquenal disposto no art. 75 da LC n. 109/2001 (que dispõe sobre o Regime de Previdência Complementar e dá outras providências) refere-se à relação jurídica existente entre a entidade de previdência complementar e o segurado ou o beneficiário, e não a terceiro. Ressalte-se que, assim como nas ações envolvendo seguro – para as quais o entendimento do STJ é no sentido de que o prazo prescricional é ânuo, mas apenas entre o segurado e o segurador, não relativamente a um terceiro –, da mesma forma, na hipótese em que há um terceiro (e não segurado ou beneficiário), a regra do mencionado art. 75 da LC n. 109/2001, específica para a relação previdenciária, não se aplica, mas sim a regra trienal do enriquecimento ilícito prevista no CC, lei geral. Assim, sendo a demanda específica de ressarcimento de enriquecimento sem causa, é de se aplicar a regra do art. 206, § 3º, IV, do CC (prescrição trienal), e não a da LC n. 109/2001. REsp 1.334.442-RS, Rel. Min. Luis Felipe Salomão, Rel. para acórdão Min. Raul Araújo, julgado em 7/6/2016, DJe 22/8/2016".

Súmula 310. O auxílio-creche não integra o salário-de-contribuição.

Comentários:

Nos termos do artigo 28, § 9º, da Lei 8.212/91, não irão integrar o salário de contribuição o ressarcimento de despesas pelo uso de veículo do empregado e o reembolso creche pago em conformidade com a legislação trabalhista, observado o limite máximo de seis anos de idade, quando devidamente comprovadas as despesas realizadas.

Foi com base neste dispositivo que o STJ editou a Súmula 310, afastando as incidência de contribuição previdenciária sobre as verba indenizatória do auxílio-creche.

Todavia, a Emenda Constitucional 53/2006 alterou o artigo 7º, XXV, da Constituição, reduzindo a idade da assistência gratuita para os filhos para até 05 anos de idade, havendo controvérsia sobre a recepção desta hipótese que ainda prevê a idade de até 06 anos.

Súmula 336. A mulher que renunciou aos alimentos na separação judicial tem direito à pensão previdenciária por morte do ex-marido, comprovada a necessidade econômica superveniente.

Comentários:

Com todo o respeito que merece a Corte Superior pelos relevantes serviços prestados ao país com a melhor interpretação e uniformização da legislação federal, não há como deixar de criticar a redação da Súmula 336.

Inicialmente, por isonomia, ao invés de se referir a "mulher", o enunciado deveria ter dito "pessoa", pois o mesmo entendimento é aplicável aos homens com o advento da Constituição de 1988 e da Lei 8.213/91. Ademais, esse entendimento não se limita à separação, sendo aplicável ao divórcio, como já decidiu o próprio STJ[13].

Demais disso, também na dissolução da união estável é possível a adoção dessa linha de pensamento, pois também é uma relação apta a instituir uma entidade familiar, sendo cada vez mais comum no Brasil, por sua praticidade e economicidade, conquanto ainda se tenha certa dificuldade probatória, que inexiste no casamento.

O mesmo entendimento também é extensível à parceria homoafetiva, pois, como será visto, a Corte Superior acertadamente coloca o parceiro como dependente preferencial do RGPS.

13. REsp 472.742, DJ de 31.03.2003.

Vale destacar que a renúncia é um ato de disposição expresso dos alimentos, caso a mulher fizesse jus na separação judicial, bem como a necessidade econômica deverá ser comprovada no momento do óbito, pois é esta a ocasião em que se definem os dependentes, e não posteriormente.

Ainda se entende que os alimentos são prestações indisponíveis, não sendo tecnicamente adequado se falar em renúncia, com base no artigo 1.707, do Código Civil:

> "Art. 1.707. Pode o credor não exercer, porém lhe é vedado renunciar o direito a alimentos, sendo o respectivo crédito insuscetível de cessão, compensação ou penhora".

Insta argumentar que essa necessidade econômica superveniente deverá ser comprovada com a demonstração de que o segurado falecido prestava algum auxílio substancial ao ex-cônjuge, companheiro(a) ou parceiro homoafetivo supérstite, mesmo sem o pagamento formal de pensão alimentícia.

Por tudo isso, crê-se que o enunciado deverá ser interpretado da seguinte forma: **"A pessoa que não exerceu o direito à prestação alimentícia na separação judicial, no divórcio, na dissolução de união estável ou de relação homoafetiva, terá direito à pensão por morte em decorrência do falecimento do respectivo segurado, desde que demonstrada a necessidade econômica superveniente, até a data do óbito, através da prestação de alimentos *in natura* ou de qualquer outro auxílio substancial que conduzisse à dependência econômica".**

Súmula 340. A lei aplicável à concessão de pensão previdenciária por morte é aquela vigente na data do óbito do segurado.

Comentários:

Em obediência ao Princípio do *Tempus Regit Actum*, **"a lei aplicável à concessão de pensão previdenciária por morte é aquela vigente na data do óbito do segurado", na forma da Súmula 340, do STJ.**

Desta forma, a lei em vigor no dia do óbito do segurado (e não a lei que vigora no dia do requerimento administrativo) formará o estatuto jurídico do benefício, a indicar as regras de concessão e manutenção, como a renda mensal e os dependentes.

A lei posterior ao óbito, para o bem ou para o mal, não será aplicada, salvo retroação benéfica expressamente autorizada e que respeite a regra de contrapartida.

Súmula 351. A alíquota de contribuição para o Seguro de Acidente do Trabalho (SAT) é aferida pelo grau de risco desenvolvido em cada empresa, individualizada pelo seu CNPJ, ou pelo grau de risco da atividade preponderante quando houver apenas um registro.

Comentários:

Com base no inciso II, do artigo 22, da Lei 8.212/91, sobre o total das remunerações pagas, devidas ou creditadas aos segurados empregados e trabalhadores avulsos, ainda incidirá um adicional de 1%, 2% ou 3% para o custeio da aposentadoria especial e dos benefícios decorrentes de acidente de trabalho.

Deveras, esses percentuais variarão a depender do nível de risco de acidentes de trabalho cuja atividade da empresa se enquadrar, sendo classificado em leve (1%), médio (2%) ou grave (3%), o que atende ao Princípio na Equidade na Forma de Participação no Custeio, pois o percentual é proporcional à probabilidade de acidentes de trabalho.

Conquanto atualmente não se destine apenas ao custeio do seguro de acidentes de trabalho (SAT), esta exação previdenciária adicional é tradicionalmente conhecida na doutrina como contribuição SAT.

Ressalte-se que a Constituição assegura aos trabalhadores um seguro contra acidentes de trabalho, a cargo do empregador[14], atividade que foi aberta à iniciativa privada pela Emenda 20/1998, que inseriu o § 10, no artigo 201, da Constituição Federal, ainda pendente de regulamentação.

14. Artigo 7º, inciso XXXVIII.

O enquadramento do risco será de acordo com a *atividade preponderante da empresa*, assim considerada a que ocupa na empresa o maior número de segurados empregados e trabalhadores avulsos[15], devendo-se verificar os graus de risco constantes do anexo V, do RPS, critério validado pelo STF, ao julgar o RE 343.446, de 20.03.2003, entendendo a Suprema Corte que "o fato de a lei deixar para o regulamento a complementação dos conceitos de 'atividade preponderante' e 'grau de risco leve, médio e grave', não implica ofensa ao princípio da legalidade genérica".

Eis alguns exemplos extraídos do anexo V do Decreto 3.048/99:

Relação de atividades preponderantes e correspondentes graus de risco (conforme a classificação nacional de atividades econômicas)		
CNAE 2.0	Descrição	Alíquota
0220-9/04	Coleta de látex em florestas nativas	1
1629-3/02	Fabricação de artefatos diversos de cortiça, bambu, palha, vime e outros materiais trançados, exceto móveis	1
2013-4/00	Fabricação de adubos e fertilizantes	2
2014-2/00	Fabricação de gases industriais	2
2212-9/00	Reforma de pneumáticos usados	3
2219-6/00	Fabricação de artefatos de borracha não especificados anteriormente	3
2221-8/00	Fabricação de laminados planos e tubulares de material plástico	3
2222-6/00	Fabricação de embalagens de material plástico	3
2223-4/00	Fabricação de tubos e acessórios de material plástico para uso na construção	3
2229-3/01	Fabricação de artefatos de material plástico para uso pessoal e doméstico	3
2229-3/02	Fabricação de artefatos de material plástico para usos industriais	3
2229-3/03	Fabricação de artefatos de material plástico para uso na construção, exceto tubos e acessórios	3
2229-3/99	Fabricação de artefatos de material plástico para outros usos não especificados anteriormente	3

15. Artigo 202, § 3º, do RPS.

Relação de atividades preponderantes e correspondentes graus de risco (conforme a classificação nacional de atividades econômicas)		
CNAE 2.0	Descrição	Alíquota
2311-7/00	Fabricação de vidro plano e de segurança	3
2312-5/00	Fabricação de embalagens de vidro	3
2319-2/00	Fabricação de artigos de vidro	3
2320-6/00	Fabricação de cimento	3

Contudo, o STJ vem decidindo que não deve se adotar o critério da atividade preponderante da empresa como um todo, devendo ser calculada a contribuição SAT em cada estabelecimento da pessoa jurídica (por cada CNPJ), caso possua mais de uma unidade[16]:

> "TRIBUTÁRIO. EMBARGOS DE DIVERGÊNCIA. SEGURO DE ACIDENTE DO TRABALHO – SAT. GRAU DE RISCO. APURAÇÃO EM CADA ESTABELECIMENTO DA EMPRESA IDENTIFICADO PELO SEU CNPJ.

A alíquota da contribuição para o Seguro de Acidente do Trabalho (SAT) deve corresponder ao grau de risco da atividade desenvolvida em cada estabelecimento da empresa, individualizado pelo seu CNPJ (antigo CGC)".

Ratificando este entendimento, em 11.06.2008, o STJ aprovou a Súmula 351, que determina que "a alíquota de contribuição para o Seguro de Acidente do Trabalho – SAT é aferida pelo grau de risco desenvolvido em cada empresa, individualizada pelo seu CNPJ, ou pelo grau de risco a atividade preponderante quando houver apenas um registro", utilizando a expressão "empresa" como sinônimo de estabelecimento.

Entretanto, frise-se que a Secretaria da Receita Federal do Brasil mantinha posicionamento contrário ao do Superior Tribunal de Justiça, pois pontificava que "a empresa com mais de 1 (um)

16. EREsp 476.885, de 14.09.2005.

estabelecimento e diversas atividades econômicas deverá somar o número de segurados alocados na mesma atividade em todos os estabelecimentos, prevalecendo como preponderante a atividade que ocupa o maior número de segurados empregados e trabalhadores avulsos, considerados todos os estabelecimentos"[17].

Mas, por força da Instrução Normativa RFB nº 1.453, de 24 de fevereiro de 2014, a Receita Federal aderiu ao posicionamento do STJ, aduzindo que "a empresa com mais de 1 (um) estabelecimento e com mais de 1 (uma) atividade econômica deverá apurar a atividade preponderante em cada estabelecimento".

Considera-se preponderante a atividade econômica que ocupa, no estabelecimento, o maior número de segurados empregados e trabalhadores avulsos, observado que na ocorrência de mesmo número de segurados empregados e trabalhadores avulsos em atividades econômicas distintas, será considerada como preponderante aquela que corresponder ao maior grau de risco.

Súmula 352. A obtenção ou a renovação do Certificado de Entidade Beneficente de Assistência Social (Cebas) não exime a entidade do cumprimento dos requisitos legais supervenientes.

Comentários:

O STJ entende que inexiste direito adquirido à imunidade, devendo as entidades assistenciais cumprir novos requisitos instituídos em lei para o seu gozo, conforme se denota da passagem de julgado abaixo transcrito, que reflete a atual posição da Corte Superior:

> "[...] 2. **O STJ firmou entendimento de que: a) inexiste direito adquirido a regime jurídico-fiscal, de modo que a imunidade da contribuição previdenciária patronal assegurada às entidades filantrópicas, prevista no art. 195, § 7º da Constituição, tem sua manutenção subordinada ao atendimento das condições previstas na legislação superveniente**; b) é legítima

17. Redação anterior do Artigo 72, § 1º, I, "c", da Instrução Normativa RFB 971/2009, com redação dada pela Instrução Normativa RFB 1.080/2010.

a exigência prevista no art. 3º, VI, do Decreto 2.536/1998, no que se refere à demonstração de aplicação de um mínimo de 20% da receita bruta anual em gratuidade. Precedentes do STJ.

Aplicação da **Súmula 352/STJ: "A obtenção ou a renovação do Certificado de Entidade Beneficente de Assistência Social (CEBAS) não exime a entidade do cumprimento dos requisitos legais supervenientes**. (EDcl no REsp 733.375, de 14.10.2008)" (g.n.).

Ademais, a concessão do CEBAS não constitui uma entidade como beneficente, ostentando natureza declaratória, o que permite a concessão da imunidade com efeitos retroativos:

SÚMULA N. 612 – STJ

O certificado de entidade beneficente de assistência social (CEBAS), no prazo de sua validade, possui natureza declaratória para fins tributários, retroagindo seus efeitos à data em que demonstrado o cumprimento dos requisitos estabelecidos por lei complementar para a fruição da imunidade. **Primeira Seção, aprovada em 09/05/2018, DJe 14/05/2018.**

Súmula 416. É devida a pensão por morte aos dependentes do segurado que, apesar de ter perdido essa qualidade, preencheu os requisitos legais para a obtenção de aposentadoria até a data do seu óbito.

Comentários:

A concessão, pelo INSS, da pensão por morte exige a manutenção da qualidade de segurado no dia do óbito. No entanto, a súmula 416 STJ traz a única exceção. Considerando que a concessão da aposentadoria por idade, tempo de contribuição e especial independe da manutenção da condição de segurado, a teor do artigo 3º, da Lei 10.666/2003, desde que o segurado já preenchesse os requisitos para se aposentar, o STJ editou a Súmula 416 dispensando a manutenção da qualidade de segurado nesta hipótese.

Nesse sentido, de acordo com a TNU em julgamento de incidente representativo de controvérsia (tema 148 - 14/9/2016), a perda da qualidade de segurado constitui óbice à concessão da pensão por morte quando o *de cujus* não chegou a preencher, antes de sua morte, os requisitos para obtenção de qualquer aposentadoria concedida pela Previdência Social, tal como ocorre nas hipóteses em que, embora houvesse preenchido a carência, não contava com tempo de serviço ou com idade bastante para se aposentar.

Para exemplificar o caso, suponha-se que Alex tenha completado 65 anos de idade e já tenha a carência de 180 contribuições mensais para se aposentar por idade. Contudo, como não estava mais trabalhando há muitos anos e por desconhecimento da legislação previdenciária, ele faleceu sem sequer sonhar que tinha direito ao benefício.

Neste caso, se tiver deixado dependentes, estes terão direito à pensão por morte, pois passou a ser irrelevante o fato de Alex não mais ser segurado do RGPS, bastando o preenchimento dos pressupostos para a aposentação, como ocorreu na hipótese.

Este, inclusive, é o atual posicionamento administrativo do INSS, sendo concedida pensão aos dependentes mesmo que o óbito tenha ocorrido após a perda da qualidade de segurado, desde que o instituidor do benefício tenha implementado todos os requisitos para obtenção de uma aposentadoria até a data do óbito ou fique reconhecido o direito, dentro do período de graça, à aposentadoria por invalidez, a qual deverá ser verificada por meio de parecer médico-pericial do INSS com base em atestados ou relatórios médicos, exames complementares, prontuários ou outros documentos equivalentes, referentes ao ex-segurado, que confirmem a existência de incapacidade permanente até a data do óbito[18].

Súmula 425. A retenção da contribuição para a seguridade social pelo tomador do serviço não se aplica às empresas optantes pelo Simples.

Comentários:

Pontifica o artigo 31 da Lei 8212/91 que "a empresa contratante de serviços executados mediante cessão de mão de obra, inclusive em regime de trabalho temporário, deverá reter 11% (onze por cento) do valor bruto da nota fiscal ou fatura de prestação de serviços e recolher,

18. Artigo 377, da Instrução Normativa INSS 77/2015.

em nome da empresa cedente da mão de obra, a importância retida até o dia 20 (vinte) do mês subsequente ao da emissão da respectiva nota fiscal ou fatura, ou até o dia útil imediatamente anterior se não houver expediente bancário naquele dia".

O STJ, revendo posicionamentos anteriores, passou a entender que esta retenção não é compatível com regime simplificado de pagamento de tributos das micro e pequenas empresas[19]:

> "TRIBUTÁRIO. CONTRIBUIÇÃO PREVIDENCIÁRIA. EMPRESAS PRESTADORAS DE SERVIÇO OPTANTES PELO SIMPLES. RETENÇÃO DE 11% SOBRE FATURAS. ILEGITIMIDADE DA EXIGÊNCIA. PRECEDENTE DA 1ª SEÇÃO (ERESP 511.001/MG).
>
> 1. A Lei 9.317/96 instituiu tratamento diferenciado às microempresas e empresas de pequeno porte, simplificando o cumprimento de suas obrigações administrativas, tributárias e previdenciárias mediante opção pelo SIMPLES – Sistema Integrado de Pagamento de Impostos e Contribuições. Por este regime de arrecadação, é efetuado um pagamento único relativo a vários tributos federais, cuja base de cálculo é o faturamento, sobre a qual incide uma alíquota única, ficando a empresa optante dispensada do pagamento das demais contribuições instituídas pela União (art. 3º, § 4º).
>
> 2. O sistema de arrecadação destinado aos optantes do SIMPLES não é compatível com o regime de substituição tributária imposto pelo art. 31 da Lei 8.212/91, que constitui "nova sistemática de recolhimento" daquela mesma contribuição destinada à Seguridade Social. A retenção, pelo tomador de serviços, de contribuição sobre o mesmo título e com a mesma finalidade, na forma imposta pelo art. 31 da Lei 8.212/91 e no percentual de 11%, implica supressão do benefício de pagamento unificado destinado às pequenas e microempresas.
>
> 3. Aplica-se, na espécie, o princípio da especialidade, visto que há incompatibilidade técnica entre a sistemática de arrecadação da contribuição previdenciária instituída pela Lei 9.711/98, que elegeu as empresas tomadoras de serviço como responsáveis tributários pela retenção de 11% sobre o valor bruto da nota fiscal, e o regime de unificação de tributos do SIMPLES, adotado pelas pequenas e microempresas (Lei 9.317/96)."

19. REsp 1.112.467, de 12.08.2009.

Por conseguinte, em 10.03.2010, o STJ editou a Súmula 425. O atual entendimento da Secretaria da Receita Federal do Brasil é de que as ME e EPP optantes pelo Simples Nacional que prestarem serviços mediante cessão de mão de obra ou empreitada não estão sujeitas à retenção referida no art. 31 da Lei nº 8.212, de 1991, sobre o valor bruto da nota fiscal, da fatura ou do recibo de prestação de serviços emitidos, exceto no caso da microempresa e da empresa de pequeno porte que se dedique às seguintes atividades de prestação de serviços[20]:

> I – construção de imóveis e obras de engenharia em geral, inclusive sob a forma de subempreitada, execução de projetos e serviços de paisagismo, bem como decoração de interiores;
>
> II – serviço de vigilância, limpeza ou conservação;
>
> III – serviços advocatícios.

Súmula 456. É incabível a correção monetária dos salários de contribuição considerados no cálculo do salário de benefício de auxílio-doença, aposentadoria por invalidez, pensão ou auxílio-reclusão concedidos antes da vigência da CF/1988.

Comentários:

O pleito revisional de benefício previdenciário pela OTN/ORTN (Lei 6.423/77) cuida-se de ação de revisão dos benefícios previdenciários de aposentadoria por idade, aposentadoria por tempo de contribuição, aposentadoria especial e abono de permanência em serviço concedidos após a vigência da Lei 6.423/77 e antes do advento da Constituição Federal de 1988 (período entre 21 de junho de 1977 e 04 de outubro de 1988).

O salário de benefício dessas prestações previdenciárias era calculado com base nos 36 últimos salários de contribuição dos segurados, em período não superior a 48 meses, na forma do artigo 4º, da Lei 6.210/75.

20. Artigo 191, da Instrução Normativa RFB 971/2009.

Nessa época apenas havia previsão legal para a correção monetária dos 24 primeiros salários de contribuição, ficando os 12 últimos sem atualização monetária. Sucede que a Previdência Social, ao atualizar os 24 primeiros salários de contribuição do período básico de cálculo, não cumpriu os ditames do artigo 1º, da Lei 6.423/77, a fim de incidir a variação das Obrigações Reajustáveis do Tesouro Nacional (ORTN), posteriormente designadas de Obrigações do Tesouro Nacional (OTN).

Logo, o antigo Instituto Nacional de Previdência Social – INPS valeu-se de outros índices de correção monetária dos 24 primeiros salários de contribuição, que não a variação da ORTN/OTN.

A depender do mês (entre 21 de junho de 1977 e 04 de outubro de 1988), os índices aplicados pela Previdência Social foram superiores às variações da ORTN/OTN. Isso fez que com que, em determinados casos concretos, o INPS fixasse uma renda mensal inicial superior à devida, caso os 24 primeiros salários de contribuição fossem atualizados pela ORTN/OTN.

Logo, não foram todos os abonos de permanência em serviço e aposentadorias por idade, tempo de serviço (nomenclatura da época), e especial deferidas nesse período que tiveram a sua renda mensal inicial defasada, sendo necessária a análise de cada caso concreto. Ao revés, muitos segurados obtiveram um ganho pecuniário.

Por outro lado, os benefícios previdenciários decorrentes de acidente de trabalho e os calculados apenas com base nos últimos 12 salários de contribuição (aposentadoria por invalidez, auxílio-doença, pensão por morte e auxílio-reclusão) não terão direito a esta revisão, vez que não eram utilizados mais do que os 12 últimos salários de contribuição, que não sofriam correção monetária por ausência de previsão legal de época.

Nesse sentido, pontifica a Súmula 456, do STJ, que "é incabível a correção monetária dos salários de contribuição considerados no cálculo do salário de benefício de auxílio-doença, aposentadoria por invalidez, pensão ou auxílio-reclusão concedidos antes da vigência da CF/1988".

No que concerne ao benefício de pensão por morte, se decorrente de aposentadoria (salvo por invalidez), é possível que deva ser revisada, se a aposentadoria do instituidor da pensão se enquadre nos casos de revisão pela ORTN/OTN.

Súmula 458. A contribuição previdenciária incide sobre a comissão paga ao corretor de seguros.

Comentários:

A comissão paga ao corretor de seguros se constitui em parcela remuneratória do labor, compondo, destarte, o salário de contribuição, razão pela qual deve sofrer desconto de contribuição previdenciária.

Precedentes Originários

"[...] a Primeira Seção, quando do julgamento do REsp 519.260/RJ, relator o eminente Ministro Herman Benjamin, DJ de 2/2/2009, expressou entendimento no sentido de que a remuneração recebida pelos corretores de seguro deve sofrer incidência de contribuição previdenciária. A propósito, confira-se trecho do voto condutor do referido julgado: 'No mais, cinge-se a controvérsia à incidência de Contribuição Previdenciária sobre as comissões pagas aos corretores de seguro. Para melhor compreensão da matéria, faz-se oportuno transcrever o disposto no artigo 1º, I, da Lei Complementar 84/96, bem como a redação original do art. 12 da Lei 8.212/91: Art. 1º, I, da LC 84/96: Para a manutenção da Seguridade Social, ficam instituídas as seguintes contribuições sociais:

I – a cargo das empresas e pessoas jurídicas, inclusive cooperativas, no valor de quinze por cento do total das remunerações ou retribuições por elas pagas ou creditadas no decorrer do mês, pelos empresários, trabalhadores autônomos, avulsos e demais pessoas físicas (grifei).

(...). Art. 12 da Lei 8.212/91 (redação original): São segurados obrigatórios da Previdência Social as seguintes pessoas físicas: (...) IV – como trabalhador autônomo: I. quem presta serviço de natureza urbana ou rural, em II. caráter eventual, a uma ou mais empresas, sem relação de emprego; b) a pessoa física que exerce, por conta própria, atividade econômica de natureza urbana, com fins lucrativos ou não. Ao ler os dispositivos acima, verifica-se que a Lei Orgânica da Seguridade Social estabeleceu o conceito de trabalhador autônomo como aquele que 'presta serviço de natureza urbana ou rural, em caráter eventual, a uma ou mais empresas, sem relação de emprego'. Não faz qualquer menção, portanto, à necessidade de contrato de prestação de serviços para que a pessoa seja considerada trabalhador autônomo. Oportuno salientar que, tal como disposto no art. 3º, § 2º, do Código de Defesa do Consumidor, serviço deve ser entendido de forma ampla, ou seja: '§ 2° Serviço é qualquer atividade fornecida no mercado de consumo, mediante remuneração, inclusive as de natureza bancária, financeira, de crédito e securitária, salvo as decorrentes das relações de caráter trabalhista'.

Pois bem. A Lei Complementar 84/1996 exige o pagamento de Contribuição Previdenciária por pessoas jurídicas, calculada sobre o total de remunerações ou retribuições por elas pagas ou creditadas a trabalhadores autônomos e demais pessoas físicas. Há previsão legal expressa quanto à incidência da exação na hipótese dos autos. Não se trata de aplicação da norma tributária por analogia, ou de exigência de tributo sem lei que o estabeleça. Além disso, e como já afirmei, nem a LC 84/1996, nem a Lei 8.112/91 exigem vínculo contratual entre as partes como requisito para a incidência da exação, mas a simples prestação de serviços. E, no caso em análise, há sim prestação de serviços do corretor às seguradoras. Explico. Na corretagem de seguros, a função do corretor é a de intermediar o contrato entre o segurado e a seguradora, contribuindo para a obtenção do resultado econômico pretendido pela empresa, ainda que o profissional não esteja vinculado laboralmente a ela. É o que prevê a lei regulamentadora da profissão de corretor de seguros (Lei 4.594/1964): Art. 1º – O corretor de seguros, seja pessoa física ou jurídica, é o intermediário legalmente autorizado a angariar e a promover contratos de seguros, admitidos pela legislação vigente, entre as sociedades de seguros e as pessoas físicas ou jurídicas, de direito público ou privado. Repita-se: o caso é de intermediação entre as partes envolvidas, ou seja, o fato de o corretor prestar serviço também ao segurado não leva à conclusão de que não tenha prestado serviço à seguradora. Tanto é assim que, justamente em virtude dessa intermediação, a pessoa jurídica remunera o corretor mediante o pagamento de uma comissão, arbitrada com base em percentagem do contrato celebrado. Nesse sentido, transcrevo passagem pertinente do parecer do Ministério Público Federal, da lavra do então Procurador da República, Gustavo Tepedino [...]: O simples fato dos contratos de corretagem de seguros possuírem algumas peculiaridades se comparados com os demais – como a obrigatoriedade da intermediação do corretor, a teor do disposto na Lei n.º 4.594/94, não desfigura a natureza da comissão embutida no prêmio do seguro: contra-prestação paga pela seguradora por um serviço que lhe é efetivamente prestado pelo corretor. De fato, muito embora a pessoa física também seja beneficiada pela atuação do corretor, não há como negar a prestação de efetivos serviços à seguradora, uma vez que o preenchimento de propostas/formulários, a realização de simulações, o cálculo dos prêmios, entre outras atividades, seguem critérios estabelecidos exclusivamente pelas companhias. A propósito, é notório que os corretores participam de treinamentos institucionais promovidos pelas empresas, com vistas a incrementar argumentos de vendas e a atrair o maior número de consumidores para o mercado. Recebem, inclusive, premiações pelos resultados positivos de seu trabalho. Logo, não há como deixar de reconhecer que as seguradoras utilizam a prestação de serviço (intermediação) dos corretores, e dela diretamente se beneficiam, para conseguirem os seus objetivos sociais. As regras de experiência afastam o argumento das seguradoras de que os corretores atuam por conta e ordem dos segurados. Antes, ao contrário: os segurados não possuem qualquer controle ou ingerência sobre a retribuição devida aos corretores de seguros. Apenas lhes é informado o montante do prêmio a ser pago pelo eventual negócio jurídico a ser celebrado. Essa situação não se altera em razão da vedação dos arts. 17, 'b', da Lei 4.594/64, e 125, 'b', do Decreto-Lei 73/66, relativa à impossibilidade de o corretor de seguros ser empregado ou manter relação de direção com a companhia seguradora, nos seguintes termos: Art. 17. É vedado aos corretores e aos prepostos:

(...) b) serem sócios, administradores, procuradores, despachantes ou empregados de empresa de seguros. Art 125. É vedado aos corretores e seus prepostos: (...) b) manter relação de emprego ou de direção com Sociedade Seguradora. Aqui, observo que a vedação legal não é exclusividade da categoria dos corretores de seguro, mas também é prevista, por exemplo, para os auditores independentes (Resolução BACEN 3.198/2004) e para os auditores florestais (arts. 3º, XI, e 42 da Lei 11.284/2006). O corretor, mesmo que sua atividade beneficie ambas as partes, e especialmente a seguradora, não pode ter com esta vínculo que caracterize dependência e parcialidade no que tange à compatibilização dos interesses entre os sujeitos contratantes. A disposição legal cinge-se a deixar claro que não pode haver uma posição de subordinação hierárquica entre o profissional de seguro e as companhias. Vale dizer: a inexistência de contrato entre o corretor e a seguradora não pode ter como conseqüência a não-incidência da contribuição previdenciária, pois a tributação decorre da LC 84/96, que abrangeu na hipótese de incidência da exação todo e qualquer serviço prestado, com ou sem negócio jurídico formal. Ademais, ao invés de constituir impedimento à tributação, a inexistência de vínculo é pressuposto para a existência de prestação de serviço autônomo (fato gerador da contribuição social). De outro lado, e como de conhecimento geral, toda e qualquer interpretação do direito infraconstitucional deve ser realizada à luz da Constituição da República. Não é por outra razão que a Seguridade Social é informada, e.g., pelo princípio do financiamento por toda a sociedade (ou solidariedade), e pelo princípio da equidade na forma de participação no custeio, que traduzem sua feição transindividual. Vale dizer: as pessoas jurídicas podem ser chamadas ao custeio da seguridade social 'independentemente de terem ou não relação direta com os segurados ou de serem ou não destinatárias de benefícios' (Leandro Paulsen, Contribuições – Custeio da Seguridade Social, 2007, pág. 22). Assim, isentar de contribuição para a seguridade social os valores recebidos pelos corretores, em razão da intermediação que realizam, desequilibraria o sistema e negaria vigência aos princípios da solidariedade e da equidade na forma de participação no custeio (que, em última análise, configura desdobramento do princípio da isonomia), pois se criaria uma única categoria de profissionais cuja remuneração estaria isenta da incidência de contribuição previdenciária e excluída do financiamento da Seguridade Social. De fato, todos devem contribuir para o alcance dos objetivos da seguridade social, inclusive as seguradoras.

Caso o legislador quisesse eximir o montante recebido pelos corretores de seguro da tributação, tê-lo-ia feito expressamente. Entender o contrário corresponde a estabelecer uma solidariedade parcial, que vale para uns e não para outros, revelando verdadeira contradictio in terminis. Atentos a essas considerações, os integrantes da 1ª Turma deste Superior Tribunal, por maioria de votos [...], reconheceram a possibilidade de ser cobrada das Empresas de Seguro Privado a Contribuição Previdenciária incidente sobre o valor da comissão que a Seguradora paga aos corretores por prestarem serviços de intermediação no contrato de seguro, independentemente da inexistência de contrato de trabalho vinculando o corretor à Seguradora, tendo em vista que a Lei Complementar 84/96 exige o recolhimento da exação sobre a remuneração dos trabalhadores autônomos." (AgRg no Ag 1186813 SP, Rel. Ministro BENEDITO GONÇALVES, PRIMEIRA TURMA, julgado em 17/12/2009, DJe 02/02/2010)

Súmula 483. O INSS não está obrigado a efetuar depósito prévio do preparo por gozar das prerrogativas e privilégios da Fazenda Pública.

Comentários:

Por se tratar de uma autarquia federal, o INSS se enquadra como entidade integrante do Poder Público, razão pela qual o STJ editou a Súmula 483. Esta súmula continua válida mesmo após a vigência do CPC/2015.

Trata-se de súmula aprovada pela Corte Especial do STJ na sessão de 28/6/2012. Eis passagem de um dos precedentes: "O Tribunal de origem decidiu sobre a matéria ao afastar a incidência da Lei nº 8.620/1993, segundo a qual a Autarquia Previdenciária possui as mesmas prerrogativas e privilégios assegurados à Fazenda Pública. Dessa forma, a exigência do prequestionamento foi atendida. 2. A Fazenda Pública está dispensada do depósito antecipado do montante referente a custas e emolumentos. Ficará obrigada ao pagamento no final da lide, caso vencida." (AgRg no REsp 1038274 PR, Rel. Ministro JORGE MUSSI, QUINTA TURMA, julgado em 29/05/2008, DJe 04/08/2008)".

Súmula. 505. A competência para processar e julgar as demandas que têm por objeto obrigações decorrentes dos contratos de planos de previdência privada firmados com a Fundação Rede Ferroviária de Seguridade Social – REFER é da justiça estadual.

Comentários:

Por sua autonomia, vale ressaltar que a relação previdenciária privada não integra o contrato de trabalho dos participantes, pois não se confunde ou depende da relação laborativa.

Dessa forma, a ação proposta contra entidade de previdência complementar adstrita ao seu plano de benefícios não tramitará na Justiça do Trabalho, por não se confundir com relação laboral, e sim na Justiça Estadual, a exemplo de ação em que se visa o reajuste da complementação da aposentadoria[21].

21. STJ, REsp 328.401, de 28.08.2001.

De acordo com a 2ª Seção do STJ, "compete à Justiça Estadual processar e julgar litígios instaurados entre entidade de previdência privada e participante de seu plano de benefícios" (REsp 1.207.071, de 27.06.2012).

Por outro lado, conforme já se pronunciou o STJ, através da sua 2ª Seção, "se a procedência do pedido articulado na reclamatória trabalhista (v.g., integração de horas extras) repercutir na renda mensal devida pela instituição de previdência complementar mantida com contribuições do empregador, este e aquela são partes na ação, que deve tramitar na Justiça do Trabalho"[22].

No entanto, no dia 20 de fevereiro de 2013, ao julgar o Recurso Extraordinário 586.453, o Plenário do STF pronunciou a competência da Justiça Estadual para conhecer de causas que envolvam o regime de previdência complementar privado visando a complementação de aposentadoria, afastando a competência da Justiça do Trabalho.

Por outro lado, operou-se a modulação da decisão da Suprema Corte, a fim de se determinar a manutenção na Justiça do Trabalho dos processos desta natureza em que já tenha sido proferida sentença de mérito até o dia da conclusão do julgamento do recurso (20/02/2013):

"Recurso extraordinário – Direito Previdenciário e Processual Civil – Repercussão geral reconhecida – Competência para o processamento de ação ajuizada contra entidade de previdência privada e com o fito de obter complementação de aposentadoria –Afirmação da autonomia do Direitr Previdenciário em relação ao Direito do Trabalho – Litígio de natureza eminentemente constitucional, cuja solução deve buscar trazer maior efetividade e racionalidade ao sistema – Recurso provido para afirmar a competência da Justiça comum para o processamento da demanda – Modulação dos efeitos do julgamento, para manter, na Justiça Federal do Trabalho, até final execução, todos os processos dessa espécie em que já tenha sido proferida sentença de mérito, até o dia da conclusão do julgamento do recurso (20/2/13). 1. A competência para o processamento de ações ajuizadas contra entidades privadas de previdência complementar é da Justiça comum, dada a autonomia do Direito Previdenciário em relação ao Direito do Trabalho. Inteligência do art. 202, § 2º, da Constituição Federal a excepcionar, na análise desse tipo de matéria,

22. CC 59.401, de 14.06.2006.

a norma do art. 114, inciso IX, da Magna Carta. 2. Quando, como ocorre no presente caso, o intérprete está diante de controvérsia em que há fundamentos constitucionais para se adotar mais de uma solução possível, deve ele optar por aquela que efetivamente trará maior efetividade e racionalidade ao sistema. 3. Recurso extraordinário de que se conhece e ao qual se dá provimento para firmar a competência da Justiça comum para o processamento de demandas ajuizadas contra entidades privadas de previdência buscando-se o complemento de aposentadoria. 4. Modulação dos efeitos da decisão para reconhecer a competência da Justiça Federal do Trabalho para processar e julgar, até o trânsito em julgado e a correspondente execução, todas as causas da espécie em que houver sido proferida sentença de mérito até a data da conclusão, pelo Plenário do Supremo Tribunal Federal, do julgamento do presente recurso (20/2/2013). 5. Reconhecimento, ainda, da inexistência de repercussão geral quanto ao alcance da prescrição de ação tendente a questionar as parcelas referentes à aludida complementação, bem como quanto à extensão de vantagem a aposentados que tenham obtido a complementação de aposentadoria por entidade de previdência privada sem que tenha havido o respectivo custeio".

Em decorrência deste entendimento da Suprema Corte, o STJ editou a Súmula 505, que pontifica a competência estadual para conhecer de demanda envolvendo instituição de previdência privada dos ferroviários em decorrência da relação jurídico--previdenciária complementar.

Súmula 507. A acumulação de auxílio-acidente com aposentadoria pressupõe que a lesão incapacitante e a aposentadoria sejam anteriores a 11.11.1997, observado o critério do art. 23 da Lei n. 8.213/1991 para definição do momento da lesão nos casos de doença profissional ou do trabalho.

Comentários:

Desde o advento da Medida Provisória 1.596-14, convertida na Lei 9.528/97, o auxílio-acidente não mais será acumulado com a aposentadoria do segurado, passando a integrar o salário de contribuição para fins do cálculo do salário de benefício da aposentadoria, na forma do artigo 31, da Lei 8.213/91.

Essa inovação prejudica os segurados que tenham o salário de benefício atingido o teto, após a soma do valor do auxílio-acidente com os salários de contribuição do segurado, pois antes eles podiam receber a aposentadoria até o teto e o auxílio-acidente separadamente.

No entanto, a vedação deve preservar o direito adquirido, pois o segurado que preencheu todos os requisitos para ambos os benefícios antes de 11/11/1997 terá direito à acumulação. No mesmo sentido a Súmula 44 da AGU:

Súmula 44 – "Para a acumulação do auxílio-acidente com proventos de aposentadoria, a consolidação das lesões decorrentes de acidentes de qualquer natureza, que resulte sequelas definitivas, nos termos do art. 86 da Lei nº 8.213/91, e a concessão da aposentadoria devem ser anteriores às alterações inseridas no art. 86, § 2º da Lei nº 8.213/91, pela Medida Provisória nº 1.596-14, convertida na Lei nº 9.528/97" *(redação dada pela Súmula AGU 75/2014).*

Súmula 557. A renda mensal inicial (RMI) alusiva ao benefício de aposentadoria por invalidez precedido de auxílio-doença será apurada na forma do art. 36, § 7º, do Decreto n. 3.048/1999, observando-se, porém, os critérios previstos no art. 29, § 5º, da Lei n. 8.213/1991, quando intercalados períodos de afastamento e de atividade laboral.

Comentário:

Este pedido de revisão é feito para as aposentadorias por invalidez que foram imediatamente precedidas de auxílio-doença, pois o INSS utiliza o mesmo salário de benefício do auxílio-doença para a concessão da aposentadoria por invalidez, apenas alterando o coeficiente do salário de benefício de 91% para 100% (sistemática anterior à EC 103/2019).

Suponha-se que João recebeu auxílio-doença no valor de R$ 1.820,00 (91% do salário de benefício), tendo o salário de benefício sido fixado obviamente em R$ 2.000,00. Se esse benefício for convertido em aposentadoria por invalidez, a Previdência Social utilizará o mesmo salário de benefício, sendo paga a aposentadoria por invalidez em R$ 2.000,00 (100% do salário de benefício), com a incidência do reajuste anual, se ocorreu.

O INSS vem seguindo a determinação do artigo 36, § 7º, do Decreto 3.048/99, que prevê que "a renda mensal inicial da aposentadoria por invalidez concedida por transformação de auxílio-doença será de cem por cento do salário-de-benefício que serviu de base para o cálculo da renda mensal inicial do auxílio doença, reajustado pelos mesmos índices de correção dos benefícios em geral".

Sucede que os segurados buscam outra sistemática de cálculo, tomando por fundamento o § 5º, do artigo 29, da Lei 8.213/91:

> "§ 5º – Se, no período básico de cálculo, o segurado tiver recebido benefícios por incapacidade, sua duração será contada, considerando-se como salário-de-contribuição, no período, o salário-de-benefício que serviu de base para o cálculo da renda mensal, reajustado nas mesmas épocas e bases dos benefícios em geral, não podendo ser inferior ao valor de 1 (um) salário mínimo".

Logo, muitos segurados ingressam com esta revisional com o objetivo de recalcular o salário de benefício da concessão da aposentadoria por invalidez, a fim de considerar o período em que receberam o auxílio-doença.

Para eles, durante a percepção do auxílio-doença, deverá ser considerado como salário de contribuição o salário de benefício do auxílio-doença. Tomando como exemplo o mesmo caso dado, se João recebeu o auxílio-doença por 06 meses, esse período entraria no período básico de cálculo, sendo considerado como salário de contribuição o salário de benefício do auxílio-doença, o que certamente elevaria o salário de benefício da aposentadoria por invalidez, conquanto existam casos em que não haverá diferença.

A Turma Nacional de Uniformização de Jurisprudência vem acolhendo o pedido dos segurados, conforme decidido no julgamento do pedido 2006.51.68.004451-6, de 27.03.2009, o qual se colaciona a principal passagem:

> "3. A norma contida no artigo 29, em seu § 5º, é de clara exegese, e não deixa margem à interpretação divergente, bastando para o enquadramento da situação em seus termos a análise sobre ter sido ou não recebido o benefício por incapacidade em período

integrante daquele denominado período básico de cálculo, este, por sua vez, descrito no inciso II do referido artigo. 4. **O art. 36, § 7º, do Decreto n.º 3.048/99, é "dispositivo que se afasta da intenção do legislador quanto à forma de cálculo da renda mensal da aposentadoria por invalidez, prestigiada no § 5º do art. 29 da Lei nº 8.213/91, constituindo afronta ao princípio da hierarquia das leis"**. (PU n.º 2007.51.51.002296-4. Relator: Juiz Federal Derivaldo de Figueiredo Bezerra Filho. J: 21/11/2009). 5. **Diante do confronto da lei e do decreto, que dispõem de maneira diversa sobre o mesmo assunto, cabe ao intérprete afastar a aplicação deste em benefício daquela. Nesse contexto, o cálculo da renda mensal inicial da aposentadoria por invalidez, em sendo precedida de auxílio-doença, deve ter como parâmetro a regra insculpida no artigo 29, § 5º da Lei n.º 8.213/1991, e não o que prevê o artigo 36, § 7º, do Decreto n.º 3.048/1999".**

Uma interpretação promovida apenas pelo método gramatical do § 5º, do artigo 29, da Lei 8.213/91, poderá levar à falsa conclusão que há direito à revisão. Contudo, é curial a exegese sistemática de todo o ordenamento previdenciário, especialmente com arrimo no Princípio da Contributividade.

Ora, se no período em que o segurado esteve em gozo do auxílio-doença não houve o pagamento de contribuição previdenciária, pois os benefícios não compõem o salário de contribuição (salvo o salário-maternidade), obviamente não entrará no período básico de cálculo.

Por sua vez, o Superior Tribunal de Justiça firmou entendimento favorável à sistemática adotada pelo INSS:

> "AGRAVO REGIMENTAL. PREVIDENCIÁRIO. REVISÃO DE BENEFÍCIO. APOSENTARIA POR INVALIDEZ PRECEDIDA DE AUXÍLIO-DOENÇA. ART. 36, § 7º, DO DECRETO Nº 3.048/1999. 1. A renda mensal inicial da aposentadoria por invalidez será calculada com base nos salários-de-benefícios anteriores ao auxílio-doença, a teor do art. 36, § 7º, do Decreto nº 3.048/1999. 2. Agravo regimental a que se nega provimento" (AGREsp 1.162.440, de 01.12.2009, 6ª Turma).

> "PREVIDENCIÁRIO. AGRAVO REGIMENTAL NO RECURSO ESPECIAL. APOSENTADORIA POR INVALIDEZ PRECEDIDA DE AUXÍLIO-DOENÇA. RENDA MENSAL INICIAL. APLICAÇÃO DO ART. 36, § 7º, DO DECRETO N.º 3.048/99. PRECEDENTES. 1. Consoante entendimento firmado por este Tribunal Superior, no caso do

> benefício da aposentadoria por invalidez ser precedido de auxílio-doença, a renda mensal será calculada a teor do art. 36, § 7.º, do Decreto n.º 3.048/99, ou seja, o salário-de-benefício da aposentadoria por invalidez será de 100% (cem por cento) do valor do salário-de-benefício do auxílio-doença anteriormente recebido, reajustado pelos índices de correção dos benefícios previdenciários. Precedentes. 2. A via especial, destinada à uniformização do direito federal infraconstitucional, não se presta à análise de dispositivos da Constituição da República. 3. Agravo regimental desprovido" (AGREsp 1.114.918, de 22.09.2009, 5ª Turma).

Isto posto, a Previdência Social conseguiu validar a sua sistemática de cálculo na Corte Superior, pois as decisões da TNU vêm sendo reformadas pelo STJ, mediante o julgamento de incidente de uniformização de jurisprudência.

Finalmente, no dia 21 de setembro de 2011, por unanimidade, no julgamento do recurso extraordinário 583.834, o Plenário do STF acolheu a tese do INSS, conforme noticiado no sítio do STF[23]:

> "Quarta-feira, 21 de setembro de 2011
>
> Afastamento contínuo da atividade sem contribuição não pode ser considerado para calcular aposentadoria por invalidez precedida de auxílio-doença.
>
> Por unanimidade dos votos, o Plenário do Supremo Tribunal Federal (STF) deu provimento ao Recurso Extraordinário (RE) 583834, com repercussão geral reconhecida. O recurso, de autoria do Instituto Nacional do Seguro Social (INSS), questionava acórdão da Primeira Turma Recursal dos Juizados Especiais de Santa Catarina que determinou que o valor do auxílio-doença fosse considerado como salário de contribuição – e, por isso, usado para calcular a renda mensal inicial do benefício da aposentadoria por invalidez.
>
> O INSS, no entanto, argumentou que, quando a aposentadoria por invalidez for precedida de recebimento de auxílio-doença durante período não intercalado com atividade laborativa, o valor dos proventos deveria ser obtido mediante a transformação do auxílio-doença, correspondente a 91% do salário de benefício, em aposentadoria por invalidez, equivalente a 100% do salário de benefício. De outro lado, o segurado que é parte no RE defende que o auxílio-doença deve ser utilizado como salário de

23. www.stf.jus.br.

contribuição durante o tempo em que foi pago, repercutindo no valor de sua aposentadoria.

Conforme os autos, o recorrido se aposentou por invalidez após se afastar da atividade durante período contínuo em que recebeu auxílio-doença e não contribuiu para a previdência. Por esse motivo, o instituto alega que não se pode contabilizar fictamente o valor do auxílio como salário de contribuição.

Provimento

O relator da matéria, ministro Ayres Britto, votou pelo provimento do recurso extraordinário do INSS e foi seguido pela unanimidade dos ministros. Segundo o relator, a decisão contestada mandou recalcular os proventos de acordo com os parâmetros utilizados para aposentadoria por invalidez precedida de afastamento intercalado com períodos trabalhados [quando se volta a contribuir], "o que não foi o caso dos autos".

Em seu voto, o relator afirmou que o regime geral da previdência social tem caráter contributivo [*caput* do artigo 201 da Constituição Federal], "donde se conclui, pelo menos a princípio, pelo desacerto de interpretações que resultem em tempo ficto de contribuição".

Para ele, não deve ser aplicado ao caso o § 5º do art. 29 da Lei 8.213/91 [Lei de Benefícios da Previdência Social], que é "uma exceção razoável à regra proibitiva de tempo de contribuição ficta ou tempo ficto de contribuição". Isso porque tal dispositivo, segundo ele, "equaciona a situação em que o afastamento que precede a aposentadoria por invalidez não é contínuo, mas intercalado com períodos de labor". Períodos em que, conforme ressalta o relator, é recolhida a contribuição previdenciária porque houve uma intercalação entre afastamento e trabalho, o que não é o caso autos.

O ministro Ayres Britto avaliou que a situação não se modificou com alteração do artigo 29 da Lei 8.213 pela Lei 9.876/99 porque a referência "salários de contribuição" continua presente no inciso II do *caput* do artigo 29, que também passou a se referir a período contributivo. "Também não há norma expressa que, à semelhança do inciso II do artigo 55 da Lei de Benefícios, mande aplicar ao caso a sistemática do § 5º de seu artigo 29", afirmou.

"O § 7º do artigo 36 do Decreto 3.048/99 não me parece ilegal porque apenas explicita a correta interpretação do *caput*, do inciso II e do § 5º do artigo 29 em combinação com o inciso II do artigo 55 e com os artigos 44 e 61, todos da Lei de Benefícios da Previdência Social", ressaltou o ministro.

Em seguida, o relator considerou que, mesmo se o caso fosse de modificação da situação jurídica pela Lei 9.876/99, o fato é que esta não seria aplicável porque a aposentadoria em causa foi concedida antes da sua vigência. Conforme o ministro, "a extensão de efeitos financeiros de lei nova a benefício previdenciário anterior a respectiva vigência viola tanto o inciso XXXVI do artigo 5º quanto o § 5º do artigo 195 da CF", conforme precedentes do Supremo (REs 416827 e 415454, que tiveram por objeto a Lei 9.032/95)".

Na mesma linha de pensamento do relator, o ministro Luiz Fux verificou que é uma contradição a Corte considerar tempo ficto de contribuição com a regra do *caput* do artigo 201 da Constituição Federal. "Fazer contagem de tempo ficto é totalmente incompatível com o equilíbrio financeiro e atuarial", afirmou, salientando que se não houver salário de contribuição este não pode gerar nenhum parâmetro para cálculo de benefício.

A aposentadoria do recorrido se deu antes da Lei 9.876, então a questão era exatamente uma questão de direito intertemporal. Nesse sentido, o ministro Luiz Fux lembrou a Súmula 359, do STF. "Anoto que vale para a Previdência Social a lógica do *tempus regit actum* de modo que a fixação dos proventos de inatividade deve dar-se de acordo com a legislação vigente ao tempo do preenchimento dos requisitos", disse".

Posteriormente, o STJ aprovou a Súmula 557.

Súmula 563. O Código de Defesa do Consumidor é aplicável às entidades abertas de previdência complementar, não incidindo nos contratos previdenciários celebrados com entidades fechadas.

Comentário:

Diante da sua facultatividade, entende-se que a natureza jurídica da relação previdenciária privada é contratual *sui generis*, haja vista existir forte controle estatal que mitigou a autonomia da vontade no que concerne ao regime dos planos ofertados, que deverão observar os parâmetros legais e ainda ser previamente aprovados pelos agentes normativos e reguladores do Poder Público.

Dessa forma, havia a incidência do Código de Defesa do Consumidor, consoante previa a revogada Súmula 321, do STJ:

> "Súmula 321 STJ: O Código de Defesa do Consumidor é aplicável à relação jurídica entre a entidade de previdência privada e seus participantes". (revogada em 26/2/2016).

No entanto, no julgamento do Recurso Especial 1.421.951, de 12 de dezembro de 2014, o STJ restringiu a aplicação da Súmula 321 aos planos privados abertos de previdência complementar, afastando a sua incidência aos planos fechados, pois, neste caso, o patrimônio da entidade e respectivos rendimentos revertem-se integralmente na concessão e manutenção do pagamento de benefícios, prevalecendo o associativismo e o mutualismo, o que afasta o intuito lucrativo.

Posteriormente, na sessão de 24 de fevereiro de 2016, a 1ª Seção do STJ cancelou a Súmula 321 e editou a Súmula 563, limitando a aplicação do CDC aos planos de previdência privada abertos.

Súmula 576. Ausente requerimento administrativo no INSS, o termo inicial para a implantação da aposentadoria por invalidez concedida judicialmente será a data da citação válida.

Comentário:

Observou-se uma mudança de posicionamento na jurisprudência da Corte Superior[24], dominando, na atualidade, o entendimento de que a data de início da aposentadoria por incapacidade permanente será a data da citação, e não a data da juntada do laudo pericial judicial, quando não possível retroagir ao requerimento administrativo:

> "PREVIDENCIÁRIO. RECURSO ESPECIAL. APOSENTADORIA POR INVALIDEZ. TERMO INICIAL DO BENEFÍCIO. AUSÊNCIA DE REQUERIMENTO ADMINISTRATIVO. CITAÇÃO VÁLIDA. MATÉRIA JÁ DECIDIDA SOB O RITO DO ART. 543-C DO CPC. 1. O tema relativo ao termo inicial de benefício proveniente de incapacidade laborativa já foi exaustivamente debatido nesta Corte, a qual, após oscilações, passou a rechaçar a fixação da Data de Início do Benefício – DIB a partir do laudo pericial, porquanto a prova

24. RECURSO ESPECIAL Nº 1.311.665 – SC, 1ª Turma, de 02/09/2014.

> técnica prestar-se-ia unicamente para nortear o convencimento do juízo quanto à pertinência do novo benefício, mas não para atestar o efetivo momento em que a moléstia incapacitante se instalou.
>
> Atualmente a questão já foi decidida nesta Corte sob o rito dos recursos repetitivos (art. 543-C do CPC), restando pacificada a jurisprudência no sentido que "*A citação válida informa o litígio, constitui em mora a autarquia previdenciária federal e deve ser considerada como termo inicial para a implantação da aposentadoria por invalidez concedida na via judicial quando ausente a prévia postulação*". (REsp 1.369.165/SP, Rel. Ministro BENEDITO GONÇALVES, Primeira Seção, DJe 7/3/2014)".

De acordo com o atual posicionamento do STJ, "na ausência de prévio requerimento administrativo, o termo inicial para a implantação da aposentadoria por idade rural deve ser a data da citação válida do INSS – e não a data do ajuizamento da ação. No julgamento do REsp 1.369.165-SP, submetido ao rito do artigo 543-C do CPC, a Primeira Seção do STJ firmou compreensão segundo a qual, na ausência de prévio requerimento administrativo, o termo inicial para a implantação da aposentadoria por invalidez deve ser a data da citação da autarquia previdenciária federal, ao invés da data da juntada do laudo médico-pericial que atestou a invalidez do segurado". REsp 1.450.119-SP, Rel. originário Min. Mauro Campbell Marques, Rel. para acórdão Min. Benedito Gonçalves, julgado em 08/10/2014, DJe 1º/7/2015 (Informativo 565).

Nesse sentido, o STJ publicou em 22 de julho de 2016 a Súmula 576 em decorrência do julgamento do Recurso Especial representativo de controvérsia 1.369.165, de 26/2/2014.

Entende-se que o STJ cometeu um grave equívoco ao aprovar esta súmula com a redação que foi posta, pois anteriormente o STF já havia firmado no julgamento do Recurso Extraordinário 631.240, de 27 de abril de 2014, que é necessário o prévio requerimento administrativo como condição de propositura de ação judicial contra o INSS, sob pena de extinção do processo sem o julgamento do mérito.

Ao analisar o conteúdo do REsp 1.369.165 verificou-se que o prévio requerimento sequer foi debatido pelos Ministros, que simplesmente ignoraram o entendimento do STF, que, aliás, é seguido pelo STJ em outros precedentes.

Desta forma, a Súmula 576 terá apenas uma aplicação residual, ou seja, quando for desnecessária a decisão administrativa de indeferimento da aposentadoria por incapacidade permanente, a exemplo da omissão do INSS em dar uma resposta dentro do prazo normativo ou a recusa de protocolo do requerimento administrativo.

Nesse sentido, a PGF editou o Parecer Referencial 27/2017/GEOR/PREV/DEPCONT/PGF/AGU:

> "EMENTA: PARECER REFERENCIAL. PORTARIA AGU Nº 488/2016. JURISPRUDÊNCIA ITERATIVA DO STJ. RESP REPETITIVO Nº 1.369.165/SP. APOSENTADORIA POR INVALIDEZ. AUSÊNCIA DE PRÉVIO REQUERIMENTO ADMINISTRATIVO. TERMO INICIAL PARA A IMPLANTAÇÃO DO BENEFÍCIO CONCEDIDO NA VIA JUDICIAL. CITAÇÃO VÁLIDA DO INSS.
>
> A Procuradoria-Geral Federal, com fundamento no artigo 3º, inciso I e parágrafo único, da Portaria AGU nº 488, de 27 de julho de 2016, autoriza os Procuradores Federais a, ressalvadas as hipóteses previstas no artigo 12 da mencionada Portaria e outras questões de ordem fática e jurídica não abrangidas pelo acórdão proferido no REsp Repetitivo nº 1.369.165/SP, abster-se de recorrer e desistir dos recursos já interpostos, quando a decisão judicial estiver em conformidade com a jurisprudência do STJ fixada no aludido recurso representativo de controvérsia, no sentido de que: ausente o prévio requerimento administrativo, o termo inicial para a implantação da aposentadoria por invalidez concedida judicialmente deverá ser a data da citação válida.
>
> II. Permanece, contudo, o dever de apresentação de contestação quanto à referida pretensão deduzida contra o INSS, porquanto a discussão objeto do REsp Repetitivo nº 1.369.165/SP envolve aspectos processual e probatório, que somente estarão amadurecidos após a fase instrutória do processo, máxime depois da produção da prova médico-pericial.
>
> III. Ademais, a autorização para não recorrer/desistir dos recursos já interpostos nos casos de decisões judiciais em conformidade com o decidido no REsp Repetitivo nº 1.369.165/SP não abrange as ações que tenham sido ajuizadas após a conclusão do julgamento do RE nº 631.240/MG (ocorrida em 03.09.2014) sem comprovação de que o autor tenha realizado o prévio requerimento administrativo do benefício, bem como não deve ser aplicada nas situações em que a sua observância resulte na contrariedade aos preceitos insculpidos na Orientação Judicial Conjunta DEPCONT-PGF/PFE-INSS nº 03/2014 e na Orientação

Judicial Conjunta DEPCONT-PGF/PFE-INSS nº 01/2015, qualquer que seja a data do ajuizamento da ação judicial".

Súmula 577. É possível reconhecer o tempo de serviço rural anterior ao documento mais antigo apresentando, desde que amparado em convincente prova testemunhal colhida sob o contraditório.

Comentário:

Vale registrar que a jurisprudência dominante vem admitindo o reconhecimento de tempo rural anterior ao início de prova material mais remoto, desde que complementado por testemunhas idôneas.

No julgamento do REsp 1.348.633/SP, sob o rito do art. 543-C do CPC (recursos repetitivos), a 1ª Seção do STJ em 28/08/2013 reconheceu o tempo de serviço rural mediante apresentação de um início de prova material sem delimitar o documento mais remoto como termo inicial do período a ser computado, contanto que corroborado por testemunhos idôneos. No caso julgado, Arnaldo Esteves Lima, Ministro Relator, concluiu que as provas testemunhais juntadas para complementar o início de prova material, tanto do período anterior ao mais antigo, quanto osterior ao mais recente, eram válidas. Para ele, mesmo que não haja nenhum documento que comprove a atividade rural anterior à certidão de casamento do segurado, ocorrido em 1974, os testemunhos colhidos em juízo sustentam a alegação de que ele trabalha no campo desde 1967.

Posteriormente, o STJ editou em 22 de junho de 2016 a Súmula 577.

Em decorrência dessa tese repetitiva do STJ, a PGF editou o Parecer Referencial 7/2019/ DEPCONT/PGF/AGU:

> **"CONTENCIOSO. PROCESSO CIVIL E PREVIDENCIÁRIO. PORTARIA AGU Nº 488/2016. JURISPRUDÊNCIA ITERATIVA DO STJ. RESP REPETITIVO Nº 1.348.633/SP. SÚMULA STJ 577. RECONHECIMENTO DE TEMPO DE SERVIÇO RURAL ANTERIOR AO DOCUMENTO APRESENTADO COMO INÍCIO DE PROVA MATERIAL. POSSIBILIDADE.**

A Procuradoria-Geral Federal, com fundamento no artigo 3º, incisos I e IV e parágrafo único, da Portaria AGU nº 488, de 27 de julho de 2016, autoriza os Procuradores Federais a, ressalvadas as hipóteses previstas no artigo 12 da mencionada Portaria e outras questões de ordem fática e jurídica não abrangidas pelo acórdão proferido no REsp Repetitivo n º 1.348.633/SP e na Súmula STJ 577, abster-se de recorrer e desistir dos recursos já interpostos, quando a pretensão deduzida contra o INSS ou a decisão judicial estiver em conformidade com a jurisprudência do STJ fixada no aludido recurso representativo de controvérsia, no sentido de que: para os segurados especiais previstos no artigo 11, inciso VII, da Lei n. 8.213/91, é possível o reconhecimento de tempo de serviço rural anterior ao documento apresentado como início de prova material, desde que (i) o início de prova material seja válido e (ii) exista prova testemunhal robusta e coesa colhida nos próprios autos sob o manto do contraditório e apta a ampliar a eficácia probatória do aludido início de prova material.

II. O presente Parecer Referencial **não autoriza o reconhecimento da procedência do pedido e nem a abstenção de contestar**, salvo nos casos em que há inversão do procedimento, ou seja, quando a fase instrutória for anterior ao prazo para oferecimento da contestação.

III. Para fins do disposto nos itens I e II, são requisitos para a validade do início de prova material: a) a concretização em ao menos um dos documentos aceitos pela legislação de regência (Lei n. 8.213/91, art. 106), pela jurisprudência pacificada a respeito ou pela Súmula nº 32 da AGU; b) a contemporaneidade a uma parte do período de trabalho rural pretendido; e c) a inexistência de exercício de trabalho incompatível com o labor rurícola (como o de natureza urbana) no intervalo de lida campesina que se busca reconhecer.

IV. O presente Parecer Referencial revoga o Parecer Referencial n. 00003/2018/DEPCONT/PGF/AGU, aprovado pelo Procurador-Geral Federal".

Súmula 584. As sociedades corretoras de seguros, que não se confundem com as sociedades de valores mobiliários ou com os agentes autônomos de seguro privado, estão fora do rol de entidades constantes do art. 22, § 1º, da Lei n. 8.212/1991, não se sujeitando à majoração da alíquota da Cofins prevista no art. 18 da Lei n. 10.684/2003.

Comentário:

As *instituições financeiras* deverão ainda pagar um *adicional de 2,5%*, perfazendo um total de 22,5%, em razão do maior lucro e automação do setor, na forma do artigo 22, §1º, da Lei 8.212/91, discrímen validado pelo STF no julgamento da medida cautelar na ação cível 1.109, de 31.05.2007, com fulcro no artigo 195, §9º, da CRFB, que admite a progressividade das alíquotas das contribuições para a seguridade social:

> "EMENTA: PROCESSO CIVIL. MEDIDA CAUTELAR. EFEITO SUSPENSIVO A RECURSO EXTRAORDINÁRIO. INSTITUIÇÃO FINANCEIRA. CONTRIBUIÇÃO PREVIDENCIÁRIA SOBRE A FOLHA DE SALÁRIOS. ADICIONAL. § 1º DO ART. 22 DA LEI Nº 8.212/91. **A sobrecarga imposta aos bancos comerciais e às entidades financeiras, no tocante à contribuição previdenciária sobre a folha de salários, não fere, à primeira vista, o princípio da isonomia tributária, ante a expressa previsão constitucional (Emenda de Revisão nº 1/94 e Emenda Constitucional nº 20/98, que inseriu o § 9º no art. 195 do Texto permanente)**. Liminar a que se nega referendo. Processo extinto".

O mesmo posicionamento foi confirmado pelo STF em março de 2016:

> Informativo 819 – "**É constitucional a previsão legal de diferenciação de alíquotas em relação às contribuições previdenciárias incidentes sobre a folha de salários de instituições financeiras ou de entidades a elas legalmente equiparáveis, após a edição da EC 20/1998**. Essa a conclusão do Plenário, que negou provimento a recurso extraordinário em que discutida a constitucionalidade do art. 22, § 1º, da Lei 8.212/1991. O preceito impugnado dispõe sobre a contribuição adicional de 2,5% sobre a folha de salários a ser paga por bancos comerciais, bancos de investimentos, bancos de desenvolvimento, caixas econômicas, sociedades de crédito, financiamento e investimento, sociedades de crédito imobiliário, sociedades corretoras, distribuidoras de títulos e valores mobiliários, empresas de arrendamento mercantil, cooperativas de crédito, empresas de seguros privados e de capitalização, agentes autônomos de seguros privados e de crédito e entidades de previdência privada abertas e fechadas, considerado o período posterior à aludida emenda constitucional. O Colegiado assinalou que a jurisprudência do STF é firme

no sentido de que a lei complementar, para instituição de contribuição social, exigida para os tributos não descritos conforme o disposto no § 4º do art. 195 da CF, não se aplica ao caso, pois a contribuição incidente sobre a folha de salários está expressamente prevista na Constituição (art. 195, I). O art. 22, § 1º, da Lei 8.212/1991 não prevê nova contribuição ou fonte de custeio, mas mera diferenciação de alíquotas. É, portanto, formalmente constitucional. Quanto à constitucionalidade material, a redação do dispositivo em questão traduz o princípio da igualdade tributária, consubstanciado nos subprincípios da capacidade contributiva, aplicável a todos os tributos, e da equidade no custeio da seguridade social. Esses princípios destinam-se preponderantemente ao legislador, pois apenas a lei pode criar distinções entre os cidadãos, dentro dos limites constitucionais. Assim, a escolha legislativa em onerar as instituições financeiras e entidades equiparáveis com alíquota diferenciada, para fins de custeio da seguridade social, revela-se compatível com a Constituição, tendo em vista que as ECs 20/1998 e 47/2005 apenas explicitaram o conteúdo do art. 145, § 1º, da CF, ao indicar critérios pelos quais poderiam ser estabelecidas distinções entre contribuintes. Ademais, não compete ao Judiciário substituir-se ao legislador na escolha das atividades que terão alíquotas diferenciadas relativamente à contribuição indicada no art. 195, I, da CF. RE 598572/SP, rel. Min. Edson Fachin, 30.3.2016. (RE-598572)".

Por outro lado, de acordo com a Súmula 584, do STJ, "as sociedades corretoras de seguros, que não se confundem com as sociedades de valores mobiliários ou com os agentes autônomos de seguro privado, estão fora do rol de entidades constantes do art. 22, § 1º, da Lei n. 8.212/1991, não se sujeitando à majoração da alíquota da Cofins prevista no art. 18 da Lei n. 10.684/2003".

Veja-se o precedente repetitivo ensejador da súmula em comento (tema 728):

PROCESSO

REsp **1400287** / RS

RECURSO ESPECIAL

2013/0191520-9

RECURSO REPETITIVO

Pesquisa de tema: Tema Repetitivo 728

Situação do tema: Trânsito em Julgado

Pesquisa de Repetitivos e IACs Anotados

RELATOR

Ministro MAURO CAMPBELL MARQUES (1141)

ÓRGÃO JULGADOR

S1 - PRIMEIRA SEÇÃO

DATA DO JULGAMENTO

22/04/2015

DATA DA PUBLICAÇÃO/FONTE

DJe 03/11/2015

RSSTJ vol. 46 p. 533

TESE JURÍDICA

"As 'sociedades corretoras de seguros' estão fora do rol de entidades constantes do art. 22, §1º, da Lei n. 8.212/91". Veja o Tema Repetitivo 728

EMENTA

PROCESSUAL CIVIL. TRIBUTÁRIO. RECURSO REPRESENTATIVO DA CONTROVÉRSIA. ART. 543-C, DO CPC. COFINS. SOCIEDADES CORRETORAS DE SEGURO E SOCIEDADES CORRETORAS, DISTRIBUIDORAS DE TÍTULOS E VALORES MOBILIÁRIOS. INTERPRETAÇÃO DO ART. 22, §1º, DA LEI 8.212/91 APLICADO À COFINS POR FORÇA DO ART. 3º, §6º DA LEI N. 9.718/98 E ART. 18 DA LEI 10.684/2003.

MAJORAÇÃO DE ALÍQUOTA (4%) PREVISTA NO ART. 18 DA LEI 10.684/2003.

1. Não cabe confundir as "sociedades corretoras de seguros" com as "sociedades corretoras de valores mobiliários" (regidas pela Resolução BACEN n. 1.655/89) ou com os "agentes autônomos de seguros privados" (representantes das seguradoras por contrato de agência). As "sociedades corretoras de seguros" estão fora do rol de entidades constantes do art. 22, §1º, da Lei n. 8.212/91.

2. Precedentes no sentido da impossibilidade de enquadramento das empresas corretoras de seguro como sociedades corretoras: 2.1) Primeira Turma: AgRg no AgRg no REsp 1132346 / PR, Rel. Min. Ari Pargendler, julgado em 17/09/2013; AgRg no AREsp 307943 / RS, Rel. Min. Benedito Gonçalves, julgado em 03/09.2013; AgRg no REsp 1251506 / PR, Rel. Min. Benedito Gonçalves, julgado em 01/09/2011; 2.2) Segunda Turma: REsp 396320 / PR, Rel. Min. Francisco Peçanha Martins, julgado em 16.12.2004.

3. Precedentes no sentido da impossibilidade de equiparação das empresas corretoras de seguro aos agentes de seguros privados: 3.1) Primeira Turma: AgRg no AREsp 441705 / RS, Rel. Min. Napoleão Nunes Maia Filho, julgado em 03/06/2014; AgRg no AREsp 341247 / RS, Rel. Min. Arnaldo Esteves Lima, julgado em 22/10/2013; AgRg no AREsp 355485 / RS, Rel. Min. Sérgio Kukina, julgado em 22/10/2013; AgRg no REsp 1230570 / PR, Rel. Min. Sérgio Kukina, julgado em 05/09/2013;AgRg no AREsp 307943 / RS, Rel. Min. Benedito Gonçalves, julgado em 03/09/2013; AgRg no REsp 1251506 / PR, Rel. Min. Benedito Gonçalves, julgado em 01/09/2011; REsp 989735 / PR, Rel. Min. Denise Arruda, julgado em 01/12/2009; 3.2) Segunda Turma: AgRg no AREsp 334240 / RS, Rel. Min. Herman Benjamin, julgado em 20/08/2013; AgRg no AREsp 426242 / RS, Rel. Min. Herman Benjamin, julgado em 04/02/2014; EDcl no AgRg no AREsp 350654 / RS, Rel. Min. Og Fernandes, julgado em 10/12/2013; AgRg no AREsp 414371 / RS, Rel. Min. Herman Benjamin, julgado em 05/12/2013; AgRg no AREsp 399638 / SC, Rel. Min. Eliana Calmon, julgado em 26/11/2013; AgRg no AREsp 370921 / RS, Rel. Min. Humberto Martins, julgado em 01/10/2013; REsp 1039784 / RS, Rel. Min. Herman Benjamin, julgado em 07/05/2009.

4. Precedentes superados no sentido da possibilidade de enquadramento das empresas corretoras de seguro como sociedades corretoras: 4.1) Segunda Turma: AgRg no AgRg no AREsp 333496 / SC,

Rel. Min. Herman Benjamin, julgado em 10.09.2013; AgRg nos EDcl no AgRg no AREsp 342463/SC, Rel. Min. Herman Benjamin, julgado em 26.11.2013; REsp 699905 / RJ, Rel. Min. Mauro Campbell Marques, julgado em 05.11.2009; AgRg no REsp 1015383 / RS, Rel. Min. Herman Benjamin, julgado em 19/05/2009; REsp 1104659 / RS, Rel. Min. Eliana Calmon, julgado em 05/05/2009; REsp 555315/RJ, Rel. Min. João Otávio de Noronha, Rel. p/ acórdão Min. Castro Meira, julgado em 21/06/2007.

5. Recurso especial não provido. Acórdão submetido ao regime do art. 543-C do CPC e da Resolução STJ n. 8/08.

Súmula 612. O certificado de entidade beneficente de assistência social (CEBAS), no prazo de sua validade, possui natureza declaratória para fins tributários, retroagindo seus efeitos à data em que demonstrado o cumprimento dos requisitos estabelecidos por lei complementar para a fruição da imunidade.

Comentário:

A concessão do CEBAS **não constitui uma entidade como beneficente**, ostentando **natureza declaratória**, o que permite a concessão da imunidade com efeitos retroativos. Veja-se o precedente que ensejou esta súmula:

PROCESSO

AgInt no AREsp 32152 / PR

AGRAVO INTERNO NO AGRAVO EM RECURSO ESPECIAL

2011/0182428-9

RELATOR

Ministro NAPOLEÃO NUNES MAIA FILHO (1133)

ÓRGÃO JULGADOR

T1 - PRIMEIRA TURMA

DATA DO JULGAMENTO

15/12/2016

DATA DA PUBLICAÇÃO/FONTE

DJe 07/02/2017

EMENTA

TRIBUTÁRIO. ENTIDADE BENEFICENTE DE ASSISTÊNCIA SOCIAL. IMUNIDADE TRIBUTÁRIA. EFEITOS EX TUNC. AGRAVO INTERNO DESPROVIDO.

1. Esta Corte reconheceu inúmeras vezes que a decisão que declara a imunidade tributária tem efeitos ex tunc e retroage à data em que preencheu os pressupostos legais para sua concessão. Precedentes: AgRg no AREsp 738.512/RJ, Rel. Min. MAURO CAMPBELL MARQUES, DJe 25.9.2015; AgRg no AREsp. 4.224/GO, Rel. Min. ARNALDO ESTEVES LIMA, DJe 8.4.2014.

2. Agravo Interno da FAZENDA NACIONAL desprovido.

Súmula 633. A Lei n. 9.784/1999, especialmente no que diz respeito ao prazo decadencial para a revisão de atos administrativos no âmbito da Administração Pública federal, pode ser aplicada, de forma subsidiária, aos estados e municípios, se inexistente norma local e específica que regule a matéria.

Comentário:

De acordo com o artigo 54 da Lei 9.784/99, "o direito da Administração de anular os atos administrativos de que decorram efeitos favoráveis para os destinatários decai em cinco anos, contados da data em que foram praticados, salvo comprovada má-fé", prevendo o STJ que se aplica supletivamente aos demais entes federativos, conquanto se trate de regra do processo administrativo federal.

Eis os precedentes ensejadores:

> "[...] PENSÃO POR MORTE. PRETENSÃO DE ANULAÇÃO DO BENEFÍCIO.
>
> RECONHECIMENTO DE DECADÊNCIA DO DIREITO DA ADMINISTRAÇÃO. PRAZO DECENAL PREVISTO NA LEI ESTADUAL 10.177/1998. [...] Cuida-se, na origem, de Ação Ordinária por meio da qual a parte recorrente visa à anulação de ato administrativo que concedeu pensão por morte ao recorrido, sem prejuízo da restituição de valores depositados no curso da ação, a partir da citação. O acórdão combatido reconheceu a decadência do direito vindicado, considerando que a estabilização do ato praticado pelo ente estatal ocorre com o decurso do prazo de 10 anos, nos termos do art. 10 da Lei Estadual 10.177/1998. 2. Discute-se a aplicação do prazo quinquenal, previsto na Lei 9.784/99, que regula o processo administrativo no âmbito federal, ou o lapso decenal, estipulado na Lei Estadual 10.177/1998, que disciplina o processo administrativo no âmbito da Administração Pública Estadual. 3. Tem-se que deve prevalecer o preceito especializante da norma estadual, que prevê o prazo decenal. O entendimento do STJ é que se aplica o prazo decadencial de 5 (cinco) anos para a Administração rever seus atos, nos termos da Lei 9.784/99, no âmbito estadual, somente quando ausente norma específica [...]" (REsp 1666687 SP, Rel. Ministro HERMAN BENJAMIN, SEGUNDA TURMA, julgado em 06/06/2017, DJe 19/06/2017)

> "[...] LEI 9.784/99. REGRAS DO PROCEDIMENTO ADMINISTRATIVO. AUSÊNCIA DE LEI LOCAL. APLICABILIDADE DA LEI FEDERAL NOS ESTADOS E MUNICÍPIOS. [...] 'Com fundamento nos princípios da razoabilidade e da proporcionalidade, este Superior Tribunal de Justiça tem admitido a aplicação, por analogia integrativa, da Lei Federal n. 9.784/1999, que disciplina a decadência quinquenal para revisão de atos administrativos no âmbito da Administração Pública Federal, aos Estados e Municípios, quando ausente norma específica, não obstante a autonomia legislativa destes para regular a matéria em seus Territórios.' [...]" (AgRg no REsp 1083566 RJ, Rel. Ministro SÉRGIO KUKINA, PRIMEIRA TURMA, julgado em 14/06/2016, DJe 24/06/2016)

Excepcionalmente, se o ato ilegal afrontar texto da Constituição Federal, teremos uma ilegalidade qualificada denominada **inconstitucionalidade**, vício tão gravoso que **permite o exercício da autotutela a qualquer tempo.**

De efeito, "concluiu o STF, no RE 817.338/DF, sob o regime de repercussão geral, que "a Constituição Federal de 1988, no art. 8º do

ADCT, assim como os diplomas que versam sobre a anistia, não contempla aqueles militares que não foram vítimas de punição, demissão, afastamento de suas atividades profissionais por atos de motivação política, a exemplo dos cabos da Aeronáutica que foram licenciados com fundamento na legislação disciplinar ordinária por alcançarem o tempo legal de serviço militar (Portaria nº 1.104-GM3/64)", situação do impetrante. **Em hipótese como a dos autos, entendeu a Suprema Corte que se trata de situação flagrantemente inconstitucional**, ofensiva ao art. 8º do ADCT da CF/88, **que não deve ser consolidada pelo decurso do prazo decadencial previsto no art. 54 da Lei 9.784/99**. Nesse sentido, em juízo de retratação: STJ, MS 18.442/DF, Rel. Ministro SÉRGIO KUKINA, PRIMEIRA SEÇÃO, DJe de 18/11/2022; MS 20.163/DF, Rel. Ministro GURGEL DE FARIA, PRIMEIRA SEÇÃO, DJe de 14/10/2022; MS 20.187/DF, Rel. Ministro MANOEL ERHARDT (Desembargador Federal convocado do TRF/5ª Região), PRIMEIRA SEÇÃO, DJe de 16/08/2022".

> **Súmula 657.** Atendidos os requisitos de segurada especial no RGPS e do período de carência, a indígena menor de 16 anos faz jus ao salário-maternidade.

Comentário:

Em regra, para os **segurados obrigatórios**, a filiação será automática e decorrerá do exercício de atividade laborativa remunerada[25] (sendo considerado o seu termo inicial), com a **idade mínima de 16 anos** (salvo atividades insalubres, perigosas ou noturnas) **ou excepcionalmente de 14 anos, na condição de aprendiz[26].**

Caso o empregador viole a idade mínima o segurado não poderá ser prejudicado, contando-se o tempo de contribuição, conforme entendimento do STJ[27]:

> "AGRAVO REGIMENTAL EM RECURSO ESPECIAL. PREVIDENCIÁRIO. AVERBAÇÃO DE TEMPO DE SERVIÇO PRESTADO POR MENOR DE 14 ANOS. POSSIBILIDADE. CONDIÇÃO DE SEGURADO

25. Artigo 20 do RPS.
26. Na forma do art. 7º, XXXIII, da CRFB, com redação dada pela EC 20/1998.
27. AgRg no REsp 504.745 / SC, 6ª Turma, de 01.03.2005.

> ANTERIOR À LEI Nº 8.213/91. IRRELEVÂNCIA. CONTRIBUIÇÃO RELATIVAMENTE AO PERÍODO DE ATIVIDADE RURAL. DESNECESSIDADE.
>
> **-Ainda que mereça todo o repúdio o trabalho exercido por crianças menores de 14 anos de idade, ignorar tal realidade, ou entender que esse período não deverá ser averbado por falta de previsão legal, esbarra no alcance pretendido pela lei. Ao estabelecer o limite mínimo de 14 anos, o legislador o fez em benefício do menor, visando a sua proteção, não em seu prejuízo, razão pela qual o período de trabalho prestado antes dos 14 anos deverá ser computado como tempo de serviço para fins previdenciários.**
>
> - "A ausência da qualidade de segurado não inviabiliza o exercício do direito à contagem do tempo de serviço, porque não se confundem o direito ao benefício previdenciário, ele mesmo, e o direito à contagem, conversão e averbação de tempo de serviço, que é de natureza subjetiva, enquanto relativo à realização de fato continuado, constitutivo de requisito à aquisição de direitos subjetivos outros, estatutário ou previdenciário, de que é instrumental" (EDcl no REsp nº 409.986/RS, Relator Ministro Hamilton Carvalhido, Sexta Turma, DJ 24.03.2003, p. 295)".

No mesmo sentido, o STJ entende que o trabalhador rural que laborou em regime de economia familiar (segurado especial) poderá ter considerado o seu tempo de serviço, mesmo que com idade inferior aos 14 anos de idade. Nesse sentido, colaciona-se passagem do Informativo 510 do STJ:

> **"DIREITO PREVIDENCIÁRIO. TEMPO DE SERVIÇO PRESTADO POR TRABALHADOR COM IDADE INFERIOR A 14 ANOS EM REGIME DE ECONOMIA FAMILIAR.**
>
> **O tempo de serviço em atividade rural realizada por trabalhador com idade inferior a 14 anos, ainda que não vinculado ao Regime de Previdência Social, pode ser averbado e utilizado para o fim de obtenção de benefício previdenciário.** Comprovada a atividade rural do trabalhador com idade inferior a 14 anos e realizada em regime de economia familiar, esse tempo deve ser computado para fins previdenciários. A proibição do trabalho às pessoas com menos de 14 anos de idade foi estabelecida em benefício dos menores e não deve ser arguida para prejudicá-los. Precedentes citados: AR 3.629-RS, DJe 9/9/2008, e

EDcl no REsp 408.478-RS, DJ 5/2/2007. **AR 3.877-SP, Rel. Min. Marco Aurélio Bellizze, julgada em 28/11/2012**".

Esse posicionamento foi confirmado pelo **STF**:

RE 1225475 AgR

Órgão julgador: **Segunda Turma**

Relator(a): Min. RICARDO LEWANDOWSKI

Julgamento: 21/12/2020

Publicação: 05/02/2021

Ementa

Ementa: AGRAVO REGIMENTAL NO RECURSO EXTRAORDINÁRIO. PREVIDENCIÁRIO. EXERCÍCIO DE ATIVIDADE LABORAL POR CRIANÇA OU ADOLESCENTE. ART. 7º, XXXIII, DA CONSTITUIÇÃO FEDERAL. NORMA PROTETIVA QUE NÃO PODE PRIVAR DIREITOS. AGRAVO A QUE SE NEGA PROVIMENTO, COM APLICAÇÃO DE MULTA. I - **O art. 7°, XXXIII, da Constituição Federal não pode ser interpretado em prejuízo da criança ou adolescente que exerce atividade laboral. Regra constitucional que busca a proteção e defesa dos trabalhadores não pode ser utilizada para privá-los dos seus direitos, inclusive, previdenciários.** Precedentes. II - Agravo regimental a que se nega provimento, com aplicação de multa (art. 1.021, § 4°, do CPC).

No mesmo sentido o **Tema 219** da TNU:

Tema 219 Situação do tema Julgado Ramo do DIREITO PREVIDENCIÁRIO

Questão submetida a julgamento Saber se é possível o cômputo do tempo de serviço rural àquele que tenha menos de 12 anos de idade.

Tese firmada É possível o cômputo do tempo de serviço rural exercido por pessoa com idade inferior a 12 (doze) anos na época da prestação do labor campesino.

Processo Decisão de afetação Relator (a) Julgado em Acórdão publicado em Trânsito em julgado

PEDILEF 0007460-42.2011.4.03.6302/SP (desafetado)

PEDILEF 5008955-78.2018.4.04.7202/SC (segundo processo vinculado ao tema - em julgamento) 22/08/2019 - PEDILEF 0007460-42.2011.4.03.6302

21/08/2020 - PEDILEF 5008955-78.2018.4.04.7202 PEDILEF 0007460-42.2011.4.03.6302/SP - Juiz Federal Erivaldo Ribeiro dos Santos/ PEDILEF 5008955-78.2018.4.04.7202/SC - Juiz Federal Jairo da Silva Pinto 23/06/2022 23/06/2022

Súmula 663. "A pensão por morte de servidor público federal pode ser concedida ao filho inválido de qualquer idade, desde que a invalidez seja anterior ao óbito". (PRIMEIRA SEÇÃO, julgado em 8/11/2023, DJe de 13/11/2023).

Nos termos do artigo 23 da EC 103/2019, o tempo de duração da pensão por morte e das cotas individuais por dependente até a perda desta qualidade**, o rol de dependentes**, a sua qualificação e as condições necessárias para enquadramento **serão aqueles estabelecidos na Lei n° 8.213, de 24 de julho de 1991.**

Considerando que as regras da pensão por morte do servidor federal foram aproximadas ao regramento do RGPS pelas Leis 13.135/2015 e 13.846/2019 não se trata propriamente de uma novidade:

> **Lei 8.213/91 - Art. 16. São beneficiários do Regime Geral de Previdência Social, na condição de dependentes do segurado:**
>
> I - o cônjuge, a companheira, o companheiro e o filho não emancipado, de qualquer condição, menor de 21 (vinte e um) anos ou inválido **ou que tenha deficiência intelectual ou mental** ou deficiência grave; (Redação dada pela Lei nº 13.146, de 2015) (Vigência)
>
> II - os pais;
>
> III - o irmão não emancipado, de qualquer condição, menor de 21 (vinte e um) anos ou inválido **ou que tenha deficiência intelectual ou mental** ou deficiência grave; (Redação dada pela Lei nº 13.146, de 2015) (Vigência)
>
> IV - (Revogada pela Lei nº 9.032, de 1995)

§ 1º A existência de dependente de qualquer das classes deste artigo exclui do direito às prestações os das classes seguintes.

§ 2º .O enteado e o menor tutelado equiparam-se a filho mediante declaração do segurado e desde que comprovada a dependência econômica na forma estabelecida no Regulamento. (Redação dada pela Lei nº 9.528, de 1997) (Vide ADIN 4878) (Vide ADIN 5083)

§ 3º Considera-se companheira ou companheiro a pessoa que, sem ser casada, mantém união estável com o segurado ou com a segurada, de acordo com o § 3º do art. 226 da Constituição Federal.

§ 4º A dependência econômica das pessoas indicadas no inciso I é presumida e a das demais deve ser comprovada.

§ 5º As provas de união estável e de dependência econômica exigem início de prova material contemporânea dos fatos, produzido em período não superior a 24 (vinte e quatro) meses anterior à data do óbito ou do recolhimento à prisão do segurado, não admitida a prova exclusivamente testemunhal, exceto na ocorrência de motivo de força maior ou caso fortuito, conforme disposto no regulamento. (Incluído pela Lei nº 13.846, de 2019)

§ 6º Na hipótese da alínea *c* do inciso V do § 2º do art. 77 desta Lei, a par da exigência do § 5º deste artigo, deverá ser apresentado, ainda, início de prova material que comprove união estável por pelo menos 2 (dois) anos antes do óbito do segurado. (Incluído pela Lei nº 13.846, de 2019)

§ 7º Será excluído definitivamente da condição de dependente quem tiver sido condenado criminalmente por sentença com trânsito em julgado, como autor, coautor ou partícipe de homicídio doloso, ou de tentativa desse crime, cometido contra a pessoa do segurado, ressalvados os absolutamente incapazes e os inimputáveis. (Incluído pela Lei nº 13.846, de 2019)

Lei 8.112/90 - Art. 217. São beneficiários das pensões:

I - o cônjuge; (Redação dada pela Lei nº 13.135, de 2015)

a) (Revogada); (Redação dada pela Lei nº 13.135, de 2015)

b) (Revogada); (Redação dada pela Lei nº 13.135, de 2015)

c) (Revogada); (Redação dada pela Lei nº 13.135, de 2015)

d) (Revogada); (Redação dada pela Lei nº 13.135, de 2015)

e) (Revogada); (Redação dada pela Lei nº 13.135, de 2015)

II - o cônjuge divorciado ou separado judicialmente ou de fato, com percepção de pensão alimentícia estabelecida judicialmente; (Redação dada pela Lei nº 13.135, de 2015)

a) (Revogada); (Redação dada pela Lei nº 13.135, de 2015)

b) (Revogada); (Redação dada pela Lei nº 13.135, de 2015)

c) Revogada); (Redação dada pela Lei nº 13.135, de 2015)

d) (Revogada); (Redação dada pela Lei nº 13.135, de 2015)

III - o companheiro ou companheira que comprove união estável como entidade familiar; (Incluído pela Lei nº 13.135, de 2015)

IV - o filho de qualquer condição que atenda a um dos seguintes requisitos: (Incluído pela Lei nº 13.135, de 2015)

a) seja menor de 21 (vinte e um) anos; (Incluído pela Lei nº 13.135, de 2015)

b) seja inválido; (Incluído pela Lei nº 13.135, de 2015)

c) tenha deficiência grave; ou (Redação dada pela Lei nº 13.135, de 2015)

d) tenha deficiência intelectual ou mental; (Redação dada pela Lei nº 13.846, de 2019)

V - a mãe e o pai que comprovem dependência econômica do servidor; e (Incluído pela Lei nº 13.135, de 2015)

VI - o irmão de qualquer condição que comprove dependência econômica do servidor e atenda a um dos requisitos previstos no inciso IV. (Incluído pela Lei nº 13.135, de 2015)

§ 1º A concessão de pensão aos beneficiários de que tratam os incisos I a IV do caput exclui os beneficiários referidos nos incisos V e VI. (Redação dada pela Lei nº 13.135, de 2015)

§ 2º A concessão de pensão aos beneficiários de que trata o inciso V do caput exclui o beneficiário referido no inciso VI. (Redação dada pela Lei nº 13.135, de 2015)

§ 3º O enteado e o menor tutelado equiparam-se a filho mediante declaração do servidor e desde que comprovada dependência econômica, na forma estabelecida em regulamento. (Incluído pela Lei nº 13.135, de 2015)

§ 4º (VETADO). (Incluído pela Lei nº 13.846, de 2019)

Pelo novo artigo 217 da Lei 8.112/90, reformado pela Lei 13.135/2015, são dependentes habilitados à pensão por morte do servidor federal efetivo:

> I – o cônjuge;
>
> II – o cônjuge divorciado ou separado judicialmente ou de fato, com percepção de pensão alimentícia estabelecida judicialmente;
>
> III – o companheiro ou companheira que comprove união estável como entidade familiar;
>
> IV – o filho de qualquer condição que atenda a um dos seguintes requisitos:
>
> a) seja menor de 21 (vinte e um) anos;
>
> b) seja inválido;
>
> c) tenha deficiência grave; ou
>
> d) tenha deficiência intelectual ou mental;
>
> V – a mãe e o pai que comprovem dependência econômica do servidor; e
>
> VI – o irmão de qualquer condição que comprove dependência econômica do servidor e atenda a um dos requisitos previstos no inciso IV.

Os dependentes previstos nos incisos I a IV são preferenciais, afastando os dependentes arrolados nos incisos V e VI. Por sua vez, os dependentes do inciso V preferem aos dependentes do inciso VI. Por sua vez, o enteado e o menor tutelado equiparam-se a filho mediante declaração do segurado e desde que comprovada a dependência econômica na forma estabelecida no Regulamento.

Da mesma forma que ocorre no RGPS (Lei 8.213/91), no RPPU (Lei 8.112/90) **a normatização não exige que a invalidez do filho se dê antes da maioridade previdenciária. É necessário apenas que se opere antes do óbito do servidor federal.**

Nesse sentido, os precedentes da Súmula 663:

> EXCERTO DOS PRECEDENTES ORIGINÁRIOS [...] DIREITO À PENSÃO. FILHA MAIOR E INVÁLIDA. INVALIDEZ PREEXISTENTE AO ÓBITO DO INSTITUIDOR DA PENSÃO. [...] O entendimento jurisprudencial do STJ é o de que, em se tratando de filho inválido, a concessão da pensão por morte depende apenas da comprovação de que a invalidez é anterior ao óbito do instituidor do benefício. 2. Não se deve perder de vista, na análise de questão envolvendo o pagamento de pensão a pessoa inválida, que o objetivo de tal prestação é a proteção de quem apresenta a incapacidade; neste caso, a pensão decorre, ademais, do esforço contributivo do seu

instituidor, e não propriamente de uma concessão ex gratia. [...] (AgRg no Ag 1427186 PE, relator Ministro Napoleão Nunes Maia Filho, Primeira Turma, julgado em 6/9/2012, DJe de 14/9/2012)

[...] SERVIDOR PÚBLICO. [...] PENSÃO POR MORTE. FILHA MAIOR INVÁLIDA. INVALIDEZ PREEXISTENTE AO ÓBITO DO SERVIDOR PÚBLICO. PENSÃO. DIREITO. DEPENDÊNCIA ECONÔMICA. PRESUNÇÃO LEGAL. COMPROVAÇÃO. DESNECESSIDADE. [...] De acordo com a interpretação sistemática dos arts. 217, II, e 222, IV, da Lei 8.112/1990 (vigentes ao tempo do óbito do pai da autora, em 2013), pode-se concluir que:

(a) tratando-se de filhos não inválidos, a pensão por morte somente será devida se ao tempo do óbito do instituidor fossem menores de 21 (vinte e um) anos de idade, cessando seu pagamento quanto implementada essa idade; (b) é devida a pensão por morte ao filho que ao tempo do óbito do instituidor já era inválido, independentemente da idade. [...] 2. Na forma da jurisprudência desta Corte, firmada à luz da legislação de regência vigente ao tempo do óbito, a lei não exige a comprovação de dependência econômica para o deferimento da pensão por morte ao filho maior inválido. Ao contrário, reconhece a presunção de dependência nesses casos. [...]" (AgInt no AREsp 1.943.659/RS, Rel. Ministro FRANCISCO FALCÃO, SEGUNDA TURMA, DJe 31/3/2022). [...] (AgInt no REsp 1940842 RN, relator Ministro Sérgio Kukina, Primeira Turma, julgado em 23/5/2022, DJe de 27/5/2022)

[...] SERVIDOR PÚBLICO FEDERAL. [...] OFENSA AO ART. 217, II, "A", DA LEI Nº 8.112/90. PENSÃO POR MORTE ESTATUTÁRIA. FILHA MAIOR. INVALIDEZ ANTERIOR À MAIORIDADE DA FILHA. REQUISITO SEM PREVISÃO LEGAL. [...] O art. 217, II, "a", daLei nº 8.112/90, vigente no ano de 2012, época do óbito do servidor,estabelecia como beneficiário da pensão por morte o filho inválido, enquanto durar a invalidez, não tendo o legislador condicionado qualquer marco temporal para a constatação da invalidez, seja em momento anterior ou posterior à maioridade do filho. 3. "Para ter direito à pensão por morte, a norma legal (inciso IV do artigo 217 da Lei n. 8.112/1990) não condiciona que a invalidez deva preceder à maioridade da autora. Não cabe ao Poder Judiciário dar interpretação extensiva proibitiva sobre aquilo que não está contido no texto legal e que não corresponde à vontade literal do legislador, sobretudo, para justificar a retirada de um direito" (REsp nº 1.954.926/PB, Rel. Min. Benedito Gonçalves, decisão publicada no DJe de 01/09/2021). 4. "A Segunda Turma desta Corte, em reiterados julgados, tem se posicionado

> no sentido de que a pensão por morte temporária prevista no art. 217 da Lei n.° 8.112/1990 pode ser concedida ao filho inválido de qualquer idade, independentemente da data em que se iniciou a invalidez, desde que anterior ao óbito do instituidor" (REsp nº 1.899.272/PE, Rel. Min. Og Fernandes, decisão publicada no DJe de 29/03/2021). [...]" (AREsp 1925264 PE, relator Ministro Mauro Campbell Marques, Segunda Turma, julgado em 16/8/2022, DJe de 31/8/2022)
>
> "[...] PENSÃO POR MORTE. FILHO MAIOR. INVALIDEZ PRECEDENTE AO ÓBITO DO INSTITUIDOR. CONFIRMAÇÃO. DIFICULDADE DE FIXAÇÃO DE UM TERMO ESPECÍFICO. BENEFÍCIO DE NATUREZA CONTRIBUTIVA. [...] A orientação adotada na origem está consentânea com a jurisprudência desta Corte no sentido de que a invalidez deve anteceder o óbito do instituidor para que o filho inválido tenha direito à pensão por morte. [...] 2. A fixação do período em que tem origem a incapacidade mental para deferimento da pensão a filho inválido é essencial para o exame do direito ao benefício. Diante das peculiaridades trazidas nos autos e da natureza contributiva do benefício, tem-se, no caso específico, a incapacidade como preexistente ao óbito do instituidor. [...]" (REsp 1353931 RS, relatora Ministra Eliana
>
> Calmon, Segunda Turma, julgado em 19/9/2013, DJe de 26/9/2013)
>
> "[...] PENSÃO POR MORTE - SERVIDORA PÚBLICA FEDERAL - MENOR SOB GUARDA - CONTINUIDADE DO PAGAMENTO APÓS OS 21 ANOS - INVALIDEZ ANTECEDENTE AO ÓBITO - COMPROVAÇÃO [...] A orientação adotada na origem está consentânea com a jurisprudência desta Corte no sentido de que a invalidez deve anteceder o óbito do instituidor para que o filho inválido tenha direito à pensão por morte. [...] 2. A fixação do período em que tem origem a incapacidade mental para deferimento da pensão a filho inválido é essencial para o exame do direito ao benefício. [...]" (REsp 1364824 CE, relatora Ministra Eliana Calmon, Segunda Turma, julgado em 14/5/2013, DJe de 20/5/2013)

Mas um ponto não foi expressamente abordado. **Se a presunção de dependência econômica é relativa ou absoluta**. A meu ver, deve ser adotada a mesma posição que o STJ aplica ao RGPS, com presunção relativa, cabendo à União o ônus da desconstituição.

Nesse sentido, o seguinte precedente no STJ em RPPS:

PROCESSO

AgInt no REsp 2071102 / RJ
AGRAVO INTERNO NO RECURSO ESPECIAL
2023/0146283-2

RELATOR

Ministro FRANCISCO FALCÃO (1116)

ÓRGÃO JULGADOR

T2 - SEGUNDA TURMA

DATA DO JULGAMENTO

16/10/2023

DATA DA PUBLICAÇÃO/FONTE

DJe 19/10/2023

EMENTA

PROCESSUAL CIVIL. PREVIDENCIÁRIO. AÇÃO ORDINÁRIA. PENSÃO POR MORTE. FILHO MAIOR INVÁLIDO. PRESUNÇÃO RELATIVA DE DEPENDÊNCIA. DESPROVIMENTO DO AGRAVO INTERNO. MANUTENÇÃO DA DECISÃO RECORRIDA. INCIDÊNCIA DO ENUNCIADO N. 7 DA SÚMULA DO STJ.

I - Na origem, trata-se de ação ordinária objetivando o restabelecimento da pensão por morte estatutária, acrescida dos consectários legais. Na sentença o pedido foi julgado procedente. No Tribunal a quo, a sentença foi reformada para julgar o pedido improcedente.

II - A jurisprudência do Superior Tribunal de Justiça orienta-se no sentido de que a comprovação da dependência econômica é dispensável para o filho maior inválido de servidor público, em razão da presunção relativa da dependência. Nesse sentido: AgInt no REsp n. 2.000.163/RJ, relatora Ministra

Regina Helena Costa, Primeira Turma, julgado em 24/10/2022, DJe de 26/10/2022; AgInt no REsp n. 2.044.658/RJ, relator Ministro Mauro Campbell Marques, Segunda Turma, julgado em 29/5/2023, DJe de 1º/6/2023.

III - Verifica-se que a Corte de origem analisou a controvérsia dos autos levando em consideração os fatos e provas relacionados à matéria. Assim, para se chegar à conclusão diversa, seria necessário o reexame fático-probatório, o que é vedado pelo enunciado n. 7 da Súmula do STJ, segundo o qual "A pretensão de simples reexame de provas não enseja recurso especial". Nesse sentido: AgInt no AREsp n. 1.722.527/RJ, relator Ministro Francisco Falcão, Segunda Turma, julgado em 14/3/2022, DJe de 17/3/2022; AgInt no REsp n. 1.968.718/PE, relator Ministro Og Fernandes, Segunda Turma, julgado em 19/4/2022, DJe de 26/4/2022.

IV - Ressalte-se ainda que a Incidência do enunciado n. 7, quanto à interposição pela alínea a, impede o conhecimento da divergência jurisprudencial, diante da patente impossibilidade de similitude fática entre acórdãos. Nesse sentido: AgInt no AREsp n. 1.044.194/SP, relatora Ministra Maria Isabel Gallotti, Quarta Turma, julgado em 19/10/2017, DJe 27/10/2017.

V - Agravo interno improvido.

PARTE 2

SUPREMO TRIBUNAL FEDERAL

• SÚMULAS VINCULANTES

Súmula vinculante 02. É inconstitucional a lei ou ato normativo estadual ou distrital que disponha sobre sistemas de consórcios e sorteio, inclusive bingos e loterias.

Comentários:

Por força do artigo 22, inciso XX, da Constituição, a competência para legislar sobre sistemas de consórcios e sorteios é privativa da União, carecendo os demais entes políticos de competência legiferante para editar normas sobre a matéria.

Eis o precedente firmado na ADI 2.690:

> "EMENTA: Ação direta de inconstitucionalidade. 2. **Criação de serviço de loteria por lei estadual** (Lei nº 8.118/2002, do Estado do Rio Grande do Norte). 3. **Vício de iniciativa**. 4. **Competência privativa da União** 5. **Expressão "sistemas de consórcios e sorteios" (CF, art. 22, XX) inclui serviço de loteria**. 6. Proibição dirigida ao Estado-membro prevista no Decreto-Lei nº 204/67. 7. Precedente: ADI 2.847/DF, Rel. Min. Carlos Velloso, DJ 26.11.2004, Tribunal Pleno. 8. Ação direta de inconstitucionalidade julgada procedente" (ADI 2.690, de 07.06.2006).

Súmula vinculante 03. Nos processos perante o tribunal de contas da união asseguram-se o contraditório e a ampla defesa quando da decisão puder resultar anulação ou revogação de ato administrativo que beneficie o interessado, excetuada a apreciação da legalidade do ato de concessão inicial de aposentadoria, reforma e pensão.

Comentários:

O Supremo Tribunal Federal pacificou entendimento de que, sendo a aposentadoria ato complexo, que só se aperfeiçoa com o registro no Tribunal de Contas da União, o prazo decadencial da Lei n. 9.784/99 tem início a partir de sua publicação[1].

Desse modo, enquanto não registrada no Tribunal de Contas a aposentadoria e pensão por morte do RPPS ou a reforma militar, o ato não está perfeito e acabado, dispensando-se o contraditório para a negativa de registro.

Mas tivemos uma grande inovação de jurisprudência do STF a respeito do tema no sentido de que **o Tribunal de Contas não poderá negar registro de aposentadoria, pensão por morte e reforma militar após o prazo de 5 anos, a contar da chegada do processo na Corte de Contas.**

Trata-se do julgamento do Tema 445 (RE 636553/RS, de 19/2/2020, publicado em 26/5/2020):

> "Recurso extraordinário. Repercussão geral. 2. Aposentadoria. Ato complexo. Necessária a conjugação das vontades do órgão de origem e do Tribunal de Contas. Inaplicabilidade do art. 54 da Lei 9.784/1999 antes da perfectibilização do ato de aposentadoria, reforma ou pensão. Manutenção da jurisprudência quanto a este ponto. 3. Princípios da segurança jurídica e da confiança legítima. Necessidade da estabilização das relações jurídicas. Fixação do prazo de 5 anos para que o TCU proceda ao registro dos atos de concessão inicial de aposentadoria, reforma ou pensão, **após o qual se considerarão definitivamente registrados**. 4. Termo inicial do prazo. Chegada do processo ao Tribunal de Contas. 5. Discussão acerca do contraditório e da ampla defesa prejudicada. **6. TESE: "Em atenção aos princípios da segurança jurídica e da confiança legítima, os Tribunais de Contas estão sujeitos ao prazo de 5 anos para o julgamento da legalidade do ato de concessão inicial de aposentadoria, reforma ou pensão, a contar da chegada do processo à respectiva Corte de Contas".** 7. Caso concreto. Ato inicial da concessão de aposentadoria ocorrido em 1995. Chegada do processo ao TCU em 1996. Negativa

1. MS 25.552, de 007.04.2008.

do registro pela Corte de Contas em 2003. Transcurso de mais de 5 anos. 8. Negado provimento ao recurso".

Dessa forma, o silêncio da Corte de Contas consistente em não julgar o registro da aposentadoria, reforma militar ou pensão por morte em até cinco anos, a contar da chegada do processo no Tribunal, importará em registro tácito do ato administrativo concessório do benefício.

Curioso notar que o STF não ventilou nenhuma hipótese de suspensão do lustro, haja vista que existem situações em que é razoável que haja a suspensão do prazo, a exemplo do período de cumprimento de exigência perpetrada pelo Tribunal de Contas perante a Administração Pública ou mesmo para o beneficiário.

Demais disso, nem mesmo em situações de manifesta inconstitucionalidade o STF afastou o prazo quinquenal para negar um registro após o quinquênio, a exemplo de nomeação e posse em cargo público após a Constituição de 1988 sem concurso público, situação ilegítima que ainda ocorre fartamente no Brasil especialmente no âmbito municipal.

De certo, o que levou o Supremo Tribunal a rever a sua tradicional jurisprudência foi o abuso de muitas Cortes de Contas desorganizadas que levam mais de uma década para julgar o ato concessão dos citados benefícios.

O caso apreciado pelo STF versou sobre um período de oito anos para o julgamento do registro, sendo conhecidos casos que chegaram a dez ou quinze anos, denotando a ineficiência de várias Cortes de Contas que deveriam zelar pela eficiência administrativa.

Mas fica a preocupação da perpetuação do erro administrativo ou mesmo de fraudes contra o Erário com a concessão ilegal ou mesmo inconstitucional de uma aposentadoria, reforma ou pensão por morte no âmbito do RPPS ou da previdência militar, com um registro tácito do Tribunal de Contas competente após o transcurso *in albis* do prazo quinquenal para a deliberação de registro.

Nem mesmo a má-fé do beneficiário foi colocada como causa de afastamento do prazo de cinco anos para o julgamento do ato administrativo em situações que podem até configurar algum delito contra a Administração Pública.

Sobre o tema, cumpre citar o voto vencido do Ministro Marco Aurélio que expressou essa preocupação:

"O SENHOR MINISTRO MARCO AURÉLIO – Presidente, diria: "**Pronto! Estão todos aposentados!" E as situações precárias criadas a partir do órgão de origem se tornam, em um passe de mágica, definitivas**. Tem-se que pensar no Brasil. Tem-se que pensar na segurança jurídica. Tem-se que pensar na prevalência do Direito positivo. Tem-se, diria mesmo, que amar – e o verbo foi afastado do Código Civil –, **um pouco mais a Lei das leis que é a Constituição Federal**. O sistema não fecha. O sistema não fecha a partir do momento em que se diz que o ato originário é um ato precário e efêmero, e conclui-se, agora, que, considerada a passagem do tempo, sem que exista lei dispondo que os Tribunais de Contas do País têm prazo para apreciar aposentadorias e pensões a eles enviadas, o ato se transmuda em definitivo. Seria interessante fazer-se levantamento, só no Tribunal de Contas da União, de quantos processos versando aposentadorias e pensões estão pendentes de apreciação e ficarão prejudicados com a decisão do Supremo, desconhecendo que o registro preconizado na Constituição Federal, da aposentadoria ou da pensão, considerados os cálculos efetuados na origem, encerra formalidade essencial. A lei que versa a decadência, o que pressupõe? Ato jurídico perfeito e acabado. E, então, a Administração Pública tem cinco anos para revê-lo. No processo de aposentadoria, no processo alusivo à pensão, não se tem, presente o ato primeiro, que é o do órgão de origem do servidor, ato jurídico perfeito e acabado. Como fazer incidir esse prazo e dizer que a Administração Pública decaiu da possibilidade de proceder, em fase que compõe a higidez do ato primeiro, ao exame de registro? Como, sem lei a prever, com sanção, tempo para o Tribunal de Contas se pronunciar? Assentar-se que tem prazo para fazê-lo e que, não o fazendo, decai do direito de cumprir a Constituição Federal – direito-dever – de proceder à análise, sob o ângulo da legalidade, é passo, Presidente, demasiadamente largo. E não é o fato de o Supremo não ter acima dele órgão para rever as decisões que profira que o levará a fechar a Constituição Federal, a colocar em segundo plano o arcabouço normativo tal como elaborado pelo Congresso Nacional. Ao contrário, essa circunstância cobra dos integrantes do Tribunal responsabilidade maior, e já se disse que se está decidindo com repercussão ímpar no Brasil, no Brasil continental. Não existe como órgão de controle apenas o Tribunal de Contas da União. Tem-se situações concretas que não deságuam no Tribunal de Contas da União; tem-se situações concretas que envolvem servidores de Municípios, servidores de Estados que se encerram no Tribunal de Contas de origem. E são muitos, Presidente, são milhares os processos que aguardam o crivo do órgão de controle há mais de cinco anos. O ato é complexo e não se pode afastar o exame visando

> o registro, sacramentando-se, ante a passagem dos cinco anos, o que estabelecido pelo órgão de origem do servidor? Onde está, no arcabouço normativo pátrio, que, passados cinco anos, os órgãos de controle decaem do direito de examinar a situação jurídica? Sem o registro, o ato continua precário; o ato continua submetido a uma condição resolutiva, que pode se operar mesmo após cinco anos, ou seja, à revelada pela glosa dos cálculos efetuados, sabe lá como, pelo órgão de origem. É passo, Presidente, demasiadamente largo que, sem ser legalista ao extremo, não consigo dar, porque não cabe substituir o Congresso Nacional. Estar-se-á como que aprovando ato normativo, estabelecendo prazo, estabelecendo sanção, que não atende ao interesse público, ao interesse da sociedade, drástica, além de desconhecer-se que as Cortes de Conta estão sobrecarregadas. Peço vênia, Presidente, para mais uma vez marchar em sentido inverso ao da tropa e pronunciar-me pelo provimento do recurso interposto pela União, porque – vou repetir –, em primeiro lugar, não tenho como aplicar a lei que versa o prazo decadencial alusivo à possibilidade de a Administração rever as próprias decisões. E não tenho por isto: trata-se de ato que não se aperfeiçoou, de ato precário do órgão a que integrado o servidor. E, segundo, porque não cabe desconhecer a realidade pátria; desconhecer que milhares de processos estão pendentes de apreciação e que ficarão prejudicados ante a passagem do tempo. Provejo o recurso".

No que concerne à natureza jurídica da aposentadoria, reforma e pensão por morte como ato jurídico complexo e da desnecessidade do contraditório para a negativa do registro, desde que dentro do prazo de cinco anos, a jurisprudência do STF restou reafirmada pelo Plenário.

Por outro lado, restou prejudicada a discussão sobre a necessidade de concessão de contraditório na situação de a decisão do Tribunal de Contas se dar após o quinquênio, pois agora não poderá haver a negativa de registro após o citado prazo se consumar.

Ademais, restou confirmada a tese de que a decadência quinquenal de cinco anos para o exercício da autotutela somente terá início após o registro do ato administrativo concessório da aposentadoria, reforma ou pensão por morte.

Vale registrar que não houve nenhum tipo de modulação da mudança jurisprudencial, incidindo o novel posicionamento da Corte Suprema a todos os casos anteriores de concessão do benefício.

Desse modo, os processos recebidos pelos Tribunais de Contas sobre o tema há mais de cinco anos a respeito da concessão de aposentadoria, reforma ou pensão por morte no RPPS ou regime de previdência militar não mais terão julgamento, consumando-se o tácito registro decorrente da contumácia quinquenal dos Tribunais de Contas.

Súmula vinculante 08. São inconstitucionais o parágrafo único do artigo 5º do Decreto-Lei nº 1.569/1977 e os artigos 45 e 46 da Lei nº 8.212/1991, que tratam de prescrição e decadência de crédito tributário.

Comentários:

A decadência e a prescrição são também causas de extinção do crédito tributário previstas no artigo 156, do CTN, decorrentes da inércia do Poder Público em constituí-lo mediante o procedimento de lançamento (decadência) e de cobrá-lo após a sua constituição definitiva (prescrição), ambas operando-se em cinco anos.

O lustro decadencial inicia-se na data da ocorrência do fato gerador, no caso dos tributos sujeitos ao lançamento por homologação[2]. Nos demais casos, o termo inicial do quinquênio da decadência será o primeiro dia do exercício seguinte àquele em que o lançamento poderia ter sido efetuado ou da data em que se tornar definitiva a decisão que houver anulado, por vício formal, o lançamento anteriormente efetuado[3].

De acordo com a "tese dos cinco mais cinco", encampada pelo STJ[4], o prazo de cinco anos para o lançamento dos tributos sujeitos a lançamento por homologação será acrescido em mais cinco anos para o lançamento de ofício, a contar do primeiro dia do exercício seguinte, em decorrência da interpretação sistemática dos artigos 173 e 150, § 4º, ambos do CTN.

Vale salientar que no caso de contribuições previdenciárias decorrentes de obras de construção civil, a decadência inicia-se em 1º de janeiro do ano seguinte ao da conclusão da obra, conforme a jurisprudência do Tribunal Regional Federal da 3ª Região[5].

2. Artigo 150, § 4º, do CTN.
3. Artigo 173, do CTN.
4. A exemplo do AgRg no Ag 923.805, de 21.10.2008.
5. AC 1203005, de 16.02.2009.

Contudo, o TRF da 4ª Região entende diversamente, ao prever que o prazo decadencial não deve ser contado a partir da conclusão das obras, e sim à medida que se concretizou cada fato gerador, consubstanciado pelo pagamento de salários aos empregados que as executaram, ou seja, consumou-se durante todo o período em que perdurou a sua execução[6].

Já o prazo prescricional de cinco anos começará a correr da constituição definitiva do crédito tributário, que se operará com o término do processo administrativo de lançamento, quando esgotados ou não mais cabíveis recursos administrativos, ex vi do artigo 174, do CTN.

Durante muitos anos a decadência e a prescrição das contribuições para a seguridade social sofreram regulamentação específica nos artigos 45 e 46, da Lei 8.212/91, que previam o lapso temporal de dez anos para a ocorrência de ambos.

Sucede que a tese da inconstitucionalidade formal desses dispositivos foi muito bem construída ao longo dos anos e encontrou acolhida dos principais tributaristas do Brasil, pois obrigação, crédito, lançamento, prescrição e decadência tributários são temas afetos à lei complementar, e não ordinária, na forma do quanto consignado expressamente no artigo 146, III, "b", da CRFB.

Nesse sentido, o STF pronunciou a inconstitucionalidade formal dos artigos 45 e 46, da Lei 8.212/91, no julgamento do RE 560.626, de 12.06.2008:

> "PRESCRIÇÃO E DECADÊNCIA TRIBUTÁRIAS. MATÉRIAS RESERVADAS A LEI COMPLEMENTAR. DISCIPLINA NO CÓDIGO TRIBUTÁRIO NACIONAL. NATUREZA TRIBUTÁRIA DAS CONTRIBUIÇÕES PARA A SEGURIDADE SOCIAL. INCONSTITUCIONALIDADE DOS ARTS. 45 E 46 DA LEI 8.212/91 E DO PARÁGRAFO ÚNICO DO ART. 5º DO DECRETO-LEI 1.569/77. RECURSO EXTRAORDINÁRIO NÃO PROVIDO. MODULAÇÃO DOS EFEITOS DA DECLARAÇÃO DE INCONSTITUCIONALIDADE. I. PRESCRIÇÃO E DECADÊNCIA TRIBUTÁRIAS. RESERVA DE LEI COMPLEMENTAR.
>
> As normas relativas à prescrição e à decadência tributárias têm natureza de normas gerais de direito tributário, cuja disciplina é reservada a lei complementar, tanto sob a Constituição pretérita (art. 18, § 1º, da CF de 1967/69) quanto sob a Constituição

6. APELREEX 2002.04.01.016.578-0, de 17.09.2008.

atual (art. 146, III, b, da CF de 1988). Interpretação que preserva a força normativa da Constituição, que prevê disciplina homogênea, em âmbito nacional, da prescrição, decadência, obrigação e crédito tributários. Permitir regulação distinta sobre esses temas, pelos diversos entes da federação, implicaria prejuízo à vedação de tratamento desigual entre contribuintes em situação equivalente e à segurança jurídica. II. DISCIPLINA PREVISTA NO CÓDIGO TRIBUTÁRIO NACIONAL. O Código Tributário Nacional (Lei 5.172/1966), promulgado como lei ordinária e recebido como lei complementar pelas Constituições de 1967/69 e 1988, disciplina a prescrição e a decadência tributárias. III. NATUREZA TRIBUTÁRIA DAS CONTRIBUIÇÕES. As contribuições, inclusive as previdenciárias, têm natureza tributária e se submetem ao regime jurídico-tributário previsto na Constituição. Interpretação do art. 149 da CF de 1988. Precedentes. IV. RECURSO EXTRAORDINÁRIO NÃO PROVIDO. Inconstitucionalidade dos arts. 45 e 46 da Lei 8.212/91, por violação do art. 146, III, b, da Constituição de 1988, e do parágrafo ú nico do art. 5º do Decreto-lei 1.569/77, em face do § 1º do art. 18 da Constituição de 1967/69. V. MODULAÇÃO DOS EFEITOS DA DECISÃO. SEGURANÇA JURÍDICA. São legítimos os recolhimentos efetuados nos prazos previstos nos arts. 45 e 46 da Lei 8.212/91 e não impugnados antes da data de conclusão deste julgamento".

Contudo, provavelmente com receio do impacto financeiro em razão da restituição das contribuições securitárias já pagas, mas já fulminadas pela decadência ou prescrição, a Suprema Corte se valeu do instituto da modulação da eficácia da declaração de inconstitucionalidade, previsto no artigo 27, da Lei 9.868/99[7], validando as arrecadações feitas até o dia 11.06.2008 e não impugnadas administrativa ou judicialmente até essa data (dia do julgamento).

Ou seja, quem pagou contribuições para a seguridade social prescritas ou decaídas até 11.06.2008, apenas terá direito à restituição do indébito tributário se até a referida data propôs pleito na esfera administrativa ou judicial.

7. Art. 27. Ao declarar a inconstitucionalidade de lei ou ato normativo, e tendo em vista razões de segurança jurídica ou de excepcional interesse social, poderá o Supremo Tribunal Federal, por maioria de dois terços de seus membros, restringir os efeitos daquela declaração ou decidir que ela só tenha eficácia a partir de seu trânsito em julgado ou de outro momento que venha a ser fixado.

Posteriormente, o STF editou a Súmula Vinculante 08. Em 19.12.2008, a União promulgou a Lei Complementar 128, que revogou expressamente os artigos 45 e 46, da Lei 8.212/91. Assim sendo, as regras sobre a prescrição e decadência das contribuições para a seguridade social serão as ditadas pelo CTN, especialmente observando o prazo de cinco anos para a sua ocorrência.

Súmula Vinculante 33. Aplicam-se ao servidor público, no que couber, as regras do regime geral da previdência social sobre aposentadoria especial de que trata o artigo 40, § 4º, inciso III da Constituição Federal, até a edição de lei complementar específica.

Comentários:

A aposentadoria especial do servidor público efetivo se trata de exceção à regra constitucional que proíbe a adoção de requisitos e critérios diferenciados para a concessão de aposentadoria, em aplicação ao Princípio da Isonomia.

Com propriedade, a aposentadoria com critérios especiais era prevista apenas para os servidores que exerciam atividades sob **condições especiais que prejudicassem a saúde ou a integridade física**, que não sofreu regulamentação até o momento.

Com o advento da Emenda 47/2005, houve uma expansão do benefício, que passou a abarcar também os servidores que desenvolvem **atividades de risco e os portadores de deficiência**, mas nunca foi editada a **lei complementar** exigida pelo artigo 40, § 4º, da CRFB.

Será necessária a edição de uma lei complementar nacional a ser editada pela União após a iniciativa do Presidente da República fixando os pressupostos para a concessão de aposentadoria com critérios especiais no RPPS.

Nem mesmo os estados, o Distrito Federal e os municípios poderão suprir a lacuna federal, devendo aguardar a edição da lei complementar. Nesse sentido, o STF:

> "Aposentadoria especial de servidor público distrital. Art. 40, § 4º, III, da CR. (...) A competência concorrente para legislar sobre previdência social não afasta a necessidade de tratamento uniforme das exceções às regras de aposentadoria dos servidores

públicos. Necessidade de atuação normativa da União para a edição de norma regulamentadora de caráter nacional." (MI 1.832-AgR, Rel. Min. Cármen Lúcia, julgamento em 24-3-2011, Plenário, *DJE* de 18-5-2011.)

De efeito, o artigo 5º, parágrafo único, da Lei 9.717/98, veda a concessão de aposentadoria especial até a edição de lei complementar para regular o tema.

Contudo, ante a omissão do Congresso Nacional, o STF passou a prover os mandados de injunção a respeito, garantindo a concessão do benefício especial aos servidores públicos mediante a aplicação das regras do RGPS, constantes dos artigos 57 e 58, da Lei 8.213/91:

"**MI 758, de 01.07.2008**. MANDADO DE INJUNÇÃO – NATUREZA. Conforme disposto no inciso LXXI do artigo 5º da Constituição Federal, conceder-se-á mandado de injunção quando necessário ao exercício dos direitos e liberdades constitucionais e das prerrogativas inerentes à nacionalidade, à soberania e à cidadania. Há ação mandamental e não simplesmente declaratória de omissão. A carga de declaração não é objeto da impetração, mas premissa da ordem a ser formalizada. MANDADO DE INJUNÇÃO – DECISÃO – BALIZAS. Tratando-se de processo subjetivo, a decisão possui eficácia considerada a relação jurídica nele revelada. **APOSENTADORIA – TRABALHO EM CONDIÇÕES ESPECIAIS – PREJUÍZO À SAÚDE DO SERVIDOR – INEXISTÊNCIA DE LEI COMPLEMENTAR – ARTIGO 40, § 4º, DA CONSTITUIÇÃO FEDERAL. Inexistente a disciplina específica da aposentadoria especial do servidor, impõe-se a adoção, via pronunciamento judicial, daquela própria aos trabalhadores em geral – artigo 57, § 1º, da Lei nº 8.213/91.**"

"**MI 795, de 15.04.2009**. EMENTA: MANDADO DE INJUNÇÃO. APOSENTADORIA ESPECIAL DO SERVIDOR PÚBLICO. ARTIGO 40, § 4º, DA CONSTITUIÇÃO DA REPÚBLICA. AUSÊNCIA DE LEI COMPLEMENTAR A DISCIPLINAR A MATÉRIA. NECESSIDADE DE INTEGRAÇÃO LEGISLATIVA. 1. Servidor público. Investigador da polícia civil do Estado de São Paulo. Alegado exercício de atividade sob condições de periculosidade e insalubridade. 2. Reconhecida a omissão legislativa em razão da ausência de lei complementar

> a definir as condições para o implemento da aposentadoria especial. 3. **Mandado de injunção conhecido e concedido para comunicar a mora à autoridade competente e determinar a aplicação, no que couber, do art. 57 da Lei n. 8.213/91**".

Logo, com o novo posicionamento da Suprema Corte, que não mais se limita a declarar a mora legiferante, a aposentadoria especial do servidor público efetivo filiado ao RPPS será devida nos mesmos termos do RGPS, ou seja, com 15, 20 ou 25 anos de contribuição, **sem idade mínima**, conforme enquadramento da atividade no Regulamento da Previdência Social, desde que desenvolva atividade especial de maneira permanente, não ocasional nem intermitente:

> "Os parâmetros alusivos à aposentadoria especial, enquanto não editada a lei exigida pelo texto constitucional, são aqueles contidos na Lei 8.213/1991, **não cabendo mesclar sistemas para, com isso, cogitar-se de idade mínima**." (MI 758-ED, Rel. Min. Marco Aurélio, julgamento em 8-4-2010, Plenário, *DJE* de 14-5-2010.) No mesmo sentido: MI 795, Rel. Min. Cármen Lúcia, julgamento em 15-4-2009, Plenário, *DJE* de 22-5-2009; MI 788, Rel. Min. Ayres Britto, julgamento em 15-4-2009, Plenário, *DJE* de 8-5-2009.

O tema é regulamentado pela Instrução Normativa MPS/SPS 01, de 22.07.2010, que estabelece instruções para o reconhecimento do tempo de serviço público exercido sob condições especiais que prejudiquem a saúde ou a integridade física pelos regimes próprios de previdência social para fins de concessão de aposentadoria especial aos servidores públicos amparados por Mandado de Injunção.

A Suprema Corte também passou a prover os mandados de injunção dos servidores públicos portadores de deficiência física, determinando a aplicação por analogia, no que couber, das regras do artigo 57, da Lei 8.213/91:

> "**MANDADO DE INJUNÇÃO. SERVIDOR PÚBLICO PORTADOR DE DEFICIÊNCIA. DIREITO PÚBLICO SUBJETIVO À APOSENTADORIA ESPECIAL (CF, ART. 40, § 4º, I).** INJUSTA FRUSTRAÇÃO DESSE DIREITO EM DECORRÊNCIA DE INCONSTITUCIONAL, PROLONGADA E LESIVA OMISSÃO IMPUTÁVEL A ÓRGÃOS ESTATAIS DA UNIÃO FEDERAL. CORRELAÇÃO ENTRE A IMPOSIÇÃO

> CONSTITUCIONAL DE LEGISLAR E O RECONHECIMENTO DO DIREITO SUBJETIVO À LEGISLAÇÃO. DESCUMPRIMENTO DE IMPOSIÇÃO CONSTITUCIONAL LEGIFERANTE E DESVALORIZAÇÃO FUNCIONAL DA CONSTITUIÇÃO ESCRITA. A INÉRCIA DO PODER PÚBLICO COMO ELEMENTO REVELADOR DO DESRESPEITO ESTATAL AO DEVER DE LEGISLAR IMPOSTO PELA CONSTITUIÇÃO. OMISSÕES NORMATIVAS INCONSTITUCIONAIS: UMA PRÁTICA GOVERNAMENTAL QUE SÓ FAZ REVELAR O DESPREZO DAS INSTITUIÇÕES OFICIAIS PELA AUTORIDADE SUPREMA DA LEI FUNDAMENTAL DO ESTADO. A COLMATAÇÃO JURISDICIONAL DE OMISSÕES INCONSTITUCIONAIS: UM GESTO DE FIDELIDADE À SUPREMACIA HIERÁRQUICO – NORMATIVA DA CONSTITUIÇÃO DA REPÚBLICA. A VOCAÇÃO PROTETIVA DO MANDADO DE INJUNÇÃO. LEGITIMIDADE DOS PROCESSOS DE INTEGRAÇÃO NORMATIVA (DENTRE ELES, O RECURSO À ANALOGIA) COMO FORMA DE SUPLEMENTAÇÃO DA "INERTIA AGENDI VEL DELIBERANDI". PRECEDENTES DO SUPREMO TRIBUNAL FEDERAL. MANDADO DE INJUNÇÃO CONHECIDO E DEFERIDO" **(mandado de injunção 1.967, de 24/05/2011, Rel. Min. Celso de Mello).**

Com o advento da LC 142/2013, que veio a regulamentar a aposentadoria especial do segurado deficiente do RGPS, o STF determinou a aplicação desta norma para a aposentadoria especial do servidor público, conforme notícia publicada no sítio da Suprema Corte:

> "Sexta-feira, 04 de outubro de 2013
>
> **Ministro define critérios para aposentadoria de servidores com deficiência**
>
> Ao analisar agravo regimental no Mandado de Injunção (MI) 5126, o ministro Luiz Fux, do Supremo Tribunal Federal (STF), determinou a aplicação, ao caso, do disposto no artigo 57 da Lei 8.213/1991 (que dispõe sobre os benefícios da Previdência Social) até a entrada em vigor da Lei Complementar 142/2013 para fins de verificação do preenchimento dos requisitos para a aposentadoria especial do servidor com deficiência. Após a vigência da LC 142/2013, a aferição será feita nos moldes ali previstos.
>
> O MI 5126 foi impetrado por um servidor público que alegava omissão legislativa da presidente da República e do governador do Distrito Federal. Ele sustenta ser portador de cervicalgia em razão da sequela de poliomielite, deficiência física passível de ser reconhecida como causa de aposentadoria especial, nos termos do artigo 40, parágrafo 4º, inciso I, da Constituição Federal.

> Na primeira análise, o ministro Luiz Fux julgou procedente o pedido para conceder parcialmente a ordem, determinando a aplicação, no que coubesse, do artigo 57 da Lei Federal 8.213/1991, para os fins de verificação do preenchimento dos requisitos para a aposentadoria especial do servidor.
>
> O governador do Distrito Federal interpôs agravo regimental contra a decisão, sustentando a impossibilidade de se aplicar à hipótese sob exame o disposto no artigo 57 da Lei 8.213/1991, uma vez que essa disposição trata apenas da aposentadoria especial em razão do exercício de atividades prejudiciais à saúde ou à integridade física. Destacou ainda que, em 8 de maio deste ano, foi editada a Lei Complementar 142/2013, que regulamenta a aposentadoria da pessoa com deficiência segurada do Regime Geral da Previdência Social, "revelando-se a disciplina adequada para o presente caso".
>
> **Decisão**
>
> O ministro Luiz Fux apontou que o STF já reconheceu a mora legislativa relativamente à disciplina da aposentadoria especial de servidores públicos, prevista no artigo 40, parágrafo 4º, da Constituição Federal. O dispositivo estabelece que lei complementar irá definir a aposentadoria especial dos servidores portadores de deficiência.
>
> O relator explicou que, na primeira análise do MI 5126, ainda não havia regulamentação específica do direito à aposentadoria especial das pessoas com deficiência pelo Regime Geral de Previdência Social, razão pela qual o Supremo vinha determinando a aplicação do artigo 57 da Lei 8.213/1991. No entanto, com a regulamentação da aposentadoria da pessoa com deficiência naquele regime, o ministro reconsiderou parcialmente a decisão anterior e determinou a aplicação da LC 142/2013 a partir da data em que entrar em vigor (seis meses após sua publicação) e até que o direito dos servidores públicos na mesma condição seja objeto de regulamentação. Ressalvou, porém, que, até a sua entrada em vigor, mantém-se a aplicação do artigo 57 da Lei 8.213/1991".

Coube à Instrução Normativa MPS/SPPS, de 13/20/2014, estabelecer instruções para o reconhecimento, pelos Regimes Próprios de Previdência Social da União, dos Estados, do Distrito Federal e dos Municípios, do direito dos servidores públicos com deficiência, amparados por ordem concedida em Mandado de Injunção, à aposentadoria com requisitos e critérios diferenciados de que trata o § 4º, inciso I, do art. 40 da Constituição Federal.

Contudo, o STF vem inadmitindo o manejo do mandado de injunção para revisão de aposentadorias no RPPS com base no artigo 40, § 4º, da Constituição, pois já houve a concessão do benefício e se busca tão somente uma revisão de proventos:

> "O art. 40, § 4º, da CR não dispõe sobre o suposto direito à revisão do ato de aposentadoria, tampouco exige a sua regulamentação. (...) Os ministros deste Supremo Tribunal têm negado seguimento a mandados de injunção impetrados por servidor público inativo com o propósito de obter a revisão de suas aposentadorias, por faltar a essas impetrações a demonstração da inviabilidade do exercício de direito constitucional, em razão da inexistência da norma que lhe dê eficácia plena" (MI 3.319-AgR-segundo, voto do Rel. Min. Cármen Lúcia, julgamento em 7-12-2011, Plenário, *DJE* de 6-2– 2012.)

Outrossim, "o mandado de injunção não é a ação jurídica adequada para assegurar a contagem e a averbação do tempo de serviço trabalhado em condições especiais nos assentamentos funcionais de servidor público." (MI 3.881-AgR, Rel. Min. Cármen Lúcia, julgamento em 20-10-2011, Plenário, *DJE* de 21-11-2011.)

Vale registrar que as decisões do STF se limitam a determinar que a autoridade administrativa aplique, no que couber, as regras do artigo 57, da Lei 8.213/91, não adentrando a Suprema Corte ao mérito no que concerne ao direito à aposentadoria especial.

De acordo com o STF, "a autoridade administrativa responsável pelo exame do pedido de aposentadoria é competente para aferir, no caso concreto, o preenchimento de todos os requisitos para a aposentação previstos no ordenamento jurídico vigente" (MI 1.286-ED/DF, Rel. Min. CÁRMEN LÚCIA, Pleno).Isso significa, portanto, que não cabe indicar, nesta sede injuncional, como reiteradamente acentuado por esta Suprema Corte (MI 1.312/DF, Rel. Min. CELSO DE MELLO – MI 1.316/DF, Rel. Min. ELLEN GRACIE – MI 1.451/DF, Rel. Min. ELLEN GRACIE, v.g.), a especificação dos exatos critérios fáticos e jurídicos que deverão ser observados na análise dos pedidos concretos de aposentadoria especial, tarefa que caberá, exclusivamente, à autoridade administrativa competente ao se valer do que previsto no art. 57 da Lei 8.213/91 e nas demais normas de aposentação dos servidores públicos" (MI 1.277/DF, Rel. Min. ELLEN GRACIE)".

Conforme decidido pelo STF no julgamento do MI 5647 / DF, Relator(a): Min. TEORI ZAVASCK, de 10/06/2013, "para apuração do interesse de agir, será adotada a conjugação dessas duas concepções, da seguinte forma: **o impetrante deve comprovar inicialmente o requerimento administrativo da aposentadoria especial**, mas, nos processos já instruídos, presume-se a resistência quando há impugnação ao mérito ou omissão quanto à ausência de interesse por parte dos impetrados".

Ainda de acordo com a Suprema Corte, "tendo em vista que a lacuna legal apenas deverá ser preenchida por lei complementar de iniciativa privativa do **Presidente da República** (art. 61, § 1º, II, 'c', da Constituição), **este deve obrigatoriamente figurar como autoridade impetrada**, independentemente da inclusão – ou não – dos Presidentes da Câmara dos Deputados e do Senado Federal, conforme decidido no MI 1893".

Logo, de acordo com este posicionamento, o impetrante apenas possui interesse de agir na impetração de mandado de injunção se promover o prévio requerimento administrativo, bem como indicar o Presidente da República como autoridade coatora.

Ainda para o STF, "a concessão do mandado de injunção, na hipótese do art. 40 § 4º, da Lei Fundamental, reclama a demonstração pelo Impetrante do preenchimento dos requisitos para a aposentadoria especial e a impossibilidade in concreto de usufruí-la ante a ausência da norma regulamentadora. O alcance da decisão proferida por esta Corte, quando da integração legislativa do art. 40, § 4º, inciso III, da CRFB/88, não tutela o direito à contagem diferenciada do tempo de serviço prestado em condições prejudiciais à saúde e à integridade física. **Não tem procedência injuncional o reconhecimento da contagem diferenciada e da averbação do tempo de serviço prestado pelo Impetrante em condições insalubres por exorbitar da expressa disposição constitucional"** (MI 2.140, de 06/03/2013).

Portanto, a Suprema Corte não vem reconhecendo o direito do servidor de conversão do tempo de contribuição especial em comum, caso não preencha os requisitos da aposentadoria especial com base no artigo 57, da Lei 8.213/91, haja vista que a Constituição Federal não assegura esse cômputo diferenciado ao servidor.

Para dar eficácia vinculante ao seu entendimento, independentemente da interposição e determinação em sede de mandado de injunção, na sessão plenária de 09 de abril de 2014 o STF aprovou a súmula vinculante 33:

> **Súmula Vinculante 33 – "Aplicam-se ao servidor público, no que couber, as regras do Regime Geral de Previdência Social sobre aposentadoria especial de que trata o artigo 40, parágrafo 4º, inciso III, da Constituição Federal, até edição de lei complementar específica".**

Entende-se que a Suprema Corte poderia ter ido além. Isso porque a súmula vinculante 33 apenas determina a aplicação das regras do RGPS, no que couber, em favor dos servidores efetivos cujas atividades sejam exercidas sob condições especiais que prejudiquem a saúde ou a integridade física (artigo 40, § 1º, inciso III, da Constituição).

Logo, ficaram de fora do espectro jurídico da súmula vinculante 33 os servidores portadores de deficiência (inciso I) e os que exercem atividade de risco (inciso II), razão pela qual nestas duas situações continua sendo necessário o ajuizamento de ação judicial para compelir à Administração Pública a aplicar, no que couber, as regras de aposentadoria especial no RGPS.

Vale registrar que a aplicação da Súmula Vinculante 33 cessou para os servidores federais desde a EC 103/2019, pois a CF/1988 passou a regular o tema em regra de transição para os antigos servidores federais:

> Art. 21. O segurado ou o **servidor público federal** que tenha se filiado ao Regime Geral de Previdência Social ou ingressado no serviço público em cargo efetivo até a data de entrada em vigor desta Emenda à Constituição, cujas atividades tenham sido exercidas com efetiva exposição a **agentes nocivos** químicos, físicos e biológicos prejudiciais à saúde, ou associação desses agentes, **vedada a caracterização por categoria profissional ou ocupação**, desde que cumpridos, no caso do servidor, o tempo mínimo de **vinte anos de efetivo exercício no serviço público e de cinco anos no cargo efetivo** em que for concedida a aposentadoria, na forma dos arts. 57 e 58 da Lei nº 8.213, de 24 de julho de 1991, poderá aposentar-se quando **o total da soma** resultante da sua **idade** e do **tempo de contribuição** e o **tempo de efetiva exposição** forem, respectivamente, de:
>
> **I – 66 (sessenta e seis) pontos e 15 (quinze) anos de efetiva exposição;**
>
> **II – 76 (setenta e seis) pontos e 20 (vinte) anos de efetiva exposição; e**

> **III – 86 (oitenta e seis) pontos e 25 (vinte e cinco) anos de efetiva exposição.**
>
> § 1º A idade e o tempo de contribuição serão apurados em dias para o cálculo do somatório de pontos a que se refere o *caput*.
>
> § 2º O valor da aposentadoria de que trata este artigo será apurado na forma da lei.
>
> § 3º Aplicam-se às aposentadorias dos servidores dos Estados, do Distrito Federal e dos Municípios cujas atividades sejam exercidas com efetiva exposição a agentes químicos, físicos e biológicos prejudiciais à saúde, ou associação desses agentes, vedada a caracterização por categoria profissional ou ocupação, na forma do § 4º-C do art. 40 da Constituição Federal, as normas constitucionais e infraconstitucionais anteriores à data de entrada em vigor desta Emenda Constitucional, enquanto não promovidas alterações na legislação interna relacionada ao respectivo regime próprio de previdência social.

Trata-se de regra de transição em favor do servidor federal empossado até a publicação da reforma previdenciária (13/11/2019) que labore exposto de modo permanente a agentes nocivos à saúde, físicos, químicos ou biológicos.

Agora esta regra de transição regula o tema, substituindo as regras da Lei 8.213/91, exceto na hipótese de enquadramento dos agentes nocivos, o que a nosso ver afasta a jurisprudência do STF para o servidor federal que não integralizou os requisitos da aposentadoria especial até a publicação da Emenda 103/2019, pois há fixação de idade mínima e pontuação.

A regra de transição possui dois pressupostos: 20 anos de efetivo exercício no serviço público e 5 anos no cargo efetivo em que for concedida a aposentadoria.

Ademais, é necessária uma pontuação mínima na soma da idade, tempo de contribuição e tempo de exposição:

a) 15 anos de efetiva exposição: 66 pontos;

b) 20 anos de efetiva exposição: 76 pontos;

c) 25 anos de efetiva exposição: 86 pontos.

O texto constitucional contém uma má redação, pois afirma prevê "**o total da soma** resultante da sua **idade** e do **tempo de contribuição** e o **tempo de efetiva exposição**".

O tempo de exposição também é tempo de contribuição, o que permitiria uma contagem em duplicidade, o que certamente não é a intenção da reforma, pois a pontuação seria extremamente elevada.

A ideia do legislador, na verdade, pois permitir a soma de tempo especial com tempo comum para fins de atingir a pontuação citada.

Imagine que Allan é servidor federal e possui 25 anos de exposição permanente a agente nocivo à saúde previsto na legislação do RGPS. Neste caso, para atingir a pontuação 86, ele deve contar com 61 anos de idade, sendo uma idade elevada para quem labora com agentes nocivos à saúde, de modo que a pontuação constituída pela regra de transição foi bem dura.

A partir de **1/1/2020, as pontuações citadas seriam acrescidas de um ponto** a cada **ano** para o homem e para a mulher, até atingir, respectivamente, **81, 91 e 96 pontos**, respectivamente, para ambos os sexos. No entanto, o Senado barrou esta alteração que **não foi promulgada**.

Os proventos de aposentadoria especial serão calculados com base no artigo 26, § 4º, inciso IV da Emenda 103/2019.

Desta forma, para os **servidores federais** que ingressaram até a data de publicação da Emenda, será feita média aritmética simples de **100% do período contributivo** desde a competência julho de 1994 ou desde o início da contribuição, se posterior àquela competência, não se aplicando mais a média aritmética simples dos 80% maiores.

Para a aposentadoria especial que exige nocividade pelo período mínimo de **20 ou 25 anos**, o valor do benefício de aposentadoria corresponderá a **sessenta por cento da média aritmética das 100% das remunerações/salários de contribuição desde julho de 1994, com acréscimo de 2% para cada ano que ultrapassar os 20 anos de contribuição:**

TEMPO DE CONTRIBUIÇÃO20 ou 25 ANOS DE NOCIVIDADE	COEFICIENTE
20 anos	60%
21 anos	62%
22 anos	64%
23 anos	66%
24 anos	68%

TEMPO DE CONTRIBUIÇÃO20 ou 25 ANOS DE NOCIVIDADE	COEFICIENTE
25 anos	70%
26 anos	72%
27 anos	74%
28 anos	76%
29 anos	78%
30 anos	80%
31 anos	82%
32 anos	84%
33 anos	86%
34 anos	88%
35 anos	90%
36 anos	92%
37 anos	94%
38 anos	96%
39 anos	98%
40 anos	100%

Desta forma, conforme tabela supra, para esta regra de transição, a aposentadoria do servidor federal variará 60% a 100% da média de todas as remunerações desde 7/1994, somente atingindo a 100% da média quando o servidor federal possuir 40 anos de tempo de contribuição.

No entanto, para **a aposentadoria especial que exige apenas 15 anos de nocividade**, existem uma regra especial de cálculo da renda mensal no artigo 26, § 5º[8], da Emenda 103/2019, que prevê a **progressão a contar de 15 anos**, e não de 20 anos de contribuição:

8. § 5º O acréscimo a que se refere o caput do § 2º será aplicado para cada ano que **exceder quinze anos** de tempo de contribuição para os segurados de que tratam a alínea "a" do inciso I do art. 19 **e do inciso I do art. 21** e para as mulheres filiadas ao Regime Geral de Previdência Social.

TEMPO DE CONTRIBUIÇÃO15 ANOS DE NOCIVIDADE	COEFICIENTE
15 anos	60%
16 anos	62%
17 anos	64%
18 anos	66%
19 anos	68%
20 anos	70%
21 anos	72%
22 anos	74%
23 anos	76%
24 anos	78%
25 anos	80%
26 anos	82%
27 anos	84%
28 anos	86%
29 anos	88%
30 anos	90%
31 anos	92%
32 anos	94%
33 anos	96%
34 anos	98%
35 anos	100%

Curioso notar que, **intencionalmente**, o artigo 26 da Emenda 103/2019 não limita a média de todas as remunerações do servidor a 100%, de modo que o servidor federal que possuir mais de 40 anos de tempo de contribuição (nocividade de 20 ou 25 anos) ou de 35 anos (nocividade de 15 anos) poderá ter proventos que ultrapassem a 100% (**proventos *ultra* integrais).**

Ademais, **poderão ser excluídas da média as contribuições que resultem em redução do valor do benefício**, desde que mantido o tempo mínimo de contribuição exigido, vedada a utilização do tempo excluído para qualquer finalidade, para a averbação em outro regime previdenciário ou para a obtenção dos proventos de inatividade dos militares.

Estas regras são exclusivas para os servidores federais (e segurados do RGPS, conforme será estudado), pois a sua aplicação aos servidores dos estados, Distrito Federal e municípios depende de alterações na legislação interna relacionada ao respectivo regime próprio de previdência social, mantendo-se até lá as normas constitucionais e infraconstitucionais anteriores à data de entrada em vigor desta Emenda Constitucional 103/2019.

O enquadramento dos agentes nocivos como especiais por exposição permanente deve obedecer ao complexo regramento dos artigos 57 e 58 da Lei 8.213/91.

O enquadramento das atividades especiais é feito pelo **anexo IV, do Decreto 3.048/99**, que enumera os casos de aposentadoria especial com 15, 20 ou 25 anos de contribuição, conforme os agentes nocivos[9] a que estão expostos os segurados.

Nesse sentido, de acordo com o Decreto 8.123/2013, consideram-se **condições especiais** que prejudiquem a saúde e a integridade física aquelas nas quais a exposição ao agente nocivo ou associação de agentes presentes no ambiente de trabalho esteja acima dos limites de tolerância estabelecidos segundo critérios **quantitativos** ou esteja caracterizada segundo os critérios da avaliação **qualitativa**.

O agente nocivo poderá ser *apenas qualitativo*, sendo a nocividade presumida e independente de mensuração, constatada pela simples presença do agente no ambiente de trabalho, conforme constante nos Anexos 6, 13, 13-A e 14 da Norma Regulamentadora nº 15 – NR-15 do MTE, e no Anexo IV do RPS, para os agentes iodo e níquel.

Por sua vez, o Decreto 8.123/2013 passou a prever que a presença no ambiente de trabalho, com possibilidade de exposição a ser apurada, de **agentes nocivos reconhecidamente cancerígenos em humanos**, listados pelo Ministério do Trabalho (com a extinção do Ministério do Trabalho, desde 2019 o Ministério da Economia assumiu a área trabalhista, tendo sido criada uma Secretaria Especial de

9. **Nocividade:** situação combinada ou não de substâncias, energias e demais fatores de riscos reconhecidos, presentes no ambiente de trabalho, capazes de trazer ou ocasionar danos à saúde ou à integridade física do trabalhador.

Previdência e Trabalho), **será suficiente para a comprovação de efetiva exposição do trabalhador.**

Poderá também o agente nocivo ser *quantitativo*, sendo a nocividade considerada pela ultrapassagem dos limites de tolerância ou doses, dispostos nos Anexos 1, 2, 3, 5, 8, 11 e 12 da NR-15 do MTE, por meio da mensuração da intensidade ou da concentração, consideradas no tempo efetivo da exposição no ambiente de trabalho.

A esmagadora maioria das atividades especiais prevê a aposentadoria com 25 anos de contribuição. Apenas tem previsão de 20 anos o tempo especial de mineração subterrânea cujas atividades sejam exercidas afastadas das frentes de produção (item 4.0.1), assim como a exposição aos asbestos ou amianto (item 1.0.2), enquanto os trabalhos em atividades permanentes no subsolo de minerações subterrâneas em frentes de produção farão com que os segurados se aposentem com apenas 15 anos de contribuição, em razão da enorme lesividade à saúde (item 4.0.2).

Na hipótese do servidor federal, é remota a hipótese de enquadramento da aposentadoria especial de 15 ou 20 anos de exposição (mineração e amianto).

Na hipótese de atividades concomitantes sob condições especiais, no mesmo ou em outro vínculo empregatício, será considerada aquela que exigir menor tempo para a aposentadoria especial.[10]

Na forma do quanto previsto no próprio anexo IV, do Decreto 3.048/99, o que determina o direito ao benefício é a exposição do trabalhador ao agente nocivo presente no ambiente de trabalho e no processo produtivo, **em nível de concentração superior aos limites de tolerância estabelecidos.**

> Ademais, **o rol de agentes nocivos é exaustivo (ressalvada a posição do STJ)**, enquanto que as atividades listadas, nas quais poderá haver a exposição, são exemplificativas, sendo este o entendimento da Previdência Social.

A comprovação da efetiva exposição do segurado aos agentes nocivos será feita mediante **formulário** emitido pela empresa ou seu

10. Artigo 239, § 2º, da Instrução Normativa INSS 77/2015.

preposto, com base em **laudo técnico de condições ambientais do trabalho (LTCAT)**, expedido por médico do trabalho ou engenheiro de segurança do trabalho, nos termos da legislação trabalhista.

Na análise do Laudo Técnico de Condições Ambientais do Trabalho – LTCAT, deverão ser observados os seguintes aspectos[11]:

> I – se individual ou coletivo;
>
> II – identificação da empresa;
>
> III – identificação do setor e da função;
>
> IV – descrição da atividade;
>
> V – identificação de agente nocivo capaz de causar dano à saúde e integridade física, arrolado na Legislação Previdenciária;
>
> VI – localização das possíveis fontes geradoras;
>
> VII – via e periodicidade de exposição ao agente nocivo;
>
> VIII – metodologia e procedimentos de avaliação do agente nocivo;
>
> IX – descrição das medidas de controle existentes;
>
> X – conclusão do LTCAT;
>
> XI – assinatura do médico do trabalho ou engenheiro de segurança; e
>
> XII – data da realização da avaliação ambiental.

O LTCAT deverá ser assinado por engenheiro de segurança do trabalho, com o respectivo número da Anotação de Responsabilidade Técnica – ART junto ao Conselho Regional de Engenharia e Arquitetura – CREA ou por médico do trabalho, indicando os registros profissionais para ambos.

Desde 01.01.2004, o formulário utilizado pela legislação previdenciária é o **PPP – Perfil Profissiográfico Previdenciário**, por força da IN INSS DC 95/2003[12], assim considerado o documento histórico-laboral do trabalhador, segundo modelo instituído pelo Instituto Nacional do Seguro Social, que, entre outras informações, deve conter registros ambientais, resultados de monitoração biológica

11. Artigo 262, da Instrução Normativa INSS 77/2015.
12. Antes, foram utilizados os antigos formulários SB-40, DISES-BE 5235, DSS-8030 e DIRBEN 8030.

e dados administrativos, que deverá sofrer atualização sempre que houver informações que impliquem na mudança do seu conteúdo, a ser feita pelo menos uma vez ao ano.

O PPP deverá ser emitido pela empresa empregadora, no caso de empregado; pela cooperativa de trabalho ou de produção, no caso de cooperado filiado; pelo órgão gestor de mão de obra, no caso de trabalhador avulso portuário e pelo sindicato da categoria, no caso de trabalhador avulso não portuário[13].

A luz do *Tempus Regit Actum*, deverá ser observada a seguinte tabela pela Administração Pública para enquadramento:

PERÍODO TRABALHADO	ENQUADRAMENTO
Até 28/4/1995	Quadro Anexo ao Decreto nº 53.831, de 1964. Anexos I e II do RBPS, aprovado pelo Decreto nº 83.080, de 1979. Formulário; CP/CTPS; LTCAT, obrigatoriamente para o agente físico ruído.
De 29/4/1995 a 13/10/1996	Código 1.0.0 do Quadro Anexo ao Decreto nº 53.831, de 1964. Anexo I do RBPS, aprovado pelo Decreto nº 83.080, de 1979. Formulário; LTCAT ou demais Demonstrações Ambientais, obrigatoriamente para o agente físico ruído.
De 14/10/1996 a 5/3/1997	Código 1.0.0 do Quadro Anexo ao Decreto nº 53.831, de 1964. Anexo I do RBPS, aprovado pelo Decreto nº 83.080, de 1979. Formulário; LTCAT ou demais Demonstrações Ambientais, para todos os agentes nocivos
De 6/3/1997 a 31/12/1998	Anexo IV do RBPS, aprovado pelo Decreto nº 2.172, de 1997. Formulário; LTCAT ou demais Demonstrações Ambientais, para todos os agentes nocivos.
De 1º/1/1999 a 6/5/1999	Anexo IV do RBPS, aprovado pelo Decreto nº 2.172, de 1997. Formulário; LTCAT ou demais Demonstrações Ambientais, para todos os agentes nocivos, que deverão ser confrontados com as informações relativas ao CNIS para homologação da contagem do tempo de serviço especial, nos termos do art. 19 e § 2º do art. 68 do RPS, com redação dada pelo Decreto nº 4.079, de 2002.
De 7/5/1999 a 31/12/2003	Anexo IV do RPS, aprovado pelo Decreto nº 3.048, de 1999. Formulário; LTCAT ou demais Demonstrações Ambientais, para todos os agentes nocivos, que deverão ser confrontados com as informações relativas ao CNIS para homologação da contagem do tempo de serviço especial, nos termos do art. 19 e § 2º do art. 68 do RPS, com redação dada pelo Decreto nº 4.079, de 2002.

13. Artigo 260, § 2º, da Instrução Normativa INSS 77/2015.

PERÍODO TRABALHADO	ENQUADRAMENTO
A partir de 1º/1/2004	Anexo IV do RPS, aprovado pelo Decreto nº 3.048, de 1999. Formulário, que deverá ser confrontado com as informações relativas ao CNIS para homologação da contagem do tempo de serviço especial, nos termos do art. 19 e § 2º do art. 68 do RPS, com redação dada pelo Decreto nº 4.079, de 2002.

Por fim, para **servidores dos estados, Distrito Federal e municípios** que possuem RPPS, a aplicação da Súmula Vinculante 33 persiste até que o ente político regule a aposentadoria especial dos seus servidores.

Súmula Vinculante 53. A competência da Justiça do Trabalho prevista no artigo 114, inciso VIII, da Constituição Federal alcança a execução de ofício das contribuições previdenciárias relativas ao objeto da condenação constante das sentenças que proferir e acordos por ela homologados.

Comentários:

Com a promulgação da Emenda 20/98 e posteriormente da Emenda 45/2004, que incluiu o inciso VIII, no artigo 114, da CRFB, a Justiça do Trabalho passou a ter competência para executar, de ofício, as contribuições previdenciárias patronais e dos trabalhadores, inclusive os respectivos acréscimos legais, decorrentes das sentenças que proferir.

Evidentemente, a competência da Justiça do Trabalho também abarca a contribuição SAT (artigo 22, inciso II, da Lei 8.212/91) em razão da sua nítida natureza previdenciária.

Nesse sentido, a Orientação Jurisprudencial 414 da Subseção I Especializada em Dissídios Individuais do TST, publicada no DOU de 17.02.2012:

> "414. COMPETÊNCIA DA JUSTIÇA DO TRABALHO. EXECUÇÃO DE OFÍCIO. CONTRIBUIÇÃO SOCIAL REFERENTE AO SEGURO DE ACIDENTE DE TRABALHO (SAT). ARTS. 114, VIII, E 195, I, "A", DA CONSTITUIÇÃO DA REPÚBLICA.

Compete à Justiça do Trabalho a execução, de ofício, da contribuição referente ao Seguro de Acidente de Trabalho (SAT), que tem natureza de contribuição para a seguridade social (arts. 114, VIII, e 195, I, "a", da CF), pois se destina ao financiamento de benefícios relativos à incapacidade do empregado decorrente de infortúnio no trabalho (arts. 11 e 22 da Lei nº 8.212/1991)".

De acordo com o STF, a mencionada competência da Justiça do Trabalho restringe- -se às decisões condenatórias de verbas trabalhistas, não devendo haver arrecadação das contribuições previdenciárias caso a sentença seja meramente declaratória do vínculo de emprego:

"EMENTA: AGRAVO REGIMENTAL NO AGRAVO DE INSTRUMENTO. DIREITO DO TRABALHO. ACORDO HOMOLOGADO APÓS TRÂNSITO EM JULGADO. CONTRIBUIÇÕES PREVIDENCIÁRIAS. ART. 114, VIII, DA CONSTITUIÇÃO DO BRASIL.

1. O Supremo Tribunal Federal fixou entendimento no sentido de que a competência da Justiça do Trabalho restringe-se à execução, de ofício, das contribuições previdenciárias decorrentes de sentenças condenatórias e não alcança, assim, aquela relativa ao vínculo empregatício reconhecido na sentença, mas sem condenação ou acordo sobre o pagamento das verbas trabalhistas que possam servir como base de cálculo. [RE n. 569.056, Plenário, Relator o Ministro Menezes Direito, DJ de 12.12.08].

2. As alegações de desrespeito aos postulados da legalidade, do devido processo legal, da motivação dos atos decisórios, do contraditório, dos limites da coisa julgada e da prestação jurisdicional, se dependentes de reexame prévio de normas inferiores, podem configurar, quando muito, situações de ofensa meramente reflexa ao texto da Constituição. Agravo regimental a que se nega provimento" (AI 760.826 AgR, de 15.12.2009).

O tema vem regulamentado pelo artigo 43, da Lei 8.212/91, que determina a atuação do juiz trabalhista de ofício visando o recolhimento das contribuições previdenciárias, que deverão obrigatoriamente ter o seu valor fixado na sentença, sob pena de responsabilidade funcional do magistrado, regramento também aplicável às Comissões de Conciliação Prévia.

• SÚMULAS NÃO VINCULANTES

Súmula 225. Não é absoluto o valor probatório das anotações da carteira profissional.

Comentários:

A anotação regular em CTPS, assim considerado registro sem rasuras e respeitada a ordem cronológica dos vínculos, faz prova relativa da relação de emprego, cabendo ao INSS a prova em sentido contrário.

Sobre o tema, pontifica a Súmula 12, do TST, que "as anotações apostas pelo empregador na Carteira Profissional do empregado não geram presunção *jure et de jure*, mas apenas *juris tantum*".

De acordo com a Súmula 75 da TNU, "a Carteira de Trabalho e Previdência Social (CTPS) em relação à qual não se aponta defeito formal que lhe comprometa a fidedignidade goza de presunção relativa de veracidade, formando prova suficiente de tempo de serviço para fins previdenciários, ainda que a anotação de vínculo de emprego não conste no Cadastro Nacional de Informações Sociais (CNIS)".

No caso de vínculos anotados na CTPS e não registrados no CNIS, é necessário se promover uma investigação, podendo ter se verificado uma das seguintes hipóteses:

A) Trata-se de vínculo antigo anterior à criação do CNIS, razão pela qual não está registrado;

B) A empresa não inscreveu o segurado como seu trabalhador, normalmente com o objetivo de sonegar o recolhimento das contribuições previdenciárias;

C) O registro na CTPS é fraudulento e deve ser rejeitado.

O tema será apreciado pela TNU:

Tema	**240**	Situação do tema	Em Julgamento - eproc	Ramo do direito	DIREITO PREVIDENCIÁRIO
Questão submetida a julgamento	Saber se a anotação de vínculo empregatício realizada extemporaneamente em CTPS tem a serventia de início de prova material para fins previdenciários (art. 55, § 3º, da Lei 8.213/91) ou se depende de outros elementos materiais de prova a corroborá-la.				
Tese firmada					
Processo	Decisão de afetação	Relator (a)	Julgado em	Acórdão publicado em	Trânsito em julgado
PEDILEF 0500540-27.2017.4.05.8307/PE	06/11/2019	Juiz Federal Gabriel Brum Teixeira			

Por sua vez, com acerto, a TNU **não admite a declaração extemporânea do ex-empregador** como prova material contemporânea na prova do vínculo de emprego:

Tema	**199**	Situação do tema	Julgado	Ramo do direito	DIREITO PREVIDENCIÁRIO
Questão submetida a julgamento	Saber se a declaração extemporânea do ex-empregador pode ser tida como início de prova material para fins de contagem de tempo de serviço.				
Tese firmada	**A declaração extemporânea de ex-empregador não é documento hábil à formação do início de prova material necessário à comprovação de atividade laboral em determinado período.**				
Processo	Decisão de afetação	Relator (a)	Julgado em	Acórdão publicado em	Trânsito em julgado
PEDILEF 0503955-40.2011.4.05.8400/RN	-	Juiz Federal João Batista Lazzari	07/05/2014	23/05/2014	16/07/2014

Súmula 241. A contribuição previdenciária incide sobre o abono incorporado ao salário.

Comentários:

De acordo com a Súmula 241, do STF, editada ainda no regime previdenciário anterior, mas que possuía aplicabilidade até o advento da Lei 13.467/2017, incidia contribuição previdenciária sobre abonos habituais, pois nessa época tinham natureza salarial.

Com o advento dessa norma, tivemos uma alteração no artigo 28 da Lei 8.212/91, de modo que todos os abonos, mesmo os habituais, não mais compõem salário de contribuição:

> "§ 9º Não integram o salário-de-contribuição para os fins desta Lei, exclusivamente:
>
> ...
>
> z) os prêmios e os abonos. (Incluído pela Lei nº 13.467, de 2017)".

Desse modo, forçoso concluir que a Súmula 241 do STF não foi recepcionada pela Lei 13.467/2017.

Súmula 359. Ressalvada a revisão prevista em lei, os proventos da inatividade regulam-se pela lei vigente ao tempo em que o militar, ou o servidor civil, reuniu os requisitos necessários.

Comentários

Esta súmula decorre do direito adquirido, devendo ser aplicado ao cálculo da remuneração na inatividade do militar a lei em vigor no dia do cumprimento de todos os requisitos, exceto se lei posterior mais benéfica determinar a revisão da renda.

O mesmo se aplica à aposentadoria em RPPS, pois é assegurada a renda de acordo com a lei em vigor no momento da aquisição do direito, se mais benéfica ao servidor público.

Teses de Repercussão Geral

Para o cálculo da renda mensal inicial, cumpre observar o quadro mais favorável ao beneficiário, pouco importando o decesso remuneratório ocorrido em data posterior ao implemento das condições legais para a aposentadoria, respeitadas a

decadência do direito à revisão e a prescrição quanto às prestações vencidas.

[Tese definida no **RE 630.501***, rel. min.* ***Ellen Gracie****, red. p/ o ac. min.* ***Marco Aurélio****, P, j. 21-2-2013, DJE de 26-8-2013, Tema 334.]*

(...) o segurado adquiriu o direito de se aposentar, mas permaneceu trabalhando sem se aposentar. Os cálculos foram feitos levando em conta a data, não da aquisição do direito, mas a data em que houve o exercício do direito – data superveniente. E essa data acabou sendo considerada por prejudicial. A pergunta que se faz é se ele pode exercer o direito de se aposentar, calculando esse direito, inclusive os proventos, na data anterior, ou seja, na data em que ele veio a adquirir o direito. Reafirmo que o direito que se adquire pode ser exercido nos termos e com a configuração da data da aquisição, quando se implementaram os respectivos requisitos. Trata-se, todavia, de um direito potestativo – ou seja, um direito formativo gerador –, a significar que não gera, desde logo, um dever de satisfazer a prestação por parte do sujeito passivo. (...). Todavia, em se tratando de direito já incorporado ao patrimônio jurídico, a falta de exercício não acarreta, por si só, a sua perda, (...) a não ser quando a lei fixa um prazo para o exercício do direito, que não é o caso. O direito assim adquirido pode, portanto, ser exercido a qualquer tempo, ressalvada a decadência.

[**RE 630.501**, rel. min. **Ricardo Lewandowski**, red. p/ o ac. min. **Marco Aurélio**, voto do min. Teori Zavascki, P, j. 21-2-2013, *DJE* 166 de 26-8-2013,Tema 334.]

Jurisprudência selecionada

- Aplicação da norma vigente à época do preenchimento dos requisitos necessários para a concessão da aposentadoria.

Destrate, o Tribunal de origem, ao deixar de aplicar à aposentadoria do ora agravante a referida lei, divergiu da orientação assentada nesta Corte no sentido de que se aplica à aposentadoria a norma vigente à época do preenchimento dos requisitos para a sua concessão (Súmula 359). In casu, verifica-se que o impetrante preencheu os requisitos para a aposentadoria compulsória em 25/11/13, antes da publicação da Lei Complementar 152, a qual teria revogado o dispositivo que determinava a aposentadoria compulsória do servidor público policial civil aos 65 (sessenta e cinco anos) de idade.

[**ARE 881.118 AgR**, voto do rel. min. **Dias Toffoli**, 2ª T, j.06-10-2017, *DJE* 252 de 07-11-2017]

- Súmula 359 e abono de permanência

Tal como assentou a decisão agravada, observa-se que o acórdão proferido pelo Tribunal de origem está alinhada com o entendimento do Supremo Tribunal Federal. Isso porque, uma vez preenchido os requisitos para o recebimento do abono de permanência, esse direito não pode estar condicionado a outra exigência. Dessa forma, o termo inicial para o recebimento do abono de permanência dá-se com o preenchimento dos requisitos para a aposentadoria voluntária. Nesse sentido, veja-se a ementa do RE 310.159-AgR, julgado sob a relatoria do Ministro Gilmar Mendes: "Recurso extraordinário. Agravo regimental. 2. Aposentadoria. Direito adquirido quando preenchidos todos os requisitos. Súmula 359. 3. Requerimento administrativo. Desnecessidade. Precedentes. 4. Agravo regimental a que se dá parcial provimento, tão-somente, para afastar a retroação da data de início da aposentadoria."

[**ARE 825.334 AgR**, rel. min. **Roberto Barroso**, 1ª T, j. 24-5-2016, *DJE* 119 de 10-6-2016.]

- Impossibilidade de desfazer ato de aposentadoria para recalcular proventos

Nesse quadro, o agravante, ao ter sua aposentadoria concedida com proventos integrais, obteve aquilo que se esperava do INSS, qual seja, a observância da legislação regente ao tempo em que cumprido os requisitos legais para a jubilação. Dessa forma, tendo o autor optado, por sua exclusiva conveniência, pela aposentadoria integral, não pode a sua renda mensal ser calculada em data anterior, quando fazia jus à aposentadoria proporcional ao tempo de serviço. (...). Por fim, imperioso salientar que não há qualquer contrariedade à Súmula 359 do STF, porquanto tal enunciado pressupõe alterações legislativas previdenciárias, os quais importem em evidente prejuízo ao beneficiário que cumpriu os necessários requisitos à inatividade, em momento anterior, quando havia legislação mais favorável ao segurado. Daí o direito adquirido à observância da lei regente ao tempo da reunião dos requisitos da inatividade.

[**AI 810.744 AgR**, rel. min. **Ricardo Lewandowski**, 1ª T, j. 2-12-2010, *DJE* 20 de 1º-2-2011.]

• Alteração da Súmula 359 do Supremo Tribunal Federal

Aposentadoria. Direito adquirido. Se, na vigência da lei anterior, o funcionário preenchera todos os requisitos exigidos, o fato de, na sua vigência, não haver requerido a aposentadoria não o faz perder o seu direito, que já havia adquirido. (...) Alteração da súmula 359, para se suprimirem as palavras "inclusive a apresentação do requerimento, quando a inatividade for voluntária".

[**RE 72.509 ED-EDv**, rel. min. **Luiz Gallotti**, P, j. 14-2-1973, *DJ* de 30-3-1973.]

Súmula 501. Compete à justiça ordinária estadual o processo e o julgamento, em ambas as instâncias, das causas de acidente do trabalho, ainda que promovidas contra a União, suas autarquias, empresas públicas ou sociedades de economia mista.

Comentários:

As ações acidentárias propostas contra o INSS, ou seja, com causa de pedir consistente em acidente de trabalho, moléstia ocupacional ou evento equiparado, serão de competência originária da Justiça Estadual (*ex ratione materiae*).

Isso porque a parte final do inciso I, do artigo 109, da Lei Maior, excluiu expressamente as ações decorrentes de acidente de trabalho da competência da Justiça Federal, inclusive as ações revisionais de benefícios acidentários, conforme já se pronunciou o STJ[14].

Logo, se a postulação da aposentadoria por incapacidade permanente, do auxílio-doença ou do auxílio-acidente decorrer de acidente de trabalho ou eventos equiparados, a competência material para processar e julgar a causa será da Justiça Estadual.

Nesse sentido, a posição pacificada do STF na Súmula 501 e nos seguintes precedentes:

14. CC 102.459, de 12.08.2009.

"EMENTA: AGRAVO REGIMENTAL NO RECURSO EXTRAORDINÁRIO. CONSTITUCIONAL E PREVIDENCIÁRIO. ACIDENTE DE TRABALHO. COMPETÊNCIA DA JUSTIÇA COMUM ESTADUAL PARA PROCESSAR E JULGAR A CAUSA. PRECEDENTES. INCIDÊNCIA DA SÚMULA 501 DO SUPREMO TRIBUNAL FEDERAL. AGRAVO REGIMENTAL AO QUAL SE NEGA PROVIMENTO" (RE 540970 AgR / SP, de 20/10/2009).

"Remarque-se, então, que as causas de acidente do trabalho, excepcionalmente excluídas da competência dos juízes federais, só podem ser as chamadas ações acidentárias. Ações, como sabido, movidas pelo segurado contra o INSS, a fim de discutir questão atinente a benefício previdenciário. Logo, feitos em que se faz presente interesse de uma autarquia federal, é certo, mas que, por exceção, se deslocam para a competência da Justiça comum dos Estados. Por que não repetir? Tais ações, expressamente excluídas da competência dos juízes federais, passam a caber à Justiça comum dos Estados, segundo o critério residual de distribuição de competência. Tudo conforme serena jurisprudência desta nossa Corte de Justiça, cristalizada no enunciado da Súmula 501. 12. Outra, porém, é a hipótese das ações reparadoras de danos oriundos de acidente do trabalho, quando ajuizadas pelo empregado contra o seu empregador. Não contra o INSS. É que, agora, não há interesse da União, nem de entidade autárquica ou de empresa pública federal, a menos, claro, que uma delas esteja na condição de empregadora. O interesse, reitere-se, apenas diz respeito ao empregado e seu empregador. Sendo desses dois únicos protagonistas a legitimidade processual para figurar no pólos ativo e passivo da ação, respectivamente. Razão bastante para se perceber que a regra geral veiculada pela primeira parte do inciso I do artigo 109 da Lei Maior – definidora de competência em razão da pessoa que integre a lide – não tem como ser erigida a norma de incidência, visto que ela não trata de relação jurídica entre empregados e empregadores. Já a parte final do inciso I do artigo 109 da Magna Carta, segundo demonstrado, cuida é de outra coisa: excepcionar as hipóteses em que a competência seria da própria Justiça Federal. [**CC 7.204**, rel. ministro **Ayres Britto**, P, j. 29-6-2005, *DJ* de 9-12-2005.]";

"**Compete à Justiça Comum Estadual julgar as ações acidentárias que, propostas pelo segurado contra o Instituto Nacional do Seguro Social (INSS), visem à prestação de benefícios relativos a acidentes de trabalho** *[Tese definida no RE 638.483 RG, rel. min. presidente Cezar Peluso, P, j. 9-6-2011, DJE 167 de 31-8-2011,Tema 414.]*"

As demandas envolvendo o INSS na competência especial por acidente de trabalho devem tramitar no rito comum, sendo incompetentes os Juizados Estaduais da Fazenda Pública mesmo que a demanda tenha valor da causa de baixo montante, pois a Lei 12.153/2009 não prevê uma autarquia federal como ré.

Eis o STJ:

> PROCESSUAL CIVIL E PREVIDENCIÁRIO. EXEGESE DO ART. 129, II, DA LEI N. 8.213/91. PETIÇÃO INICIAL. PEDIDO E CAUSA DE PEDIR. INTERPRETAÇÃO DO ART. 329 do CPC/15. PLEITO DE BENEFÍCIO ACIDENTÁRIO. COMPETÊNCIA DA JUSTIÇA ESTADUAL. Súmulas 15/STJ e 501/STF.
>
> 1. Consoante o disposto no art. 129, II, da Lei n. 8.213/91, os litígios e medidas cautelares relativos a acidentes do trabalho serão apreciados, "na via judicial, pela Justiça dos Estados e do Distrito Federal", cujo regramento se acha em compasso com a previsão constante do art. 109, I, da CF, segundo a qual compete à Justiça federal o julgamento das "causas em que a União, entidade autárquica ou empresa pública federal forem interessadas na condição de autoras, rés, assistentes ou oponentes, exceto as de falência, as de acidentes de trabalho e as sujeitas à Justiça Eleitoral e à Justiça do Trabalho".
>
> 2. "Compete à Justiça estadual processar e julgar os litígios decorrentes de acidente do trabalho" (Súmula 15/STJ); "**Compete à Justiça Ordinária Estadual** o processo e o julgamento, em ambas as instâncias, das causas de acidente do trabalho, ainda que promovidas contra a União, suas autarquias, empresas públicas ou sociedades de economia mista" (Súmula 501/STF).
>
> 3. Nos termos da jurisprudência do STJ, a competência para julgar as demandas em que se pleiteia a concessão de benefício previdenciário deve ser determinada em razão do pedido e da causa de pedir, cujos elementos identificadores da ação não poderão ser modificados após o saneamento, nos precisos termos do art. 329, II, do CPC/15.
>
> 4. No caso concreto, conforme se extrai da petição inicial, nela se postula a concessão de benefício de origem acidentária (auxílio-doença ou aposentadoria por invalidez), em virtude de alegado acidente de trabalho.
>
> 5. Como já assentado por esta Corte, "a questão relativa à ausência de nexo causal entre a lesão incapacitante e a atividade laboral do segurado, embora possa interferir no julgamento do mérito da demanda, não é capaz de afastar a competência da

> Justiça Estadual para processar as demandas em que o pedido formulado diz respeito a benefício previdenciário decorrente de acidente de trabalho, como é o caso dos autos" (REsp 1.655.442/ MG, Rel. Ministro HERMAN BENJAMIN, SEGUNDA TURMA, DJe 18/04/2017).

O tema foi afetado ao rito dos recursos repetitivos em razão de anomalia no Estado do Mato Grosso:

> ProAfR no RECURSO ESPECIAL Nº 1.865.606 – MT (2020/0056682-3) EMENTA PROCESSUAL CIVIL. PROPOSTA DE AFETAÇÃO DE RECURSO ESPECIAL. RITO DO ART. 1.036, § 5º, DO CPC/2015. AÇÕES PREVIDENCIÁRIAS DECORRENTES DE ACIDENTE DE TRABALHO. ATUAÇÃO DO INSS COMO PARTE. JUIZADOS ESPECIAIS DA FAZENDA PÚBLICA. COMPETÊNCIA.
>
> 1. Delimitação da controvérsia, para fins de afetação da matéria ao rito dos recursos repetitivos, nos termos do art. 1.036 do CPC/2015: "Saber se os Juizados Especiais da Fazenda Pública têm competência para o julgamento de ações previdenciárias decorrentes de acidente de trabalho em que o Instituto Nacional do Seguro Social figure como parte."
>
> 2. Recurso Especial afetado ao rito dos arts. 1.036 e seguintes do CPC/2015.

Vale frisar que o INSS somente concede benefícios com código de acidente do trabalho aos segurados que possuem o pagamento da contribuição SAT em seu favor: empregado, empregado doméstico (este após a LC 150/2015), trabalhador avulso e segurado especial.

Logo, o contribuinte individual, quer autônomo, quer prestando serviços à pessoa jurídica, não terá deferido pelo INSS benefício por acidente de trabalho, e sim benefício comum, o mesmo ocorrendo com o segurado facultativo, que sequer trabalha.

No entanto, de modo atécnico, o STJ vinha pronunciando através da 3ª Seção, o direito do contribuinte individual autônomo em perceber benefício por acidente de trabalho, firmando, inclusive, a competência da Justiça Estadual para processar tais demandas previdenciárias:

> "PREVIDENCIÁRIO. COMPETÊNCIA. CONFLITO NEGATIVO. CONCESSÃO DE APOSENTADORIA POR INVALIDEZ. ACIDENTE DE TRABALHO. CARACTERIZAÇÃO. CONTRIBUINTE AUTÔNOMO. ART. 109, I, DA CONSTITUIÇÃO. VERBETE SUMULAR N.º 15/STJ. 1.

O objetivo da regra do art. 109, I, da Constituição é aproximar o julgador dos fatos inerentes à matéria que lhe está sendo submetida a julgamento. 2. As ações propostas contra a autarquia previdenciária objetivando a concessão de benefícios de índole acidentária são de competência da Justiça Estadual. Verbete sumular 15/STJ. **3. Os trabalhadores autônomos assumem os riscos de sua atividade e não recolhem contribuições para custear o benefício acidentário. Tal é desinfluente no caso do autônomo que sofre acidente de trabalho e pleiteia a concessão de aposentadoria por invalidez. 4. Conflito conhecido para declarar a competência do Juízo de Direito da Vara de Acidentes do Trabalho do Distrito Federal, o suscitante"** (3ª Seção, CC 86794, de 12/12/2007).

"PREVIDENCIÁRIO. AGRAVO REGIMENTAL NO CONFLITO NEGATIVO DE COMPETÊNCIA. JUSTIÇA ESTADUAL E JUSTIÇA FEDERAL. CONCESSÃO DE APOSENTADORIA POR INVALIDEZ OU AUXÍLIO-DOENÇA, DECORRENTES DE ACIDENTE DE TRABALHO. SÚMULAS 15/STJ E 501/STF. TRABALHADOR AUTÔNOMO. COMPETÊNCIA DA JUSTIÇA ESTADUAL. AGRAVO REGIMENTAL IMPROVIDO. I. Na linha dos precedentes desta Corte, "compete à Justiça comum dos Estados apreciar e julgar as ações acidentárias, que são aquelas propostas pelo segurado contra o Instituto Nacional do Seguro Social, visando ao benefício, aos serviços previdenciários e respectivas revisões correspondentes ao acidente do trabalho. Incidência da Súmula 501 do STF e da Súmula 15 do STJ" (STJ, AgRg no CC 122.703/SP, Rel. Ministro MAURO CAMPBELL MARQUES, PRIMEIRA SEÇÃO, DJe de 05/06/2013) II. É da Justiça Estadual a competência para o julgamento de litígios decorrentes de acidente de trabalho (Súmulas 15/STJ e 501/STF). **III. Já decidiu o STJ que "a questão referente à possibilidade de concessão de benefício acidentário a trabalhador autônomo se encerra na competência da Justiça Estadual" (STJ, CC 82.810/SP, Rel. Ministro HAMILTON CARVALHIDO, DJU de 08/05/2007).** Em igual sentido: STJ, CC 86.794/DF, Rel. Ministro ARNALDO ESTEVES LIMA, TERCEIRA SEÇÃO, DJU de 01/02/2008. IV. Agravo Regimental improvido". (1ª Seção, AGRCC 201401674626, de 23/9/2015).

Felizmente, o posicionamento foi revisto em 2017 pela 1ª Seção do STJ:

PROCESSUAL CIVIL E PREVIDENCIÁRIO. CONFLITO NEGATIVO DE COMPETÊNCIA.

AÇÃO PREVIDENCIÁRIA. BENEFÍCIO POR INCAPACIDADE. SEGURADO CONTRIBUINTE INDIVIDUAL. LEGISLAÇÃO ACIDENTÁRIA

EXCLUDENTE. NATUREZA PREVIDENCIÁRIA DO BENEFÍCIO. INTELIGÊNCIA DO ARTIGO 19 DA LEI 8.213/1991. COMPETÊNCIA DA JUSTIÇA FEDERAL. JUÍZO SUSCITADO.

1. No caso, tramita ação previdenciária em que ser requer a condenação do INSS ao pagamento de benefício previdenciário por incapacidade, em que o autor ostenta a qualidade de segurado contribuinte individual.

2. O segurado contribuinte individual integra o rol dos segurados obrigatórios do Regime Geral de Previdência Social. O artigo 12, V, da Lei 8.212/1991 e o artigo 9º, V, do Decreto 3.048/1999, com a redação dada pela Lei 9.876/1999, elencam quem são os segurados contribuintes individuais. São igualmente segurados contribuintes individuais, o médico-residente, por força da Lei 6.932/1981 com a redação dada pela Lei 12.514/2011; o cônjuge ou companheiro do produtor que participe da atividade rural por este explorada; o bolsista da Fundação Habitacional do Exército, contratado em conformidade com a Lei 6.855/1980 e o árbitro de competições desportivas e seus auxiliares que atuem em conformidade com a Lei 9.615/1998.

2. Consoante artigo 19 da Lei 8.213/1991, somente os segurados empregados, incluídos os temporários, os segurados trabalhadores avulsos e os segurados especiais fazem jus aos benefícios previdenciários por acidente do trabalho. O ordenamento jurídico fez incluir o segurado empregado doméstico no rol do artigo 19, em observância à Emenda Constitucional 72 e à Lei Complementar 150/2015.

3. O artigo 109, I, da Constituição Federal de 1988, ao excetuar da competência federal as causas de acidente do trabalho, abarcou tão somente as lides estritamente acidentárias, movidas pelo segurado contra o INSS.

4. O acidente sofrido por trabalhador classificado pela lei previdenciária como segurado contribuinte individual, por expressa determinação legal, não configura acidente do trabalho, não ensejando, portanto, a concessão de benefício acidentário, apenas previdenciário, sob a jurisdição da Justiça Federal.

5. Conflito negativo de competência conhecido para declarar a competência da Justiça Federal **(CC 140943, 1ª Seção, 8/2/2017).**

No que concerne à pensão por morte decorrente de acidente de trabalho, o STJ, através da sua 3ª Seção, já se pronunciou sobre a competência da Justiça Federal, por supostamente não se tratar de um benefício acidentário:

> "PREVIDENCIÁRIO. CONFLITO NEGATIVO DE COMPETÊNCIA. JUSTIÇA ESTADUAL E JUSTIÇA FEDERAL. AÇÃO REVISIONAL DE PENSÃO POR MORTE DECORRENTE DE ACIDENTE DE TRABALHO. APLICAÇÃO DO ART. 109, I, DA CF/88. NÃO-INCIDÊNCIA DA SÚMULA 15/STJ. PRECEDENTES. COMPETÊNCIA DA JUSTIÇA FEDERAL. 1. Para verificação da competência no caso de ações previdenciárias, deve-se considerar a natureza do benefício, se acidentário ou previdenciário, bem como o procedimento adotado para a sua concessão. 2. As ações que versem sobre benefícios previdenciários são de competência da Justiça Federal, ressalvado o disposto no art. 109, § 3º, da Lei Maior. **Dessa forma, as ações que envolvam concessão e revisão de pensão por morte, independentemente da circunstância em que o segurado faleceu, devem ser processadas e julgadas na Justiça Federal**. 3. Exceção a esta regra está nas ações acidentárias típicas, envolvendo o trabalhador e a autarquia previdenciária, nas quais há necessidade de prova pericial a ser realizada pelo INSS, o que justifica a manutenção da competência da Justiça Estadual, a teor do art. 109, inciso I, in fine, da Constituição Federal. 4. Conflito conhecido para declarar competente o Juízo Federal da 1ª Vara de São Gonçalo para processar e julgar o feito (g.n.)[15]".
>
> CONFLITO NEGATIVO DE COMPETÊNCIA ENTRE JUÍZO ESTADUAL E JUÍZO FEDERAL – REVISÃO DE PENSÃO POR MORTE DECORRENTE DE ACIDENTE DO TRABALHO – NATUREZA PREVIDENCIÁRIA DO BENEFÍCIO – NÃO-INCIDÊNCIA DAS SÚMULAS 15/STJ E 501/STF – COMPETÊNCIA DO JUÍZO FEDERAL. **I. Na esteira dos precedentes desta Corte, a pensão por morte é benefício eminentemente previdenciário, independentemente das circunstâncias que cercaram o falecimento do segurado. II. Portanto, ainda que a morte decorra de acidente do trabalho, a pensão possui origem unicamente na condição que o cônjuge tinha de dependente do de cujus, mas não no motivo do falecimento, constituindo-se, portanto, em benefício previdenciário, e não acidentário**. Precedentes. III. Competência da Justiça Federal (g,n.)[16].

O STJ manteve este entendimento no ano de 2010:

15. CC 62.531, de 28.02.2007.
16. CC 89.282, de 26.09.2007.

> "PROCESSUAL CIVIL. PREVIDENCIÁRIO. AGRAVO REGIMENTAL NO CONFLITO DE COMPETÊNCIA. COMPETÊNCIA DA JUSTIÇA FEDERAL PARA O PROCESSAMENTO E JULGAMENTO DAS DEMANDAS QUE VERSEM SOBRE O BENEFÍCIO DE PENSÃO POR MORTE, AINDA QUE DECORRENTE DE ACIDENTE DE TRABALHO. AGRAVO REGIMENTAL DO MINISTÉRIO PÚBLICO DESPROVIDO. **1. A Terceira Seção desta Corte pacificou recentemente o entendimento de que o pedido relativo à revisão do benefício de pensão por morte, ainda que decorrente de acidente de trabalho, é da competência da Justiça Federal, por se tratar de benefício eminentemente previdenciário (CC 62.531/RJ, Rel. Min. MARIA THEREZA DE ASSIS MOURA, DJU 26.03.2007, p. 200).** 2. No presente caso, o domicílio do segurado não é sede de Vara Federal, tendo ele optado por impetrar a ação no Juízo Estadual, conforme faculdade prevista no art. 109, § 3º. da CF. 3. Estando o Juízo Estadual investido de jurisdição federal delegada, impõe-se reconhecer a competência do Tribunal Regional Federal para processar e julgar o recurso interposto contra a sentença proferida pelo Juiz de Direito. 4. Agravo Regimental do Ministério Público Federal desprovido **(3ª Seção, AGRCC 107.734, de 28.04.2010).**

No entanto, não há como concordar com o entendimento da Corte Superior, pois será da competência da Justiça Estadual o julgamento de causas contra o INSS decorrentes de acidente de trabalho, não havendo qualquer ressalva constitucional.

A pensão por morte poderá ser comum ou decorrente de acidente de trabalho, conforme enquadramento da Autarquia Previdenciária: 93 – Pensão por morte por acidente do trabalho (Lei nº 8.213/91); 21 – Pensão por morte previdenciária (Lei nº 8.213/91).

Por isso, entende-se que a competência para julgar ou revisar pensão por morte decorrente de acidente de trabalho será originalmente da Justiça Estadual, **conforme posicionamento do STF:**

> "EMENTA: AGRAVO REGIMENTAL NO AGRAVO DE INSTRUMENTO. CONSTITUCIONAL E PREVIDENCIÁRIO. **PENSÃO POR MORTE DECORRENTE DE ACIDENTE DE TRABALHO. COMPETÊNCIA DA JUSTIÇA COMUM ESTADUAL PARA PROCESSAR E JULGAR A CAUSA**. PRECEDENTES. INCIDÊNCIA DA SÚMULA 501 DO SUPREMO TRIBUNAL FEDERAL. AGRAVO REGIMENTAL AO QUAL SE NEGA PROVIMENTO" **(1ª Turma, AI 722.821 Agr, de 20.10.2009).**

A partir do ano de 2012, após a alteração do seu Regimento Interno, as causas previdenciárias passaram a ser julgadas pela 1ª Seção, e não mais pela 3ª Seção do STJ, tendo ficado assentado pela 1ª Seção que a competência para julgar ação visando à concessão de pensão por morte por acidente de trabalho é da Justiça Estadual, no julgamento do CC 121.352, de 11.04.2012:

> "CONFLITO DE COMPETÊNCIA. JUSTIÇA FEDERAL E JUSTIÇA ESTADUAL. AÇÃO VISANDO A OBTER PENSÃO POR MORTE DECORRENTE DE ACIDENTE DE TRABALHO. ALCANCE DA EXPRESSÃO "CAUSAS DECORRENTES DE ACIDENTE DO TRABALHO".
>
> 1. Nos termos do art. 109, I, da CF/88, estão excluídas da competência da Justiça Federal as causas decorrentes de acidente do trabalho. **Segundo a jurisprudência firmada pelo Supremo Tribunal Federal e adotada pela Corte Especial do STJ, são causas dessa natureza não apenas aquelas em que figuram como partes o empregado acidentado e o órgão da Previdência Social, mas também as que são promovidas pelo cônjuge, ou por herdeiros ou dependentes do acidentado, para haver indenização por dano moral (da competência da Justiça do Trabalho – CF, art. 114, VI), ou para haver benefício previdenciário pensão por morte, ou sua revisão (da competência da Justiça Estadual).**
>
> 2. É com essa interpretação ampla que se deve compreender as causas de acidente do trabalho, referidas no art. 109, I, bem como nas Súmulas 15/STJ ("Compete à justiça estadual processar e julgar os litígios decorrentes de acidente do trabalho") e 501/STF (Compete à justiça ordinária estadual o processo e o julgamento, em ambas as instâncias, das causas de acidente do trabalho, ainda que promovidas contra a união, suas autarquias, empresas públicas ou sociedades de economia mista).
>
> 3. Conflito conhecido para declarar a competência da Justiça Estadual".

Vale frisar que a competência da Justiça Estadual também abarca os benefícios decorrentes do acidente de trabalho por equiparação (artigo 21, da Lei 8.213/91), conforme correto entendimento do STJ:

> **Informativo 542 – "DIREITO PROCESSUAL CIVIL E PREVIDENCIÁRIO. COMPETÊNCIA PARA JULGAR PEDIDO DE PENSÃO POR MORTE DECORRENTE DE ÓBITO DE EMPREGADO ASSALTADO NO EXERCÍCIO DO TRABALHO.**

> **Compete à Justiça Estadual – e não à Justiça Federal – processar e julgar ação que tenha por objeto a concessão de pensão por morte decorrente de óbito de empregado ocorrido em razão de assalto sofrido durante o exercício do trabalho.** Doutrina e jurisprudência firmaram compreensão de que, em regra, o deslinde dos conflitos de competência de juízos em razão da matéria deve ser dirimido com a observância da relação jurídica controvertida, notadamente no que se refere à causa de pedir e ao pedido indicados pelo autor da demanda. Na hipótese, a circunstância afirmada não denota acidente do trabalho típico ou próprio, disciplinado no *caput* do art. 19 da Lei 8.213/1991 (Lei de Benefícios da Previdência Social), mas acidente do trabalho atípico ou impróprio, que, por presunção legal, recebe proteção na alínea "a" do inciso II do art. 21 da Lei de Benefícios. Nessa hipótese, o nexo causal é presumido pela lei diante do evento, o que é compatível com o ideal de proteção ao risco social que deve permear a relação entre o segurado e a Previdência Social. Desse modo, o assalto sofrido no local e horário de trabalho equipara-se ao acidente do trabalho, e o direito à pensão por morte decorrente do evento inesperado e violento deve ser apreciado pelo juízo da Justiça Estadual, nos termos do art. 109, I, parte final, da CF combinado com o art. 21, II, "a", da Lei 8.213/1991. CC 132.034-SP, **Rel. Min. Benedito Gonçalves, julgado em 28/5/2014".**

Por sua vez, entende a 3ª Seção do STJ que as demandas envolvendo benefícios previdenciários por acidente de trabalho dos segurados especiais deverão tramitar na Justiça Federal:

> "PREVIDENCIÁRIO. CONFLITO DE COMPETÊNCIA. COMPROVAÇÃO DA QUALIDADE DE SEGURADO ESPECIAL, NA CONDIÇÃO DE TRABALHADOR RURAL, PARA FINS DE CONCESSÃO DE BENEFÍCIO ACIDENTÁRIO. PARECER DO MPF PELA COMPETÊNCIA DA JUSTIÇA ESTADUAL. COMPETÊNCIA DA JUSTIÇA FEDERAL.
>
> **1. A jurisprudência deste Tribunal Superior é assente quanto à competência residual da Justiça Estadual para processar demanda relativa a acidente de trabalho. Entretanto, a comprovação da qualidade de segurado especial, para fins de concessão de benefício perante a Autarquia Previdenciária, como no caso, é matéria estranha à competência da Justiça Estadual, devendo ser a demanda processada pela Justiça Federal, nos termos do art. 109, I da CF.**
>
> 2. Somente seria possível o processamento da presente ação no Juízo Estadual, se a Comarca do domicílio do segurado não fosse

> sede de Vara Federal, o que, entretanto, não configura a hipótese dos autos.
>
> 3. Conflito de Competência conhecido para declarar a competência do Juízo Federal da 17ª Vara da Subseção Judiciária de Petrolina da Seção Judiciária de Pernambuco, o suscitante, para processar e julgar a presente demanda, inobstante o parecer do MPF" (CC 86.797, de 22/08/2007).

O argumento manejado pela 3ª Seção do STJ é impertinente. Isso porque o reconhecimento da qualidade de segurado especial é questão prejudicial à concessão do benefício por acidente de trabalho, tendo a Justiça Estadual plena competência para tanto.

De efeito, a competência constitucional da Justiça Estadual para julgar as ações contra o INSS para a postulação e revisão de benefícios por acidente de trabalho é irrestrita, de modo que é de todo inaceitável essa fundamentação da 3ª Seção do STJ.

O FONAJEF, em 2017, aderiu a esse posicionamento:

> **Enunciado nº 187**
>
> São da competência da Justiça Federal os pedidos de benefícios ajuizados por segurados especiais e seus dependentes em virtude de acidentes ocorridos nessa condição.

No entanto, **tal posicionamento foi revisto pela 1ª Seção do STJ**, firmando tese de que os benefícios por acidente de trabalho postulados por segurados especiais e seus dependentes devem ser postulados na Justiça Estadual:

> **AgInt no CC 152187 / MT**
>
> **S1 – PRIMEIRA SEÇÃO**
>
> **13/12/2017**
>
> **1. A Terceira Seção, à época em que detinha competência para matéria previdenciária, firmou entendimento de que, no caso de segurado especial, a concessão de benefícios acidentários seria de competência da Justiça Federal.**
>
> **3. Considerando que a qualidade de segurado é condição sine qua non para a concessão de qualquer benefício, seja acidentário ou previdenciário, tem-se, consequentemente, que ela não serviria de critério para definir a competência, restando analisar, apenas, a causa de pedir e o pedido.**

4. Diante das razões acima expostas e do teor das Súmulas 15/STJ e 501/STF, chega-se à conclusão de que deve ser alterado o entendimento anteriormente firmado pela Terceira Seção, a fim de se reconhecer a competência da Justiça estadual para a concessão de benefícios derivados de acidente de trabalho aos segurados especiais.

Súmula 613. Os dependentes de trabalhador rural não têm direito à pensão previdenciária, se o óbito ocorreu anteriormente à vigência da Lei Complementar nº 11-1971.

Comentários:

Vale frisar que a jurisprudência do STF havia se consolidado no sentido de que os óbitos de trabalhadores rurais anteriores ao advento da Lei Complementar 11/1971 (que criou a Previdência Rural) não dariam direito à pensão por morte rural, à luz do Princípio do *Tempus Regit Actum*, pois no dia da morte ainda não exista a qualidade de segurado rural. Neste contexto, em 17 de outubro de 1984, o STF aprovou a Súmula 613.

No entanto, com o advento da Lei 7.604/87[17], foi autorizada expressamente a concessão de pensão por morte de trabalhador rural operada antes do advento da Lei Complementar 11/1971, mas com efeitos financeiros somente a partir de abril de 1987.

Desta forma, embora ainda não tenha sido formalmente cancelada, entende-se que a Súmula 613 da Suprema Corte ficou prejudicada, pois contraria texto normativo editado posteriormente benéfico ao dependente.

Este é o entendimento da jurisprudência dominante:

> "PREVIDENCIÁRIO. TRABALHADOR RURAL. ÓBITO OCORRIDO EM 23.08.1965, ANTERIOR À LC 11/71. TERMO INICIAL. LEI 7.604/87. QUALIDADE DE TRABALHADOR RURAL COMPROVADA. INÍCIO RAZOÁVEL DE PROVA MATERIAL. PROVA TESTEMUNHAL. DEPENDÊNCIA DO CÔNJUGE PRESUMIDA. CORREÇÃO

17. Art. 4º A pensão de que trata o art. 6º da Lei Complementar nº 11, de 25 de maio de 1971, passará a ser devida a partir de 1º de abril de 1987 aos dependentes do trabalhador rural, falecido em data anterior a 26 de maio de 1971.

MONETÁRIA. JUROS DE MORA. 1. Remessa oficial conhecida de ofício: inaplicabilidade do §§ 2º e 3º do artigo 475 do CPC, eis que ilíquido o direito reconhecido e não baseando em jurisprudência ou Súmula do STF ou do STJ. 2. Nos termos do julgamento do RE 631240, decidido com repercussão geral reconhecida, para as ações ajuizadas até a data dessa decisão, a contestação de mérito caracterizou o interesse de agir da parte autora em face do INSS, uma vez que houve resistência ao pedido, sendo, para esses casos, prescindível a provocação administrativa 3. Tem direito ao benefício de pensão por morte o dependente de trabalhador rural falecido em data anterior à vigência da Lei Complementar nº 11, de 1971, segundo o art. 4º da Lei nº 7.604, de 1987. 4. Início de prova material: registro civil de seu casamento, realizado em 10.04.1948 (fl. 10), na qual consta a profissão do falecido como lavrador e certidão do registro de imóveis, no qual constava o falecido como proprietário de uma gleba de terras de cerrado e campos, com área de 2,42,00 hectares, situada na fazenda "Capão dos Porcos", no distrito de Ibiraci/MG (fl. 12). 5. As testemunhas ouvidas, coerentes e harmônicas, comprovaram a condição de trabalhador rural do falecido (fls. 52/54). 6. Correção monetária e juros de mora nos termos do MCCJF. 7. A qualidade de dependente do cônjuge é presumida. 8. Implantação imediata do benefício, nos termos do art. 461 do CPC -obrigação de fazer. 9. Apelação não provida. Remessa oficial parcialmente provida, nos termos do item 6 (TRF 1ª Região, AC 704260820094019199, de 29/10/2014).

"PREVIDENCIÁRIO. PENSÃO POR MORTE. TRABALHADOR RURAL. *TEMPUS REGIT ACTUM*. ÓBITO ANTERIOR Á LEI COMPLEMENTAR Nº. 11/71. LEI Nº. 7.604/87. TERMO INICIAL DO BENEFÍCIO. JUROS DE MORA. CUSTAS. ISENÇÃO. 1. Segundo entendimento pacífico na jurisprudência, o fato gerador do benefício pensão por morte é o óbito do segurado, devendo, portanto, ser regido pela lei vigente à época da ocorrência do falecimento, à luz do princípio tempus regit actum. Destarte, a legislação a ser aplicada é aquele vigente em 24.04.66, data do evento morte. 2. Tem direito ao benefício de pensão por morte o dependente de trabalhador rural falecido em data anterior à vigência da Lei Complementar nº 11, de 1971, segundo o art. 4º da Lei nº 7.604, de 1987. 3. O termo inicial de concessão deve ser fixado em 01.04.87, nos termos do art. 4º, da Lei nº. 7.604/87. Todavia, deve ser observada a prescrição que atinge apenas as parcelas anteriores ao qüinqüênio que precede o ajuizamento da ação (22.03.2007). Apelação do particular provida. 4. Os juros de mora devem ser de 1 % (um por cento) ao mês, a partir da citação, até o mês de junho de 2009, devendo, a partir do mês seguinte, incidir na forma prevista no art. 1º-F, da Lei nº. 9.494/97, com redação dada pela Lei nº. 11.960/2009. Remessa oficial provida neste ponto. 5. De acordo com o disposto no art. 8º, parágrafo 1º, da Lei nº 8.620/93 e da Lei nº 9.289/96, o INSS, como autarquia federal, goza do privilégio da isenção do pagamento de custas nos feitos em que atue como autor, réu, assistente ou opoente, o que não o desobriga do encargo de reembolsar as despesas antecipadas pela parte autora, contudo, sendo esta beneficiária da Justiça Gratuita, não há despesas a serem reembolsadas pelo INSS, estando isento de tal condenação. Remessa oficial provida neste ponto. 6. Precedentes desta egrégia Corte e do colendo STJ. 7. Apelação do particular provida. 8. Apelação do INSS improvida e remessa oficial provida em parte" (TRF 5ª Região, APELREEX 9263, de 02/03/2010).

"PREVIDENCIÁRIO. PENSÃO RURAL – ÓBITO ANTERIOR À LCP-11/71 – SÚM-613 DO STF PREJUDICADA PELA LEI-7604/87. SUSPENSÃO DA PRESCRIÇÃO DURANTE O TRÂMITE DO PROCESSO ADMINISTRATIVO – DEC-20910/32, ART-4. 1. É devida pensão rural por morte mesmo que o óbito tenha ocorrido anteriormente à Lei Complementar LCP-11/71, ante previsão expressa do ART-4 da LEI-7604/87. 2. SUM-613 do Supremo Tribunal Federal prejudicada pelo texto da lei referida. 3. " Não há o curso de prescrição durante a apuração e estudo da dívida, na repartição competente, provocados via requerimento do credor – ART-4 do DEC-20910/32, de 6 de janeiro de 1932 " (STF, Pleno, DJ 9.8.91, LEX 154/5). 4. Negado provimento ao apelo do INSS. 5. Provido parcialmente o apelo da parte autora, com manutenção dos ônus de sucumbência fixados em sentença – a autora decaiu de parte mínima do pedido" (TRF 4ª Região, AC 9504577660, de 01/07/1998).

Súmula 687. A revisão de que trata o art. 58 do ADCT não se aplica aos benefícios previdenciários concedidos após a promulgação da Constituição de 1988.

Comentários:

Tendo em conta que os benefícios concedidos antes do advento da Constituição Federal não possuíam correção monetária em todos os salários de contribuição (os 12 últimos não eram corrigidos), para restabelecer o poder aquisitivo dos benefícios em manutenção, foi prevista uma grande revisão no artigo 58, do ADCT, da Constituição de 1988:

"Art. 58. Os benefícios de prestação continuada, mantidos pela previdência social na data da promulgação da Constituição, terão seus valores revistos, a fim de que seja restabelecido o poder aquisitivo, expresso em número de salários mínimos, que tinham na data de sua concessão, obedecendo-se a esse critério de atualização até a implantação do plano de custeio e benefícios referidos no artigo seguinte.

Parágrafo único. As prestações mensais dos benefícios atualizadas de acordo com este artigo serão devidas e pagas a partir do sétimo mês a contar da promulgação da Constituição".

Consequentemente, os benefícios concedidos até o dia 05 de outubro de 1988 foram revistos a fim de que a sua renda mensal equivalesse ao número de salários mínimos na data da sua concessão.

De acordo com a Súmula 25, da TNU, "a revisão dos valores dos benefícios previdenciários, prevista no art. 58 do ADCT, deve ser feita com base no número de salários mínimos apurado na data da concessão, e não no mês de recolhimento da última contribuição".

Essa revisão gerou efeitos a partir de abril de 1989 (sétimo mês após outubro de 1988), inaugurando o período da equivalência pelo salário mínimo, que durou até o novo regramento ofertado pela Lei 8.213/91 (até 09.12.1991, quando foi publicado o Decreto 357/91), quando os benefícios passaram a ser reajustados anualmente pelo índice legal, sem vinculação ao número de salários mínimos da concessão.

Súmula 688. É legítima a incidência da contribuição previdenciária sobre o 13º salário.

Comentários:

Em regra, o salário de contribuição será composto pelas parcelas remuneratórias decorrentes do labor, inclusive abarcando a gratificação natalina (13º salário), conforme referendado pela Súmula 688 do STF7, que apenas não será considerada para o cálculo do benefício.

Inclusive, após a Lei 8.620/93, é válida a incidência da contribuição previdenciária em separado sobre a gratificação natalina.

Nesse sentido, nos termos do artigo 28, § 7º, da Lei 8.212/91, "o décimo-terceiro salário (gratificação natalina) integra o salário-de-contribuição, exceto para o cálculo de benefício, na forma estabelecida em regulamento".

Súmula 689. O segurado pode ajuizar ação contra a instituição previdenciária perante o juízo federal do seu domicílio ou nas varas federais da Capital do Estado-Membro.

Comentários:

Esta súmula decorre do artigo 109, § 2º e § 3º, da Constituição:

> "§ 2º As causas intentadas contra a União poderão ser aforadas na seção judiciária em que for domiciliado o autor, naquela onde houver ocorrido o ato ou fato que deu origem à demanda ou onde esteja situada a coisa, ou, ainda, no Distrito Federal.
>
> § 3º Lei poderá autorizar que as causas de competência da Justiça Federal em que forem parte instituição de previdência social e segurado possam ser processadas e julgadas na justiça estadual quando a comarca do domicílio do segurado não for sede de vara federal. (Redação dada pela Emenda Constitucional nº 103, de 2019)"

É indiscutível a sua **aplicação no rito comum** nas demandas previdenciárias ajuizadas contra o INSS.

Por outro lado, **existe forte controvérsia se a Súmula 689, do STF se aplica ao JEF ou não**.

A mencionada súmula foi editada com base neste precedente:

> RE 287351 AgR/RS – RIO GRANDE DO SUL
>
> AG.REG.NO RECURSO EXTRAORDINÁRIO
>
> Relator(a): Min. MAURÍCIO CORRÊA
>
> Julgamento: 02/08/2001 Órgão Julgador: Tribunal Pleno
>
> Publicação
>
> DJ 22-03-2002 PP-00043 EMENT VOL-02062-05 PP-01036

Parte(s)

AGTE.: INSTITUTO NACIONAL DO SEGURO SOCIAL – INSS

ADVDOS.: VÍVIAN BARBOSA CALDAS E OUTROS

AGDO.: CARLOS ALBERTO MARTINS DA SILVA E OUTROS

ADVDOS.: DAISSON SILVA PORTANOVA E OUTROS

Ementa

EMENTA: AGRAVO REGIMENTAL EM RECURSO EXTRAORDINÁRIO. CONSTITUCIONAL. COMPETÊNCIA. BENEFICIÁRIO DA PREVIDÊNCIA SOCIAL. PROPOSITURA DE AÇÃO. FORO. Beneficiário da previdência social. Foro. Competência. Propositura de ação contra o Instituto Nacional do Seguro Social tanto no domicílio do segurado como no da Capital do Estado-membro. Faculdade que lhe foi conferida pelo artigo 109, § 3º, da Constituição Federal. Agravo regimental não provido.

A polêmica decorre do fato de que os precedentes da Súmula STF 683 decorreram de ações que tramitaram pelo rito comum e são anteriores ao advento da Lei 10.259/2001, que prevê a natureza absoluta da competência do JEF.

Entende-se que quando o segurado residir em localidade que possua Vara do JEF instalada, este terá competência absoluta para julgar a demanda, se o valor for de até sessenta salários mínimos.

Isto porque o próprio STF possui precedente pelo afastamento da competência concorrente de que dispõe o artigo 109, § 3º, da Constituição em situação análoga:

RE 227132 AgR/RS – RIO GRANDE DO SUL

AG.REG.NO RECURSO EXTRAORDINÁRIO

Relator(a): Min. MARCO AURÉLIO

Julgamento: 22/06/1999 **Órgão** Julgador: Segunda Turma

Publicação

DJ 27-08-1999 PP-00059 EMENT VOL-01960-03 PP-00510

Parte(s)

AGTE.: ORLANDO FERNANDES

ADVDOS.: DAISSON SILVA PORTANOVA E OUTROS

AGDO.: INSTITUTO NACIONAL DO SEGURO SOCIAL – INSS

Ementa

COMPETÊNCIA – BENEFÍCIO PREVIDENCIÁRIO – INSS. Cuidando a ação de benefício previdenciário e havendo no domicílio do segurado ou beneficiário vara federal, descabe o ajuizamento da ação em juízo diverso, a teor do disposto no § 3º do artigo 109 da Constituição Federal.

A 5ª Turma Recursal de São Paulo possui precedente aplicando a Súmula 689 do STF ao JEF, ao menos quando o segurado resida em localidade que não possua Vara do JEF instalada, havendo competência concorrente entre a Vara do JEF da Subseção Judiciária e a Vara do JEF da capital do estado:

> "Preambularmente, verifico que o autor é domiciliado na cidade de Araras e ingressou com a ação em 13/06/2013 perante o Juizado Especial Federal de São Paulo, constato que o Provimento nº 416, de 16 de maio de 2014, dispôs: § 1º A Subseção Judiciária de Limeira terá jurisdição, quanto aos feitos do Juizado Especial Federal, sob os municípios de Aguaí, Araras, Conchal, Cordeirópolis, Engenheiro Coelho, Estiva Gerbi, Iracemápolis, Leme, Limeira e Mogi Guaçu. (grifei). **Logo, inexiste vara federal/juizado especial federal no município de domicílio do autor, razão pela qual deve ser aplicada a súmula 689 do E. STF:** o segurado pode ajuizar ação contra a instituição previdenciária perante o juízo federal do seu domicílio ou nas varas federais da capital do estado-membro. No mesmo sentido é a jurisprudência colacionada: PROCESSUAL CIVIL. CONFLITO DE COMPETÊNCIA. ENTRE JUÍZO FEDERAL E JUIZADO ESPECIAL. COMPETÊNCIA CONCORRENTE. COMPETÊNCIA TERRITORIAL. COMPETÊNCIA RELATIVA. MANIFESTAÇÃO EX OFFICIO. IMPOSSIBILIDADE. SÚMULA 33. I. Nos casos em que a demanda apresentar valor da causa que não ultrapasse 60 (sessenta) salários mínimos, salvo as exceções promovidas pela Lei, e instalada Vara do Juizado, deste será a competência para processar e julgar o feito. II. Diversa é a situação que se vislumbra no presente feito, visto que o autor é domiciliado em Araras, comarca que não é sede da Justiça Federal, situando-se sob a jurisdição da comarca de Piracicaba, onde a ação foi originariamente ajuizada, e que igualmente não possui Vara do Juizado Especial Federal, donde se conclui que a competência é concorrente entre o Juízo Federal de Piracicaba, cuja jurisdição abrange o local de seu domicílio, e o Juizado Especial Federal mais próximo, nos termos do artigo 20, da Lei 10.259/01, podendo o jurisdicionado optar pelo foro

no momento da propositura da ação. III. Trata-se, assim, de competência territorial, ou seja, relativa, pois pautada no interesse privado, que depende de alegação da parte, por meio de exceção de incompetência, sob pena de prorrogar-se, não podendo, assim, ser declinada de ofício, como o fez o Juízo suscitante, ao arrepio da lei e do disposto na Súmula 33, do egrégio Superior Tribunal de Justiça. IV. Considerando que tanto na comarca de Araras, domicílio do autor, quanto na de Piracicaba, onde a ação foi intentada, não houve a instalação de Vara do Juizado Especial Federal, não há que se falar em competência absoluta, nos termos do que dispõe o artigo 3º, § 3º, da Lei 10.259/01, razão pela qual, por tratar-se de competência relativa, que não pode ser modificada de ofício, deve o presente feito ser processado e julgado pelo Juízo suscitante (TRF3, CC 00153376320074030000, primeira seção, Rel.: DESEMBARGADOR FEDERAL BAPTISTA PEREIRA, DJU DATA: 06/09/2007) (grifei) Dessa forma, é facultado à parte autora propor ação que tem por objeto benefício previdenciário na capital do Estado, como de fato o fez, assim, a sentença deve ser reformada" (RI 00311953920134036301, de 30/3/2015).

Outrossim, a Turma Recursal do Amazonas vem aplicando a Súmula 683 do STF ao JEF:

"VOTO-EMENTA PROCESSUAL CIVIL. COMPETÊNCIA RELATIVA. SÚMULA 689 DO STF. SENTENÇA ANULADA. 1. O autor, assistido pela DPU, ajuizou ação pleiteando a concessão de benefício assistencial. O juízo a quo extinguiu o processo sem resolução do mérito sob o argumento de que o requerente é domiciliado em Coari/AM, sujeito, portanto, à jurisdição da subseção judiciária de Tefé/AM. 2. Foi interposto recurso inominado no qual se alega que ¿a competência que se define pelo domicílio da parte deve ser classificada como territorial e, como regra, possui natureza relativa, devendo ser argüida pelas partes¿. Em virtude disso, pugna pela anulação da sentença. 3. Assiste razão ao recorrente. De fato, a criação e instalação de subseções judiciárias no interior do país atendeu razões de melhor otimização da prestação jurisdicional. Mesmo assim, trata-se de um critério territorial sendo, portanto, caso de competência relativa. 4. Não bastasse isso, o pleito do recorrente encontra amparo na jurisprudência do STF e do STJ. Nesse sentido: Súmula 689-STF: O segurado pode ajuizar ação contra a instituição previdenciária perante o juízo federal do seu domicílio ou nas varas federais da capital do estado-membro. 5. No STJ, confira precedente idêntico ao apreciado nos autos: PREVIDENCIÁRIO. CONFLITO de COMPETÊNCIA. AÇÃO CONTRA

> O INSS AJUIZADA PERANTE A VARA FEDERAL da CAPITAL DO ESTADO-MEMBRO EM DATA POSTERIOR À INSTALAÇÃO da SUBSEÇÃO JUDICIÁRIA COM JURISDIÇÃO SOBRE O MUNICÍPIO de DOMICÍLIO DO SEGURADO. COMPETÊNCIA RELATIVA. SÚMULA 689/STF. PARECER DO MPF PELA COMPETÊNCIA da SUBSEÇÃO JUDICIÁRIA. 1. O segurado pode ajuizar ação contra a Instituição Previdenciária perante o Juízo Federal do seu domicílio ou em qualquer das Varas Federais da Capital do Estado-Membro, a teor da Súmula 689/STF. 2. Nessa hipótese, trata-se de competência territorial relativa, que não pode, portanto, ser declinada de ofício, nos termos do art. 112 e 114 do CPC e do enunciado da Súmula 33/STJ. 3. Conflito de Competência conhecido para declarar a competência do Juízo Federal da 35ª Vara da Seção Judiciária do Rio de Janeiro para processar e julgar a presente demanda, não obstante o parecer do MPF.(CC 87.962/RJ, Rel. Ministro NAPOLEÃO NUNES MAIA FILHO, TERCEIRA SEÇÃO, julgado em 28/03/2008, DJe 29/04/2008) 6. Sentença anulada, devendo o curso processual ser retomado com a citação do requerido. 7. Sem condenação em honorários advocatícios por não se enquadrar na hipótese do art. 55 da Lei 9.099/95. 8. Recurso do autor conhecido e provido" (Processo 655291201540132, de 29/1/2016).

Por outro lado, a Turma Recursal de Goiás afasta a aplicação da Súmula 683 ao rito dos Juizados Especiais Federais:

> "PREVIDENCIÁRIO. BENEFÍCIO ASSISTENCIAL. RECLAMANTE DOMICILIADO EM CIDADE NÃO ABRANGIDA PELA SUBSEÇÃO JUDICIÁRIA de ANÁPOLIS. ART. 109, § 3º da CONSTITUIÇÃO FEDERAL. INTERPOSIÇÃO NA CAPITAL DO ESTADO, SEDE da SEÇÃO JUDICIÁRIA. **1. Considerando que a residência do autor localiza-se em município não abrangido pela subseção judiciária de Anápolis, deve a ação interposta em desfavor da autarquia previdenciária processar-se na sede da Seção Judiciária, ou seja, na Capital do Estado, haja vista a competência funcional absoluta.** 2. Recurso conhecido e improvido. INTEIRO TEOR: I – RELATÓRIO Cuida se de recurso interposto por GABRIEL MATOS RIBEIRO, representado por seu genitor Ervando Machado Ribeiro, contra sentença que extinguiu o processo, sem apreciação do mérito, em face da incompetência absoluta do Juizado Especial Federal Adjunto da Subseção Judiciária de Anápolis, haja vista a residência do autor na cidade de Petrolina, município não abrangido por aquela Subseção. Alega que na cidade de Petrolina não se encontra instalada Vara do Juizado Especial Federal, não havendo que se falar em competência absoluta. Destaca que a Lei

nº 10.259/2001 estabelece em seu 20, § 4º, inciso I, a possibilidade de interposição da ação no foro do domicílio do réu, tendo o INSS gerência executiva na cidade de Anápolis. Ressalta que a resolução que estabelece a competência das subseções judiciárias (nº 600-17/2005) não deve prevalecer em contraposição às leis que regem os procedimentos nos Juizados Especiais. Por fim, colaciona julgado relativo ao art. 109, § 3º, da CF/88, que deve ser aplicado em benefício do segurado, sendo que este lhe faculta propor ação no domicílio do réu ou em foro do Juizado Especial Federal mais próximo de seu domicílio. A autarquia recorrida não apresentou contra-razões. O Ministério Público Federal exarou parecer às fls. 52/55, manifestando-se pelo improvimento do recurso. II – VOTO Presentes os pressupostos de admissibilidade, conheço do recurso. O art. 109, § 3º, da CF/88 estabelece: Art. 109. (...) § 3º Serão processadas e julgadas na justiça estadual, no foro do domicílio dos segurados ou beneficiários, as causas em que forem parte instituição de previdência social e segurado, sempre que a comarca não seja sede de vara do juízo federal, e, se verificada essa condição, a lei poderá permitir que outras causas sejam também processadas e julgadas pela justiça estadual. Essa faculdade não se reveste de extensão ilimitada, já que a previsão do legislador foi no sentido de beneficiar o segurado que porventura tivesse dificultado o acesso à tutela jurisdicional em face de questões de organização da estrutura judiciária federal. Contudo, não lhe foi concedido o direito de ingressar com ação previdenciária em qualquer lugar do país, em atenção apenas aos seus interesses pessoais. Não utilizando o segurado da opção de ingressar com ação no foro da justiça estadual da comarca onde reside, deve fazê-lo onde haja sede de vara da justiça federal no Estado em que tem o seu domicílio, consoante remansosa jurisprudência. **No caso sob exame, o Reclamante reside na cidade de Petrolina-GO, município próximo à Goiânia e não abrangido por sede de subseção judiciária federal. Assim sendo, se o município do domicílio do autor não é abrangido pela área de competência de determinada Subseção da Seção Judiciária de Goiás, no caso a Subseção de Anápolis, não há de se cogitar da incidência da delegação constitucional prevista no § 3º do art. 109 da Constituição da República a autorizar o exercício da competência federal pelo Juízo da referida Subseção.** Nesse sentido, recente julgado do eg. Tribunal Regional Federal da 1ª Região, abaixo colacionado:

AGRAVO REGIMENTAL EM AGRAVO de INSTRUMENTO. EXCEÇÃO de INCOMPETÊNCIA. ART. 109, § 2º, da CF/88. ATOS JURÍDICOS QUE DERAM CAUSA À DEMANDA E O DOMICÍLIO DO AUTOR SOB

A JURISDIÇÃO da SUBSEÇÃO JUDICIÁRIA de RIO VERDE/GO. COMPETÊNCIA FUNCIONAL ABSOLUTA. 1. O excepto não propôs a ação onde é domiciliado nem onde ocorreu o negócio jurídico nem no Distrito Federal. 2. Tanto o município no qual o autor tem domicílio, quanto aquele onde houve a realização dos atos jurídicos que deram causa à instauração da lide estão sob a jurisdição da Subseção Judiciária de Rio Verde/GO, portanto, não há razão para que a ação de prestação de contas, que possui a União como terceira interessada, seja processada em uma das varas federais da capital do Estado de Goiás, em face da competência funcional absoluta da aludida Subseção Judiciária. Precedentes desta Corte Regional. 3. "As causas intentadas contra a União Federal serão aforadas na seção judiciária em que for domiciliado o autor, naquela onde houver ocorrido o ato ou fato que deu origem à demanda ou onde esteja situada a coisa ou, ainda, no Distrito Federal." (Artigo 109, § 2º, da CF). 4. Agravo regimental do autor improvido. (TRF – PRIMEIRA REGIÃO Classe: AGA – AGRAVO REGIMENTAL NO AGRAVO de INSTRUMENTO – 200701000159034 Processo: 200701000159034 UF: GO Órgão Julgador: QUINTA Turma Data da decisão: 22/8/2007 Documento: TRF100256558 Fonte DJ DATA: 6/9/2007 PAGINA: 129 Relator(a) DESEMBARGADORA FEDERAL SELENE MARIA de ALMEIDA). Verifica-se que o julgado citado apresenta situação diversa, mas que serve como referência na presente hipótese. Ali a Subseção abrange o município em que é domiciliado o demandante, por isso a ação tem que ser proposta naquela subseção e não na Capital do Estado. Aqui, a Subseção não abrange o município em que reside o autor, por isso a ação deve ser proposta na capita do Estado, sede da Seção Judiciária. Nesse sentido, precedente desta Turma, de minha Relatoria, julgado por unanimidade em 27/02/2008 – rc nº 2007.35.00.709907-6. Também sobre o tema posicionou-se o eminente Juiz Federal Juliano Taveira Bernardes, que em voto vista vencedor sobre a matéria (rc nº 2007.35.00.713860-9, julgado em 12/03/2008), assim se manifestou: **De fato, a Súmula 689 do STF favorece a interpretação de que o segurado tem a faculdade de optar entre propor a reclamação ou no JEF da Subseção em que está domiciliado ou no JEF da Seção Judiciária respectiva.** Veja-se o teor do enunciado sumulado: "O segurado pode ajuizar ação contra a instituição previdenciária perante o juízo federal do seu domicílio ou nas varas federais da capital do estado-membro." Como se sabe, a súmula se baseou na interpretação do § 3º do art. 109 da Constituição: "§ 3º – Serão processadas e julgadas na justiça estadual, no foro do domicílio dos segurados ou beneficiários, as causas em que forem parte instituição de previdência social e segurado, sempre que a comarca não seja sede de vara do juízo federal, e, se verificada essa condição, a lei poderá permitir que outras causas sejam também processadas e julgadas pela justiça estadual." **Todavia, como se vê do teor dos julgamentos dos precedentes que deram ensejo à súmula, a questão dessa suposta "faculdade" do segurado foi mal posta pelo STF.** Inicialmente, nos julgamentos do AgRg no AI 208.834, do AgRg no AI 207.462 e do AgRg no AI 208.833, o problema do STF era saber se se tratava o § 3º do art. 109 de regra de incompetência absoluta ou relativa. O STF entendeu que a hipótese era de incompetência relativa, de modo que o juiz a quem fosse distribuída a ação não poderia declinar a competência *ex officio*. Já nos RR. EE. 223.139 e 239.594, o STF decidiu caso diverso, que tratava de saber se havia opção entre ajuizar o feito no foro da justiça estadual ou no foro da seção judiciária (portanto, Justiça Federal). A Suprema Corte reputou, então, que a regra do § 3º do art. 109 da CF/88 era norma que beneficiava o segurado e que, por isso, não poderia ser interpretada contra seu próprio beneficiário. Até aí, nada a opor. **Porém, é preciso deixar claro que a faculdade constitucional assegurada ao segurado-autor só existe quanto à opção entre as duas hipóteses previstas no § 3º do art. 109 da Constituição, i.e., entre a justiça estadual, sempre que a comarca não seja sede de vara do juízo federal, e a Justiça Federal da seção judiciária em que for domiciliado o autor. Fora daí, a Constituição não autoriza outro tipo de privilégio de foro concedido em razão do domicílio do segurado (art. 19, III).** A hipótese do § 3º do art. 109 é norma excepcional que privilegia com opção de foro os segurados cujo domicílio recaia em comarca que não seja sede de vara do juízo federal, sem que isso pudesse implicar a extensão do mesmo direito de escolha aos segurados domiciliados em municípios sedes de vara federal. Todavia, sem o devido cuidado a respeito, a partir do RE 224.799/RS (rel. Min. NELSON JOBIM, DJU de 7-5-99), o STF deu por certo que os acórdãos antes mencionados tivessem firmado uma facultatividade que incluiria até dois juízos federais localizados dentro da mesma unidade federativa, faculdade que, como visto, nunca existiu na Constituição! Pelo contrário. Segundo julgado do próprio STF: "Cuidando a ação de benefício previdenciário e havendo no domicílio do segurado ou beneficiário vara federal, descabe o ajuizamento da ação em juízo diverso, a teor do disposto no § 3º do artigo 109 da Constituição Federal" (**AgRg no RE 227.132/RS**, 2ª Turma, rel. Min. MARCO AURÉLIO, DJU de 27-8-99). Aliás, do **voto vencedor**, nesse precedente, acatado por unanimidade, lê-se: "Ora, conforme explicitado na decisão do Juízo Federal de folhas 13 e 14, confirmada pelo acórdão impugnado mediante o extraordinário, o ora Agravante não tem domicílio em Porto Alegre. Portanto, bem andou o Juízo da capital em declinar da competência. Ao fazê-lo, obstaculizou a possibilidade de o próprio jurisdicionado escolher o órgão competente para julgar a demanda. **O que o dispositivo constitucional [§ 3º do art. 109] prevê é a atuação da Justiça comum quando não se conta, no domicílio do segurado ou beneficiário, com vara federal. Logo, havendo esta última, não pode ele optar pelo ajuizamento da ação em juízo diverso.** Daí não se poder ter o extraordinário enquadrado na alínea 'a' do inciso III do art. 102 da Carta da República. A existência de varas especializadas na capital não implica o deslocamento da competência, sob pena de olvidar-se a regra constitucional". Mas, infelizmente, essa confusão que principiou no RE 224.799/RS se difundiu nos demais precedentes dados como paradigmas da súmula: RE 232.275/RS (rel. Min. NELSON JOBIM, DJU de 12-3-99), RE 231.771/RS (rel. Min. NELSON JOBIM, DJU de 18-6-99), RE 224.101/RS (rel. Min. ILMAR GALVÃO, DJU de 13-8-99), RE 223.146/RS (rel. Min. ILMAR GALVÃO, DJU de 13-8-99), RE 251.617/RS (rel. Min. MOREIRA ALVES, DJU de 17-9-99) e RE 293.244/RS (rel. Min. SEPÚLVEDA PERTENCE, DJU de 6-4-2001). Do exposto, percebe-se que o STF, ao editar a Súmula 689, procedeu não só à criação de regra de competência judicial facultativa como também estabeleceu privilégio discriminatório quanto aos segurados residentes em município incluído na esfera de jurisdição da seção judiciária, os quais, diferentemente dos que residam em município abrangido pela jurisdição de alguma subseção judiciária, não disporiam da mesma faculdade de escolher o juízo natural. **Contudo, noves fora a circunstância de não ser vinculante essa equivocada súmula, radica na Lei 10.259/2001 o argumento mais forte para se rebater a tese da facultatividade, entre dois juízos federais da mesma seção judiciária. Veja-se art. 20 da lei, verbis: "Art. 20. Onde não houver Vara Federal, a causa poderá ser proposta no Juizado Especial Federal mais próximo do foro definido no art. 4º da Lei nº 9.099, de 26 de setembro de 1995, vedada a aplicação desta Lei no juízo estadual." Correto o legislador ao deixar aí claro a impertinência da invocação tanto do § 3º do art. 109 da Constituição quanto da Súmula 689 do STF. Isso porque, se a sistemática dos JEFs não se aplica ao juízo estadual, foi preciso evidenciar que nem o segurado domiciliado em comarca que não conta com vara federal dispõe da prerrogativa de eleição de foro.** E nem se alegue a inconstitucionalidade desse artigo da Lei 10.259/2001. A Súmula 689 do STF surgiu da interpretação do § 3º do art. 109 da Constituição; já a disciplina legal da competência dos JEFs se fundamenta em dispositivo constitucional diverso (§ 1º incluído no art. 98 pela EC 22/99). **Ademais, embora tenha sido editada em outubro de 2003, todos os procedentes que ensejaram tal súmula foram**

> **julgados antes da Lei 10.259/2001. Logo, a opção de foro de que trata o § 3º do art. 109 da Constituição, ainda que ampliada pela Súmula 689 do STF, restringe-se às ações previdenciárias excluídas da sistemática especial dos JEFs previstos no § 1º incluído no art. 98 da Constituição pela EC 22/99.** Daí a razão de se aplicar a regra especial de competência prevista no art. 20 da Lei 10.259/2001. De resto, não há como retirar da Lei 10.259/2001 a mesma facultatividade reconhecida pela Súmula 689 do STF, pois isso violaria o caput e o inciso I do art. 5º, bem como o inciso III do art. 19 da Constituição. Em outras palavras, tal como o segurado domiciliado em município abrangido por seção judiciária, o segurado com domicílio no município sede de subseção judiciária em que já instalado JEF não dispõe do privilégio para propor a reclamação em foro diverso, sob pena de inconstitucional hipótese de criação judicial e discriminatória do direito de escolha do juízo natural. Assim, por força do princípio da isonomia, que determina não só a obrigação de tratamento igual quanto a proibição de tratamento desigual, em supostos assemelhados, trata-se de hipótese de competência absoluta. Do contrário, estar-se-ia a chancelar inconstitucional privilégio de foro de eleição baseado no inadequado critério da simples fixação do domicílio. Por fim, por economia processual, a despeito da decisão de fls. 30-31, é de se remeter os autos ao juízo competente. Assim, tenho que a sentença combatida não merece reparo. Contudo, considerando a necessidade de observância do princípio da economia processual e estando a parte autora devidamente representada por causídico constituído, entendo que os autos devem ser remetidos a uma das Varas dos Juizados Especiais Federais desta Seção Judiciária, para prosseguimento do feito. Do exposto, NEGO PROVIMENTO ao recurso. Determino o encaminhamento dos autos à Seção de Protocolo para fins de distribuição a uma das Varas dos Juizados Especiais Federais para prosseguimento do feito. Deixo de condenar o recorrente ao pagamento de honorários advocatícios em face da ausência de contra-razões. É como voto" (recurso 2008.35.00.700953-0, de 1/10/2008).

Como se trata de questão de natureza processual, descabe uniformização pela TNU, que se limita a uniformizar questões de direito material, cabendo ao STF debater novamente o tema e fixar a tese no âmbito dos Juizados Especiais Federais.

O problema é que o STF não vem conhecendo dos Recursos Extraordinários que versam sobre o tema:

ARE 792979 / MG – MINAS GERAIS

RECURSO EXTRAORDINÁRIO COM AGRAVO

Relator(a): Min. GILMAR MENDES

Julgamento: 14/02/2014

Publicação: DJe-034 DIVULG 18/02/2014 PUBLIC 19/02/2014

Partes

RECTE.(S) : JOSÉ HOMERO ADV.(A/S) : DAVID ELIUDE SILVA JUNIOR E OUTRO(A/S) RECDO.(A/S) : INSTITUTO NACIONAL DE SEGURO SOCIAL – INSS PROC.(A/S)(ES) : PROCURADOR-GERAL FEDERAL ADV.(A/S) : LUANA GONÇALVES LEAL

Decisão

Decisão: Trata-se de agravo contra decisão de inadmissibilidade de recurso extraordinário em face de acórdão assim ementado: "PROCESSUAL CIVIL. RECURSO INOMINADO. JURISPRUDÊNCIA PACIFICADA ACERCA DA MATÉRIA. CABIMENTO. JUIZADO ESPECIAL FEDERAL. RESIDÊNCIA DA PARTE AUTORA EM LOCALIDADE ABRANGIDA POR SUBSEÇÃO JUDICIÁRIA. INCOMPETÊNCIA ABSOLUTA DO *JEF* DA SEÇÃO JUDICIÁRIA DE MINAS GERAIS. RECURSO DESPROVIDO. SENTENÇA MANTIDA". (fl. 85) No recurso extraordinário, interposto com fundamento no artigo 102, III, a , da Constituição Federal, sustenta-se ofensa ao artigo 109, § 3º, do texto constitucional, e ao Enunciado *689* da *Súmula* desta Corte. Nas razões recursais, sustenta-se que o art. 109, § 3º, da Constituição Federal conferiu ao segurado o privilégio de foro amplo e irrestrito no ajuizamento de ação contra a entidade de previdência social, motivo pelo qual deve o Juizado Especial da capital ser considerado competente para o julgamento do feito. É o relatório. Decido. O recurso não merece prosperar. O acórdão recorrido consignou o seguinte: "Foi pensando na facilidade de acesso do segurado ao Juizado mais próximo do local de sua residência que o legislador fez prevalecer a competência do Juizado Especial Federal com jurisdição na cidade de sua residência, em detrimento de outro local, inclusive da capital do estado. Instituiu-se, no § 3º, do art. 3º da Lei 10.259/01, regra de competência territorial absoluta (...)". (fl. 85) Verifico que o Tribunal de origem decidiu a controvérsia dos autos com base na legislação infraconstitucional pertinente (Lei dos Juizados Especiais Federais – Lei n. 10.259/01). Desse modo, eventual ofensa à Constituição Federal, caso existente, dar-se-ia de maneira indireta, o que inviabiliza o processamento do recurso extraordinário. Incide, portanto, o Enunciado 636 da *Súmula* do STF. Confiram-se, nesse sentido, o seguinte precedente: "AGRAVO REGIMENTAL NO RECURSO EXTRAORDINÁRIO. LEGISLAÇÃO INFRACONSTITUCIONAL. Lei n. 10.259/01. OFENSA INDIRETA. 1. Controvérsia decidida à luz de legislação infraconstitucional. Ofensa indireta à Constituição do Brasil. 2. Agravo regimental a que se nega provimento". (RE-AgR 464.509 AgR, Rel. Min. EROS GRAU, Segunda Turma, DJe 28.9.2007) Na mesma esteira, com relação à suposta violação ao Enunciado *689* da *Súmula* desta Corte, posicionou-se com saciedade o Tribunal de origem: "Não se vislumbra qualquer ofensa ao Verbete n. *689* da *Súmula* do STF, pois, ao editá-la, o Excelso Pretório não levou em conta norma específica contida na Lei dos Juizados Especiais Federais, partindo apenas da interpretação de dispositivo inserto no art. 109, § 3º, da Constituição, que autoriza ao segurado ajuizar demanda em desfavor do INSS tanto na Justiça Estadual quanto na Justiça Federal, o que não tem relação com os Juizados Especiais Federais". (fl. 85-verso) Ante o exposto, conheço do presente agravo para negar seguimento ao recurso extraordinário (art. 544, § 4º, II, 'b", do CPC). Publique-se. Brasília, 14 de fevereiro de 2014. Ministro Gilmar Mendes Relator Documento assinado digitalmente

RE 615394 / BA - BAHIA

RECURSO EXTRAORDINÁRIO

Relator(a): Min. RICARDO LEWANDOWSKI

Julgamento: 14/12/2010

Publicação

DJe-001 DIVULG 04/01/2011 PUBLIC 01/02/2011

Partes

RECTE.(S) : INSTITUTO NACIONAL DO SEGURO SOCIAL – INSS PROC.(A/S)(ES) : PROCURADOR-GERAL FEDERAL RECDO.(A/S) : ALBINA DAMASCENA ADV.(A/S) : FLÁVIA LORENA S A CARVALHO

Decisão

Trata-se de recurso extraordinário interposto contra acórdão do qual destaco os seguintes trechos da ementa: "PROCESSUAL CIVIL

E PREVIDENCIÁRIO. CONFLITO NEGATIVO DE COMPETÊNCIA ENTRE O *JEF* ADJUNTO DE SUBSEÇÃO JUDICIÁRIA E VARA DOS JUIZADOS ESPECIAIS FEDERAIS DA CAPITAL. COMPETÊNCIA DA TURMA RECURSAL PARA DIRIMIR O CONFLITO. COMPETÊNCIA TERRITORIAL RELATIVA. *SÚMULA 689* DO STF. ARTS. 112, PARÁGRAFO ÚNICO, E 114 DO CPC, CONFLITO CONHECIDO. (...). 2. Tendo a lide natureza previdenciária a competência é, portanto, concorrente, podendo ser ajuizada tanto na Subseção Judiciária que abrange o município do autor quanto na Vara Federal da Capital. Conforme a *Súmula 689* do Supremo Tribunal Federal 'o segurado pode ajuizar ação contra a instituição previdenciária perante o Juízo Federal do seu domicílio ou nas Varas Federais da capital do Estado-Membro'. (...)" (fl. 27). Neste RE, fundado no art. 102, III, a e b, da Constituição, alegou-se, em suma, ofensa aos arts. 5º, XXXVII, LIII e LXXVIII, 98 e 109, §§ 2º e 3º, da mesma Carta, bem como à *Súmula 689* do STF, sob o argumento de que a competência para julgar a lide é do Juizado Especial Federal mais próximo do domicílio do autor, segundo dispõe o art. 20 da Lei 10.259/2001. Sustentou-se, ainda, que o acórdão recorrido "declarou a inconstitucionalidade de parte da Lei nº 10.259/2001, mesmo que implicitamente nos termos da *Súmula* vinculante nº 10" (fl. 31 – grifos no original). A pretensão recursal não merece acolhida. Quanto à alegada ofensa aos arts. 5º, XXXVII, LIII e LXXVIII, 98 e 109, § 2º, da Constituição, bem como acerca da discussão referente à *Súmula* Vinculante 10, como tem consignado o Tribunal, por meio da *Súmula* 282, é inadmissível o recurso extraordinário se a questão constitucional suscitada não tiver sido apreciada no acórdão recorrido. Ademais, não opostos embargos declaratórios para suprir a omissão, é inviável o recurso, a teor da *Súmula* 356 do STF. Além disso, a jurisprudência do Supremo Tribunal Federal, consolidada na *Súmula 689* da Corte, firmou-se no sentido de que "o segurado pode ajuizar ação contra a instituição previdenciária perante o juízo federal do seu domicílio ou nas varas federais da capital do Estado-membro". Nesse sentido, cito o RE 341.756-AgR, Rel. Min. Sepúlveda Pertence, cuja ementa segue transcrita: "Competência: ação proposta por beneficiário da previdência social contra o Instituto Nacional do Seguro Social: incidência da *Súmula 689* ('O segurado pode ajuizar ação contra a instituição previdenciária perante o juízo federal do seu domicílio ou nas varas federais da capital do Estado-membro')". No mesmo sentido, menciono as seguintes decisões, entre outras: RE 608.635/BA e RE 590.213/MT, Rel. Min. Celso de Mello; RE 506.019/DF, Rel. Min. Ellen Gracie; RE 589.999/SP, Rel. Min. Cezar Peluso; RE 418.561/RJ e RE 282.378/ES, Rel. Min. Joaquim Barbosa; RE 353.109/RS, Rel. Min. Sepúlveda Pertence. Por fim, o presente caso não trata de acórdão que tenha, na forma do art. 97 da CF/88, declarado a inconstitucionalidade de lei federal ou tratado, o que afasta o cabimento de recurso extraordinário com base na alínea b do art. 102, III, da Constituição. Isso posto, nego seguimento ao recurso (CPC, art. 557, caput). Publique-se. Brasília, 14 de dezembro de 2010. Ministro RICARDO LEWANDOWSKI – Relator.

Súmula 726. Para efeito de aposentadoria especial de professores, não se computa o tempo de serviço prestado fora da sala de aula.

Comentários:

Nos termos do artigo 19 da **Emenda 103/2019**, para os **professores do ensino básico** que possuam tempo de contribuição exclusivo nesta condição, deve ser observado o seguinte regramento:

a) HOMENS: 60 anos de idade e tempo mínimo de contribuição de 25 anos como professor do ensino básico;

b) MULHERES: 57 anos de idade e tempo mínimo de contribuição de 25 anos como professora do ensino básico.

Também serão beneficiados os professores do ensino infantil, fundamental e médio que estejam exercendo atividades de **direção de unidade escolar, coordenação e assessoramento pedagógico**, a teor do artigo 1º, da Lei 11.301/2006.

Contra a Lei 11.301/2006 foi proposta a **ADI 3.772** pelo Procurador-Geral da República, sob o argumento de violação ao artigo 201, § 8º, da Constituição Federal. Por sua vez, em 29.10.2008, o STF declarou a validade da referida norma, mas determinou a sua interpretação conforme a Constituição:

"I – A função de magistério não se circunscreve apenas ao trabalho em sala de aula, abrangendo também a preparação de aulas, a correção de provas, o atendimento aos pais e alunos, a coordenação e o assessoramento pedagógico e, ainda, a direção de unidade escolar. **II**

– As funções de direção, coordenação e assessoramento pedagógico integram a carreira do magistério, desde que exercidos, em estabelecimentos de ensino básico, por professores de carreira, excluídos os especialistas em educação, fazendo jus aqueles que as desempenham ao regime especial de aposentadoria estabelecido nos arts. 40, § 5º, e 201, § 8º, da Constituição Federal. III – Ação direta julgada parcialmente procedente, com interpretação conforme, nos termos supra" (g.n.)

Logo, para as atividades de direção de unidade escolar, coordenação e assessoramento pedagógico desenvolvidas por professor de carreira não têm mais aplicabilidade a **Súmula 726, do STF.**

Registre-se que **o STF excluiu os especialistas em educação do direito à redução**, pois não se tratam de professores, pois não habilitados a ministrar aulas, sendo uma espécie de carreira de apoio ao magistério ou mesmo gestores da atuação dos professore caracterizando-se como profissionais de educação para administração, planejamento, inspeção, supervisão e orientação para a educação básica.

Posteriormente, o STF fixou a tese no tema 965 em 27/9/2017:

> "**REPERCUSSÃO GERAL NO RECURSO EXTRAORDINÁRIO 1.039.644** SANTA CATARINA RELATOR: MIN. ALEXANDRE DE MORAES RECTE.(S): MAGALI RUTE DOS SANTOS ADV.(A/S): FELIPE ROEDER DA SILVA ADV.(A/S): JOSE SERGIO DA SILVA CRISTOVAM RECDO.(A/S): ESTADO DE SANTA CATARINA PROC.(A/S)(ES): PROCURADOR-GERAL DO ESTADO DE SANTA CATARINA RECDO.(A/S): INSTITUTO DE PREVIDÊNCIA DO ESTADO DE SANTA CATARINA – IPREV ADV.(A/S): MELISSA AGUIAR BATTISTI PORTO EMENTA: CONSTITUCIONAL E ADMINISTRATIVO. RECURSO EXTRAORDINÁRIO. APOSENTADORIA ESPECIAL DOS PROFESSORES (CONSTITUIÇÃO, ART. 40, § 5 º). CONTAGEM DE TEMPO EXERCIDO DENTRO DA ESCOLA, MAS FORA DA SALA DE AULA.
>
> 1. Revela especial relevância, na forma do art. 102, § 3º, da Constituição, a questão acerca do cômputo do tempo de serviço prestado por professor na escola em funções diversas da docência para fins de concessão da aposentadoria especial prevista no art. 40, § 5º, da Constituição.
>
> **2. Reafirma-se a jurisprudência dominante desta Corte nos termos da seguinte tese de repercussão geral: Para a concessão da aposentadoria especial de que trata o art. 40, § 5º, da Constituição, conta-se o tempo de efetivo exercício, pelo professor, da docência e das atividades de direção de**

unidade escolar e de coordenação e assessoramento pedagógico, desde que em estabelecimentos de educação infantil ou de ensino fundamental e médio.

3. Repercussão geral da matéria reconhecida, nos termos do art. 1.035 do CPC. Jurisprudência do SUPREMO TRIBUNAL FEDERAL reafirmada, nos termos do art. 323-A do Regimento Interno".

O caso concreto julgado pelo STF **afastou do cômputo diferenciado** para a aposentadoria de professor período em que o autor do processo exerceu a sua atividade na **secretaria da escola**:

"Portanto, inteiramente acertado o acórdão recorrido ***ao não considerar****, para fins da aposentadoria especial de que trata o art. 40, § 5º, da CF/88,* ***o tempo de exercício da parte autora na função de "responsável por Secretaria de Escola"****. Com efeito, as atividades arroladas nos Anexos II e III da Determinação de Providência 001/2012, da Procuradoria-Geral do Estado de Santa Catarina,* ***não se abrigam no conceito de magistério****. Apenas o tempo de exercício nos cargos e funções do Anexo I propicia a concessão da aposentadoria especial"* (passagem do voto do Ministro Alexandre de Moraes).

Note-se que sempre deve ser avaliado o caso concreto com as atribuições das funções do cargo, sendo uma decisão que se aplica tanto ao RGPS quanto ao RPPS na aposentadoria do professor.

Tese de Repercussão Geral

- Para a concessão da aposentadoria especial de que trata o art. 40, § 5º, da Constituição, conta-se o tempo de efetivo exercício, pelo professor, da docência e das atividades de direção de unidade escolar e de coordenação e assessoramento pedagógico, desde que em estabelecimentos de educação infantil ou de ensino fundamental e médio.

[Tese definida no RE 1.039.644 RG, rel. min. Alexandre de Moraes, P, j. 12-10-2017, DJE 257 de 13-11-2017, Tema 965.]

(...), na ADI 3.772, ajuizada pelo Procurador-Geral da República, chancelou-se a constitucionalidade da Lei federal 11.301/2006, que frontalmente colidia com a jurisprudência remansosa do Tribunal acerca do sentido da expressão "funções de magistério", para fins de cômputo de tempo da aposentadoria especial, nos termos do art. 40, § 5º, da Constituição (...). (...), o Supremo Tribunal Federal afirmou, encampando interpretação estrita, que a docência caracterizar-se-ia pelo exercício de função em sala de aula, entendimento cristalizado, inclusive, na Súmula 726. A seu turno, em hipótese de reação frontal, o legislador infraconstitucional emprestou exegese ampliativa à categoria "funções de magistério", para efeito de concessão de aposentadoria especial aos professores, de modo a albergar aquelas "exercidas por professores (...) no desempenho de atividades educativas", aí incluídas "as de direção de unidade escolar e as de coordenação e assessoramento pedagógico". Destarte, na ADI 3.772, o Tribunal, ao reconhecer a validade da Lei 11.301/2006, aquiescera com a possibilidade de correção legislativa de sua jurisprudência, (...).

[ADI 5.105, rel. min. Luiz Fux, P, j. 1º-10-2015, *DJE* 49 de 16-3-2015.]

I – A função de magistério não se circunscreve apenas ao trabalho em sala de aula, abrangendo também a preparação de aulas, a correção de provas, o atendimento aos pais e alunos, a coordenação e o assessoramento pedagógico e, ainda, a direção de unidade escolar. II – As funções de direção, coordenação e assessoramento pedagógico integram a carreira do magistério, desde que exercidos, em estabelecimentos de ensino básico, por professores de carreira, excluídos os especialistas em educação, fazendo jus aqueles que as desempenham ao regime especial de aposentadoria estabelecido nos arts. 40, § 5º, e 201, § 8º, da Constituição Federal. III – Ação direta julgada parcialmente procedente, com interpretação conforme, nos termos supra.

[ADI 3.772, rel. min. Ayres Britto, red. p/ o ac. min. Ricardo Lewandowski, P, j. 29-10-2008, *DJE* 204 de 27-3-2009.]

Súmula 729. A decisão na ação direta de constitucionalidade 4 não se aplica à antecipação de tutela em causa de natureza previdenciária.

Comentários:

A vedação legal de tutela provisória contra o Poder Público não atinge demandas previdenciárias, que versam sobre verba alimentar, sendo plenamente possível a concessão de tutelas antecipadas com obrigações de fazer e não fazer contra o INSS, sendo necessária a coisa julgada apenas para a cobrança de parcelas vencidas:

"Observo, assim, que a decisão proferida pela Corte na ADC 4-MC/DF, Rel. Min. Sidney Sanches, não veda toda e qualquer antecipação de tutela contra a Fazenda Pública, mas somente as hipóteses taxativamente previstas no art. 1º da Lei 9.494/1997. A preocupação do Plenário desta Corte, no julgamento da ADC 4-MC/DF, foi justamente preservar a Fazenda Pública contra o deferimento generalizado de tutelas antecipatórias, em sede de cognição sumária, sem a observância do contraditório e da ampla defesa. Ora, diversamente do sustentando pelo reclamante, a decisão reclamada não deferiu antecipação de tutela nas hipóteses vedadas pela lei, nem considerou inconstitucional dispositivo da Lei 9.494/1997. (...) Além disso, aplica-se ao caso a Súmula 729/STF, segundo a qual "a decisão na Ação Direta de Constitucionalidade 4 não se aplica à antecipação de tutela em causa de natureza previdenciária".

[Rcl 8.335 AgR, rel. min. Ricardo Lewandowski, 2ª T, j. 19-8-2014, *DJE* 167 de 29-8-2014.]"

Súmula 730. A imunidade tributária conferida a instituições de assistência social sem fins lucrativos pelo art. 150, VI, *c*, da Constituição, somente alcança as entidades fechadas de previdência social privada se não houver contribuição dos beneficiários.

Comentários

Apenas as entidades fechadas de previdência complementar que não exijam contribuição dos beneficiários serão alcançadas pela *imunidade tributária* **(impostos)** que favorece as entidades de assistência social.

Trata-se de situação rara, pois o habitual é que o participante e o assistido paguem contribuição previdenciária, e não apenas o patrocinador:

"Na linha da jurisprudência desta Corte, a inexistência de contribuição, por parte dos prestadores de serviço, para obtenção de benefícios de previdência privada fechada, conduz ao reconhecimento do direito à imunidade tributária. Conforme vários casos análogos, incide, na espécie, o enunciado da Súmula 730 desta Corte. **[RE 766.352 AgR-segundo, rel. min. Rosa Weber, 1ª T, j. 9-4-2014, *DJE* 82 de 30-4-2014.]"**

TÍTULO II

REGIME GERAL DE PREVIDÊNCIA SOCIAL (RGPS)

PARTE 1

CUSTEIO DA SEGURIDADE SOCIAL

CAPÍTULO 1 – IMUNIDADES

1. DAS ENTIDADES BENEFICENTES DE ASSISTÊNCIA SOCIAL

STF – Supremo Tribunal Federal

<table>
<tr><td>Tema</td><td>32</td><td>Situação</td><td>Trânsito em Julgado</td><td>Órgão julgador</td><td>Tribunal Pleno</td></tr>
<tr><td>Questão Controvertida</td><td colspan="5">Reserva de lei complementar para instituir requisitos à concessão de imunidade tributária às entidades beneficentes de assistência social.</td></tr>
<tr><td>Tese Firmada</td><td colspan="5">A lei complementar é forma exigível para a definição do modo beneficente de atuação das entidades de assistência social contempladas pelo art. 195, § 7º, da CF, especialmente no que se refere à instituição de contrapartidas a serem por elas observadas. Obs.: Redação da tese aprovada no julgamento do RE 566622 ED, realizado em 18/12/2019.</td></tr>
<tr><td>Informações Complementares</td><td colspan="5">SCAN ME</td></tr>
<tr><td>Processo / Recurso</td><td>Repercussão Geral</td><td>Relator (a)</td><td>Acórdão Publicado</td><td>Embargos Declaratórios</td><td>Trânsito em Julgado</td></tr>
<tr><td>RE 566622</td><td>23/02/2008</td><td>ROSA WEBER</td><td>23/08/2017</td><td>30/08/2017 e 19/05/2020</td><td>27/09/2022</td></tr>
</table>

- Informativo 973 – 17.04.2020

Ação direta de inconstitucionalidade. 2. Direito Tributário. 3. Artigos 1º; 13, parágrafos e incisos; 14, §§ 1º e 2º; 18, §§ 1º, 2º e 3º; 29 e seus incisos; 30; 31 e 32, § 1º, da Lei 12.101/2009, com a nova redação dada pela Lei 12.868/2013, que dispõe sobre a certificação das entidades beneficentes de assistência social e regula os procedimentos de isenção de contribuições para a seguridade social. 4. Revogação do § 2º do art.

13 por legislação superveniente. Perda de objeto. 5. Regulamentação do § 7º do artigo 195 da Constituição Federal. 6. Entidades beneficentes de assistência social. Modo de atuação. Necessidade de lei complementar. Aspectos meramente procedimentais. Regramento por lei ordinária. 7. Precedentes. ADIs 2.028, 2.036, 2.621 e 2.228, bem como o RE-RG 566.622 (tema 32 da repercussão geral). 8. Ação direta de inconstitucionalidade parcialmente conhecida e, nessa parte, julgada parcialmente procedente para declarar a inconstitucionalidade do art. 13, III, § 1º, I e II, § 3º, § 4º, I e II, e §§ 5º, 6º e 7º; art. 14, §§ 1º e 2º; art. 18, caput; art. 31; e art. 32, § 1º, da Lei 12.101/2009, com a nova redação dada pela Lei 12.868/2013[1] (ADI 4.480).

- Informativo 749 (06.06.2014), 844 (21.10.2016) e 855 (03.03.2017)

Segundos embargos de declaração em ação direta de inconstitucionalidade. 2. Direito Tributário. 3. Artigos 13, III, § 1º, I e II, § 3º, § 4º, I e II, e §§ 5º, 6º e 7º; 14, §§ 1º e 2º; 18, caput; 29; 31; e 32, § 1º, da Lei 12.101/2009, com a nova redação dada pela Lei 12.868/2013, declarados inconstitucionais. 4. Revogação do § 2º do art. 13 por legislação superveniente. Perda de objeto. 5. Ausência de referência à declaração de inconstitucionalidade do artigo 29, inciso VI, da Lei 12.101/2009, no dispositivo da decisão. 6. Embargos de declaração parcialmente acolhidos, com efeitos infringentes, apenas para complementar a decisão embargada, a fim de fazer constar o art. 29, VI, da Lei 12.101/2009 em sua parte dispositiva.

Tribunal Pleno; Relator(a): Min. GILMAR MENDES; Julgamento: 08/02/2021; Publicação: 05/03/2021.

ENTIDADES BENEFICENTES DE ASSISTÊNCIA SOCIAL E IMUNIDADE – 7. O Plenário, em conclusão de julgamento e por maioria, com base no princípio da fungibilidade, conheceu das ações diretas de inconstitucionalidade como arguição de descumprimento de preceito fundamental. Vencidos os ministros Roberto Barroso, Dias Toffoli, Cármen Lúcia e Marco Aurélio, que não convertiam as ações. O ministro Dias Toffoli ressaltava que, incluída em pauta a ação direta antes do exaurimento da eficácia da lei temporária impugnada, o Tribunal deveria julgá-la. O ministro Marco Aurélio afirmava que, se o ato normativo abstrato e autônomo tivesse sido revogado, seria o caso de decretar o prejuízo da ação (v. Informativos 749 e 844).

1. Obs.: Embargos de declaração pendentes de julgamento.

No mérito, prevaleceu o voto do ministro Teori Zavascki, que julgou procedentes os pedidos veiculados nas Ações Diretas de Inconstitucionalidade 2.028 e 2.036 para declarar a inconstitucionalidade do art. 1º da Lei 9.732/1998, na parte em que alterou a redação do art. 55, III, da Lei 8.212/1991 e acrescentou-lhe os §§ 3º, 4º e 5º, bem como dos arts. 4º, 5º e 7º da Lei 9.732/1998. Além disso, julgou parcialmente procedentes os pedidos formulados nas Ações Diretas de Inconstitucionalidade 2.228 e 2.621 para declarar a inconstitucionalidade dos arts. 2º, IV; 3º, VI e §§ 1º e 4º; 4º, parágrafo único, todos do Decreto 2.536/1998; assim como dos arts. 1º, IV; 2º, IV e §§ 1º e 3º; e 7º, § 4º, do Decreto 752/1993. Afirmou que a reserva de lei complementar aplicada à regulamentação da imunidade tributária, prevista no art. 195, § 7º, da Constituição Federal (CF), limita-se à definição de contrapartidas a serem observadas para garantir a finalidade beneficente dos serviços prestados pelas entidades de assistência social, o que não impede seja o procedimento de habilitação dessas entidades positivado em lei ordinária. Explicou que, justamente por cumprir uma missão mais nobre, a imunidade se diferencia das isenções e demais figuras de desoneração tributária. A imunidade de contribuições sociais serve não apenas a propósitos fiscais, mas à consecução de alguns dos objetivos fundamentais para a República – como a construção de uma sociedade solidária e voltada para a erradicação da pobreza –, os quais não podem ficar à mercê da vontade transitória de governos. Devem ser respeitados, honrados e valorizados por todos os governos, transcendendo a frequência ordinária em que se desenvolvem costumeiramente os juízos políticos de conveniência e oportunidade, para desfrutar da dignidade de políticas de Estado. Portanto, não se pode conceber que o regime jurídico das entidades beneficentes fique sujeito a flutuações legislativas erráticas, não raramente influenciadas por pressões arrecadatórias de ocasião. É inadmissível que tema tão sensível venha a ser regulado por medida provisória. O cuidado de inibir a facilitação de flutuações normativas nesse domínio justifica-se, sobretudo, pela própria jurisprudência do Supremo Tribunal Federal, que afirma não haver direito adquirido a determinado tratamento tributário. Assim, diante da relevância das imunidades de contribuições sociais para a concretização de uma política de Estado voltada à promoção do mínimo existencial e da necessidade de evitar que as entidades compromissadas com esse fim sejam surpreendidas com bruscas alterações legislativas desfavoráveis à continuidade de seus trabalhos, deve incidir nesse caso a reserva legal qualificada prevista no art. 146, II, da CF. É essencial frisar, todavia, que essa proposição não produz uma contundente reviravolta na jurisprudência da Corte a respeito da matéria, mas apenas um reajuste pontual. Aspectos meramente procedimentais referentes à certificação, à fiscalização e ao controle administrativo continuam passíveis de definição em lei ordinária. A lei complementar é forma somente exigível para a definição do modo beneficente de atuação das entidades de assistência social contempladas pelo art. 195, § 7º, da CF, especialmente quanto às contrapartidas a serem observadas por elas. Por essas razões, o ministro Teori Zavascki concluiu pela inconstitucionalidade dos artigos da Lei 9.732/1998 que criaram contrapartidas a serem observadas pelas entidades beneficentes, e também dos arts. 1º, IV; 2º, IV e §§ 1º e 3º; 7º, § 4º, do Decreto 752/1993, que perderam o indispensável suporte legal do qual derivam. Contudo, não há vício formal – tampouco material – nas normas acrescidas ao inciso II do art. 55 da Lei 8.212/1991 pela Lei 9.429/1996 e pela Medida Provisória 2.187/2001, essas últimas impugnadas pelas Ações Diretas de Inconstitucionalidade 2.228 e 2.621. As sucessivas redações do art. 55, II, da Lei 8.212/1991 têm em comum a exigência de registro da entidade no Conselho Nacional de Assistência Social (CNAS), a obtenção do certificado expedido pelo órgão e a validade trienal do documento. Como o conteúdo da norma tem relação com a certificação da qualidade de entidade beneficente, fica afastada a tese de vício formal. Essas normas tratam de meros aspectos procedimentais necessários à verificação do atendimento das finalidades constitucionais da regra de imunidade. Vencidos, em parte, os ministros Dias Toffoli e Marco Aurélio, que julgavam totalmente procedentes os pedidos formulados nas Ações Diretas de Inconstitucionalidade 2.228 e 2.621 e, portanto, reputavam inconstitucional o art. 55, II e III, da Lei 8.212/1991, com a redação conferida pelo art. 5º da Lei 9.429/1996, bem como os arts. 9º e 18, III e IV, da Lei 8.742/1993. Por fim, o ministro Marco Aurélio aditou o seu voto para assentar a inconstitucionalidade formal do art. 55, III, da Lei 8.212/1991, na redação conferida pelo art. 1º da Lei 9.732/1998. (ADI 2028, 2036, 2621, 2228 e RE 566.622/RS).

2. EFEITOS DO CANCELAMENTO

STJ – Superior Tribunal de Justiça

- Informativo 777 – 06.06.2023

CONTRIBUIÇÃO SOCIAL. IMUNIDADE. REQUISITOS DO ART. 55 DA LEI N. 8.212/1991. DESCUMPRIMENTO. CANCELAMENTO DO CONSELHO ESTADUAL DE ASSISTÊNCIA SOCIAL – CEAS. EFEITO

RETROATIVO. NATUREZA DECLARATÓRIA. Os atos de cancelamento da imunidade tributária pela ausência do preenchimento dos requisitos são dotados de carga declaratória, retroagindo à data em que estes deixaram de ser observados (AgInt nos Edcl no AREsp 1.878.937-RJ, Rel. Ministro Herman Benjamin, Segunda Turma, por unanimidade, julgado em 23/5/23).

CAPÍTULO 2 – RELAÇÃO JURÍDICO-TRIBUTÁRIA

1. FATO GERADOR

STJ - Superior Tribunal de Justiça

- Informativo 161 – 14.02.2003

CONTRIBUIÇÃO PREVIDENCIÁRIA. FATO GERADOR. RECOLHIMENTO. A CLT, no seu art. 459, ordena que sejam pagos os salários até o quinto dia útil do mês subseqüente ao trabalhado. Isso não repercute na data do recolhimento da contribuição previdenciária. O fato gerador da referida contribuição é a relação laboral entre o obreiro e o empregador, e não o efetivo pagamento da remuneração (Resp 419.667-RS, Rel. Min. Luiz Fux, julgado em 11/2/2003).

2. SUJEITO PASSIVO

2.1. EXERCENTE DE MANDATO ELETIVO

STF - Supremo Tribunal Federal

Tema	**691**	Situação	**Trânsito em Julgado**	Órgão julgador	**Tribunal Pleno**
Questão Controvertida	Submissão dos entes federativos ao pagamento de contribuição previdenciária patronal incidente sobre a remuneração dos agentes políticos não vinculados a regime próprio de previdência social, após o advento da Lei 10.887/2004.				
Tese Firmada	Incide contribuição previdenciária sobre os rendimentos pagos aos exercentes de mandato eletivo, decorrentes da prestação de serviços à União, a estados e ao Distrito Federal ou a municípios, após o advento da Lei nº 10.887/2004, desde que não vinculados a regime próprio de previdência.				

Informações Complementares	SCAN ME				
Processo / Recurso	**Repercussão Geral**	**Relator (a)**	**Acórdão Publicado**	**Embargos Declaratórios**	**Trânsito em Julgado**
RE 626837	25/10/2013	DIAS TOFFOLI	01/02/2018	-	21/02/2018

- Informativo 330 (21.11.2003) e 324 (10.10.2003)

CONSTITUCIONAL. TRIBUTÁRIO. PREVIDÊNCIA SOCIAL. CONTRIBUIÇÃO SOCIAL: PARLAMENTAR: EXERCENTE DE MANDATO ELETIVO FEDERAL, ESTADUAL ou MUNICIPAL. Lei 9.506, de 30.10.97. Lei 8.212, de 24.7.91. C.F., art. 195, II, sem a EC 20/98; art. 195, § 4º; art. 154, I. I. – A Lei 9.506/97, § 1º do art. 13, acrescentou a alínea h ao inc. I do art. 12 da Lei 8.212/91, tornando segurado obrigatório do regime geral de previdência social o exercente de mandato eletivo, desde que não vinculado a regime próprio de previdência social. II. – Todavia, não poderia a lei criar figura nova de segurado obrigatório da previdência social, tendo em vista o disposto no art. 195, II, C.F.. Ademais, a Lei 9.506/97, § 1º do art. 13, ao criar figura nova de segurado obrigatório, instituiu fonte nova de custeio da seguridade social, instituindo contribuição social sobre o subsídio de agente político. A instituição dessa nova contribuição, que não estaria incidindo sobre "a folha de salários, o faturamento e os lucros" (C.F., art. 195, I, sem a EC 20/98), exigiria a técnica da competência residual da União, art. 154, I, ex vi do disposto no art. 195, § 4º, ambos da C.F. É dizer, somente por lei complementar poderia ser instituída citada contribuição. III. – Inconstitucionalidade da alínea h do inc. I do art. 12 da Lei 8.212/91, introduzida pela Lei 9.506/97, § 1º do art. 13. IV. – R.E. conhecido e provido (RE N. 351.717-PR).

2.2. CONSELHEIROS TUTELARES

STJ - Superior Tribunal de Justiça

- Informativo 460 – 17.12.2010

CONTRIBUIÇÃO PREVIDENCIÁRIA. CONSELHO TUTELAR. Com o advento do Dec. N. 4.032/2001 (novembro de 2001), disciplinou-se a vinculação dos conselheiros tutelares ao regime geral de previdência social (RGPS) na qualidade de segurados obrigatórios. Antes disso, os que não tinham vínculo com qualquer outro sistema previdenciário eram tidos por segurados facultativos. (art. 11, § 1º, VI, do Dec. N. 3.048/1999) (Resp 1.075.516-RS, Rel. Min. Luiz Fux, julgado em 16/12/2010).

2.3. APOSENTADO

STF - Supremo Tribunal Federal

Tema	1065	Situação	**Trânsito em Julgado**	Órgão julgador	**Plenário Virtual - RG**
Questão Controvertida	Constitucionalidade da contribuição previdenciária devida por aposentado pelo Regime Geral de Previdência Social (RGPS) que permaneça em atividade ou a essa retorne.				
Tese Firmada	É constitucional a contribuição previdenciária devida por aposentado pelo Regime Geral de Previdência Social (RGPS) que permaneça em atividade ou a essa retorne.				
Informações Complementares	SCAN ME				
Processo / Recurso	**Repercussão Geral**	**Relator (a)**	**Acórdão Publicado**	**Embargos Declaratórios**	**Trânsito em Julgado**
ARE 1224327	27/09/2019	MINISTRO(A) PRESIDENTE	04/11/2019	-	12/11/2019

- Informativo 745 – 09.05.2014

AGRAVO REGIMENTAL EM RECURSO EXTRAORDINÁRIO. CONTRIBUIÇÃO SOCIAL DO APOSENTADO QUE RETORNA À ATIVIDADE. POSSIBILIDADE. PRINCÍPIO DA SOLIDARIEDADE. PRECEDENTES. O Supremo Tribunal Federal consolidou o entendimento de que é constitucional a cobrança de contribuição previdenciária sobre o salário do aposentado que retorna à atividade. O princípio da solidariedade faz com que a referibilidade das contribuições sociais alcance a maior amplitude possível, de modo que não há uma correlação necessária e indispensável entre o dever de contribuir e a possibilidade de auferir proveito das contribuições vertidas em favor da seguridade. Agravo regimental a que se nega provimento (AG. REG. NO RE N. 430.418-RS).

- Informativo 439 (08.09.2006) e 393 (24.06.2005)

Contribuição previdenciária: aposentado que retorna à atividade: CF, art. 201, § 4º; L. 8.212/91, art. 12: aplicação à espécie, mutatis mutandis, da decisão plenária da ADIn 3.105, red.p/acórdão Peluso, DJ 18.2.05. A contribuição previdenciária do aposentado que retorna à atividade está amparada no princípio da universalidade do custeio da Previdência Social (CF, art. 195); o art. 201, § 4º, da Constituição Federal "remete à lei os casos em que a contribuição repercute nos benefícios" (RE 437640/RS).

2.4. FEDERAÇÃO DE FUTEBOL E COBRANÇA CUMULATIVA

STJ - Superior Tribunal de Justiça

- Informativo 255 – 12.08.2005

FEDERAÇÃO. FUTEBOL. CONTRIBUIÇÕES PREVIDENCIÁRIAS. A federação de futebol insurge-se contra a cobrança cumulativa das contribuições previstas no art. 22, § 6º, da Lei n. 8.212/1991 e no art. 1º da LC n. 84/1996. Sucede que são duas contribuições revertidas à seguridade social de naturezas distintas, tais como os respectivos fatos geradores e as bases de cálculo. A primeira, de 5%, que veio a substituir a contribuição devida sobre a remuneração de empregados e do SAT, incide sobre a receita bruta decorrente de espetáculos desportivos, patrocínio, licenciamento do uso de marcas e de símbolos e propaganda. Já a segunda, de 15%, concebida sob a competência residual prevista no § 4º do art. 195 da CF/1988, alcança as remunerações pagas aos segurados empresários, trabalhadores autônomos, avulsos e demais pessoas físicas sem vínculo empregatício que cheguem a prestar serviço a pessoas jurídicas, no caso bem exemplificados pelos trios de arbitragem, reservas e demais representantes de futebol sob responsabilidade daquela federação. Note-se que a referida LC, em seu texto, não traz às federações de futebol qualquer isenção da respectiva contribuição. Com esse entendimento, a Turma, ao prosseguir o julgamento, negou provimento ao recurso (Resp 667.466-SC, Rel. Min. Franciulli Netto, julgado em 9/8/2005).

CAPÍTULO 3 – CRÉDITO TRIBUTÁRIO

1. FORMA DE CÁLCULO DA CONTRIBUIÇÃO PREVIDENCIÁRIA

1.1. ALÍQUOTA

1.1.1. DIFERENCIADAS DE INSTITUIÇÕES FINANCEIRAS E EQUIPARADAS

STF – Supremo Tribunal Federal

Tema	**204**	Situação	**Trânsito em Julgado**	Órgão julgador	**Tribunal Pleno**
Questão Controvertida	Contribuição adicional de 2,5% sobre a folha de salários de instituições financeiras instituída pela Lei nº 8.212/91.				
Tese Firmada	É constitucional a previsão legal de diferenciação de alíquotas em relação às contribuições previdenciárias incidentes sobre a folha de salários de instituições financeiras ou de entidades a elas legalmente equiparáveis, após a edição da Emenda Constitucional nº 20/1998.				
Informações Complementares	SCAN ME				
Processo / Recurso	**Repercussão Geral**	**Relator (a)**	**Acórdão Publicado**	**Embargos Declaratórios**	**Trânsito em Julgado**
RE 598572	18/09/2009	EDSON FACHIN	09/08/2016	19/08/2016	29/11/2016

1.1.2. ALÍQUOTA DO SEGURO DE ACIDENTE DE TRABALHO (SAT)

STJ – Superior Tribunal de Justiça

- Informativo em 15.05.2009

SAT. ENQUADRAMENTO. ÓRGÃO COMPETENTE. Argumenta que, a despeito da competência conferida à Administração para alterar o enquadramento das empresas que investirem na prevenção de acidentes de trabalho, reduzindo a alíquota do SAT, nunca houve a real aplicação desta faculdade. Sustenta, assim, que caberia ao Poder Judiciário determinar que o recolhimento da exação, considerando o efetivo grau de risco a que se encontram submetidos os empregados de cada um de seus estabelecimentos, independentemente da atuação do Poder Executivo. Referente ao recolhimento do Seguro de Acidentes de Trabalho (SAT), por ser atribuição do Ministério do Trabalho e da Previdência Social, não compete ao Poder Judiciário promover perícias para aferir o efetivo grau de risco a que se encontram submetidos os empregados de cada um dos estabelecimentos da empresa (Resp 1.000.302-RS, Rel. Min. Castro Meira, julgado em 12/5/2009).

STF - Supremo Tribunal Federal

Tema	**554**	Situação	**Trânsito em Julgado**	Órgão julgador	**Plenário Virtual - RG**
Questão Controvertida	Fixação de alíquota da contribuição ao SAT a partir de parâmetros estabelecidos por regulamentação do Conselho Nacional de Previdência Social.				
Tese Firmada	O Fator Acidentário de Prevenção (FAP), previsto no art. 10 da Lei nº 10.666/2003, nos moldes do regulamento promovido pelo Decreto 3.048/99 (RPS) atende ao princípio da legalidade tributária (art. 150, I, CRFB/88).				
Informações Complementares	Há RG. Houve a substituição do recurso paradigma (RE 684.261/PR): "Observo que o presente recurso trata da matéria objeto do Tema 554 da Repercussão Geral (Fixação de alíquota da contribuição ao SAT a partir de parâmetros estabelecidos por regulamentação do Conselho Nacional de Previdência Social), em cujo paradigma, o RE 684.261/PR, de minha relatoria, foi suscitada preliminar pelo não conhecimento do recurso que pode impedir o julgamento do mérito. Isso posto, determino que seja procedida à substituição do RE684.261/PR pelo presente recurso e à atualização dos sistemas informatizados da Corte, para fazer constar o RE 677.725/RS como paradigma do Tema 554 da Repercussão Geral. "O reconhecimento da repercussão geral ocorreu no recurso paradigma originário. SCAN ME				

Tema	554	Situação	Trânsito em Julgado		Órgão julgador	Plenário Virtual - RG
Processo / Recurso		Repercussão Geral	Relator (a)	Acórdão Publicado	Embargos Declaratórios	Trânsito em Julgado
RE 677725		15/06/2012	LUIZ FUX	16/12/2021	22/11/2021	03/02/2023

- Informativo 1036/2021 (12.11.2021) – ADI 4397/DF

AÇÃO DIRETA DE INCONSTITUCIONALIDADE. DIREITO TRIBUTÁRIO. PRINCÍPIO DA LEGALIDADE TRIBUTÁRIA. NECESSIDADE DE VERIFICAÇÃO DE ACORDO COM CADA ESPÉCIE TRIBUTÁRIA E À LUZ DE CADA CASO CONCRETO. CONTRIBUIÇÃO DESTINADA AO FINANCIAMENTO DO BENEFÍCIO DE APOSENTADORIA ESPECIAL OU DAQUELES CONCEDIDOS EM RAZÃO DO GRAU DE INCIDÊNCIA DE INCAPACIDADE LABORATIVA DECORRENTE DOS RISCOS AMBIENTAIS DO TRABALHO. SEGURO CONTRA ACIDENTE DO TRABALHO (SAT). FATOR ACIDENTÁRIO DE PREVENÇÃO (FAP). ARTIGO 10 DA LEI Nº 10.866/03. MATÉRIAS INTIMAMENTE LIGADAS À ESTATÍSTICA, À ATUÁRIA E À PESQUISA DE CAMPO. OTIMIZAÇÃO DA FUNÇÃO EXTRAFISCAL E DA EQUIDADE. INEXISTÊNCIA DE OFENSA À PROIBIÇÃO DO CONFISCO. 1. A Corte vem firmando orientação de que a legalidade tributária imposta pelo texto constitucional não é estrita ou fechada. Precedentes. 2. A constitucionalidade da flexibilização do princípio da legalidade tributária é verificada de acordo com cada espécie tributária e à luz de cada caso concreto. Não existe ampla e irrestrita liberdade para o legislador realizar diálogo com o regulamento no tocante aos aspectos da regra matriz de incidência tributária. A possibilidade de haver a flexibilização do princípio deve ser interpretada com temperamento, caso contrário, haverá sério risco de sua banalização. 3. Na espécie, o art. 10 da Lei nº 10.666/03 permite que as alíquotas de um, dois ou três por cento da contribuição destinada ao financiamento do benefício de aposentadoria especial ou daqueles concedidos em razão do grau de incidência de incapacidade laborativa decorrente dos riscos ambientais do trabalho sejam reduzidas em até cinquenta por cento ou aumentadas em até cem por cento, consoante o regulamento dispuser, em razão do desempenho da empresa em relação à respectiva atividade econômica, apurado em conformidade com os resultados obtidos a partir dos índices de frequência, gravidade e custo, calculados segundo metodologia aprovada pelo Conselho Nacional de Previdência Social (CNPS). 4. A lei estabeleceu diálogo com o regulamento em termos de subordinação (ao prescrever os limites e fixar os padrões), de desenvolvimento (notadamente do sistema jurídico de tutela do ambiente do trabalho, da proteção do trabalhador contra acidentes de trabalho, da equidade e da eficiência) e de complementariedade (ao deixar um valoroso espaço para o regulamento complementar parte do aspecto quantitativo da regra matriz de incidência do tributo). O Poder Legislativo não abdicou de sua competência para legislar sobre a matéria. A qualquer momento, pode o Parlamento deliberar de maneira diversa, firmando novos critérios políticos e outros padrões a serem observados pelo regulamento. 5. Inexistência de ofensa ao art. 150, IV, da Constituição Federal. A alíquota máxima da contribuição para o SAT é de 6% (maior alíquota básica majorada em cem por cento), a qual, por si só, não revela ser confiscatória. 6. Ação direta de inconstitucionalidade julgada improcedente.

- Informativo 648 – 18.11.2011

RECURSO EXTRAORDINÁRIO – VALIDADE CONSTITUCIONAL DA LEGISLAÇÃO PERTINENTE À INSTITUIÇÃO DA CONTRIBUIÇÃO SOCIAL DESTINADA AO CUSTEIO DO SEGURO DE ACIDENTE DO TRABALHO (SAT) – EXIGIBILIDADE DESSA ESPÉCIE TRIBUTÁRIA – RECURSO IMPROVIDO. A legislação pertinente à instituição da contribuição social destinada ao custeio do Seguro de Acidente do Trabalho (SAT) e os decretos presidenciais que pormenorizaram as condições de enquadramento das empresas contribuintes não transgridem, formal ou materialmente, a Constituição da República, inexistindo, em conseqüência, qualquer situação de ofensa aos postulados constitucionais da legalidade estrita (CF, art. 5º, II) e da tipicidade cerrada (CF, art. 150, I), inocorrendo, ainda, por parte de tais diplomas normativos, qualquer desrespeito às cláusulas constitucionais referentes à delegação legislativa (CF, arts. 2º e 68) e à igualdade em matéria tributária (CF, arts. 5º, "caput", e 150, II). Precedente: RE 343.446/SC, Rel. Min. CARLOS VELLOSO (Pleno). O tratamento dispensado à referida contribuição social (SAT) não exige a edição de lei complementar (CF, art. 154, I), por não se registrar a hipótese inscrita no art. 195, § 4º, da Carta Política, resultando conseqüentemente legítima a disciplinação normativa dessa exação tributária mediante legislação de caráter meramente ordinário. Precedentes (AG. REG NO RE C/ AGRAVO N. 650.696-PR).

- Informativo 302 (28.03.2003) e 301 (21.03.2003)

CONSTITUCIONAL. TRIBUTÁRIO. CONTRIBUIÇÃO: SEGURO DE ACIDENTE DO TRABALHO - SAT. Lei 7.787/89, arts. 3º e 4º; Lei 8.212/91, art. 22, II, redação da Lei 9.732/98. Decretos 612/92, 2.173/97 e 3.048/99. C.F., artigo 195, § 4º; art. 154, II; art. 5º, II; art. 150, I. I. – Contribuição para o custeio do Seguro de Acidente do Trabalho – SAT: Lei 7.787/89, art. 3º, II; Lei 8.212/91, art. 22, II: alegação no sentido de que são ofensivos ao art. 195, § 4º, c/c art. 154, I, da Constituição Federal: improcedência. Desnecessidade de observância da técnica da competência residual da União, C.F., art. 154, I. Desnecessidade de lei complementar para a instituição da contribuição para o SAT. II. – O art. 3º, II, da Lei 7.787/89, não é ofensivo ao princípio da igualdade, por isso que o art. 4º da mencionada Lei 7.787/89 cuidou de tratar desigualmente aos desiguais. III. – As Leis 7.787/89, art. 3º, II, e 8.212/91, art. 22, II, definem, satisfatoriamente, todos os elementos capazes de fazer nascer a obrigação tributária válida. O fato de a lei deixar para o regulamento a complementação dos conceitos de "atividade preponderante" e "grau de risco leve, médio e grave", não implica ofensa ao princípio da legalidade genérica, C.F., art. 5º, II, e da legalidade tributária, C.F., art. 150, I. IV. – Se o regulamento vai além do conteúdo da lei, a questão não é de inconstitucionalidade, mas de ilegalidade, matéria que não integra o contencioso constitucional. V. – Recurso extraordinário não conhecido (RE 343.446-SC).

1.2. BASE DE CÁLCULO

1.2.1. SOBRE REMUNERAÇÃO DOS TRANSPORTADORES AUTÔNOMOS

STF - Supremo Tribunal Federal

Tema	1223	Situação	**Trânsito em Julgado**	Órgão julgador	**Plenário Virtual -RG**
Questão Controvertida	Constitucionalidade da alteração da base de cálculo da contribuição previdenciária incidente sobre a remuneração paga ou creditada a transportadores autônomos, por meio do Decreto 3.048/1999 e da Portaria 1.135/2001 do Ministério da Previdência e Assistência Social.				

Tema	1223	Situação	**Trânsito em Julgado**	Órgão julgador	**Plenário Virtual -RG**
Tese Firmada	São inconstitucionais o Decreto nº 3.048/99 e a Portaria MPAS nº 1.135/01 no que alteraram a base de cálculo da contribuição previdenciária incidente sobre a remuneração paga ou creditada a transportadores autônomos, devendo o reconhecimento da inconstitucionalidade observar os princípios da congruência e da devolutividade.				
Informações Complementares	SCAN ME				

Processo / Recurso	**Repercussão Geral**	**Relator (a)**	**Acórdão Publicado**	**Embargos Declaratórios**	**Trânsito em Julgado**
RE 1381261	Há repercussão geral com reafirmação de Jurisprudência	DIAS TOFFOLI	11/10/2022	-	10/11/2022

1.2.2. DIMINUIÇÃO POR ACORDO TRABALHISTA

STF - Supremo Tribunal Federal

Tema	585	Situação	**Trânsito em Julgado**	Órgão julgador	**Plenário Virtual - RG**
Questão Controvertida	Diminuição da base de cálculo de contribuições previdenciárias em decorrência de acordo celebrado em execução trabalhista.				
Tese Firmada	A questão acerca da possibilidade de acordo firmado na fase de execução da sentença trabalhista condenatória transitada em julgado resultar em diminuição da base de cálculo das contribuições previdenciárias tem natureza infraconstitucional e a ela atribuem-se os efeitos da ausência de repercussão geral, nos termos do precedente fixado no RE 584.608, Relatora a Ministra Ellen Gracie, Dje 13/3/2009.				

Tema	585	Situação	**Trânsito em Julgado**	Órgão julgador	**Plenário Virtual - RG**
Informações Complementares	SCAN ME				

Processo / Recurso	**Repercussão Geral**	**Relator (a)**	**Acórdão Publicado**	**Embargos Declaratórios**	**Trânsito em Julgado**
AI 797937	Não há RG - Matéria Infraconstitucional	CEZAR PELUSO	30/04/2013	-	17/05/2013

2. JUROS E MULTA MORATÓRIA SOBRE CRÉDITOS TRABALHISTAS

STF - Supremo Tribunal Federal

Tema	1006	Situação	**Trânsito em julgado**	Órgão julgador	**Plenário Virtual -RG**
Questão Controvertida	Aplicação de juros de mora e de multa moratória sobre créditos de contribuição previdenciária atrelados a sentença trabalhista ou a acordo homologado judicialmente, considerado o momento da ocorrência do fato gerador da obrigação tributária.				
Tese Firmada	É infraconstitucional, a ela se aplicando os efeitos da ausência de repercussão geral, a controvérsia relativa à aplicação de juros de mora e de multa moratória sobre créditos de contribuição previdenciária atrelados a sentença trabalhista ou a acordo homologado judicialmente, considerado o momento da ocorrência do fato gerador da obrigação tributária.				
Informações Complementares	SCAN ME				

Processo / Recurso	**Repercussão Geral**	**Relator (a)**	**Acórdão Publicado**	**Embargos Declaratórios**	**Trânsito em Julgado**
ARE 1070334	-	DIAS TOFFOLI	17/09/2018	-	25/09/2018

3. COMPENSAÇÃO PREVIDENCIÁRIA

STF - Supremo Tribunal Federal

- Informativo 1028/2021 (10.09.2021) – ADI 6559/GO

DIREITO ADMINISTRATIVO E PREVIDENCIÁRIO. AÇÃO CÍVEL ORIGINÁRIA. CONFLITO FEDERATIVO. INOCORRÊNCIA DE PERDA SUPERVENIENTE DO OBJETO POR APLICAÇÃO DA DECISÃO LIMINAR. COMPENSAÇÃO PREVIDENCIÁRIA. RESTRIÇÕES À QUITAÇÃO DO DÉBITO. ABUSO DE COMPETÊNCIA NORMATIVA. PEDIDO PARCIALMENTE PROCEDENTE. 1. Ação cível originária movida pelo Distrito Federal e pelo IPREV/DF em face da União e do INSS, com objetivo de tornar efetivo o sistema de compensação previdenciária do art. 201, § 9º, da Constituição. 2. A alegação de abuso de competência regulamentar para frustrar o pagamento de dívida previdenciária federal tem potencial para desestabilizar o pacto federativo. Caracterização da hipótese do art. 102, I, f, da Constituição. 3. O exaurimento da compensação pleiteada, em virtude da aplicação da medida liminar deferida nestes autos, não causa a perda superveniente do objeto controvertido. A medida liminar tem caráter provisório e precisa ser confirmada por decisão final. Precedentes do STJ e do STF. 4. O uso de competência normativa para impedir o pagamento de dívida reconhecida ofende ao princípio federativo. A demonstração, em concreto, de que as restrições impostas pelo Decreto nº 3.112/1999 impedem a quitação do débito federal: (i) frustra o regime constitucional de compensação previdenciária; (ii) afeta a esperada cooperação nas relações federativas; e (iii) caracteriza abuso no exercício de competência regulamentar. Precedentes do STF. 5. Pedido julgado parcialmente procedente, prejudicado o Agravo Interno.

DIREITO ADMINISTRATIVO E PREVIDENCIÁRIO. REFERENDO DE LIMINAR EM AÇÃO CÍVEL ORIGINÁRIA. CONFLITO FEDERATIVO. COMPENSAÇÃO PREVIDENCIÁRIA. DESCUMPRIMENTO DE LIMINAR. INCLUSÃO DOS AUTORES NOS CADASTROS FEDERAIS DE INADIMPLÊNCIA. 1. Ação cível originária movida pelo Distrito Federal e pelo IPREV/DF em face da União e do INSS, com objetivo de tornar efetivo o sistema de compensação previdenciária do art. 201,

§ 9º, da CF/1988. 2. Liminar deferida e confirmada em julgamento de mérito para autorizar a retenção pelo Distrito Federal, com o subsequente repasse ao IPREV/DF, do montante mensal das contribuições previdenciárias devidas ao Regime Geral de Previdência Social, até o valor do estoque da compensação previdenciária escriturado pelo INSS, constante do relatório do sistema Dataprev emitido em 03.07.2017. 3. Alegações de que (i) foram lavrados vários autos de infração pela Receita Federal, decorrentes da ausência de repasse de contribuições previdenciárias devidas por órgãos distritais, (ii) foram cobrados valores referentes a terceiros (autarquias e entes paraestatais) de empresas estatais do Distrito Federal, (iii) foram cobrados valores compensados por empresas distritais, em observância à tutela de urgência deferida nos autos, (iv) o Distrito Federal foi incluído nos cadastros federais de inadimplência e (v) houve um recolhimento em duplicidade de contribuições previdenciárias. 4. Deferimento da suspensão das inscrições em cadastros federais de inadimplência, para resguardar o mérito, até posterior decisão sobre a matéria. As demais alegações envolvem questões de fato controversas, que somente poderão ser analisadas após a oitiva da parte contrária. 5. Decisão monocrática referendada.

DIREITO ADMINISTRATIVO E PREVIDENCIÁRIO. REFERENDO DE LIMINAR EM AÇÃO CÍVEL ORIGINÁRIA. COMPENSAÇÃO PREVIDENCIÁRIA. 1. Ação cível originária movida pelo Distrito Federal e pelo IPREV/DF em face da União e do Instituto Nacional do Seguro Social (INSS), com objetivo de tornar efetivo o sistema de compensação previdenciária do art. 201, § 9º, da CF/1988. 2. Liminar deferida e confirmada em julgamento de mérito para autorizar a retenção pelo Distrito Federal, com o subsequente repasse ao IPREV/DF, do montante mensal das contribuições previdenciárias devidas ao Regime Geral de Previdência Social, até o valor do estoque da compensação previdenciária escriturado pelo INSS, constante do relatório do sistema Dataprev emitido em 03.07.2017. 3. Alegações de que a União tem indeferido a emissão de certidão negativa de débitos conjunta da PGFN/RFB (ou certidão positiva com efeitos de negativa), em vista dos débitos controvertidos no âmbito da presente ação, apesar do referendo pelo Plenário de tutela de urgência anterior para impedir a inscrição do Distrito Federal e dos entes a ele vinculados nos cadastros federais de inadimplência.

4. Referendo da tutela de urgência para que a União se abstenha de considerar possível irregularidade dos créditos compensados na forma do acórdão de mérito para fins de emissão da certidão de regularidade fiscal em favor do Distrito Federal e dos entes a ele vinculados.

4. EXTINÇÃO DO CRÉDITO TRIBUTÁRIO

4.1. DECADÊNCIA PARA FATOS GERADORES ANTERIORES A CF/88

STJ - Superior Tribunal de Justiça

Tema	**266**	Situação	**Trânsito em Julgado**	Órgão julgador	**Primeira Seção**
Questão Controvertida	Questão referente ao prazo decadencial das contribuições previdenciárias, cujos fatos geradores são anteriores à vigência da Constituição Federal de 1988.				
Tese Firmada	O prazo prescricional, no que tange às contribuições previdenciárias, foi sucessivamente modificado pela EC n. 8/77, pela Lei 6.830/80, pela CF/88 e pela Lei 8.212/91, à medida em que as mesmas adquiriam ou perdiam sua natureza de tributo. (...) O prazo decadencial, por seu turno, não foi alterado pelos referidos diplomas legais, mantendo-se obediente ao disposto na lei tributária.				
Informações Complementares	O prazo decadencial para a constituição do crédito tributário relativo à contribuição ao Funrural é de cinco anos, mesmo quanto aos fatos geradores anteriores à CF/88.				
Processo / Recurso	**Decisão de Afetação**	**Relator (a)**	**Acórdão Publicado**	**Embargos Declaratórios**	**Trânsito em Julgado**
REsp 1138159/SP	15/10/2009	LUIZ FUX	01/02/2010	-	30/04/2010

CAPÍTULO 4 - CONTRIBUIÇÕES EM ESPÉCIE

1. DO EMPREGADO

1.1. ASPECTOS GERAIS

1.1.1. NATUREZA JURÍDICA DAS PARCELAS PAGAS

STF - Supremo Tribunal Federal

Tema	908	Situação	**Trânsito em Julgado**	Órgão julgador	**Plenário Virtual - RG**
Questão Controvertida	Incidência de contribuição previdenciária a cargo do empregado. Definição da natureza jurídica de parcelas pagas ao empregado, para fins de enquadramento ou não na base de cálculo de contribuição previdenciária, conforme o art. 28 da Lei 8.212/1991.				
Tese Firmada	A questão da definição da natureza jurídica das parcelas pagas ao empregado, para fins de enquadramento ou não na base de cálculo da contribuição previdenciária, quota do trabalhador, tem natureza infraconstitucional, e a ela se atribuem os efeitos da ausência de repercussão geral, nos termos do precedente fixado no RE n. 584.608, rel. a Ministra Ellen Gracie, DJe 13/03/2009.				
Informações Complementares	SCAN ME				
Processo / Recurso	**Repercussão Geral**	**Relator (a)**	**Acórdão Publicado**	**Embargos Declaratórios**	**Trânsito em Julgado**
RE 892238	Não há RG - Matéria Infraconstitucional	LUIZ FUX	13/09/2016	-	12/10/2016

1.1.2. CONSTITUCIONALIDADE DA EXPRESSÃO "FORMA NÃO CUMULATIVA"

STF - Supremo Tribunal Federal

Tema	833	Situação	Trânsito em Julgado	Órgão julgador	Plenário Virtual - RG
Questão Controvertida	Constitucionalidade da expressão "de forma não cumulativa" constante no caput do art. 20 da Lei 8.212/1991, o qual prevê a sistemática de cálculo da contribuição previdenciária devida pelo segurado empregado e pelo trabalhador avulso.				
Tese Firmada	É constitucional a expressão 'de forma não cumulativa' constante do caput do art. 20 da Lei nº 8.212/91.				
Informações Complementares	Há RG. Recurso extraordinário em que se discute, à luz dos arts. 2º, 3º, I, 5º, II, 37, caput, 145, § 1º, 150, I, 195, caput, e 201 da Constituição Federal, a constitucionalidade da expressão "de forma não cumulativa" constante no caput do art. 20 da Lei 8.212/1991, o qual prevê a sistemática de cálculo da contribuição previdenciária devida pelo segurado empregado e pelo trabalhador avulso. SCAN ME				
Processo / Recurso	**Repercussão Geral**	**Relator (a)**	**Acórdão Publicado**	**Embargos Declaratórios**	**Trânsito em Julgado**
RE 852796	15/08/2015	DIAS TOFFOLI	17/06/2021	23/06/2021	19/11/2021

1.1.3. VALORES RETIDOS A TÍTULO DE IMPOSTO DE RENDA

STJ - Superior Tribunal de Justiça

- Informativo 739 – 06.06.2022

CONTRIBUIÇÕES SOCIAIS. BASE DE CÁLCULO. VALORES RETIDOS A TÍTULO DE IMPOSTO DE RENDA E DE CONTRIBUIÇÃO PREVIDENCIÁRIA A CARGO DO EMPREGADO. EXCLUSÃO. IMPOSSIBILIDADE.

Os valores descontados a título de contribuição previdenciária e de imposto de renda retido na fonte compõem a base de cálculo da contribuição previdenciária patronal e das contribuições destinadas a terceiros e ao RAT (AgInt no Resp 1.951.995-RS, Rel. Min. Manoel Erhardt (Desembargador convocado do TRF da 5ª Região), Primeira Turma, por unanimidade, julgado em 17/05/2022, Dje 26/05/2022).

STF - Supremo Tribunal Federal

Tema	**1221**	Situação	**Trânsito em Julgado**	Órgão julgador	**Plenário Virtual - RG**
Questão Controvertida	Possibilidade de exclusão dos valores relativos ao imposto de renda de pessoa física e à contribuição previdenciária do empregado e trabalhador avulso, retidos na fonte pelo empregador, da base de cálculo da contribuição previdenciária patronal e das destinadas ao SAT/RAT e a terceiros.				
Tese Firmada	É infraconstitucional, a ela se aplicando os efeitos da ausência de repercussão geral, a controvérsia atinente à possibilidade de excluir os valores relativos ao imposto de renda da pessoa física e à contribuição previdenciária dos empregados e trabalhadores avulsos, retidos na fonte pelo empregador, da base de cálculo da contribuição previdenciária patronal e das contribuições destinadas ao seguro acidente do trabalho e risco ambiental do trabalho (SAT/RAT) e a terceiros.				
Informações Complementares	SCAN ME				
Processo / Recurso	**Repercussão Geral**	**Relator (a)**	**Acórdão Publicado**	**Embargos Declaratórios**	**Trânsito em Julgado**
ARE 1376970	Não há repercussão geral (questão infraconstitucional)	MINISTRO PRESIDENTE	21/06/2022	-	29/06/2022

1.2. PARCELAS INTEGRANTES DO SALÁRIO DE CONTRIBUIÇÃO

1.2.1. ADICIONAL DE PERICULOSIDADE

STJ - Superior Tribunal de Justiça

Tema	**689**	Situação	**Trânsito em Julgado**	Órgão julgador	**Primeira Seção**
Questão Controvertida		Discussão acerca da incidência de contribuição previdenciária sobre a seguinte verba trabalhista: adicional de periculosidade.			
Tese Firmada		O adicional de periculosidade constitui verba de natureza remuneratória, razão pela qual se sujeita à incidência de contribuição previdenciária			
Informações Complementares		SCAN ME			
Processo / Recurso	**Decisão de Afetação**	**Relator (a)**	**Acórdão Publicado**	**Embargos Declaratórios**	**Trânsito em Julgado**
REsp 1358281/SP	15/08/2013	HERMAN BENJAMIN	05/12/2014	16/11/2015	10/02/2016

1.2.2. ADICIONAL NOTURNO

STJ - Superior Tribunal de Justiça

Tema	**688**	Situação	**Trânsito em Julgado**	Órgão julgador	**Primeira Seção**
Questão Controvertida		Discussão acerca da incidência de contribuição previdenciária sobre a seguinte verba trabalhista: adicional noturno.			
Tese Firmada		O adicional noturno constitui verba de natureza remuneratória, razão pela qual se sujeita à incidência de contribuição previdenciária.			

Tema	**688**	Situação	**Trânsito em Julgado**	Órgão julgador	**Primeira Seção**
Informações Complementares		SCAN ME			
Processo / Recurso	**Decisão de Afetação**	**Relator (a)**	**Acórdão Publicado**	**Embargos Declaratórios**	**Trânsito em Julgado**
REsp 1358281/SP	15/08/2013	HERMAN BENJAMIN	05/12/2014	16/11/2015	10/02/2016

1.2.3. HORAS EXTRAS

STJ - Superior Tribunal de Justiça

Tema	**687**	Situação	**Trânsito em Julgado**	Órgão julgador	**Primeira Seção**
Questão Controvertida	Discussão acerca da incidência de contribuição previdenciária sobre a seguinte verba trabalhista: horas extras.				
Tese Firmada	As horas extras e seu respectivo adicional constituem verbas de natureza remuneratória, razão pela qual se sujeitam à incidência de contribuição previdenciária.				
Informações Complementares	SCAN ME				
Processo / Recurso	**Decisão de Afetação**	**Relator (a)**	**Acórdão Publicado**	**Embargos Declaratórios**	**Trânsito em Julgado**
REsp 1358281/SP	15/08/2013	HERMAN BENJAMIN	05/12/2014	16/11/2015	10/02/2016

- Informativo 514 – 20.03.2013

DIREITO PREVIDENCIÁRIO. INCIDÊNCIA DE CONTRIBUIÇÃO PREVIDENCIÁRIA SOBRE O ADICIONAL DE HORAS EXTRAS. Incide contribuição previdenciária sobre os valores pagos a título de horas extras (AgRg no Resp 1.222.246-SC, Rel. Min. Humberto Martins, julgado em 6/12/2012).

1.2.4. HORA REPOUSO ALIMENTAÇÃO (HRA)

STJ - Superior Tribunal de Justiça

- Informativo 671 – em 05/05/2020

HORA REPOUSO ALIMENTAÇÃO (HRA). NATUREZA REMUNERATÓRIA. CONTRIBUIÇÃO PREVIDENCIÁRIA PATRONAL. INCIDÊNCIA. Incide a contribuição previdenciária patronal sobre os valores pagos a título de Hora Repouso Alimentação (EREsp 1.619.117-BA, Rel. Min. Herman Benjamin, Primeira Seção, por maioria, julgado em 27/11/2019, Dje 08/05/2020).

1.2.5. FÉRIAS GOZADAS

STJ - Superior Tribunal de Justiça

- Informativo 541 – 11.06.2014

DIREITO TRIBUTÁRIO E PREVIDENCIÁRIO. INCIDÊNCIA DE CONTRIBUIÇÃO PREVIDENCIÁRIA SOBRE FÉRIAS GOZADAS. Incide contribuição previdenciária a cargo da empresa quando do pagamento de valores decorridos de férias gozadas (AgRg no Resp 1.240.038-PR, Rel. Min. Og Fernandes, julgado em 8/4/2014).

1.2.6. FÉRIAS INDENIZADAS

STJ - Superior Tribunal de Justiça

Tema	**1217**	Situação	**Afetado**	Órgão julgador	**PRIMEIRA SEÇÃO**
Questão Controvertida	Possibilidade de cancelamento de precatórios ou Requisições de Pequeno Valor (RPV) federais, no período em que produziu efeitos jurídicos o art. 2º da Lei 13.463/2017, apenas em razão do decurso do prazo legal de dois anos do depósito dos valores devidos, independentemente de qualquer consideração acerca da existência ou inexistência de verdadeira inércia a cargo do titular do crédito.				
Tese Firmada	-				
Informações Complementares	Há determinação de suspensão da tramitação de todos os processos pendentes, individuais ou coletivos, que versem sobre a mesma matéria e tramitem em todo o território nacional (art. 1.037, II, do CPC/15). SCAN ME				
Processo / Recurso	**Decisão de Afetação**	**Relator (a)**	**Acórdão Publicado**	**Embargos Declaratórios**	**Trânsito em Julgado**
REsp 2045491/DF REsp 2045191/DF REsp 2045193/DF	22/09/2023	PAULO SÉRGIO DOMINGUES	-	-	-

1.2.7. SALÁRIO-PATERNIDADE

STJ - Superior Tribunal de Justiça

Tema	**740**	Situação	**Acórdão Publicado**	Órgão julgador	**Primeira Seção**
Questão Controvertida	Discute-se a incidência de contribuição previdenciária (a cargo da empresa) sobre os valores pagos a título de salário paternidade.				

Tema	**740**	Situação	**Acórdão Publicado**	Órgão julgador	**Primeira Seção**
Tese Firmada	O salário-paternidade deve ser tributado, por se tratar de licença remunerada prevista constitucionalmente, não se incluindo no rol dos benefícios previdenciários.				
Informações Complementares	REsp 1.230.957/RS sobrestado pelo Tema 163/STF (decisão da Vice-Presidência do STJ de 25/07/2014).				
Repercussão Geral	Tema 163/STF - Contribuição previdenciária sobre o terço constitucional de férias, a gratificação natalina, os serviços extraordinários, o adicional noturno e o adicional de insalubridade.				
Processo / Recurso	**Decisão de Afetação**	**Relator (a)**	**Acórdão Publicado**	**Embargos Declaratórios**	**Trânsito em Julgado**
Resp 1230957/RS	13/11/2012	MAURO CAMPBELL MARQUES	18/03/2014	30/04/2014	-

1.2.8. SALÁRIO-MATERNIDADE

STJ - Superior Tribunal de Justiça

Tema	**739**	Situação	**Acórdão Publicado**	Órgão julgador	**Primeira Seção**
Questão Controvertida	Discute-se a incidência de contribuição previdenciária (a cargo da empresa) sobre os valores pagos a título de salário maternidade.				

Tema	739	Situação	**Acórdão Publicado**	Órgão julgador	**Primeira Seção**
Tese Firmada		O salário-maternidade possui natureza salarial e integra, consequentemente, a base de cálculo da contribuição previdenciária.			
Informações Complementares		REsp 1.230.957/RS sobrestado pelo Tema 163/STF (decisão da Vice-Presidência do STJ de 25/07/2014).			
Repercussão Geral		Tema 72/STF - Inclusão do salário-maternidade na base de cálculo da Contribuição Previdenciária incidente sobre a remuneração.			
Processo / Recurso	**Decisão de Afetação**	**Relator (a)**	**Acórdão Publicado**	**Embargos Declaratórios**	**Trânsito em Julgado**
REsp 1230957/RS	13/11/2012	MAURO CAMPBELL MARQUES	18/03/2014	30/04/2014	30/04/2014

STF - Supremo Tribunal Federal

Tema	1274	Situação	**Acórdão de Repercussão Geral publicado**	Órgão julgador	**Plenário Virtual - RG**
Questão Controvertida		Constitucionalidade da incidência de contribuição previdenciária a cargo da empregada sobre o salário-maternidade pago pela Previdência Social.			

Tema	**1274**	Situação	**Acórdão de Repercussão Geral publicado**	Órgão julgador	**Plenário Virtual - RG**
Tese Firmada	-				
Informações Complementares					
Processo / Recurso	**Repercussão Geral**	**Relator (a)**	**Acórdão Publicado**	**Embargos Declaratórios**	**Trânsito em Julgado**
RE 1455643	Há repercussão geral	CÁRMEN LÚCIA	29/09/2023	-	-

Tema	**72**	Situação	**Trânsito em julgado**	Órgão julgador	**Tribunal Pleno**
Questão Controvertida	Inclusão do salário-maternidade na base de cálculo da Contribuição Previdenciária incidente sobre a remuneração.				
Tese Firmada	É inconstitucional a incidência da contribuição previdenciária a cargo do empregador sobre o salário maternidade.				
Informações Complementares	Há RG. Recurso extraordinário em que se discute, à luz do art. 195, caput e § 4º; e 154, I, da Constituição Federal, a constitucionalidade, ou não, da inclusão do valor referente ao salário-maternidade na base de cálculo da Contribuição Previdenciária incidente sobre a remuneração (art. 28, § 2º, I da Lei nº 8.212/91 e art. 214, §§ 2º e 9º, I, do Decreto nº 3.048/99).				
Processo / Recurso	**Repercussão Geral**	**Relator (a)**	**Acórdão Publicado**	**Embargos Declaratórios**	**Trânsito em Julgado**
RE 576967	26/04/2008	ROBERTO BARROSO	21/10/2020	28/10/2020	02/06/2021

1.2.9. LICENÇA CASAMENTO E LICENÇA PARA SERVIÇO ELEITORAL

STJ - Superior Tribunal de Justiça

- Informativo 548 – 22.10.2014

DIREITO PREVIDENCIÁRIO E TRIBUTÁRIO. CONTRIBUIÇÃO PREVIDENCIÁRIA SOBRE LICENÇA CASAMENTO E LICENÇA PARA PRESTAÇÃO DE SERVIÇO ELEITORAL. Incide contribuição previdenciária a cargo da empresa sobre os valores pagos a título de licença casamento (art. 473, II, da CLT) e de licença para prestação de serviço eleitoral (art. 98 da Lei 9.504/1997) (Resp 1.455.089-RS, Rel. Min. Humberto Martins, julgado em 16/9/2014).

1.2.10. AJUDA DE CUSTO DESLOCAMENTO NOTURNO E ALUGUEL

STJ - Superior Tribunal de Justiça

- Informativo 366 – 05.09.2008

CONTRIBUIÇÃO PREVIDENCIÁRIA. AJUDA DE CUSTO. DESLOCAMENTO NOTURNO. ALUGUEL. Quanto às ajudas de custo relativas ao deslocamento noturno e aluguel, elas integram o salário-de-contribuição, deve, portanto, incidir contribuição previdenciária sobre tais parcelas (Resp 439.133-SC, Rel. Min. Denise Arruda, julgado em 2/9/2008).

1.2.11. VERBA DENOMINADA "QUEBRA DE CAIXA"

STJ - Superior Tribunal de Justiça

- Informativo 610 – 27.09.2017

EMBARGOS DE DIVERGÊNCIA. CONTRIBUIÇÃO PREVIDENCIÁRIA. ARTS. 22, I, E 28, I, DA LEI N. 8.212/1991. VERBA DENOMINADA QUEBRA DE CAIXA. NATUREZA SALARIAL. INEXISTÊNCIA DE CARÁTER INDENIZATÓRIO. INCIDÊNCIA TRIBUTÁRIA.

POSSIBILIDADE. A verba relativa a "quebra de caixa" possui natureza salarial e sobre ela incide contribuição previdenciária. (EREsp 1.467.095-PR, Rel. Min. Mauro Campbell Marques, Rel. para acórdão Min. Og Fernandes, por maioria, julgado em 10/5/2017, Dje 6/9/2017).

STJ - Superior Tribunal de Justiça

- Informativo 570 – 14.10.2015

DIREITO TRIBUTÁRIO E PREVIDENCIÁRIO. INCIDÊNCIA DE CONTRIBUIÇÃO PREVIDENCIÁRIA NO AUXÍLIO QUEBRA DE CAIXA. Incide contribuição previdenciária sobre o auxílio quebra de caixa, consubstanciado em pagamento efetuado mês a mês ao empregado em razão da função que desempenha, que tenha sido pago por liberalidade do empregador, mesmo que não se verifiquem diferenças no caixa. (Resp 1.434.082-RS, Rel. Min. Humberto Martins, julgado em 1º/10/2015, Dje 9/10/2015).

1.2.12. PARTICIPAÇÃO NOS LUCROS DA EMPRESA

STJ - Superior Tribunal de Justiça

- Informativo 453 – 29.10.2010

CONTRIBUIÇÃO PREVIDENCIÁRIA. PARTICIPAÇÃO. LUCROS. A quaestio juris consiste em determinar a incidência da contribuição previdenciária sobre valores pagos pela empresa recorrida a seus funcionários a título de participação nos lucros, no mês de janeiro dos anos de 1995 a 2000. O INSS (recorrente) sustentou que a não incidência da mencionada contribuição depende da observância da legislação que determina o arquivamento, no sindicato dos trabalhadores, de acordo celebrado entre eles e a empresa. Aduziu que, no caso dos autos, a regulamentação da participação nos lucros foi feita de modo unilateral pela empregadora, inexistindo instrumento de acordo entre as partes. Conforme destacou o Min. Relator, a intervenção do sindicato na negociação tem por finalidade tutelar os interesses dos empregados. Ressaltou que, uma vez atendidos os demais requisitos da legislação que tornem possível a caracterização dos pagamentos como participação nos resultados, a ausência de intervenção do sindicato nas negociações e a falta de registro do acordo apenas afastam a vinculação dos empregados a seus termos. Assim, o registro do acordo no sindicato é modo de comprovar as formas de participação, possibilitando a exigência do cumprimento nos termos acordados. Explicitou, ainda, que a ausência de homologação de acordo no sindicato, por si só, não descaracteriza a participação nos lucros da empresa, a ensejar a incidência da contribuição previdenciária, pois não afeta a natureza dos pagamentos, mas pode interferir na forma de participação e no montante a ser distribuído, fatos irrelevantes para a tributação sobre a folha de salários. No caso dos autos, o tribunal a quo entendeu que a natureza dos pagamentos aos empregados foi caracterizada como participação nos resultados, que não integra a remuneração e, por isso, não incide contribuição previdenciária. No entanto, neste Superior Tribunal, o recurso não foi conhecido, pois, para examinar se os pagamentos aos empregados correspondem à participação nos lucros da empresa, seria necessário o reexame do conjunto fático-probatório constante dos autos, o que é inviável, tendo em vista o óbice da Súm. N. 7-STJ. (Resp 865.489-RS, Rel. Min. Luiz Fux, julgado em 26/10/2010).

- Informativo 397 – 05.06.2009

CONTRIBUIÇÃO PREVIDENCIÁRIA. LUCROS. A questão reside em definir se o pagamento realizado pela empresa a título de participação nos lucros ou resultados em desacordo com as normas da MP n. 794/1994, convertida na Lei n. 10.101/2000, tem como consequência a incidência de contribuição previdenciária sobre os valores. A recorrente defende que, mesmo quando descumprida a regulamentação da distribuição de lucros ou resultados, não é possível a cobrança da contribuição previdenciária em razão do princípio da legalidade estrita. Inicialmente, a Min. Relatora esclareceu não ter encontrado precedentes específicos deste Superior Tribunal sobre a matéria. Com efeito, tal isenção deve observar os limites da lei regulamentadora, no caso da MP e da Lei, por força da expressa previsão do art. 7º, XI, da CF/1988. Também a Lei n. 8.212/1991 possui idêntica previsão no art. 28, § 9º, J, condicionando a fruição do benefício fiscal em questão à observância da legislação específica. Para o gozo do benefício fiscal pretendido pela recorrente, é indispensável a observância da disciplina da lei específica acerca da forma como deve ser creditada a participação nos lucros. Apesar da existência de precedentes antigos deste Superior Tribunal no sentido da impossibilidade de tributação na hipótese, por força da eficácia atribuída ao art. 7º, XI, da CF/1988, o STF tem decidido em sentido diametralmente oposto: no de que, anteriormente à regulamentação do referido artigo da CF/1988, não existia qualquer óbice à cobrança da contribuição previdenciária sobre valores pagos a título de participação nos lucros. Diante disso, entende a Min. Relatora ser devida a contribuição previdenciária se o creditamento da participação dos lucros ou resultados não observou as disposições legais específicas, como estabelece o art. 28, § 9º, J, da Lei n. 8.212/1991. Isso posto, a Turma negou provimento ao recurso (Resp 856.160-PR, Rel. Min. Eliana Calmon, julgado em 4/6/2009).

STF - Supremo Tribunal Federal

Tema	**344**	Situação	**Trânsito em Julgado**	Órgão julgador	**Tribunal Pleno**
Questão Controvertida	Incidência de contribuição previdenciária sobre a participação nos lucros da empresa.				
Tese Firmada	Incide contribuição previdenciária sobre as parcelas pagas a título de participação nos lucros no período que antecede a entrada em vigor da Medida Provisória 794/1994, que regulamentou o art. 7º, XI, da Constituição Federal de 1988.				
Informações Complementares	SCAN ME				
Processo / Recurso	**Repercussão Geral**	**Relator (a)**	**Acórdão Publicado**	**Embargos Declaratórios**	**Trânsito em Julgado**
RE 569441	10/12/2010	DIAS TOFFOLI	10/02/2015	02/03/2015	23/02/2015

1.2.13. AUXÍLIO-ALIMENTAÇÃO PAGO EM PECÚNIA

STJ - Superior Tribunal de Justiça

<table>
<tr><td>Tema</td><td>1164</td><td>Situação</td><td>Trânsito em Julgado</td><td>Órgão julgador</td><td colspan="2">PRIMEIRA SEÇÃO</td></tr>
<tr><td colspan="2">Questão Controvertida</td><td colspan="5">Definir se incide contribuição previdenciária patronal sobre o auxílio-alimentação pago em pecúnia.</td></tr>
<tr><td colspan="2">Tese Firmada</td><td colspan="5">Incide a contribuição previdenciária a cargo do empregador sobre o auxílio-alimentação pago em pecúnia.</td></tr>
<tr><td colspan="2">Informações Complementares</td><td colspan="5">SCAN ME</td></tr>
<tr><td colspan="2">Processo / Recurso</td><td>Decisão de Afetação</td><td>Relator (a)</td><td>Acórdão Publicado</td><td>Embargos Declaratórios</td><td>Trânsito em Julgado</td></tr>
<tr><td colspan="2">REsp 1995437/CE
REsp 2004478/SP</td><td>13/09/2022</td><td>GURGEL DE FARIA</td><td>12/05/2023</td><td>-</td><td>04/08/2023</td></tr>
</table>

1.2.14. VALE-TRANSPORTE

STJ - Superior Tribunal de Justiça

- Informativo 736 – 14.02.2023

CONTRIBUIÇÃO PREVIDENCIÁRIA PATRONAL. BASE DE CÁLCULO. VALE-TRANSPORTE. AUXÍLIO-ALIMENTAÇÃO. INCLUSÃO. Os valores descontados dos empregados relativos à participação deles no custeio do vale-transporte e auxílio-alimentação não constam no rol das verbas que não integram o conceito de salário de contribuição, listadas no § 9° do art. 28 da Lei n. 8.212/1991, razão pela qual devem constituir a base de cálculo da contribuição previdenciária, de terceiros e do SAT/RAT a cargo da empresa (Resp

2.033.904-RS, Rel. Ministro Herman Benjamin, Segunda Turma, por unanimidade, julgado em 7/2/2023).

- Informativo 712 – 11.10.2021

CONTRIBUIÇÃO PREVIDENCIÁRIA PATRONAL. AUXÍLIO ALIMENTAÇÃO OU AUXÍLIO TRANSPORTE. VALORES DESCONTADOS DOS EMPREGADOS. BASE DE CÁLCULO. INCIDÊNCIA. O valor correspondente à participação do trabalhador no auxílio alimentação ou auxílio transporte, descontado do salário do trabalhador, deve integrar a base de cálculo da contribuição previdenciária patronal (Resp 1.928.591-RS, Rel. Min. Herman Benjamin, Segunda Turma, por unanimidade, julgado em 05/10/2021).

1.2.15. DISTRIBUIÇÃO DE LUCROS E RESULTADOS PARA ADMINISTRADORES CONTRIBUINTES INDIVIDUAIS

STJ - Superior Tribunal de Justiça

- Informativo 794 – 14.11.2023

EMPRESAS REGIDAS PELA LEI N. 6.404/1976. CONTRIBUIÇÃO PREVIDENCIÁRIA. ADMINISTRADORES NÃO EMPREGADOS. PARTICIPAÇÃO NOS LUCROS DA EMPRESA. VERBA REMUNERATÓRIA QUE INTEGRA O SALÁRIO DE CONTRIBUIÇÃO. A distribuição de lucros e resultados destinada aos administradores sem vínculo empregatício, na condição de segurados obrigatórios (contribuintes individuais), constitui verba remuneratória, devendo integrar o salário de contribuição (Resp 1.182.060-SC, Rel. Ministro Sérgio Kukina, Primeira Turma, por unanimidade, julgado em 7/11/2023).

1.2.16. GRATIFICAÇÃO NATALINA ("DÉCIMO TERCEIRO SALÁRIO")

STJ - Superior Tribunal de Justiça

Tema	**216**	Situação	**Trânsito em Julgado**	Órgão julgador	**Primeira Seção**
Questão Controvertida		Questão referente à forma de cálculo da contribuição previdenciária incidente sobre a gratificação natalina.			

Tema	**216**	Situação	**Trânsito em Julgado**	Órgão julgador	**Primeira Seção**
Tese Firmada	A Lei n. 8.620/93, em seu art. 7.º, § 2.º autorizou expressamente a incidência da contribuição previdenciária sobre o valor bruto do 13.º salário, cuja base de cálculo deve ser calculada em separado do salário-de-remuneração do respectivo mês de dezembro.				
Informações Complementares	É legal o cálculo, em separado, da contribuição previdenciária sobre a gratificação natalina em relação ao salário do mês de dezembro, a partir da edição da Lei n.º 8.620/93. SCAN ME				
Repercussão Geral	Tema 215/STF – Forma de cálculo de contribuição previdenciária incidente sobre o 13º salário.				
Processo / Recurso	**Decisão de Afetação**	**Relator (a)**	**Acórdão Publicado**	**Embargos Declaratórios**	**Trânsito em Julgado**
Resp 1066682/SP	08/09/2009	LUIZ FUX	01/02/2010	-	08/03/2010

STF - Supremo Tribunal Federal

Tema	**215**	Situação	**Trânsito em Julgado**	Órgão julgador	**Plenário Virtual – RG**
Questão Controvertida	Forma de cálculo de contribuição previdenciária incidente sobre o 13º salário.				
Tese Firmada	A questão da forma de cálculo, mediante a aplicação, em separado, da tabela de alíquotas, para a cobrança de contribuição social previdenciária sobre a Gratificação Natalina (décimo terceiro salário) tem natureza infraconstitucional e a ela são atribuídos os efeitos da ausência de repercussão geral, nos termos do precedente fixado no RE n. 584.608, rel. a Ministra Ellen Gracie, Dje 13/03/2009.				
Informações Complementares	SCAN ME				

Processo / Recurso	Repercussão Geral	Relator (a)	Acórdão Publicado	Embargos Declaratórios	Trânsito em Julgado
RE 583029	Não há RG – Matéria Infraconstitucional	GILMAR MENDES	18/12/2009	-	10/02/2010

- Informativo 1085/2023 (10.03.2023) – ADI 1049/DF

AÇÃO DIRETA DE INCONSTITUCIONALIDADE. DISPOSIÇÕES NORMATIVAS DAS LEIS N. 8.212/1991 E 8.213/1991, NA REDAÇÃO DADA PELA DE N. 8.870/1994. PERDA PARCIAL DE OBJETO. DÉCIMO TERCEIRO SALÁRIO. SALÁRIO DE CONTRIBUIÇÃO E SALÁRIO DE BENEFÍCIO. ABONO DE PERMANÊNCIA EM SERVIÇO. EXTINÇÃO. AUSÊNCIA DE DIREITO ADQUIRIDO A REGIME JURÍDICO. 1. O art. 93 da Lei n. 8.212/1991, no texto conferido pela de n. 8.870/1994, foi revogado de forma expressa pela Lei n. 9.639/1998, e o art. 82 da Lei n. 8.213/1991 tornou-se insubsistente ante o disposto no art. 8º da Lei n. 9.032/1995. A jurisprudência do Supremo é firme no sentido de que a revogação ou a alteração substancial do dispositivo impugnado implica a perda superveniente do objeto da ação de controle abstrato de constitucionalidade, ainda que remanesçam efeitos concretos da legislação nela impugnada. 2. O décimo terceiro salário nem sempre integrou a base de cálculo das contribuições previdenciárias. Na Consolidação das Leis da Previdência Social de 1984 (Decreto n. 89.312/1984, art. 136, I), veio a ser expressamente excluído do salário de contribuição, orientação que foi mantida, sob a égide da Constituição de 1988, no Decreto n. 357/1991 (art. 30, § 6º). 3. Por ser verba de natureza salarial, o décimo terceiro pode sofrer a incidência de contribuição previdenciária (enunciado n. 688 da Súmula do Supremo). No entanto, uma vez que os benefícios previdenciários são calculados tendo por base os valores das contribuições e o tempo de trabalho, ele pode induzir distorções no aspecto temporal do cálculo do benefício ao implicar o acréscimo de uma parcela de contribuição às doze anuais. 4. A alteração do art. 25, II, da Lei n. 8.213/1991 pela de n. 8.870/1994 eliminou o abono de permanência em serviço do rol dos benefícios previdenciários sujeitos à carência de 180 contribuições mensais. Não tendo ocorrido modificação no período de carência para nenhum benefício, visto que apenas foi repetido o prazo de 180 meses, mostra-se sem fundamento a alegação de afronta a direito adquirido ou mesmo de revogação do art. 142 da Lei n. 8.213/1991. 5. Ação parcialmente conhecida, e, nessa extensão, pedido julgado improcedente.

1.3. PARCELAS NÃO INTEGRANTES DO SALÁRIO DE CONTRIBUIÇÃO

1.3.1. VALORES PAGOS NOS PRIMEIROS 15 DIAS DE AFASTAMENTO POR DOENÇA

STJ - Superior Tribunal de Justiça

<table>
<tr><td>Tema</td><td>738</td><td>Situação</td><td>Acórdão Publicado</td><td>Órgão julgador</td><td>Primeira Seção</td></tr>
<tr><td colspan="2">Questão Controvertida</td><td colspan="4">Discute-se a incidência de contribuição previdenciária sobre os valores pagos nos primeiros quinze dias de afastamento por motivo de doença.</td></tr>
<tr><td colspan="2">Tese Firmada</td><td colspan="4">Sobre a importância paga pelo empregador ao empregado durante os primeiros quinze dias de afastamento por motivo de doença não incide a contribuição previdenciária, por não se enquadrar na hipótese de incidência da exação, que exige verba de natureza remuneratória.</td></tr>
<tr><td colspan="2">Informações Complementares</td><td colspan="4">REsp 1.230.957/RS sobrestado pelo Tema 163/STF (decisão da Vice-Presidência do STJ de 25/07/2014).
SCAN ME</td></tr>
<tr><td colspan="2">Repercussão Geral</td><td colspan="4">Tema 163/STF - Contribuição previdenciária sobre o terço constitucional de férias, a gratificação natalina, os serviços extraordinários, o adicional noturno e o adicional de insalubridade.</td></tr>
</table>

Tema	**738**	Situação	**Acórdão Publicado**	Órgão julgador	**Primeira Seção**
Processo / Recurso	**Decisão de Afetação**	**Relator (a)**	**Acórdão Publicado**	**Embargos Declaratórios**	**Trânsito em Julgado**
REsp 1230957/RS	24/02/2011	MAURO CAMPBELL MARQUES	18/03/2014	30/04/2014	-

STF - Supremo Tribunal Federal

Tema	482	Situação	**Trânsito em julgado**	Órgão julgador	**Plenário Virtual**
Questão Controvertida	Incidência de contribuição previdenciária sobre os valores pagos pelo empregador ao empregado nos primeiros quinze dias de auxílio-doença.				
Tese Firmada	-				
Informações Complementares	O STF, inicialmente, não reconheceu a repercussão geral do tema, tendo decidido que: "A questão da incidência de contribuição previdenciária sobre os valores pagos pelo empregador ao empregado nos primeiros quinze dias de auxílio-doença tem natureza infraconstitucional, e a ela se atribuem os efeitos da ausência de repercussão geral, nos termos do precedente fixado no RE n. 584.608, rel. a Ministra Ellen Gracie, DJe 13/03/2009."Contudo, após a oposição de embargos de declaração: "Após o voto-vista da Ministra Cármen Lúcia, que rejeitava os embargos de declaração, no que foi acompanhada pelos Ministros Alexandre de Moraes, Gilmar Mendes, Rosa Weber e Roberto Barroso; e do voto do Ministro Marco Aurélio, que acompanhava o voto do Ministro Edson Fachin (Relator) no sentido de acolher os embargos de declaração, com efeitos infringentes, para declarar que neste recurso extraordinário esta Suprema Corte reconheceu a repercussão geral do Tema 482, por ausência de maioria qualificada em sentido contrário (art. 102, § 3º, parte final, da CRFB), pediu vista dos autos o Ministro Dias Toffoli (Presidente). Impedido o Ministro Luiz Fux. Plenário, Sessão Virtual de 5.6.2020 a 15.6.2020. "(Ata de Julgamento Publicada, DJE: ATA Nº 18, de 16/06/2020. DJE nº 159, divulgado em 24/06/2020) SCAN ME				

Processo / Recurso	Repercussão Geral	Relator (a)	Acórdão Publicado	Embargos Declaratórios	Trânsito em Julgado
RE 611505	16/06/2020	EDSON FACHIN	19/12/2012	27/11/2014	19/02/2021

1.3.2. GRATIFICAÇÕES E PRÊMIOS

STJ - Superior Tribunal de Justiça

- Informativo 568 – 16.09.2015

DIREITO TRIBUTÁRIO E PREVIDENCIÁRIO. GRATIFICAÇÕES E PRÊMIOS E CONTRIBUIÇÃO PREVIDENCIÁRIA. Não incide contribuição previdenciária sobre prêmios e gratificações de caráter eventual. (Resp 1.275.695-ES, Rel. Min. Mauro Campbell Marques, julgado em 20/8/2015, Dje 31/8/2015).

1.3.3. SALÁRIO-FAMÍLIA

STJ - Superior Tribunal de Justiça

- Informativo 568 – 16.09.2015

DIREITO TRIBUTÁRIO E PREVIDENCIÁRIO. SALÁRIO-FAMÍLIA E CONTRIBUIÇÃO PREVIDENCIÁRIA. Não incide contribuição previdenciária sobre salário-família (Resp 1.275.695-ES, Rel. Min. Mauro Campbell Marques, julgado em 20/8/2015, Dje 31/8/2015).

1.3.4. TERÇO DE FÉRIAS

STJ - Superior Tribunal de Justiça

Tema	**479**	Situação	**Acórdão de Repercussão Geral publicado**	Órgão julgador	**Plenário Virtual**
Questão Controvertida	Discute-se a incidência de contribuição previdenciária sobre os valores pagos a título de terço constitucional de férias.				

Tema	**479**	Situação	**Acórdão de Repercussão Geral publicado**	Órgão julgador	**Plenário Virtual**
Tese Firmada	A importância paga a título de terço constitucional de férias possui natureza indenizatória/compensatória, e não constitui ganho habitual do empregado, razão pela qual sobre ela não é possível a incidência de contribuição previdenciária (a cargo da empresa).				
Informações Complementares	1. No que se refere à incidência da contribuição previdenciária (a cargo da empresa) sobre os valores pagos a título de terço constitucional de FÉRIAS INDENIZADAS, veja o TEMA 737.2. Houve necessidade de desmembramento do tema 479 por conter três temas autônomos (ns. 479, 739 e 740).REsp 1.230.957/RS sobrestado pelo Tema 163/STF (decisão da Vice-Presidência do STJ de 25/07/2015).				
Repercussão Geral	Tema 163/STF - Contribuição previdenciária sobre o terço constitucional de férias, a gratificação natalina, os serviços extraordinários, o adicional noturno e o adicional de insalubridade.Tema 985/STF - Natureza jurídica do terço constitucional de férias, indenizadas ou gozadas, para fins de incidência da contribuição previdenciária patronal.				

Processo / Recurso	**Decisão de Afetação**	**Relator (a)**	**Acórdão Publicado**	**Embargos Declaratórios**	**Trânsito em Julgado**
REsp 1230957/RS	24/02/2011	MAURO CAMPBELL MARQUES	18/03/2014	30/04/2014	-

STF - Supremo Tribunal Federal

Tema	**163**	Situação	**Trânsito em Julgado**	Órgão julgador	**Tribunal Pleno**
Questão Controvertida	Contribuição previdenciária sobre o terço constitucional de férias, a gratificação natalina, os serviços extraordinários, o adicional noturno e o adicional de insalubridade.				
Tese Firmada	Não incide contribuição previdenciária sobre verba não incorporável aos proventos de aposentadoria do servidor público, tais como terço de férias, serviços extraordinários, adicional noturno e adicional de insalubridade.				

Tema	**163**	Situação	**Trânsito em Julgado**	Órgão julgador	**Tribunal Pleno**
Informações Complementares					
Processo / Recurso	**Repercussão Geral**	**Relator (a)**	**Acórdão Publicado**	**Embargos Declaratórios**	**Trânsito em Julgado**
RE 593068	08/05/2009	ROBERTO BARROSO	22/03/2019	-	16/04/2019

Tema	**985**	Situação	**Acórdão de Repercussão Geral publicado**	Órgão julgador	**Plenário Virtual - RG**
Questão Controvertida	Natureza jurídica do terço constitucional de férias, indenizadas ou gozadas, para fins de incidência da contribuição previdenciária patronal.				
Tese Firmada	É legítima a incidência de contribuição social sobre o valor satisfeito a título de terço constitucional de férias.				
Informações Complementares	Há RG. Recurso extraordinário em que se discute, à luz dos arts. 97, 103-A, 150, § 6º, 194, 195, inc. I, al. a e 201, caput e § 11, da Constituição da República, a natureza jurídica do terço constitucional de férias, indenizadas ou gozadas, para fins de incidência da contribuição previdenciária patronal.				
Processo / Recurso	**Repercussão Geral**	**Relator (a)**	**Acórdão Publicado**	**Embargos Declaratórios**	**Trânsito em Julgado**
RE 1072485	12/11/2019	MARCO AURÉLIO	02/10/2020	27/10/2020	-

1.3.5. FÉRIAS INDENIZADAS

STJ - Superior Tribunal de Justiça

Tema	**737**	Situação	**Sobrestado**	Órgão julgador	**Primeira Seção**
Questão Controvertida		Discute-se a incidência de contribuição previdenciária sobre os valores pagos a título de adicional de férias relativo às férias indenizadas.			
Tese Firmada		No que se refere ao adicional de férias relativo às férias indenizadas, a não incidência de contribuição previdenciária decorre de expressa previsão legal.			
Informações Complementares		1. Não incide contribuição previdenciária (a cargo da empresa) sobre os valores pagos a título de terço constitucional de FÉRIAS INDENIZADAS. 2. No que se refere à incidência de contribuição previdenciária sobre o adicional de FÉRIAS GOZADAS, ver tema 479.REsp 1.230.957/RS sobrestado pelo Tema 163/STF (decisão da Vice-Presidência do STJ de 25/07/2014). SCAN ME			
Repercussão Geral		Tema 163/STF - Contribuição previdenciária sobre o terço constitucional de férias, a gratificação natalina, os serviços extraordinários, o adicional noturno e o adicional de insalubridade. Tema 985/STF - Natureza jurídica do terço constitucional de férias, indenizadas ou gozadas, para fins de incidência da contribuição previdenciária patronal.			
Processo / Recurso	**Decisão de Afetação**	**Relator (a)**	**Acórdão Publicado**	**Embargos Declaratórios**	**Trânsito em Julgado**
REsp 1230957/ RS	24/02/2011	MAURO CAMPBELL MARQUES	18/03/2014	30/04/2014	-

STF - Supremo Tribunal Federal

Tema	**163**	Situação	**Trânsito em Julgado**	Órgão julgador	**Tribunal Pleno**
Questão Controvertida	Contribuição previdenciária sobre o terço constitucional de férias, a gratificação natalina, os serviços extraordinários, o adicional noturno e o adicional de insalubridade.				
Tese Firmada	Não incide contribuição previdenciária sobre verba não incorporável aos proventos de aposentadoria do servidor público, tais como terço de férias, serviços extraordinários, adicional noturno e adicional de insalubridade.				
Informações Complementares	SCAN ME				
Processo / Recurso	**Repercussão Geral**	**Relator (a)**	**Acórdão Publicado**	**Embargos Declaratórios**	**Trânsito em Julgado**
RE 593068	08/05/2009	ROBERTO BARROSO	22/03/2019	-	16/04/2019

1.3.6. AVISO PRÉVIO INDENIZADO

STJ - Superior Tribunal de Justiça

Tema	**478**	Situação	**Sobrestado**	Órgão julgador	**Primeira Seção**
Questão Controvertida	Discute-se a incidência de contribuição previdenciária sobre os valores pagos a título de aviso prévio indenizado.				
Tese Firmada	Não incide contribuição previdenciária sobre os valores pagos a título de aviso prévio indenizado, por não se tratar de verba salarial.				

Tema	**478**	Situação	**Sobrestado**	Órgão julgador	**Primeira Seção**
Informações Complementares	1. Não incide contribuição previdenciária (a cargo da empresa) sobre os valores pagos a título de aviso prévio indenizado. 2. Houve necessidade de desmembramento do tema 478 por conter três temas autônomos (ns. 478, 737 e 738). REsp 1.230.957/RS sobrestado pelo Tema 163/STF (decisão da Vice-Presidência do STJ de 25/07/2014). Tema 985/STF - Natureza jurídica do terço constitucional de férias, indenizadas ou gozadas, para fins de incidência da contribuição previdenciária patronal. SCAN ME				
Processo / Recurso	**Decisão de Afetação**	**Relator (a)**	**Acórdão Publicado**	**Embargos Declaratórios**	**Trânsito em Julgado**
REsp 1230957/RS	24/02/2011	MAURO CAMPBELL MARQUES	18/03/2014	30/04/2014	-

STF - Supremo Tribunal Federal

Tema	**163**	Situação	**Trânsito em Julgado**	Órgão julgador	**Tribunal Pleno**
Questão Controvertida	Contribuição previdenciária sobre o terço constitucional de férias, a gratificação natalina, os serviços extraordinários, o adicional noturno e o adicional de insalubridade.				
Tese Firmada	Não incide contribuição previdenciária sobre verba não incorporável aos proventos de aposentadoria do servidor público, tais como terço de férias, serviços extraordinários, adicional noturno e adicional de insalubridade.				
Informações Complementares	SCAN ME				

Processo / Recurso	Repercussão Geral	Relator (a)	Acórdão Publicado	Embargos Declaratórios	Trânsito em Julgado
RE 593068	08/05/2009	MIN. ROBERTO BARROSO	22/03/2019	-	16/04/2019

Tema	**759**	Situação	**Trânsito em Julgado**	Órgão julgador	**Plenário Virtual - RG**
Questão Controvertida	Incidência de contribuição previdenciária sobre a verba recebida por empregado a título de aviso prévio indenizado.				
Tese Firmada	A questão da exigibilidade de contribuição previdenciária sobre a parcela do aviso prévio indenizado, recebida pelo empregado, no caso de desligamento imediato do trabalho, tem natureza infraconstitucional, e a ela se atribuem os efeitos da ausência de repercussão geral, nos termos do precedente fixado no RE 584.608, rel. a Ministra Ellen Gracie, DJe 13/03/2009.				
Informações Complementares	SCAN ME				

Processo / Recurso	Repercussão Geral	Relator (a)	Acórdão Publicado	Embargos Declaratórios	Trânsito em Julgado
ARE 745901	Não há RG - Matéria Infraconstitucional	TEORI ZAVASCKI	18/09/2014	-	02/10/2014

1.3.7. VALE-TRANSPORTE

STJ - Superior Tribunal de Justiça

- Informativo 466 – 18.03.2011

CONTRIBUIÇÃO PREVIDENCIÁRIA. VALE-TRANSPORTE. PECÚNIA. Não incide contribuição previdenciária sobre o vale-transporte pago em pecúnia por se tratar de benefício de natureza indenizatória (EREsp 816.829-RJ, Rel. Min. Castro Meira, julgados em 14/3/2011).

STF - Supremo Tribunal Federal

- Informativos 652 (19.12.2011), 578 (12.03.2010) e 552 (26.06.2009)

RECURSO EXTRORDINÁRIO. CONTRIBUIÇÃO PREVIDENCIÁRIA. INCIDÊNCIA. VALE-TRANSPORTE. MOEDA. CURSO LEGAL E CURSO FORÇADO. CARÁTER NÃO SALARIAL DO BENEFÍCIO. ARTIGO 150, I, DA CONSTITUIÇÃO DO BRASIL. CONSTITUIÇÃO COMO TOTALIDADE NORMATIVA. 1. Pago o benefício de que se cuida neste recurso extraordinário em vale-transporte ou em moeda, isso não afeta o caráter não salarial do benefício. 2. A admitirmos não possa esse benefício ser pago em dinheiro sem que seu caráter seja afetado, estaríamos a relativizar o curso legal da moeda nacional. 3. A funcionalidade do conceito de moeda revela-se em sua utilização no plano das relações jurídicas. O instrumento monetário válido é padrão de valor, enquanto instrumento de pagamento sendo dotado de poder liberatório: sua entrega ao credor libera o devedor. Poder liberatório é qualidade, da moeda enquanto instrumento de pagamento, que se manifesta exclusivamente no plano jurídico: somente ela permite essa liberação indiscriminada, a todo sujeito de direito, no que tange a débitos de caráter patrimonial. 4. A aptidão da moeda para o cumprimento dessas funções decorre da circunstância de ser ela tocada pelos atributos do curso legal e do curso forçado. 5. A exclusividade de circulação da moeda está relacionada ao curso legal, que respeita ao instrumento monetário enquanto em circulação; não decorre do curso forçado, dado que este atinge o instrumento monetário enquanto valor e a sua instituição [do curso forçado] importa apenas em que não possa ser exigida do poder emissor sua conversão em outro valor. 6. A cobrança de contribuição previdenciária sobre o valor pago, em dinheiro, a título de vales-transporte, pelo recorrente aos seus empregados afronta a Constituição, sim, em sua totalidade normativa. Recurso Extraordinário a que se dá provimento.

RECURSO EXTRAORDINÁRIO. EMBARGOS DE DECLARAÇÃO. CONSTITUCIONAL. TRIBUTÁRIO. PROCESSUAL. CONTRIBUIÇÃO PREVIDENCIÁRIA. INCIDÊNCIA. VALE-TRANSPORTE. ART. 4º DA LEI Nº 7.418/85 E ART. 5º DO DECRETO Nº 95.247/87. NATUREZA INDENIZATÓRIA. PAGAMENTO EM PECÚNIA. INOCORRÊNCIA

DE DESCARACTERIZAÇÃO. DELIMITAÇÃO DA EXTENSÃO DOS EFEITOS DA DECLARAÇÃO DE INCONSTITUCIONALIDADE DOS DISPOSITIVOS NORMATIVOS. SUPOSTA ABRANGÊNCIA PARA ALÉM DO DOMÍNIO TRIBUTÁRIO. TERCEIROS CUJAS ESFERAS JURÍDICAS RESTARIAM ATINGIDAS CASO PROCLAMADA A INVALIDADE DA SISTEMÁTICA DO VALE-TRANSPORTE. ADMISSÃO DE INTERVENÇÃO NAS MODALIDADES DE ASSISTÊNCIA SIMPLES E RECURSO DE TERCEIRO PREJUDICADO. PRETENSÃO DE IMPUGNAÇÃO DAS PREMISSAS QUE EMBASARAM O ACÓRDÃO EMBARGADO. CARÁTER INFRINGENTE. EXPRESSA REJEIÇÃO DA POSSIBILIDADE DE INSTITUIÇÃO DA INCIDÊNCIA TRIBUTÁRIA PARA COMBATER A BURLA À "VERDADE SALARIAL". INADMISSIBILIDADE DOS EMBARGOS DE DECLARAÇÃO. OMISSÃO QUANTO À ANÁLISE DO ART. 4º DA LEI Nº 7.418/85. EXAME ESPECÍFICO PELO VOTO DO RELATOR. ANÁLISE DA CAUSA SOB O ÂNGULO DO DEVER INFRACONSTITUCIONAL DE PAGAMENTO DO BENEFÍCIO EM VALES. INOCORRÊNCIA DE VÍCIO NO PRONUNCIAMENTO. ALEGAÇÃO DE OMISSÃO QUANTO AO DISPOSITIVO CONSTITUCIONAL REPUTADO VIOLADO. INOCORRÊNCIA. FUNDAMENTAÇÃO CALCADA NO PRINCÍPIO CONSTITUCIONAL DA LEGALIDADE TRIBUTÁRIA (CF, ART. 150, I) E DA AUSÊNCIA DE LEI COMPLEMENTAR A AMPARAR A INCIDÊNCIA DA CONTRIBUIÇÃO PREVIDENCIÁRIA (CF, ART. 195, I, 'A' E § 4º). DELIMITAÇÃO DOS EFEITOS DA DECLARAÇÃO DE INCONSTITUCIONALIDADE DO ART. 5º DO DECRETO Nº 95.247/87. RESTRIÇÃO AO ÂMBITO TRIBUTÁRIO, À LUZ DA FUNDAMENTAÇÃO DO ACÓRDÃO EMBARGADO. MANUTENÇÃO DO SISTEMA DE PAGAMENTO DO BENEFÍCIO DO VALE-TRANSPORTE. ILICITUDE RESGUARDADA NO QUE CONCERNE AOS OUTROS DOMÍNIOS DO DIREITO POSITIVO. INCONSTITUCIOANLIDADE RESTRITA AO DOMÍNIO TRIBUTÁRIO, DE MODO A AFASTAR A INCIDÊNCIA DE CONTRIBUIÇÃO PREVIDENCIÁRIA. EMBARGOS DE DECLARAÇÃO ACOLHIDOS. 1. Tem-se por admissível a intervenção de terceiros, em recurso extraordinário decidido sob o regime da repercussão geral, de operadoras de transporte coletivo urbano que colocam em prática a vigente sistemática do vale-transporte, nos termos do art. 5º do Decreto nº 95.247/87, cujas esferas jurídicas restariam sensivelmente atingidas na hipótese de a declaração de inconstitucionalidade do referido dispositivo normativo, constante do acórdão embargado, for entendida em termos abrangentes, produzindo efeitos para além do domínio exclusivamente tributário. 2. Manifesta-se o caráter infringente de embargos de declaração quando interpostos de modo a questionar a firmeza das premissas que embasaram o acórdão embargado, mormente quando adotada expressamente tese jurídica contrária à pretendida descaracterização da natureza jurídica do vale-transporte pelo só fato de ser pago em pecúnia, sem que a incidência tributária possa ser instituída como modalidade de sanção política a fim de combater eventual burla ao princípio da verdade salarial. 3. Inexiste omissão quanto ao exame do art. 4º da Lei nº 7.418/85 diante da expressa manifestação do voto do relator acerca do referido enunciado normativo, destacando-se, no acórdão recorrido, a análise da causa sob o ângulo material do dever infraconstitucional de pagamento do benefício em vales. 4. Descabe arguir omissão quanto aos dispositivos constitucionais reputados violados se o acórdão embargado considera, de forma expressa e categórica, ofensiva ao princípio da legalidade tributária (CF, art. 150, I) a interpretação que chancela a incidência de contribuição previdenciária sobre os valores pagos em pecúnia a título de vale-transporte sem lei complementar que o permita, notadamente à luz dos art. 195, I, 'a' e § 4º, da CF. 5. A compreensão da fundamentação dos votos da maioria vencedora revela a necessária restrição dos efeitos da declaração de inconstitucionalidade do art. 4º da Lei nº 7.418/85 e do art. 5º do Decreto nº 95.247/87 exclusivamente no que concerne ao domínio tributário, para afastar a incidência de contribuição previdenciária pelo só pagamento da verba em dinheiro, mantendo-se hígida, no mais, a sistemática do vale-transporte para os demais fins, notadamente à luz dos domínios remanescentes do direito positivo. 6. Embargos de declaração acolhidos, nos termos do voto do Relator (RE 478410/SP).

1.3.8. SISTEMA DE "PASSE LIVRE"

STJ - Superior Tribunal de Justiça

- Informativo 247 – 20.05.2005

CONTRIBUIÇÃO PREVIDENCIÁRIA. "PASSE LIVRE". Não incide contribuição previdenciária no fornecimento pelo empregador de transporte integral ao empregado mediante o sistema de "passe livre", em razão de sua semelhança com a disponibilidade de transporte gratuito para deslocamento integral (Resp 504.407-RS, Rel. Min. João Otávio de Noronha, julgado em 19/5/2005).

1.3.9. AUXÍLIO-CRECHE

STJ - Superior Tribunal de Justiça

Tema	1170	Situação	Mérito Julgado	Órgão julgador	PRIMEIRA SEÇÃO
Questão Controvertida	Questão relativa à incidência de contribuição previdenciária sobre os valores recebidos a título de auxílio-creche.				
Tese Firmada	-				
Informações Complementares	Há determinação de suspensão da tramitação dos recursos especiais e agravos em recurso especial cujos objetos coincidam com o da matéria afetada, segundo o disposto no art. 1.037, inciso II, do CPC/2015 e observada a orientação do art. 256-L do RISTJ. SCAN ME				
Processo / Recurso	**Decisão de Afetação**	**Relator (a)**	**Acórdão Publicado**	**Embargos Declaratórios**	**Trânsito em Julgado**
REsp 1974197/AM **REsp 2000020/MG** **REsp 2006644/MG**	19/10/2022	PAULO SÉRGIO DOMINGUES	-	-	-

Tema	338	Situação	Trânsito em Julgado	Órgão julgador	Primeira Seção
Questão Controvertida	Questão relativa à incidência de contribuição previdenciária sobre os valores recebidos a título de auxílio-creche.				

Tema	**338**	Situação	**Trânsito em Julgado**	Órgão julgador	**Primeira Seção**
Tese Firmada		O auxílio-creche funciona como indenização, não integrando o salário-de-contribuição para a Previdência. Inteligência da Súmula 310/STJ.			
Informações Complementares		Não incide contribuição previdenciária sobre os valores recebidos pelos empregados a título de auxílio-creche. SCAN ME			
Referência Sumular		Súmula 310/STJ			
Processo / Recurso	Decisão de Afetação	Relator (a)	Acórdão Publicado	Embargos Declaratórios	Trânsito em Julgado
Resp 1146772/DF	07/12/2009	BENEDITO GONÇALVES	04/03/2010	-	07/04/2010

1.3.10. AUXÍLIO-EDUCAÇÃO

STJ - Superior Tribunal de Justiça

- Informativo 285 – 19.06.2006

INCIDÊNCIA. CONTRIBUIÇÃO PREVIDENCIÁRIA. AUXÍLIO-EDUCAÇÃO. Os valores pagos pela empresa empregadora com o objetivo de auxiliar na educação de seus empregados não compõem a remuneração do empregado, ou seja, não têm natureza salarial, uma vez que não retribuem o trabalho efetivo. Assim sendo, não incide sobre aqueles valores contribuição previdenciária (Resp 480.285-ES, Rel. Min. João Otávio de Noronha, julgado em 16/5/2006).

1.3.11. MEDICAMENTOS PAGOS DIRETAMENTE PELO EMPREGADOR

STJ - Superior Tribunal de Justiça

- Informativo 538 – 30.04.2014

DIREITO TRIBUTÁRIO E PREVIDENCIÁRIO. ISENÇÃO DE CONTRIBUIÇÃO SOCIAL SOBRE DESPESAS COM MEDICAMENTOS PAGOS DIRETAMENTE PELO EMPREGADOR. Não incide contribuição social sobre o valor dos medicamentos adquiridos pelo empregado e pagos pelo empregador ao estabelecimento comercial de forma direta, mesmo que o montante não conste na folha de pagamento (Resp 1.430.043-PR, Rel. Min. Mauro Campbell Marques, julgado em 25/2/2014).

1.3.12. ABONO ÚNICO EM CONVENÇÃO COLETIVA

STJ - Superior Tribunal de Justiça

- Informativo 389 – 03.04.2009

ABONO ÚNICO. CONVENÇÃO COLETIVA. CONTRIBUIÇÃO PREVIDENCIÁRIA. FGTS. O abono em questão refere-se à convenção coletiva, não é habitual (seu pagamento é único) e não se vincula ao salário (deveria ser pago em valor fixo a todos os empregados, sem representar contraprestação por serviços, pois até os afastados do trabalho receberiam). Conclui-se, assim, não incidir sobre o referido abono a contribuição previdenciária (art. 28, § 9º, e, item 7, da Lei n. 8.212/1991) ou a contribuição ao FGTS (art. 15, § 6º, da Lei n. 8.036/1990). Com esse entendimento, acolhido por maioria, a Turma, ao prosseguir o julgamento, deu provimento ao especial (Resp 819.552-BA, Rel. originário Min. Luiz Fux, Rel. para acórdão Min. Teori Albino Zavascki, julgado em 2/4/2009).

1.3.13. VALORES PAGOS A PREVIDÊNCIA PRIVADA COMPLEMENTAR DE ADMINISTRADORES NÃO EMPREGADOS

STJ - Superior Tribunal de Justiça

- Informativo 794 – 14.11.2023

VALORES VERTIDOS PELAS EMPRESAS RECORRENTES A PLANOS DE PREVIDÊNCIA PRIVADA COMPLEMENTAR ABERTA E FECHADA. ADMINISTRADORES NÃO EMPREGADOS. CONTRIBUIÇÃO PREVIDENCIÁRIA. NÃO INCIDÊNCIA. ART. 69, § 1º, DA LC N. 109/2001.

REVOGAÇÃO PARCIAL TÁCITA DO ART. 28, § 9º, *P*, DA LEI N. 8.212/1991. APLICAÇÃO DA DIRETRIZ HERMENÊUTICA PREVISTA NO ART. 2º, § 1º, DA LINDB. Não incide a contribuição previdenciária da Lei n. 8.212/1991 sobre os valores vertidos a planos de previdência privada complementar de administradores não empregados, mesmo quando não disponibilizados à totalidade de empregados e dirigentes da empresa (Resp 1.182.060-SC, Rel. Ministro Sérgio Kukina, Primeira Turma, por unanimidade, julgado em 7/11/2023).

1.3.14. BOLSA DO JOVEM APRENDIZ

STF - Supremo Tribunal Federal

Tema	**1294**	Situação	**Trânsito em Julgado**	Órgão julgador	**Plenário Virtual - RG**
Questão Controvertida	Incidência de contribuição previdenciária patronal e de contribuições destinadas a terceiros sobre a bolsa de jovem aprendiz.				
Tese Firmada	O Tribunal, por unanimidade, reconheceu a inexistência de repercussão geral da questão, por não se tratar de matéria constitucional. Não se manifestou a Ministra Cármen Lúcia.				
Informações Complementares	SCAN ME				
Processo / Recurso	**Repercussão Geral**	**Relator (a)**	**Acórdão Publicado**	**Embargos Declaratórios**	**Trânsito em Julgado**
RE 1468898	Não há RG - Matéria Infraconstitucional	MINISTRO(A) PRESIDENTE	21/03/2024	-	03/04/2024

2. EMPREGADOR

2.1. SOBRE A "FOLHA DE SALÁRIOS"

2.1.1. NATUREZA E HABITUALIDADE INDIVIDUALIZADOS

STF - Supremo Tribunal Federal

Tema	**1100**	Situação	**Trânsito em Julgado**	Órgão julgador	**Plenário Virtual - RG**
Questão Controvertida	Definição individualizada da natureza jurídica de verbas percebidas pelo empregado, bem como de sua respectiva habitualidade, para fins de incidência da contribuição previdenciária a cargo do empregador sobre a folha de salários e demais rendimentos conforme o art. 22, I, da Lei nº 8.212/1991.				
Tese Firmada	É infraconstitucional, a ela se aplicando os efeitos da ausência de repercussão geral, a controvérsia relativa à definição individualizada da natureza jurídica de verbas percebidas pelo empregado, bem como de sua respectiva habitualidade, para fins de incidência da contribuição previdenciária a cargo do empregador conforme o art. 22, I, da Lei nº 8.212/1991.				
Informações Complementares	Em Análise Preliminar de RG, iniciada em 26/06/2020.Recurso extraordinário com agravo em que se discute, à luz dos arts. 93, IX; 150, I,;154, I; e 195, I, a, da Constituição Federal, se incide contribuição previdenciária a cargo do empregador sobre a folha de salários e demais rendimentos relativos às horas extras e aos adicionais noturno, de insalubridade, de periculosidade e de transferência. SCAN ME				
Processo / Recurso	**Repercussão Geral**	**Relator (a)**	**Acórdão Publicado**	**Embargos Declaratórios**	**Trânsito em Julgado**
ARE 1260750	Não há repercussão geral (questão infraconstitucional)	MINISTRO(A) PRESIDENTE	15/09/2020	-	23/09/2020

2.1.2. "FOLHA DE SALÁRIOS" SOBRE O TOTAL DA REMUNERAÇÃO

STF - Supremo Tribunal Federal

Tema	**20**	Situação	**Trânsito em Julgado**	Órgão julgador	**Tribunal Pleno**
Questão Controvertida	Alcance da expressão "folha de salários", para fins de instituição de contribuição social sobre o total das remunerações.				
Tese Firmada	A contribuição social a cargo do empregador incide sobre ganhos habituais do empregado, quer anteriores ou posteriores à Emenda Constitucional nº 20/1998.				
Informações Complementares	SCAN ME				
Processo / Recurso	**Repercussão Geral**	**Relator (a)**	**Acórdão Publicado**	**Embargos Declaratórios**	**Trânsito em Julgado**
RE 565160	17/12/2007	MARCO AURÉLIO	23/08/2017	-	31/08/2017

2.1.3. "SAT" E FIXAÇÃO DO GRAU DE RISCO POR DECRETO

STJ - Superior Tribunal de Justiça

- Informativo 268 – 18.11.2005

CONTRIBUIÇÃO. SEGURO DE ACIDENTE DO TRABALHO. SAT. GRAU. RISCO. DECRETO. A Turma, reafirmando o entendimento da Primeira Seção deste Superior Tribunal, entendeu ser possível se estabelecer, por decreto, o grau de risco (leve, médio, ou grave) para efeito de seguro de acidente do trabalho – SAT, partindo-se da atividade preponderante da empresa, por inexistir afronta ao princípio da legalidade (art. 97 do CTN). Não ocorreu, com a edição da Lei n. 8.212/1991, criação de nova contribuição, também não há que se falar em contribuição estendida ou majorada (Resp 780.359-SP, Rel. Min. José Delgado, julgado em 17/11/2005).

2.1.4. INSTITUIÇÕES FINANCEIRAS

STF - Supremo Tribunal Federal

- Informativo 484 – 19.10.2007

PROCESSO CIVIL. MEDIDA CAUTELAR. EFEITO SUSPENSIVO A RECURSO EXTRAORDINÁRIO. INSTITUIÇÃO FINANCEIRA. CONTRIBUIÇÃO PREVIDENCIÁRIA SOBRE A FOLHA DE SALÁRIOS. ADICIONAL. § 1º DO ART. 22 DA LEI Nº 8.212/91. A sobrecarga imposta aos bancos comerciais e às entidades financeiras, no tocante à contribuição previdenciária sobre a folha de salários, não fere, à primeira vista, o princípio da isonomia tributária, ante a expressa previsão constitucional (Emenda de Revisão nº 1/94 e Emenda Constitucional nº 20/98, que inseriu o § 9º no art. 195 do Texto permanente). Liminar a que se nega referendo. Processo extinto (MED. CAUT. EM AC N. 1.109-SP).

2.1.5. CORRETOR SEM VÍNCULO EMPREGATÍCIO COM A SEGURADORA

STJ - Superior Tribunal de Justiça

- Informativo 304 – 17.11.2006

INSS. PESSOA FÍSICA. CORRETOR. SEGUROS. VÍNCULO EMPREGATÍCIO. Incide a contribuição previdenciária sobre a folha de salários devida pelo empregador nos serviços prestados por pessoas físicas, no caso de corretor de seguros sem vínculo empregatício com a empresa seguradora (LC n. 84/1996) (Resp 413.825-PR, Rel. Min. Francisco Falcão, julgado em 14/11/2006).

2.1.6. DAS EMPRESAS SOBRE OS SEGURADOS CONTRIBUINTES INDIVIDUAIS

STF - Supremo Tribunal Federal

- Informativo 984/2020 (29.06 a 03.07.2020) – ADI 4673/DF

AÇÃO DIRETA DE INCONSTITUCIONALIDADE. CONSTITUCIONAL E TRIBUTÁRIO. CONTRIBUIÇÃO PREVIDENCIÁRIA SOBRE A COMISSÃO PAGA PELAS SEGURADORAS AOS CORRETORES DE SEGUROS. ART. 22, CAPUT, III E § 1º, DA LEI 8.212/1991, NA REDAÇÃO DADA PELA LEI 9.876/1999. MATERIALIDADE PREVISTA NO ART. 195, I, DA CF. DESNECESSIDADE DE LEI COMPLEMENTAR. AÇÃO JULGADA IMPROCEDENTE. 1. A contribuição social a cargo da empresa, prevista no art. 22, caput, III e § 1º, da Lei 8.212/1991, com a redação conferida pela Lei 9.876/1999, incidente sobre as remunerações pagas ou creditadas a qualquer título aos segurados contribuintes individuais que lhe prestem serviços, tem apoio nas hipóteses dos incisos I a IV do art. 195 da Constituição Federal, razão pela qual pode ser veiculada por legislação ordinária, sendo inexigível a edição de lei complementar (CF, art. 195, § 4º). 2. É possível concluir, sem extrapolar as possibilidades semânticas, que o legislador constitucional, ao eleger como grandeza tributável os rendimentos do trabalho da pessoa física (CF, art. 195, I, "a"), permitiu a incidência da referida contribuição sobre a comissão paga pelas seguradoras aos corretores de seguro. 3. Ação Direta de Inconstitucionalidade julgada improcedente.

2.2. SOBRE A RECEITA OU FATURAMENTO

2.2.1. LEGALIDADE DA RETENÇÃO DE 11%

STJ - Superior Tribunal de Justiça

Tema	**80**	Situação	**Trânsito em Julgado**	Órgão julgador	**Primeira Seção**
Questão Controvertida		Questão referente à legalidade da retenção de 11% sobre os valores brutos das faturas dos contratos de prestação de serviço pelas empresas tomadoras, conforme disposição do art. 31 da Lei 9.711/98.			
Tese Firmada		A retenção de 11% (onze por cento) a título de contribuição previdenciária, na forma do art. 31 da Lei n. 8.212/91, não configura nova modalidade de tributo, mas tão-somente alteração na sua forma de recolhimento, não havendo nenhuma ilegalidade nessa nova sistemática de arrecadação.			

Tema	80	Situação	**Trânsito em Julgado**	Órgão julgador	**Primeira Seção**
Informações Complementares	É legal a retenção de 11% sobre os valores brutos das faturas dos contratos de prestação de serviços, pelas empresas prestadoras de serviço, em benefício do Instituto Nacional do Seguro Social, nos termos do art. 31, da Lei nº 8.212/91 com a redação dada pela Lei nº 9.711/98. SCAN ME				
Repercussão Geral	Tema 302/STF - Natureza jurídica da retenção de 11% sobre os valores brutos dos contratos de prestação de serviço por empresas tomadoras de serviços.				
Processo / Recurso	**Decisão de Afetação**	**Relator (a)**	**Acórdão Publicado**	**Embargos Declaratórios**	**Trânsito em Julgado**
Resp 1036375/SP	15/09/2008	LUIZ FUX	30/03/2009	-	04/05/2009

STF - Supremo Tribunal Federal

Tema	302	Situação	**Trânsito em Julgado**	Órgão julgador	**Primeira Seção**
Questão Controvertida	Natureza jurídica da retenção de 11% sobre os valores brutos dos contratos de prestação de serviço por empresas tomadoras de serviços.				
Tese Firmada	É constitucional a substituição tributária prevista no art. 31 da Lei 8.212/1991, com redação dada pela Lei 9.711/98, que determinou a retenção de 11% do valor bruto da nota fiscal ou fatura de prestação de serviço.				
Informações Complementares	SCAN ME				
Processo / Recurso	**Decisão de Afetação**	**Relator (a)**	**Acórdão Publicado**	**Embargos Declaratórios**	**Trânsito em Julgado**
RE 603191	10/09/2010	ELLEN GRACIE	05/09/2011	-	23/09/2011

2.2.2. SISTEMA DA CONTRIBUIÇÃO PREVIDENCIÁRIA SOBRE A RECEITA BRUTA

STJ - Superior Tribunal de Justiça

Tema	1184	Situação	**Trânsito em Julgado**	Órgão julgador	**PRIMEIRA SEÇÃO**
Questão Controvertida	"i) Definir se a regra prevista no § 13 do art. 9º da Lei n. 12.546/2011 é dirigida apenas aos contribuintes ou se também vincula a Administração Tributária" e "ii) Definir se a revogação da escolha de tributação da contribuição previdenciária pelo sistema da Contribuição Previdenciária sobre Receita Bruta (CPRB) trazida pela Lei n. 13.670/2018 feriu direito do contribuinte ante o caráter irretratável previsto no § 13 do art. 9º da Lei n. 12.546/2011."				
Tese Firmada	(i) a regra da irretratabilidade da opção pela Contribuição Previdenciária sobre Receita Bruta (CPRB) prevista no § 13 do art. 9º da Lei 12.546/2011 destina-se apenas ao beneficiário do regime, e não à Administração; e (ii) a revogação da escolha de tributação da contribuição previdenciária pelo sistema da CPRB, trazida pela Lei 13.670/2018, não feriu direitos do contribuinte, tendo em vista que foi respeitada a anterioridade nonagesimal.				
Informações Complementares	SCAN ME				
Processo / Recurso	**Decisão de Afetação**	**Relator (a)**	**Acórdão Publicado**	**Embargos Declaratórios**	**Trânsito em Julgado**
REsp 1901638/SC **REsp 1902610/RS**	24/03/2023	HERMAN BENJAMIN	28/06/2023	-	21/08/2023

2.2.3. BASE DE CÁLCULO DO PIS E DA COFINS

STJ - Superior Tribunal de Justiça

- Informativo 712 – 11.10.2021

PIS E COFINS. BASE DE CÁLCULO. CONTRIBUIÇÃO PREVIDENCIÁRIA SOBRE RECEITA BRUTA-CPRB. LEGALIDADE. Os valores recolhidos a título de Contribuição Previdenciária sobre a Receita Bruta – CPRB integram a base de cálculo do PIS e da COFINS (Resp 1.945.068-RS, Rel. Min. Manoel Erhardt (Desembargador convocado do TRF da 5ª Região), Primeira Turma, por unanimidade, julgado em 05/10/2021).

2.2.4. *LEI 12.546/11*

STF - Supremo Tribunal Federal

<table>
<tr><td>Tema</td><td>1110</td><td>Situação</td><td>Trânsito em Julgado</td><td>Órgão julgador</td><td colspan="2">Plenário Virtual</td></tr>
<tr><td colspan="2">Questão Controvertida</td><td colspan="5">Possibilidade da manutenção do regime de tributação incidente sobre o total das remunerações pagas ou creditadas, na forma do art. 22 da Lei 8.212/91, de acordo com tratamento dado pela legislação às empresas que não foram abarcadas pelo regime substitutivo da Lei 12.546/2011.</td></tr>
<tr><td colspan="2">Tese Firmada</td><td colspan="5">É infraconstitucional e depende de reexame de fatos e provas a controvérsia envolvendo o regime tributário instituído pela Lei nº 12.546/2011 relativamente à contribuição previdenciária incidente sobre a receita bruta substitutiva daquelas previstas nos incisos I e III do art. 22 da Lei 8.212/91.</td></tr>
<tr><td colspan="2">Informações Complementares</td><td colspan="5">SCAN ME</td></tr>
<tr><td colspan="2">Processo / Recurso</td><td>Repercussão Geral</td><td>Relator (a)</td><td>Acórdão Publicado</td><td>Embargos Declaratórios</td><td>Trânsito em Julgado</td></tr>
<tr><td colspan="2">RE 1266813</td><td>Não há repercussão geral (questão infraconstitucional)</td><td>DIAS TOFFOLI</td><td>26/02/2021</td><td>-</td><td>23/03/2021</td></tr>
</table>

<table>
<tr><td>Tema</td><td>1109</td><td>Situação</td><td>Trânsito em Julgado</td><td>Órgão julgador</td><td>Plenário Virtual</td></tr>
<tr><td colspan="2">Questão Controvertida</td><td colspan="4">Possibilidade de manutenção do pagamento da contribuição previdenciária substitutiva prevista no art. 8º da Lei 12.546/2011 (CPRB), no ano-calendário de 2018, em face da irretratabilidade prevista no art. 9º, § 13, da Lei nº. 12.546/11 e a exclusão de determinadas atividades econômicas operadas pela Lei 13.670/2018.</td></tr>
</table>

Tema	1109	Situação	**Trânsito em Julgado**	Órgão julgador	**Plenário Virtual**
Tese Firmada	É infraconstitucional e depende da análise de fatos e provas, a ela se aplicando os efeitos da ausência de repercussão geral, a controvérsia relativa à alteração legislativa promovida pela Lei nº 13.670, de 2018, que excluiu da opção pela contribuição substitutiva (CPRB) as pessoas jurídicas que fabricam determinados produtos, inclusive no que se refere à irretratabilidade prevista no art. 9º, § 13, da Lei nº 12.546, de 2011.				
Informações Complementares	SCAN ME				
Processo / Recurso	**Repercussão Geral**	**Relator (a)**	**Acórdão Publicado**	**Embargos Declaratórios**	**Trânsito em Julgado**
RE 1286672	Não há repercussão geral (questão infraconstitucional)	DIAS TOFFOLI	26/02/2021	-	06/03/2021

2.3. NÃO INCIDÊNCIA DA CONTRIBUIÇÃO PREVIDENCIÁRIA

2.3.1. VALORES REPASSADOS DOS PLANOS DE SAÚDE AOS MÉDICOS CREDENCIADOS

STJ - Superior Tribunal de Justiça

- Informativo 509 - 05.12.2012

DIREITO TRIBUTÁRIO. CONTRIBUIÇÃO PREVIDENCIÁRIA SOBRE VALORES REPASSADOS PELAS OPERADORAS DE PLANO DE SAÚDE AOS MÉDICOS CREDENCIADOS. Não incide contribuição previdenciária sobre os valores repassados pelas operadoras de plano de saúde aos médicos credenciados (AgRg no AREsp 176.420-MG, Rel. Min. Napoleão Nunes Maia Filho, julgado em 13/11/2012).

2.3.2. COOPERATIVAS E VALOR BRUTO DA NOTA OU FATURA

STF - Supremo Tribunal Federal

Tema	**166**	Situação	**Trânsito em Julgado**	Órgão julgador	**Tribunal Pleno**
Questão Controvertida	Contribuição, a cargo da empresa, incidente sobre 15% do valor bruto da nota fiscal ou fatura de prestação de serviços desenvolvidos por cooperativas.				
Tese Firmada	É inconstitucional a contribuição previdenciária prevista no art. 22, IV, da Lei 8.212/1991, com redação dada pela Lei 9.876/1999, que incide sobre o valor bruto da nota fiscal ou fatura referente a serviços prestados por cooperados por intermédio de cooperativas de trabalho.				
Informações Complementares	SCAN ME				
Processo / Recurso	**Repercussão Geral**	**Relator (a)**	**Acórdão Publicado**	**Embargos Declaratórios**	**Trânsito em Julgado**
RE 595838	15/05/2009	DIAS TOFFOLI	08/10/2014	21/10/2014	09/03/2015

2.3.3. VALORES REPASSADOS À SEGURADORA POR SEGURO DE VIDA EM GRUPO

STJ - Superior Tribunal de Justiça

- Informativo 380 - 12.12.2008

CONTRIBUIÇÃO PREVIDENCIÁRIA. SEGURO DE VIDA EM GRUPO. A Turma negou provimento aos recursos especiais e reiterou que não incide a contribuição previdenciária sobre os valores repassados à sociedade empresarial - seguradora - a título de seguro de vida dos empregados da sociedade empresarial contribuinte, em razão da expressa referência legal disposta no art. 28, § 9º, p, da Lei n. 8.212/1991, com a redação dada pela Lei n. 9.528/1997, revelando-se, também, inaplicável o art. 111 do CTN. Destacou-se que, mesmo que a cobrança seja anterior à citada lei, independentemente dessa exclusão legal, por força da interpretação teleológica do primitivo art. 28, I, da Lei n. 8.212/1991, poderia concluir-se que o empregado nada usufrui pelo seguro de vida em grupo, o que descarta a possibilidade de considerar-se valor pago, se generalizado para todos os empregados, como sendo salário-utilidade. Por outro lado, não tem direito a sociedade empresarial à majoração da verba honorária; inviável, em princípio, aquilatar aspectos fáticos nos termos do art. 20, §§ 3º e 4º, do CPC (Resp 839.153-SC, Rel. Min. Luiz Fux, julgado em 9/12/2008).

2.3.4. HONORÁRIOS SUCUMBENCIAIS

STJ - Superior Tribunal de Justiça

- Informativo 346 – 29.02.2008

HONORÁRIOS. CONTRIBUIÇÃO PREVIDENCIÁRIA. Os honorários conferidos aos procuradores da CEF decorrentes de verbas sucumbenciais não integram a base de cálculo da contribuição previdenciária, porquanto não se constitui remuneração paga pela empregadora. Tais valores percebidos por esses profissionais em decorrência da representação judicial da CEF são pagos pela parte vencida, embora a Caixa detenha o poder de gerência e repasse do montante da verba (Resp 802.408-PR, Rel. Min. Castro Meira, julgado em 26/2/2008).

2.3.5. SEGURADORAS NO PAGAMENTO DE COMISSÃO AOS CORRETORES

STJ - Superior Tribunal de Justiça

- Informativo 351 – 11.04.2008

CONTRIBUIÇÃO PREVIDENCIÁRIA. CORRETOR. SEGURO. É devida a cobrança das empresas de seguro referente à contribuição previdenciária incidente sobre o valor da comissão que as seguradoras pagam aos corretores por prestarem serviços de intermediação no contrato de seguro, independentemente de existir ou não contrato de trabalho vinculando o corretor àquelas empresas, tendo em vista o disposto na LC n. 84/1996, que exige o recolhimento da exação sobre a remuneração dos trabalhadores autônomos (Resp 519.260-RJ, Rel. Min. Herman Benjamin, julgado em 9/4/2008).

2.3.6. EXCLUSÃO DE VERBAS CONSTANTES EM SUA BASE DE CÁLCULO

STJ - Superior Tribunal de Justiça

Tema	**1174**	Situação	**Afetado**	Órgão julgador	**PRIMEIRA SEÇÃO**
Questão Controvertida	Possibilidade de excluir as seguintes verbas da base de cálculo da contribuição previdenciária patronal e das contribuições destinadas a terceiros e ao SAT/RAT: a) valores relativos à contribuição previdenciária do empregado e do trabalhador avulso e ao imposto de renda de pessoa física, retidos na fonte pelo empregador; b) parcelas retidas ou descontadas a título de coparticipação do empregado em benefícios, tais como: vale-transporte, vale-refeição e plano de assistência à saúde ou odontológico, dentre outros.				
Tese Firmada	-				
Informações Complementares	Há determinação de suspensão do processamento de todos os processos que versem sobre a mesma matéria e tramitem no território nacional, nos termos do art. 1.037, II, do CPC/2015. SCAN ME				
Processo / Recurso	**Decisão de Afetação**	**Relator (a)**	**Acórdão Publicado**	**Embargos Declaratórios**	**Trânsito em Julgado**
REsp 2005029/ SC REsp 2005087/ PR REsp 2005289/ SC REsp 2005567/ RS REsp 2023016/ RS REsp 2027413/PR REsp 2027411/PR	05/12/2022 e 25/04/2023	HERMAN BENJAMIN	-	-	-

2.3.7. VENDAS DE MERCADORIAS DESTINADAS À ZONA FRANCA DE MANAUS

STJ - Superior Tribunal de Justiça

- Informativo 681 – 20.11.2020

CONTRIBUIÇÃO PREVIDENCIÁRIA SOBRE RECEITA BRUTA - CPRB. OPERAÇÕES DE VENDAS DESTINADAS À ZONA FRANCA DE MANAUS. EQUIVALÊNCIA À EXPORTAÇÃO. ISENÇÃO. As receitas decorrentes das operações de vendas de mercadorias destinadas à Zona Franca de Manaus devem ser excluídas da base de cálculo da contribuição previdenciária sobre a receita bruta (Resp 1.579.967-RS, Rel. Min. Gurgel de Faria, Primeira Turma, por unanimidade, julgado em 08/09/2020, Dje 09/10/2020).

3. CONTRIBUIÇÃO RURAL

3.1. INCONSTITUCIONALIDADE E EFEITO REPRISTINATÓRIO

STF - Supremo Tribunal Federal

Tema	**923**	Situação	**Trânsito em Julgado**	Órgão julgador	**Plenário Virtual - RG**
Questão Controvertida		Efeito repristinatório pela declaração de inconstitucionalidade dos incs. I e II do art. 25 da Lei n. 8.212/1991 alterada pelas Leis ns. 8.540/1992 e 9.528/1997.			
Tese Firmada		É infraconstitucional, a ela se aplicando os efeitos da ausência de repercussão geral, a controvérsia relativa à base de cálculo aplicável à contribuição previdenciária do empregador rural pessoa física, bem como a sua compensação, restituição ou lançamento, em razão da declaração de inconstitucionalidade da contribuição incidente sobre a comercialização de sua produção rural.			
Informações Complementares		SCAN ME			

Tema	923	Situação	**Trânsito em Julgado**	Órgão julgador	**Plenário Virtual - RG**
Processo / Recurso	**Repercussão Geral**	**Relator (a)**	**Acórdão Publicado**	**Embargos Declaratórios**	**Trânsito em Julgado**
RE 959870	Não há RG - Matéria Infra-constitucional	DIAS TOFFOLI	29/11/2016	-	16/02/2017

3.2. NECESSIDADE DE RECOLHIMENTO POSTERIOR À LEI 8.213/91

STJ - Superior Tribunal de Justiça

- Informativo 369 – 26.09.2008

RURÍCOLA. APOSENTADORIA. LEI N. 8.213/1991. Aos rurícolas assegura-se o direito à aposentadoria, garantida sua inclusão no sistema previdenciário, desde que efetivados os recolhimentos devidos, a partir da Lei n. 8.213/1991; antes dessa data, eles foram dispensados do recolhimento, porque não eram assegurados (AR 3.242-SC, Rel. Min. Arnaldo Esteves Lima, julgada em 24/9/2008).

3.3. ESPÉCIE DE CONTRIBUIÇÕES

3.3.1. *DO SEGURADO ESPECIAL*

STF - Supremo Tribunal Federal

Tema	723	Situação	**Trânsito em Julgado**	Órgão julgador	**Tribunal Pleno**
Questão Controvertida	Validade da contribuição a ser recolhida pelo produtor rural pessoa física que desempenha suas atividades em regime de economia familiar, sem empregados permanentes, sobre a receita bruta proveniente da comercialização de sua produção.				
Tese Firmada	É constitucional, formal e materialmente, a contribuição social do segurado especial prevista no art. 25 da Lei 8.212/1991.				

Tema	**723**	Situação	**Trânsito em Julgado**	Órgão julgador	**Tribunal Pleno**
Informações Complementares		SCAN ME			
Processo / Recurso	**Repercussão Geral**	**Relator (a)**	**Acórdão Publicado**	**Embargos Declaratórios**	**Trânsito em Julgado**
RE 761263	25/04/2014	ALEXANDRE DE MORAES	26/06/2020	-	09/10/2020

3.3.2. DO EMPREGADOR RURAL PESSOA FÍSICA

STJ - Superior Tribunal de Justiça

- Informativo 548 – 22.10.2014

DIREITO TRIBUTÁRIO. CONTRIBUIÇÃO SOCIAL AO FUNRURAL. A despeito dos arts. 1º da Lei 8.540/1992, 1º da Lei 9.528/1997 e 1º da Lei 10.256/2001, desde a vigência da Lei 8.212/1991, não é possível exigir a contribuição social ao FUNRURAL, a cargo do empregador rural pessoa física, incidente sobre o valor comercial dos produtos rurais (Resp 1.070.441-SC, Rel. Min. Sérgio Kukina, julgado em 2/9/2014).

STF - Supremo Tribunal Federal

Tema	**669**	Situação	**Trânsito em Julgado**	Órgão julgador	**Plenário Virtual - RG**
Questão Controvertida		Validade da contribuição a ser recolhida pelo empregador rural pessoa física sobre a receita bruta proveniente da comercialização de sua produção, nos termos do art. 1º da Lei 10.256/2001.			

<table>
<tr><td>Tema</td><td>669</td><td>Situação</td><td>Trânsito em Julgado</td><td>Órgão julgador</td><td>Plenário Virtual - RG</td></tr>
<tr><td colspan="2">Tese Firmada</td><td colspan="4">É constitucional formal e materialmente a contribuição social do empregador rural pessoa física, instituída pela Lei 10.256/2001, incidente sobre a receita bruta obtida com a comercialização de sua produção.</td></tr>
<tr><td colspan="2">Informações Complementares</td><td colspan="4">SCAN ME</td></tr>
<tr><td>Processo / Recurso</td><td>Repercussão Geral</td><td>Relator (a)</td><td>Acórdão Publicado</td><td>Embargos Declaratórios</td><td>Trânsito em Julgado</td></tr>
<tr><td>RE 718874</td><td>23/08/2013</td><td>ALEXANDRE DE MORAES</td><td>27/09/2017</td><td>16/10/2017</td><td>21/09/2018</td></tr>
</table>

<table>
<tr><td>Tema</td><td>202</td><td>Situação</td><td>Trânsito em Julgado</td><td>Órgão julgador</td><td>Tribunal Pleno</td></tr>
<tr><td colspan="2">Questão Controvertida</td><td colspan="4">Cobrança de contribuição a ser recolhida pelo empregador rural pessoa física sobre receita bruta proveniente da comercialização de sua produção.</td></tr>
<tr><td colspan="2">Tese Firmada</td><td colspan="4">É inconstitucional a contribuição, a ser recolhida pelo empregador rural pessoa física, incidente sobre a receita bruta proveniente da comercialização de sua produção, prevista no art. 25 da Lei 8.212/1991, com a redação dada pelo art. 1º da Lei 8.540/1992.</td></tr>
<tr><td colspan="2">Informações Complementares</td><td colspan="4">SCAN ME</td></tr>
<tr><td>Processo / Recurso</td><td>Repercussão Geral</td><td>Relator (a)</td><td>Acórdão Publicado</td><td>Embargos Declaratórios</td><td>Trânsito em Julgado</td></tr>
<tr><td>RE 596177</td><td>18/09/2009</td><td>RICARDO LEWANDOWSKI</td><td>29/08/2011</td><td>26/09/2011</td><td>09/12/2013</td></tr>
</table>

- Informativo 742 – 18.04.2014

CONTRIBUIÇÃO SOCIAL – INCIDÊNCIA SOBRE A RECEITA DA COMERCIALIZAÇÃO DA PRODUÇÃO RURAL – LEI nº 8.540/92 – INCONSTITUCIONALIDADE – ALCANCE. A inconstitucionalidade da Contribuição Social sobre a receita bruta da comercialização da produção rural não alcança os produtores rurais autônomos sem empregados, mencionados no § 8º do artigo 195 da Carta (AG. REG. NO RE N. 701.254-PR).

3.3.3. DO EMPREGADOR PRODUTOR RURAL (PESSOA JURÍDICA)

STF - Supremo Tribunal Federal

Tema	**651**	Situação	**Acórdão de mérito publicado**	Órgão julgador	**Plenário Virtual - RG**
Questão Controvertida		Constitucionalidade das contribuições à seguridade social, a cargo do empregador produtor rural, pessoa jurídica, incidente sobre a receita bruta proveniente da comercialização de sua produção, instituídas pelo artigo 25, I e II, e § 1º, da Lei 8.870/1994.			
Tese Firmada		I - É inconstitucional a contribuição à seguridade social, a cargo do empregador rural pessoa jurídica, incidente sobre a receita bruta proveniente da comercialização da sua produção, prevista no artigo 25, incisos I e II, da Lei nº 8.870/1994, na redação anterior à Emenda Constitucional nº 20/1998; II - É constitucional a contribuição à seguridade social, a cargo do empregador rural pessoa jurídica, incidente sobre a receita bruta proveniente da comercialização da sua produção, prevista no art. 25, incisos I e II, da Lei 8.870/1994, na redação dada pela Lei nº 10.256/2001; III - É constitucional a contribuição social destinada ao Serviço Nacional de Aprendizagem Rural (SENAR), de que trata o art. 25, § 1º, da Lei nº 8.870/1994, inclusive na redação conferida pela Lei nº 10.256/2001.			
Informações Complementares		SCAN ME			
Processo / Recurso	**Repercussão Geral**	**Relator (a)**	**Acórdão Publicado**	**Embargos Declaratórios**	**Trânsito em Julgado**
RE 700922	10/05/2013	MARCO AURÉLIO	**16/03/2023**	24/05/2023	-

3.4. NÃO INCIDÊNCIA DA CONTRIBUIÇÃO PREVIDENCIÁRIA

3.4.1. VALOR DO FRETE NA BASE DE CÁLCULO DO FUNRURAL

STJ - Superior Tribunal de Justiça

Tema	**267**	Situação	**Trânsito em Julgado**	Órgão julgador	**Primeira Seção**
Questão Controvertida		Questão referente à ilegalidade da inclusão do valor do transporte (frete) na base de cálculo da contribuição previdenciária ao FUNRURAL, por não integrar o valor comercial do produto rural.			
Tese Firmada		O valor do frete configura parcela estranha ao produto rural, por isso que não está inserido na base de cálculo da contribuição para o FUNRURAL, que consiste tão-somente no valor comercial do produto rural, correspondente ao preço pelo qual é vendido pelo produtor.			
Informações Complementares		O valor do frete não integra a base de cálculo da contribuição para o FUNRURAL. SCAN ME			
Processo / Recurso	**Decisão de Afetação**	**Relator (a)**	**Acórdão Publicado**	**Embargos Declaratórios**	**Trânsito em Julgado**
REsp 1138159/SP	15/10/2009	LUIZ FUX	01/02/2010	-	30/04/2010

3.4.2. SIMPLES ENTREGA DE MERCADORIA

STJ - Superior Tribunal de Justiça

- Informativo 355 – 16.05.2008

FUNRURAL. MERCADORIA. ENTREGA. ASSOCIAÇÃO. A mera entrega da mercadoria pelo produtor rural associado à cooperativa não constitui fato gerador do Funrural, visto que não há que se confundir a entrega do produto a ser ainda comercializado com a comercialização propriamente dita (Resp 730.894-PR, Rel. Min. Denise Arruda, julgado em 13/5/2008).

CAPÍTULO 5 – RESPONSABILIDADE TRIBUTÁRIA

1. EMPRESA PRESTADORA DE MÃO DE OBRA

STJ - Superior Tribunal de Justiça

Tema	335	Situação	**Trânsito em Julgado**	Órgão julgador	**Primeira Seção**
Questão Controvertida		Questiona-se se, na vigência da Lei 9.711/98, a responsabilidade das empresas cedentes de mão-de-obra pelo recolhimento das contribuições previdenciárias nos casos em que as empresas tomadoras não realizem a retenção e o pagamento ou o efetuem em valor menor que o devido.			
Tese Firmada		A partir da vigência do art. 31 da Lei 8.212/91, com a redação dada pela Lei 9.711/98, a empresa contratante é responsável, com exclusividade, pelo recolhimento da contribuição previdenciária por ela retida do valor bruto da nota fiscal ou fatura de prestação de serviços, afastada, em relação ao montante retido, a responsabilidade supletiva da empresa prestadora, cedente de mão-de-obra.			
Informações Complementares					
Processo / Recurso	**Decisão de Afetação**	**Relator (a)**	**Acórdão Publicado**	**Embargos Declaratórios**	**Trânsito em Julgado**
REsp 1131047/MA	01/12/2009	TEORI ALBINO ZAVASCKI	02/12/2010	-	17/02/2011

2. DESCONSIDERAÇÃO DA PERSONALIDADE JURÍDICA NAS SOCIEDADES POR QUOTA DE RESPONSABILIDADE LIMITADA

STJ - Superior Tribunal de Justiça

Tema	334	Situação	**Trânsito em Julgado**	Órgão julgador	**Primeira Seção**
Questão Controvertida		Questiona se a responsabilização pessoal dos sócios por débitos previdenciários das sociedades por quotas de responsabilidade limitada, com base no art. 13 da Lei 8.620/93, deve ficar subordinada à verificação das condições estabelecidas no art. 135, III, do CTN.			

Tema	**334**	Situação	**Trânsito em Julgado**	Órgão julgador	**Primeira Seção**
Tese Firmada	(...) que trata da responsabilidade dos sócios em face do disposto no art. 13 da Lei 8.620/93. Na vigência de tal dispositivo (posteriormente revogado de modo expresso pelo art. 79, VII, da Lei 11.941/09), já havia entendimento desta 1ª Seção segundo o qual, mesmo em se tratando de débitos para com a Seguridade Social, a responsabilidade pessoal dos sócios das sociedades por quotas de responsabilidade limitada, prevista no art. 13 da Lei 8.620/93, só existe, quando presentes as condições estabelecidas no art. 135, III do CTN. Há, todavia uma razão superior, mais importante que todas as outras, a justificar a inexistência da responsabilidade do sócio, em casos da espécie: o STF, no julgamento do RE 562.276, ocorrido em 03.11.10, relatora a Ministra Ellen Gracie, declarou a inconstitucionalidade do art. 13 da Lei 8.620/93, tanto por vício formal (violação ao art. 146, III, da Constituição Federal), como por vício material (violação aos arts.. 5º, XIII, e 170, parágrafo único, da Constituição Federal). O julgamento do recurso extraordinário se deu sob o regime do art. 543-B do CPC, o que confere especial eficácia vinculativa ao precedente e impõe sua adoção imediata em casos análogos (...).				
Informações Complementares	Não existe responsabilidade pessoal dos sócios de sociedades por quotas de responsabilidade limitada em relação a débitos previdenciários. SCAN ME				
Processo / Recurso	**Decisão de Afetação**	**Relator (a)**	**Acórdão Publicado**	**Embargos Declaratórios**	**Trânsito em Julgado**
REsp 1153119/MG	27/11/2009	TEORI ALBINO ZAVASCKI	02/12/2010	-	17/02/2011

STF - Supremo Tribunal Federal

Tema	**13**	Situação	**Trânsito em Julgado**	Órgão julgador	**Tribunal Pleno**
Questão Controvertida	Responsabilidade solidária dos sócios das empresas por quotas de responsabilidade limitada por dívidas junto à Seguridade Social.				

<table>
<tr><td>Tema</td><td>13</td><td>Situação</td><td>Trânsito em Julgado</td><td>Órgão julgador</td><td>Tribunal Pleno</td></tr>
<tr><td colspan="2">Tese Firmada</td><td colspan="4">É inconstitucional o art. 13 da Lei 8.620/1993, na parte em que estabelece que os sócios de empresas por cotas de responsabilidade limitada respondem solidariamente, com seus bens pessoais, por débitos junto à Seguridade Social.</td></tr>
<tr><td colspan="2">Informações Complementares</td><td colspan="4">Houve a substituição do paradigma de repercussão geral (originariamente era o RE 567932).
SCAN ME</td></tr>
<tr><td>Processo / Recurso</td><td>Repercussão Geral</td><td>Relator (a)</td><td>Acórdão Publicado</td><td>Embargos Declaratórios</td><td>Trânsito em Julgado</td></tr>
<tr><td>RE 562276</td><td>05/12/2007</td><td>ELLEN GRACIE</td><td>10/02/2011</td><td>23/03/2011</td><td>22/10/2014</td></tr>
</table>

3. EMPRESA ADQUIRENTE DE PRODUTOS RURAIS E REPETIÇÃO DE INDÉBITO

STJ - Superior Tribunal de Justiça

- Informativo 223 – 21.10.2004

PREVIDÊNCIA SOCIAL. COMERCIALIZAÇÃO. PRODUTO AGRÍCOLA. LEGITIMIDADE. EMPRESA ADQUIRENTE. A empresa adquirente dos produtos rurais tem por obrigação recolher ao INSS a contribuição devida pelo agricultor em razão da comercialização da produção (arts. 25, 30, III e IV, da Lei n. 8.212/1991). Faz-se esse repasse destacando o valor correspondente ao tributo do preço pago. Assim, a empresa é mera retentora do tributo, não possuindo legitimidade para postular repetição de indébito (Resp 554.485-SC, Rel. Min. Franciulli Netto, julgado em 28/9/2004 – Ver Informativo n. 221).

CAPÍTULO 6 - ASPECTOS JUDICIAIS

1. COMPETÊNCIA DA JUSTIÇA DO TRABALHO

STJ - Superior Tribunal de Justiça

- Informativo 408 – 25.09.2009

COMPETÊNCIA. CONTRIBUIÇÃO PREVIDENCIÁRIA. O Ministério Público Federal interpôs agravo regimental contra a decisão que declarou a competência da Justiça do Trabalho para o julgamento de ação em que ex-empregado pleiteia do ex-empregador o recolhimento de contribuições previdenciárias. Alega que a Justiça obreira tem competência restrita para execução de contribuições previdenciárias quando decorrentes das próprias sentenças, nos termos do art. 114, VIII, da CF/1988, desde a edição da EC n. 20/1998, bem como pela alteração do parágrafo único do art. 876 da CLT, introduzida pela Lei n. 11.457/2007, porém se excluem aquelas que não têm origem em condenação que lhes sirva de base de cálculo. Para o Min. Relator, somente após a constituição de título executivo judicial é que a autarquia previdenciária pode promover a cobrança das contribuições reclamadas, exatamente o que busca o autor pela via da ação de conhecimento que, submetida ao contraditório, permitirá a fixação do período em que o empregador eventualmente permanece inadimplente e do salário-base sobre o qual serão calculados os recolhimentos. Tais elementos satisfazem os requisitos de adequação tanto ao art. 114, VIII, da CF/1988 e ao art. 876, parágrafo único, da CLT quanto à jurisprudência do STF. Salientou que o TRT, não obstante fazer referência à execução, declinou da competência sem promover o julgamento do recurso ordinário interposto contra a sentença na ação de conhecimento. Na hipótese em que se cuida de ação de conhecimento, a decisão encontra-se em harmonia com o entendimento tanto do TST quanto do STF. Diante disso, a Seção negou provimento ao agravo regimental (AgRg no CC 103.297-AM, Rel. Min. Aldir Passarinho Junior, julgado em 23/9/2009).

STF - Supremo Tribunal Federal

Tema	505	Situação	**Trânsito em Julgado**	Órgão julgador	**Plenário Virtual - RG**
Questão Controvertida	Aplicação imediata EC nº 20/98 quanto à competência da Justiça do Trabalho para execução de contribuições previdenciárias decorrentes de sentenças anteriores à sua promulgação.				
Tese Firmada	A Justiça do Trabalho é competente para executar, de ofício, as contribuições previstas no artigo 195, incisos I, alínea a, e II, da Carta da República, relativamente a títulos executivos judiciais por si formalizados em data anterior à promulgação da Emenda Constitucional nº 20/1998.				
Informações Complementares	Há RG. SCAN ME				
Processo / Recurso	**Repercussão Geral**	**Relator (a)**	**Acórdão Publicado**	**Embargos Declaratórios**	**Trânsito em Julgado**
RE 595326	02/12/2011	MARCO AURÉLIO	17/09/2020	-	25/09/2021

Tema	36	Situação	**Trânsito em Julgado**	Órgão julgador	**Tribunal Pleno**
Questão Controvertida	Competência da Justiça do Trabalho para execução de contribuições previdenciárias.				
Tese Firmada	A competência da Justiça do Trabalho prevista no art. 114, VIII, da Constituição Federal alcança somente a execução das contribuições previdenciárias relativas ao objeto da condenação constante das sentenças que proferir, não abrangida a execução de contribuições previdenciárias atinentes ao vínculo de trabalho reconhecido na decisão, mas sem condenação ou acordo quanto ao pagamento das verbas salariais que lhe possam servir como base de cálculo.				

Tema	**36**	Situação	**Trânsito em Julgado**	Órgão julgador	**Tribunal Pleno**
Informações Complementares		SCAN ME			
Processo / Recurso	**Repercussão Geral**	**Relator (a)**	**Acórdão Publicado**	**Embargos Declaratórios**	**Trânsito em Julgado**
RE 569056	29/02/2008	JOAQUIM BARBOSA	12/12/2008	09/02/2009	05/02/2015

2. LEGITIMIDADE DE PARTE

2.1. CÂMARA DE VEREADORES

STJ - Superior Tribunal de Justiça

Tema	**348**	Situação	**Trânsito em Julgado**	Órgão julgador	**Primeira Seção**
Questão Controvertida	Cinge-se a discussão em saber se a câmara de vereadores detém legitimidade ativa para discutir a incidência da contribuição previdenciária sobre a remuneração paga a vereadores.				
Tese Firmada	A Câmara de Vereadores não possui personalidade jurídica, mas apenas personalidade judiciária, de modo que somente pode demandar em juízo para defender os seus direitos institucionais, entendidos esses como sendo os relacionados ao funcionamento, autonomia e independência do órgão. No caso, a Câmara de Vereadores do Município de Lagoa do Piauí/PI ajuizou ação ordinária inibitória com pedido de tutela antecipada contra a Fazenda Nacional e o INSS, objetivando afastar a incidência da contribuição previdenciária sobre os vencimentos pagos aos próprios vereadores. Não se trata, portanto, de defesa de prerrogativa institucional, mas de pretensão de cunho patrimonial.				

Tema	**348**	Situação	**Trânsito em Julgado**	Órgão julgador	**Primeira Seção**
Informações Complementares		A Câmara de Vereadores não tem legitimidade para postular provimento judicial objetivando afastar a incidência da contribuição previdenciária sobre os vencimentos pagos aos próprios vereadores.			
Processo / Recurso	**Decisão de Afetação**	**Relator (a)**	**Acórdão Publicado**	**Embargos Declaratórios**	**Trânsito em Julgado**
REsp 1164017/PI	01/02/2010	CASTRO MEIRA	06/04/2010	-	10/05/2010

2.2. ADQUIRENTES DE PRODUTOS AGRÍCOLAS E FUNRURAL

STJ - Superior Tribunal de Justiça

- Informativo 451 – 15.10.2010

FUNRURAL. LEGITIMIDADE. DEVOLUÇÃO. ORIGEM. Os adquirentes de produtos agrícolas têm legitimidade para postular a declaração de inexigibilidade da contribuição para o Funrural, mas não para a restituição ou compensação do tributo (EREsp 810.168-RS, Rel. Min. Luiz Fux, julgados em 13/10/2010).

3. INSCRIÇÃO EM DÍVIDA ATIVA

3.1. Art. 115, II, da Lei 8.213/91

STJ - Superior Tribunal de Justiça

Tema	**598**	Situação	**Trânsito em Julgado**	Órgão julgador	**Primeira Seção**
Questão Controvertida		Questão referente à possibilidade de inscrição em dívida ativa de benefício previdenciário indevidamente recebido, qualificado como enriquecimento ilícito.			

Tema	**598**	Situação	**Trânsito em Julgado**	Órgão julgador	**Primeira Seção**
Tese Firmada	À mingua de lei expressa, a inscrição em dívida ativa não é a forma de cobrança adequada para os valores indevidamente recebidos a título de benefício previdenciário previstos no art. 115, II, da Lei n. 8.213/91 que devem submeter-se a ação de cobrança por enriquecimento ilícito para apuração da responsabilidade civil.				
Informações Complementares	Não é possível a inscrição em dívida ativa de valor correspondente a benefício previdenciário indevidamente recebido e não devolvido ao INSS.				
Processo / Recurso	**Decisão de Afetação**	**Relator (a)**	**Acórdão Publicado**	**Embargos Declaratórios**	**Trânsito em Julgado**
REsp 1350804/PR	25/10/2012	MAURO CAMPBELL MARQUES	28/06/2013	-	02/09/2013

3.2. §§ 3º E 4º DO ART. 115 DA LEI 8.213/91

STJ - Superior Tribunal de Justiça

Tema	**1064**	Situação	**Trânsito em Julgado**	Órgão julgador	**PRIMEIRA SEÇÃO**
Questão Controvertida	Possibilidade de inscrição em dívida ativa para a cobrança dos valores indevidamente recebidos a título de benefício previdenciário: verificação da aplicação dos §§3º e 4º, do art. 115, da Lei n. 8.213/91 aos processos em curso.				
Tese Firmada	1ª) As inscrições em dívida ativa dos créditos referentes a benefícios previdenciários ou assistenciais pagos indevidamente ou além do devido constituídos por processos administrativos que tenham sido iniciados antes da vigência da Medida Provisória nº 780, de 2017, convertida na Lei n. 13.494/2017 (antes de 22.05.2017) são nulas, devendo a constituição desses créditos ser reiniciada através de notificações/intimações administrativas a fim de permitir-se o contraditório administrativo e a ampla defesa aos devedores e, ao final, a inscrição em dívida ativa, obedecendo-se os prazos prescricionais aplicáveis; e				

Tema	**1064**	Situação	**Trânsito em Julgado**	Órgão julgador	**PRIMEIRA SEÇÃO**
Tese Firmada	2ª) As inscrições em dívida ativa dos créditos referentes a benefícios previdenciários ou assistenciais pagos indevidamente ou além do devido contra os terceiros beneficiados que sabiam ou deveriam saber da origem dos benefícios pagos indevidamente em razão de fraude, dolo ou coação, constituídos por processos administrativos que tenham sido iniciados antes da vigência da Medida Provisória nº 871, de 2019, convertida na Lei nº 13.846/2019 (antes de 18.01.2019) são nulas, devendo a constituição desses créditos ser reiniciada através de notificações/intimações administrativas a fim de permitir-se o contraditório administrativo e a ampla defesa aos devedores e, ao final, a inscrição em dívida ativa, obedecendo-se os prazos prescricionais aplicáveis.				
Repercussão Geral	Tema 1222/STF - Nulidade da constituição e inscrição em dívida ativa de créditos referentes a benefícios previdenciários ou assistenciais pagos indevidamente ou além do devido, constituídos por processos administrativos iniciados antes da vigência da Medida Provisória 780/2017, convertida na Lei 13.494/2017, e da Medida Provisória 871/2019, convertida na Lei 13.846/2019, bem como a discussão sobre a necessidade de seu refazimento. Tese: É infraconstitucional, a ela se aplicando os efeitos da ausência de repercussão geral, a controvérsia relativa à validade da constituição e inscrição em dívida ativa de créditos referentes a benefícios previdenciários ou assistenciais pagos indevidamente ou além do devido, constituídos por processos administrativos iniciados antes da vigência da Medida Provisória 780/2017, convertida na Lei 13.494/2017, e da Medida Provisória 871/2019, convertida na Lei 13.846/2019, bem como a discussão sobre a necessidade de seu refazimento.				
Processo / Recurso	**Decisão de Afetação**	**Relator (a)**	**Acórdão Publicado**	**Embargos Declaratórios**	**Trânsito em Julgado**
REsp 1860018/RJ **REsp 1852691/PB**	22/09/2020	MAURO CAMPBELL MARQUES	28/06/2021	17/08/2021	12/04/2023

3.3. MP 780/2017 e MP 871/2019

STF - Supremo Tribunal Federal

<table>
<tr><td>Tema</td><td>1222</td><td>Situação</td><td>Trânsito em Julgado</td><td>Órgão julgador</td><td colspan="2">Plenário Virtual - RG</td></tr>
<tr><td colspan="2">Questão Controvertida</td><td colspan="5">Nulidade da constituição e inscrição em dívida ativa de créditos referentes a benefícios previdenciários ou assistenciais pagos indevidamente ou além do devido, constituídos por processos administrativos iniciados antes da vigência da Medida Provisória 780/2017, convertida na Lei 13.494/2017, e da Medida Provisória 871/2019, convertida na Lei 13.846/2019, bem como a discussão sobre a necessidade de seu refazimento.</td></tr>
<tr><td colspan="2">Tese Firmada</td><td colspan="5">É infraconstitucional, a ela se aplicando os efeitos da ausência de repercussão geral, a controvérsia relativa à validade da constituição e inscrição em dívida ativa de créditos referentes a benefícios previdenciários ou assistenciais pagos indevidamente ou além do devido, constituídos por processos administrativos iniciados antes da vigência da Medida Provisória 780/2017, convertida na Lei 13.494/2017, e da Medida Provisória 871/2019, convertida na Lei 13.846/2019, bem como a discussão sobre a necessidade de seu refazimento.</td></tr>
<tr><td colspan="2">Informações Complementares</td><td colspan="5">SCAN ME</td></tr>
<tr><td colspan="2">Processo / Recurso</td><td>Repercussão Geral</td><td>Relator (a)</td><td>Acórdão Publicado</td><td>Embargos Declaratórios</td><td>Trânsito em Julgado</td></tr>
<tr><td colspan="2">RE 1371095</td><td>Não há repercussão geral (questão infraconstitucional)</td><td>MINISTRO PRESIDENTE</td><td>01/07/2022</td><td>-</td><td>17/08/2022</td></tr>
</table>

4. REPETIÇÃO DO INDÉBITO EM CONTRIBUIÇÃO FACULTATIVA

STJ - Superior Tribunal de Justiça

- Informativo 425 – 05.03.2010

REPETIÇÃO. INDÉBITO. APOSENTADORIA. Discute-se se é devida a devolução dos valores recolhidos a título de contribuição previdenciária no caso em que o recorrido, após o INSS indeferir seu pedido de aposentadoria, passou a contribuir na qualidade de segurado facultativo até que a decisão administrativa fosse revista pelo Poder Judiciário, o que aconteceu cinco anos depois, com decisão favorável ao segurado. No REsp, a autarquia recorrente defende não ser cabível a devolução, porque o art. 89 da Lei n. 8.212/1991 só autorizaria a repetição de indébito na hipótese de pagamento indevido, mas, como o recorrido livremente aderiu ao regime facultativo da previdência social, não ficaria configurado o desacerto no pagamento a ensejar a aplicação do dispositivo legal. Para o Min. Relator, adotar tal tese não seria só chancelar submissão do segurado a uma cobrança indevida em razão de erro da Administração ao indeferir sua aposentadoria, mas também representaria referendar o enriquecimento ilícito da autarquia, uma vez que o INSS auferiu receitas em razão do ato administrativo equivocado. Ainda que a adesão como segurado facultativo caracterize ato espontâneo, revestido de liberdade de escolha, essa ação só ocorreu pelo equivocado indeferimento do pedido de aposentadoria e teve como objetivo acautelar-se dos prejuízos que poderiam advir da eventual inércia após prolatada a decisão administrativa, por exemplo: perda da condição de segurado e sujeição a novo período de carência, entre outros. Também, se a autarquia tivesse exarado decisão em consonância com a legislação de regência, concedendo a aposentadoria, não haveria necessidade de o segurado buscar o Judiciário para reverter o entendimento administrativo e não se teria vinculado ao regime facultativo de previdência social, bem como já estaria recebendo seus benefícios sem necessidade de qualquer contribuição adicional. Diante do exposto, a Turma negou provimento ao REsp (REsp 1.179.729-RS, Rel. Min. Castro Meira, julgado em 4/3/2010).

5. JUROS MORATÓRIOS E MULTA SOBRE CONTRIBUIÇÕES EM ATRASO

STJ - Superior Tribunal de Justiça

Tema	1103	Situação	**Trânsito em Julgado**	Órgão julgador	**PRIMEIRA SEÇÃO**
Questão Controvertida	Definir se as contribuições previdenciárias não recolhidas no momento oportuno sofrerão o acréscimo de multa e de juros quando o período a ser indenizado for anterior à edição da Medida Provisória n.º 1.523/1996 (convertida na Lei n.º 9.528/1997).				

Tema	1103	Situação	**Trânsito em Julgado**	Órgão julgador	**PRIMEIRA SEÇÃO**
Tese Firmada	As contribuições previdenciárias não recolhidas no momento oportuno sofrerão o acréscimo de multa e de juros apenas quando o período a ser indenizado for posterior à edição da Medida Provisória n.º 1.523/1996 (convertida na Lei n.º 9.528/1997).				
Informações Complementares	SCAN ME				

Processo / Recurso	**Decisão de Afetação**	**Relator (a)**	**Acórdão Publicado**	**Embargos Declaratórios**	**Trânsito em Julgado**
REsp 1929631/ PR REsp 1924284 REsp 19149/SC	23/08/2021	OG FERNANDES	20/05/2022	-	12/08/2022

- Informativo 287 – 09.06.2006

PREVIDENCIÁRIO. APOSENTADORIA. TEMPO DE SERVIÇO. RECOLHIMENTO EXTEMPORÂNEO. JUROS MORATÓRIOS. MULTA. A incidência de juros moratórios e multa sobre as contribuições previdenciárias pagas em atraso e relativas ao reconhecimento de tempo de serviço para efeito de aposentadoria de trabalhador autônomo somente se tornou exigível com a edição da MP n. 1.523 de 11/10/1996, que acrescentou o § 4º ao art. 45 da Lei n. 8.212/1991, pois, anteriormente, não havia previsão legal dessa incidência (REsp 505.434-PR, Rel. Min. Laurita Vaz, julgado em 6/6/2006).

PARTE 2

BENEFÍCIOS

PRIMEIRA SEÇÃO - TEMPO ESPECIAL

CAPÍTULO 1 - ASPECTOS GERAIS

1. DIREITO ADQUIRIDO

STF - Supremo Tribunal Federal

- Informativo 417 (03.03.2006) e 415 (10.02.2006)

DIREITO ADQUIRIDO E APOSENTADORIA ESPECIAL. Comprovado o exercício de atividade considerada insalubre, perigosa ou penosa, pela legislação à época aplicável, o trabalhador possui o direito à contagem especial deste tempo de serviço. Seguindo essa orientação, a Turma negou provimento a recurso extraordinário interposto pelo Instituto Nacional do Seguro Social - INSS em que se alegava ofensa ao art. 5º, XXXVI, da CF, ao argumento de inexistência de direito adquirido à conversão do tempo de serviço especial para comum, em face do exercício de atividade insalubre elencada nos Decretos 53.831/64 e 83.080/79. Entendeu-se que o tempo de serviço deveria ser contado de acordo com o art. 57, § 3º, da Lei 8.213/91 ("O tempo de serviço exercido alternadamente em atividade profissional sob condições especiais que sejam ou venham a ser consideradas prejudiciais à saúde ou à integridade física será somado, após a respectiva conversão, seguindo critérios de equivalência estabelecidos pelo Ministério do Trabalho e da Previdência Social, para efeito de qualquer benefício."), vigente à época da prestação dos serviços, e não pela Lei 9.032/95 que, alterando o citado parágrafo, exigiu, expressamente, a comprovação de efetiva exposição aos agentes nocivos através de laudo técnico (RE N. 392.559-RS).

2. REQUISITOS

STF - Supremo Tribunal Federal

Tema	852	Situação	**Trânsito em Julgado**	Órgão julgador	**Plenário Virtual - RG**
Questão Controvertida	Avaliação judicial de critérios para a caracterização de trabalho especial, para fins de reconhecimento de aposentadoria especial ou de conversão de tempo de serviço, nos termos dos arts. 57 e 58 da Lei 8.213/1991.				
Tese Firmada	A questão da validade do reconhecimento judicial de trabalho em condições especiais, pela efetiva exposição aos agentes nocivos à saúde ou integridade física, para fins de concessão ou revisão de aposentadoria especial ou para converter tempo de serviço, nos termos dos arts. 57 e 58 da Lei n. 8.213/1991, tem natureza infraconstitucional, e a ela se atribuem os efeitos da ausência de repercussão geral, nos termos do precedente fixado no RE n. 584.608, rel. a Ministra Ellen Gracie, DJe 13/03/2009.				
Informações Complementares	SCAN ME				
Processo / Recurso	**Repercussão Geral**	**Relator (a)**	**Acórdão Publicado**	**Embargos Declaratórios**	**Trânsito em Julgado**
ARE 906569	Não há RG - Matéria Infraconstitucional	EDSON FACHIN	25/09/2015	-	15/10/2015

3. TERMO INICIAL

STJ - Superior Tribunal de Justiça

- Informativo 569 – 30.09.2015

DIREITO PREVIDENCIÁRIO. TERMO INICIAL DE APOSENTADORIA ESPECIAL. Se, no momento do pedido administrativo de aposentadoria especial, o segurado já tiver preenchido os requisitos necessários à obtenção do referido benefício, ainda que não os tenha demonstrado perante o INSS, o termo inicial da aposentadoria especial concedida por meio de sentença será a data do aludido requerimento administrativo, e não a data da sentença (Pet 9.582-RS, Rel. Min. Napoleão Nunes Maia Filho, julgado em 26/8/2015, DJe 16/9/2015).

4. *TEMPUS REGIT ACTUM*

STJ - Superior Tribunal de Justiça

- Informativo 457 – 26.11.2010

APOSENTADORIA ESPECIAL. *TEMPUS REGIT ACTUM*. A Turma deu provimento ao recurso especial para afastar o cômputo como atividade exercida em condições especiais de períodos anteriores à vigência da Lei n. 3.807/1960, regulamentada pelo Dec. n. 53.831/1964 (revogado pelo Dec. n. 63.230/1968), a qual instituiu a aposentadoria especial. In casu, sustentou o Min. Relator que o art. 162 do referido diploma legal não assegurou a retroatividade do benefício, mas apenas resguardou os direitos outorgados pela respectiva legislação. Nesse contexto, concluiu não ser possível que a norma retroaja sem expressa previsão nesse sentido, tendo em vista que o tempo de serviço é regido pela lei vigente à época em que efetivamente exercido. Precedentes citados: AgRg no REsp 1.103.602-RS, DJe 3/8/2009; REsp 1.105.630-SC, DJe 3/8/2009, e AgRg no REsp 924.827-SP, DJ 6/8/2007 (REsp 1.205.482-SC, Rel. Min. Gilson Dipp, julgado em 23/11/2010).

- Informativo 137 – 07.06.2002

APOSENTADORIA. CONVERSÃO. TEMPO ESPECIAL. O tempo de serviço é disciplinado pela lei vigente à época em que efetivamente prestado, passando a integrar, como direito autônomo, o patrimônio jurídico do trabalhador. A lei nova que venha a estabelecer restrição ao cômputo do tempo de serviço não pode ser aplicada retroativamente em razão da intangibilidade do direito adquirido. Se a legislação anterior exigia a comprovação da exposição aos agentes nocivos, mas não limitava os meios de prova, a lei posterior que passou a exigir laudo técnico, tem inegável caráter restritivo ao exercício do direito, não podendo ser aplicada às situações pretéritas. De qualquer sorte, a Lei n. 9.711/1998 resguarda o direito dos segurados à conversão do tempo de serviço especial prestado sob a vigência da legislação anterior, em comum (REsp 357.268-RS, Rel. Min. Gilson Dipp, julgado em 6/6/2002).

5. CONVERSÃO DE TEMPO DE SERVIÇO

5.1. ESPECIAL EM COMUM (ATÉ EC 103/2019)

5.1.1. LEI VIGENTE NA ÉPOCA DA APOSENTADORIA

STJ - Superior Tribunal de Justiça

<table>
<tr><td>Tema</td><td>546</td><td>Situação</td><td>Trânsito em Julgado</td><td>Órgão julgador</td><td>Primeira Seção</td></tr>
<tr><td colspan="2">Questão Controvertida</td><td colspan="4">Discute-se a possibilidade de conversão de tempo de serviço especial em comum, e vice-versa, no período anterior à vigência da Lei 6.887/1980, que alterou a Lei 5.890/1973 (art. 9º, § 4º).</td></tr>
<tr><td colspan="2">Tese Firmada</td><td colspan="4">A lei vigente por ocasião da aposentadoria é a aplicável ao direito à conversão entre tempos de serviço especial e comum, independentemente do regime jurídico à época da prestação do serviço.</td></tr>
<tr><td colspan="2">Informações Complementares</td><td colspan="4">É possível a conversão entre tempo especial e comum para as aposentadorias cujas exigências foram satisfeitas sob a égide da alteração da Lei 5.890/1973, imposta pela Lei 6.887/1980, independentemente do período em que as atividades especial ou comum foram exercidas.2. O mesmo raciocínio vale para as aposentadorias submetidas ao regime jurídico da Lei 8.213/1991, pois há previsão expressa da possibilidade de conversão.
SCAN ME</td></tr>
</table>

Tema	**546**	Situação	**Trânsito em Julgado**	Órgão julgador	**Primeira Seção**
Repercussão Geral		Tema 943/STF - Possibilidade de conversão do tempo de serviço comum para especial, mediante a aplicação do fator 0,71 de conversão, nas hipóteses em que o trabalho fora prestado em período anterior à Lei n. 9.032/1995, para fins de concessão de aposentadoria especial com data de início posterior à essa legislação. Grupo de Representativos 3 - Controvérsia referente à possibilidade de conversão de tempo de serviço comum em especial para fins de obtenção de aposentadoria especial, relativamente a atividades prestadas anteriormente à vigência da Lei n.º 9.032/1995, ainda que o segurado tenha preenchido os requisitos para o benefício somente após a edição da referida lei.			
Processo / Recurso	**Decisão de Afetação**	**Relator (a)**	**Acórdão Publicado**	**Embargos Declaratórios**	**Trânsito em Julgado**
REsp 1310034/PR	10/05/2012	HERMAN BENJAMIN	19/12/2012	02/02/2015 e 16/11/2015	08/01/2018

STF - Supremo Tribunal Federal

Tema	**943**	Situação	**Trânsito em julgado**	Órgão julgador	**Plenário Virtual - RG**
Questão Controvertida		Possibilidade de conversão do tempo de serviço comum para especial, mediante a aplicação do fator 0,71 de conversão, nas hipóteses em que o trabalho fora prestado em período anterior à Lei n. 9.032/1995, para fins de concessão de aposentadoria especial com data de início posterior à essa legislação.			
Tese Firmada		A questão da possibilidade de conversão do tempo de serviço comum para especial, mediante a aplicação do fator 0,71 de conversão, nas hipóteses em que o trabalho fora prestado em período anterior à Lei n. 9.032/1995, para fins de concessão de aposentadoria especial com data de início posterior à essa legislação, tem natureza infraconstitucional, e a ela se atribuem os efeitos da ausência de repercussão geral, nos termos do precedente fixado no RE n. 584.608, rel. a Ministra Ellen Gracie, DJe 13/03/2009.			
Informações Complementares		SCAN ME			

Tema	**943**	Situação	**Trânsito em julgado**	Órgão julgador	**Plenário Virtual - RG**
Processo / Recurso	**Repercussão Geral**	**Relator (a)**	**Acórdão Publicado**	**Embargos Declaratórios**	**Trânsito em Julgado**
RE 1029723	Não há RG - Matéria Infraconstitucional	EDSON FACHIN	16/06/2017	26/06/2017	09/04/2018

5.1.2. CONVERSÃO APÓS 28/05/1998

STJ - Superior Tribunal de Justiça

Tema	**422**	Situação	**Trânsito em Julgado**	Órgão julgador	**Terceira Seção**
Questão Controvertida	Previdenciário. Aposentadoria. Conversão de tempo de serviço especial em comum. Fator multiplicador previsto na legislação em vigor à época da atividade. Termo final para conversão em 28/5/1998. Necessidade de exposição permanente e habitual. Violação dos arts. 57, § 3º, lei n. 8.213/1991 e 63, i, do decreto n. 611/1992. Contagem de tempo de serviço posterior à emenda constitucional n. 20/1998.				
Tese Firmada	Permanece a possibilidade de conversão do tempo de serviço exercido em atividades especiais para comum após 1998, pois a partir da última reedição da MP n. 1.663, parcialmente convertida na Lei 9.711/1998, a norma tornou-se definitiva sem a parte do texto que revogava o referido § 5º do art. 57 da Lei n. 8.213/1991.				
Informações Complementares	SCAN ME				
Processo / Recurso	**Decisão de Afetação**	**Relator (a)**	**Acórdão Publicado**	**Embargos Declaratórios**	**Trânsito em Julgado**
REsp 1151363/MG	21/06/2010	JORGE MUSSI	05/04/2011	-	10/05/2011

STF - Supremo Tribunal Federal

Tema	405	Situação	**Trânsito em Julgado**	Órgão julgador	**Plenário Virtual - RG**
Questão Controvertida	Cômputo do tempo de serviço exercido em condições especiais para efeito de aposentadoria.				
Tese Firmada	A questão constitucional do direito à conversão de tempo de serviço especial em comum, para concessão de aposentadoria especial, por tempo de serviço, após 28.5.1998, não tem repercussão geral, pois não atingido quórum mínimo de oito para reconhecimento do tema como matéria infraconstitucional (Regimento Interno do Supremo Tribunal Federal - RISTF, art. 324, § 2º).				
Informações Complementares	SCAN ME				

Processo / Recurso	**Repercussão Geral**	**Relator (a)**	**Acórdão Publicado**	**Embargos Declaratórios**	**Trânsito em Julgado**
AI 841047	Não há RG - Matéria Infraconstitucional	MINISTRO(A) PRESIDENTE	01/09/2011	-	01/09/2011

5.2. COMUM EM ESPECIAL

STJ - Superior Tribunal de Justiça

- Informativo 514 – 20.03.2013

DIREITO PREVIDENCIÁRIO. IMPOSSIBILIDADE DE APLICAÇÃO RETROATIVA DO DEC. N. 4.882/2003 PARA RECONHECIMENTO DE ATIVIDADE ESPECIAL. Não é possível a atribuição de efeitos retroativos ao Dec. n. 4.882/2003 para fins de conversão de tempo de serviço comum em especial (REsp 1.355.702-RS, Rel. Min. Herman Benjamin, julgado em 6/12/2012).

5.3. FATOR DE CONVERSÃO E LEIS NO TEMPO

STJ - Superior Tribunal de Justiça

Tema	**423**	Situação	**Trânsito em Julgado**	Órgão julgador	**Terceira Seção**
Questão Controvertida	Previdenciário. Aposentadoria. Conversão de tempo de serviço especial em comum. Fator multiplicador previsto na legislação em vigor à época da atividade. Termo final para conversão em 28/5/1998. Necessidade de exposição permanente e habitual. Violação dos arts. 57, § 3º, lei n. 8.213/1991 e 63, I, do decreto n. 611/1992. Contagem de tempo de serviço posterior à emenda constitucional n. 20/1998.				
Tese Firmada	A adoção deste ou daquele fator de conversão depende, tão somente, do tempo de contribuição total exigido em lei para a aposentadoria integral, ou seja, deve corresponder ao valor tomado como parâmetro, numa relação de proporcionalidade, o que corresponde a um mero cálculo matemático e não de regra previdenciária.				
Informações Complementares	Questão referente ao fator de conversão a ser adotado na conversão para fins de aposentadoria comum: se o fator da época da prestação de serviço ou da data do requerimento administrativo.				
Processo / Recurso	**Decisão de Afetação**	**Relator (a)**	**Acórdão Publicado**	**Embargos Declaratórios**	**Trânsito em Julgado**
REsp 1151363/MG	21/06/2010	JORGE MUSSI	05/04/2011	-	10/05/2011

6. BENEFÍCIO POR INCAPACIDADE COMO TEMPO ESPECIAL

STJ - Superior Tribunal de Justiça

Tema	**998**	Situação	**Trânsito em Julgado**	Órgão julgador	**Primeira Seção**

Questão Controvertida	Possibilidade de cômputo de tempo de serviço especial, para fins de inativação, do período em que o segurado esteve em gozo de auxílio-doença de natureza não acidentária.
Tese Firmada	O Segurado que exerce atividades em condições especiais, quando em gozo de auxílio-doença, seja acidentário ou previdenciário, faz jus ao cômputo desse mesmo período como tempo de serviço especial.
Informações Complementares	REsp n. 1.759.098/RS: Afetação na sessão eletrônica iniciada em 3/10/2018 e finalizada em 9/10/2018 (Primeira Seção).REsp n. 1.723.181/RS: Afetado pelo Min. Napoleão Nunes Maia Filho, Relator, conforme decisão publicada no DJe de 18/3/2019.Vide Controvérsia n. 61/STJ.IRDR 50033778920134047112 e 50178966020164040000/TRF4 (Tema de IRDR n. 08) - REsp em IRDRHá determinação de suspensão do processamento de todos os processos pendentes, individuais ou coletivos, que versem acerca da questão delimitada e tramitem no território nacional (acórdão publicado no DJe de 17/10/2018). SCAN ME

Processo / Recurso	**Decisão de Afetação**	**Relator (a)**	**Acórdão Publicado**	**Embargos Declaratórios**	**Trânsito em Julgado**
REsp 1759098/RS e REsp 1723181/RS	17/10/2018 e 18/03/2019	NAPOLEÃO NUNES MAIA FILHO	01/08/2019	18/03/2020	15/02/2022

STF - Supremo Tribunal Federal

Tema	1107	Situação	**Trânsito em Julgado**	Órgão julgador	**Plenário Virtual**
Questão Controvertida	Possibilidade de o segurado que exerce atividades em condições especiais, quando em gozo de auxílio-doença de natureza não acidentária, utilizar o cômputo desse mesmo período como tempo de serviço especial.				
Tese Firmada	É infraconstitucional, a ela se aplicando os efeitos da ausência de repercussão geral, a controvérsia relativa à consideração, como tempo especial, dos períodos de gozo de auxílio-doença não acidentário.				
Informações Complementares	SCAN ME				
Processo / Recurso	**Repercussão Geral**	**Relator (a)**	**Acórdão Publicado**	**Embargos Declaratórios**	**Trânsito em Julgado**
RE 1279819	Não há repercussão geral (questão infraconstitucional)	MINISTRO PRESIDENTE	10/11/2020	-	05/12/2020

7. APOSENTADORIA ESPECIAL E CONTINUIDADE NO LABOR ESPECIAL

STJ - Superior Tribunal de Justiça

- Informativo 690 – 29.03.2021

APOSENTADORIA ESPECIAL. DIREITO À IMPLEMENTAÇÃO DO BENEFÍCIO. SEGURADO QUE NÃO CESSOU O EXERCÍCIO DA ATIVIDADE ESPECIAL ANTES DA CONCESSÃO DEFINITIVA DO BENEFÍCIO. CABIMENTO. ATIVIDADE ESPECIAL EXERCIDA PARA GARANTIA DA SUBSISTÊNCIA EM DECORRÊNCIA DA

INDEVIDA DENEGAÇÃO ADMINISTRATIVA. ART. 57, § 8º, DA LEI N. 8.213/1991. O artigo 57, § 8º, da Lei n. 8.213/1991 não impede o reconhecimento judicial do direito do segurado ao benefício aposentadoria especial com efeitos financeiros desde a data do requerimento administrativo, se preenchidos nessa data todos os requisitos legais, mesmo que ainda não tenha havido o afastamento das atividades especiais (Resp 1.764.559/SP, Rel. Min. Mauro Campbell Marques, Segunda Turma, por unanimidade, julgado em 23/03/2021).

STF - Supremo Tribunal Federal

Tema	**709**	Situação	**Trânsito em Julgado**	Órgão julgador	**Tribunal Pleno - sessão virtual**
Questão Controvertida		Possibilidade de percepção do benefício da aposentadoria especial na hipótese em que o segurado permanece no exercício de atividades laborais nocivas à saúde.			
Tese Firmada		I - É constitucional a vedação de continuidade da percepção de aposentadoria especial se o beneficiário permanece laborando em atividade especial ou a ela retorna, seja essa atividade especial aquela que ensejou a aposentação precoce ou não; II - Nas hipóteses em que o segurado solicitar a aposentadoria e continuar a exercer o labor especial, a data de início do benefício será a data de entrada do requerimento, remontando a esse marco, inclusive, os efeitos financeiros. Efetivada, contudo, seja na via administrativa, seja na judicial, a implantação do benefício, uma vez verificada a continuidade ou o retorno ao labor nocivo, cessará o pagamento do benefício previdenciário em questão. Obs.: Redação da tese alterada no julgamento do RE 791961 ED, realizado em 24/02/2021.			
Informações Complementares		SCAN ME			
Processo / Recurso	**Repercussão Geral**	**Relator (a)**	**Acórdão Publicado**	**Embargos Declaratórios**	**Trânsito em Julgado**
RE 791961	26/10/2016	DIAS TOFFOLI	19/08/2020	28/08/2020	01/12/2021

8. TEMPO ESPECIAL ANTERIOR À LEI 3.807/1960 (LOPS)

STJ - Superior Tribunal de Justiça

- Informativo 460 – 17.12.2020

APOSENTADORIA ESPECIAL. INSALUBRIDADE. ANTERIOR LOPS. Discute-se nos autos se é possível o reconhecimento do exercício de atividade insalubre e perigosa para conversão do benefício de aposentadoria por tempo de contribuição em aposentadoria especial, uma vez que foi exercida em período anterior à edição da Lei n. 3.807/1960 (Lei Orgânica da Previdência Social - LOPS) que institui, em seu art. 31, a aposentadoria especial. Para a Min. Relatora é possível tal reconhecimento, visto que a LOPS, no art. 162, assegura aos beneficiados todos os direitos outorgados pelas respectivas legislações. Explica que, na hipótese dos autos, não seria uma concessão retroativa do benefício de lei nova, que estabelece restrições ao cálculo de tempo de serviço, quando prevalece a aplicação do tempus regit actum. Diferentemente, no caso em exame, trata-se do reconhecimento do exercício de atividade insalubre e perigosa em data anterior à legislação (LOPS) que trouxe esse benefício ao ordenamento jurídico. Ademais, inicialmente, a LOPS foi regulamentada pelo art. 65 do Dec. n. 48.959-A/1960 e, posteriormente, pelos arts. 1º e 3º do Dec. n. 53.831/1964. Expõe ainda que uma interpretação diversa levaria à conclusão de que esse tempo de atividade insalubre ou perigosa só produziria efeito para aposentadoria especial após 15, 20 ou 25 anos da edição da LOPS. Por fim, a Min. Relatora ressalta que mantém esse entendimento, apesar de a Quinta Turma ter alterado seu posicionamento para endossar entendimento em sentido diverso dessa decisão (REsp 1.205.482-SC, DJe 6/12/2010). Diante do exposto, a Turma negou provimento ao AgRg do INSS. Precedente citado: AgRg no REsp 1.007.744-RS, DJe 9/3/2009 (AgRg no REsp 996.196-RS, Rel. Min. Maria Thereza de Assis Moura, julgado em 16/12/2010).

9. EQUIPAMENTO DE PROTEÇÃO INDIVIDUAL (EPI)

STF - Supremo Tribunal Federal

<table>
<tr><td>Tema</td><td>555</td><td>Situação</td><td>Trânsito em Julgado</td><td>Órgão julgador</td><td>Tribunal pleno</td></tr>
<tr><td colspan="2">Questão Controvertida</td><td colspan="4">Fornecimento de Equipamento de Proteção Individual - EPI como fator de descaracterização do tempo de serviço especial.</td></tr>
<tr><td colspan="2">Tese Firmada</td><td colspan="4">I - O direito à aposentadoria especial pressupõe a efetiva exposição do trabalhador a agente nocivo à sua saúde, de modo que, se o EPI for realmente capaz de neutralizar a nocividade não haverá respaldo constitucional à aposentadoria especial; II - Na hipótese de exposição do trabalhador a ruído acima dos limites legais de tolerância, a declaração do empregador, no âmbito do Perfil Profissiográfico Previdenciário (PPP), no sentido da eficácia do Equipamento de Proteção Individual - EPI, não descaracteriza o tempo de serviço especial para aposentadoria.</td></tr>
<tr><td colspan="2">Informações Complementares</td><td colspan="4">SCAN ME</td></tr>
<tr><td>Processo / Recurso</td><td>Repercussão Geral</td><td>Relator (a)</td><td>Acórdão Publicado</td><td>Embargos Declaratórios</td><td>Trânsito em Julgado</td></tr>
<tr><td>ARE 664335</td><td>15/06/2012</td><td>LUIZ FUX</td><td>12/02/2015</td><td>-</td><td>04/03/2015</td></tr>
</table>

CAPÍTULO 2 - ENQUADRAMENTO POR CATEGORIA PROFISSIONAL

1. MAGISTÉRIO

STF - Supremo Tribunal Federal

Tema	**772**	Situação	**Trânsito em Julgado**	Órgão julgador	**Plenário Virtual - RG**
Questão Controvertida		Possibilidade de conversão de tempo de serviço especial prestado na atividade de magistério em tempo de serviço comum, após a Emenda Constitucional 18/1981.			
Tese Firmada		É vedada a conversão de tempo de serviço especial em comum na função de magistério após a EC 18/1981.			
Informações Complementares		O Tribunal, por unanimidade, reputou constitucional a questão. O Tribunal, por unanimidade, reconheceu a existência de repercussão geral da questão constitucional suscitada. No mérito, por maioria, reafirmou a jurisprudência dominante sobre a matéria, vencido o Ministro Marco Aurélio. Não se manifestou a Ministra Cármen Lúcia. SCAN ME			
Processo / Recurso	**Repercussão Geral**	**Relator (a)**	**Acórdão Publicado**	**Embargos Declaratórios**	**Trânsito em Julgado**
ARE 703550	03/10/2014	GILMAR MENDES	21/10/2014	-	03/11/2014

2. EMPREGADO RURAL COMO TRABALHADOR DA AGROPECUÁRIA

STJ - Superior Tribunal de Justiça

- Informativo 652 – 16.08.2019

APOSENTADORIA POR TEMPO DE CONTRIBUIÇÃO. ATIVIDADE ESPECIAL. EMPREGADO RURAL. LAVOURA DA CANA-DE-AÇÚCAR. EQUIPARAÇÃO. CATEGORIA PROFISSIONAL. ATIVIDADE AGROPECUÁRIA. DECRETO N. 53.831/1964. IMPOSSIBILIDADE. O empregado rural, trabalhador da lavoura da cana-de-açúcar, não pode ser enquadrado na categoria profissional de trabalhador da agropecuária constante no item 2.2.1 do Decreto n. 53.831/1964 vigente à época da prestação dos serviços (PUIL 452-PE, Rel. Min. Herman Benjamin, Primeira Seção, por maioria, julgado em 08/05/2019, DJe 14/06/2019).

3. CONTRIBUINTE INDIVIDUAL NÃO COOPERADO

STJ - Superior Tribunal de Justiça

- Informativo 570 – 14.10.2015

DIREITO PREVIDENCIÁRIO. APOSENTADORIA ESPECIAL A CONTRIBUINTE INDIVIDUAL NÃO COOPERADO. É possível a concessão de aposentadoria especial prevista no art. 57, caput, da Lei 8.213/1991 a contribuinte individual do RGPS que não seja cooperado, desde que preenchidos os requisitos legais para tanto (REsp 1.436.794-SC, Rel. Min. Mauro Campbell Marques, julgado em 17/9/2015, DJe 28/9/2015).

4. SERRALHEIRO

STJ - Superior Tribunal de Justiça

- Informativo 77 – 10.11.2000

APOSENTADORIA ESPECIAL. SERRALHEIRO. A aposentadoria especial pode ser concedida ao segurado que desempenha a atividade de serralheiro, visto que a nocividade do trabalho, por analogia à de esmerilhador, cortador de chapa a oxiacetileno e soldador, já está prevista na própria legislação (Dec. n.° 83.080/79, art. 60, anexo II) (REsp 250.780-SP, Rel. Min. Jorge Scartezzini, julgado em 7/11/2000).

5. TRABALHADOR MARÍTIMO

STJ - Superior Tribunal de Justiça

- Informativo 422 – 12.02.2010

AR. TRABALHADOR MARÍTIMO. APOSENTADORIA ESPECIAL. Trata-se de ação rescisória ajuizada contra o INSS, a fim de obter a rescisão de julgados da Sexta Turma deste Superior Tribunal. O autor alega que o aresto rescindendo incorreu em erro de fato, porque, segundo a certidão do INSS, o tempo informado foi contado equivocadamente como tempo comum, considerando o ano de 360 dias como se fosse o do segurado em terra, quando deveria ter sido convertido para ano marítimo, de 255 dias, contrariando o disposto no art. 54 do Dec. n. 83.080/1979. Diante disso, a Seção, por maioria, julgou procedente a ação rescisória, por entender que o ano marítimo é constituído por um período de 255 dias, implantado na vigência dos institutos de aposentadoria (IAPs) com o intuito de minorar o sofrimento dos trabalhadores marítimos ocasionado pelo confinamento. Com a edição da EC n. 20/1998, ficou proibida a utilização de tempo fictício para a contagem de tempo de contribuição. Tal, entretanto, não obsta a contagem do tempo pelo ano marítimo, anteriormente à sua edição, como reconhecido pelo próprio INSS, com a edição da IN n. 20-INSS/PRES/2007 e suas alterações posteriores, entre elas a IN n. 27/2008. O ano marítimo existe em razão da jornada de trabalho diferenciada, e o tempo de 25 anos para a aposentadoria especial, em razão da insalubridade a que se submetem os marítimos e os trabalhadores das demais categorias consideradas atividades insalubres. In casu, a aposentadoria do autor data de 1987, assim, é cabível a contagem do seu tempo de serviço considerando-se o ano marítimo de 255 dias e a concessão da aposentadoria especial, uma vez que foi comprovado o exercício de atividade especial por tempo superior ao mínimo exigido pelo Dec. n. 83.080/1979 (AR 3.349-PB, Rel. Min. Arnaldo Esteves Lima, julgada em 10/2/2010).

CAPÍTULO 3 – ENQUADRAMENTO POR AGENTE NOCIVO

1. RUÍDO

1.1. LIMITES DE TOLERÂNCIA

STJ - Superior Tribunal de Justiça

Tema	**694**	Situação	**Trânsito em Julgado**	Órgão julgador	**Primeira Seção**
Questão Controvertida		Questão referente à possibilidade de reconhecimento de tempo especial por exposição ao agente ruído em nível inferior a 90dB no período compreendido entre 5.3.1997 e 18.11.2003, por força da aplicação retroativa do limite de 85dB estipulado pelo Decreto 4.882/2003 ao Anexo IV do Decreto 3.048/1999.			
Tese Firmada		O limite de tolerância para configuração da especialidade do tempo de serviço para o agente ruído deve ser de 90 dB no período de 6.3.1997 a 18.11.2003, conforme Anexo IV do Decreto 2.172/1997 e Anexo IV do Decreto 3.048/1999, sendo impossível aplicação retroativa do Decreto 4.882/2003, que reduziu o patamar para 85 dB, sob pena de ofensa ao art. 6º da LINDB (ex-LICC).			
Informações Complementares		SCAN ME			
Processo / Recurso	**Decisão de Afetação**	**Relator (a)**	**Acórdão Publicado**	**Embargos Declaratórios**	**Trânsito em Julgado**
REsp 1398260/PR	13/09/2013	HERMAN BENJAMIN	05/12/2014	-	04/03/2015

- Informativo 187 – 10.10.2003

APOSENTADORIA. TEMPO DE SERVIÇO COMUM. RUÍDO. LIMITE 80DB. É garantida a conversão especial do tempo de serviço prestado em atividade profissional elencada como perigosa, insalubre ou penosa em rol expedido pelo Poder Executivo (Decretos ns. 53.831/1964 e 83.080/1979), antes da edição da Lei n. 9.032/1995. Quanto ao lapso temporal compreendido entre a publicação da Lei n.

9.032/1995 e a expedição do Dec. n. 2.172/1997, e desse até o dia 28/5/1998, há necessidade de que a atividade tenha sido exercida com efetiva exposição a agentes nocivos, sendo que a comprovação, no primeiro período, é feita com os formulários SB-40 e DSS-8030, e, no segundo, com a apresentação de laudo técnico. O art. 292 do Dec. n. 611/1992 classificou como especiais as atividades constantes dos anexos dos decretos acima mencionados. Havendo colisão entre preceitos dos dois diplomas normativos, deve prevalecer aquele mais favorável ao trabalhador, em face do caráter social do Direito Previdenciário e da observância do princípio in dubio pro misero. Deve prevalecer, pois, o comando do Dec. n. 53.831/1964, que fixou em 80 db o limite mínimo de exposição ao ruído, para estabelecer o caráter nocivo da atividade exercida. A própria autarquia reconheceu o índice acima, em relação ao período anterior à edição do Dec. n. 2.172/1997, consoante norma inserta no art. 173, I, da Instrução Normativa INSS/DC n. 57/2001 (REsp 412.351-RS, Rel. Min. Laurita Vaz, julgado em 7/10/2003).

1.2. DIFERENTES NÍVEIS DE RUÍDO NO PERFIL PROFISSIOGRÁFICO PREVIDENCIÁRIO (PPP)

STJ - Superior Tribunal de Justiça

Tema	**1083**	Situação	**Trânsito em Julgado**	Órgão julgador	**PRIMEIRA SEÇÃO**
Questão Controvertida	Possibilidade de reconhecimento do exercício de atividade sob condições especiais pela exposição ao agente ruído, quando constatados diferentes níveis de efeitos sonoros, considerando-se apenas o nível máximo aferido (critério "pico de ruído"), a média aritmética simples ou o Nível de Exposição Normalizado (NEN).				
Tese Firmada	O reconhecimento do exercício de atividade sob condições especiais pela exposição ao agente nocivo ruído, quando constatados diferentes níveis de efeitos sonoros, deve ser aferido por meio do Nível de Exposição Normalizado (NEN). Ausente essa informação, deverá ser adotado como critério o nível máximo de ruído (pico de ruído), desde que perícia técnica judicial comprove a habitualidade e a permanência da exposição ao agente nocivo na produção do bem ou na prestação do serviço.				

Tema	**1083**	Situação	**Trânsito em Julgado**	Órgão julgador	**PRIMEIRA SEÇÃO**
Informações Complementares	SCAN ME				
Processo / Recurso	**Decisão de Afetação**	**Relator (a)**	**Acórdão Publicado**	**Embargos Declaratórios**	**Trânsito em Julgado**
REsp 1886795/RS **REsp 1890010/RS**	22/03/2021	GURGEL DE FARIA	25/11/2021	31/01/2022	12/08/2022

CAPÍTULO 4 – PERICULOSIDADE

1. ELETRICIDADE

STJ - Superior Tribunal de Justiça

Tema	**534**	Situação	**Trânsito em Julgado**	Órgão julgador	**Primeira Seção**
Questão Controvertida		Discute-se a possibilidade de configuração do trabalho exposto ao agente perigoso eletricidade, exercido após a vigência do Decreto 2.172/1997, como atividade especial, para fins do artigo 57 da Lei 8.213/1991.			
Tese Firmada		As normas regulamentadoras que estabelecem os casos de agentes e atividades nocivos à saúde do trabalhador são exemplificativas, podendo ser tido como distinto o labor que a técnica médica e a legislação correlata considerarem como prejudiciais ao obreiro, desde que o trabalho seja permanente, não ocasional, nem intermitente, em condições especiais (art. 57, § 3º, da Lei 8.213/1991).			
Informações Complementares		É cabível o enquadramento como atividade especial do trabalho exposto ao agente perigoso eletricidade, exercido após a vigência do Decreto nº 2.172/1997, para fins de aposentadoria especial, desde que a atividade exercida esteja devidamente comprovada pela exposição aos fatores de risco de modo permanente, não ocasional, nem intermitente, em condições especiais. SCAN ME			
Processo / Recurso	**Decisão de Afetação**	**Relator (a)**	**Acórdão Publicado**	**Embargos Declaratórios**	**Trânsito em Julgado**
REsp 1306113/SC	21/03/2012	HERMAN BENJAMIN	07/03/2013	21/05/2013	26/06/2013

2. VIGILANTE

STJ - Superior Tribunal de Justiça

Tema	1031	Situação	**Sobrestado**	Órgão julgador	**Primeira Seção**
Questão Controvertida	Possibilidade de reconhecimento da especialidade da atividade de vigilante, exercida após a edição da Lei 9.032/1995 e do Decreto 2.172/1997, com ou sem o uso de arma de fogo.				
Tese Firmada	É possível o reconhecimento da especialidade da atividade de Vigilante, mesmo após EC 103/2019, com ou sem o uso de arma de fogo, em data posterior à Lei 9.032/1995 e ao Decreto 2.172/1997, desde que haja a comprovação da efetiva nocividade da atividade, por qualquer meio de prova até 5.3.1997, momento em que se passa a exigir apresentação de laudo técnico ou elemento material equivalente, para comprovar a permanente, não ocasional nem intermitente, exposição à atividade nociva, que coloque em risco a integridade física do Segurado.				
Informações Complementares	Dados parcialmente recuperados via sistema Athos e Projeto Accordes. Afetação na sessão eletrônica iniciada em 25/9/2019 e finalizada em 1/10/2019 (Primeira Seção). Vide Controvérsia n. 133/STJ. REsp n. 1831377/PR sobrestado pelo Tema 1.209/STF (decisão da Vice--Presidência do STJ de 9/2/2022). Tema 1.209/STJ sobrestado. Decisão da Vice-Presidência do STJ, publicada no DJe de 1/2/2022, no Resp n. 1.830.508/RS, nos seguintes termos: "Por meio de ofício encaminhado a todos os tribunais, o Supremo Tribunal Federal recomendou que, nos feitos representativos de controvérsia, ainda que se vislumbre questão infraconstitucional, o recurso extraordinário seja admitido de forma a permitir o pronunciamento da Suprema Corte sobre a existência, ou não, de matéria constitucional no caso e, eventualmente, de repercussão geral. Assim, diante da relevância da matéria debatida e considerando que o aresto recorrido foi proferido sob o rito dos arts. 1.036 e seguintes do Código de Processo Civil, entende-se ser o caso de remessa do apelo extremo ao Pretório Excelso, na qualidade de representativo de controvérsia.				

Tema	**1031**	Situação	**Sobrestado**	Órgão julgador	**Primeira Seção**
Informações Complementares	Diante do exposto, com fulcro no art. 1.036, § 1º, do Código de Processo Civil, admite-se o presente recurso extraordinário." Os recursos especiais n. 1.813.371/SP e 1.831.377/PR também tiveram seus recursos extraordinários recebidos na qualidade de representativo de controvérsia. Vide acórdão proferido na Pet n. 10.679/RN, relator Ministro Napoleão Nunes Maia Filho, DJe de 22/5/2019. Tema 1209/STF - Reconhecimento da atividade de vigilante como especial, com fundamento na exposição ao perigo, seja em período anterior ou posterior à promulgação da Emenda Constitucional 103/2019.				
Processo / Recurso	**Decisão de Afetação**	**Relator (a)**	**Acórdão Publicado**	**Embargos Declaratórios**	**Trânsito em Julgado**
REsp 1831371 **REsp 1831377** **REsp 1830508**	21/10/2019	MANOEL ERHARDT (DESEMBARGADOR CONVOCADO DO TRF5)	02/03/2021	28/09/2021	-

- Informativo 649, 21.06.2019

PEDIDO DE UNIFORMIZAÇÃO DE INTERPRETAÇÃO DE LEI FEDERAL. APOSENTADORIA ESPECIAL. VIGILANTE. CARACTERIZAÇÃO DE ATIVIDADE ESPECIAL. COM OU SEM USO DE ARMA DE FOGO. REQUISITOS. ART. 57, § 3º, DA LEI N. 8.213/1991. PERÍODO POSTERIOR AO DECRETO N. 2.172/1997. POSSIBILIDADE.

EXPOSIÇÃO PERMANENTE, NÃO OCASIONAL NEM INTERMITENTE. NECESSIDADE DE COMPROVAÇÃO. Para fins de aposentadoria especial, é possível reconhecer a caracterização da atividade de vigilante como especial, com ou sem o uso de arma de fogo, mesmo após a publicação do Decreto n. 2.172/1997, desde que comprovada a exposição do trabalhador à atividade nociva, de forma permanente, não ocasional, nem intermitente (Pet 10.679-RN, Rel. Min. Napoleão Nunes Maia Filho, Primeira Seção, por unanimidade, julgado em 22/05/2019, DJe 24/05/2019).

STF - Supremo Tribunal Federal

Tema	1209	Situação	**Acórdão de Repercussão Geral publicado**	Órgão julgador	**Plenário Virtual**
Questão Controvertida	Reconhecimento da atividade de vigilante como especial, com fundamento na exposição ao perigo, seja em período anterior ou posterior à promulgação da Emenda Constitucional 103/2019.				
Tese Firmada	-				
Informações Complementares	SCAN ME				

Processo / Recurso	**Repercussão Geral**	**Relator (a)**	**Acórdão Publicado**	**Embargos Declaratórios**	**Trânsito em Julgado**
RE 1368225	Há repercussão geral	NUNES MARQUES	26/04/2022	-	-

SEGUNDA SEÇÃO - BENEFÍCIOS POR INCAPACIDADE

CAPÍTULO 1 - ASPECTOS GERAIS

1. BENEFÍCIO POR INCAPACIDADE CONCOMITANTE COM RECEBIMENTO DE SALÁRIO

STJ - Superior Tribunal de Justiça

Tema	**1013**	Situação	**Trânsito em Julgado**	Órgão julgador	**Primeira Seção**
Questão Controvertida	Possibilidade de recebimento de benefício por incapacidade do Regime Geral de Previdência Social de caráter substitutivo da renda (auxílio-doença ou aposentadoria por invalidez) concedido judicialmente em período de abrangência concomitante ao que o segurado estava trabalhando e aguardando o deferimento do benefício.				
Tese Firmada	No período entre o indeferimento administrativo e a efetiva implantação de auxílio-doença ou de aposentadoria por invalidez, mediante decisão judicial, o segurado do RPGS tem direito ao recebimento conjunto das rendas do trabalho exercido, ainda que incompatível com sua incapacidade laboral, e do respectivo benefício previdenciário pago retroativamente.				
Informações Complementares	Afetação na sessão eletrônica iniciada em 15/5/2019 e finalizada em 21/5/2019 (Primeira Seção).Vide Controvérsia n. 63/STJ.Vide Súmula 72 TNU "é possível o recebimento de benefício por incapacidade durante período em que houve exercício de atividade remunerada quando comprovado que o segurado estava incapaz para as atividades habituais na época em que trabalhou".Há determinação de suspensão do processamento de todos os processos pendentes, individuais ou coletivos, que versem acerca da questão delimitada e tramitem no território nacional (acórdão publicado no DJe de 3/6/2019). SCAN ME				
Processo / Recurso	**Decisão de Afetação**	**Relator (a)**	**Acórdão Publicado**	**Embargos Declaratórios**	**Trânsito em Julgado**

Tema	**1013**	Situação	**Trânsito em Julgado**	Órgão julgador	**Primeira Seção**
REsp 1786590/ SP e REsp 1788700/ SP	03/06/2019	HERMAN BENJAMIN	01/07/2020	17/12/2020	25/03/2021

2. ADICIONAL DE 25% A BENEFÍCIOS DIVERSOS DA INVALIDEZ

STJ - Superior Tribunal de Justiça

Tema	**982**	Situação	**Trânsito em Julgado**	Órgão julgador	**Primeira Seção**
Questão Controvertida		Aferir a possibilidade da concessão do acréscimo de 25%, previsto no art. 45 da Lei 8.213/91, sobre o valor do benefício, em caso de o segurado necessitar de assistência permanente de outra pessoa, independentemente da espécie de aposentadoria.			
Tese Firmada		Comprovadas a invalidez e a necessidade de assistência permanente de terceiro, é devido o acréscimo de 25% (vinte e cinco por cento), previsto no art. 45 da Lei n. 8.213/91, a todos os aposentados pelo RGPS, independentemente da modalidade de aposentadoria.			
Informações Complementares		No julgamento do Tema de Repercussão Geral n. 1095 (RE 1.221.446/RJ), o STF fixou a seguinte tese: "No âmbito do Regime Geral de Previdência Social (RGPS), somente lei pode criar ou ampliar benefícios e vantagens previdenciárias, não sendo possível, por ora, a extensão do auxílio da grande invalidez (art. 45 da Lei n. 8.213/91) a todas às espécies de aposentadoria". (Acórdão de Repercussão Geral publicado no DJe de 4/8/2021, tendo transitado em julgado em 13/8/2021).			
Processo STF		RE 1215714 - Autuado no STF			
Processo / Recurso	**Decisão de Afetação**	**Relator (a)**	**Acórdão Publicado**	**Embargos Declaratórios**	**Trânsito em Julgado**
REsp 1648305/ RS e REsp 1720805/RJ	24/08/2017 e 20/02/2018	ASSUSETE MAGALHÃES	26/09/2018	17/12/2018 e 17/12/2018	21/03/2019 e 13/08/2021

STF - Supremo Tribunal Federal

Tema	1095	Situação	**Trânsito em Julgado**	Órgão julgador	**Plenário Virtual - RG**
Questão Controvertida		Constitucionalidade da extensão do adicional de 25% (vinte e cinco por cento), previsto no artigo 45 da Lei 8.213/1991, aos segurados do Regime Geral de Previdência Social que comprovarem a invalidez e a necessidade de assistência permanente de outra pessoa, independentemente da espécie de aposentadoria.			
Tese Firmada		No âmbito do Regime Geral de Previdência Social (RGPS), somente lei pode criar ou ampliar benefícios e vantagens previdenciárias, não havendo, por ora, previsão de extensão do auxílio da grande invalidez a todas às espécies de aposentadoria.			
Informações Complementares		Repercussão Geral reconhecida por maioria, vencido o Ministro Edson Fachin, em 08/08/2020. SCAN ME			
Processo / Recurso	**Repercussão Geral**	**Relator (a)**	**Acórdão Publicado**	**Embargos Declaratórios**	**Trânsito em Julgado**
RE 1221446	08/08/2020	DIAS TOFFOLI	04/08/2021	-	13/08/2021

- Informativo 933 – 15.03.2019

PETIÇÃO PARA CONCESSÃO DE EFEITO SUSPENSIVO A RECURSO EXTRAORDINÁRIO. "AUXÍLIO-ACOMPANHANTE". ART. 45 DA LEI N.º 8.213/1991. APLICAÇÃO DIRETA DE NORMAS CONSTITUCIONAIS. FUMUS BONI IURIS QUANTO À ADMISSÃO DO RECURSO EXTRAORDINÁRIO. PERICULUM IN MORA CONFIGURADO. RISCO DE IMPACTO BILIONÁRIO SOBRE AS CONTAS PÚBLICAS. SUSPENSÃO DE TODOS OS PROCESSOS QUE VERSEM SOBRE O TEMA EM TERRITÓRIO NACIONAL. POSSIBILIDADE. ARTS. 1.029, § 5º, I, 1.035, § 5º, 301 e 932, II, DO CPC/2015. AGRAVO REGIMENTAL PROVIDO. 1. O Art. 20 da Lei de Introdução às Normas do Direito Brasileiro (incluído pela Lei n.º 13.655/2018) dispõe, verbis: "Nas esferas administrativa, controladora e judicial, não se decidirá com base em valores jurídicos abstratos sem que sejam consideradas as consequências práticas da decisão". 2. O Magistrado tem o dever de examinar as consequências imediatas e sistêmicas que o seu pronunciamento irá produzir na realidade social, porquanto, ao exercer seu poder de decisão nos casos concretos com os quais se depara, os Juízes alocam recursos escassos. Doutrina: POSNER, Richard. Law, Pragmatism and Democracy. Cambridge: Harvard University Press, 2003, p. 60-64. 3. A segurança jurídica prevista no Código de Processo Civil de 2015, representa o cânone que consagra diversos mecanismos para o sobrestamento de causas similares com vistas à aplicação de orientação uniforme em todos eles (art. 1.035, § 5º; art. 1.036, § 1º; art. 1.037, II; art. 982, § 3º), juntamente com a estabilização da jurisprudência, a isonomia e a economia processual. 4. A doutrina sobre o tema assevera que, verbis: "trata-se de uma preocupação central do Código, cujo art. 926 impõe aos Tribunais a uniformização de sua jurisprudência para mantê-la estável, íntegra e coerente. Repise-se que a segurança jurídica quanto ao entendimento dos Tribunais pauta não apenas a atuação dos órgãos hierarquicamente inferiores, mas também o comportamento extraprocessual de pessoas envolvidas em controvérsias cuja solução já foi pacificada pela jurisprudência." (FUX, Luiz; BODART, Bruno. Notas sobre o princípio da motivação e a uniformização da jurisprudência no novo Código de Processo Civil à luz da análise econômica do Direito. In: Revista de Processo, v. 269, jun. 2017, pp. 421-432). 5. O julgamento dos embargos de declaração opostos em face de acórdão do Superior Tribunal de Justiça no bojo de Recurso Especial autoriza a remessa dos autos ao Supremo Tribunal Federal para apreciação do Recurso Extraordinário, na forma do art. 1.031, § 1º, do CPC/2015. 6. O efeito suspensivo conferível ao Recurso Extraordinário pode envolver a antecipação da eficácia de todos os consectários processuais de seu processamento, inclusive a suspensão do processamento de todos os processos pendentes, individuais ou coletivos, que versem sobre a questão e tramitem no território nacional (art. 1.035, § 5º, do CPC/2015), no exercício judicial do poder geral de cautela (arts. 301, in fine, e 932, II, do CPC/2015). 7. In casu: (i) os acórdãos do Superior Tribunal de Justiça e do Tribunal Regional Federal da 4ª Região invocaram os princípios constitucionais da dignidade da pessoa humana (art. 1º, III, CRFB) e da isonomia (art. 5º, caput, CRFB), bem como os direitos sociais (art. 6º CRFB), para estender o adicional de assistência permanente previsto no art. 45 da Lei nº 8.213/91 a beneficiários diversos dos aposentados por invalidez, indicando o fumus boni iuris quanto à admissão do Recurso Extraordinário; (ii) o risco de lesão grave a ser afastado com a suspensão dos processos que versem sobre a controvérsia debatida nos autos consiste no impacto bilionário causado aos já combalidos cofres públicos. 8. Agravo Regimental a que se dá provimento, na forma do art. 1.021, § 2º, do CPC/2015, para suspender todos os processos, individuais ou coletivos, em qualquer fase e em todo o território nacional, que versem sobre a extensão do "auxílio-acompanhante", previsto no art. 45 da Lei n.º 8.213/1991 para os segurados aposentados por invalidez, às demais espécies de aposentadoria do Regime Geral da Previdência Social (Pet 8002 AgR/RS).

3. PODER JUDICIÁRIO ESTABELECER PRAZO PARA O INSS REALIZAR PERÍCIA MÉDICA

STF - Supremo Tribunal Federal

Tema	**1066**	Situação	**Cancelado**	Órgão julgador	**Plenário Virtual - RG**
Questão Controvertida	Possibilidade de o Poder Judiciário (i) estabelecer prazo para o Instituto Nacional do Seguro Social realizar perícia médica nos segurados da Previdência Social e (ii) determinar a implantação do benefício previdenciário postulado, caso o exame não ocorra no prazo.				
Tese Firmada	CONSTITUCIONAL. RECURSO EXTRAORDINÁRIO. AÇÃO CIVIL PÚBLICA. BENEFÍCIOS PREVIDENCIÁRIOS POR INCAPACIDADE. PRAZO DE REALIZAÇÃO DAS PERÍCIAS PELO INSTITUTO NACIONAL DO SEGURO SOCIAL. IMPOSIÇÃO JUDICIAL DE REALIZAÇÃO EM ATÉ 45 DIAS, SOB PENA DA IMPLEMENTAÇÃO AUTOMÁTICA DA PRESTAÇÃO REQUERIDA PELO SEGURADO. LIMITES DA INGERÊNCIA DO PODER JUDICIÁRIO EM POLÍTICAS PÚBLICAS. REPERCUSSÃO GERAL RECONHECIDA. ACORDO CELEBRADO PELA PROCURADORIA-GERAL DA REPÚBLICA, PELA ADVOCACIA-GERAL DA UNIÃO, PELA DEFENSORIA PÚBLICA GERAL DA UNIÃO, PELO PROCURADOR-GERAL FEDERAL E PELO INSTITUTO NACIONAL DO SEGURO SOCIAL - INSS. VIABILIDADE. REQUISITOS FORMAIS PRESENTES. HOMOLOGAÇÃO. PROCESSO EXTINTO. EXCLUSÃO DA SISTEMÁTICA DA REPERCUSSÃO GERAL.. 1. Homologação de Termo de Acordo que prevê a regularização do atendimento aos segurados do Instituto Nacional do Seguro Social - INSS. 2. Viabilidade do				

Tema	**1066**	Situação	**Cancelado**	Órgão julgador	**Plenário Virtual - RG**
Tese Firmada		acordo firmado pelo INSS e por legitimados coletivos que representam adequadamente os segurados, com o aval da Procuradoria-Geral da República. 3. Presença das formalidades extrínsecas e das cautelas necessárias para a chancela do acordo 4. Petição 99.535/2020 prejudicada. Acordo homologado. Processo extinto. Exclusão da sistemática da repercussão geral.			
Informações Complementares		Há RG – Mérito Não Julgado. SCAN ME			
Processo / Recurso	**Repercussão Geral**	**Relator (a)**	**Acórdão Publicado**	**Embargos Declaratórios**	**Trânsito em Julgado**
RE 1171152	04/10/2019	ALEXANDRE DE MORAES	17/02/2021	-	-

4. CANCELAMENTO ADMINISTRATIVO DE BENEFÍCIO CONCEDIDO JUDICIALMENTE

STJ - Superior Tribunal de Justiça

Tema	**1157**	Situação	**Afetado**	Órgão julgador	**PRIMEIRA SEÇÃO**
Questão Controvertida		Definir a possibilidade - ou não - de cancelamento na via administrativa, após regular realização de perícia médica, dos benefícios previdenciários por incapacidade, concedidos judicialmente e após o trânsito em julgado, independentemente de propositura de ação revisional.			
Tese Firmada		-			
Informações Complementares		Determinada a suspensão de todos os processos pendentes com REsp ou AREsp na segunda instância e/ou no STJ, cujos objetos coincidam com o da matéria afetada.			

Tema	**1157**	Situação	**Afetado**	Órgão julgador	**PRIMEIRA SEÇÃO**
Informações Complementares	SCAN ME				
Processo / Recurso	**Decisão de Afetação**	**Relator (a)**	**Acórdão Publicado**	**Embargos Declaratórios**	**Trânsito em Julgado**
REsp 1985189/SP REsp 1985190/SP	30/06/2022	HERMAN BENJAMIN	-	-	-

5. CUMULAÇÃO

5.1. AUXÍLIO-ACIDENTE E APOSENTADORIA

STJ - Superior Tribunal de Justiça

Tema	**556**	Situação	**Trânsito em Julgado**	Órgão julgador	**Primeira Seção**
Questão Controvertida	Discute-se a possibilidade de cumular auxílio-acidente com aposentadoria, diante do art. 86, § 3º, da Lei 8.213/91, com a redação dada pela Medida Provisória 1.596-14/97 (D.O.U. 11.11.1997), posteriormente convertida na Lei n. 9.528/97.				
Tese Firmada	Para fins de fixação do momento em que ocorre a lesão incapacitante em casos de doença profissional ou do trabalho, deve ser observada a definição do art. 23 da Lei 8.213/1991, segundo a qual 'considera-se como dia do acidente, no caso de doença profissional ou do trabalho, a data do início da incapacidade laborativa para o exercício da atividade habitual, ou o dia da segregação compulsória, ou o dia em que for realizado o diagnóstico, valendo para este efeito o que ocorrer primeiro'.				

Tema	**556**	Situação	**Trânsito em Julgado**	Órgão julgador	**Primeira Seção**
Informações Complementares	SCAN ME				
Processo / Recurso	**Decisão de Afetação**	**Relator (a)**	**Acórdão Publicado**	**Embargos Declaratórios**	**Trânsito em Julgado**
Resp 1296673/MG	15/06/2012	HERMAN BENJAMIN	03/09/2012	-	04/10/2012

- Informativo 731 – 04.04.2022

CUMULAÇÃO DE BENEFÍCIOS. AUXÍLIO-ACIDENTE E APOSENTADORIA. ECLOSÃO DA MOLÉSTIA ANTERIOR A EDIÇÃO DA LEI N. 9.528/1997. POSSIBILIDADE. SÚMULA 507/STJ. A possibilidade de cumulação do auxílio-acidente com proventos de aposentadoria pressupõe que a eclosão da lesão incapacitante, ensejadora do direito ao auxílio-acidente, e a concessão da aposentadoria sejam anteriores à alteração do art. 86, §§ 2º e 3º, da Lei n. 8.213/1991, promovida em 11/11/1997 pela Medida Provisória n. 1.596-14/1997, posteriormente convertida na Lei n. 9.528/1997, sendo irrelevante a data do termo inicial do benefício (AgInt no Resp 1.907.861-RJ, Rel. Min. Gurgel de Faria, Rel. Acd. Min. Regina Helena Costa, Primeira Turma, por maioria, julgado em 22/03/2022, Dje 29/03/2022).

5.2. APOSENTADORIA POR INVALIDEZ E AUXÍLIO-SUPLEMENTAR

STJ - Superior Tribunal de Justiça

Tema	**1066**	Situação	**Trânsito em Julgado**	Órgão julgador	**Primeira Seção**
Questão Controvertida	Discute-se a possibilidade de cumular auxílio-acidente com aposentadoria, diante do art. 86, § 3º, da Lei 8.213/91, com a redação dada pela Medida Provisória 1.596-14/97 (D.O.U. 11.11.1997), posteriormente convertida na Lei n. 9.528/97.				
Tese Firmada	A acumulação do auxílio-acidente com proventos de aposentadoria pressupõe que a eclosão da lesão incapacitante, apta a gerar o direito ao auxílio-acidente, e a concessão da aposentadoria sejam anteriores à alteração do art. 86, §§ 2º e 3º, da Lei 8.213/1991, promovida em 11.11.1997 pela Medida Provisória 1.596-14/1997, posteriormente convertida na Lei 9.528/1997.				
Informações Complementares	SCAN ME				
Repercussão Geral	Tema 599/STF - Acumulação da aposentadoria por invalidez com o benefício suplementar, previsto no art. 9º da Lei 6.367/76, incorporado pela normatização do atual auxílio-acidente, a teor do que dispunha o art. 86 da Lei 8.213/91, na sua redação primitiva.				
Processo / Recurso	**Decisão de Afetação**	**Relator (a)**	**Acórdão Publicado**	**Embargos Declaratórios**	**Trânsito em Julgado**
REsp 1296673/ MG	15/06/2012	HERMAN BENJAMIN	03/09/2012	-	04/10/2012

STF - Supremo Tribunal Federal

Tema	**599**	Situação	**Acórdão de Repercussão Geral publicado**	Órgão julgador	**Plenário Virtual - RG**
Questão Controvertida		Acumulação da aposentadoria por invalidez com o benefício suplementar, previsto no art. 9º da Lei 6.367/76, incorporado pela normatização do atual auxílio-acidente, a teor do que dispunha o art. 86 da Lei 8.213/91, na sua redação primitiva.			
Tese Firmada		-			
Informações Complementares		Há RG – Mérito não julgado.			
Processo / Recurso	**Repercussão Geral**	**Relator (a)**	**Acórdão Publicado**	**Embargos Declaratórios**	**Trânsito em Julgado**
RE 687813	05/10/2012	LUIZ FUX	18/10/2012	-	-

CAPÍTULO 2 - BENEFÍCIOS ACIDENTÁRIOS

1. NEXO TÉCNICO EPIDEMIOLÓGICO

STF - Supremo Tribunal Federal

- Informativo 977 – 15.05.2020

AÇÃO DIRETA DE INCONSTITUCIONALIDADE. ART. 21- A DA LEI N. 8.213/1991 E §§ 3º E 5º A 13 DO ART. 337 DO REGULAMENTO DA PREVIDÊNCIA SOCIAL. ACIDENTE DE TRABALHO. ESTABELECIMENTO DE NEXO ENTRE O TRABALHO E O AGRAVO PELA CONSTATAÇÃO DE RELEVÂNCIA ESTATÍSTICA ENTRE A ATIVIDADE DA EMPRESA E A DOENÇA. PRESUNÇÃO DA NATUREZA ACIDENTÁRIA DA INCAPACIDADE. AUSÊNCIA DE OFENSA AO INC. XIII DO ART. 5º, AO INC. XXVIII DO ART. 7º, AO INC. I E AO § 1º DO ART. 201 DA CONSTITUIÇÃO DA REPÚBLICA. AÇÃO DIRETA DE INCONSTITUCIONALIDADE JULGADA IMPROCEDENTE. 1. É constitucional a previsão legal de presunção de vínculo entre a incapacidade do segurado e suas atividades profissionais quando constatada pela Previdência Social a presença do nexo técnico epidemiológico entre o trabalho e o agravo, podendo ser elidida pela perícia médica do Instituto Nacional do Seguro Social se demonstrada a inexistência. 2. Ação direta de inconstitucionalidade julgada improcedente (ADI 3.931).

2. COMPETÊNCIA

STJ - Superior Tribunal de Justiça

Tema	**1053**	Situação	**Trânsito em Julgado**	Órgão julgador	**Primeira Seção**
Questão Controvertida		Saber se os Juizados Especiais da Fazenda Pública têm competência para o julgamento de ações previdenciárias decorrentes de acidente de trabalho em que o Instituto Nacional do Seguro Social figure como parte.			

Tema	**1053**	Situação	**Trânsito em Julgado**	Órgão julgador	**Primeira Seção**
Tese Firmada	Os Juizados Especiais da Fazenda Pública não têm competência para o julgamento de ações decorrentes de acidente de trabalho em que o Instituto Nacional do Seguro Social figure como parte.				
Informações Complementares	Afetação na sessão eletrônica iniciada em 6/5/2020 e finalizada em 12/5/2020 (Primeira Seção). Vide Controvérsia n. 171/STJ. Há determinação de suspensão de todos os recursos especiais e agravos em recurso especial na segunda instância e/ou que tramitem no STJ, que versem acerca da questão delimitada e que tramitem no território nacional (acórdão publicado no DJe de 1/6/2020). SCAN ME				
Processo / Recurso	**Decisão de Afetação**	**Relator (a)**	**Acórdão Publicado**	**Embargos Declaratórios**	**Trânsito em Julgado**
REsp 1859931/MT; REsp 1865606/MT e REsp 1866015/MT	01/06/2020	HERMAN BENJAMIN	01/07/2021	-	24/08/2021

3. ESTABILIDADE DE 12 MESES APÓS A CESSAÇÃO DO AUXÍLIO-DOENÇA

STF - Supremo Tribunal Federal

- Informativo 390 – 03.06.2005

AÇÃO DIRETA DE INCONSTITUCIONALIDADE. ARTIGO 118 DA LEI 8.213/1991.

Norma que assegura ao trabalhador a manutenção de contrato de trabalho por doze meses após a cessão do auxílio-doença, independentemente de percepção de auxílio-acidente. Alegação de ofensa à reserva de lei complementar, prevista no art. 7º, I, da Constituição federal, para a disciplina da proteção da relação de emprego contra despedida arbitrária ou sem justa causa. Norma que se refere às garantias constitucionais do trabalhador em face de acidentes de trabalho e não guarda pertinência com a proteção da relação de emprego nos termos do art. 7º, I, da Constituição. Ação julgada improcedente (ADI 639/DF).

4. HONORÁRIOS PERICIAIS E JUSTIÇA GRATUITA

STJ - Superior Tribunal de Justiça

Tema	**1044**	Situação	**Trânsito em Julgado**	Órgão julgador	**Primeira Seção**
Questão Controvertida	Responsabilidade pelo custeio de honorários periciais, em ações acidentárias, de competência da Justiça Estadual, adiantados pelo INSS, nos casos em que a parte autora, beneficiária da gratuidade da justiça, é sucumbente.				
Tese Firmada	Nas ações de acidente do trabalho, os honorários periciais, adiantados pelo INSS, constituirão despesa a cargo do Estado, nos casos em que sucumbente a parte autora, beneficiária da isenção de ônus sucumbenciais, prevista no parágrafo único do art. 129 da Lei 8.213/91.				
Informações Complementares	Afetação na sessão eletrônica iniciada em 11/12/2019 e finalizada em 17/12/2019 (Primeira Seção).Vide Controvérsia n. 125/STJ.Há determinação de suspensão de todos os recursos especiais e agravos em recurso especial na segunda instância e/ou que tramitem no STJ, que versem acerca da questão delimitada (acórdão publicado no DJe de 5/2/2020). SCAN ME				
Processo / Recurso	**Decisão de Afetação**	**Relator (a)**	**Acórdão Publicado**	**Embargos Declaratórios**	**Trânsito em Julgado**
REsp 1823402/ PR e REsp 1824823/PR	05/02/2020	ASSUSETE MAGALHÃES	25/10/2021	10/112021	16/05/2022

CAPÍTULO 3 - BENEFÍCIOS EM ESPÉCIE

1. AUXÍLIO-DOENÇA

1.1. VERIFICAÇÃO DOS REQUISITOS LEGAIS

STF - Supremo Tribunal Federal

Tema	**766**	Situação	**Trânsito em Julgado**	Órgão julgador	**Plenário Virtual - RG**
Questão Controvertida		Verificação dos requisitos legais necessários para concessão de benefício previdenciário.			
Tese Firmada		Não tem repercussão geral a controvérsia relativa ao preenchimento de requisitos para a concessão do benefício previdenciário do auxílio--doença.			
Informações Complementares		SCAN ME			
Processo / Recurso	**Repercussão Geral**	**Relator (a)**	**Acórdão Publicado**	**Embargos Declaratórios**	**Trânsito em Julgado**
ARE 821296	26/09/2014	ROBERTO BARROSO	17/10/2014	-	31/10/2014

1.2. COMPROVAÇÃO DE INCAPACIDADE PARA QUALQUER TRABALHO

STJ - Superior Tribunal de Justiça

- Informativo 623 – 04.05.2018

AUXÍLIO-DOENÇA. REQUISITOS DELIMITADOS NO ART. 59 DA LEI N. 8.213/1991. INCAPACIDADE TOTAL PARA O EXERCÍCIO DE QUALQUER TRABALHO. AUSÊNCIA DE PREVISÃO LEGAL. Não encontra previsão legal a exigência de comprovação de que o segurado esteja completamente incapaz para o exercício de qualquer trabalho para concessão do benefício de auxílio-doença (REsp 1.474.476-SP, Rel. Min. Napoleão Nunes Maia Filho, por unanimidade, julgado em 05/04/2018, DJe 18/04/2018).

1.3. DCB

STF - Supremo Tribunal Federal

Tema	**1196**	Situação	**Acórdão de Repercussão Geral publicado**	Órgão julgador	**Plenário Virtual**
Questão Controvertida	Constitucionalidade da Medida Provisória 739/2016, substituída pela Medida Provisória 767/2017 e convertida na Lei 13.457/2017, as quais alteraram a Lei 8.213/1991, inserindo preceito sobre prazo estimado para a duração do benefício.				
Tese Firmada	-				
Informações Complementares	SCAN ME				
Processo / Recurso	**Repercussão Geral**	**Relator (a)**	**Acórdão Publicado**	**Embargos Declaratórios**	**Trânsito em Julgado**
RE 1347526	Há repercussão geral	CRISTIANO ZANIN	23/02/2022	-	-

1.4. CONCESSÃO COM BASE EM ATESTADOS MÉDICOS

STF - Supremo Tribunal Federal

- Informativo 1036/2021 (12.11.2021) – ADI 6928/DF

AÇÃO DIRETA DE INCONSTITUCIONALIDADE. PREVIDENCIÁRIO. CONVERSÃO DO JULGAMENTO DA MEDIDA CAUTELAR EM DEFINITIVO DO MÉRITO. RECONHECIDA A LEGITIMIDADE ATIVA AD CAUSAM. ART. 6º DA LEI NACIONAL N. 14.131/2021, DECORRENTE DA CONVERSÃO DA MEDIDA PROVISÓRIA N. 1.006/2020. AUTORIZAÇÃO AO INSTITUTO NACIONAL DO SEGURO SOCIAL PARA CONCEDER BENEFÍCIO DE AUXÍLIO POR INCAPACIDADE TEMPORÁRIA PELA APRESENTAÇÃO DE ATESTADO MÉDICO E DOCUMENTOS COMPLEMENTARES. ALEGADA INCONSTITUCIONALIDADE DE EMENDA PARLAMENTAR. AUMENTO DE DESPESA. INEXISTÊNCIA. PERTINÊNCIA TEMÁTICA ENTRE A EMENDA PARLAMENTAR E O OBJETO DA MP N. 1.006/2020. CONCRETIZAÇÃO DO DIREITO FUNDAMENTAL À PREVIDÊNCIA SOCIAL. AÇÃO DIRETA DE INCONSTITUCIONALIDADE JULGADA IMPROCEDENTE. 1. Conversão do julgamento da medida cautelar em definitivo de mérito: prescindibilidade de novas informações. Princípio da razoável duração do processo. Precedentes. 2. Presentes a pertinência temática e os requisitos legais e jurisprudenciais, a Associação Nacional dos Médicos Peritos da Previdência Social é parte legítima ativa para o ajuizamento da ação direta de inconstitucionalidade. 3. A emenda parlamentar da qual resultou o art. 6º da Lei n. 14.131/2021, consistente em medidas destinadas a facilitar o acesso de beneficiários do Regime Geral de Previdência Social ao auxílio por incapacidade temporária, no cenário pandêmico do coronavírus, não se dissocia de forma absoluta do tema original, motivo da edição da Medida Provisória n. 1.006/2020. 4. A norma questionada não gera aumento de despesa pública, não se estendendo a situações de auxílio-doença. Alteração excepcional e temporária, a vigorar até 31.12.2021, da forma de comprovação da incapacidade laboral do segurado do Regime Geral de Previdência Social para obtenção do auxílio-doença. 5. A norma impugnada, excepcional e transitória, concretiza o direito fundamental à previdência social do segurado incapaz para o trabalho ou para a atividade habitual, contribui para a eficiência na prestação do serviço público e reduz o impacto da pandemia da Covid-19 sobre a renda dos beneficiários do Regime Geral de Previdência Social. 6. Convertido o julgamento da medida cautelar em definitivo de mérito e julgada improcedente a ação direta de inconstitucionalidade, para declarar constitucional o disposto no art. 6º da Lei nacional n. 14.131/2021.

2. APOSENTADORIA POR INVALIDEZ

2.1. TERMO INICIAL

2.1.1. QUANDO INEXISTE REQUERIMENTO ADMINISTRATIVO

STJ - Superior Tribunal de Justiça

<table>
<tr><td>Tema</td><td>626</td><td>Situação</td><td>Trânsito em Julgado</td><td>Órgão julgador</td><td>Primeira Seção</td></tr>
<tr><td colspan="2">Questão Controvertida</td><td colspan="4">Questão referente ao termo inicial do benefício aposentadoria por invalidez, deferido na via judicial e sem requerimento administrativo anterior, deve ser fixado na data do laudo médico-pericial.</td></tr>
<tr><td colspan="2">Tese Firmada</td><td colspan="4">A citação válida informa o litígio, constitui em mora a autarquia previdenciária federal e deve ser considerada como termo inicial para a implantação da aposentadoria por invalidez concedida na via judicial quando ausente a prévia postulação administrativa.</td></tr>
<tr><td colspan="2">Informações Complementares</td><td colspan="4">Súmula 576/STJ</td></tr>
<tr><td>Processo / Recurso</td><td>Decisão de Afetação</td><td>Relator (a)</td><td>Acórdão Publicado</td><td>Embargos Declaratórios</td><td>Trânsito em Julgado</td></tr>
<tr><td>REsp 1369165/SP</td><td>25/03/2013</td><td>BENEDITO GONÇALVES</td><td>07/03/2014</td><td>02/06/2014</td><td>08/08/2014</td></tr>
</table>

2.1.2. DO ADICIONAL DE 25%

STJ - Superior Tribunal de Justiça

- Informativo 483 – 23.09.2011

APOSENTADORIA. INVALIDEZ. ACRÉSCIMO. 25%. TERMO INICIAL. O recorrente pleiteia, à luz do art. 45 da Lei n. 8.213/1991, a retroação dos efeitos da decisão que lhe conferiu o direito ao acréscimo de 25% sobre o benefício de aposentadoria por invalidez, em virtude de sua necessidade de assistência permanente, à data do agravamento de sua incapacitação, decorrente de um derrame cerebral. É que tanto o juízo de primeiro grau quanto o tribunal a quo entenderam que ocorreu o devido preenchimento dos requisitos necessários à concessão do benefício ao segurado, destoando os julgados apenas no que se refere ao dies a quo do pagamento. O primeiro admitiu a retroação e o segundo posicionou-se de modo diverso, no sentido de que a concessão do acréscimo legal depende da provocação ao INSS mediante requerimento administrativo. Diante disso, a Turma assentiu com o último entendimento. É que, de acordo com o art. 42, § 1º, da lei já mencionada, a concessão da aposentadoria por invalidez depende da verificação da condição de incapacidade do segurado mediante exame médico-pericial a cargo da Previdência Social. A jurisprudência do STJ é pacífica no sentido de que, quanto ao dies a quo da aposentadoria por invalidez, os efeitos financeiros do reconhecimento da moléstia devem retroagir à data do requerimento administrativo. Do mesmo modo, a percepção do acréscimo previsto no art. 45 da lei supradita pressupõe a demonstração da necessidade de assistência permanente, aferível somente com a postulação administrativa do próprio interessado e o consequente exame médico-pericial do INSS. Com essas, entre outras considerações, a Turma negou provimento ao recurso (REsp 897.824-RS, Rel. Min. Sebastião Reis Júnior, julgado em 20/9/2011).

2.2. ANÁLISE DE ASPECTOS SOCIOECONÔMICOS, CULTURAIS E SOCIAIS

STJ - Superior Tribunal de Justiça

- Informativo 520 – 12.06.2013

DIREITO PREVIDENCIÁRIO. ANÁLISE DOS ASPECTOS SOCIOECONÔMICOS, PROFISSIONAIS E CULTURAIS DO SEGURADO PARA CONCESSÃO DE APOSENTADORIA POR INVALIDEZ. Para a concessão de aposentadoria por invalidez, na hipótese em que o laudo pericial tenha concluído pela incapacidade parcial para o trabalho, devem ser considerados, além dos elementos previstos no art. 42 da Lei 8.213/1991, os aspectos socioeconômicos, profissionais e culturais do segurado (AgRg no AREsp 283.029-SP, Rel. Min. Humberto Martins, julgado em 9/4/2013).

2.3. DOENÇA MENTAL E PAGAMENTO SOMENTE A CURADOR

STF - Supremo Tribunal Federal

Tema	**1096**	Situação	**Trânsito em Julgado**	Órgão julgador	**Plenário Virtual - RG**
Questão Controvertida		Constitucionalidade de norma legal que dispõe que o pagamento do benefício de aposentadoria por invalidez decorrente de doença mental será feito somente ao curador do segurado, condicionado à apresentação do termo de curatela, ainda que provisório.			
Tese Firmada		A enfermidade ou doença mental, ainda que tenha sido estabelecida a curatela, não configura, por si, elemento suficiente para determinar que a pessoa com deficiência não tenha discernimento para os atos da vida civil.			
Informações Complementares		RG julgada por unanimidade em 08/08/2020. SCAN ME			

Processo / Recurso	**Repercussão Geral**	**Relator (a)**	**Acórdão Publicado**	**Embargos Declaratórios**	**Trânsito em Julgado**
RE 918315	08/08/2020	MIN. RICARDO LEWANDOWSKI	17/03/2023	-	01/04/2023

2.4. TRANSFORMAÇÃO DE TEMPO DE CONTRIBUIÇÃO EM INVALIDEZ APÓS RETORNO AO TRABALHO

STJ - Superior Tribunal de Justiça

- Informativo 575 – 04.02.2016

DIREITO PREVIDENCIÁRIO. CONVERSÃO DA APOSENTADORIA POR TEMPO DE SERVIÇO EM APOSENTADORIA POR INVALIDEZ E RECEBIMENTO DO ADICIONAL DE GRANDE INVALIDEZ. O segurado aposentado por tempo de serviço que sofreu, após retornar à atividade laboral, acidente de trabalho que lhe causou absoluta incapacidade, gerando a necessidade da assistência permanente de outra pessoa, tem direito à transformação da aposentadoria por tempo de serviço em aposentadoria por invalidez e, com a conversão, ao recebimento do adicional de 25% descrito no art. 45 da Lei n. 8.213/1991 a partir da data de seu requerimento administrativo (REsp 1.475.512-MG, Rel. Min. Mauro Campbell Marques, julgado em 15/12/2015, DJe 18/12/2015).

3. AUXÍLIO-ACIDENTE

3.1. TERMO INICIAL

STJ - Superior Tribunal de Justiça

Tema	862	Situação	Trânsito em Julgado	Órgão julgador	Primeira Seção
Questão Controvertida		Fixação do termo inicial do auxílio-acidente, decorrente da cessação do auxílio--doença, na forma dos arts. 23 e 86, § 2º, da Lei n. 8.213/1991.			
Tese Firmada		O termo inicial do auxílio-acidente deve recair no dia seguinte ao da cessação do auxílio-doença que lhe deu origem, conforme determina o art. 86, § 2º, da Lei 8.213/91, observando-se a prescrição quinquenal da Súmula 85/STJ.			

II. REGIME GERAL DE PREVIDÊNCIA SOCIAL (RGPS)

Tema	**862**	Situação	**Trânsito em Julgado**	Órgão julgador	**Primeira Seção**
Informações Complementares	Afetação na sessão eletrônica iniciada em 29/5/2019 e finalizada em 4/6/2019 (Primeira Seção). Vide controvérsia n. 48/STJ. Há determinação de suspensão do processamento de todos os processos pendentes, individuais ou coletivos, que versem acerca da questão delimitada e tramitem no território nacional (acórdão publicado no DJe de 2/8/2019).				
Processo / Recurso	**Decisão de Afetação**	**Relator (a)**	**Acórdão Publicado**	**Embargos Declaratórios**	**Trânsito em Julgado**
REsp 1729555/SP e REsp 178736/SP	02/08/2019	ASSUSETE MAGALHÃES	01/07/2021	29/11/2021	15/09/2022

- Informativo 511 – 06.02.2013

DIREITO PREVIDENCIÁRIO E PROCESSUAL CIVIL. TERMO *A QUO* PARA PAGAMENTO DE AUXÍLIO-ACIDENTE. O termo inicial para pagamento de auxílio-acidente é a data da citação da autarquia previdenciária se ausente prévio requerimento administrativo ou prévia concessão de auxílio-doença (AgRg no AREsp 145.255-RJ, Rel. Min. Napoleão Nunes Maia Filho, julgado em 27/11/2012).

STF - Supremo Tribunal Federal

Tema	**1225**	Situação	**Trânsito em Julgado**	Órgão julgador	**Plenário Virtual**
Questão Controvertida	Termo inicial do auxílio-acidente decorrente da cessação do auxílio-doença, na forma dos artigos 23 e 86, § 2º, da Lei 8.213/1991.				

Tema	**1225**	Situação	**Trânsito em Julgado**	Órgão julgador	**Plenário Virtual**
Tese Firmada	É infraconstitucional, a ela se aplicando os efeitos da ausência de repercussão geral, a controvérsia relativa à definição do termo inicial do auxílio-acidente decorrente da cessação do auxílio-doença, na forma dos artigos 23 e 86, § 2º, da Lei 8.213/1991.				
Informações Complementares	SCAN ME				
Processo / Recurso	**Repercussão Geral**	**Relator (a)**	**Acórdão Publicado**	**Embargos Declaratórios**	**Trânsito em Julgado**
RE 1382897	Não há repercussão geral (questão infraconstitucional)	MINISTRO PRESIDENTE	17/08/2022	-	15/09/2022

3.2. REDUÇÃO DE GRAU MÍNIMO

STJ - Superior Tribunal de Justiça

Tema	**416**	Situação	**Trânsito em Julgado**	Órgão julgador	**Terceira Seção**
Questão Controvertida	Discute-se a possibilidade de concessão de auxílio-acidente independe do grau da incapacidade, sendo de rigor o deferimento, ainda que mínima a redução da capacidade laborativa.				
Tese Firmada	Exige-se, para concessão do auxílio-acidente, a existência de lesão, decorrente de acidente do trabalho, que implique redução da capacidade para o labor habitualmente exercido. O nível do dano e, em consequência, o grau do maior esforço, não interferem na concessão do benefício, o qual será devido ainda que mínima a lesão.				
Informações Complementares	Para a concessão de auxílio-acidente, é necessário verificar, apenas, se existe lesão decorrente da atividade laboral e que acarrete, no fim das contas, incapacidade (ainda que mínima) para o trabalho regularmente exercido.				

Tema	**416**	Situação	**Trânsito em Julgado**	Órgão julgador	**Terceira Seção**
Informações Complementares					
Processo / Recurso	**Decisão de Afetação**	**Relator (a)**	**Acórdão Publicado**	**Embargos Declaratórios**	**Trânsito em Julgado**
REsp 1109591/ SC	14/05/2010	CELSO LIMONGI (DESEMBARGADOR CONVOCADO DO TJ/SP)	08/09/2010	-	11/10/2010

3.3. PERDA AUDITIVA

STJ - Superior Tribunal de Justiça

Tema	**213**	Situação	**Trânsito em Julgado**	Órgão julgador	**Terceira Seção**
Questão Controvertida	Auxílio-acidente. Art. 86 da lei 8.213/91. Requisito para a concessão do benefício. Alegação de necessidade de comprovação da efetiva redução da capacidade laborativa do segurado.				
Tese Firmada	Para a concessão de auxílio-acidente fundamentado na perda de audição (...), é necessário que a sequela seja ocasionada por acidente de trabalho e que acarrete uma diminuição efetiva e permanente da capacidade para a atividade que o segurado habitualmente exercia.				
Informações Complementares					
Processo / Recurso	**Decisão de Afetação**	**Relator (a)**	**Acórdão Publicado**	**Embargos Declaratórios**	**Trânsito em Julgado**
REsp 1108298/ SC	10/08/2009	NAPOLEÃO NUNES MAIA FILHO	06/08/2010	-	08/09/2010

3.4. REVERSIBILIDADE DA DOENÇA COMO CONDICIONANTE

STJ - Superior Tribunal de Justiça

Tema	**156**	Situação	**Trânsito em Julgado**	Órgão julgador	**Terceira Seção**
Questão Controvertida		Questão referente à alegação de impossibilidade de condicionamento da concessão do benefício acidentário à irreversibilidade da moléstia incapacitante.			
Tese Firmada		Será devido o auxílio-acidente quando demonstrado o nexo de causalidade entre a redução de natureza permanente da capacidade laborativa e a atividade profissional desenvolvida, sendo irrelevante a possibilidade de reversibilidade da doença.			
Informações Complementares		SCAN ME			
Processo / Recurso	**Decisão de Afetação**	**Relator (a)**	**Acórdão Publicado**	**Embargos Declaratórios**	**Trânsito em Julgado**
REsp 1112886/SP	25/05/2009	NAPOLEÃO NUNES MAIA FILHO	12/02/2010	-	22/03/2010

3.5. VALOR INFERIOR AO MÍNIMO

STF - Supremo Tribunal Federal

Tema	**609**	Situação	**Trânsito em Julgado**	Órgão julgador	**Plenário Virtual - RG**
Questão Controvertida		Valor do auxílio-acidente inferior ao salário mínimo.			
Tese Firmada		A questão do pagamento de auxílio-acidente em valor não inferior ao salário mínimo tem natureza infraconstitucional, e a ela se atribuem os efeitos da ausência de repercussão geral, nos termos do precedente fixado no RE n. 584.608, rel. a Ministra Ellen Gracie, DJe 13/03/2009.			

Tema	**609**	Situação	**Trânsito em Julgado**	Órgão julgador	**Plenário Virtual - RG**
Informações Complementares					
Processo / Recurso	**Repercussão Geral**	**Relator (a)**	**Acórdão Publicado**	**Embargos Declaratórios**	**Trânsito em Julgado**
ARE 705141	Não há RG - Matéria Infraconstitucional	GILMAR MENDES	16/11/2012	-	13/02/2013

3.6. AGRAVAMENTO DAS LESÕES E *TEMPUS REGIT ACTUM*

STJ - Superior Tribunal de Justiça

- Informativo 512 – 20.02.2013

DIREITO PREVIDENCIÁRIO. AUXÍLIO-ACIDENTE. AGRAVAMENTO DA LESÃO INCAPACITANTE. APLICAÇÃO DO PRINCÍPIO *TEMPUS REGIT ACTUM*. Deve ser considerado, para fins de auxílio-acidente, o percentual estabelecido pela lei vigente no momento em que se dá o agravamento das lesões incapacitantes do beneficiário, e não o do momento em que o benefício foi concedido inicialmente (AgRg no REsp 1.304.317-SP, Rel. Min. Ari Pargendler, julgado em 4/12/2012).

3.7. NECESSIDADE DE PRÉVIO REQUERIMENTO ADMINISTRATIVO

STF - Supremo Tribunal Federal

Tema	**1105**	Situação	**Trânsito em Julgado**	Órgão julgador	**Plenário Virtual**
Questão Controvertida	Exigibilidade de prévio requerimento administrativo como requisito para postular em juízo a concessão do benefício de auxílio-acidente precedido de auxílio-doença acidentário.				

Tema	**1105**	Situação	**Trânsito em Julgado**	Órgão julgador	**Plenário Virtual**
Tese Firmada	É infraconstitucional, a ela se aplicando os efeitos da ausência de repercussão geral, a controvérsia relativa à necessidade de requerimento administrativo, perante o Instituto Nacional do Seguro Social (INSS), considerado o entendimento firmado no RE 631.240 (Tema 350), como requisito para postular em juízo a concessão do benefício de auxílio-acidente precedido de auxílio-doença acidentário.				
Informações Complementares	SCAN ME				
Processo / Recurso	**Repercussão Geral**	**Relator (a)**	**Acórdão Publicado**	**Embargos Declaratórios**	**Trânsito em Julgado**
RE 1287510	Não há repercussão geral (questão infraconstitucional)	MINISTRO PRESIDENTE	27/11/2020	-	03/02/2021

TERCEIRA SEÇÃO - BENEFÍCIOS RURAIS

CAPÍTULO 1 - ASPECTOS GERAIS

1. CONTRIBUIÇÃO FACULTATIVA

1.1. AUXÍLIO-ACIDENTE E LEI 12.873/2013

STJ - Superior Tribunal de Justiça

Tema	**627**	Situação	**Trânsito em Julgado**	Órgão julgador	**Primeira Seção**
Questão Controvertida		Discute se é exigível do segurado especial da Previdência Social o recolhimento de contribuição facultativa prevista no inciso II do artigo 39 da Lei n. 8.213/91 para fins de concessão de auxílio-acidente.			
Tese Firmada		O segurado especial, cujo acidente ou moléstia é anterior à vigência da Lei n. 12.873/2013, que alterou a redação do inciso I do artigo 39 da Lei n. 8.213/91, não precisa comprovar o recolhimento de contribuição como segurado facultativo para ter direito ao auxílio-acidente.			
Informações Complementares		SCAN ME			
Processo / Recurso	**Decisão de Afetação**	**Relator (a)**	**Acórdão Publicado**	**Embargos Declaratórios**	**Trânsito em Julgado**
REsp 1361410/RS	20/03/2013	BENEDITO GONÇALVES	21/02/2018	-	28/05/2018

1.2. APOSENTADORIA POR TEMPO DE CONTRIBUIÇÃO

STJ - Superior Tribunal de Justiça

- Informativo 750 – 26.09.2022

APOSENTADORIA POR TEMPO DE CONTRIBUIÇÃO. RECONHECIMENTO DE CÔMPUTO DE PERÍODO DE ATIVIDADE RURAL. LEI N. 8.213/1991. AUSÊNCIA DE RECOLHIMENTO DE CONTRIBUIÇÕES FACULTATIVAS. IMPOSSIBILIDADE. Para fins de concessão de aposentadoria por tempo de contribuição, com o reconhecimento de atividade rural referente a períodos posteriores à edição da Lei n. 8.213/1991, faz-se necessário o recolhimento de contribuições previdenciárias (AgInt no Resp 1.991.852-RS, Rel. Min. Benedito Gonçalves, Primeira Turma, por unanimidade, julgado em 22/08/2022, Dje 24/08/2022).

2. CARÊNCIA

STJ - Superior Tribunal de Justiça

- Informativo 283 – 05.05.2006

TRABALHADOR RURAL. APOSENTADORIA. CONTRIBUIÇÕES PREVIDENCIÁRIAS. CARÊNCIA. Para a concessão de aposentadoria por tempo de serviço rural, diferentemente da aposentadoria rural por idade, é necessário o cumprimento da carência, i.e., do mínimo de contribuições mensais indispensáveis (Lei n. 8.213/1991) (REsp 806.106-SP, Rel. Min. Laurita Vaz, julgado em 2/5/2006).

3. REGIME DE ECONOMIA FAMILIAR

STJ - Superior Tribunal de Justiça

- Informativo 505 – 03.10.2012

DIREITO PREVIDENCIÁRIO. APOSENTADORIA RURAL POR IDADE. AUSÊNCIA DE COMPROVAÇÃO DE REGIME DE ECONOMIA

FAMILIAR. Não é possível a concessão da aposentadoria por idade a rurícola nos termos do art. 143 da Lei n. 8.213/1991, quando não comprovado o desempenho de atividade em regime de economia familiar (AR 4.148-SP, Rel. Min. Maria Thereza de Assis Moura, julgada em 26/9/2012).

- Informativo 84 – 16.02.2001

APOSENTADORIA RURAL E ESTATUTÁRIA. A Turma não conheceu do recurso, entendendo que a professora municipal, após inativar-se pelo regime estatutário e ocupar-se de atividades agrícolas, não faz jus ao benefício de aposentadoria rural por idade, porquanto descaracterizado o regime de economia familiar (REsp 273.286-RS, Rel. Min. Fernando Gonçalves, julgado em 13/2/2001).

4. COMPROVAÇÃO DA ATIVIDADE RURAL

4.1. PROVA EXCLUSIVAMENTE TESTEMUNHAL

STJ - Superior Tribunal de Justiça

<table>
<tr><td>Tema</td><td>297</td><td>Situação</td><td>Trânsito em Julgado</td><td>Órgão julgador</td><td>Terceira Seção</td></tr>
<tr><td colspan="2">Questão Controvertida</td><td colspan="4">Questiona-se a inexistência do início de prova material a corroborar os testemunhos apresentados, impossibilitando, desta forma, o reconhecimento do trabalho rural, nos termos da Súmula 149 do STJ.</td></tr>
<tr><td colspan="2">Tese Firmada</td><td colspan="4">A prova exclusivamente testemunhal não basta à comprovação da atividade rurícola, para efeito da obtenção de benefício previdenciário.</td></tr>
<tr><td colspan="2">Informações Complementares</td><td colspan="4">A prova exclusivamente testemunhal não basta, para o fim de obtenção de benefício previdenciário, à comprovação do trabalho rural, devendo ser acompanhada, necessariamente, de um início razoável de prova material.
SCAN ME</td></tr>
<tr><td colspan="2">Referência Sumular</td><td colspan="4">Súmula 149/STJ</td></tr>
</table>

Tema	297	Situação	**Trânsito em Julgado**	Órgão julgador	**Terceira Seção**
Processo / Recurso	**Decisão de Afetação**	**Relator (a)**	**Acórdão Publicado**	**Embargos Declaratórios**	**Trânsito em Julgado**
REsp 1133863/RN	27/10/2009	CELSO LIMONGI (DESEMBARGADOR CONVOCADO DO TJ/SP)	15/04/2011	-	18/05/2011

- Informativo 120 – 14.12.2001

SÚMULA N. 149-STJ. VALIDADE. Trata-se de recurso especial remetido pela Sexta Turma em razão da relevância da matéria: ser possível a comprovação de tempo de serviço por prova exclusivamente testemunhal, envolvendo, por conseguinte, a Súmula n. 149 deste Superior Tribunal. A Seção, por maioria, deu provimento ao recurso, entendendo que a súmula é perfeitamente válida, não reconhecendo, também, nenhuma inconstitucionalidade na norma do art. 55, § 3º, da Lei n. 8.213/91 a justificar sua argüição (REsp 258.679-PB, Rel. originário Min. Fontes de Alencar, Rel. para acórdão Min. Fernando Gonçalves, julgado em 13/12/2001).

4.2. MOMENTO

4.2.1. *PERÍODO IMEDIATAMENTE ANTERIOR A DER*[2]

STJ - Superior Tribunal de Justiça

Tema	642	Situação	**Trânsito em Julgado**	Órgão julgador	**Primeira Seção**
Questão Controvertida		Questão referente à atividade rural deve ser comprovada no período imediatamente anterior ao requerimento.			
Tese Firmada		O segurado especial tem que estar laborando no campo, quando completar a idade mínima para se aposentar por idade rural, momento em que poderá requerer seu benefício. Ressalvada a hipótese do direito adquirido, em que o segurado especial, embora não tenha requerido sua aposentadoria por idade rural, preenchera de forma concomitante, no passado, ambos os requisitos carência e idade.			

2. Data de Entrada do Requerimento administrativo.

Tema	**642**	Situação	**Trânsito em Julgado**	Órgão julgador	**Primeira Seção**
Informações Complementares		SCAN ME			
Processo / Recurso	**Decisão de Afetação**	**Relator (a)**	**Acórdão Publicado**	**Embargos Declaratórios**	**Trânsito em Julgado**
REsp 1354908/ SP	02/05/2013	MAURO CAMPBELL MARQUES	10/02/2016	15/06/2016	08/09/2016

4.2.2. PERÍODO ANTERIOR AO DOCUMENTO MAIS ANTIGO

STJ - Superior Tribunal de Justiça

Tema	**638**	Situação	**Trânsito em Julgado**	Órgão julgador	**Primeira Seção**
Questão Controvertida		Controvérsia acerca da possibilidade de reconhecimento do período de trabalho rural anterior ao documento mais antigo juntado como início de prova material.			
Tese Firmada		Mostra-se possível o reconhecimento de tempo de serviço rural anterior ao documento mais antigo, desde que amparado por convincente prova testemunhal, colhida sob contraditório.			
Informações Complementares		SCAN ME			
Súmula		Súmula 577/STJ			
Processo / Recurso	**Decisão de Afetação**	**Relator (a)**	**Acórdão Publicado**	**Embargos Declaratórios**	**Trânsito em Julgado**

Tema	638	Situação	Trânsito em Julgado	Órgão julgador	Primeira Seção
REsp 1348633/SP	17/04/2013	ARNALDO ESTEVES LIMA	05/12/2014	-	04/03/2015

4.3. INÍCIO DE PROVA MATERIAL

4.3.1. CERTIDÃO DE CASAMENTO

STJ - Superior Tribunal de Justiça

- Informativo 538 – 30.04.2014

DIREITO PREVIDENCIÁRIO. INÍCIO DE PROVA MATERIAL DE ATIVIDADE RURAL. Para fins de reconhecimento do direito à aposentadoria por idade de trabalhador rural, a certidão de casamento que qualifique o cônjuge da requerente como rurícola não pode ser considerada como início de prova material na hipótese em que esse tenha exercido atividade urbana no período de carência (AgRg no REsp 1.310.096-SP, Rel. Min. Napoleão Nunes Maia Filho, julgado em 25/2/2014).

4.3.2. *CERTIDÃO DE NASCIMENTO*

STJ - Superior Tribunal de Justiça

- Informativo 522 – 01.08.2013

DIREITO PREVIDENCIÁRIO. INÍCIO DE PROVA MATERIAL PARA COMPROVAÇÃO DO EXERCÍCIO DE ATIVIDADE RURAL. Para a concessão de aposentadoria rural, a certidão de nascimento dos filhos que qualifique o companheiro como lavrador deve ser aceita como início de prova documental do tempo de atividade rurícola da companheira (AR 3.921-SP, Rel. Min. Sebastião Reis Júnior, julgado em 24/4/2013).

4.3.3. *DECLARAÇÃO DE EX-EMPREGADOR*

STJ - Superior Tribunal de Justiça

- Informativo 236 – 25.02.2005

DECLARAÇÃO. EX-EMPREGADOR. INÍCIO. PROVA. TEMPO. BENEFÍCIO PREVIDENCIÁRIO. As declarações atinentes à atividade rurícola prestadas por ex-empregadores só podem ser consideradas início razoável de prova material para a concessão de benefício previdenciário, quando contemporâneas aos fatos que se quer comprovar (art. 55, § 3º, da Lei n. 8.213/1991 e art. 62 do Dec. n. 3.048/1999) (REsp 524.140-SP, Rel. originário Min. Hélio Quaglia Barbosa, Rel. para acórdão Min. Hamilton Carvalhido, julgado em 24/2/2005).

4.3.4. ESCRITURA DE IMÓVEL RURAL E NOTAS FISCAIS DE PRODUTOR RURAL

STJ - Superior Tribunal de Justiça

- Informativo 161 – 14.02.2003

APOSENTADORIA. RURÍCOLA. PROVA. INÍCIO RAZOÁVEL. Prosseguindo o julgamento, a Seção, por maioria, entendeu que os documentos acostados à rescisória – escritura de imóvel rural e notas fiscais de produtor rural – são início razoável de prova material para comprovação da atividade rurícola. Note-se que, embora existentes à época do ajuizamento da primitiva ação, tais documentos tidos como novos eram ignorados pela autora, autorizando a rescisão do julgado da Turma, isso com apoio na jurisprudência da Seção, no sentido de que as condições desiguais vivenciadas pelo trabalhador rural levam à adoção da solução pro misero (AR 857-SP, Rel. Min. Fernando Gonçalves, julgado em 12/2/2003).

4.3.5. DOCUMENTO NOVO EM AÇÃO RESCISÓRIA

STJ - Superior Tribunal de Justiça

- Informativo 738 – 30.05.2022

AÇÃO RESCISÓRIA. PROVA NOVA. INCISO VII DO ART. 966 DO CPC/2015. TRABALHADOR RURAL. REGISTRO DE EMPREGADO. CARACTERIZAÇÃO DE INÍCIO DE PROVA MATERIAL. LABOR RURAL.

CONFIRMAÇÃO POR TESTEMUNHO COESO E IDÔNEO. PEDIDO PROCEDENTE. Ficha de cadastro de trabalhadores emitida em nome de trabalhador rural em data anterior ao ajuizamento de demanda com pedido de aposentadoria rural configura documento novo apto a demonstrar o início de prova material (AR 6.081-PR, Rel. Min. Regina Helena Costa, Primeira Seção, por unanimidade, julgado em 25/05/2021, Dje 30/05/2022).

- Informativo 522 – 01.08.2013

DIREITO PREVIDENCIÁRIO. DOCUMENTO NOVO PARA FINS DE COMPROVAÇÃO DE ATIVIDADE RURAL EM AÇÃO RESCISÓRIA. É possível ao tribunal, na ação rescisória, analisar documento novo para efeito de configuração de início de prova material destinado à comprovação do exercício de atividade rural, ainda que esse documento seja preexistente à propositura da ação em que proferida a decisão rescindenda referente à concessão de aposentadoria rural por idade (AR 3.921-SP, Rel. Min. Sebastião Reis Júnior, julgado em 24/4/2013).

4.4. EXERCÍCIO DE ATIVIDADE URBANA

4.4.1. *DO CÔNJUGE*

STJ - Superior Tribunal de Justiça

Tema	**533**	Situação	**Trânsito em Julgado**	Órgão julgador	**Primeira Seção**
Questão Controvertida		Discute-se a repercussão de atividade urbana do cônjuge na pretensão de configuração jurídica de trabalhador rural previsto no art. 143 da Lei 8.213/1991.			
Tese Firmada		Em exceção à regra geral (...), a extensão de prova material em nome de um integrante do núcleo familiar a outro não é possível quando aquele passa a exercer trabalho incompatível com o labor rurícola, como o de natureza urbana.			
Informações Complementares		Hipótese: o cônjuge da recorrida exerceu trabalho urbano, o que contamina a extensão da prova material concernente às certidões de casamento e de óbito.			

Tema	**533**	Situação	**Trânsito em Julgado**	Órgão julgador	**Primeira Seção**
Informações Complementares					
Processo / Recurso	**Decisão de Afetação**	**Relator (a)**	**Acórdão Publicado**	**Embargos Declaratórios**	**Trânsito em Julgado**
REsp 1304479/SP	21/03/2012	HERMAN BENJAMIN	19/12/2012	-	05/03/2013

4.4.2. MEMBRO DO GRUPO FAMILIAR

STJ - Superior Tribunal de Justiça

Tema	**532**	Situação	**Trânsito em Julgado**	Órgão julgador	**Primeira Seção**
Questão Controvertida	Discute-se a repercussão de atividade urbana do cônjuge na pretensão de configuração jurídica de trabalhador rural previsto no art. 143 da Lei 8.213/1991.				
Tese Firmada	O trabalho urbano de um dos membros do grupo familiar não descaracteriza, por si só, os demais integrantes como segurados especiais, devendo ser averiguada a dispensabilidade do trabalho rural para a subsistência do grupo familiar, incumbência esta das instâncias ordinárias (Súmula 7/STJ).				
Informações Complementares	Súmula 41/Turma Nacional de Uniformização dos Juizados Especiais Federais. A circunstância de um dos integrantes do grupo familiar desempenhar atividade urbana não implica, por si só, a descaracterização do trabalhador rural como segurado especial, situação que deve ser analisada no caso concreto.				

Tema	**532**	Situação	**Trânsito em Julgado**	Órgão julgador	**Primeira Seção**
Processo / Recurso	**Decisão de Afetação**	**Relator (a)**	**Acórdão Publicado**	**Embargos Declaratórios**	**Trânsito em Julgado**
REsp 1304479/SP	21/03/2012	HERMAN BENJAMIN	19/12/2012	-	05/03/2013

4.5. TAMANHO DA PROPRIEDADE

STJ - Superior Tribunal de Justiça

Tema	**1115**	Situação	**Acórdão Publicado**	Órgão julgador	**PRIMEIRA SEÇÃO**
Questão Controvertida	Definir se o tamanho da propriedade não descaracteriza, por si só, o regime de economia familiar, caso estejam comprovados os demais requisitos para a concessão da aposentadoria por idade rural.				
Tese Firmada	O tamanho da propriedade não descaracteriza, por si só, o regime de economia familiar, quando preenchidos os demais requisitos legais exigidos para a concessão da aposentadoria por idade rural.				
Informações Complementares	Há determinação da abrangência da suspensão limitada aos processos com interposição de Recurso Especial, de Agravo em Recurso Especial e de PUIL perante os Tribunais de Segunda Instância, a Turma Nacional de Uniformização - TNU e esta Corte Superior. SCAN ME				
Processo / Recurso	**Decisão de Afetação**	**Relator (a)**	**Acórdão Publicado**	**Embargos Declaratórios**	**Trânsito em Julgado**
REsp 1947404/RS **REsp 1947647/SC**	16/11/2021	BENEDITO GONÇALVES	07/12/2022	12/12/2022	-

5. CONTAGEM RECÍPROCA

5.1. TEMPO RURAL ANTERIOR À LEI 8.213/91

STJ - Superior Tribunal de Justiça

Tema	**609**	Situação	**Trânsito em Julgado**	Órgão julgador	**Primeira Seção**
Questão Controvertida	Questiona se o art. 55, § 2º, da Lei 8.213/91, que dispensa o pagamento de contribuições previdenciárias para fins de comprovação do tempo de serviço rural anterior à vigência da Lei 8.213/91, estende-se, ou não, ao caso em que o beneficiário pretende utilizar o tempo de serviço para contagem recíproca no regime estatutário, ou se está restrito ao regime geral de previdência.				
Tese Firmada	O segurado que tenha provado o desempenho de serviço rurícola em período anterior à vigência da Lei n. 8.213/1991, embora faça jus à expedição de certidão nesse sentido para mera averbação nos seus assentamentos, somente tem direito ao cômputo do aludido tempo rural, no respectivo órgão público empregador, para contagem recíproca no regime estatutário se, com a certidão de tempo de serviço rural, acostar o comprovante de pagamento das respectivas contribuições previdenciárias, na forma da indenização calculada conforme o dispositivo do art. 96, IV, da Lei n. 8.213/1991.				
Informações Complementares	Vide CONTROVÉRSIA 25/STJ REsp n. 1.682.671/SP, 1.682.672/SP, 1.1682.678/SP e 1.682.682/SP - Afetados na sessão do dia 25/10/2017 (Primeira Seção). Há determinação de suspensão nacional de todos os processos pendentes, individuais ou coletivos (Art. 1.037, II, CPC) com a ressalva de incidentes, questões e tutelas, que sejam interpostas a título geral de provimentos de urgência nos processos objeto do sobrestamento (acórdão publicado no Dje de 7/11/2017). SCAN ME				
Processo / Recurso	**Decisão de Afetação**	**Relator (a)**	**Acórdão Publicado**	**Embargos Declaratórios**	**Trânsito em Julgado**

Tema	609	Situação	Trânsito em Julgado	Órgão julgador	Primeira Seção
REsp 1682678/SP REsp 1682671/SP REsp 1682672/SP REsp 1682682/SP REsp 1676865/RS	07/11/2017	OG FERNANDES	30/04/2018 11/05/2018 03/05/2018	14/08/2018	28/06/2018; 03/08/2018; 28/06/2018; 05/09/2018

STF - Supremo Tribunal Federal

- Informativo 664 – 04.05.2012

MANDADO DE SEGURANÇA. ADMINISTRATIVO. ATO DO TRIBUNAL DE CONTAS DA UNIÃO. ILEGALIDADE DA APOSENTAÇÃO. INCORPORAÇÃO DE PARCELA DENOMINADA "OPÇÃO". NÃO PREENCHIMENTO DOS REQUISITOS DO ART. 193 DA LEI N. 8.112/1990 ATÉ 19.1.1995. IMPOSSIBILIDADE. CONTAGEM DE TEMPO DE SERVIÇO PRESTADO EM ATIVIDADE RURAL. NECESSIDADE DE COMPROVAÇÃO DO RECOLHIMENTO DAS RESPECTIVAS CONTRIBUIÇÕES PREVIDENCIÁRIAS. PRECEDENTES. AUSÊNCIA DE CONTRARIEDADE A COISA JULGADA. SEGURANÇA DENEGADA (MS N. 30.157-DF e MS 30.558-DF).

- Informativo 587 – 21.05.2010

CONTAGEM RECÍPROCA DO TEMPO DE SERVIÇO RURAL E RECOLHIMENTO DE CONTRIBUIÇÕES. Conforme disposto no § 9º do art. 201 da CF ("Para efeito de aposentadoria, é assegurada a contagem recíproca do tempo de contribuição na administração pública e na atividade privada, rural e urbana, hipótese em que os diversos regimes de previdência social se compensarão financeiramente, segundo critérios estabelecidos em lei."), a contagem recíproca do tempo de serviço rural pressupõe ter havido o recolhimento das contribuições previdenciárias. Com base nesse entendimento, o Tribunal, por maioria, indeferiu mandado de segurança impetrado contra ato do Tribunal de Contas da União – TCU, que julgara ilegal a aposentadoria do impetrante, pelo fato de ter sido computado o tempo de serviço rural sem a comprovação do recolhimento das contribuições ao INSS. Vencidos os Ministros Dias Toffoli, Eros Grau e Ayres Britto que concediam a ordem. Tendo em conta que o impetrante comprovara que fora trabalhador rural e que, naquele período, a legislação impunha a contribuição sobre a produção da venda da propriedade rural, do produtor rural, reputavam que, no caso concreto, o TCU exigira uma prova impossível de o impetrante fazer, porque isso não era obrigação dele, mas do produtor rural (MS 26872/DF).

5.2. CONTRIBUIÇÃO EXTEMPORÂNEA, JUROS MORATÓRIOS E MULTA

STJ - Superior Tribunal de Justiça

- Informativo 264 – 14.10.2005

APOSENTADORIA RURAL. CONTRIBUIÇÃO EXTEMPORÂNEA. JUROS MORATÓRIOS. MULTA. A controvérsia cingiu-se em saber da necessidade ou não da incidência de juros moratórios e multa (previstos no art. 45, § 4º, da Lei n. 8.212/1991) sobre o pagamento da indenização das contribuições previdenciárias referentes ao tempo de serviço rural com a finalidade de contagem de tempo para aposentadoria de servidor público. Note-se que a jurisprudência reconhece que a expedição de certidão de tempo de serviço rural com fins de aposentadoria no serviço público está condicionada ao recolhimento da respectiva contribuição previdenciária. Assinalou o Min. Relator que reconhecida a exigibilidade do pagamento da indenização, é imperioso averiguar, então, qual legislação deve ser aplicada ao caso em exame, visto que, somente com o advento da Lei n. 9.032/1995, passou a ser obrigatório o recolhimento para a contagem recíproca do tempo de serviço rural e estatuário. Para o Relator, devem ser considerados os critérios legais existentes no momento sobre o qual se refere à contribuição. Conclui, assim, que não existia previsão de juros e multa em período anterior à edição da MP n. 1.523/1996, por isso, não pode haver retroatividade da lei previdenciária. Daí, devem ser afastados os juros e a multa do cálculo da indenização no referido período (REsp 774.126-RS, Rel. Min. Arnaldo Esteves Lima, julgado em 11/10/2005).

CAPÍTULO 2 - TIPOS DE SEGURADOS

1. BOIA-FRIA

STJ - Superior Tribunal de Justiça

Tema	554	Situação	**Trânsito em Julgado**	Órgão julgador	**Primeira Seção**
Questão Controvertida		Discute-se a possibilidade de admitir prova exclusivamente testemunhal (art. 55, § 3º, da Lei 8.213/1991) para configurar tempo de serviço rural para fins previdenciários no caso do trabalhador denominado 'boia-fria'.			
Tese Firmada		Aplica-se a Súmula 149/STJ ('A prova exclusivamente testemunhal não basta à comprovação da atividade rurícola, para efeitos da obtenção de benefício previdenciário') aos trabalhadores rurais denominados 'boias-frias', sendo imprescindível a apresentação de início de prova material. Por outro lado, considerando a inerente dificuldade probatória da condição de trabalhador campesino, a apresentação de prova material somente sobre parte do lapso temporal pretendido não implica violação da Súmula 149/STJ, cuja aplicação é mitigada se a reduzida prova material for complementada por idônea e robusta prova testemunhal.			
Informações Complementares		Controvérsia: se a informalidade do trabalho como "boia-fria" induz à mitigação das exigências de provas.2. Para configurar o tempo de serviço rural para fins previdenciários, no caso do trabalhador denominado "boia-fria" e dos demais segurados especiais, é prescindível a apresentação de prova documental de todo o período pretendido, desde que o início de prova material seja consubstanciado por robusta prova testemunhal. SCAN ME			
Processo / Recurso	**Decisão de Afetação**	**Relator (a)**	**Acórdão Publicado**	**Embargos Declaratórios**	**Trânsito em Julgado**
REsp 1321493/PR	15/06/2012	HERMAN BENJAMIN	19/12/2012	-	05/03/2013

2. MENOR DE 14 ANOS

STJ - Superior Tribunal de Justiça

- Informativo 510 – 18.12.2012

DIREITO PREVIDENCIÁRIO. TEMPO DE SERVIÇO PRESTADO POR TRABALHADOR COM IDADE INFERIOR A 14 ANOS EM REGIME DE ECONOMIA FAMILIAR. O tempo de serviço em atividade rural realizada por trabalhador com idade inferior a 14 anos, ainda que não vinculado ao Regime de Previdência Social, pode ser averbado e utilizado para o fim de obtenção de benefício previdenciário (AR 3.877-SP, Rel. Min. Marco Aurélio Bellizze, julgada em 28/11/2012).

STF - Supremo Tribunal Federal

- Informativo 376 – 18.02.2005

CONTAGEM DE TEMPO DE SERVIÇO DE TRABALHADOR RURAL MENOR DE 14 ANOS. A Turma manteve decisão do STJ que reconhecera o cômputo do tempo de serviço prestado por trabalhador rural menor de quatorze anos para fins previdenciários, independentemente do recolhimento das contribuições correspondentes a esse período. Considerou-se que o acórdão recorrido está em consonância com a jurisprudência do STF, no sentido de que a regra proibitiva de trabalho ao menor (CF, art. 8º, XXXIII) não deve ser interpretada em detrimento deste. Por conseguinte, o recorrido faz jus aos benefícios previdenciários, ainda que decorrentes de relação de trabalho declarada inválida, haja vista a inaplicabilidade de efeitos retroativos para o caso de declaração de nulidade de contratos trabalhistas (AI 529694/RS).

3. MENOR DE 12 ANOS

STJ - Superior Tribunal de Justiça

- Informativo 674 -31.07.2020

APOSENTADORIA POR TEMPO DE SERVIÇO. TRABALHO RURAL ANTES DE COMPLETAR 12 ANOS DE IDADE. FATO ANTERIOR À LEI N. 8.213/1991. POSSIBILIDADE DE CÔMPUTO. PREVALÊNCIA DA REALIDADE DIANTE DE REGRAS POSITIVADAS PROIBITIVAS DO TRABALHO DO INFANTE. EXCEPCIONALIDADE. Apesar da proibição do trabalho infantil, o tempo de labor rural prestado por menor de 12 anos deve ser computado para fins previdenciários (AgInt no AREsp 956.558-SP, Rel. Min. Napoleão Nunes Maia Filho, Primeira Turma, por unanimidade, julgado em 02/06/2020, Dje 17/06/2020).

- Informativo 361 – 27.06.2008

SERVIÇO RURAL. MENOR. 12 ANOS. Esclarece a Min. Relatora que foi comprovada, no Tribunal a quo, a atividade rural em regime familiar da autora de 12 até 14 anos de idade, e esse tempo pode ser computado para a aposentadoria pelo princípio da universalidade da cobertura da seguridade social. Outrossim a proibição do trabalho de menor de 14 anos foi estabelecida em benefício do menor, não em seu prejuízo, ademais o tempo de trabalho rural anterior à Lei n. 8.213/1991 é computado sem recolhimento de contribuições, de acordo com a jurisprudência consolidada. Com esse entendimento, a Seção julgou procedente a rescisória para desconstituir o acórdão proferido em recurso especial (AR 3.629-RS, Rel. Min. Maria Thereza de Assis Moura, julgada em 23/6/2008).

CAPÍTULO 3 - BENEFÍCIOS EM ESPÉCIE

1. APOSENTADORIA POR TEMPO DE SERVIÇO

STF - Supremo Tribunal Federal

- Informativo 200 – 01.09.2000

Previdência Social: aposentadoria por tempo de serviço rural (CF, art. 195, § , 8º; L. 8.213/91): recurso extraordinário: descabimento: controvérsia restrita à interpretação de lei ordinária. Dispositivo constitucional invocado, que se limita a assegurar os benefícios "nos termos da lei", no caso, a L. 8.213/91, cujo art. 39, I, previu, para o segurado especial, apenas a aposentadoria por idade ou por invalidez. Recurso extraordinário não conhecido (RE 260.234-RS).

2. APOSENTADORIA HÍBRIDA

2.1. PERÍODO RURAL REMOTO ANTES DA LEI 8.213/91

STJ - Superior Tribunal de Justiça

Tema	1007	Situação	**Trânsito em Julgado**	Órgão julgador	**Primeira Seção**
Questão Controvertida	Possibilidade de concessão de aposentadoria híbrida, prevista no art. 48, § 3º, da Lei 8.213/1991, mediante o cômputo de período de trabalho rural remoto, exercido antes de 1991, sem necessidade de recolhimentos, ainda que não haja comprovação de atividade rural no período imediatamente anterior ao requerimento administrativo.				
Tese Firmada	O tempo de serviço rural, ainda que remoto e descontínuo, anterior ao advento da Lei 8.213/1991, pode ser computado para fins da carência necessária à obtenção da aposentadoria híbrida por idade, ainda que não tenha sido efetivado o recolhimento das contribuições, nos termos do art. 48, § 3º. Da Lei 8.213/1991, seja qual for a predominância do labor misto exercido no período de carência ou o tipo de trabalho exercido no momento do implemento do requisito etário ou do requerimento administrativo.				

Tema	1007	Situação	**Trânsito em Julgado**	Órgão julgador	**Primeira Seção**
Informações Complementares		Afetação na sessão eletrônica iniciada em 6/3/2019 e finalizada em 12/3/2019 (Primeira Seção).Decisão da Vice-Presidência do STJ, publicada no Dje de 25/6/2020, nos seguintes termos: admito o recurso extraordinário como representativo de controvérsia, determinando a manutenção da suspensão de todos os processos que versem sobre a mesma controvérsia somente em grau recursal, em trâmite no âmbito dos Tribunais e das Turmas Recursais dos Juizados Especiais Federais."Há determinação de suspensão da tramitação de todos os processos pendentes, individuais ou coletivos, que versem sobre a questão delimitada e tramitem no território nacional (acórdão publicado no Dje de 22/3/2019).			
Processo / Recurso	**Decisão de Afetação**	**Relator (a)**	**Acórdão Publicado**	**Embargos Declaratórios**	**Trânsito em Julgado**
Resp 1674221/ SP e Resp 1788404/PR	22/03/2019	NAPOLEÃO NUNES MAIA FILHO	14/08/2019	02/12/2019 e 29/11/2019	04/05/2021

- Informativo 782 – 15.08.2023

APOSENTADORIA HÍBRIDA. ATIVIDADE RURAL. COMPROVAÇÃO. AUSÊNCIA. É possível o reconhecimento do tempo de serviço rural mediante a apresentação de início de prova material, desde que corroborado por testemunhos idôneos (AgInt no AREsp 2.147.830-SP, Rel. Ministro Gurgel de Faria, Primeira Turma, por unanimidade, julgado em 19/6/2023, Dje 30/6/2023).

2.2. NATUREZA DO TRABALHO NO PERÍODO IMEDIATAMENTE ANTERIOR A DER

STJ - Superior Tribunal de Justiça

- Informativo 570 – 14.10.2015

DIREITO PREVIDENCIÁRIO. NATUREZA DO TRABALHO EXERCIDO IMEDIATAMENTE ANTES DE REQUERIMENTO DE APOSENTADORIA

HÍBRIDA POR IDADE. O reconhecimento do direito à aposentadoria híbrida por idade não está condicionado ao exercício de atividade rurícola no período imediatamente anterior ao requerimento administrativo (REsp 1.476.383-PR, Rel. Min. Sérgio Kukina, julgado em 1º/10/2015, DJe 8/10/2015).

STF - Supremo Tribunal Federal

<table>
<tr><td>Tema</td><td>1104</td><td>Situação</td><td>Trânsito em Julgado</td><td>Órgão julgador</td><td colspan="2">Plenário Virtual</td></tr>
<tr><td colspan="2">Questão Controvertida</td><td colspan="5">Requisitos legais necessários para a concessão do benefício previdenciário de aposentadoria híbrida por idade.</td></tr>
<tr><td colspan="2">Tese Firmada</td><td colspan="5">É infraconstitucional, a ela se aplicando os efeitos da ausência de repercussão geral, a controvérsia relativa à definição e ao preenchimento dos requisitos legais necessários para a concessão de aposentadoria híbrida, prevista no art. 48, § 3º da Lei nº 8.213/91.</td></tr>
<tr><td colspan="2">Informações Complementares</td><td colspan="5">SCAN ME</td></tr>
<tr><td colspan="2">Processo / Recurso</td><td>Repercussão Geral</td><td>Relator (a)</td><td>Acórdão Publicado</td><td>Embargos Declaratórios</td><td>Trânsito em Julgado</td></tr>
<tr><td colspan="2">RE 1281909</td><td>Não há repercussão geral (questão infraconstitucional)</td><td>MINISTRO PRESIDENTE</td><td>03/12/2020</td><td>-</td><td>09/02/2021</td></tr>
</table>

2.3. CARÊNCIA

2.3.1. PERÍODO ANTERIOR À LEI 8.213/91

STJ - Superior Tribunal de Justiça

- Informativo 570 – 14.10.2015

DIREITO PREVIDENCIÁRIO. CARÊNCIA DA APOSENTADORIA HÍBRIDA POR IDADE E ADVENTO DA LEI 8.213/1991. É possível considerar o tempo de serviço rural anterior ao advento da Lei 8.213/1991 para fins de carência de aposentadoria híbrida por idade, sem que seja necessário o recolhimento de contribuições previdenciárias para esse fim (REsp 1.476.383-PR, Rel. Min. Sérgio Kukina, julgado em 1º/10/2015, DJe 8/10/2015).

2.3.2. OUTRAS CATEGORIAS DE SEGURADO

STJ - Superior Tribunal de Justiça

- Informativo 548 – 22.10.2014

DIREITO PREVIDENCIÁRIO. APOSENTADORIA POR IDADE HÍBRIDA. Caso o trabalhador rural, ao atingir a idade prevista para a concessão da aposentadoria por idade rural (60 anos, se homem, e 55 anos, se mulher), ainda não tenha alcançado o tempo mínimo de atividade rural exigido na tabela de transição prevista no art. 142 da Lei 8.213/1991, poderá, quando completar 65 anos, se homem, e 60 anos, se mulher, somar, para efeito de carência, o tempo de atividade rural aos períodos de contribuição sob outras categorias de segurado, para fins de concessão de aposentadoria por idade "híbrida", ainda que inexistam contribuições previdenciárias no período em que exerceu suas atividades como trabalhador rural (REsp 1.367.479-RS, Rel. Min. Mauro Campbell Marques, julgado em 4/9/2014).

3. SEGURO-DEFESO

3.1. EXTENSÃO AOS TRABALHADORES RURAIS

STF - Supremo Tribunal Federal

Tema	**701**	Situação	**Trânsito em Julgado**	Órgão julgador	**Plenário Virtual - RG**
Questão Controvertida		Possibilidade de extensão, aos trabalhadores rurais, do seguro-desemprego concedido aos pescadores artesanais pela Lei federal 10.779/2003 (seguro-defeso).			

Tema	**701**	Situação	**Trânsito em Julgado**	Órgão julgador	**Plenário Virtual - RG**
Tese Firmada		A questão do direito dos trabalhadores rurais ao pagamento do benefício previdenciário denominado "Seguro-Desemprego Defeso", pago aos pescadores artesanais no período de proibição da atividade pesqueira, tem natureza infraconstitucional, e a ela se atribuem os efeitos da ausência de repercussão geral, nos termos do precedente fixado no RE 584.608, rel. a Ministra Ellen Gracie, DJe 13/03/2009.			
Informações Complementares		SCAN ME			
Processo / Recurso	**Repercussão Geral**	**Relator (a)**	**Acórdão Publicado**	**Embargos Declaratórios**	**Trânsito em Julgado**
ARE 787379	Não há RG - Matéria Infraconstitucional	MIN. TEORI ZAVASCKI	25/04/2014	-	12/05/2014

3.2. COMPROVAÇÃO DO RECOLHIMENTO DAS CONTRIBUIÇÕES PREVIDENCIÁRIAS

STF - Supremo Tribunal Federal

Tema	**575**	Situação	**Trânsito em Julgado**	Órgão julgador	**Plenário Virtual - RG**
Questão Controvertida		Comprovação do recolhimento da contribuição previdenciária como requisito para o recebimento do seguro defeso.			
Tese Firmada		A questão da necessidade de comprovação do recolhimento da contribuição previdenciária, como requisito para o recebimento do seguro-defeso, tem natureza infraconstitucional, e a ela se atribuem os efeitos da ausência de repercussão geral, nos termos do precedente fixado no RE n. 584.608, rel. a Ministra Ellen Gracie, DJe 13/03/2009.			

Tema	575	Situação	**Trânsito em Julgado**	Órgão julgador	**Plenário Virtual - RG**
Informações Complementares		SCAN ME			
Processo / Recurso	**Repercussão Geral**	**Relator (a)**	**Acórdão Publicado**	**Embargos Declaratórios**	**Trânsito em Julgado**
ARE 695278	Não há RG - Matéria Infraconstitucional	GILMAR MENDES	11/09/2012	-	11/09/2012

3.3. NECESSIDADE DE ASSOCIAÇÃO PARA RECEBER O BENEFÍCIO

STF - Supremo Tribunal Federal

- Informativo 537 (06.03.2009) e 526 (31.10.2008)

AÇÃO DIRETA DE INCONSTITUCIONALIDADE. ART. 2º, IV, "A", "B" E "C", DA LEI Nº 10.779/03. FILIAÇÃO À COLÔNIA DE PESCADORES PARA HABILITAÇÃO AO SEGURO-DESEMPREGO. PRINCÍPIOS DA LIBERDADE DE ASSOCIAÇÃO E DA LIBERDADE SINDICAL (ARTS. 5º, XX, E 8º, V, DA CONSTITUIÇÃO FEDERAL). 1. Viola os princípios constitucionais da liberdade de associação (art. 5º, inciso XX) e da liberdade sindical (art. 8º, inciso V), ambos em sua dimensão negativa, a norma legal que condiciona, ainda que indiretamente, o recebimento do benefício do seguro-desemprego à filiação do interessado a colônia de pescadores de sua região. 2. Ação direta julgada procedente (ADI N. 3.464-DF).

3.4. PAGAMENTO DA SEXTA PARCELA APÓS A VIGÊNCIA DA LEI 13.134/15

STF - Supremo Tribunal Federal

Tema	1228	Situação	**Trânsito em Julgado**	Órgão julgador	**Plenário Virtual**
Questão Controvertida	Pagamento de sexta parcela de seguro defeso a pescador artesanal, após a vigência da Lei 13.134/2015, a fim de manter a correspondência do benefício com o mesmo prazo do período de defeso, fixado por órgão ambiental.				

Tema	1228	Situação	Trânsito em Julgado	Órgão julgador	Plenário Virtual
Tese Firmada	É infraconstitucional, a ela se aplicando os efeitos da ausência de repercussão geral, a controvérsia relativa ao pagamento de sexta parcela de seguro-desemprego ao pescador profissional artesanal, após a vigência da Lei 13.134/2015, a fim de manter a correspondência do benefício com o mesmo prazo do período de defeso, fixado por órgão ambiental.				
Informações Complementares	SCAN ME				

Processo / Recurso	Repercussão Geral	Relator (a)	Acórdão Publicado	Embargos Declaratórios	Trânsito em Julgado
ARE 1389781	Não há RG - Matéria Infraconstitucional	MINISTRO PRESIDENTE	26/08/2022	-	03/09/2022

4. SALÁRIO-MATERNIDADE

4.1. A MENOR DE 16 ANOS

STJ - Superior Tribunal de Justiça

- Informativo 567 – 02.09.2015

DIREITO PREVIDENCIÁRIO. HIPÓTESE DE MITIGAÇÃO DO REQUISITO ETÁRIO PARA A CONCESSÃO DE SALÁRIO-MATERNIDADE. O não preenchimento do requisito etário exigido para a filiação ao RGPS como segurado especial não constitui óbice à concessão de salário-maternidade a jovem menor de dezesseis anos impelida a exercer trabalho rural em regime de economia familiar (art. 11, VII, "c" e § 6º da Lei 8.213/1991) (REsp 1.440.024-RS, Rel. Min. Napoleão Nunes Maia Filho, julgado em 18/8/2015, DJe 28/8/2015).

QUARTA SEÇÃO – AÇÕES REVISIONAIS E AFINS

CAPÍTULO 1 – PREJUDICIAIS DE MÉRITO

1. DECADÊNCIA

1.1. BENEFÍCIOS ANTERIORES À LEI 9.528/97

STJ - Superior Tribunal de Justiça

Tema	**214**	Situação	**Trânsito em Julgado**	Órgão julgador	**Terceira Seção**
Questão Controvertida	Revisão da renda mensal inicial. Incidência do prazo de decadência instituído pelo art. 103 da lei 8.213/91, com a redação dada pela lei 9.528/97, aos benefícios concedidos em data anterior à sua vigência.				
Tese Firmada	Os atos administrativos praticados antes da Lei 9.784/99 podem ser revistos pela Administração a qualquer tempo, por inexistir norma legal expressa prevendo prazo para tal iniciativa. Somente após a Lei 9.784/99 incide o prazo decadencial de 5 anos nela previsto, tendo como termo inicial a data de sua vigência (01.02.99). (...) Antes de decorridos 5 anos da Lei 9.784/99, a matéria passou a ser tratada no âmbito previdenciário pela MP 138, de 19.11.2003, convertida na Lei 10.839/2004, que acrescentou o art. 103-A à Lei 8.213/91 (LBPS) e fixou em 10 anos o prazo decadencial para o INSS rever os seus atos de que decorram efeitos favoráveis a seus beneficiários.				
Informações Complementares	Estando em curso o prazo decadencial para a revisão da RMI – Renda Mensal Inicial dos benefícios previdenciários concedidos em data anterior à vigência da Lei 9.784/1999, quando entrou em vigor o art. 103-A da Lei 8.213/91 (acrescentado por medida provisória convertida na Lei 10.839/2004), o prazo decadencial passa a ser de 10 anos porque regulado pela lei nova.				

Tema	**214**	Situação	**Trânsito em Julgado**	Órgão julgador	**Terceira Seção**
Repercussão Geral		Estando em curso o prazo decadencial para a revisão da RMI - Renda Mensal Inicial dos benefícios previdenciários concedidos em data anterior à vigência da Lei 9.784/1999, quando entrou em vigor o art. 103-A da Lei 8.213/91 (acrescentado por medida provisória convertida na Lei 10.839/2004), o prazo decadencial passa a ser de 10 anos porque regulado pela lei nova.			
Processo / Recurso	**Decisão de Afetação**	**Relator (a)**	**Acórdão Publicado**	**Embargos Declaratórios**	**Trânsito em Julgado**
REsp 1114938/AL	04/09/2009	NAPOLEÃO NUNES MAIA FILHO	02/08/2010	-	02/09/2010

Tema	**544**	Situação	**Trânsito em Julgado**	Órgão julgador	**Primeira Seção**
Questão Controvertida		Discute a aplicação da decadência prevista no art. 103 da Lei 8.213/1991, com a redação dada pela MP 1.523/1997, sobre o direito do segurado de revisar benefício concedido antes da publicação deste último preceito legal.			
Tese Firmada		O suporte de incidência do prazo decadencial previsto no art. 103 da Lei 8.213/1991 é o direito de revisão dos benefícios, e não o direito ao benefício previdenciário. Incide o prazo de decadência do art. 103 da Lei 8.213/1991, instituído pela Medida Provisória 1.523-9/1997, convertida na Lei 9.528/1997, no direito de revisão dos benefícios concedidos ou indeferidos anteriormente a esse preceito normativo, com termo a quo a contar da sua vigência (28.6.1997).			
Informações Complementares		REsp 1.309.529/PR sobrestado pelo Tema 313/STF (decisão da Vice-Presidência do STJ de 23/01/2014). SCAN ME			
Processo / Recurso	**Decisão de Afetação**	**Relator (a)**	**Acórdão Publicado**	**Embargos Declaratórios**	**Trânsito em Julgado**
REsp 1309529/ PRREsp 1326114/SC	07/05/2012 11/10/2012	HERMAN BENJAMIN	04/06/2013 13/05/2013	30/10/2014	22/12/2017 09/12/2014

STF - Supremo Tribunal Federal

Tema	**313**	Situação	**Trânsito em Julgado**	Órgão julgador	**Tribunal Pleno**
Questão Controvertida		Aplicação do prazo decadencial previsto na Medida Provisória nº 1.523/97 a benefícios concedidos antes da sua edição.			
Tese Firmada		I – Inexiste prazo decadencial para a concessão inicial do benefício previdenciário;II – Aplica-se o prazo decadencial de dez anos para a revisão de benefícios concedidos, inclusive os anteriores ao advento da Medida Provisória 1.523/1997, hipótese em que a contagem do prazo deve iniciar-se em 1º de agosto de 1997.			
Informações Complementares		SCAN ME			
Processo / Recurso	**Repercussão Geral**	**Relator (a)**	**Acórdão Publicado**	**Embargos Declaratórios**	**Trânsito em Julgado**
RE 626489	17/09/2010	ROBERTO BARROSO	23/09/2014	29/09/2014	08/10/2014

1.2. MÉRITO NÃO APRECIADO PELA ADMINISTRAÇÃO

STJ - Superior Tribunal de Justiça

Tema	**975**	Situação	**Acórdão Publicado**	Órgão julgador	**Primeira Seção**
Questão Controvertida		Questão atinente à incidência do prazo decadencial sobre o direito de revisão do ato de concessão de benefício previdenciário do regime geral (art. 103 da Lei 8.213/1991) nas hipóteses em que o ato administrativo da autarquia previdenciária não apreciou o mérito do objeto da revisão.			

Tema	**975**	Situação	**Acórdão Publicado**	Órgão julgador	**Primeira Seção**
Tese Firmada		Aplica-se o prazo decadencial de dez anos estabelecido no art. 103, caput, da Lei 8.213/1991 às hipóteses em que a questão controvertida não foi apreciada no ato administrativo de análise de concessão de benefício previdenciário.			
Informações Complementares		Afetado na sessão do dia 10/05/2017 (Primeira Seção). Vide Tema 966/STJ, relator Ministro Mauro Campbell Marques. O Tema 966/STJ diferencia-se deste, pois, de acordo com o Ministro Relator: "Naqueles casos de relatoria do Ministro Mauro Campbell Marques, a decadência é sobre o direito de conceder benefício sob regime jurídico anterior ao deferido administrativamente, de forma a retroagir à data em que se iniciou o benefício. Já no presente caso, não se discute a concessão diferenciada, mas simplesmente se aquilo que não foi submetido ou apreciado pelo INSS no ato de concessão do benefício pode ser alcançado pela decadência". (Decisão publicada no DJe de 30/05/2017). Há determinação de suspensão nacional de todos os processos pendentes, individuais ou coletivos (Art. 1.037, II, CPC).			
Repercussão Geral		Tema 1023/STF – Situações abrangidas pelo prazo decadencial previsto no art. 103 da Lei nº 8.213/91, tendo em vista a interpretação do termo revisão contido no referido dispositivo legal.			
Processo / Recurso	**Decisão de Afetação**	**Relator (a)**	**Acórdão Publicado**	**Embargos Declaratórios**	**Trânsito em Julgado**
REsp 1648336/RS REsp 1644191/RS	29/05/2017	HERMAN BENJAMIN	04/08/2020	-	-

STF – Supremo Tribunal Federal

Tema	**1023**	Situação	**Trânsito em Julgado**	Órgão julgador	**Plenário Virtual – RG**
Questão Controvertida		Situações abrangidas pelo prazo decadencial previsto no art. 103 da Lei nº 8.213/91, tendo em vista a interpretação do termo revisão contido no referido dispositivo legal.			

Tema	**1023**	Situação	**Trânsito em Julgado**	Órgão julgador	**Plenário Virtual - RG**
Tese Firmada		É infraconstitucional, a ela se aplicando os efeitos da ausência de repercussão geral, a controvérsia relativa às situações abrangidas pelo prazo decadencial previsto no art. 103 da Lei nº 8.213/91 fundada na interpretação do termo revisão contido no referido dispositivo legal.			
Informações Complementares		SCAN ME			
Processo / Recurso	**Repercussão Geral**	**Relator (a)**	**Acórdão Publicado**	**Embargos Declaratórios**	**Trânsito em Julgado**
ARE 695278	**ARE 1172622**	MINISTRO(A) PRESIDENTE	15/04/2019	-	11/05/2019

1.3. BENEFÍCIO MAIS VANTAJOSO

STJ - Superior Tribunal de Justiça

Tema	**966**	Situação	**Trânsito em Julgado**	Órgão julgador	**Primeira Seção**
Questão Controvertida		Incidência ou não do prazo decadencial previsto no caput do artigo 103 da Lei 8.213/1991 para reconhecimento de direito adquirido ao benefício previdenciário mais vantajoso.			
Tese Firmada		Incide o prazo decadencial previsto no caput do artigo 103 da Lei 8.213/1991 para reconhecimento do direito adquirido ao benefício previdenciário mais vantajoso.			
Informações Complementares		Vide Tema 544/STJ. Afetado na sessão do dia 23/11/2016 (Primeira Seção). Há determinação de suspensão do processamento de todos os processos pendentes, individuais ou coletivos, que versem acerca da questão delimitada e tramitem no território nacional.			

<table>
<tr><td>Tema</td><td>966</td><td>Situação</td><td>Trânsito em Julgado</td><td>Órgão julgador</td><td>Primeira Seção</td></tr>
<tr><td colspan="2">Informações Complementares</td><td colspan="4">SCAN ME</td></tr>
<tr><td colspan="2">Repercussão Geral</td><td colspan="4">Tema 1023/STF – Situações abrangidas pelo prazo decadencial previsto no art. 103 da Lei nº 8.213/91, tendo em vista a interpretação do termo revisão contido no referido dispositivo legal. RE 1252411 – Concluso ao relator</td></tr>
<tr><td>Processo / Recurso</td><td>Decisão de Afetação</td><td>Relator (a)</td><td>Acórdão Publicado</td><td>Embargos Declaratórios</td><td>Trânsito em Julgado</td></tr>
<tr><td>REsp 1631021/ PR e REsp 1612818/PR</td><td>02/12/2016</td><td>MAURO CAMPBELL MARQUES</td><td>13/03/2019</td><td>27/05/2019 e 27/05/2019</td><td>12/12/2019 e 11/10/2019</td></tr>
</table>

STF – Supremo Tribunal Federal

<table>
<tr><td>Tema</td><td>1023</td><td>Situação</td><td>Trânsito em Julgado</td><td>Órgão julgador</td><td>Plenário Virtual – RG</td></tr>
<tr><td colspan="2">Questão Controvertida</td><td colspan="4">Situações abrangidas pelo prazo decadencial previsto no art. 103 da Lei nº 8.213/91, tendo em vista a interpretação do termo revisão contido no referido dispositivo legal.</td></tr>
<tr><td colspan="2">Tese Firmada</td><td colspan="4">É infraconstitucional, a ela se aplicando os efeitos da ausência de repercussão geral, a controvérsia relativa às situações abrangidas pelo prazo decadencial previsto no art. 103 da Lei nº 8.213/91 fundada na interpretação do termo revisão contido no referido dispositivo legal.</td></tr>
<tr><td colspan="2">Informações Complementares</td><td colspan="4">SCAN ME</td></tr>
</table>

Tema	**1023**	Situação	**Trânsito em Julgado**	Órgão julgador	**Plenário Virtual - RG**
Repercussão Geral		Tema 1023/STF - Situações abrangidas pelo prazo decadencial previsto no art. 103 da Lei nº 8.213/91, tendo em vista a interpretação do termo revisão contido no referido dispositivo legal.			
Processo / Recurso	**Repercussão Geral**	**Relator (a)**	**Acórdão Publicado**	**Embargos Declaratórios**	**Trânsito em Julgado**
ARE 1172622	Não há RG - Matéria Infraconstitucional	MINISTRO(A) PRESIDENTE	15/04/2019	-	11/05/2019

1.4. REVISÃO DE BENEFÍCIO ORIGINÁRIO

STJ - Superior Tribunal de Justiça

- Informativo 652 – 16.08.2019

PENSÃO POR MORTE DERIVADA DE APOSENTADORIA. REVISÃO. PRAZO DECADENCIAL. TERMO INICIAL. DATA DA CONCESSÃO DO BENEFÍCIO ORIGINÁRIO. O termo a quo do prazo decadencial para a revisão da pensão por morte, mediante revisão da renda mensal inicial da aposentadoria que a originou, corresponde à data da concessão do benefício originário (EREsp 1.605.554-PR, Rel. Min. Mauro Campbell Marques, Rel. Acd. Min. Assusete Magalhães, Primeira Seção, por maioria, julgado em 27/02/2019, Dje 02/08/2019).

STF - Supremo Tribunal Federal

Tema	**938**	**Situação**	**Trânsito em Julgado**	**Órgão julgador**	**Plenário Virutal - RG**
Questão Controvertida		Termo inicial do prazo decadencial para a revisão de benefício de pensão por morte derivado de outro benefício previdenciário.			
Tese Firmada		Não tem repercussão geral a controvérsia relativa à definição do termo inicial do prazo decadencial para a revisão de benefício de pensão por morte derivado de outro benefício previdenciário.			

Tema	**938**	**Situação**	**Trânsito em Julgado**	**Órgão julgador**	**Plenário Virutal - RG**
Informações Complementares	Vide EREsp 1605554 SCAN ME				
Processo / Recurso	**Repercussão Geral**	**Relator (a)**	**Acórdão Publicado**	**Embargos Declaratórios**	**Trânsito em Julgado**
RE 1013583	Não há RG - Matéria Infraconstitucional	ROBERTO BARROSO	30/06/2017	-	17/08/2017

1.5. DESAPOSENTAÇÃO

STJ - Superior Tribunal de Justiça

Tema	**645**	Situação	**Trânsito em Julgado**	Órgão julgador	**Primeira Seção**
Questão Controvertida	Discussão acerca da possibilidade ou não de aplicar o prazo decadencial previsto no art. 103 da Lei 8.213/91 aos casos de desaposentação.				
Tese Firmada	A norma extraída do caput do art. 103 da Lei 8.213/91 não se aplica às causas que buscam o reconhecimento do direito de renúncia à aposentadoria, mas estabelece prazo decadencial para o segurado ou seu beneficiário postular a revisão do ato de concessão do benefício, o qual, se modificado, importará em pagamento retroativo, diferente do que se dá na desaposentação.				
Informações Complementares	A "pretensão autoral é o desfazimento de sua aposentadoria a fim de obter a certidão do tempo de serviço computado para a aposentadoria anterior, ao qual será acrescido o novo período de contribuição que possibilitará um benefício mais vantajoso. É o que a doutrina e a jurisprudência têm denominado de desaposentação."2. "Sendo certo que o segurado pode dispor de seu benefício, e, ao fazê-lo encerra a aposentadoria que percebia, não há falar em afronta aos arts. 18, §				

Tema	**645**	Situação	**Trânsito em Julgado**	Órgão julgador	**Primeira Seção**
Informações Complementares	2º, e 103, caput, da Lei 8.213/91. E, devido à desconstituição da aposentadoria renunciada, tampouco se se vislumbra qualquer violação ao comando da alínea "b" do inciso II do art. 130 do Decreto 3.048/99, que impede a expedição de certidão de tempo de contribuição se este já tiver sido utilizado para efeito de concessão de benefício, em qualquer regime de previdência social." SCAN ME				
Repercussão Geral	Tema 1023/STF – Situações abrangidas pelo prazo decadencial previsto no art. 103 da Lei nº 8.213/91, tendo em vista a interpretação do termo revisão contido no referido dispositivo legal.				
Processo / Recurso	**Decisão de Afetação**	**Relator (a)**	**Acórdão Publicado**	**Embargos Declaratórios**	**Trânsito em Julgado**
REsp 1348301/SC	07/05/2013	ARNALDO ESTEVES LIMA	24/03/2014	-	02/05/2014

STF - Supremo Tribunal Federal

Tema	**1023**	Situação	**Trânsito em Julgado**	Órgão julgador	**Plenário Virtual - RG**
Questão Controvertida	Situações abrangidas pelo prazo decadencial previsto no art. 103 da Lei nº 8.213/91, tendo em vista a interpretação do termo revisão contido no referido dispositivo legal.				
Tese Firmada	É infraconstitucional, a ela se aplicando os efeitos da ausência de repercussão geral, a controvérsia relativa às situações abrangidas pelo prazo decadencial previsto no art. 103 da Lei nº 8.213/91 fundada na interpretação do termo revisão contido no referido dispositivo legal.				

Tema	**1023**	Situação	**Trânsito em Julgado**	Órgão julgador	**Plenário Virtual - RG**
Informações Complementares	SCAN ME				
Processo / Recurso	**Repercussão Geral**	**Relator (a)**	**Acórdão Publicado**	**Embargos Declaratórios**	**Trânsito em Julgado**
ARE 1172622	Não há RG - Matéria Infraconstitucional	MINISTRO(A) PRESIDENTE	15/04/2019	-	11/05/2019

1.6. ERRÔNEA APLICAÇÃO DA LEI PELA ADMINISTRAÇÃO

STF - Supremo Tribunal Federal

Tema	**632**	Situação	**Acórdão de Repercussão Geral publicado**	Órgão julgador	**Plenário Virtual - RG**
Questão Controvertida	Segurança jurídica e decadência para o Instituto Nacional do Seguro Social proceder à revisão do critério de reajuste de aposentadoria e pensão por morte, em virtude de alegado erro da Administração.				
Tese Firmada	-				
Informações Complementares	Há RG - Mérito Não Julgado.Recurso extraordinário em que se discute, à luz do artigo 5º, XXXVI, da Constituição Federal, a possibilidade de o INSS proceder, a qualquer tempo, à revisão do critério de reajuste da aposentadoria de ex-combatente e da correspondente pensão por morte, com fundamento em errônea aplicação da Lei 5.698/1971 pela Administração.				

Tema	632	Situação	**Acórdão de Repercussão Geral publicado**	Órgão julgador	**Plenário Virtual - RG**
Informações Complementares	SCAN ME				
Processo / Recurso	**Repercussão Geral**	**Relator (a)**	**Acórdão Publicado**	**Embargos Declaratórios**	**Trânsito em Julgado**
RE 699535	15/02/2013	LUIZ FUX	18/03/2013	-	-

1.7. SENTENÇA TRABALHISTA

STJ - Superior Tribunal de Justiça

Tema	1117	Situação	**Trânsito em Julgado**	Órgão julgador	**PRIMEIRA SEÇÃO**
Questão Controvertida	Definir se o prazo decadencial do direito à revisão da concessão de benefício previdenciário começa a fluir a partir do trânsito em julgado da sentença trabalhista que reconhece a inclusão de verbas remuneratórias nos salários de contribuição do segurado.				
Tese Firmada	O marco inicial da fluência do prazo decadencial, previsto no caput do art. 103 da Lei n. 8.213/1991, quando houver pedido de revisão da renda mensal inicial (RMI) para incluir verbas remuneratórias recebidas em ação trabalhista nos salários de contribuição que integraram o período básico de cálculo (PBC) do benefício, deve ser o trânsito em julgado da sentença na respectiva reclamatória.				
Informações Complementares	SCAN ME				

Tema	1117	Situação	**Trânsito em Julgado**	Órgão julgador	**PRIMEIRA SEÇÃO**	
Processo / Recurso		**Decisão de Afetação**	**Relator (a)**	**Acórdão Publicado**	**Embargos Declaratórios**	**Trânsito em Julgado**
REsp 1947419/ RS REsp 1947534/RS		17/11/2021	GURGEL DE FARIA	30/08/2022	-	26/10/2022

1.8. ART. 144 DA LBPS

STJ – Superior Tribunal de Justiça

- Informativo 748 – 12.09.2022

BENEFÍCIO PREVIDENCIÁRIO. REVISÃO. ART. 144 DA LEI N. 8.213/1991. DECADÊNCIA. PRAZO DECENAL. TERMO INICIAL. VIGÊNCIA DA MEDIDA PROVISÓRIA 1.523-9/1997. O direito à revisão de benefício previdenciário, com fundamento no art. 144 da a Lei n. 8.213/1991, submete-se ao prazo decadencial de dez anos, adotando-se como termo inicial a data da vigência da Medida Provisória 1.523-9/1997, o dia 28/06/1997 (AgInt no AREsp 2.013.778-RS, Rel. Min. Herman Benjamin, Segunda Turma, por unanimidade, julgado em 21/06/2022, Dje 27/06/2022).

1.9. REVISÃO DE INDEFERIMENTO, CANCELAMENTO OU CESSAÇÃO DE BENEFÍCIO

STJ – Superior Tribunal de Justiça

- Informativo 737 – 23.05.2022

PENSÃO POR MORTE. MUDANÇA DE PARADIGMA. ADI 6.096/DF – STF. PRAZO DECADENCIAL PARA A REVISÃO DO ATO DE INDEFERIMENTO, CANCELAMENTO OU CESSAÇÃO DE BENEFÍCIO PREVIDENCIÁRIO. ART. 24 DA LEI N. 13.846/2019 QUE DEU NOVA REDAÇÃO AO ART. 103 DA LEI N. 8.213/1991. INCONSTITUCIONALIDADE. SÚMULA 85/STJ. Não é possível inviabilizar o pedido de concessão do benefício previdenciário ou de seu restabelecimento em razão do transcurso de quaisquer lapsos temporais – seja decadencial ou prescricional (AgInt no Resp 1.805.428-PB,

Rel. Min. Manoel Erhardt (Desembargador convocado do TRF5), Primeira Turma, por unanimidade, julgado em 17/05/2022).

2. PRESCRIÇÃO

2.1. AÇÕES INDIVIDUAIS SOBRE OS TETOS DA EC 20/98 E 41/2003

STJ - Superior Tribunal de Justiça

<table>
<tr><td>Tema</td><td>1005</td><td>Situação</td><td>Trânsito em Julgado</td><td>Órgão julgador</td><td>Primeira Seção</td></tr>
<tr><td colspan="2">Questão Controvertida</td><td colspan="4">Fixação do termo inicial da prescrição quinquenal, para recebimento de parcelas de benefício previdenciário reconhecidas judicialmente, em ação individual ajuizada para adequação da renda mensal aos tetos fixados pelas Emendas Constitucionais 20/98 e 41/2003, cujo pedido coincide com aquele anteriormente formulado em ação civil pública.</td></tr>
<tr><td colspan="2">Tese Firmada</td><td colspan="4">Na ação de conhecimento individual, proposta com o objetivo de adequar a renda mensal do benefício previdenciário aos tetos fixados pelas Emendas Constitucionais 20/98 e 41/2003 e cujo pedido coincide com aquele anteriormente formulado em ação civil pública, a interrupção da prescrição quinquenal, para recebimento das parcelas vencidas, ocorre na data de ajuizamento da lide individual, salvo se requerida a sua suspensão, na forma do art. 104 da Lei 8.078/90.</td></tr>
<tr><td colspan="2">Informações Complementares</td><td colspan="4">Vide Controvérsia n. 64/STJ.
Afetação na sessão eletrônica iniciada em 12/12/2018 e finalizada em 18/12/2018 (Primeira Seção).
Há determinação de suspensão da tramitação de todos os processos pendentes, individuais ou coletivos, que versem sobre a questão, em todo o território nacional (acórdão publicado no DJe de 7/2/2019).
SCAN ME</td></tr>
<tr><td>Processo / Recurso</td><td>Decisão de Afetação</td><td>Relator (a)</td><td>Acórdão Publicado</td><td>Embargos Declaratórios</td><td>Trânsito em Julgado</td></tr>
<tr><td>REsp 1761874/ SC REsp 1766553/ SC REsp 1751667/RS</td><td>07/02/2019</td><td>ASSUSETE MAGALHÃES</td><td>01/07/2021</td><td>-</td><td>24/08/2021</td></tr>
</table>

2.2. REGRESSIVA CONTRA EMPREGADOR EM ACIDENTE DE TRABALHO

STJ - Superior Tribunal de Justiça

- Informativo 550 – 19.11.2014

DIREITO ADMINISTRATIVO. PRESCRIÇÃO DA PRETENSÃO DE REAVER VALORES DESPENDIDOS PELO INSS COM PENSÃO POR MORTE. Nas demandas ajuizadas pelo INSS contra o empregador do segurado falecido em acidente laboral, visando ao ressarcimento dos valores decorrentes do pagamento da pensão por morte, o termo a quo da prescrição quinquenal é a data da concessão do referido benefício previdenciário (REsp 1.457.646-PR, Rel. Min. Sérgio Kukina, julgado em 14/10/2014).

2.3. MARCO INTERRUPTIVO COM BASE NO MEMORANDO-CIRCULAR CONJUNTO 21

STJ - Superior Tribunal de Justiça

Tema	**1220**	Situação	**Afetado**	Órgão julgador	**PRIMEIRA SEÇÃO**
Questão Controvertida	Definir se o Memorando-Circular Conjunto 21/DIRBEN/PFEINSS configura marco interruptivo do prazo prescricional das demandas de revisão de benefício previdenciário, nos termos do art. 202, VI, do Código Civil.				
Tese Firmada	-				
Informações Complementares	Há determinação da suspensão do processamento de todos os processos, individuais ou coletivos, que versem sobre a mesma matéria, nos quais tenha havido a interposição de recurso especial ou de agravo em recurso especial, na Segunda Instância, ou que estejam em tramitação no STJ, respeitada, no último caso, a orientação prevista no art. 256-L do RISTJ. SCAN ME				
Processo / Recurso	**Decisão de Afetação**	**Relator (a)**	**Acórdão Publicado**	**Embargos Declaratórios**	**Trânsito em Julgado**
REsp 1826796/SC	08/11/2023	TEODORO SILVA SANTOS	-	-	-

CAPÍTULO 2 – CÁLCULO DA RENDA MENSAL INICIAL

1. CONJUGAÇÃO DE VANTAGENS DE REGIMES PREVIDENCIÁRIOS DISTINTOS

STF - Supremo Tribunal Federal

Tema	70	Situação	**Trânsito em Julgado**	Órgão julgador	**Tribunal Pleno**
Questão Controvertida	Possibilidade de conjugar vantagens de dois regimes previdenciários distintos para cálculo do benefício de aposentadoria.				
Tese Firmada	Na sistemática de cálculo dos benefícios previdenciários, não é lícito ao segurado conjugar as vantagens do novo sistema com aquelas aplicáveis ao anterior, porquanto inexiste direito adquirido a determinado regime jurídico.				
Informações Complementares	SCAN ME				

Processo / Recurso	**Repercussão Geral**	**Relator (a)**	**Acórdão Publicado**	**Embargos Declaratórios**	**Trânsito em Julgado**
RE 575089	26/04/2008	RICARDO LEWANDOWSKI	24/10/2008	-	06/11/2008

2. CÁLCULO DA APOSENTADORIA PROPORCIONAL

STF - Supremo Tribunal Federal

Tema	**893**	**Situação**	**Trânsito em Julgado**	**Órgão julgador**	**Plenário Virtual - RG**
Questão Controvertida	Validade do critério de cálculo da aposentadoria proporcional previsto no art. 53, I e II, da Lei 8.213/1991.				

Tema	**893**	**Situação**	**Trânsito em Julgado**	**Órgão julgador**	**Plenário Virtual - RG**
Tese Firmada	A questão relativa à validade do critério de cálculo da aposentadoria proporcional previsto no art. 53, I e II, da Lei 8.213/1991 tem natureza infraconstitucional e a ela atribuem-se os efeitos da ausência de repercussão geral, nos termos do precedente fixado no RE 584.608, Relatora a Ministra Ellen Gracie, DJe 13/3/2009.				
Informações Complementares					
Processo / Recurso	**Repercussão Geral**	**Relator (a)**	**Acórdão Publicado**	**Embargos Declaratórios**	**Trânsito em Julgado**
AI 864188	Não há RG - Matéria Infraconstitucional	MINISTRO(A) PRESIDENTE	24/06/2016	-	11/08/2016

3. ATIVIDADES CONCOMITANTES

STJ - Superior Tribunal de Justiça

Tema	**1070**	Situação	**Trânsito em Julgado**	Órgão julgador	**PRIMEIRA SEÇÃO**
Questão Controvertida	Possibilidade, ou não, de sempre se somar as contribuições previdenciárias para integrar o salário-de-contribuição, nos casos de atividades concomitantes (artigo 32 da Lei n. 8.213/91), após o advento da Lei 9.876/99, que extinguiu as escalas de salário-base.				
Tese Firmada	Após o advento da Lei 9.876/99, e para fins de cálculo do benefício de aposentadoria, no caso do exercício de atividades concomitantes pelo segurado, o salário-de-contribuição deverá ser composto da soma de todas as contribuições previdenciárias por ele vertidas ao sistema, respeitado o teto previdenciário.				

Informações Complementares	SCAN ME				
Processo / Recurso	**Decisão de Afetação**	**Relator (a)**	**Acórdão Publicado**	**Embargos Declaratórios**	**Trânsito em Julgado**
REsp 1870793/RS **REsp 1870815/PR** **REsp 1870891/PR**	16/10/2020	SÉRGIO KUKINA	24/05/2022	01/06/2022	13/02/2023

- Informativo 565 – 07.08.2015

DIREITO PREVIDENCIÁRIO. CÁLCULO DO SALÁRIO DE BENEFÍCIO DECORRENTE DE ATIVIDADES CONCOMITANTES PRESTADAS EM REGIMES DIVERSOS. O segurado que tenha preenchido os requisitos para aposentadoria pelo RGPS e que tiver desenvolvido concomitante atividade secundária por regime Próprio da Previdência Social (RPPS), sem, no entanto, preencher os requisitos para concessão do benefício neste regime, tem direito que seu salário de benefício seja calculado com base na soma dos salários de contribuição da atividade principal, acrescido de percentual da média do salário de contribuição da atividade concomitante, nos termos do art. 32, II, "a" e "b", e III, da Lei 8.213/1991 (REsp 1.428.981-PR, Rel. Min. Humberto Martins, julgado em 2/6/2015, DJe 6/8/2015).

4. DÉCIMO TERCEIRO INTEGRANTE DO SALÁRIO DE BENEFÍCIO

STJ - Superior Tribunal de Justiça

Tema	**904**	**Situação**	**Trânsito em Julgado**	**Órgão julgador**	**Primeira Seção**
Questão Controvertida	Cinge-se a controvérsia à possibilidade de inclusão do décimo-terceiro salário na base de cálculo do valor do benefício previdenciário até a vigência da Lei n. 8.870/94.				

Tema	**904**	**Situação**	**Trânsito em Julgado**	**Órgão julgador**	**Primeira Seção**
Tese Firmada	O décimo terceiro salário (gratificação natalina) somente integra o cálculo do salário de benefício, nos termos da redação original do § 7º do art. 28 da Lei 8.212/1991 e § 3º do art. 29 da Lei n. 8.213/1991, quando os requisitos para a concessão do benefício forem preenchidos em data anterior à publicação da Lei n. 8.870/1994, que expressamente excluiu o décimo terceiro salário do cálculo da Renda Mensal Inicial (RMI), independentemente de o Período Básico de Cálculo (PBC) do benefício estar, parcialmente, dentro do período de vigência da legislação revogada.				
Informações Complementares	SCAN ME				
Repercussão Geral	Tema 695/STF - Inclusão do décimo terceiro salário no cálculo do salário de benefício para apuração da Renda Mensal Inicial (RMI).				
Processo / Recurso	**Decisão de Afetação**	**Relator (a)**	**Acórdão Publicado**	**Embargos Declaratórios**	**Trânsito em Julgado**
REsp 1546680/RS	14/09/2015	OG FERNANDES	17/05/2017	-	10/08/2017

STF - Supremo Tribunal Federal

Tema	**695**	**Situação**	**Trânsito em Julgado**	**Órgão julgador**	**Plenário Virtual - RG**
Questão Controvertida	Inclusão do décimo terceiro salário no cálculo do salário de benefício para apuração da Renda Mensal Inicial (RMI).				
Tese Firmada	A questão relativa à inclusão, ou não, da gratificação natalina (décimo terceiro salário) no cálculo do salário de benefício para apuração da Renda Mensal Inicial (RMI) tem natureza infraconstitucional e a ela atribuem-se os efeitos da ausência de repercussão geral, nos termos do precedente fixado no RE 584.608, Relatora a Ministra Ellen Gracie, DJe 13/3/2009.				
Informações Complementares	SCAN ME				

Tema	**695**	**Situação**	**Trânsito em Julgado**	**Órgão julgador**	**Plenário Virtual - RG**

Processo / Recurso	**Repercussão Geral**	**Relator (a)**	**Acórdão Publicado**	**Embargos Declaratórios**	**Trânsito em Julgado**
ARE 778547	Não há RG - Matéria Infraconstitucional	RICARDO LEWANDOWSKI	05/12/2013	-	11/02/2014

5. CRITÉRIO DE CÁLCULO DA RENDA MENSAL INICIAL (RMI)

STF - Supremo Tribunal Federal

Tema	**406**	Situação	**Trânsito em Julgado**	Órgão julgador	**Plenário Virtual - RG**

Questão Controvertida	Critérios para o cálculo da renda mensal inicial de benefício previdenciário.
Tese Firmada	A questão constitucional do direito ao recálculo da média aritmética simples, considerados os quarenta e oito (48) maiores salários de contribuição que compõem o período básico de cálculo, com renúncia aos de menor expressão econômica, não tem repercussão geral, pois não atingido quórum mínimo de oito votos para reconhecimento do tema como matéria infraconstitucional (Regimento Interno do Supremo Tribunal Federal - RISTF, art. 324, § 2º).
Informações Complementares	SCAN ME

Processo / Recurso	**Repercussão Geral**	**Relator (a)**	**Acórdão Publicado**	**Embargos Declaratórios**	**Trânsito em Julgado**
AI 843287	Não há RG - Matéria Infraconstitucional	MINISTRO(A) PRESIDENTE	01/09/2011	-	01/09/2011

6. LIMITES MÁXIMO E MÍNIMO DO SALÁRIO-DE-BENEFÍCIO

STJ - Superior Tribunal de Justiça

<table>
<tr><td>Tema</td><td>148</td><td>Situação</td><td colspan="2">Trânsito em Julgado</td><td>Órgão julgador</td><td>Terceira Seção</td></tr>
<tr><td colspan="2">Questão Controvertida</td><td colspan="5">Questão referente à restrição do valor do benefício previdenciário de prestação continuada ao limite máximo do salário-de-benefício na data de início do benefício.</td></tr>
<tr><td colspan="2">Tese Firmada</td><td colspan="5">O Plano de Benefícios da Previdência Social - PBPS, dando cumprimento ao art. 202, caput, da Constituição Federal (redação original), definiu o valor mínimo do salário-de-benefício, nunca inferior ao salário-mínimo, e seu limite máximo, nunca superior ao limite máximo do salário-de-contribuição.</td></tr>
<tr><td colspan="2">Informações Complementares</td><td colspan="5">SCAN ME</td></tr>
<tr><td colspan="2">Processo / Recurso</td><td>Decisão de Afetação</td><td>Relator (a)</td><td>Acórdão Publicado</td><td>Embargos Declaratórios</td><td>Trânsito em Julgado</td></tr>
<tr><td colspan="2">REsp 1112574/MG</td><td>11/05/2009</td><td>FELIX FISCHER</td><td>11/09/2009</td><td>-</td><td>14/10/2009</td></tr>
</table>

7. ÍNDICES DE REAJUSTAMENTO

STJ - Superior Tribunal de Justiça

- Informativo 508 – 14.11.2012

DIREITO PREVIDENCIÁRIO. ÍNDICES DE REAJUSTAMENTO DOS BENEFÍCIOS PREVIDENCIÁRIOS. Os reajustamentos dos benefícios previdenciários devem ser feitos de acordo com os critérios estabelecidos no art. 41 da Lei n. 8.213/1991, não sendo possível a utilização dos mesmos índices previstos para reajuste dos benefícios de valor mínimo, dos salários de contribuição ou do art. 58 do ADCT (AREsp 168.279-MG, Rel. Min. Herman Benjamin, julgado em 18/10/2012).

8. ÍNDICE DE REAJUSTE PARA PRESERVAÇÃO DO VALOR REAL DO BENEFÍCIO

STF - Supremo Tribunal Federal

Tema	824	Situação	Trânsito em Julgado	Órgão julgador	Plenário Virtual - RG
Questão Controvertida	Índice de reajuste aplicável aos benefícios previdenciários a fim de preservar o seu valor real.				
Tese Firmada	A questão relativa ao índice de reajuste aplicável aos benefícios previdenciários a fim de preservar o seu valor real tem natureza infraconstitucional e a ela atribuem-se os efeitos da ausência de repercussão geral, nos termos do precedente fixado no RE 584.608, Relatora a Ministra Ellen Gracie, DJe 13/3/2009.				
Informações Complementares	SCAN ME				
Processo / Recurso	**Repercussão Geral**	**Relator (a)**	**Acórdão Publicado**	**Embargos Declaratórios**	**Trânsito em Julgado**
ARE 888938	Não há RG - Matéria Infraconstitucional	MINISTRO (A) PRESIDENTE	29/06/2015	-	13/08/2015

9. LEGITIMIDADE ATIVA DOS SUCESSORES PARA REVISAR BENEFÍCIO ORIGINÁRIO

STJ - Superior Tribunal de Justiça

Tema	1057	Situação	Trânsito em julgado	Órgão julgador	PRIMEIRA SEÇÃO
Questão Controvertida	Possibilidade do reconhecimento da legitimidade ativa "ad causam" de pensionistas e sucessores para, em ordem de preferência, propor, em nome próprio, à falta de requerimento do segurado em vida, ação revisional da aposentadoria do "de cujus", com o objetivo de redefinir a renda mensal da pensão por morte - quando existente -, e, por conseguinte, receber, além das diferenças resultantes do recálculo do eventual pensionamento, os valores devidos e não pagos pela Administração ao instituidor quando vivo, referentes à readequação do benefício originário, a teor do disposto no art. 112 da Lei n. 8.213/1991.				

Tema	**1057**	Situação	**Trânsito em julgado**	Órgão julgador	**PRIMEIRA SEÇÃO**
Tese Firmada	I. O disposto no art. 112 da Lei n. 8.213/1991 é aplicável aos âmbitos judicial e administrativo; II. Os pensionistas detêm legitimidade ativa para pleitear, por direito próprio, a revisão do benefício derivado (pensão por morte) - caso não alcançada pela decadência -, fazendo jus a diferenças pecuniárias pretéritas não prescritas, decorrentes da pensão recalculada; III. Caso não decaído o direito de revisar a renda mensal inicial do benefício originário do segurado instituidor, os pensionistas poderão postular a revisão da aposentadoria, a fim de auferirem eventuais parcelas não prescritas resultantes da readequação do benefício original, bem como os reflexos na graduação econômica da pensão por morte; e IV. À falta de dependentes legais habilitados à pensão por morte, os sucessores (herdeiros) do segurado instituidor, definidos na lei civil, são partes legítimas para pleitear, por ação e em nome próprios, a revisão do benefício original - salvo se decaído o direito ao instituidor - e, por conseguinte, de haverem eventuais diferenças pecuniárias não prescritas, oriundas do recálculo da aposentadoria do de cujus.				
Informações Complementares	Há determinação de "suspensão dos recursos especiais e agravos em recurso especial envolvendo a matéria, em segunda instância e/ou no Superior Tribunal de Justiça, bem como nas Turmas Recursais do Juizados Especiais Federais" (acórdão publicado no DJe de 29/6/2020). SCAN ME				
Processo / Recurso	**Decisão de Afetação**	**Relator (a)**	**Acórdão Publicado**	**Embargos Declaratórios**	**Trânsito em Julgado**
REsp 1856967/ES **REsp 1856968/ES** **REsp 1856969/RJ**	29/06/2020	REGINA HELENA COSTA	28/06/2021	22/11/2021	04/03/2022

CAPÍTULO 3 - REVISIONAIS ESPECÍFICAS

1. OTN / ORTN

STJ - Superior Tribunal de Justiça

Tema	**186, 187,188 e 189**	**Situação**	**Trânsito em Julgado**	**Órgão julgador**	**Terceira Seção**
Questão Controvertida	Benefício concedido antes da constituição federal vigente. Salário-de--contribuição. Correção monetária.				
Tese Firmada	É incabível a correção monetária dos salários de contribuição considerados no cálculo do salário de benefício de auxílio-doença, aposentadoria por invalidez, pensão ou auxílio-reclusão concedidos antes da vigência da CF/1988.				
Informações Complementares	É incabível a correção dos 24 (vinte e quatro) salários de contribuição anteriores aos 12 (doze) últimos pela variação da ORTN/OTN, quando o pedido de revisão de benefício se referir ao auxílio-doença, concedido antes da vigente Lei Maior. SCAN ME				
Súmula Originada do Tema	Súmula 456/STJ				
Processo / Recurso	**Decisão de Afetação**	**Relator (a)**	**Acórdão Publicado**	**Embargos Declaratórios**	**Trânsito em Julgado**
REsp 1113983/RN	29/06/2009	LAURITA VAZ	05/05/2010	02/08/2010	02/09/2010

2. SÚMULA 260 DO EXTINTO TFR

STJ - Superior Tribunal de Justiça

- Informativo 44 – 17.12.1999

BENEFÍCIO PREVIDENCIÁRIO. SÚMULA N.º 260 DO TFR. "Que a Súmula 260/TFR somente é aplicada aos benefícios concedidos antes da Constituição de 1988, entretanto, tal Súmula não vincula o valor do benefício ao salário mínimo, ou seja: a Súmula 260 não é sinônimo de equivalência salarial." "É inaplicável a Súmula 260/TFR aos benefícios concedidos após a Constituição de 1988, pois, a partir de então é de ser obedecido o critério estabelecido na legislação previdenciária vigente (artigo 41, II, da Lei 8.213/91 e legislação posterior)." "Que o critério de equivalência ao salário mínimo estampado no artigo 58 do ADCT se aplica somente aos benefícios em manutenção em outubro de 1988, e apenas entre abril de 1989 (04/89 – sétimo mês a contar da promulgação) e dezembro de 1991 (regulamentação dos planos de custeio e benefícios)." "Que os benefícios de prestação continuada, concedidos no período de 05 de outubro de 1988 a 5 de abril de 1991, devem ter sua renda mensal recalculada e reajustada, consoante as normas estabelecidas no caput e parágrafo único do artigo 144 da Lei 8.213/91." EREsp 192.463-RJ, EREsp 194.444-RJ, EREsp 194.873-RJ, EREsp 199.315-RJ, EREsp 199.337-RJ, EREsp 204.265-RJ, EREsp 194.809-RJ, EREsp 194.833-RJ e EREsp 194.208-RJ, Rel. Min. José Arnaldo da Fonseca, julgados em 13/12/1999.

STF - Supremo Tribunal Federal

- Informativo 138 – 19.02.1999

PREVIDÊNCIA SOCIAL. Esta Primeira Turma, ao julgar o RE 231.412, que tratava de hipótese análoga à presente, decidiu que o artigo 41, II, da Lei 8213/91 (posteriormente revogado pela Lei 8.542/92), ao determinar que os valores dos benefícios em manutenção serão reajustados de acordo com as suas respectivas datas, com base na variação integral do INPC, não infringiu o disposto nos arts. 194, IV, e 201, § 2º, da Constituição, que asseguram, respectivamente, a irredutibilidade do valor dos benefícios e a preservação do seu valor real, porquanto, se na fixação da renda mensal inicial já se leva em conta o valor atualizado da média dos trinta e seis últimos salários de contribuição (art. 202, "caput", da Carta Magna), não há justificativa para que se continue a aplicar o critério previsto na súmula 260 do extinto Tribunal Federal de Recursos ("no primeiro reajuste do benefício previdenciário, deve-se aplicar o índice integral do aumento verificado, independentemente do mês de concessão") (RE N. 218.827-PB).

- Informativo 119 – 21.08.1998

REAJUSTE INICIAL DE APOSENTADORIA. O critério de reajuste inicial de aposentadoria previdenciária fixado pelo art. 41, II, da Lei 8.213/91 ("Art. 41. O reajustamento dos valores de benefício obedece às seguintes ordens: ... II – os valores dos benefícios em manutenção serão reajustados, de acordo com as suas respectivas datas de início, com base na variação integral do INPC, calculado pelo IBGE, nas mesmas épocas em que o salário mínimo for alterado, pelo índice da cesta básica ou substituto eventual."), não ofende as garantias da irredutibilidade do valor dos benefícios e da preservação do seu valor real (CF, arts. 194, IV e 201, § 2º). Com esse entendimento, a Turma afastou a tese de inconstitucionalidade do mencionado art. 41, II, mediante a qual se pretendia, por via de conseqüência, a subsistência da Súmula 260 do extinto TFR ("No primeiro reajuste do benefício previdenciário, deve-se aplicar o índice integral do aumento verificado, independentemente do mês da concessão, ...") (RE 231.412-RS).

3. ART. 58 DO ADCT

3.1. CORREÇÃO MONETÁRIA COM BASE NO SALÁRIO-MÍNIMO

STF - Supremo Tribunal Federal

- Informativo 233 – 22.06.2001

PREVIDÊNCIA SOCIAL. CORREÇÃO DOS BENEFÍCIOS COM BASE NO SALÁRIO MÍNIMO.

No caso, até a promulgação da atual Constituição, o acórdão recorrido mandou aplicar, com o entendimento que lhe deu, o critério da súmula 260 do extinto Tribunal Federal de Recursos, que se funda na legislação infraconstitucional, não havendo o prequestionamento de questão constitucional a esse respeito. Já no período que vai da promulgação da Carta Magna até o sétimo mês após a sua vigência, a revisão em causa vinculada ao salário--mínimo viola o disposto no artigo 58 do ADCT, porque se este só determinou esse critério de revisão a partir do sétimo mês após a promulgação da Constituição é porque a partir desta até esse sétimo mês tal critério não é admitido por ele. Segue-se o período que vai do sétimo mês depois da promulgação da Carta Magna até a implantação do plano de custeio e benefícios que ocorreu com a entrada em vigor da Lei 8.213/91, no qual a correção dos benefícios com base no salário-mínimo decorre da aplicação do artigo 58 do ADCT. A partir, porém, da vigência da referida Lei, esse critério de correção vinculada ao salário-mínimo ofende o disposto na parte final do § 2º do artigo 201 da Constituição e no artigo 58 do ADCT. Recurso extraordinário conhecido em parte, e nela provido (RE N. 291.876-RJ).

- Informativo 145 (16.04.1999) e 140 (05.03.1999)

BENEFÍCIO PREVIDENCIÁRIO: REAJUSTE CONFORME A VARIAÇÃO DO SALÁRIO-MÍNIMO. 1 – Não contraria o art. 58 ADCT o acórdão que, embora determine o reajuste do benefício previdenciário com base na variação do salário-mínimo antes do sétimo mês de vigência da Constituição, fundamenta-se, com pertinência ou não, em súmula de jurisprudência do extinto TFR baseada em direito pré-constitucional. 2 – Viola, porém, o art. 58 ADCT e contraria também o art. 201, § 2º, da Constituição, o acórdão que mantém a vinculação do benefício previdenciário ao salário-mínimo após cessada, com "a implantação do plano de custeio e benefícios" (L. 8.213/91), a eficácia temporal daquela disposição transitória (RE N. 234.202-RJ).

3.2. SALÁRIO-MÍNIMO DE REFERÊNCIA

STF - Supremo Tribunal Federal

- Informativo 317 – 22.08.2003

REVISÃO DE BENEFÍCIO PREVIDENCIÁRIO. Para fins da revisão de benefícios previdenciários disposta no art. 58 do ADCT, deve ser considerado o salário mínimo vigente na data do pagamento da primeira parcela do benefício, e não o que estava em vigor no mês do último salário de contribuição (CF, ADCT, art. 58: "Os benefícios de prestação continuada, mantidos pela previdência social na data da promulgação da Constituição, terão seus valores revistos, a fim de que seja restabelecido o poder aquisitivo, expresso em número de salários mínimos, que tinham na data de sua concessão, obedecendo-se a esse critério de atualização até a implantação do plano de custeio e benefícios referidos no artigo seguinte.") (RE 386.064-SP e RE 386.070-SP).

- Informativo 202 - 15.09.2000

REVISÃO DE BENEFÍCIO PREVIDENCIÁRIO. Para fins da revisão de benefícios previdenciários disposta no art. 58 do ADCT, deve ser considerado o salário mínimo vigente na data do pagamento da primeira parcela do benefício, e não o que estava em vigor no mês do último salário de contribuição (CF, art. 58: "Os benefícios de prestação continuada, mantidos pela previdência social na data da promulgação da Constituição, terão seus valores revistos, a fim de que seja restabelecido o poder aquisitivo, expresso em número de salários-mínimos, que tinham na data de sua concessão, obedecendo-se a esse critério de atualização até a implantação do plano de custeio e benefícios referidos no artigo seguinte.") (RE 205.417-SP).

3.3. PISO NACIONAL DE SALÁRIOS

STJ - Superior Tribunal de Justiça

- Informativo 444 – 27.08.2010

REVISÃO. BENEFÍCIO. PISO NACIONAL. SALÁRIOS. A revisão de benefícios previdenciários, estabelecida no art. 58 do ADCT, deve ser realizada com base no Piso Nacional de Salários, devendo o salário-mínimo de referência ser utilizado apenas no período de setembro de 1987 até março de 1989, ou seja, durante a vigência do DL n. 2.351/1987 (AR 3.718-SP, Rel. Min. Felix Fischer, julgada em 25/8/2010).

3.4. LIMITAÇÃO

STF - Supremo Tribunal Federal

- Informativo 419 (17.03.2006) e 297 (14.02.2003)

BENEFÍCIO PREVIDENCIÁRIO - ARTIGO 58 DO ATO DAS DISPOSIÇÕES TRANSITÓRIAS DA CARTA DE 1988 - INCIDÊNCIA - LIMITAÇÃO. Pacificou-se a jurisprudência do Supremo Tribunal Federal no sentido de o texto do artigo 58 do Ato das Disposições Transitórias da Carta de 1988 apenas ser adequado a benefícios outorgados em data anterior à promulgação do diploma. Precedente: Recurso Extraordinário nº 199.994-2/SP, com acórdão redigido pelo ministro Maurício Corrêa e publicado no Diário da Justiça de 12 de novembro de 1999 (AR N. 1.444-SP).

3.5. CRITÉRIO DA EQUIVALÊNCIA SALARIAL

STF - Supremo Tribunal Federal

- Informativo 275 (02.08.2002), 267 (10.05.2002) e 258 (01.03.2002)

EMBARGOS DE DIVERGÊNCIA NO RECURSO EXTRAORDINÁRIO. BENEFÍCIO PREVIDENCIÁRIO. ADCT-CF/88, ARTIGO 58. APLICAÇÃO DO CRITÉRIO DA EQUIVALÊNCIA SALARIAL. Auxílio-doença convertido em aposentadoria por invalidez antes da promulgação da Constituição Federal. Critério de revisão previsto no artigo 58 do ADCT-CF/88. Incidência, a partir do sétimo mês da vigência da Constituição, sobre o valor percebido em razão da aposentadoria e não daquele recebido em virtude do auxílio-doença (RE (EDV) N. 259.956-SP).

- Informativo 170 (12.11.1999) e 89 (24.10.1997)

RECURSO EXTRAORDINÁRIO. CONSTITUCIONAL. PREVIDENCIÁRIO. BENEFÍCIO CONCEDIDO ANTERIORMENTE À PROMULGAÇÃO DA CARTA FEDERAL DE 1988. CRITÉRIO A EQUIVALÊNCIA SALARIAL. INAPLICABILIDADE. PRESERVAÇÃO DO VALOR REAL DO BENEFÍCIO. LEGISLAÇÃO INFRACONSTITUCIONAL. OBSERVÂNCIA. 1. Benefício de prestação continuada, deferido pela Previdência Social sob a égide da Carta Federal vigente. Inaplicabilidade do critério da equivalência salarial previsto no artigo 58 do ADCT-CF/88. 2. Reajuste de benefício previdenciário. Superveniência das leis de custeio e benefícios. Integralização legislativa. A Constituição Federal assegurou tão-somente o direito ao reajustamento, outorgando ao legislador ordinário a fixação dos critérios para a preservação do seu valor real. Recurso extraordinário conhecido e provido (RE 199.994-2).

4. REVISÃO NO PERÍODO DO "BURACO NEGRO"

STJ - Superior Tribunal de Justiça

Tema	**951**	Situação	**Cancelado**	Órgão julgador	**Primeira Seção**
Questão Controvertida	(a) Análise da sistemática de cálculo da renda mensal inicial no período de vigência da Consolidação das Leis da Previdência Social de 1984; e(b) A incidência dos critérios elencados no art. 144 da Lei 8.213/91 e, consequentemente, a possibilidade de se mesclar as regras de cálculos ínsitas na legislação revogada com a nova aos benefícios concedidos no denominado período Buraco Negro.				
Tese Firmada	-				
Informações Complementares	Afetado na sessão eletrônica iniciada em 09/05/2018 e finalizada em 15/05/2018 (Primeira Seção). A Primeira Seção, na sessão de julgamento realizada em 23/6/2021, acolheu a questão de ordem para desafetar os recursos especiais apresentados como representativos da controvérsia, nos termos do voto do Sr. Ministro Relator. Tema cancelado por determinação do Desembargador convocado do TRF5 Manoel Erhardt (sucessor de acervo), memorando SEI 036180/2022, nos seguintes termos: "[...] tendo em vista que a controvérsia pertinente à incidência dos critérios elencados no art. 144 da Lei 8.213/1991 e, consequentemente, a possibilidade de se mesclar as regras de cálculos ínsitas na legislação revogada com a nova aos benefícios concedidos no denominado período Buraco Negro, foi decidida pelo Colendo Supremo Tribunal Federal, em Repercussão Geral no Recurso Extraordinário 937.595/SP - Tema 930, no qual se decidiu que a questão tem natureza eminentemente constitucional." SCAN ME				
Súmula Originada do Tema	Súmula 456/STJ				
Processo / Recurso	**Decisão de Afetação**	**Relator (a)**	**Acórdão Publicado**	**Embargos Declaratórios**	**Trânsito em Julgado**
REsp 1589069/SP e REsp 1595745/SP	29/06/2018	NAPOLEÃO NUNES MAIA FILHO	-	-	-

- Informativo 508 – 14.11.2012

DIREITO PREVIDENCIÁRIO. REVISÃO DA RENDA MENSAL INICIAL. BURACO NEGRO. A revisão da renda mensal inicial prevista no art. 144 da Lei n. 8.213/1991 é devida aos benefícios concedidos entre 5/10/1988 e 5/4/1991, independentemente da legislação utilizada para a concessão do benefício previdenciário (AgRg no REsp 1.324.507-SC, Rel. Min. Humberto Martins, julgado em 18/10/2012).

5. UNIDADE DE VALOR REAL (URV)

STF - Supremo Tribunal Federal

- Informativo 548 (29.05.2009) e 542 (17.04.2009)

AÇÃO DIRETA DE INCONSTITUCIONALIDADE. ARTS. 20, INC. I E II, §§ 1º, 2º, 3º E 6º, E 21, § 1º, DA LEI N. 8.880/1994. PROGRAMA DE ESTABILIZAÇÃO ECONÔMICA. SISTEMA MONETÁRIO NACIONAL. CONVERSÃO DE BENEFÍCIO PREVIDENCIÁRIO EM UNIDADE REAL DE VALOR – URV. MANUTENÇÃO DE SEU VALOR REAL. 1. Impossibilidade de argüição genérica da inconstitucionalidade de dispositivos legais. Ação não conhecida quantos aos 20, inc. II, §§ 1º, 2º, 3º e 6º e 21, § 1º, da Lei n. 8.880/1994, porque a Autora não explicitou as razões pelas quais as normas apontadas estariam a contrariar a Constituição da República. 2. Inviabilidade do exame da constitucionalidade do art. 21, § 1º, da Lei n. 8.880/94 porque análise demanda o cotejo entre o seu conteúdo e a interpretação conferida às Leis ns. 8.212/1991 e 8.213/1991. 3. Constitucionalidade da conversão de benefícios previdenciários em Unidade de Valor Real – URV. Inocorrência de afronta aos princípios do direito adquirido (art. 5º, inc. XXXVI), da preservação do valor real dos benefícios (art. 201, § 4º) e da sua irredutibilidade (art. 194, inc. IV). Precedentes. 4. Ação Direta de Inconstitucionalidade parcialmente conhecida e, nessa parte, julgada improcedente (ADI N. 2.536-DF).

- Informativo 314 (01.07.2003) e 283 (27.09.2002)

RECURSO EXTRAORDINÁRIO. CONSTITUCIONAL. PREVIDENCIÁRIO. LEIS 8542/92 E 8700/93. CONVERSÃO DO BENEFÍCIO

PARA URV. CONSTITUCIONALIDADE DA PALAVRA "NOMINAL" CONTIDA NO INCISO I DO ARTIGO 20 DA LEI 8880/94. ALEGAÇÃO PROCEDENTE. 1. O legislador ordinário, considerando que em janeiro de 1994 os benefícios previdenciários teriam os seus valores reajustados, e que no mês subseqüente se daria a antecipação correspondente à parcela que excedesse a 10% (dez por cento) da variação da inflação do mês anterior, houve por bem determinar que na época da conversão da moeda para Unidade Real de Valor fosse observada a média aritmética das rendas nominais referentes às competências de novembro e dezembro de 1993 e janeiro e fevereiro de 1994, período que antecedeu a implantação do Plano Real, dado que a URV traduzia a inflação diária. 2. Conversão do benefício para URV. Observância das Leis 8542/92, 8700/93 e 8880/94. Inconstitucionalidade da palavra nominal contida no inciso I do artigo 20 da Lei 8880/94, por ofensa à garantia constitucional do direito adquirido (CF, artigo 5º, XXXVI). Improcedência. O referido vocábulo apenas traduz a vontade do legislador de que no cálculo da média aritmética do valor a ser convertido para a nova moeda fossem considerados os reajustes e antecipações efetivamente concedidos nos meses de novembro e dezembro de 1993 e janeiro e fevereiro de 1994. Recurso extraordinário conhecido e provido (RE 313.382-SC).

6. IRSM

6.1. SALÁRIO DE CONTRIBUIÇÃO EM FEVEREIRO DE 1994

STJ - Superior Tribunal de Justiça

- Informativo 69 – 08.09.2000

SALÁRIO DE CONTRIBUIÇÃO. IRSM. FEVEREIRO DE 1994. Para fins de apuração de renda mensal inicial, deve ser aplicado ao salário de contribuição o IRSM integral de fevereiro de 1994, da ordem de 39,67%, antes da conversão em URV, como já ficou assentado em recente julgamento da Terceira Seção (EREsp 226.777-SC) (REsp 262.256-SC, Rel. Min. Fernando Gonçalves, julgado em 5/9/2000).

6.2. AUXÍLIO-DOENÇA EM INVALIDEZ SEM RETORNO AO LABOR

STJ - Superior Tribunal de Justiça

- Informativo 349 – 28.03.2008

BENEFÍCIO PREVIDENCIÁRIO. AUXÍLIO-DOENÇA. O cerne da questão é a possibilidade de se aplicar ou não a variação do IRSM de fevereiro de 1994 para a correção do salário-de-contribuição no cálculo de salário-benefício da aposentadoria por invalidez, tendo em vista o benefício ser originário de auxílio-doença, ou seja, o segurado não retornou à atividade e, conseqüentemente, não voltou a contribuir. A Turma, prosseguindo o julgamento, proveu o recurso do INSS ao fundamento de que, tendo sido o auxílio-doença posteriormente transformado em aposentadoria por invalidez, concedida em 12/6/1989, foram utilizados, para o cálculo do salário-de-benefício, os salários-de-contribuição anteriores a essa data, o que, por óbvio, não abrangeu a competência de fevereiro de 1994, no período básico do cálculo, motivo pelo qual o segurado não faz jus à pleiteada revisão prevista na MP n. 201/2004 (REsp 994.732-SP, Rel. Min. Napoleão Nunes Maia Filho, julgado em 27/3/2008).

6.3. FASE DE LIQUIDAÇÃO DE SENTENÇA

STJ - Superior Tribunal de Justiça

- Informativo 534 – 26.02.2014

DIREITO PREVIDENCIÁRIO E PROCESSUAL CIVIL. INCLUSÃO DE EXPURGOS INFLACIONÁRIOS EM FASE DE LIQUIDAÇÃO DE SENTENÇA. O Índice de Reajuste do Salário Mínimo (IRSM) do mês de fevereiro de 1994 pode ser incluído no cálculo da Renda Mensal Inicial (RMI) de benefício previdenciário na fase de liquidação de sentença, ainda que sua inclusão não tenha sido discutida na fase de conhecimento (REsp 1.423.027-PR, Rel. Min. Humberto Martins, julgado em 6/2/2014).

7. IGP-DI

STF - Supremo Tribunal Federal

- Informativo 322 (26.09.2003) e 319 (05.09.2003)

CONSTITUCIONAL. PREVIDENCIÁRIO. BENEFÍCIOS: REAJUSTE: 1997, 1999, 2000 e 2001. Lei 9.711/98, arts. 12 e 13; Lei 9.971/2000, §§ 2º e 3º do art. 4º; Med. Prov. 2.187-13, de 24.8.01, art. 1º; Decreto 3.826, de 31.5.01, art. 1º. C.F., art. 201, § 4º. I.– Índices adotados para reajustamento dos benefícios: Lei 9.711/98, artigos 12 e 13; Lei 9.971/2000, §§ 2º e 3º do art. 4º; Med. Prov. 2.187-13, de 24.8.01, art. 1º; Decreto 3.826/01, art. 1º: inocorrência de inconstitucionalidade. II.– A presunção de constitucionalidade da legislação infraconstitucional realizadora do reajuste previsto no art. 201, § 4º, C.F., somente pode ser elidida mediante demonstração da impropriedade do percentual adotado para o reajuste. Os percentuais adotados excederam os índices do INPC ou destes ficaram abaixo, num dos exercícios, em percentual desprezível e explicável, certo que o INPC é o índice mais adequado para o reajuste dos benefícios, já que o IGP-DI melhor serve para preços no atacado, porque retrata, basicamente, a variação de preços do setor empresarial brasileiro. III.– R.E. conhecido e provido. (RE 376.846-SC).

8. QUOTAS DE PENSÃO

STJ - Superior Tribunal de Justiça

- Informativo 474 – 27.05.2011

AR. PENSÃO POR MORTE. REVISÃO. PERCENTUAL. O Instituto Nacional do Seguro Social (INSS) ajuizou a ação rescisória (AR) com fundamento no art. 485, V, do CPC para rescindir acórdão que aplicou lei nova mais benéfica à pensão por morte, o que possibilitou a gradativa elevação no cálculo da cota familiar do benefício previdenciário em manutenção, mas concedido antes da vigência das Leis ns. 8.213/1991, 9.032/1995 e 9.528/1997; ainda afirmava o acórdão que isso não configuraria retroação da lei nem ofensa ao ato jurídico perfeito. Ressaltou o Min. Relator que, à época do acórdão rescindendo, esse era o entendimento jurisprudencial deste Superior Tribunal, contudo foi alterado após decisões divergentes do STF. Então, o STJ passou a adotar o posicionamento do STF, segundo o qual os benefícios previdenciários concedidos antes da edição da Lei n. 9.032/1995 deveriam ser calculados de acordo com a lei vigente ao tempo da concessão (aplicação do princípio lex tempus regit actum), salvo se houver disposição expressa de lei e desde que atendida a necessidade de apontar prévia fonte de custeio (AR 3.939-SP, Rel. Min. Gilson Dipp, julgada em 25/5/2011).

- Informativo 349 – 28.03.2008

PENSÃO. MORTE. LEGISLAÇÃO PRETÉRITA. A Seção reiterou o entendimento, seguindo a orientação do STF, da impossibilidade de aumento do percentual das pensões por morte (Lei n. 9.032/1995, que alterou o art. 75 da Lei n. 8.213/1991). A nova lei somente se aplica àqueles casos de concessões efetuadas sob sua vigência (EREsp 928.566-SP, Rel. Min. Laurita Vaz, julgados em 26/3/2008).

- Informativo 346 – 29.02.2008

PENSÃO PREVIDENCIÁRIA. REAJUSTE. LEI NOVA. Discute-se a possibilidade ou não da majoração do percentual de pensão por morte a benefício outorgado antes da vigência da Lei n. 9.032/1995, que deu nova redação ao art. 75 da Lei n. 8.213/1991. Ressaltou a Min. Relatora que, em ambas as Turmas que compõem a Terceira Seção, havia o entendimento pacífico de ser possível estender o benefício da lei nova mais vantajosa a todos os segurados, independentemente da lei vigente na data do fato gerador do benefício. Contudo, sem autorizar, de forma alguma, a retroatividade da lei, mas tão-somente sua incidência imediata. Entretanto, por ocasião do julgamento do RE 415.454-SC e RE 416.827-SC, em 8/2/2007, o STF consignou a inaplicabilidade de lei posterior mais benéfica ao benefício de pensão por morte por ofender o ato jurídico perfeito e porque não existe correspondente fonte de custeio para justificar tal alteração, nos termos do art. 195, § 5º, da CF/1988. Diante do exposto, a Seção, por maioria, acolheu os embargos do INSS, aderindo ao entendimento do STF (EREsp 665.909-SP, Rel. Min. Jane Silva (Desembargadora convocada do TJ/MG), julgados em 27/2/2008).

STF - Supremo Tribunal Federal

Tema	165	Situação	Trânsito em Julgado	Órgão julgador	Tribunal Pleno

Questão Controvertida	Revisão da pensão por morte concedida antes do advento da Lei nº 9.032/95.
Tese Firmada	A revisão de pensão por morte e demais benefícios, constituídos antes da entrada em vigor da Lei 9.032/1995, não pode ser realizada com base em novo coeficiente de cálculo estabelecido no referido diploma legal.
Informações Complementares	Há RG - Reafirmação Jurisprudência. SCAN ME

Processo / Recurso	Repercussão Geral	Relator (a)	Acórdão Publicado	Embargos Declaratórios	Trânsito em Julgado
RE 597389	22/04/2009	MINISTRO(A) PRESIDENTE	21/08/2009	-	02/09/2009

- Informativo 455 (09.02.2007), 438 (01.09.2006), 423 (21.04.2006) e 402 (23.09.2005)

RECURSO EXTRAORDINÁRIO. INTERPOSTO PELO INSTITUTO NACIONAL DO SEGURO SOCIAL (INSS), COM FUNDAMENTO NO ART. 102, III, "A", DA CONSTITUIÇÃO FEDERAL, EM FACE DE ACÓRDÃO DE TURMA RECURSAL DOS JUIZADOS ESPECIAIS FEDERAIS. BENEFÍCIO PREVIDENCIÁRIO: PENSÃO POR MORTE (LEI Nº 9.032, DE 28 DE ABRIL DE 1995). 1. No caso concreto, a recorrida é pensionista do INSS desde 04/10/1994, recebendo através do benefício nº 055.419.615-8, aproximadamente o valor de R$ 948,68. Acórdão recorrido que determinou a revisão do benefício de pensão por morte, com efeitos financeiros correspondentes à integralidade do salário de benefícios da previdência geral, a partir da vigência da Lei no 9.032/1995. 2. Concessão do referido benefício ocorrida em momento anterior à edição da Lei no 9.032/1995. No caso concreto, ao momento da concessão, incidia a Lei no 8.213, de 24 de julho de 1991. 3.

Pedido de intervenção anômala formulado pela União Federal nos termos do art. 5º, caput e parágrafo único da Lei nº 9.469/1997. Pleito deferido monocraticamente por ocorrência, na espécie, de potencial efeito econômico para a peticionária (DJ 2.9.2005). 4. O recorrente (INSS) alegou: i) suposta violação ao art. 5º, XXXVI, da CF (ofensa ao ato jurídico perfeito e ao direito adquirido); e ii) desrespeito ao disposto no art. 195, § 5º, da CF (impossibilidade de majoração de benefício da seguridade social sem a correspondente indicação legislativa da fonte de custeio total). 5. Análise do prequestionamento do recurso: os dispositivos tidos por violados foram objeto de adequado prequestionamento. Recurso Extraordinário conhecido. 6. Referência a acórdãos e decisões monocráticas proferidos quanto ao tema perante o STF: RE (AgR) no 414.735/SC, 1ª Turma, unânime, Rel. Min. Eros Grau, DJ 29.4.2005; RE no 418.634/SC, Rel. Min. Cezar Peluso, decisão monocrática, DJ 15.4.2005; e RE no 451.244/SC, Rel. Min. Marco Aurélio, decisão monocrática, DJ 8.4.2005. 7. Evolução do tratamento legislativo do benefício da pensão por morte desde a promulgação da CF/1988: arts. 201 e 202 na redação original da Constituição, edição da Lei no 8.213/1991 (art. 75), alteração da redação do art. 75 pela Lei no 9.032/1995, alteração redacional realizada pela Emenda Constitucional no 20, de 15 de dezembro de 1998. 8. Levantamento da jurisprudência do STF quanto à aplicação da lei previdenciária no tempo. Consagração da aplicação do princípio tempus regit actum quanto ao momento de referência para a concessão de benefícios nas relações previdenciárias. Precedentes citados: RE no 258.570/RS, 1ª Turma, unânime, Rel. Min. Moreira Alves, DJ 19.4.2002; RE (AgR) no 269.407/RS, 2ª Turma, unânime, Rel. Min. Carlos Velloso, DJ 2.8.2002; RE (AgR) no 310.159/RS, 2ª Turma, unânime, Rel. Min. Gilmar Mendes, DJ 6.8.2004; e MS no 24.958/DF, Pleno, unânime, Rel. Min. Marco Aurélio, DJ 1º.4.2005. 9. Na espécie, ao reconhecer a configuração de direito adquirido, o acórdão recorrido violou frontalmente a Constituição, fazendo má aplicação dessa garantia (CF, art. 5º, XXXVI), conforme consolidado por esta Corte em diversos julgados: RE no 226.855/RS, Plenário, maioria, Rel. Min. Moreira Alves, DJ 13.10.2000; RE no 206.048/RS, Plenário, maioria, Rel. Min. Marco Aurélio, Red. p/ acórdão Min. Nelson Jobim, DJ 19.10.2001; RE no 298.695/SP, Plenário, maioria, Rel. Min. Sepúlveda Pertence, DJ 24.10.2003; AI (AgR) no 450.268/MG,

1ª Turma, unânime, Rel. Min. Sepúlveda Pertence, DJ 27.5.2005; RE (AgR) no 287.261/MG, 2ª Turma, unânime, Rel. Min. Ellen Gracie, DJ 26.8.2005; e RE no 141.190/SP, Plenário, unânime, Rel. Ilmar Galvão, DJ 26.5.2006. 10. De igual modo, ao estender a aplicação dos novos critérios de cálculo a todos os beneficiários sob o regime das leis anteriores, o acórdão recorrido negligenciou a imposição constitucional de que lei que majora benefício previdenciário deve, necessariamente e de modo expresso, indicar a fonte de custeio total (CF, art. 195, § 5º). Precedente citado: RE no 92.312/SP, 2ª Turma, unânime, Rel. Min. Moreira Alves, julgado em 11.4.1980. 11. Na espécie, o benefício da pensão por morte configura-se como direito previdenciário de perfil institucional cuja garantia corresponde à manutenção do valor real do benefício, conforme os critérios definidos em lei (CF, art. 201, § 4º). 12. Ausência de violação ao princípio da isonomia (CF, art. 5º, caput) porque, na espécie, a exigência constitucional de prévia estipulação da fonte de custeio total consiste em exigência operacional do sistema previdenciário que, dada a realidade atuarial disponível, não pode ser simplesmente ignorada. 13. O cumprimento das políticas públicas previdenciárias, exatamente por estar calcado no princípio da solidariedade (CF, art. 3º, I), deve ter como fundamento o fato de que não é possível dissociar as bases contributivas de arrecadação da prévia indicação legislativa da dotação orçamentária exigida (CF, art. 195, § 5º). Precedente citado: julgamento conjunto das ADI´s no 3.105/DF e 3.128/DF, Rel. Min. Ellen Gracie, Red. p/ o acórdão, Min. Cezar Peluso, Plenário, maioria, DJ 18.2.2005. 14. Considerada a atuação da autarquia recorrente, aplica-se também o princípio da preservação do equilíbrio financeiro e atuarial (CF, art. 201, caput), o qual se demonstra em consonância com os princípios norteadores da Administração Pública (CF, art. 37). 15. **Salvo disposição legislativa expressa e que atenda à prévia indicação da fonte de custeio total, o benefício previdenciário deve ser calculado na forma prevista na legislação vigente à data da sua concessão. A Lei no 9.032/1995 somente pode ser aplicada às concessões ocorridas a partir de sua entrada em vigor.** 16. No caso em apreço, aplica-se o teor do art 75 da Lei 8.213/1991 em sua redação ao momento da concessão do benefício à recorrida. 17. Recurso conhecido e provido para reformar o acórdão recorrido (RE 416827/SC e RE 415454/SC).

- Informativo 465 – 04.05.2007

Previdência Social. Benefício previdenciário. Pensão por morte. Aposentadoria por invalidez. Aposentadoria especial. Renda mensal. Valor. Majoração. Aplicação dos arts. 44, 57, § 1º, e 75 da Lei nº 8.213/91, com as alterações da Lei nº 9.032/95, a benefício concedido ou cujos requisitos foram implementados anteriormente ao início de sua vigência. Inadmissibilidade. Violação aos arts. 5º, XXXVI, e 195, § 5º, da CF. Recurso extraordinário provido. Precedentes do Plenário. Os arts. 44, 57, § 1º, e 75 da Lei federal nº 8.213/91, com a redação dada pela Lei nº 9.032/95, não se aplicam aos benefícios cujos requisitos de concessão se tenham aperfeiçoado antes do início de sua vigência. (RE N. 509.334-PE).

9. MAJORAÇÃO DO AUXÍLIO-ACIDENTE PARA 50% DO SALÁRIO DE BENEFÍCIO

STJ - Superior Tribunal de Justiça

Tema	18	Situação	**Trânsito em Julgado**	Órgão julgador	**Terceira Seção**
Questão Controvertida	Questão referente à possibilidade de aplicação da majoração do percentual do auxílio-acidente, estabelecida pela Lei n.º 9.032/95, independentemente da legislação em vigor à época de sua concessão.				
Tese Firmada	A majoração do auxílio-acidente, estabelecida pela Lei 9.032/95 (lei nova mais benéfica), que alterou o § 1º, do art. 86, da Lei n.º 8.213/91, deve ser aplicada imediatamente, atingindo todos os segurados que estiverem na mesma situação, seja referente aos casos pendentes de concessão ou aos benefícios já concedidos.				
Informações Complementares	SCAN ME				
Repercussão GeralProcesso STF	Tema 165/STF - Revisão da pensão por morte concedida antes do advento da Lei nº 9.032/95.Tema 388/STF - Revisão de auxílio-acidente concedido antes do advento da Lei nº 9.032/95.RE 613033 - Baixado				

Processo / Recurso	**Decisão de Afetação**	**Relator (a)**	**Acórdão Publicado**	**Embargos Declaratórios**	**Trânsito em Julgado**
REsp 1096244/SC	19/02/2009	MARIA THEREZA DE ASSIS MOURA	08/05/2009	03/09/2009	16/08/2010

STF - Supremo Tribunal Federal

Tema	**388**	Situação	**Trânsito em Julgado**	Órgão julgador	**Plenário Virtual - RG**
Questão Controvertida	Revisão de auxílio-acidente concedido antes do advento da Lei nº 9.032/95.				
Tese Firmada	É inviável a aplicação retroativa da majoração prevista na Lei nº 9.032/1995 aos benefícios de auxílio-acidente concedidos em data anterior à sua vigência.				
Informações Complementares	SCAN ME				
Processo / Recurso	**Repercussão Geral**	**Relator (a)**	**Acórdão Publicado**	**Embargos Declaratórios**	**Trânsito em Julgado**
RE 613033	15/04/2011	DIAS TOFFOLI	09/06/2011	-	20/06/2011

10. APOSENTADORIA POR INVALIDEZ PRECEDIDA DE AUXÍLIO-DOENÇA (ART. 29, § 5º DA LEI 8.213/91)

STJ - Superior Tribunal de Justiça

Tema	**704**	Situação	**Trânsito em Julgado**	Órgão julgador	**Primeira Seção**
Questão Controvertida	Discussão acerca da forma de cálculo da aposentadoria por invalidez oriunda da conversão do auxílio-doença, previsto no art. 29, II e § 5º, da Lei 8.213/91, com a redação dada pela Lei 9.876/99.				

Tema	704	Situação	**Trânsito em Julgado**	Órgão julgador	**Primeira Seção**
Tese Firmada	A aposentadoria por invalidez decorrente da conversão de auxílio-doença, sem retorno do segurado ao trabalho, será apurada na forma estabelecida no art. 36, § 7º, do Decreto 3.048/99, segundo o qual a renda mensal inicial - RMI da aposentadoria por invalidez oriunda de transformação de auxílio-doença será de cem por cento do salário-de-benefício que serviu de base para o cálculo da renda mensal inicial do auxílio-doença, reajustado pelos mesmos índices de correção dos benefícios em geral.				
Informações Complementares	SCAN ME				
Súmula	Súmula 557/STJ				

Processo / Recurso	Decisão de Afetação	Relator (a)	Acórdão Publicado	Embargos Declaratórios	Trânsito em Julgado
REsp 1410433/MG	24/10/2013	ARNALDO ESTEVES LIMA	18/12/2013	-	05/03/2014

- Informativo 527 – 09.10.2013

DIREITO PREVIDENCIÁRIO. CÁLCULO DA RENDA MENSAL INICIAL NO CASO DE CONVERSÃO DO AUXÍLIO-DOENÇA EM APOSENTADORIA POR INVALIDEZ. No caso de benefício de aposentadoria por invalidez precedido de auxílio-doença, a renda mensal inicial será calculada de acordo com o disposto no art. 36, § 7º, do Dec. 3.048/1999, exceto quando o período de afastamento tenha sido intercalado com períodos de atividade laborativa, hipótese em que incidirá o art. 29, § 5º, da Lei 8.213/1991 (AgRg nos EREsp 909.274-MG, Rel. Min. Alderita Ramos de Oliveira (Desembargadora convocada do TJ-PE), julgado em 12/6/2013).

STF - Supremo Tribunal Federal

Tema	88	Situação	**Trânsito em Julgado**	Órgão julgador	**Tribunal Pleno**
Questão Controvertida	Aplicação do art. 29 da Lei nº 8.213/91, com a redação dada pela Lei nº 9.876/99, a benefícios concedidos antes da respectiva vigência.				

Tema	**88**	Situação	**Trânsito em Julgado**	Órgão julgador	**Tribunal Pleno**
Tese Firmada	Em razão do caráter contributivo do regime geral de previdência (CF/1988, art. 201, caput), o art. 29, § 5º, da Lei nº 8.213/1991 não se aplica à transformação de auxílio-doença em aposentadoria por invalidez, mas apenas a aposentadorias por invalidez precedidas de períodos de auxílio-doença intercalados com intervalos de atividade, sendo válido o art. 36, § 7º, do Decreto nº 3.048/1999, mesmo após a Lei nº 9.876/1999.				
Informações Complementares	SCAN ME				

Processo / Recurso	**Repercussão Geral**	**Relator (a)**	**Acórdão Publicado**	**Embargos Declaratórios**	**Trânsito em Julgado**
RE 583834	14/06/2008	AYRES BRITTO	14/02/2012	-	24/02/2012

11. DIREITO AO MELHOR BENEFÍCIO

STF - Supremo Tribunal Federal

Tema	**334**	Situação	**Trânsito em Julgado**	Órgão julgador	**Tribunal Pleno**
Questão Controvertida	Direito a cálculo de benefício de aposentadoria de acordo com legislação vigente à época do preenchimento dos requisitos exigidos para sua concessão.				
Tese Firmada	Para o cálculo da renda mensal inicial, cumpre observar o quadro mais favorável ao beneficiário, pouco importando o decesso remuneratório ocorrido em data posterior ao implemento das condições legais para a aposentadoria, respeitadas a decadência do direito à revisão e a prescrição quanto às prestações vencidas.				
Informações Complementares	SCAN ME				

Tema	**334**	Situação	**Trânsito em Julgado**	Órgão julgador	**Tribunal Pleno**

Processo / Recurso	**Repercussão Geral**	**Relator (a)**	**Acórdão Publicado**	**Embargos Declaratórios**	**Trânsito em Julgado**
RE 630501	22/10/2010	ELLEN GRACIE	26/08/2013	-	23/09/2013

12. CORREÇÃO MONETÁRIA NOS ANOS DE 1997/99 E 2000/03

STF - Supremo Tribunal Federal

Tema	**728**	**Situação**	**Trânsito em Julgado**	**Órgão julgador**	**Plenário Virtual - RG**
Questão Controvertida	Constitucionalidade dos índices de correção monetária aplicados para reajustar os benefícios previdenciários nos anos de 1999, 2000, 2001, 2002 e 2003.				
Tese Firmada	São constitucionais os índices de correção monetária adotados pelo INSS para reajustar os benefícios previdenciários nos anos de 1997, 1999, 2000, 2001, 2002 e 2003.				
Informações Complementares	Há RG - Reafirmação Jurisprudência. SCAN ME				

Processo / Recurso	**Repercussão Geral**	**Relator (a)**	**Acórdão Publicado**	**Embargos Declaratórios**	**Trânsito em Julgado**
ARE 808107	23/05/2014	MIN. TEORI ZAVASCKI	01/08/2014	-	18/08/2014

13. EMENDAS CONSTITUCIONAIS 20/98 E 41/03

STJ - Superior Tribunal de Justiça

Tema	**1140**	Situação	**Em julgamento**	Órgão julgador	**PRIMEIRA SEÇÃO**
Questão Controvertida	Definir, para efeito de adequação dos benefícios concedidos antes da Constituição Federal aos tetos das Emendas Constitucionais ns. 20/1998 e 41/2003, a forma de cálculo da renda mensal do benefício em face da aplicação, ou não, dos limitadores vigentes à época de sua concessão(menor e maior valor-teto).				
Tese Firmada	-				
Informações Complementares	Há determinação de suspensão dos recursos especiais ou agravos em recursos especiais em segunda instância e/ou no STJ fundados em idêntica questão de direito (observada a orientação do art. 256-L do RISTJ). SCAN ME				
Processo / Recurso	**Decisão de Afetação**	**Relator (a)**	**Acórdão Publicado**	**Embargos Declaratórios**	**Trânsito em Julgado**
REsp 1957733/RS **REsp 1958465/RS**	19/04/2022	GURGEL DE FARIA	-	-	-

- Informativo 676 – 28.08.2020

REGIME GERAL DE PREVIDÊNCIA SOCIAL. CRITÉRIO DE CÁLCULO DE APOSENTADORIA. DIREITO ADQUIRIDO AO REGIME ANTERIOR À EC N. 20/1998. APLICAÇÃO DO ART. 187 DO DECRETO N. 3.048/1999. SALÁRIOS DE CONTRIBUIÇÃO. CORREÇÃO ATÉ A DATA DA REUNIÃO DOS REQUISITOS, SOB PENA DE HIBRIDISMO DE REGIME. É aplicável o art. 187 do Decreto n. 3.048/1999, quando a aposentadoria foi deferida com base no direito adquirido anterior à vigência da Emenda Constitucional n. 20/1998, devendo a atualização dos salários de contribuição integrantes do período básico de cálculo observar como marco final a data ficta de dezembro de 1998 e, a partir de então, a renda mensal inicial deverá ser reajustada até a data da entrada do requerimento administrativo pelos índices de reajustamento dos benefícios (PUIL 810-SP, Rel. Min. Herman Benjamin, Primeira Seção, por unanimidade, julgado em 10/06/2020, Dje 05/08/2020).

STF - Supremo Tribunal Federal

Tema	**589**	Situação	**Trânsito em Julgado**	Órgão julgador	**Plenário Virtual - RG**
Questão Controvertida	Revisão de renda mensal de benefício previdenciário mediante aplicação dos mesmos índices utilizados para reajuste do teto do salário-de-contribuição, relativamente aos meses de junho de 1999 e maio de 2004.				
Tese Firmada	A questão da adoção, para fins de revisão da renda mensal de benefício previdenciário, dos mesmos índices aplicados para o reajuste do teto do salário-de-contribuição, relativamente aos meses de junho de 1999 (Portaria n. 5.188/1999) e maio de 2004 (Decreto n. 5.061/2004), conforme o disposto nas Emendas Constitucionais n. 20/1998 e n. 41/2003, tem natureza infraconstitucional, e a ela se atribuem os efeitos da ausência de repercussão geral, nos termos do precedente fixado no RE 584.608, rel. a Ministra Ellen Gracie, DJe 13/03/2009.				
Informações Complementares	SCAN ME				
Processo / Recurso	**Repercussão Geral**	**Relator (a)**	**Acórdão Publicado**	**Embargos Declaratórios**	**Trânsito em Julgado**
ARE 685029	Não há RG - Matéria Infraconstitucional	TEORI ZAVASCKI	07/11/2014	-	11/12/2014

Tema	**568**	Situação	**Trânsito em Julgado**	Órgão julgador	**Plenário Virtual - RG**
Questão Controvertida	Reconhecimento, por via judicial, do direito à equivalência entre o limite máximo do salário-de-contribuição e a renda mensal inicial dos benefícios previdenciários.				
Tese Firmada	A questão do direito à revisão da renda mensal do benefício previdenciário em equivalência aos índices de reajuste aplicados aos limites máximos, ou tetos, dos salários-de-contribuição, disciplinados nas Emendas Constitucionais ns. 20/1998 e 41/2003, tem natureza infraconstitucional, e a ela se atribuem os efeitos da ausência de repercussão geral, nos termos do precedente fixado no RE n. 584.608, rel. a Ministra Ellen Gracie, DJe 13/03/2009.				

Tema	**568**	Situação	**Trânsito em Julgado**	Órgão julgador	**Plenário Virtual - RG**
Informações Complementares	SCAN ME				
Processo / Recurso	**Repercussão Geral**	**Relator (a)**	**Acórdão Publicado**	**Embargos Declaratórios**	**Trânsito em Julgado**
RE 686143	Não há RG - Matéria Infraconstitucional	CEZAR PELUSO	11/09/2012	-	11/09/2012

Tema	**76**	Situação	**Trânsito em Julgado**	Órgão julgador	**Tribunal Pleno**
Questão Controvertida	Teto da renda mensal dos benefícios previdenciários concedidos anteriormente à vigência das Emendas Constitucionais nos 20/98 e 41/2003.				
Tese Firmada	Não ofende o ato jurídico perfeito a aplicação imediata do art. 14 da Emenda Constitucional 20/1998 e do art. 5º da Emenda Constitucional 41/2003 aos benefícios previdenciários limitados a teto do regime geral de previdência estabelecido antes da vigência dessas normas, de modo a que passem a observar o novo teto constitucional.				
Informações Complementares	SCAN ME				
Processo / Recurso	**Repercussão Geral**	**Relator (a)**	**Acórdão Publicado**	**Embargos Declaratórios**	**Trânsito em Julgado**
RE 564354	03/05/2008	CÁRMEN LÚCIA	15/02/2011	-	28/02/2011

14. EXCLUSÃO DO FATOR PREVIDENCIÁRIO

14.1. APOSENTADORIA PROPORCIONAL

STF - Supremo Tribunal Federal

<table>
<tr><td>Tema</td><td>616</td><td>Situação</td><td colspan="2">Acórdão de Repercussão Geral publicado</td><td>Órgão julgador</td><td>Plenário Virtual - RG</td></tr>
<tr><td colspan="2">Questão Controvertida</td><td colspan="5">Incidência do fator previdenciário (Lei 9.876/99) ou das regras de transição trazidas pela EC 20/98 nos benefícios previdenciários concedidos a segurados filiados ao Regime Geral até 16/12/1998.</td></tr>
<tr><td colspan="2">Tese Firmada</td><td colspan="5">-</td></tr>
<tr><td colspan="2">Informações Complementares</td><td colspan="5">Há RG – Mérito Não Julgado. Recurso extraordinário em que se discute, à luz do art. 9º da EC 20/98, a possibilidade, ou não, de incidência do fator previdenciário (Lei 9.876/99) ou das regras de transição trazidas pela citada emenda nos benefícios previdenciários concedidos a segurados filiados ao Regime Geral até 16/12/1998.
SCAN ME</td></tr>
<tr><td colspan="2">Processo / Recurso</td><td>Repercussão Geral</td><td>Relator (a)</td><td>Acórdão Publicado</td><td>Embargos Declaratórios</td><td>Trânsito em Julgado</td></tr>
<tr><td colspan="2">RE 639856</td><td>16/11/2012</td><td>GILMAR MENDES</td><td>11/12/2012</td><td>-</td><td>-</td></tr>
</table>

- Informativo 683 – 11.10.2012

AGRAVO REGIMENTAL NO RECURSO EXTRAORDINÁRIO COM AGRAVO. PREVIDENCIÁRIO. FATOR PREVIDENCIÁRIO. CONSTITUCIONALIDADE. EC Nº 20/98. APOSENTADORIA PROPORCIONAL. FORMA DE CÁLCULO. LEGISLAÇÃO INFRACONSTITUCIONAL. REEXAME DE FATOS E PROVAS. IMPOSSIBILIDADE. PRECEDENTES. 1. O Plenário desta Corte, no julgamento da ADI nº 2.111/DF-MC, Relator o Ministro Sydney Sanches, afastou a alegação de inconstitucionalidade do art. 2º da Lei nº 9.876/99, na parte que deu nova redação ao art. 29, caput, incisos e parágrafos, da Lei nº 8.213/91, com a introdução do fator previdenciário no cálculo do benefício. 2. Esta Corte já se pronunciou no sentido de que, após as alterações introduzidas na

Constituição pela EC nº 20/98, a forma de calcular a aposentadoria proporcional passou à disciplina do legislador ordinário. 3. Para aferir se a agravante preencheu ou não os requisitos legais para a percepção do benefício, seria necessário analisar a legislação infraconstitucional e reexaminar os fatos e as provas dos autos, o que é inadmissível em recurso extraordinário. Incidência das Súmulas nºs 636 e 279/STF. 4. Agravo regimental não provido (AG. REG. NO ARE N. 681.038-RJ).

14.2. APOSENTADORIA DE PROFESSSOR

STJ - Superior Tribunal de Justiça

Tema	**1011**	Situação	**Trânsito em Julgado**	Órgão julgador	**Plenário Virtual - RG**
Questão Controvertida	Incidência ou não do fator previdenciário no cálculo da renda mensal inicial da aposentadoria por tempo de contribuição de professor, quando a implementação dos requisitos necessários à obtenção do benefício se der após a edição da Lei 9.876/1999.				
Tese Firmada	Incide o fator previdenciário no cálculo da renda mensal inicial de aposentadoria por tempo de contribuição de professor vinculado ao Regime Geral de Previdência Social, independente da data de sua concessão, quando a implementação dos requisitos necessários à obtenção do benefício se der após o início da vigência da Lei 9.876/1999, ou seja, a partir de 29/11/1999.				
Informações Complementares	Afetação na sessão eletrônica iniciada em 8/5/2019 e finalizada em 14/5/2019 (Primeira Seção).Vide Controvérsia n. 65/STJ.IRDR 0804985-07.2015.4.05.8300/TRF5 (n. 1) - Incidente de resolução de demandas repetitivas instaurado para fins de definição de tese jurídica acerca da incidência, ou não, do fator previdenciário na base de cálculo da aposentadoria de professor prevista no art. 201, parágrafo 8º, da CF/88.Há determinação de suspensão do processamento de todos os processos pendentes, individuais ou coletivos, que versem acerca da questão delimitada e tramitem no território nacional (acórdão publicado no DJe de 28/5/2019). SCAN ME				
Processo / Recurso	**Decisão de Afetação**	**Relator (a)**	**Acórdão Publicado**	**Embargos Declaratórios**	**Trânsito em Julgado**
REsp 1799305/PE e REsp 1808156/SP	28/05/2019	MAURO CAMPBELL MARQUES	26/03/2021	-	20/05/2021

- Informativo 607 – 16.08.2017

APOSENTADORIA DE PROFESSOR. IMPLEMENTAÇÃO DOS REQUISITOS APÓS A EDIÇÃO DA LEI N. 9.876/99. INCIDÊNCIA DO FATOR PREVIDENCIÁRIO NO CÁLCULO DA RENDA MENSAL INICIAL – RMI DO BENEFÍCIO. É legítima a aplicação do fator previdenciário no cálculo da aposentadoria do professor da educação básica, ressalvados os casos em que o segurado tenha completado tempo suficiente para a concessão do benefício antes da edição da Lei n. 9.876/99. (Resp 1.599.097-PE, Rel. Min. Napoleão Nunes Maia Filho, Rel. para acórdão Min. Sérgio Kukina, por maioria, julgado em 20/6/2017, Dje 27/6/2017).

STF - Supremo Tribunal Federal

Tema	**1091**	Situação	**Trânsito em Julgado**	Órgão julgador	**Plenário Virtual - RG**

Questão Controvertida	Constitucionalidade do fator previdenciário, previsto no art. 29, caput, incisos e parágrafos, da Lei nº 8.213/91, com a redação dada pelo art. 2º da Lei nº 9.876/99.
Tese Firmada	É constitucional o fator previdenciário previsto no art. 29, caput, incisos e parágrafos, da Lei nº 8.213/91, com a redação dada pelo art. 2º da Lei nº 9.876/99.
Informações Complementares	Há RG - Reafirmação Jurisprudência. SCAN ME

Processo / Recurso	**Repercussão Geral**	**Relator (a)**	**Acórdão Publicado**	**Embargos Declaratórios**	**Trânsito em Julgado**
RE 1221630	06/06/2020	MINISTRO(A) PRESIDENTE	19/06/2020	-	27/06/2020

14.3. TEMPO ESPECIAL CONVERTIDO EM COMUM

STF - Supremo Tribunal Federal

<table>
<tr><td>Tema</td><td>663</td><td>Situação</td><td>Trânsito em Julgado</td><td>Órgão julgador</td><td colspan="2">Plenário Virtual</td></tr>
<tr><td colspan="2">Questão Controvertida</td><td colspan="5">Incidência do fator previdenciário sobre período trabalhado em condições especiais convertido em tempo de serviço comum para o cálculo de aposentadoria por tempo de contribuição.</td></tr>
<tr><td colspan="2">Tese Firmada</td><td colspan="5">A questão da incidência do fator previdenciário sobre período exercido em atividade especial convertido em tempo de serviço comum, para fins do cálculo do benefício de aposentadoria por tempo de contribuição, tem natureza infraconstitucional e a ela atribuem-se os efeitos da ausência de repercussão geral, nos termos do precedente fixado no RE 584.608, Relatora a Ministra Ellen Gracie, DJe 13/3/2009.</td></tr>
<tr><td colspan="2">Informações Complementares</td><td colspan="5">SCAN ME</td></tr>
<tr><td colspan="2">Processo / Recurso</td><td>Repercussão Geral</td><td>Relator (a)</td><td>Acórdão Publicado</td><td>Embargos Declaratórios</td><td>Trânsito em Julgado</td></tr>
<tr><td colspan="2">ARE 748444</td><td>Não há RG - Matéria Infraconstitucional</td><td>RICARDO LEWANDOWSKI</td><td>16/08/2013</td><td>-</td><td>09/09/2013</td></tr>
</table>

14.4. ISONOMIA DE GÊNERO E CRITÉRIO DE EXPECTATIVA DE VIDA

STF - Supremo Tribunal Federal

<table>
<tr><td>Tema</td><td>634</td><td>Situação</td><td>Trânsito em Julgado</td><td>Órgão julgador</td><td>Plenário Virtual - RG</td></tr>
<tr><td colspan="2">Questão Controvertida</td><td colspan="4">Isonomia de gênero quanto ao critério de expectativa de vida adotado no cálculo do fator previdenciário.</td></tr>
</table>

Tema	634	Situação	**Trânsito em Julgado**	Órgão julgador	**Plenário Virtual - RG**
Tese Firmada	A questão da isonomia de gênero quanto ao critério de expectativa de vida adotado no cálculo do fator previdenciário, na aposentadoria por tempo de contribuição, tem natureza infraconstitucional, e a ela se atribuem os efeitos da ausência de repercussão geral, nos termos do precedente fixado no RE 584.608, rel. a Ministra Ellen Gracie, DJe 13/03/2009.				
Informações Complementares					
Processo / Recurso	**Repercussão Geral**	**Relator (a)**	**Acórdão Publicado**	**Embargos Declaratórios**	**Trânsito em Julgado**
ARE 748444	Não há RG - Matéria Infraconstitucional	RICARDO LEWANDOWSKI	20/03/2013	-	11/04/2013

15. "REVISÃO DA VIDA TODA"

STJ - Superior Tribunal de Justiça

Tema	999	Situação	**Sobrestado**	Órgão julgador	**Primeira Seção**
Questão Controvertida	Possibilidade de aplicação da regra definitiva prevista no art. 201, § I e II da Lei 8.213/1991, na apuração do salário de benefício, quando mais favorável do que a regra de transição contida no art. 3º da Lei 9.876/1999, aos Segurados que ingressaram no sistema antes de 26.11.1999 (data de edição da Lei 9.876/1999).				
Tese Firmada	Aplica-se a regra definitiva prevista no art. 29, I e II da Lei 8.213/1991, na apuração do salário de benefício, quando mais favorável do que a regra de transição contida no art. 3º. da Lei 9.876/1999, aos Segurado que ingressaram no Regime Geral da Previdência Social até o dia anterior à publicação da Lei 9.876/1999.				
Informações Complementares	Afetação na sessão eletrônica iniciada em 10/10/2018 e finalizada em 16/10/2018 (Primeira Seção).O Incidente de Resolução de Demandas Repetitivas - IRDR n. 4/ TRF 4ª Região (50527135320164040000) trata de idêntica matéria destes autos. Decisão da Vice-Presidência do STJ, publicada no DJe de 2/6/2020, nos seguintes termos: "presentes os pressupostos de admissibilidade, nos termos do artigo				

<table>
<tr><td>Informações Complementares</td><td colspan="5">1.036, § 1º, do Código de Processo Civil, admito o recurso extraordinário como representativo de controvérsia, determinando a suspensão de todos os processos pendentes, individuais ou coletivos, que versem sobre a mesma controvérsia em trâmite em todo o território nacional."
SCAN ME</td></tr>
<tr><td>Repercussão Geral</td><td colspan="5">Tema 616/STF – Incidência do fator previdenciário (Lei 9.876/99) ou das regras de transição trazidas pela EC 20/98 nos benefícios previdenciários concedidos a segurados filiados ao Regime Geral até 16/12/1998.RE 1276977 – Autuado no STF
Tema 1102/STF - Possibilidade de revisão de benefício previdenciário mediante a aplicação da regra definitiva do artigo 29, incisos I e II, da Lei nº 8.213/91, quando mais favorável do que a regra de transição contida no artigo 3º da Lei nº 9.876/99, aos segurados que ingressaram no Regime Geral de Previdência Social antes da publicação da referida Lei nº 9.876/99, ocorrida em 26/11/99.</td></tr>
<tr><td>Processo / Recurso</td><td>Decisão de Afetação</td><td>Relator (a)</td><td>Acórdão Publicado</td><td>Embargos Declaratórios</td><td>Trânsito em Julgado</td></tr>
<tr><td>REsp 1554596/SC
REsp 1596203/PR</td><td>05/11/2018</td><td>NAPOLEÃO NUNES MAIA FILHO</td><td>17/12/2019</td><td>-</td><td>-</td></tr>
</table>

STF - Supremo Tribunal Federal

<table>
<tr><td>Tema</td><td>1102</td><td>Situação</td><td>Acórdão de mérito publicado</td><td>Órgão julgador</td><td>Plenário Virtual</td></tr>
<tr><td colspan="2">Questão Controvertida</td><td colspan="4">Possibilidade de revisão de benefício previdenciário mediante a aplicação da regra definitiva do artigo 29, incisos I e II, da Lei nº 8.213/91, quando mais favorável do que a regra de transição contida no artigo 3º da Lei nº 9.876/99, aos segurados que ingressaram no Regime Geral de Previdência Social antes da publicação da referida Lei nº 9.876/99, ocorrida em 26/11/99.</td></tr>
<tr><td colspan="2">Tese Firmada</td><td colspan="4">O segurado que implementou as condições para o benefício previdenciário após a vigência da Lei 9.876, de 26.11.1999, e antes da vigência das novas regras constitucionais, introduzidas pela EC 103/2019, tem o direito de optar pela regra definitiva, caso esta lhe seja mais favorável.</td></tr>
</table>

Tema	**1102**	Situação	**Acórdão de mérito publicado**	Órgão julgador	**Plenário Virtual**

Informações Complementares	"(...) acolho o pedido do INSS para determinar a suspensão de todos os processos que versem sobre a matéria julgada no Tema 1102, até a data da publicação da ata de julgamento dos Embargos de Declaração (doc. 194) opostos pela autarquia. O julgamento está previsto para a Sessão Virtual do Plenário de 11 a 21 de agosto de 2023. Comunique-se COM URGÊNCIA o Superior Tribunal de Justiça, o Conselho da Justiça Federal (para que dê ciência à Turma Nacional de Uniformização dos Juizados Federais) e os Tribunais Regionais Federais, aos quais cumprirá cientificar os Juízos federais de 1ª instâncias e as Turmas Recursais dos Juizados Especiais Federais. Publique-se. Brasília, 28 de julho de 2023." Decisão: Após o voto-vista do Ministro Cristiano Zanin, e dos votos dos Ministros Luís Roberto Barroso (Presidente) e Dias Toffoli, todos divergindo do Relator, e dando parcial provimento aos embargos de declaração, para: i. sanar a omissão quanto à violação ao art. 97 da Constituição da República, aderindo, assim, aos votos dos Ministros Gilmar Mendes, Luiz Fux, Luís Roberto Barroso, Dias Toffoli e Nunes Marques, para reconhecer a nulidade do acórdão proferido pela colenda Primeira Seção do Superior Tribunal de Justiça e determinar a remessa dos autos àquela Corte, para que seja realizado novo julgamento nos termos do art. 97 da Constituição Federal; e, caso fiquem vencidos nesse ponto, ii. por razão de segurança jurídica, na esteira dos arts. 926 e 927 do CPC, modulavam os efeitos da decisão, atribuindo efeitos ex nunc, a contar da publicação da ata de julgamento, qual seja, 13/12/2022, sem qualquer ressalva, restando expressa a impossibilidade de (a) revisão de benefícios previdenciários já extintos; (b) rescisão das decisões transitadas em julgado que, à luz da jurisprudência dominante, negaram o direito à revisão, aplicando, porém, a cláusula rebus sic stantibus para as parcelas posteriores a 13/12/2022, que devem ser corrigidas de acordo com a tese fixada neste processo; e (c) revisão e pagamento de parcelas dos benefícios quitadas à luz e ao tempo do entendimento então vigente, vedando-se por consequência o pagamento de parcelas pretéritas; e dos votos dos Ministros Edson Fachin e Cármen Lúcia, ambos acompanhando a divergência inaugurada pela Ministra Rosa Weber, que votara em assentada anterior, o processo foi destacado pelo Relator. Plenário, Sessão Virtual de 24.11.2023 a 1.12.2023. SCAN ME

Processo / Recurso	**Repercussão Geral**	**Relator (a)**	**Acórdão Publicado**	**Embargos Declaratórios**	**Trânsito em Julgado**

Tema	**1102**	Situação	**Acórdão de mérito publicado**	Órgão julgador	**Plenário Virtual**
RE 1276977	Há repercussão geral	MARCO AURÉLIO	13/04/2023	05/05/2023	-

- Informativo 1129/2024 (03.04.2024) – ADI 2110/DF e ADI 2111/DF

DIREITO PREVIDENCIÁRIO – APOSENTADORIA; BENEFÍCIO PREVIDENCIÁRIO; FATOR PREVIDENCIÁRIO; SALÁRIO-MATERNIDADE; DIREITO CONSTITUCIONAL – ORDEM SOCIAL; SEGURIDADE SOCIAL; DIREITOS E GARANTIAS FUNDAMENTAIS. Tese fixada: "A declaração de constitucionalidade do art. 3º da Lei 9.876/1999 impõe que o dispositivo legal seja observado de forma cogente pelos demais órgãos do Poder Judiciário e pela administração pública, em sua interpretação textual, que não permite exceção. O segurado do INSS que se enquadre no dispositivo não pode optar pela regra definitiva prevista no artigo 29, incisos I e II, da Lei nº 8.213/91, independentemente de lhe ser mais favorável."

Resumo: A regra de transição da Lei nº 9.876/1999, que exclui os salários anteriores a julho de 1994 do cálculo da aposentadoria (dada a instabilidade da moeda brasileira antes da adoção do real), é de aplicabilidade obrigatória, sendo vedado ao segurado escolher uma outra forma de cálculo, ainda que lhe seja mais benéfica. O texto constitucional, como regra, veda a adoção de requisitos ou critérios diferenciados para concessão de benefícios (CF/1988, art. 201, § 1º). Assim, para o segurado que se filiou à Previdência Social até o dia anterior à data da publicação da Lei nº 9.876/1999, é impositiva a regra que considera a média aritmética simples dos maiores salários-de-contribuição, correspondentes a, no mínimo, 80% de todo o período contributivo decorrido desde a competência de julho de 1994 (art. 3º). Portanto, não há margem de escolha para que esses beneficiários optem pela regra definitiva (Lei nº 8.213/1991, art. 29, I e II), aplicável para os que se filiaram após a publicação da referida lei e que leva em consideração a média aritmética simples dos maiores salários-de-contribuição correspondentes a 80% dos salários de contribuição de todo o período contributivo para efeito de cálculo de benefício previdenciário. Com base nesses e em outros entendimentos, o Plenário, em apreciação conjunta, por maioria, conheceu parcialmente das ações e, nessa extensão, (i) julgou parcialmente procedente o pedido constante da ADI 2.110/DF, para declarar a inconstitucionalidade da exigência de carência para a fruição de salário-maternidade, prevista no art. 25, III, da Lei nº 8.213/1991, na redação dada pelo art. 2º da Lei nº 9.876/1999; e (ii) julgou improcedentes os demais pedidos constantes das ADIs 2.110/DF e 2.111/DF, explicitando que o art. 3º da Lei nº 9.876/1999 tem natureza cogente, não tendo o segurado o direito de opção por critério diverso. Por fim, o Plenário, por unanimidade, fixou a tese anteriormente citada.

16. DESAPOSENTAÇÃO

STJ - Superior Tribunal de Justiça

Tema	563	Situação	Revisado	Órgão julgador	Primeira Seção
Questão Controvertida	Discute-se a possibilidade de renunciar à aposentadoria concedida (desaposentação) no Regime Geral de Previdência Social e necessidade de devolução dos valores recebidos pelo segurado para novo e posterior jubilamento.				
Tese Firmada	Em juízo de retratação (CPC, art. 1.040), a Primeira Seção do STJ decidiu que a "tese firmada pelo STJ no Tema 563/STJ deve ser alterada para os exatos termos do estipulado pela Corte Suprema sob o regime vinculativo da Repercussão Geral (Acórdão publicado no DJe de 29/5/2019):No âmbito do Regime Geral de Previdência Social - RGPS, somente lei pode criar benefícios e vantagens previdenciárias, não havendo, por ora, previsão legal do direito à 'desaposentação', sendo constitucional a regra do art. 18, § 2º, da Lei nº 8.213/91".				
Informações Complementares	Entendimento anterior: Tese firmada pela Primeira Seção no julgamento do REsp 1.334.488/SC, acórdão publicado no DJe de 14/5/2013: "A pretensão do segurado consiste em renunciar à aposentadoria concedida para computar período contributivo utilizado, conjuntamente com os salários de contribuição da atividade em que permaneceu trabalhando, para a concessão de posterior e nova aposentação. Os benefícios previdenciários são direitos patrimoniais disponíveis e, portanto, suscetíveis de desistência pelos seus titulares, prescindindo-se da devolução dos valores recebidos da aposentadoria a que o segurado deseja preterir para a concessão de novo e posterior jubilamento. A nova aposentadoria, a ser concedida				

Tema	563	Situação	Revisado	Órgão julgador	Primeira Seção
Informações Complementares	a contar do ajuizamento da ação, há de computar os salários de contribuição subsequentes à aposentadoria a que se renunciou." SCAN ME				
Repercussão Geral	Tema 503/STF - Conversão de aposentadoria proporcional em aposentadoria integral por meio do instituto da desaposentação.				
Processo / Recurso	**Decisão de Afetação**	**Relator (a)**	**Acórdão Publicado**	**Embargos Declaratórios**	**Trânsito em Julgado**
REsp 1334488/SC	23/08/2012	HERMAN BENJAMIN	14/05/2013	30/09/2013 e 05/12/2013	21/06/2019

- Informativo 557 – 18.03.2015

DIREITO PREVIDENCIÁRIO E PROCESSUAL CIVIL. CARÁTER PERSONALÍSSIMO DO DIREITO À DESAPOSENTAÇÃO. Os sucessores do segurado falecido não têm legitimidade para pleitear a revisão do valor da pensão a que fazem jus se a alteração pretendida depender de um pedido de desaposentação não efetivado quando em vida pelo instituidor da pensão. (AgRg no AREsp 436.056-RS, Rel. Min. Assusete Magalhães, julgado em 3/3/2015, Dje 10/3/2015).

STF - Supremo Tribunal Federal

Tema	503	Situação	Trânsito em Julgado	Órgão julgador	Tribunal Pleno
Questão Controvertida	Conversão de aposentadoria proporcional em aposentadoria integral por meio do instituto da desaposentação.				
Tese Firmada	No âmbito do Regime Geral de Previdência Social - RGPS, somente lei pode criar benefícios e vantagens previdenciárias, não havendo, por ora, previsão legal do direito à 'desaposentação' ou à 'reaposentação', sendo constitucional a regra do art. 18, § 2º, da Lei nº 8.213/91.				

Tema	**503**	Situação	**Trânsito em Julgado**	Órgão julgador	**Tribunal Pleno**
Informações Complementares	Embargos recebidos em parte: "O Tribunal, por maioria, deu parcial provimento aos embargos de declaração, para assentar a irrepetibilidade dos valores alimentares recebidos de boa-fé, por força de decisão judicial, até a proclamação do resultado deste julgamento, e alterou a tese de repercussão geral, que ficou assim redigida: "No âmbito do Regime Geral de Previdência Social – RGPS, somente lei pode criar benefícios e vantagens previdenciárias, não havendo, por ora, previsão legal do direito à 'desaposentação' ou à 'reaposentação', sendo constitucional a regra do art. 18, § 2º, da Lei nº 8.213/91", vencidos os Ministros Edson Fachin, que acolhia os embargos em maior extensão, e o Ministro Marco Aurélio, que já havia votado no sentido de acolher os embargos apenas para prestar esclarecimentos, sem eficácia modificativa. Em seguida, o Tribunal, por maioria, decidiu preservar as hipóteses relativas às decisões transitadas em julgado até a data deste julgamento. Ficaram vencidos quanto às decisões transitadas em julgado os Ministros Dias Toffoli (Presidente e Relator), Gilmar Mendes e Luiz Fux. Quanto à fixação do marco temporal do trânsito em julgado, ficaram vencidos os Ministros Alexandre de Moraes, Roberto Barroso e Cármen Lúcia, que fixavam a data de 27.10.2016. Na votação desses pontos, o Ministro Marco Aurélio reafirmou seu voto no sentido de que acolhera os embargos apenas para prestar esclarecimentos, sem eficácia modificativa, ficando, portanto, vencido. Redigirá o acórdão o Ministro Alexandre de Moraes. Ausente, por motivo de licença médica, o Ministro Celso de Mello. Plenário, 06.02.2020." SCAN ME				

Processo / Recurso	**Repercussão Geral**	**Relator (a)**	**Acórdão Publicado**	**Embargos Declaratórios**	**Trânsito em Julgado**
RE 661256	18/11/2011	DIAS TOFFOLI	28/09/2017	04/10/2017 e 11/10/2017	08/12/2020

17. VALOR NOMINAL DO REAJUSTE DO SALÁRIO-MÍNIMO

STF - Supremo Tribunal Federal

Tema	**996**	Situação	**Trânsito em Julgado**	Órgão julgador	**Tribunal Pleno – sessão virtual**
Questão Controvertida	Possibilidade de revisão de benefício previdenciário pelo valor nominal do reajuste do salário-mínimo, sempre que mais vantajoso que o reajuste nominal dos demais benefícios.				

Tema	996	Situação	**Trânsito em Julgado**	Órgão julgador	**Tribunal Pleno - sessão virtual**
Tese Firmada	Não encontra amparo no Texto Constitucional revisão de benefício previdenciário pelo valor nominal do salário-mínimo.				
Informações Complementares	SCAN ME				
Processo / Recurso	**Repercussão Geral**	**Relator (a)**	**Acórdão Publicado**	**Embargos Declaratórios**	**Trânsito em Julgado**
RE 968414	18/05/2018	MARCO AURÉLIO	03/06/2020	-	11/06/2020

- Informativo 683 – 11.10.2012

AGRAVO REGIMENTAL NO AGRAVO DE INSTRUMENTO. PREVIDENCIÁRIO. REAJUSTE. BENEFÍCIO CONCEDIDO NA VIGÊNCIA DA CONSTITUIÇÃO FEDERAL DE 1988. ACÓRDÃO RECORRIDO EM CONSONÂNCIA COM A JURISPRUDÊNCIA DESTA CORTE. 1. O artigo 41, II, da Lei nº. 8213/91 não infringiu o disposto nos artigos 194, IV, e 201, § 2º, da Constituição Federal que asseguram, respectivamente, a irredutibilidade do valor dos benefícios e a preservação do seu valor real. Precedentes. 2. A revisão dos benefícios previdenciários não pode ser atrelada à variação do salário-mínimo, após a implantação do plano de custeio e benefícios. Precedentes. 3. In casu, o acórdão recorrido assentou: "**PREVIDÊNCIA SOCIAL – REAJUSTE DE BENEFÍCIO PREVIDENCIÁRIO CONCEDIDO NA VIGÊNCIA DA CONSTITUIÇÃO FEDERAL DE 1988 – IMPOSSIBILIDADE DE APLICAÇÃO DA SÚMULA Nº 260 DO TFR OU DO ART. 58 DO ADCT DA CF/88 – SÚMULAS Nº 20 E 21 DO TRF/1ª REGIÃO – APLICAÇÃO DO ART. 41 DA LEI Nº 8.213/91, ALTERADO PELO ART. 9º DA LEI Nº 8.542/92 – PRIMEIRO REAJUSTE DE BENEFÍCIO CONCEDIDO APÓS 05/10/88, DE ACORDO COM A DATA DE SEU INÍCIO (ART. 41, II, DA LEI Nº 8.213/91) – CONSTITUCIONALIDADE – SÚMULA Nº 36 DO TRF/1ª REGIÃO.** I. Inexistia, até o advento do art. 58 do ADCT da Constituição Federal de 1988, disposição legal determinando a manutenção da proporcionalidade do número de salários-mínimos percebidos à época da concessão do benefício. II. O critério de reajuste de benefício, previsto no art. 58 do ADCT da CF/88, aplica-se apenas aos benefícios mantidos em 05/10/88, sendo a referida atualização de benefício devida e paga a partir de 05/04/89, nos termos do art. 58 e parágrafo único, do ADCT da CF/88 e da Súmula nº 20 do TRF/1ª Região, mantendo-se tal critério de reajustamento de 05/04/89 a 04/04/91, quando passou a incidir o critério do art. 41, II, da Lei nº 8.213/91, que deve ser observado até janeiro de 1993, quando o INPC passou a ser substituído pelo IRSM--Índice de Reajuste do Salário mínimo, observando-se, ulteriormente, seu substituto (art. 20 da Lei nº 8.880, de 27/05/94 e legislação subseqüente). III. A pretensão de pagamento de benefício concedido posteriormente à implantação dos planos de custeio e benefícios da Previdência Social, pelo mesmo número de salários-mínimos da data de sua concessão, encontra óbice no art. 7º, IV, da Constituição Federal (RE nº 201.472-9/SP, 1ª T. do STF, Rel. Min. Celso de Mello, unânime, in DJU de 27/09/96, pág. 36.175). IV. A Súmula nº 260 do TFR – aplicável aos benefícios concedidos até 04/10/88 (Súmula nº 21 do TRF/1ª Região) – firmou entendimento no sentido de que, no primeiro reajuste do benefício, deve-se aplicar o índice integral do aumento verificado, independentemente do mês de sua concessão, em face de a legislação vigente à época não prever a aplicação de índice proporcional de aumento, no primeiro reajuste do benefício, de vez que o art. 67, § 2º, da Lei nº 3.807/90, em sua redação original – que previa reajuste proporcional do benefício, levando-se em conta a data de sua concessão – foi alterado pelo Decreto-lei nº 66/66, que não mais reproduziu aquela previsão legal. V. No caso de benefício concedido em 14/07/91, os reajustamentos regem-se pelos arts. 41 e 145 da Lei nº 8.213/91, com as alterações do art. 9º da Lei nº 8.542/92 e legislação subseqüente. VI. Prevendo o art. 41, II, e § 2º, da Lei nº 8.213/91, no primeiro reajustamento do benefício, a aplicação de índice proporcional, de acordo com a data de seu início, pela variação integral do INPC, criando, ainda, um reajuste extraordinário, para recompor o valor real do benefício, na hipótese de se constatar perda de poder aquisitivo com a aplicação dos critérios de reajustamento nele previstos, com vistas ao atendimento do disposto no art. 201, § 2º, da Constituição Federal, inexiste vício de inconstitucionalidade no aludido dispositivo legal, bem assim no art. 9º da Lei nº 8.542/92, que manteve a mesma proporcionalidade do primeiro reajuste do benefício, pela variação do IRSM. Precedentes do TRF/1ª Região e do STJ (Resp nº 85.663-RS, Rel. Min. Edson Vidigal). VII. O critério fixado para o primeiro reajuste de benefício concedido na vigência da CF/88 representa uma opção legítima do legislador para manter atual o valor do benefício, desde a sua concessão, encontrando justificativa no fato de que, quanto mais recente for a concessão do benefício, menor desgaste sofreu em sua renda mensal inicial, pelo efeito inflacionário, e mais elevados os salários-de-contribuição que integraram o período básico de cálculo, para apuração do salário-de-benefício, resultando em renda mensal inicial de valor mais elevado, de vez que o art. 31, da Lei nº 8 213/91 determinou a atualização monetária dos salários-de-contribuição computados no cálculo do valor do benefício concedido a partir de 05/10/88, pela variação integral do INPC, "referente ao período decorrido a partir da data da competência do salário-de-contribuição até a do início do benefício, de modo a preservar os seus valores reais". VIII. Quis o legislador constituinte tratar desigualmente situações desiguais, quando fixou critérios diversos de reajuste de benefícios para os de valor mínimo e os de valor superior ao salário mínimo (art. 201, § 5º, da CF/88, art. 58 do ADCT), pelo que incabível invocação de ofensa ao princípio da isonomia pelo art. 41, II, da Lei nº 8.213/91. IX. "O inciso II do art. 41, da Lei nº 8.213/91, revogado pela Lei nº 8.542/92, era compatível com as normas constitucionais que asseguram o reajuste dos benefícios para preservação de seu valor real." (Súmula nº 36 do TRF/1ª Região). X. Apelação improvida." 4. Agravo regimental desprovido (AG. REG. NO AI N. 776.724-MG).

18. DIVISOR MÍNIMO

STJ - Superior Tribunal de Justiça

- Informativo 388 – 27.03.2009

INSS. APOSENTADORIA. IDADE. REVISÃO. Segurada do INSS, ora recorrente, pretende revisar sua aposentadoria por idade. Insurge-se quanto à aplicação do § 2º do art. 3º da Lei n. 9.876/1999, objetivando rever o cálculo da renda mensal inicial utilizado para o benefício da aposentadoria – para ela, o divisor mínimo a ser aplicado deve ser limitado ao número efetivo de contribuições, de modo que se utilizem para o cálculo de seu benefício (100%) das contribuições efetivas e não 60% do período decorrido. É cediço que, com a Lei n. 9.876/1999, instituiu o fator previdenciário no cálculo das aposentadorias e ampliou-se o período de apuração dos salários de contribuição. Assim, para aqueles que se filiassem ao INSS a partir da vigência dessa lei (29/11/1999), o período de apuração envolve os salários de contribuição desde a filiação até a data de entrada do requerimento (DER); para os segurados filiados antes da edição da citada lei, o período de apuração passou a ser entre julho de 1994 e a DER. Anota o Min. Relator que o período básico de cálculo foi ampliado, mas essa alteração legislativa em benefício do segurado só lhes beneficia se houver contribuições naquele espaço de tempo. No caso dos autos, a segurada filiou-se ao INSS, antes de 28/11/1999, portanto, tem direito a incluir o período contributivo de 115 meses (desde a competência de 7/1994 à data do DER, em 2/1/2004). No entanto o Tribunal de origem deixou claro só haver uma contribuição da recorrente no valor de R$ 1.869,39 nesse período. Logo, a média utilizada foi o valor devidamente atualizado para R$ 1.889,54. Sobre esse valor atualizado, aplicando-se o § 2º do art. 3º da lei em comento, passou-se a considerar 60% de 115 meses, obtendo-se o divisor 69 que, dividido pelo valor atualizado, resultou em valor inferior ao salário-mínimo, razão pela qual a concessão do benefício processou-se nesse patamar. Diante disso observa que, na legislação, não há referência para que o divisor mínimo de apuração da média seja limitado ao mínimo de contribuições à Previdência Social, como defende a recorrente. Ao contrário, está expresso na lei que o divisor mínimo será limitado à quantidade das contribuições efetivas. Ademais, não se deve confundir período contributivo com período contribuído. Com essas considerações, a Turma negou provimento ao recurso da segurada. (Resp 929.032-RS, Rel. Min. Jorge Mussi, julgado em 24/3/2009).

QUINTA SEÇÃO - PENSÃO POR MORTE

CAPÍTULO 1 - ASPECTOS GERAIS

1. CONSTITUCIONALIDADE DA AFERIÇÃO DOS REQUISITOS LEGAIS DO BENEFÍCIO

STF - Supremo Tribunal Federal

Tema	1028	Situação	Trânsito em Julgado	Órgão julgador	Plenário Virtual - RG
Questão Controvertida	Aferição dos requisitos legais para a concessão do benefício previdenciário da pensão por morte.				
Tese Firmada	É infraconstitucional e fundada na análise de fatos e provas, a ela se aplicando os efeitos da ausência de repercussão geral, a controvérsia atinente à aferição dos requisitos legais para a concessão do benefício previdenciário da pensão por morte.				
Informações Complementares	SCAN ME				

Processo / Recurso	Repercussão Geral	Relator (a)	Acórdão Publicado	Embargos Declaratórios	Trânsito em Julgado
ARE 1170204	Não há RG - Matéria Infraconstitucional	MINISTRO PRESIDENTE	12/03/2019	-	27/03/2019

2. PERDA DA QUALIDADE DE SEGURADO X DIREITO ADQUIRIDO À APOSENTADORIA NO ÓBITO

STJ - Superior Tribunal de Justiça

Tema	21	Situação	Trânsito em Julgado	Órgão julgador	Terceira Seção

Questão Controvertida	Questiona-se a imprescindibilidade do requisito "condição de segurado do de cujus" para os dependentes fazerem jus ao benefício de pensão por morte, situação somente excetuada no caso daquele ter preenchido em vida os requisitos necessários ao deferimento de qualquer uma das aposentadorias previstas no Regime Geral de Previdência Social - RGPS.				
Tese Firmada	É devida a pensão por morte aos dependentes do segurado que, apesar de ter perdido essa qualidade, preencheu os requisitos legais para a obtenção de aposentadoria até a data do seu óbito.				
Informações Complementares	SCAN ME				
Súmula	Súmula 416/STJ				
Processo / Recurso	**Decisão de Afetação**	**Relator (a)**	**Acórdão Publicado**	**Embargos Declaratórios**	**Trânsito em Julgado**
REsp 1110565/SE	05/03/2009	FELIX FISCHER	03/08/2009	-	04/09/2009

3. HABILITAÇÃO TARDIA

STJ - Superior Tribunal de Justiça

- Informativo 592 – 08.11.2016

PENSÃO POR MORTE. HABILITAÇÃO TARDIA DE DEPENDENTE ABSOLUTAMENTE INCAPAZ. EXISTÊNCIA DE DEPENDENTE REGULAR JÁ INSCRITO. EFEITOS FINANCEIROS. Não há direito à percepção de pensão por morte em período anterior à habilitação tardia da dependente incapaz, no caso de seu pai já receber a integralidade do benefício desde o óbito da instituidora. (REsp 1.479.948-RS, Rel. Min. Herman Benjamin, por unanimidade, julgado em 22/9/2016, DJe 17/10/2016).

- Informativo 566 – 20.08.2015

DIREITO PREVIDENCIÁRIO. HABILITAÇÃO TARDIA DE PENSIONISTA MENOR. Ainda que o beneficiário seja "pensionista menor", a pensão por morte terá como termo inicial a data do requerimento administrativo – e não a do óbito – na hipótese em que, postulado após trinta dias do óbito do segurado, o benefício já vinha sendo pago integralmente a outro dependente previamente habilitado (REsp 1.513.977-CE, Rel. Min. Herman Benjamin, julgado em 23/6/2015, DJe 5/8/2015).

4. CUMULAÇÃO

4.1. APOSENTADORIA POR IDADE

STJ - Superior Tribunal de Justiça

- Informativo 101 - 22.06.2001

PENSÃO POR MORTE. CUMULAÇÃO. APOSENTADORIA POR IDADE. No caso, a autora ao aposentar-se, preenchidos os requisitos legais, teve suspensa a pensão que recebia pelo falecimento do marido rurícola, ao argumento de que a legislação previdenciária impede a cumulação desses benefícios. Pensão por morte não é aposentadoria – vez que devida aos dependentes do segurado como garantia de sobrevivência, em virtude das contribuições feitas por ele e não usufruídas. Sendo assim, não há vedação legal para percepção de pensão cumulada com aposentadoria. Com esses argumentos, prosseguindo o julgamento, a Turma negou provimento ao recurso (REsp 270.321-SP, Rel. Min. Jorge Scartezzini, julgado em 21/6/2001).

4.2. PENSÃO CIVIL *EX DELICTO*

STJ - Superior Tribunal de Justiça

- Informativo 542 – 27.06.2014

DIREITO CIVIL E PREVIDENCIÁRIO. ACUMULAÇÃO DE PENSÃO DECORRENTE DE ATO ILÍCITO COM O BENEFÍCIO PREVIDENCIÁRIO DE PENSÃO POR MORTE. É possível a cumulação do benefício previdenciário de pensão por morte com pensão civil *ex delicto* (REsp 776.338-SC, Rel. Min. Raul Araújo, julgado em 6/5/2014).

4.3. PENSÃO ESPECIAL ESTADUAL

STJ - Superior Tribunal de Justiça

- Informativo 184 – 19.09.2003

PENSÃO POR MORTE. CUMULAÇÃO. ESPECIAL.

É permitida a cumulação da pensão previdenciária por morte com pensão especial estadual, devida em razão de falecimento do servidor militar na atividade profissional ou em razão dela (art. 41, § 9º, da Constituição do Estado da Paraíba). São pensões com natureza e suportes fáticos diversos (RMS 8.975-PB, Rel. Min. Hamilton Carvalhido, julgado em 18/9/2003).

5. PRESCRIÇÃO DO FUNDO DE DIREITO

STJ - Superior Tribunal de Justiça

- Informativo 706 – 30.08.2021

PENSÃO POR MORTE. RELAÇÃO DE TRATO SUCESSIVO. INEXISTÊNCIA DE NEGATIVA EXPRESSA DA ADMINISTRAÇÃO. PRESCRIÇÃO DE FUNDO DE DIREITO. NÃO OCORRÊNCIA. SÚMULA N. 85/STJ. APLICABILIDADE. PRESCRIÇÃO DAS PRESTAÇÕES VENCIDAS NO QUINQUÊNIO ANTERIOR À PROPOSITURA DA AÇÃO. Não ocorre a prescrição do fundo de direito no pedido de concessão de pensão por morte, no caso de inexistir manifestação expressa da Administração negando o direito reclamado, estando prescritas apenas as prestações vencidas no quinquênio que precedeu à propositura da ação (EDCL nos EREsp 1.269.726-MG, Rel. Min. Manoel Erhardt (Desembargador convocado do TRF da 5ª Região), Primeira Seção, por unanimidade, julgado em 25/08/2021).

6. CONSTITUCIONALIDADE DA FORMA DE CÁLCULO DA EC 103/19

STF - Supremo Tribunal Federal

- Informativo 1101/2023 (12.07.2023) – ADI 7051/DF

DIREITO CONSTITUCIONAL E PREVIDENCIÁRIO. AÇÃO DIRETA DE INCONSTITUCIONALIDADE. REFORMA DA PREVIDÊNCIA SOCIAL. EMENDA CONSTITUCIONAL Nº 103/2019. CRITÉRIOS DE CÁLCULO DA PENSÃO POR MORTE NO RGPS. 1. Ação direta contra o art. 23, caput, da Emenda Constitucional nº 103/2019, que fixou novos critérios para o cálculo da pensão por morte no regime geral (RGPS) e nos regimes próprios de previdência social (RPPS). A requerente se volta, especificamente, contra a norma referente ao RGPS. O contexto da nova Reforma da Previdência 2. A população brasileira está vivendo mais. De acordo com projeções da Organização das Nações Unidas, em 2100, o Brasil será o 10º maior país do mundo em proporção de idosos. Em paralelo, a população em idade ativa vem diminuindo, em razão da queda na taxa de fecundidade. Com isso, há menos jovens para financiar os benefícios dos mais idosos. 3. O déficit previdenciário é incontestável e teve piora significativa nos últimos anos. O pagamento de aposentadorias e pensões consome fatia relevante do PIB e do orçamento estatal, deixando poucos recursos para setores como saúde e educação. Reformas na Previdência Social que reduzam o endividamento público podem ter impactos macroeconômicos positivos, como o estímulo ao consumo e à produção. Vetores interpretativos aplicáveis ao caso 4. Dever de autocontenção judicial. As questões abrangidas pela reforma previdenciária são divisivas, de difícil obtenção de consenso. A cautela e deferência próprias da jurisdição constitucional acentuam-se aqui pelo fato de se tratar de uma emenda à Constituição, cuja aprovação tem o batismo da maioria de três quintos de cada Casa do Congresso Nacional. Além disso, a intervenção do Poder Judiciário deve ter em conta os limites impostos por sua capacidade institucional e pelos efeitos sistêmicos que as decisões judiciais podem produzir nessa matéria. Análise do vício de inconstitucionalidade alegado 5. Novos critérios de cálculo da pensão por morte (art. 23 da EC nº 103/2019), que asseguram uma cota familiar de 50%, mais uma cota por dependente de 10% dos proventos do segurado falecido. O patamar está próximo à realidade de outros países e é compatível com os valores de pensão alimentícia comumente fixados pelo Poder Judiciário. Ademais, leva em conta as condições de elegibilidade para os benefícios previdenciários estabelecidas pela legislação brasileira, tais como a idade dos beneficiários e o tempo de convívio marital ou de união estável. Qualquer interferência judicial no montante da prestação deveria considerar todos esses aspectos, o que se mostra praticamente inviável. Os limites oriundos da capacidade institucional do Judiciário e o risco de efeitos sistêmicos recomendam, também aqui, a autocontenção. Conclusão 6. Improcedência do pedido, com a fixação da seguinte tese de julgamento: "É constitucional o art. 23, caput, da Emenda Constitucional nº 103/2019, que fixa novos critérios de cálculo para a pensão por morte no Regime Geral e nos Regimes Próprios de Previdência Social".

Tese: É constitucional o art. 23, caput, da Emenda Constitucional nº 103/2019, que fixa novos critérios de cálculo para a pensão por morte no Regime Geral e nos Regimes Próprios de Previdência Social.

CAPÍTULO 2 - DEPENDENTES

1. DESCENDENTES

1.1. MENOR SOB GUARDA

STJ - Superior Tribunal de Justiça

Tema	**732**	Situação	**Trânsito em Julgado**	Órgão julgador	**Primeira Seção**
Questão Controvertida	Discussão: concessão do benefício de pensão por morte a menor sob guarda.				
Tese Firmada	O menor sob guarda tem direito à concessão do benefício de pensão por morte do seu mantenedor, comprovada sua dependência econômica, nos termos do art. 33, § 3º do Estatuto da Criança e do Adolescente, ainda que o óbito do instituidor da pensão seja posterior à vigência da Medida Provisória 1.523/96, reeditada e convertida na Lei 9.528/97. Funda-se essa conclusão na qualidade de lei especial do Estatuto da Criança e do Adolescente (8.069/90), frente à legislação previdenciária.				
Informações Complementares	SCAN ME				
Processo STF	RE 1164452 - Concluso ao relator				
Processo / Recurso	**Decisão de Afetação**	**Relator (a)**	**Acórdão Publicado**	**Embargos Declaratórios**	**Trânsito em Julgado**
REsp 1411258/RS	28/02/2014	NAPOLEÃO NUNES MAIA FILHO	21/02/2018	22/06/2018	09/03/2023

STF - Supremo Tribunal Federal

Tema	1271	Situação	**Acórdão de Repercussão Geral publicado**	Órgão julgador	**Plenário Virtual - RG**
Questão Controvertida	Exclusão da criança e do adolescente sob guarda do rol de beneficiários, na condição de dependentes, do segurado do Regime Geral de Previdência Social, implementada pelo art. 23 da Emenda Constitucional nº 103/2019.				
Tese Firmada	-				
Informações Complementares	SCAN ME				
Processo / Recurso	**Repercussão Geral**	**Relator (a)**	**Acórdão Publicado**	**Embargos Declaratórios**	**Trânsito em Julgado**
RE 1442021	23/05/2014	ANDRÉ MENDONÇA	22/09/2023	-	-

- Informativo 1018/2021 (28.05.2021) – ADI 4878/DF e ADI 5083/DF

AÇÕES DIRETAS DE INCONSTITUCIONALIDADE. JULGAMENTO CONJUNTO. DIREITO CONSTITUCIONAL. DIREITO PREVIDENCIÁRIO. ARTIGO 16, § 2º, DA LEI N.º 8.213/1991. REDAÇÃO CONFERIDA PELA LEI N.º 9.528/1997. MENOR SOB GUARDA. PROTEÇÃO PREVIDENCIÁRIA. DOUTRINA DA PROTEÇÃO INTEGRAL. PRINCÍPIO DA PRIORIDADE ABSOLUTA. ART. 227, CRFB. INTERPRETAÇÃO CONFORME, PARA RECONHECER O MENOR SOB GUARDA DEPENDENTE PARA FINS DE CONCESSÃO DE BENEFÍCIO PREVIDENCIÁRIO, DESDE QUE COMPROVADA A DEPENDÊNCIA ECONÔMICA. 1. Julgamento conjunto da ADI nº 4.878 e da ADI nº 5.083, que impugnam o artigo 16, § 2º, da Lei nº 8.213/1991, na redação conferida pela Lei n° 9.528/1997, que retirou o "menor sob guarda" do rol de dependentes para fins de concessão de benefício previdenciário. 2. A Constituição de 1988, no art. 227, estabeleceu novos paradigmas para a disciplina dos direitos de crianças e de adolescentes, no que foi em tudo complementada pelo Estatuto da Criança e do Adolescente (Lei n. º 8.069/1990). Adotou-se a doutrina da proteção integral e o princípio da prioridade absoluta, que ressignificam o status protetivo, reconhecendo-se a especial condição de crianças e adolescentes enquanto pessoas em desenvolvimento. 3. Embora o "menor sob guarda" tenha sido excluído do rol de dependentes da legislação previdenciária pela alteração promovida pela Lei nº 9.528/1997, ele ainda figura no comando contido no art. 33, § 3º, do Estatuto da Criança e do Adolescente (Lei n.º 8.069/1990), que assegura que a guarda confere à criança ou adolescente a condição de dependente, para todos os fins e direitos, inclusive previdenciários. 4. O deferimento judicial da guarda, seja nas hipóteses do art. 1.584, § 5º, do Código Civil (Lei n.º 10.406/2002); seja nos casos do art. 33, do Estatuto da Criança e do Adolescente (Lei n.º 8.069/1990), deve observar as formalidades legais, inclusive a intervenção obrigatória do Ministério Público. A fiel observância dos requisitos legais evita a ocorrência de fraudes, que devem ser combatidas sem impedir o acesso de crianças e de adolescentes a seus direitos previdenciários. 5. A interpretação constitucionalmente adequada é a que assegura ao "menor sob guarda" o direito à proteção previdenciária, porque assim dispõe o Estatuto da Criança e do Adolescente e também porque direitos fundamentais devem observar o princípio da máxima eficácia. Prevalência do compromisso constitucional contido no art. 227, § 3º, VI, CRFB. 6. ADI 4878 julgada procedente e ADI 5083 julgada parcialmente procedente para conferir interpretação conforme ao § 2º do art. 16, da Lei n.º 8.213/1991, para contemplar, em seu âmbito de proteção, o "menor sob guarda", na categoria de dependentes do Regime Geral de Previdência Social, em consonância com o princípio da proteção integral e da prioridade absoluta, nos termos do art. 227 da Constituição da República, desde que comprovada a dependência econômica, nos termos em que exige a legislação previdenciária (art. 16, § 2º, Lei 8.213/1991 e Decreto 3048/1999).

1.2. MENOR DE 18 ANOS NA DATA DO ÓBITO E TEMPO PARA PEDIR O BENEFÍCIO

STJ - Superior Tribunal de Justiça

- Informativo 546 – 24.09.2014

DIREITO PREVIDENCIÁRIO. TERMO INICIAL DE PENSÃO POR MORTE REQUERIDA POR PENSIONISTA MENOR DE DEZOITO ANOS. A pensão por morte será devida ao dependente menor de dezoito anos desde a data do óbito, ainda que tenha requerido o benefício passados mais de trinta dias após completar dezesseis anos (REsp 1.405.909-AL, Rel. Min. Sérgio Kukina, Rel. para acórdão Min. Ari Pargendler, julgado em 22/5/2014).

1.3. MAIOR DE 21 ANOS E NÃO INVÁLIDO

STJ - Superior Tribunal de Justiça

<table>
<tr><td>Tema</td><td>643</td><td>Situação</td><td>Trânsito em Julgado</td><td>Órgão julgador</td><td>Primeira Seção</td></tr>
<tr><td>Questão Controvertida</td><td colspan="5">Discussão acerca da possibilidade de manutenção de pensão por morte a filho maior de 21 anos e não inválido.</td></tr>
<tr><td>Tese Firmada</td><td colspan="5">Não há falar em restabelecimento da pensão por morte ao beneficiário, maior de 21 anos e não inválido, diante da taxatividade da lei previdenciária, porquanto não é dado ao Poder Judiciário legislar positivamente, usurpando função do Poder Legislativo.</td></tr>
<tr><td>Informações Complementares</td><td colspan="5">SCAN ME</td></tr>
<tr><td>Processo / Recurso</td><td>Decisão de Afetação</td><td>Relator (a)</td><td>Acórdão Publicado</td><td>Embargos Declaratórios</td><td>Trânsito em Julgado</td></tr>
<tr><td>REsp 1369832/SP</td><td>07/05/2013</td><td>ARNALDO ESTEVES LIMA</td><td>07/08/2013</td><td>-</td><td>16/09/2013</td></tr>
</table>

- Informativo 508 – 14.11.2012

DIREITO ADMINISTRATIVO. PENSÃO POR MORTE. ESTUDANTE UNIVERSITÁRIO. PRORROGAÇÃO DO BENEFÍCIO. IMPOSSIBILIDADE. Não é possível estender a pensão por morte até os 24 anos de idade pelo fato de o filho beneficiário ser estudante universitário (REsp 1.347.272-MS, Rel. Min. Herman Benjamin, julgado em 18/10/2012).

2. CÔNJUGE/COMPANHEIRO(A)

2.1. UNIÃO ESTÁVEL E PROVA EXCLUSIVAMENTE TESTEMUNHAL[3]

STJ - Superior Tribunal de Justiça

- Informativo 527 – 09.10.2013

DIREITO PREVIDENCIÁRIO. COMPROVAÇÃO DA UNIÃO ESTÁVEL PARA EFEITO DE CONCESSÃO DE PENSÃO POR MORTE. Para a concessão de pensão por morte, é possível a comprovação da união estável por meio de prova exclusivamente testemunhal (AR 3.905-PE, Rel. Min. Campos Marques (Desembargador convocado do TJ-PR), julgado em 26/6/2013).

- Informativo 289 – 23.06.2006

UNIÃO ESTÁVEL. RECEBIMENTO. PENSÃO. PROVA TESTEMUNHAL. A companheira faz jus ao reconhecimento de união estável para fins de recebimento de pensão por morte de seu companheiro. Se a legislação previdenciária não impõe a necessidade da prova material para a comprovação da dependência econômica para fins previdenciários, não há por que o magistrado fazer tal interpretação da norma. "Onde a lei não distingue, não pode o intérprete fazê-lo". No caso, tendo a autora produzido a prova testemunhal

3. Alterações legais a partir da MP 871/2019 convertida na Lei 13.846/2019: *"Art. 16, § 5º: As provas de união estável e de dependência econômica exigem início de prova material contemporânea dos fatos, produzido em período não superior a 24 (vinte e quatro) meses anterior à data do óbito ou do recolhimento à prisão do segurado, não admitida a prova exclusivamente testemunhal, exceto na ocorrência de motivo de força maior ou caso fortuito, conforme disposto no regulamento. (Incluído pela Lei nº 13.846, de 2019)(...)".*

que afirma a convivência com seu falecido companheiro de 1965 até 1995, data do óbito, tem ela direito ao recebimento da pensão (REsp 783.697-GO, Rel. Min. Nilson Naves, julgado em 20/6/2006).

2.2. UNIÃO HOMOAFETIVA

STJ - Superior Tribunal de Justiça

- Informativo 271 – 19.12.2005

PENSÃO. RELACIONAMENTO HOMOAFETIVO. Trata-se de recurso interposto pelo INSS em que se discute se um companheiro homossexual tem ou não direito a receber pensão por morte como dependente de segurado falecido. A sentença julgou improcedente o pedido, extinguindo o processo. O MPF apelou da sentença, alegando que o § 3º do art. 226 da CF/1988 não exclui a união estável entre pessoas do mesmo sexo, devendo ser observado o princípio da igualdade. Apelou, ainda, o autor, e o Tribunal a quo deu provimento às apelações. Note-se que a matéria, na espécie, está afeta ao direito previdenciário e não ao de família. Isso posto, a Turma negou provimento ao recurso do INSS, confirmando a concessão do benefício, uma vez que preenchidas as exigências da Lei n. 8.213/1991, comprovadas a qualidade de segurado do de cujus e a convivência afetiva e duradoura (18 anos) entre o falecido e o autor. Outrossim, confirmou a legitimidade do MP para intervir no processo em prol de tratamento igualitário quanto a direitos fundamentais, a teor do art. 127 da CF/1988. Destacou o Min. Relator que, no § 3º do art. 16 da Lei 8.213/1991, pretendeu o legislador gizar o conceito de entidade familiar, a partir do modelo da união estável, com vista ao direito previdenciário, sem exclusão da relação homoafetiva. Ressaltou, ainda, que o próprio INSS regulou a matéria por meio da Instrução Normativa n. 25/2000, com vista à concessão de benefício ao companheiro ou companheira homossexual, para atender determinação judicial em medida liminar em ação civil pública com eficácia erga omnes, ao fundamento de garantir o direito de igualdade previsto na Constituição. Posteriormente, o INSS também dispôs sobre a matéria, editando nova instrução normativa (INSS/DC n. 50 de 8/5/2001), por força da mesma ação civil pública (Resp 395.904-RS, Rel. Min. Hélio Quaglia Barbosa, julgado em 13/12/2005).

STF - Supremo Tribunal Federal

Tema	**529**	Situação	**Trânsito em Julgado**	Órgão julgador	**Plenário Virtual - RG**
Questão Controvertida	Possibilidade de reconhecimento jurídico de união estável e de relação homoafetiva concomitantes, com o consequente rateio de pensão por morte.				
Tese Firmada	A preexistência de casamento ou de união estável de um dos conviventes, ressalvada a exceção do artigo 1.723, § 1º, do Código Civil, impede o reconhecimento de novo vínculo referente ao mesmo período, inclusive para fins previdenciários, em virtude da consagração do dever de fidelidade e da monogamia pelo ordenamento jurídico-constitucional brasileiro.				
Informações Complementares	Há RG. Processo tramita em segredo de justiça. Houve a substituição do processo paradigma (ARE 656298). A decisão que reconheceu repercussão geral foi proferida no feito originário. Recurso extraordinário com agravo em que se discute, à luz dos artigos 1º, III; 3º, IV; 5º, I, da Constituição Federal, a possibilidade, ou não, de reconhecimento jurídico de união estável e de relação homoafetiva concomitantes, com o consequente rateio de pensão por morte. SCAN ME				
Processo / Recurso	**Repercussão Geral**	**Relator (a)**	**Acórdão Publicado**	**Embargos Declaratórios**	**Trânsito em Julgado**
RE 1045273	09/03/2012	ALEXANDRE DE MORAES	09/04/2021	-	29/05/2021

2.3. CONCUBINATO DE LONGA DURAÇÃO

STJ - Superior Tribunal de Justiça

- Informativo 757 – 21.11.2022

PENSÃO POR MORTE. CONCUBINATO E CASAMENTO. CONVIVÊNCIA SIMULTÂNEA. RATEIO ENTRE A CONCUBINA E A VIÚVA.

IMPOSSIBILIDADE. TEMA 526/STF. Nos termos do Tema 526/STF, é incompatível com a Constituição Federal o reconhecimento de direitos previdenciários (pensão por morte) à pessoa que manteve, durante longo período e com aparência familiar, união com outra casada, porquanto o concubinato não se equipara, para fins de proteção estatal, às uniões afetivas resultantes do casamento e da união estável (AgInt no RE nos Edcl no AgRg no Ag 1.424.071-RO, Rel. Min. Jorge Mussi, Corte Especial, por unanimidade, julgado em 07/06/2022, Dje 09/06/2022).

- Informativo 387 – 20.03.2009

CONCUBINATO. PENSÃO. MORTE. A recorrida, por cerca de 28 anos, manteve com o segurado relação amorosa tida por adulterina (visto ser ele casado com outra mulher), situação que perdurou até a morte dele. Anote-se que não houve separação de fato durante o casamento (que durou 30 anos até o óbito), que sempre seguiu sem nenhum transtorno ao desconhecer-se essa outra relação oculta, bem como o fato de que, ao mudar de cidade com a esposa e filhos, o de cujus preservou a relação adulterina ao providenciar, também, a remoção da recorrida para a nova cidade. Com o falecimento, a recorrida, ao alegar ter sempre vivido sob a dependência econômica do falecido, buscou receber, em rateio com os demais dependentes, a pensão previdenciária. Diante disso, o Min. Nilson Naves, Relator originário, ao repesar o teor das Súmulas ns. 380 e 382 do STF, bem como precedente do STJ, entendeu que o acórdão ora recorrido, diante dos fatos acima descritos, adotou a melhor solução: proteger a boa-fé da concubina resultante da longa relação, sem ofender as Leis ns. 8.213/1991 e 9.278/1996, que sequer foram expressamente tratadas no acórdão recorrido. Sucede que, mediante o voto de desempate do Min. Paulo Gallotti, prevaleceu o entendimento adotado pelo Min. Hamilton Carvalhido, que, após resgatar a evolução da legislação sobre o tema, firmou que o concubinato impuro, concubinagem ou concubinato adulterino (simultâneo à relação de casamento) mantém-se à margem da legislação previdenciária. De acordo com esse entendimento, a proteção da lei submete-se ao reconhecimento da união estável, que exige, tal como apregoado pela jurisprudência, que ambos (segurado e companheira) sejam solteiros, separados de fato ou judicialmente, divorciados ou viúvos, além de conviverem em uma entidade familiar, ainda que não sob o mesmo teto. Assim, estão excluídas as situações de concomitância, de simultaneidade de relação marital e de concubinato, como a da hipótese em questão (Resp 674.176-PE, Rel. originário Min. Nilson Naves, Rel. para acórdão Min. Hamilton Carvalhido, julgado em 17/3/2009).

- Informativo 385 – 06.03.2009

PENSÃO POR MORTE. CONCUBINA. A concubina mantinha com o de cujus, homem casado, um relacionamento que gerou filhos e uma convivência pública. Porém, a jurisprudência deste Superior Tribunal afirma que a existência de impedimento de um dos companheiros para se casar, como, por exemplo, a hipótese de a pessoa ser casada, mas não separada de fato ou judicialmente, obsta a constituição de união estável. Assim, na espécie, não tem a agravante direito à pensão previdenciária. A Turma, por maioria, negou provimento ao agravo (AgRg no Resp 1.016.574-SC, Rel. Min. Jorge Mussi, julgado em 3/3/2009).

STF - Supremo Tribunal Federal

<table>
<tr><td>Tema</td><td>526</td><td>Situação</td><td>Trânsito em Julgado</td><td>Órgão julgador</td><td>Plenário Virtual - RG</td></tr>
<tr><td colspan="2">Questão Controvertida</td><td colspan="4">Possibilidade de concubinato de longa duração gerar efeitos previdenciários.</td></tr>
<tr><td colspan="2">Tese Firmada</td><td colspan="4">É incompatível com a Constituição Federal o reconhecimento de direitos previdenciários (pensão por morte) à pessoa que manteve, durante longo período e com aparência familiar, união com outra casada, porquanto o concubinato não se equipara, para fins de proteção estatal, às uniões afetivas resultantes do casamento e da união estável.</td></tr>
<tr><td colspan="2">Informações Complementares</td><td colspan="4">Há RG. Houve a substituição do processo paradigma (RE 669465).
A decisão que reconheceu repercussão geral foi proferida no feito originário. Recurso extraordinário em que se discute, à luz dos artigos 201, V, e 226, § 3º, da Constituição Federal, a possibilidade, ou não, de reconhecimento de direitos previdenciários (pensão por morte) à pessoa que manteve, durante longo período e com aparência familiar, união com outra casada.
SCAN ME</td></tr>
</table>

Processo / Recurso	Repercussão Geral	Relator (a)	Acórdão Publicado	Embargos Declaratórios	Trânsito em Julgado
RE 883168	09/03/2012	LUIZ FUX	07/10/2021	16/08/2021	02/04/2022

2.4. UNIÕES SIMULTÂNEAS

STJ - Superior Tribunal de Justiça

- Informativo 435 – 21.05.2010

FAMÍLIA. UNIÕES ESTÁVEIS SIMULTÂNEAS. PENSÃO. In casu, o de cujus foi casado com a recorrida e, ao separar-se consensualmente dela, iniciou um relacionamento afetivo com a recorrente, o qual durou de 1994 até o óbito dele em 2003. Sucede que, com a decretação do divórcio em 1999, a recorrida e o falecido voltaram a se relacionar, e esse novo relacionamento também durou até sua morte. Diante disso, as duas buscaram, mediante ação judicial, o reconhecimento de união estável, consequentemente, o direito à pensão do falecido. O juiz de primeiro grau, entendendo haver elementos inconfundíveis caracterizadores de união estável existente entre o de cujus e as demandantes, julgou ambos os pedidos procedentes, reconhecendo as uniões estáveis simultâneas e, por conseguinte, determinou o pagamento da pensão em favor de ambas, na proporção de 50% para cada uma. Na apelação interposta pela ora recorrente, a sentença foi mantida. Assim, a questão está em saber, sob a perspectiva do Direito de Família, se há viabilidade jurídica a amparar o reconhecimento de uniões estáveis simultâneas. Nesta instância especial, ao apreciar o REsp, inicialmente se observou que a análise dos requisitos ínsitos à união estável deve centrar-se na conjunção de fatores presentes em cada hipótese, como a *affectio societatis* familiar, a participação de esforços, a posse do estado de casado, a continuidade da união, a fidelidade, entre outros. Desse modo, entendeu-se que, no caso, a despeito do reconhecimento, na dicção do acórdão recorrido, da união estável entre o falecido e sua ex-mulher em concomitância com união estável preexistente por ele mantida com a recorrente, é certo que o casamento válido entre os ex-cônjuges já fora dissolvido pelo divórcio nos termos do art. 1.571, § 1º, do CC/2002, rompendo-se, definitivamente, os laços matrimoniais outrora existentes. Destarte, a continuidade da relação sob a roupagem de união estável não se enquadra nos moldes da norma civil vigente (art. 1.724 do CC/2002), porquanto esse relacionamento encontra obstáculo intransponível no dever de lealdade a ser observado entre os companheiros. Ressaltou-se que uma sociedade que apresenta como elemento estrutural a monogamia não pode atenuar o dever de fidelidade, que integra o conceito de lealdade, para o fim de inserir, no âmbito do Direito de Família, relações afetivas paralelas e, por consequência, desleais, sem descurar do fato de que o núcleo familiar contemporâneo tem como escopo a realização de seus integrantes, vale dizer, a busca da felicidade. Assinalou-se que, na espécie, a relação mantida entre o falecido e a recorrida (ex-esposa), despida dos requisitos caracterizadores da união estável, poderá ser reconhecida como sociedade de fato, caso deduzido pedido em processo diverso, para que o Poder Judiciário não deite em solo infértil relacionamentos que efetivamente existem no cenário dinâmico e fluido dessa nossa atual sociedade volátil. Assentou-se, também, que ignorar os desdobramentos familiares em suas infinitas incursões, em que núcleos afetivos justapõem-se, em relações paralelas, concomitantes e simultâneas, seria o mesmo que deixar de julgar com base na ausência de lei específica. Dessa forma, na hipótese de eventual interesse na partilha de bens deixados pelo falecido, deverá a recorrida fazer prova, em processo diverso, repita-se, de eventual esforço comum. Com essas considerações, entre outras, a Turma deu provimento ao recurso, para declarar o reconhecimento da união estável mantida entre o falecido e a recorrente e determinar, por conseguinte, o pagamento da pensão por morte em favor unicamente dela, companheira do falecido (REsp 1.157.273-RN, Rel. Min. Nancy Andrighi, julgado em 18/5/2010).

- Informativo 416 – 20.11.2009

UNIÃO ESTÁVEL. RATEIO. PENSÃO. O de cujus, após divorciar-se, manteve, até seu óbito, união estável com a requerente. Enquanto isso, porém, voltou a relacionar-se afetivamente com a ex-esposa, o que levou o Tribunal de Justiça a concluir que haveria configuração de concomitantes uniões estáveis a determinar o rateio proporcional da pensão por morte entre as reputadas companheiras. Então, na medida cautelar, a requerente busca suspender os efeitos do acórdão da apelação até o trânsito em julgado do REsp que interpôs, já admitido na origem. Quanto a isso, a jurisprudência do STJ vem admitindo, em hipóteses excepcionais, o manejo da medida cautelar originária para buscar o efeito suspensivo a REsp; todavia, é necessário demonstrar periculum in mora e fumus boni juris. É certo que há julgado da Terceira Turma que inadmitiu a possibilidade de configuração de uniões estáveis concomitantes, mas há outros da Quinta Turma que admitem o rateio da pensão entre ex-esposa e companheira, sem se falar em ordem de preferência. Daí se ver que a matéria não é pacífica neste Superior Tribunal. O julgamento do REsp, contudo, será o momento adequado ao deslinde da questão. Por enquanto, no que concerne à cautelar, basta a razoabilidade da tese sustentada pela requerente a fim de caracterizar a presença do fumus boni juris. O risco de dano, entretanto, vem do princípio de que são irrepetíveis as verbas de natureza alimentar: em caso de provimento do REsp, a ex-esposa estaria desobrigada a devolver o que já recebeu e, no caso de seu não provimento, não recuperaria sua parte na pensão porventura paga à requerente. Essa situação, aliada à existência de entendimentos divergentes no STJ, a revelar a incerteza do resultado final do julgamento do recurso, impõe que se defira a liminar em menor extensão, para, com base no poder geral de cautela, determinar que os valores destinados à ex-esposa sejam depositados judicialmente, sendo liberados a quem de direito somente após o julgamento definitivo do processo principal. (MC 16.253-RN, Rel. Min. Nancy Andrighi, julgada em 19/11/2009).

2.5. CÔNJUGE VARÃO E EXIGÊNCIA DE INVALIDEZ

STF - Supremo Tribunal Federal

- Informativo 804 – 23.10.2015

AGRAVO REGIMENTAL NO RECURSO EXTRAORDINÁRIO COM AGRAVO. CONSTITUCIONAL E PREVIDENCIÁRIO. PENSÃO POR MORTE. CÔNJUGE VARÃO. DEMONSTRAÇÃO DE INVALIDEZ. OFENSA AO PRINCÍPIO DA ISONOMIA. PRECEDENTES. DEPENDÊNCIA ECONÔMICA. PREENCHIMENTO DO REQUISITO RECONHECIDO PELO TRIBUNAL DE ORIGEM. LEGISLAÇÃO LOCAL.

REEXAME DE FATOS E PROVAS. ANÁLISE. IMPOSSIBILIDADE. PRECEDENTES. 1. A exigência de invalidez do marido para ser beneficiário de pensão por morte da esposa fere o princípio da isonomia inserto no art. 5º, inciso I, da Constituição Federal, uma vez que tal requisito não é exigido em relação à esposa. Esse entendimento é aplicável, inclusive, quando o óbito da instituidora se tenha dado anteriormente à promulgação da Emenda Constitucional nº 20/98. Precedentes. 2. Inadmissível, em recurso extraordinário, o reexame dos fatos e das provas da causa e a análise de legislação local. Incidência das Súmulas nºs 279 e 280/STF. 3. Agravo regimental não provido (AG. REG. NO ARE N. 679.210-MG).

- Informativo 745 – 09.05.2014

AGRAVO REGIMENTAL EM RECURSO EXTRAORDINÁRIO. PENSÃO POR MORTE INSTIUÍDA ANTES DA CONSTITUIÇÃO FEDERAL DE 1988. CÔNJUGE VARÃO. VIOLAÇÃO AO PRINCÍPIO DA IGUALDADE. PRECEDENTES. O cônjuge varão faz jus ao recebimento de pensão por morte no caso em que o óbito ocorreu na vigência da Constituição Federal de 1969, tendo em conta o princípio da igualdade. Precedentes. Agravo regimental a que se nega provimento (AG. REG. NO RE N. 439.484-RJ).

3. ASCENDENTES

3.1. AVÓS

STJ - Superior Tribunal de Justiça

- Informativo 594 – 01.02.2017

PENSÃO POR MORTE. ÓBITO DO NETO. AVÓS NA CONDIÇÃO DE PAIS. ROL TAXATIVO DO ART. 16 DA LEI 8.213/1991. ADEQUAÇÃO LEGAL DA RELAÇÃO JURÍDICA FAMILIAR. Deve ser reconhecido aos avós de segurado falecido o direito ao recebimento de pensão por morte em razão de terem sido os responsáveis pela criação do neto, ocupando verdadeiro papel de genitores (REsp 1.574.859-SP, Rel. Min. Mauro Campbell Marques, por unanimidade, julgado em 8/11/2016, DJe 14/11/2016).

CAPÍTULO 3 - RECOLHIMENTO E DEVOLUÇÃO DE VALORES

1. RECOLHIMENTO *POST MORTEM*

STJ - Superior Tribunal de Justiça

- Informativo 525 – 11.09.2013

DIREITO PREVIDENCIÁRIO. RECOLHIMENTO POST MORTEM DAS CONTRIBUIÇÕES PREVIDENCIÁRIAS PARA A CONCESSÃO DE PENSÃO POR MORTE. Não se admite o recolhimento post mortem de contribuições previdenciárias a fim de que, reconhecida a qualidade de segurado do falecido, seja garantida a concessão de pensão por morte aos seus dependentes. (REsp 1.346.852-PR, Rel. Min. Humberto Martins, julgado em 21/5/2013).

2. AÇÃO DE INVESTIGAÇÃO DE PATERNIDADE POSTERIOR

STJ - Superior Tribunal de Justiça

- Informativo 545 – 10.09.2014

DIREITO CIVIL E PREVIDENCIÁRIO. PRINCÍPIO DA IRREPETIBILIDADE DAS VERBAS PREVIDENCIÁRIAS. A viúva que vinha recebendo a totalidade da pensão por morte de seu marido não deve pagar ao filho posteriormente reconhecido em ação de investigação de paternidade a quota das parcelas auferidas antes da habilitação deste na autarquia previdenciária, ainda que a viúva, antes de iniciar o recebimento do benefício, já tivesse conhecimento da existência da ação de investigação de paternidade (REsp 990.549-RS, Rel. Min. Ricardo Villas Bôas Cueva, Rel. para acórdão Min. João Otávio de Noronha, julgado em 5/6/2014).

SEXTA SEÇÃO - TEMAS MISTOS

CAPÍTULO 1 - ASPECTO GERAL

1. QUALIDADE DE SEGURADO

1.1. PRORROGAÇÃO PELA SITUAÇÃO DE DESEMPREGO

STJ - Superior Tribunal de Justiça

- Informativo 553 – 11.02.2015

DIREITO PREVIDENCIÁRIO E PROCESSUAL CIVIL. DEMONSTRAÇÃO DE DESEMPREGO PARA PRORROGAÇÃO DE PERÍODO DE GRAÇA. Ainda que o registro no órgão próprio do MTE não seja o único meio de prova admissível para que o segurado desempregado comprove a situação de desemprego para a prorrogação do período de graça – conforme o exigido pelo § 2º do art. 15 da Lei 8.213/1990 –, a falta de anotação na CTPS, por si só, não é suficiente para tanto (REsp 1.338.295-RS, Rel. Min. Sérgio Kukina, julgado em 25/11/2014, DJe 1º/12/2014).

- Informativo 426 – 12.03.2010

INCIDÊNCIA. IUJ. CONDIÇÃO. DESEMPREGADO. AUSÊNCIA COMPROVADA. Para a comprovação da situação de desempregado (art. 15, § 2º, da Lei n. 8.213/1991), o registro no órgão próprio do Ministério do Trabalho e Previdência Social pode ser substituído por outros meios legais de prova. A Turma Nacional de Uniformização dos Juizados Especiais Federais considerou mantida a condição de segurado apenas com base no registro na CTPS da data de sua saída no emprego, bem como na ausência de registros posteriores. Contudo a referida ausência não é suficiente para comprovar a situação de desempregado, pois não afasta a possibilidade do exercício de atividade remunerada na informalidade (Pet 7.115-PR, Rel. Min. Napoleão Nunes Maia Filho, julgada em 10/3/2010).

1.2. APOSENTADORIA PROPORCIONAL E PERDA DA QUALIDADE DE SEGURADO

STJ - Superior Tribunal de Justiça

- Informativo 357 – 30.05.2008

INSS. APOSENTADORIA PROPORCIONAL. A segurada contribuiu por 27 anos para o INSS e a legislação vigente à época, Dec n. 89.312/1984, permitia manter-se na qualidade de segurada por 24 meses (período de graça), todavia não concedia aposentadoria a quem tivesse menos de 30 anos de serviço. A aposentadoria proporcional foi efetivamente prevista pela CF/1988 e regulamentada somente com a Lei n. 8.213/1991. Explica a Min. Relatora que a suspensão dos pagamentos para a Previdência Social não leva à destituição automática do trabalhador do regime previdenciário; esse lapso temporal protetivo a doutrina denominou período de graça. Devido a esse período (24 meses), a recorrida estava segurada ao entrar em vigor a CF/1988 que veio a beneficiá-la (redação original do art. 202, § 1º) e o fato de que, só muito tempo depois, o direito por ela pleiteado (aposentadoria proporcional) foi regulamentado não pode servir de justificativa para o indeferimento do benefício, uma vez que as disposições do citado decreto não podem prevalecer sobre o texto constitucional. Ademais, a perda da qualidade de segurado, após o cumprimento dos requisitos legais ao direito do benefício previdenciário, não impede a sua concessão, podendo dar-se a qualquer tempo, pois não prescreve. Outrossim, o sistema previdenciário amparado por um sistema de custeio das prestações por ele concedidas não pode levar a efeito uma política que desconsidere quase toda a vida contributiva do segurado. Com esse entendimento, a Turma negou provimento ao recurso do INSS que tentava desconstituir o direito da recorrida ao benefício de aposentadoria proporcional concedida pelo Tribunal a quo. (REsp 661.783-RJ, Rel. Min. Thereza de Assis Moura, julgado em 27/5/2008).

1.3. OCUPANTES DE CARGOS EM COMISSÃO, TEMPORÁRIO OU EMPREGO PÚBLICO

STF - Supremo Tribunal Federal

- Informativo 465 – 04.05.2007

I. Ação direta de inconstitucionalidade: seu cabimento – sedimentado na jurisprudência do Tribunal – para questionar a compatibilidade de emenda constitucional com os limites formais ou materiais impostos pela Constituição ao poder constituinte derivado: precedentes. II. Previdência social (CF, art. 40, § 13, cf. EC 20/98): submissão dos ocupantes exclusivamente de cargos em comissão, assim como os de outro cargo temporário ou de emprego público ao regime geral da previdência social: argüição de inconstitucionalidade do preceito por tendente a abolir a "forma federativa do Estado" (CF, art. 60, § 4º, I): improcedência. 1. A "forma federativa de Estado" – elevado a princípio intangível por todas as Constituições da República – não pode ser conceituada a partir de um modelo ideal e apriorístico de Federação, mas, sim, daquele que o constituinte originário concretamente adotou e, como o adotou, erigiu em limite material imposto às futuras emendas à Constituição; de resto as limitações materiais ao poder constituinte de reforma, que o art. 60, § 4º, da Lei Fundamental enumera, não significam a intangibilidade literal da respectiva disciplina na Constituição originária, mas apenas a proteção do núcleo essencial dos princípios e institutos cuja preservação nelas se protege. 2. À vista do modelo ainda acentuadamente centralizado do federalismo adotado pela versão originária da Constituição de 1988, o preceito questionado da EC 20/98 nem tende a aboli-lo, nem sequer a afetá-lo. 3. Já assentou o Tribunal (MS 23047-MC, Pertence), que no novo art. 40 e seus parágrafos da Constituição (cf. EC 20/98), nela, pouco inovou "sob a perspectiva da Federação, a explicitação de que aos servidores efetivos dos Estados, do Distrito Federal e dos Municípios, "é assegurado regime de previdência de caráter contributivo, observados critérios que preservem o equilíbrio financeiro e atuarial", assim como as normas relativas às respectivas aposentadorias e pensões, objeto dos seus numerosos parágrafos: afinal, toda a disciplina constitucional originária do regime dos servidores públicos – inclusive a do seu regime previdenciário – já abrangia os três níveis da organização federativa, impondo-se à observância de todas as unidades federadas, ainda quando – com base no art. 149, parág. único – que a proposta não altera – organizem sistema previdenciário próprio para os seus servidores": análise da evolução do tema, do texto constitucional de 1988, passando pela EC 3/93, até a recente reforma previdenciária. 4. A matéria da disposição discutida é previdenciária e, por sua natureza, comporta norma geral de âmbito nacional de validade, que à União se facultava editar, sem prejuízo da legislação estadual suplementar ou plena, na falta de lei federal (CF 88, arts. 24, XII, e 40, § 2º): se já o podia ter feito a lei federal, com base nos preceitos recordados do texto constitucional originário, obviamente não afeta ou, menos ainda, tende a abolir a autonomia dos Estados-membros que assim agora tenha prescrito diretamente a norma constitucional sobrevinda. 5. É da jurisprudência do Supremo Tribunal que o princípio da imunidade tributária recíproca (CF, art. 150, VI, a) – ainda que se discuta a sua aplicabilidade a outros tributos, que não os impostos – não pode ser invocado na hipótese de contribuições previdenciárias. 6. A auto-aplicabilidade do novo art. 40, § 13 é questão estranha à constitucionalidade do preceito e, portanto, ao âmbito próprio da ação direta (ADI 2024/DF).

2. CARÊNCIA

2.1. ATIVIDADE RURAL ANTERIOR À LEI 8.213/91

STJ – Superior Tribunal de Justiça

Tema	644	Situação	**Trânsito em Julgado**	Órgão julgador	**Primeira Seção**
Questão Controvertida	Discussão acerca da possibilidade ou não de concessão de aposentadoria por tempo de serviço/contribuição a trabalhador urbano mediante o cômputo de atividade rural com registro em carteira profissional em período anterior ao advento da Lei 8.213/1991 para efeito da carência exigida no art. 142 da Lei de Benefícios.				

Tema	**644**	Situação	**Trânsito em Julgado**	Órgão julgador	**Primeira Seção**
Tese Firmada	APOSENTADORIA POR TEMPO DE SERVIÇO. AVERBAÇÃO DE TRABALHO RURAL COM REGISTRO EM CARTEIRA PROFISSIONAL PARA EFEITO DE CARÊNCIA. POSSIBILIDADE. (...) Mostra-se incontroverso nos autos que o autor foi contratado por empregador rural, com registro em carteira profissional desde 1958, razão pela qual não há como responsabilizá-lo pela comprovação do recolhimento das contribuições.				
Informações Complementares	É possível a concessão de aposentadoria por tempo de serviço/contribuição a trabalhador urbano mediante o cômputo de atividade rural com registro em carteira profissional em período anterior ao advento da Lei 8.213/1991 para efeito da carência exigida no art. 142 da Lei de Benefícios.- Hipótese: o pedido de aposentadoria por tempo de serviço foi indeferido administrativamente por insuficiência de carência, tendo em vista constar apenas 90 (noventa) contribuições até janeiro de 1998, e não os 102 (cento e dois) recolhimentos necessários. SCAN ME				

Processo / Recurso	**Decisão de Afetação**	**Relator (a)**	**Acórdão Publicado**	**Embargos Declaratórios**	**Trânsito em Julgado**
REsp 1352791/SP	07/05/2013	ARNALDO ESTEVES LIMA	05/12/2013	-	25/02/2014

- Informativo 508 – 14.11.2012

DIREITO PREVIDENCIÁRIO. CONTAGEM DE TEMPO DE ATIVIDADE RURAL PARA APOSENTADORIA COMO TRABALHADOR URBANO. DESNECESSIDADE DE CONTRIBUIÇÃO. Não é necessário o recolhimento de contribuições previdenciárias relativas ao exercício de atividade rural anterior à Lei n. 8.213/1991 para fins de concessão de aposentadoria urbana pelo Regime Geral da Previdência Social, salvo em caso de mudança de regime previdenciário, do geral para o estatutário (AR 3.180-PR, Rel. Min. Sebastião Reis Júnior, julgada em 24/10/2012).

2.2. REGRA DE TRANSIÇÃO DO ART. 142 DA LEI 8.213/91

STJ - Superior Tribunal de Justiça

- Informativo 539 – 15.05.2014

DIREITO PREVIDENCIÁRIO. APLICABILIDADE DA REGRA DE TRANSIÇÃO PREVISTA NO ART. 142 DA LEI 8.213/1991. O inscrito no RGPS até 24/7/1991, mesmo que nessa data não mais apresente condição de segurado, caso restabeleça relação jurídica com o INSS e volte a ostentar a condição de segurado após a Lei 8.213/1991, tem direito à aplicação da regra de transição prevista no art. 142 do mencionado diploma, devendo o requisito da carência, para a concessão de aposentadoria urbana por idade, ser definido de acordo com o ano em que o segurado implementou apenas o requisito etário – e não conforme o ano em que ele tenha preenchido, simultaneamente, tanto o requisito da carência quanto o requisito etário (REsp 1.412.566-RS, Rel. Min. Mauro Campbell Marques, julgado em 27/3/2014).

2.3. AUXÍLIO-DOENÇA INTERCALADO

STJ - Superior Tribunal de Justiça

- Informativo 524 – 28.08.2013

DIREITO PREVIDENCIÁRIO. CÔMPUTO DO PERÍODO DE GOZO DE AUXÍLIO-DOENÇA PARA EFEITO DA CARÊNCIA NECESSÁRIA À CONCESSÃO DE APOSENTADORIA POR IDADE. O período de recebimento de auxílio-doença deve ser considerado no cômputo do prazo de carência necessário à concessão de aposentadoria por idade, desde que intercalado com períodos contributivos (REsp 1.334.467-RS, Rel. Min. Castro Meira, julgado em 28/5/2013).

STF - Supremo Tribunal Federal

Tema	**1125**	Situação	**Trânsito em Julgado**	Órgão julgador	**Plenário Virtual**
Questão Controvertida	Possibilidade de contagem, para fins de carência, do período no qual o segurado esteve em gozo de auxílio-doença, desde que intercalado com períodos de atividade laborativa.				
Tese Firmada	É constitucional o cômputo, para fins de carência, do período no qual o segurado esteve em gozo do benefício de auxílio-doença, desde que intercalado com atividade laborativa.				
Informações Complementares	SCAN ME				
Processo / Recurso	**Repercussão Geral**	**Relator (a)**	**Acórdão Publicado**	**Embargos Declaratórios**	**Trânsito em Julgado**
RE 1298832	Há repercussão geral com reafirmação de Jurisprudência	MINISTRO(A) PRESIDENTE	25/02/2021	11/03/2021	20/09/2023

2.4. AUXÍLIO-ACIDENTE

STJ - Superior Tribunal de Justiça

- Informativo 518 – 15.05.2013

DIREITO PREVIDENCIÁRIO. CÔMPUTO DO PERÍODO DE GOZO DE AUXÍLIO-ACIDENTE PARA EFEITO DA CARÊNCIA NECESSÁRIA À CONCESSÃO DE APOSENTADORIA POR IDADE. O período em que o segurado estiver recebendo apenas auxílio-acidente é apto a compor a carência necessária à concessão de aposentadoria por idade (REsp 1.243.760-PR, Rel. Min. Laurita Vaz, julgado em 2/4/2013).

2.5. CONTRIBUINTE INDIVIDUAL E CONTRIBUIÇÕES EM ATRASO

STJ - Superior Tribunal de Justiça

- Informativo 278 – 24.03.2006

CARÊNCIA. CONTAGEM. APOSENTADORIA URBANA. IDADE. A ora recorrente requereu aposentadoria urbana por idade quando tinha oito anos e dez meses de contribuição, logo lhe faltavam dois meses de contribuição, o que foi suprido logo após, sem que tivesse perdido a condição de segurado. O Tribunal a quo reformou a sentença ao afirmar que, "quanto à carência, todavia, incide norma expressa, que veda, no caso do contribuinte individual, o aproveitamento das contribuições recolhidas em atraso". Assim a Turma, ao prosseguir o julgamento, entendeu que, para efeito do período de carência, considera-se o tempo que corresponda ao número mínimo de contribuições mensais necessárias para a concessão do benefício que o segurado almeja e o termo a quo de sua contagem é a data do efetivo recolhimento da primeira contribuição sem atraso, não consideradas para esse fim as contribuições recolhidas em atraso referentes a competências anteriores. Essas contribuições, com a comprovação da atividade, serão computadas para efeito de tempo de serviço e não para a carência (REsp 642.243-PR, Rel. Min. Nilson Naves, julgado em 21/3/2006).

3. COMPROVAÇÃO DE TEMPO DE CONTRIBUIÇÃO

3.1. SENTENÇA TRABALHISTA

STJ - Superior Tribunal de Justiça

Tema	1188	Situação	**Afetado**	Órgão julgador	**PRIMEIRA SEÇÃO**
Questão Controvertida	Definir se a sentença trabalhista homologatória de acordo, assim como a anotação na CTPS e demais documentos dela decorrentes, constitui início de prova material para fins de reconhecimento de tempo de serviço.				
Tese Firmada	-				

<table>
<tr><td>Tema</td><td>1188</td><td>Situação</td><td>Afetado</td><td colspan="2">Órgão julgador</td><td>PRIMEIRA SEÇÃO</td></tr>
<tr><td colspan="2">Informações Complementares</td><td colspan="5">Há determinação de suspensão da tramitação de todos os processos que versem sobre a mesma matéria e tramitem no território nacional, nos termos do art. 1.037, II, do CPC/2015.
SCAN ME</td></tr>
<tr><td colspan="2">Processo / Recurso</td><td>Decisão de Afetação</td><td>Relator (a)</td><td>Acórdão Publicado</td><td>Embargos Declaratórios</td><td>Trânsito em Julgado</td></tr>
<tr><td colspan="2">REsp 1938265/MG
REsp 2056866/SP</td><td>26/04/2023</td><td>BENEDITO GONÇALVES</td><td>-</td><td>-</td><td>-</td></tr>
</table>

- Informativo 762 – 07.02.2023

PENSÃO POR MORTE. SENTENÇA TRABALHISTA MERAMENTE HOMOLOGATÓRIA DE ACORDO. ART. 55, § 3º, DA LEI N. 8.213/1991. INÍCIO DE PROVA MATERIAL CONTEMPORÂNEA DOS FATOS ALEGADOS. NECESSIDADE. A sentença trabalhista homologatória de acordo somente será considerada início válido de prova material, para os fins do art. 55, § 3º, da Lei n. 8.213/1991, quando fundada em elementos probatórios contemporâneos dos fatos alegados, aptos a evidenciar o exercício da atividade laboral, o trabalho desempenhado e o respectivo período que se pretende ter reconhecido, em ação previdenciária (PUIL 293-PR, Rel. Ministro Og Fernandes, Rel. para acórdão Ministra Assusete Magalhães, Primeira Seção, por maioria, julgado em 14/12/2022, Dje 20/12/2022).

- Informativo 508 – 14.11.2012

DIREITO PREVIDENCIÁRIO. BENEFÍCIO PREVIDENCIÁRIO. PROVA. RECLAMAÇÃO TRABALHISTA. A sentença trabalhista, por se tratar de decisão judicial, pode ser considerada como início de prova material para a concessão do benefício previdenciário, bem como para revisão da renda mensal inicial, ainda que a autarquia previdenciária não tenha integrado a contenda trabalhista (EDcl no

AgRg no AREsp 105.218-MG, Rel. Min. Humberto Martins, julgado em 23/10/2012).

- Informativo 262 – 30.09.2005

SENTENÇA TRABALHISTA. PROVA MATERIAL. INÍCIO. TEMPO DE SERVIÇO. Na hipótese, a sentença homologatória de acordo trabalhista não constitui início de prova material apta para comprovar tempo de serviço, uma vez que as anotações na Carteira de Trabalho e Previdência Social do embargado resultaram dessa decisão judicial (Lei n. 8.213/1991, art. 55, § 3º, c/c art. 472, CPC). No caso, não se evidencia o exercício laborativo mediante elementos testemunhais e documentais, pois não houve a produção de qualquer espécie de prova nos autos da reclamatória, razão pela qual acolhidos os embargos do INSS (EREsp 616.242-RN, Rel. Min. Laurita Vaz, julgados em 28/9/2005).

- Informativo 191 – 14.11.2003

TEMPO DE SERVIÇO. ACORDO. JUSTIÇA DO TRABALHO. INÍCIO. PROVA MATERIAL. Prosseguindo o julgamento, a Turma considerou como início de prova material para concessão de aposentadoria o acordo judicial, com anotação de tempo de serviço na CTPS, efetivado perante a Justiça do Trabalho (REsp 500.674-CE, Rel. Min. José Arnaldo da Fonseca, julgado em 11/11/2003).

3.2. PROVA EXCLUSIVAMENTE TESTEMUNHAL

STF – Supremo Tribunal Federal

- Informativo 225 – 27.04.2001

APOSENTADORIA – TEMPO DE SERVIÇO – PROVA EXCLUSIVAMENTE TESTEMUNHAL – INADMISSIBILIDADE COMO REGRA. A teor do disposto no § 3º do artigo 55 da Lei nº 8.213/91, o tempo de serviço há de ser revelado mediante início de prova documental, não sendo admitida, exceto ante motivo de força maior ou caso fortuito, a exclusivamente testemunhal. Decisão em tal sentido não vulnera os preceitos dos artigos 5º, incisos LV e LVI, 6º e 7º, inciso XXIV, da Constituição Federal. Precedente: Recurso Extraordinário nº 238.446-0/SP, por mim relatado perante a Segunda Turma, e cujo acórdão restou publicado no Diário da Justiça de 29 de setembro de 2000 (RE N. 236.759-SP).

3.3. LAUDO GRAFOTÉCNICO POR PERITO NÃO-OFICIAL

STJ - Superior Tribunal de Justiça

- Informativo 250 – 10.06.2005

APOSENTADORIA. TEMPO DE SERVIÇO. INÍCIO. PROVA MATERIAL. O laudo grafotécnico elaborado por perito não-oficial que não comprova o período laborado, nem tampouco afirma ter pertencido o autor à empresa em que alega ter trabalhado não pode ser considerado para efeito de início de prova material (art. 55, § 3º, da Lei n. 8.213/1991) (AgRg no REsp 721.395-MG, Rel. Min. Paulo Gallotti, julgado em 7/6/2005).

3.4. RESPONSABILIDADE PELO RECOLHIMENTO E PROVA DO TEMPO DE SERVIÇO

STJ - Superior Tribunal de Justiça

- Informativo 460 – 17.12.2020

RESPONSABILIDADE. RECOLHIMENTO. CONTRIBUIÇÕES PREVIDENCIÁRIAS. Trata-se de pedido de aposentadoria por tempo de serviço em que o autor era neto do fundador de sociedade empresária e filho de sócio cotista, tendo posteriormente passado a integrá-la como diretor técnico, todavia, nesse período, não houve recolhimento das contribuições previdenciárias. O tribunal a quo reformou a sentença, entendendo ser do autor a responsabilidade pelo recolhimento ao INSS porque, como acionista e empregador, teria autonomia para tomar decisões e promover os recolhimentos das suas contribuições. Para a Min. Relatora, no período em que se discute a ausência de recolhimento das contribuições previdenciárias (8/1/1968 a 30/11/1975), a legislação de regência é a Lei n. 3.807/1960 (Lei Orgânica da Previdência Social – LOPS), regulamentada pelo Dec. n. 48.959-A/1960, que, em seu art. 243,

I, instituiu ser da sociedade empresária a responsabilidade pela arrecadação das contribuições. Dessa forma, entende que o tempo de serviço ficou suficientemente comprovado nos termos estabelecidos na sentença. Diante do exposto, a Turma deu provimento ao recurso para restabelecer a sentença (REsp 1.214.527-SC, Rel. Min. Maria Thereza de Assis Moura, julgado em 16/12/2010).

3.5. NECESSIDADE DE PREENCHIMENTO SIMULTÂNEO DOS REQUISITOS

STJ - Superior Tribunal de Justiça

- Informativo 426 – 12.03.2010

APOSENTADORIA. IDADE. IRRELEVÂNCIA. PREENCHIMENTO SIMULTÂNEO. REQUISITOS. Não é exigida a implementação simultânea dos requisitos legais para a concessão da aposentadoria por idade. É devido o benefício independentemente da posterior perda da qualidade de segurado à época em que preenchido o requisito da idade, desde que o obreiro tenha recolhido à Previdência Social o número de contribuições previstas na tabela disposta no art. 142 da Lei n. 8.213/1991 (EREsp 776.110-SP, Rel. Min. Og Fernandes, julgados em 10/3/2010).

- Informativo 257 – 26.08.2005

APOSENTADORIA. IDADE. TRABALHADOR URBANO. PREENCHIMENTO. REQUISITO. CARÊNCIA. Não impede a concessão do benefício de aposentadoria por idade a ausência da qualidade de segurado no momento do requerimento do benefício, após atendidos os requisitos de idade e o recolhimento das contribuições previdenciárias correspondentes ao exigido para efeito de carência (art. 3º, § 1º, da Lei n. 10.666/2003). Os requisitos exigidos pela legislação previdenciária não precisam ser preenchidos simultaneamente, no caso de aposentadoria por idade (REsp 760.177-SP, Rel. Min. Laurita Vaz, julgado em 23/8/2005).

3.6. AVISO PRÉVIO INDENIZADO

STJ - Superior Tribunal de Justiça

Tema	1238	Situação	**Afetado**	Órgão julgador	**PRIMEIRA SEÇÃO**
Questão Controvertida	Decidir sobre a possibilidade de cômputo do aviso prévio indenizado como tempo de serviço para fins previdenciários.				
Tese Firmada	-				
Informações Complementares	Há determinação da suspensão do processamento de todos os processos, individuais ou coletivos, que versem sobre a mesma matéria, nos quais tenha havido a interposição de recurso especial ou de agravo em recurso especial, na Segunda Instância, ou que estejam em tramitação no STJ, respeitada, no último caso, a orientação prevista no art. 256-L do RISTJ. SCAN ME				

Processo / Recurso	**Decisão de Afetação**	**Relator (a)**	**Acórdão Publicado**	**Embargos Declaratórios**	**Trânsito em Julgado**
REsp 2068311/RS **REsp 2069623/SC** **REsp 2070015/RS**	11/03/2024	MAURO CAMPBELL MARQUES	-	-	-

4. EFEITOS FINANCEIROS

4.1. MARCO TEMPORAL PARA CONCESSÃO OU REVISÃO

STF - Supremo Tribunal Federal

Tema	805	Situação	**Trânsito em Julgado**	Órgão julgador	**Plenário Virtual - RG**
Questão Controvertida	Legitimidade da definição da data de entrada do requerimento administrativo como marco temporal dos efeitos financeiros da revisão de benefício previdenciário.				

Tema	**805**	Situação	**Trânsito em Julgado**	Órgão julgador	**Plenário Virtual - RG**
Tese Firmada	A questão da validade de o termo inicial dos efeitos financeiros da concessão ou da revisão de benefício previdenciário ser a data de entrada do requerimento administrativo no Instituto Nacional do Seguro Social - INSS tem natureza infraconstitucional, e a ela se atribuem os efeitos da ausência de repercussão geral, nos termos do precedente fixado no RE 584.608, rel. a Ministra Ellen Gracie, DJe 13/03/2009.				
Informações Complementares	SCAN ME				
Processo / Recurso	**Repercussão Geral**	Relator (a)	Acórdão Publicado	**Embargos Declaratórios**	**Trânsito em Julgado**
ARE 868457	Não há RG - Matéria Infraconstitucional	TEORI ZAVASCKI	27/04/2015	-	09/05/2015

4.2. REAFIRMAÇÃO DA DER

STJ - Superior Tribunal de Justiça

Tema	**995**	Situação	**Trânsito em Julgado**	Órgão julgador	**Primeira Seção**
Questão Controvertida	Possibilidade de se considerar o tempo de contribuição posterior ao ajuizamento da ação, reafirmando-se a data de entrada do requerimento-DER- para o momento de implementação dos requisitos necessários à concessão de benefício previdenciário: (i) aplicação do artigo 493 do CPC/2015 (artigo 462 do CPC/1973); (ii) delimitação do momento processual oportuno para se requerer a reafirmação da DER, bem assim para apresentar provas ou requerer a sua produção.				
Tese Firmada	É possível a reafirmação da DER (Data de Entrada do Requerimento) para o momento em que implementados os requisitos para a concessão do benefício, mesmo que isso se dê no interstício entre o ajuizamento da ação e a entrega da prestação jurisdicional nas instâncias ordinárias, nos termos dos arts. 493 e 933 do CPC/2015, observada a causa de pedir.				

Tema	**995**	Situação	**Trânsito em Julgado**	Órgão julgador	**Primeira Seção**
Informações Complementares	Afetação na sessão eletrônica iniciada em 08/08/2018 e finalizada em 14/08/2018 (Primeira Seção). Vide Controvérsia n. 45/STJ. Há determinação de suspensão do processamento de todos os processos pendentes, individuais ou coletivos, que versem sobre a questão e tramitem no território nacional, nos termos do art. 1.037, II, do CPC/2015 (acórdão publicado no DJe de 22/08/2018). SCAN ME				
Processo / Recurso	**Decisão de Afetação**	**Relator (a)**	**Acórdão Publicado**	**Embargos Declaratórios**	**Trânsito em Julgado**
REsp 1727063/SP ; REsp 1727064/SP ; REsp 1727069/SP	22/08/2018	MAURO CAMPBELL MARQUES	02/12/2019	21/05/2020	29/10/2020

- Informativo 785 – 05.09.2023

PRESTAÇÃO PREVIDENCIÁRIA. PRÉVIO REQUERIMENTO ADMINISTRATIVO. NECESSIDADE. TEMA N. 350/STF. MOMENTO DO ADIMPLEMENTO DOS REQUISITOS LEGAIS. FATO SUPERVENIENTE AO REQUERIMENTO ADMINISTRATIVO E POSTERIOR À PROPOSITURA DA AÇÃO. IMPOSSIBILIDADE DE REAFIRMAÇÃO DA DER. FIXAÇÃO DO TERMO INICIAL, NESSAS HIPÓTESES, NA DATA DA CITAÇÃO VÁLIDA DO INSS. O entendimento fixado no tema repetitivo 995/STJ não obstou a viabilidade de reconhecimento do direito à prestação previdenciária nas hipóteses em que atendidas as regras de concessão em momento anterior ao ajuizamento da ação, apenas rechaçou-se a possibilidade de reafirmação da DER para a data de implemento dos requisitos correspondentes ao benefício, devendo o termo inicial, nessa hipótese, ser fixado na data da citação válida do INSS (AgInt nos Edcl no Resp 2.004.888-RS,

Rel. Ministro Gurgel de Faria, Rel. para acórdão Ministra Regina Helena Costa, Primeira Turma, por maioria, julgado em 22/8/2023, Dje 31/8/2023).

4.3. DOCUMENTO NOVO

STJ - Superior Tribunal de Justiça

Tema	**1124**	Situação	**Afetado**	Órgão julgador	**PRIMEIRA SEÇÃO**
Questão Controvertida	Definir o termo inicial dos efeitos financeiros dos benefícios previdenciários concedidos ou revisados judicialmente, por meio de prova não submetida ao crivo administrativo do INSS: se a contar da data do requerimento administrativo ou da citação da autarquia previdenciária.				
Tese Firmada	-				
Informações Complementares	Há determinação da suspensão do trâmite de todos os processos em grau recursal, tanto no âmbito dos Tribunais quanto nas Turmas Recursais dos Juizados Especiais Federais, cujos objetos coincidam com o da matéria afetada. SCAN ME				
Processo / Recurso	**Decisão de Afetação**	**Relator (a)**	**Acórdão Publicado**	**Embargos Declaratórios**	**Trânsito em Julgado**
REsp 1905830/SP **REsp 1912784/SP** **REsp 1913152/SP**	17/12/2021	HERMAN BENJAMIN	-	-	-

5. REVISÃO DE BENEFÍCIO CONCEDIDO JUDICIALMENTE

STJ - Superior Tribunal de Justiça

- Informativo 536 – 26.03.2014

DIREITO PREVIDENCIÁRIO. PRINCÍPIO DO PARALELISMO DAS FORMAS NA REVISÃO DE BENEFÍCIO ASSISTENCIAL. O INSS pode suspender ou cancelar benefício de prestação continuada concedido judicialmente, desde que conceda administrativamente o contraditório e a ampla defesa ao beneficiário, não se aplicando o princípio do paralelismo das formas. (REsp 1.429.976-CE, Rel. Min. Humberto Martins, julgado em 18/2/2014).

6. COMPENSAÇÃO ENTRE PRESTAÇÕES PREVIDENCIÁRIAS (VIA ADMINISTRATIVA E JUDICIAL)

Tema	**1207**	Situação	**Afetado**	Órgão julgador	**PRIMEIRA SEÇÃO**

Questão Controvertida	Definir se, no caso de compensação de prestações previdenciárias, recebidas na via administrativa, quando de levantamento de cálculos em cumprimento de sentença concessiva de outro benefício, com elas não acumulável, nos meses em que houver o percebimento (na via administrativa) de importância maior que a estabelecida na via judicial, a dedução deverá abranger todo o quantum recebido pelo beneficiário ou ter como teto o valor referente à parcela fruto da coisa julgada.
Tese Firmada	-
Informações Complementares	Há determinação de suspensão da tramitação de processos com recurso especial e/ou agravo em recurso especial interposto, em tramitação na Segunda Instância e/ou no STJ. SCAN ME

Processo / Recurso	**Decisão de Afetação**	**Relator (a)**	**Acórdão Publicado**	**Embargos Declaratórios**	**Trânsito em Julgado**
REsp 2039614/PR **REsp 2039616/PR** **REsp 2045596/RS**	24/08/2023	GURGEL DE FARIA	-	-	-

7. APOSENTADORIA E EXTINÇÃO AUTOMÁTICA DO VÍNCULO EMPREGATÍCIO

STF - Supremo Tribunal Federal

- Informativo 444 – 13.10.2006

AÇÃO DIRETA DE INCONSTITUCIONALIDADE. ARTIGO 3º DA MEDIDA PROVISÓRIA Nº 1.596-14/97, CONVERTIDA NA LEI Nº 9.528/97, QUE ADICIONOU AO ARTIGO 453 DA CONSOLIDAÇÃO DAS LEIS DO TRABALHO UM SEGUNDO PARÁGRAFO PARA EXTINGUIR O VÍNCULO EMPREGATÍCIO QUANDO DA CONCESSÃO DA APOSENTADORIA ESPONTÂNEA. PROCEDÊNCIA DA AÇÃO. 1. A conversão da medida provisória em lei prejudica o debate jurisdicional acerca da "relevância e urgência" dessa espécie de ato normativo. 2. Os valores sociais do trabalho constituem: a) fundamento da República Federativa do Brasil (inciso IV do artigo 1º da CF); b) alicerce da Ordem Econômica, que tem por finalidade assegurar a todos existência digna, conforme os ditames da justiça social, e, por um dos seus princípios, a busca do pleno emprego (artigo 170, caput e inciso VIII); c) base de toda a Ordem Social (artigo 193). Esse arcabouço principiológico, densificado em regras como a do inciso I do artigo 7º da Magna Carta e as do artigo 10 do ADCT/88, desvela um mandamento constitucional que perpassa toda relação de emprego, no sentido de sua desejada continuidade. 3. A Constituição Federal versa a aposentadoria como um benefício que se dá mediante o exercício regular de um direito. E o certo é que o regular exercício de um direito não é de colocar o seu titular numa situação jurídico-passiva de efeitos ainda mais drásticos do que aqueles que resultariam do cometimento de uma falta grave (sabido que, nesse caso, a ruptura do vínculo empregatício não opera automaticamente). 4. O direito à aposentadoria previdenciária, uma vez objetivamente constituído, se dá no âmago de uma relação jurídica entre o segurado do Sistema Geral de Previdência e o Instituto Nacional de Seguro Social. Às expensas, portanto, de um sistema atuarial-financeiro que é gerido por esse Instituto mesmo, e não às custas desse ou daquele empregador. 5. O Ordenamento Constitucional não autoriza o legislador ordinário a criar modalidade de rompimento automático do vínculo de emprego, em desfavor do trabalhador, na situação em que este apenas exercita o seu direito de aposentadoria espontânea, sem cometer deslize algum. 6. A mera concessão da aposentadoria voluntária ao trabalhador não tem por efeito extinguir, instantânea e automaticamente, o seu vínculo de emprego. 7. Inconstitucionalidade do § 2º do artigo 453 da Consolidação das Leis do Trabalho, introduzido pela Lei nº 9.528/97 (ADI 1721/DF).

- Informativo 444 – 13.10.2006

AÇÃO DIRETA DE INCONSTITUCIONALIDADE. READMISSÃO DE EMPREGADOS DE EMPRESAS PÚBLICAS E SOCIEDADES DE ECONOMIA MISTA. ACUMULAÇÃO DE PROVENTOS E VENCIMENTOS. EXTINÇÃO DO VÍNCULO EMPREGATÍCIO POR APOSENTADORIA ESPONTÂNEA. NÃO-CONHECIMENTO. INCONSTITUCIONALIDADE. Lei 9.528/1997, que dá nova redação ao § 1º do art. 453 da Consolidação das Leis do Trabalho - CLT -, prevendo a possibilidade de readmissão de empregado de empresa pública e sociedade de economia mista aposentado espontaneamente. Art. 11 da mesma lei, que estabelece regra de transição. Não se conhece de ação direta de inconstitucionalidade na parte que impugna dispositivos cujos efeitos já se exauriram no tempo, no caso, o art. 11 e parágrafos. É inconstitucional o § 1º do art. 453 da CLT, com a redação dada pela Lei 9.528/1997, quer porque permite, como regra, a acumulação de proventos e vencimentos - vedada pela jurisprudência do Supremo Tribunal Federal -, quer porque se funda na idéia de que a aposentadoria espontânea rompe o vínculo empregatício. Pedido não conhecido quanto ao art. 11, e parágrafos, da Lei nº 9.528/1997. Ação conhecida quanto ao § 1º do art. 453 da Consolidação das Leis do Trabalho, na redação dada pelo art. 3º da mesma Lei 9.528/1997, para declarar sua inconstitucionalidade (ADI 1770/DF).

- Informativo 397 – 19.08.2005

Previdência social: aposentadoria espontânea não implica, por si só, extinção do contrato de trabalho. 1. Despedida arbitrária ou sem justa causa (CF, art. 7º, I): viola a garantia constitucional o acórdão que, partindo de premissa derivada de interpretação conferida ao art. 453, caput, da CLT (redação alterada pela L. 6.204/75), decide que a aposentadoria espontânea extingue o contrato de trabalho, mesmo quando o empregado continua a trabalhar na empresa após a concessão do benefício previdenciário. 2. A aposentadoria espontânea pode ou não ser acompanhada do afastamento do empregado de seu trabalho: só há readmissão quando o trabalhador aposentado tiver encerrado a relação de trabalho e posteriormente iniciado outra; caso haja continuidade do trabalho, mesmo após a aposentadoria espontânea, não se pode falar em extinção do contrato de trabalho e, portanto, em readmissão. 3. Precedentes (ADIn 1.721-MC, Ilmar Galvão, RTJ 186/3; ADIn 1.770, Moreira Alves, RTJ 168/128) (RE 449420/PR).

8. CUMULAÇÃO DE APOSENTADORIA COM SEGURO-DESEMPREGO

STJ - Superior Tribunal de Justiça

- Informativo 733 – 25.04.2022

APOSENTADORIA POR TEMPO DE CONTRIBUIÇÃO. SEGURO--DESEMPREGO. RECEBIMENTO CONJUNTO. VEDAÇÃO LEGAL. COMPENSAÇÃO OU DESCONTO. POSSIBILIDADE. Para atender ao disposto no parágrafo único do art. 124 da Lei n. 8.213/1991, basta que o valor recebido a título de seguro-desemprego, nos períodos coincidentes, seja abatido do montante devido nos casos em que o benefício previdenciário foi equivocadamente indeferido pela autarquia federal (Resp 1.982.937-SP, Rel. Min. Manoel Erhardt (Desembargador convocado do TRF5), Primeira Turma, por unanimidade, julgado em 05/04/2022, Dje 08/04/2022).

CAPÍTULO 2 – BENEFÍCIOS E SEGURADOS ESPECÍFICOS

1. BENEFÍCIOS

1.1. AUXÍLIO-RECLUSÃO

1.1.1. AUSÊNCIA DE RENDA NO MOMENTO DA PRISÃO

STJ - Superior Tribunal de Justiça

<table>
<tr><td>Tema</td><td>896</td><td>Situação</td><td colspan="2">Afetado - Possível Revisão de Tese</td><td>Órgão julgador</td><td>Primeira Seção</td></tr>
<tr><td colspan="2">Questão Controvertida</td><td colspan="5">Proposta de Revisão de Entendimento firmado em tese repetitiva firmada pela Primeira Seção relativa ao Tema 896/STJ, quanto ao critério de aferição da renda do segurado que não exerce atividade laboral remunerada no momento do recolhimento à prisão para concessão de auxílio-reclusão.</td></tr>
<tr><td colspan="2">Tese Firmada</td><td colspan="5">Tese firmada pela Primeira Seção no julgamento do REsp 1.485.417/MS, acórdão publicado no DJe de 2/8/2018 que se propõe a revisar:Para a concessão de auxílio--reclusão (art. 80 da Lei 8.213/1991), o critério de aferição de renda do segurado que não exerce atividade laboral remunerada no momento do recolhimento à prisão é a ausência de renda, e não o último salário de contribuição.</td></tr>
<tr><td colspan="2">Informações Complementares</td><td colspan="5">Ver Tema de Repercussão Geral 89/STF - Renda a ser usada como parâmetro para a concessão de auxílio-reclusão.Vide Controvérsia n. 141/STJ.A Primeira Seção, na sessão de julgamento realizada em 27/5/2020, acolheu a Questão de Ordem para, nos termos dos arts. 256-S e 256-T do RI/STJ, submeter o REsp 1.842.985/PR e o REsp 1.842.974/PR ao rito da revisão de tese repetitiva relativa ao Tema 896/STJ (REsp 1.485.417), de forma que a Primeira Seção delibere sobre sua modificação ou sua reafirmação (acórdão publicado no DJe de 1/7/2020).Há determinação de suspensão de todos os processos pendentes, individuais ou coletivos, que versem acerca da questão delimitada pelo Tema 896/STJ e que tramitem no território nacional (art. 1.037, II, do CPC/2015).
SCAN ME</td></tr>
<tr><td colspan="2">Processo / Recurso</td><td>Decisão de Afetação</td><td>Relator (a)</td><td>Acórdão Publicado</td><td>Embargos Declaratórios</td><td>Trânsito em Julgado</td></tr>
</table>

Tema	**896**	Situação	**Afetado - Possível Revisão de Tese**	Órgão julgador	**Primeira Seção**
REsp 1842985/PR; REsp 1485417/MS e REsp 1842974/PR	01/07/2020; 08/10/2014 e 01/07/2020	HERMAN BENJAMIN	02/02/2018	-	03/04/2018

1.1.2. FLEXIBILIZAÇÃO DO CRITÉRIO ECONÔMICO

STJ - Superior Tribunal de Justiça

Tema	**1162**	Situação	**Afetado**	Órgão julgador	**PRIMEIRA SEÇÃO**
Questão Controvertida	Definir se é possível flexibilizar o critério econômico para deferimento do benefício de auxílio- reclusão, ainda que o salário-de-contribuição do segurado supere o valor legalmente fixado como critério de baixa renda.				
Tese Firmada	-				
Informações Complementares	Há determinação de suspensão do processamento de todos os processos, individuais ou coletivos, que versem sobre a mesma questão de direito, nos quais tenha havido a interposição de recurso especial ou de agravo em recurso especial, na Segunda Instância, ou que estejam em tramitação no STJ, respeitada, no último caso, a orientação prevista no art. 256-L do RISTJ. SCAN ME				
Repercussão Geral	Tema 13/STF - Responsabilidade solidária dos sócios das empresas por quotas de responsabilidade limitada por dívidas junto à Seguridade Social.				
Processo / Recurso	**Decisão de Afetação**	**Relator (a)**	**Acórdão Publicado**	**Embargos Declaratórios**	**Trânsito em Julgado**
REsp 1958361/SP REsp 1971856/SP REsp 1971857/SP	01/09/2022	TEODORO SILVA SANTOS	-	-	-

1.2. SALÁRIO-MATERNIDADE

1.2.1. FUNDAMENTO CONSTITUCIONAL APÓS A EC 20/98

STF - Supremo Tribunal Federal

- Informativo 308 (16.05.2003), 303 (31.03.2003), 147 (30.04.1999) e 144 (09.04.1999)

DIREITO CONSTITUCIONAL, PREVIDENCIÁRIO E PROCESSUAL CIVIL. LICENÇA-GESTANTE. SALÁRIO. LIMITAÇÃO. AÇÃO DIRETA DE INCONSTITUCIONALIDADE DO ART. 14 DA EMENDA CONSTITUCIONAL Nº 20, DE 15.12.1998. ALEGAÇÃO DE VIOLAÇÃO AO DISPOSTO NOS ARTIGOS 3º, IV, 5º, I, 7º, XVIII, E 60, § 4º, IV, DA CONSTITUIÇÃO FEDERAL. 1. O legislador brasileiro, a partir de 1932 e mais claramente desde 1974, vem tratando o problema da proteção à gestante, cada vez menos como um encargo trabalhista (do empregador) e cada vez mais como de natureza previdenciária. Essa orientação foi mantida mesmo após a Constituição de 05/10/1988, cujo art. 6° determina: a proteção à maternidade deve ser realizada "na forma desta Constituição", ou seja, nos termos previstos em seu art. 7°, XVIII: "licença à gestante, sem prejuízo do empregado e do salário, com a duração de cento e vinte dias". 2. Diante desse quadro histórico, não é de se presumir que o legislador constituinte derivado, na Emenda 20/98, mais precisamente em seu art. 14, haja pretendido a revogação, ainda que implícita, do art. 7º, XVIII, da Constituição Federal originária. Se esse tivesse sido o objetivo da norma constitucional derivada, por certo a E.C. nº 20/98 conteria referência expressa a respeito. E, à falta de norma constitucional derivada, revogadora do art. 7º, XVIII, a pura e simples aplicação do art. 14 da E.C. 20/98, de modo a torná-la insubsistente, implicará um retrocesso histórico, em matéria social-previdenciária, que não se pode presumir desejado. 3. Na verdade, se se entender que a Previdência Social, doravante, responderá apenas por R$1.200,00 (hum mil e duzentos reais) por mês, durante a licença da gestante, e que o empregador responderá, sozinho, pelo restante, ficará sobremaneira, facilitada e estimulada a opção deste pelo trabalhador masculino, ao invés da mulher trabalhadora. Estará, então, propiciada a discriminação que a Constituição buscou combater, quando proibiu diferença de salários, de exercício de funções e de critérios de admissão, por motivo de sexo (art. 7º, inc. XXX, da C.F./88), proibição, que, em substância, é um desdobramento do princípio da igualdade de direitos, entre homens e mulheres, previsto no inciso I do art. 5º da Constituição Federal. Estará, ainda, conclamado o empregador a oferecer à mulher trabalhadora, quaisquer que sejam suas aptidões, salário nunca superior a R$1.200,00, para não ter de responder pela diferença. Não é crível que o constituinte derivado, de 1998, tenha chegado a esse ponto, na chamada Reforma da Previdência Social, desatento a tais conseqüências. Ao menos não é de se presumir que o tenha feito, sem o dizer expressamente, assumindo a grave responsabilidade. 4. A convicção firmada, por ocasião do deferimento da Medida Cautelar, com adesão de todos os demais Ministros, ficou agora, ao ensejo deste julgamento de mérito, reforçada substancialmente no parecer da Procuradoria Geral da República. 5. Reiteradas as considerações feitas nos votos, então proferidos, e nessa manifestação do Ministério Público federal, a Ação Direta de Inconstitucionalidade é julgada procedente, em parte, para se dar, ao art. 14 da Emenda Constitucional nº 20, de 15.12.1998, interpretação conforme à Constituição, excluindo-se sua aplicação ao salário da licença gestante, a que se refere o art. 7º, inciso XVIII, da Constituição Federal. 6. Plenário. Decisão unânime (ADI N. 1.946-DF).

1.2.2. RESPONSABILIDADE PELO PAGAMENTO DO BENEFÍCIO

STJ - Superior Tribunal de Justiça

- Informativo 524 – 28.08.2013

DIREITO PREVIDENCIÁRIO. RESPONSABILIDADE PELO PAGAMENTO DO SALÁRIO-MATERNIDADE. É do INSS – e não do empregador – a responsabilidade pelo pagamento do salário-maternidade à segurada demitida sem justa causa durante a gestação (REsp 1.309.251-RS, Rel. Min. Mauro Campbell Marques, julgado em 21/5/2013).

1.2.3. TUTELA ANTECIPADA

STJ - Superior Tribunal de Justiça

- Informativo 235 – 18.02.2005

SALÁRIO-MATERNIDADE. A Corte Especial suspendeu a tutela antecipada que concedia o benefício do salário-maternidade com a dispensa da prova do vínculo empregatício, ante o risco de lesão financeira aos cofres da Previdência Social, não obstante a legitimidade da reivindicação. Há que ser considerado o esforço mensal dos que lutam para se manter vinculados ao seguro social público, os quais terão de pagar ainda mais caro com o aumento do número de novos beneficiários (AgRg na SL 115-RJ, Rel. Min. Edson Vidigal, julgado em 16/2/2005).

1.2.4. INÍCIO A PARTIR DA ALTA DA MÃE OU DO RECÉM-NASCIDO

STF - Supremo Tribunal Federal

Informativo 1073/2022 (28.10.2022) – ADI 6327/DF

CONSTITUCIONAL. DIREITOS SOCIAIS. AÇÃO DIRETA DE INCONSTITUCIONALIDADE CONVERTIDA EM ARGUIÇÃO DE DESCUMPRIMENTO DE PRECEITO FUNDAMENTAL. POSSIBILIDADE. CONTAGEM DE TERMO INICIAL DE LICENÇA-MATERNIDADE E DE SALÁRIO-MATERNIDADE A PARTIR DA ALTA HOSPITALAR DO RECÉM-NASCIDO OU DA MÃE, O QUE OCORRER POR ÚLTIMO. INTERPRETAÇÃO CONFORME À CONSTITUIÇÃO DO §1º DO ART. 392, DA CLT, E DO ART. 71 DA LEI 8.213/1991. NECESSÁRIA PROTEÇÃO CONSTITUCIONAL À MATERNIDADE E À INFÂNCIA. AÇÃO JULGADA PROCEDENTE. 1. Cumpridos os requisitos da Lei nº. 9.882/99, a jurisprudência do Supremo Tribunal Federal (STF) entende possível a fungibilidade entre ADI e ADPF. 2. A fim de que seja protegida a maternidade e a infância e ampliada a convivência entre mães e bebês, em caso de internação hospitalar que supere o prazo de duas semanas, previsto no art. 392, §2º, da CLT, e no art. 93, §3º, do Decreto nº. 3.048/99, o termo inicial aplicável à fruição da licença-maternidade e do respectivo salário-maternidade deve ser o da alta hospitalar da mãe ou do recém-nascido, o que ocorrer por último, prorrogando-se ambos os benefícios por igual período ao da internação. 3. O direito da criança à convivência familiar deve ser colocado a salvo de toda a forma de negligência e omissão estatal, consoante preconizam os arts. 6º, caput, 201, II, 203, I, e 227, caput, da Constituição da República, impondo-se a interpretação conforme à Constituição do §1º do art. 392 da Consolidação das Leis do Trabalho (CLT) e do art. 71 da Lei nº. 8.213/1991 4. Não se verifica critério racional e constitucional para que o período de licença à gestante e salário-maternidade sejam encurtados durante a fase em que a mãe ou o bebê estão alijados do convívio da família, em ambiente hospitalar, nas hipóteses de nascimentos com prematuridade e complicações de saúde após o parto. 5. A jurisprudência do STF tem se posicionado no sentido de que a ausência de previsão de fonte de custeio não é óbice para extensão do prazo de licença-maternidade, conforme precedente do RE nº. 778889, Relator(a): Min. ROBERTO BARROSO, Tribunal Pleno, julgado em 10/03/2016. A prorrogação de benefício existente, em decorrência de interpretação constitucional do seu alcance, não vulnera a norma do art. 195, §5º, da Constituição Federal. 6. Arguição julgada procedente para conferir interpretação conforme à Constituição ao artigo 392, §1º, da CLT, assim como ao artigo 71 da Lei n.º 8.213/91 e, por arrastamento, ao artigo 93 do seu Regulamento (Decreto n.º 3.048/99), de modo a se considerar como termo inicial da licença-maternidade e do respectivo salário-maternidade a alta hospitalar do recém-nascido e/ou de sua mãe, o que ocorrer por último, prorrogando-se em todo o período os benefícios, quando o período de internação exceder as duas semanas previstas no art. 392, §2º, da CLT, e no art. 93, §3º, do Decreto n.º 3.048/99.

1.2.5. GENITOR MONOPARENTAL

STF - Supremo Tribunal Federal

Tema	1182	Situação	Trânsito em Julgado	Órgão julgador	Plenário Virtual
Questão Controvertida	Constitucionalidade da extensão da licença maternidade, prevista no art. 7º, XVIII, da CF/88 e regulamentada pelo art. 207 da Lei 8.112/1990, ao pai solteiro servidor				

Tema	**1182**	Situação	**Trânsito em Julgado**	Órgão julgador	**Plenário Virtual**
Questão Controvertida	público, em face dos princípios da isonomia (art. 5º, I, CF), da legalidade (art. 37, caput, CF), e da proteção integral da criança com absoluta prioridade (art. 227 da CF), bem como ante o art. 195, § 5º, da CF, que dispõe que nenhum benefício ou serviço da seguridade social poderá ser criado, majorado ou estendido sem a correspondente fonte de custeio total.				
Tese Firmada	À luz do art. 227 da CF, que confere proteção integral da criança com absoluta prioridade e do princípio da paternidade responsável, a licença maternidade, prevista no art. 7º, XVIII, da CF/88 e regulamentada pelo art. 207 da Lei 8.112/1990, estende-se ao pai genitor monoparental.				
Informações Complementares	SCAN ME				
Processo / Recurso	**Repercussão Geral**	**Relator (a)**	**Acórdão Publicado**	**Embargos Declaratórios**	**Trânsito em Julgado**
RE 1348854	Há repercussão geral	ALEXANDRE DE MORAES	24/10/2022	-	19/11/2022

1.2.6. CARÊNCIA PARA ALGUMAS CATEGORIAS DE SEGURADOS

STF - Supremo Tribunal Federal

- Informativo 1129/2024 (03.04.2024) – ADI 2110/DF e ADI 2111/DF

DIREITO PREVIDENCIÁRIO - APOSENTADORIA; BENEFÍCIO PREVIDENCIÁRIO; FATOR PREVIDENCIÁRIO; SALÁRIO-MATERNIDADE; DIREITO CONSTITUCIONAL - ORDEM SOCIAL; SEGURIDADE SOCIAL; DIREITOS E GARANTIAS FUNDAMENTAIS. É inconstitucional — por violar os princípios da isonomia, da razoabilidade e da proteção constitucional à maternidade — o período de carência (10 contribuições mensais) para a concessão do benefício de salário-maternidade exigido para algumas categorias de seguradas (Lei nº 8.213/1991, arts. 25, III, e 26, VI). A exigência de carência, nas hipóteses em que impeça o acesso ao salário maternidade, implica em negativa de acesso a direitos fundamentais, cuja leitura mais adequada obriga que sejam fruídos com a máxima eficácia. Nesse contexto, não é razoável concluir que as trabalhadoras autônomas, nominadas de contribuintes individuais pelo legislador previdenciário, passariam a se filiar ao Regime Geral de Previdência Social ao descobrirem uma gestação, apenas para obterem o benefício.

Com base nesses e em outros entendimentos, o Plenário, em apreciação conjunta, por maioria, conheceu parcialmente das ações e, nessa extensão, (i) julgou parcialmente procedente o pedido constante da ADI 2.110/DF, para declarar a inconstitucionalidade da exigência de carência para a fruição de salário-maternidade, prevista no art. 25, III, da Lei nº 8.213/1991, na redação dada pelo art. 2º da Lei nº 9.876/1999; e (ii) julgou improcedentes os demais pedidos constantes das ADIs 2.110/DF e 2.111/DF, explicitando que o art. 3º da Lei nº 9.876/1999 tem natureza cogente, não tendo o segurado o direito de opção por critério diverso. Por fim, o Plenário, por unanimidade, fixou a tese anteriormente citada.

1.3. SALÁRIO-FAMÍLIA

STF - Supremo Tribunal Federal

Tema	**543**	Situação	**Trânsito em Julgado**	Órgão julgador	**Tribunal Pleno - sessão virtual**
Questão Controvertida	Direito adquirido ao recebimento de salário-família em face de alteração promovida pela EC 20/98.				
Tese Firmada	A alteração de regência constitucional do salário-família não repercute nas relações jurídicas existentes na data em que promulgada a Emenda Constitucional nº 20/1998.				
Informações Complementares	SCAN ME				

Tema	543	Situação	Trânsito em Julgado		Órgão julgador	Tribunal Pleno - sessão virtual
Processo / Recurso		Repercussão Geral	Relator (a)	Acórdão Publicado	Embargos Declaratórios	Trânsito em Julgado
RE 657989		11/05/2020	MARCO AURÉLIO	17/08/2020	-	25/08/2020

1.4. APOSENTADORIA PROPORCIONAL

STJ - Superior Tribunal de Justiça

- Informativo 265 – 21.10.2005

APOSENTADORIA PROPORCIONAL. EC N. 20/1998. O segurado, para obtenção de aposentadoria proporcional, deve contar, na data de publicação da EC n. 20/1998, com o período aquisitivo completo, não podendo somar o tempo de serviço posterior com o anterior à referida emenda para o cômputo da aposentadoria proporcional. Não preenchido o requisito temporal de 30 anos de serviço para a obtenção da aposentadoria com proventos proporcionais antes da mencionada emenda, deverá o segurado submeter-se às regras de transição. Assim, a Turma deu provimento ao recurso (REsp 722.455-MG, Rel. Min. Gilson Dipp, julgado em 18/10/2005).

1.5. LICENÇA-PATERNIDADE

STF - Supremo Tribunal Federal

- Informativo 1121/2024 (02.02.2024) – ADO 20/DF

DIREITO CONSTITUCIONAL. AÇÃO DIRETA DE INCONSTITUCIONALIDADE POR OMISSÃO. LICENÇA-PATERNIDADE. ARTIGO 7º, XIX, DA CONSTITUIÇÃO DA REPÚBLICA. DECLARAÇÃO DE MORA LEGISLATIVA. OMISSÃO INCONSTITUCIONAL. CONSEQUÊNCIA. PRAZO DE 18 (DEZOITO) MESES PARA DELIBERAÇÃO LEGISLATIVA. I – CASO EM EXAME 1. Ação direta de inconstitucionalidade por omissão em que se postula a regulamentação da licença-paternidade, nos termos do artigo 7º, XIX, da Constituição da República de 1988, alegando-se mora legislativa e proteção deficiente da legislação existente. II – QUESTÃO EM DISCUSSÃO 2. Saber se há, ou não, omissão inconstitucional, diante da previsão do artigo 10, §1º, do ADCT, que garante o prazo de cinco dias de licença-paternidade "até que a lei venha a disciplinar o disposto no artigo 7º, XIX, da Constituição da República". 3. Saber se, declarada a omissão inconstitucional, haverá alguma consequência para o gozo do direito fundamental à licença-paternidade, prevista no artigo 7º, XIX, da Constituição da República. III – RAZÕES DE DECIDIR 4. O direito fundamental social à licença-paternidade apresenta-se como direito fundamental essencial para a concretização não apenas das garantias institucionais da família (art. 226 da CRFB) e da proteção integral da infância (art. 6° e 203 da CRFB), mas, principalmente, do direito fundamental à igualdade entre homens e mulheres (art. 5, I, da CRFB). 5. O aumento da participação das mulheres no mercado de trabalho leva ao incremento da importância de políticas públicas relacionadas ao cuidado com o filhos, as quais possam contribuir para a equidade de gênero, para atender ao melhor interesse da criança, para a saúde mental de pais e mães, bem como para o planejamento familiar e diminuição do impacto do nascimento de um filho na carreira das mulheres. 6. É necessário alterar os padrões comportamentais de homens e mulheres, em relação à distribuição sexual do trabalho, especialmente quanto ao trabalho doméstico, pois que as experiências comparadas demonstram, o que é confirmado pela Organização Internacional do Trabalho – OIT, que os avanços sociais e econômicos são mais igualitários e sustentáveis quando há um compartilhamento das licenças maternidade e paternidade. 7. O efeito dirigente dos direitos fundamentais impõe que exista um esforço cooperativo por partes dos agentes políticos e públicos, vinculados a todas as funções de poder, no sentido de concretizar e potencializar a eficácia das normas constitucionais, especialmente quando se trata de direitos fundamentais sociais expressamente reconhecidos pelo legislador constituinte originário, como é o caso da licença-paternidade, previsto no artigo 7º, XIX, da Constituição da República de 1988. 8. O artigo 10, §1º, do ADCT constitui regra transitória, prevista há mais de 35 anos, a qual foi se revelando, ao longo do tempo, manifestamente insuficiente para regulamentar o direito fundamental à licença-paternidade (art. 7º, XIX, da CRFB), bem como à família (art. 226 da CRFB), à proteção integral da infância (art. 6°, caput, e 203 da CRFB) e à igualdade de gênero (art. 5, I, da CRFB). IV – DISPOSITIVO E TESE 9. Pedido de declaração da omissão inconstitucional procedente, para declarar a mora legislativa, quanto à regulamentação do artigo 7°, XIX, da CRFB e artigo 10, §1°, do Ato das Disposições Constitucionais Transitórias, determinando-se o prazo de 18 meses ao Congresso Nacional para sanar a omissão, o que se não ocorrer, autorizará o Supremo Tribunal Federal a deliberar sobre o tema. 10. Tese: "Há omissão inconstitucional quanto à edição de lei regulamentadora da licença-paternidade, prevista no artigo 7º, XIX, da Constituição da República de 1988, fixando-se o prazo de 18 (dezoito) meses para que seja sanada a omissão pelo Poder Legislativo, o que, se não ocorrer, autoriza ao Supremo Tribunal Federal a deliberar sobre as condições concretas necessárias ao gozo do direito fundamental à licença-paternidade."

2. SEGURADOS

2.1. EX-COMBATENTE

2.1.1. PREENCHIMENTO DOS REQUISITOS DA PENSÃO ESPECIAL

STF - Supremo Tribunal Federal

<table>
<tr><td>Tema</td><td>320</td><td>Situação</td><td>Trânsito em Julgado</td><td>Órgão julgador</td><td>Plenário Virtual - RG</td></tr>
<tr><td colspan="2">Questão Controvertida</td><td colspan="4">Reconhecimento da condição de ex-combatente para fins de recebimento de benefício de pensão especial.</td></tr>
<tr><td colspan="2">Tese Firmada</td><td colspan="4">É infraconstitucional, a ela se aplicando os efeitos da ausência de repercussão geral, a controvérsia relativa ao preenchimento dos requisitos para o reconhecimento da condição de ex-combatente da Segunda Guerra mundial e a consequente concessão do benefício de pensão especial.</td></tr>
<tr><td colspan="2">Informações Complementares</td><td colspan="4">SCAN ME</td></tr>
</table>

Tema	320	Situação	Trânsito em Julgado	Órgão julgador	Plenário Virtual - RG	
Processo / Recurso		Repercussão Geral	Relator (a)	Acórdão Publicado	Embargos Declaratórios	Trânsito em Julgado
AI 738444		Não há RG - Matéria Infraconstitucional	DIAS TOFFOLI	23/11/2010	-	03/12/2010

2.1.2. CUMULAÇÃO COM BENEFÍCIO PREVIDENCIÁRIO

STF - Supremo Tribunal Federal

- Informativo 728 – 15.11.2013

Agravo regimental em agravo de instrumento. 2. Previdenciário. 3. Ex-combatente. Pensão especial. Benefício previdenciário. 4. Cumulação. Possibilidade. 5. Art. 53, II, do ADCT. 5. Agravo regimental a que se nega provimento (AG. REG. NO AI N. 816.525-SC).

- Informativo 215 (19.12.2000) e 208 (03.11.2000)

CONSTITUCIONAL. PREVIDENCIÁRIO. EX-COMBATENTE. SERVIDOR PÚBLICO FEDERAL INATIVO. PENSÃO ESPECIAL. CUMULAÇÃO COM PROVENTOS DE APOSENTADORIA. ART. 53, II, DO ADCT. Revestindo-se a aposentadoria de servidor público da natureza de benefício previdenciário, pode ela ser recebida cumulativamente com a pensão especial prevista no art. 53, inc. II, do Ato das Disposições Constitucionais Transitórias, devida a ex-combatente (RE N. 263.911-PE).

- Informativo 160 – 03.09.1999

PENSÃO DE EX-COMBATENTE E APOSENTADORIA. A pensão especial concedida a ex-combatente pelo art. 53, II, do ADCT, é acumulável com benefícios de natureza previdenciária. Com esse entendimento, a Turma manteve acórdão do STJ que assegurara a funcionário público federal a percepção da pensão especial de ex-combatente cumulada com os proventos da aposentadoria por tempo de serviço (RE 236.902-RJ).

2.1.3. CUMULAÇÃO COM PROVENTOS DA REFORMA

STF - Supremo Tribunal Federal

- Informativo 630 – 10.06.2011

EX-COMBATENTE E ACUMULAÇÃO DE PENSÃO ESPECIAL COM PROVENTOS DA REFORMA. A 1ª Turma, por maioria, proveu agravo regimental interposto de decisão do Min. Luiz Fux, proferida nos autos de recurso extraordinário, do qual relator, para permitir a análise da controvérsia pelo Colegiado. Na espécie, discute-se a possibilidade, ou não, de militar inativo acumular proventos da reforma com pensão especial, criada pelo art. 53 do ADCT, a beneficiar o ex-combatente que tenha participado de operações bélicas durante a II Guerra Mundial. O recorrente, militar reformado, sustenta que, se ao civil ex-combatente de guerra seria paga a pensão especial prevista no referido dispositivo – passível de acumulação com a pensão previdenciária –, ao militar ex-combatente de guerra, optante pela continuidade nas Forças Armadas, também deveria haver o direito à acumulação ao ser reformado. Vencidos os Ministros Luiz Fux, relator, e Cármen Lúcia, que negavam provimento ao agravo por entenderem que a matéria envolveria a análise de legislação infraconstitucional (Lei 5.315/67) (RE 602034 AgR/RJ).

2.1.4. EXTENSÃO A MILITAR CONVOCADO SEM EFETIVA PARTICIPAÇÃO

STF - Supremo Tribunal Federal

- Informativo 83 – 12.09.1997

PENSÃO ESPECIAL. MILITAR CONVOCADO PARA O EXÉRCITO NO PERÍODO DE GUERRA. ART. 53, INC. II, DO ATO DAS DISPOSIÇÕES CONSTITUCIONAIS TRANSITÓRIAS. LEI Nº 5.315/67. Não cabe, à guisa de interpretação extensiva, reconhecer o direito à concessão de pensão especial a alguém que não seja ex-combatente da Segunda Guerra Mundial ou não haja participado ativamente de operações de guerra. Ser integrante de guarnição de ilha costeira não é fato gerador do direito à pensão militar. Recurso extraordinário conhecido e provido (RE N. 200.329).

2.1.5. EXTENSÃO A EX-DETENTORES DE MANDATO ELETIVO

STF - Supremo Tribunal Federal

- Informativo 312 (13.06.2003) e 303 (31.03.2003)

CONSTITUCIONAL. ARTIGO DO ATO DAS DISPOSIÇÕES CONSTITUCIONAIS TRANSITÓRIAS DA CONSTITUIÇÃO DO ESTADO DO RIO DE JANEIRO QUE ESTENDE AOS EX-DETENTORES DE MANDATO ELETIVO, QUE TIVERAM SEUS DIREITOS POLÍTICOS SUSPENSOS POR ATOS INSTITUCIONAIS, OS BENEFÍCIOS DO INCISO I, DO ART. 53 DO ADCT/CF. O DISPOSITIVO DA CF SE REFERE AOS EX-COMBATENTES QUE PARTICIPARAM DE OPERAÇÕES BÉLICAS DURANTE A II GUERRA MUNDIAL. IMPOSSIBILIDADE DE AMPLIAR A EXCEÇÃO À REGRA DO CONCURSO PÚBLICO. OFENSA AO ART. 37, II, DA CF. AÇÃO JULGADA PROCEDENTE (ADI N. 229-RJ).

2.1.6. EXTENSÃO A SERINGUEIROS RECRUTADOS OU COLABORADORES

STF - Supremo Tribunal Federal

- Informativo 306 (28.04.2003) e 303 (31.03.2003)

AÇÃO DIRETA DE INCONSTITUCIONALIDADE. ART. 54 DO ADCT. PENSÃO MENSAL VITALÍCIA AOS SERINGUEIROS RECRUTADOS OU QUE COLABORARAM NOS ESFORÇOS DA SEGUNDA GUERRA MUNDIAL. ART. 21 DA LEI Nº 9.711, DE 20.11.98, QUE MODIFICOU A REDAÇÃO DO ART. 3º DA LEI Nº 7.986, DE 20.11.89. EXIGÊNCIA, PARA A CONCESSÃO DO BENEFÍCIO, DE INÍCIO DE PROVA MATERIAL E VEDAÇÃO AO USO DA PROVA EXCLUSIVAMENTE TESTEMUNHAL. A vedação à utilização da prova exclusivamente testemunhal e a exigência do início de prova material para o reconhecimento judicial da situação descrita no art. 54 do ADCT e no art. 1º da Lei nº 7.986/89 não vulneram os incisos XXXV, XXXVI e LVI do art. 5º da CF. O maior relevo conferido pelo legislador ordinário ao princípio da segurança jurídica visa a um maior rigor na verificação da situação exigida para o recebimento do benefício. Precedentes da Segunda Turma do STF: REs nº 226.588, 238.446, 226.772, 236.759 e 238.444, todos de relatoria do eminente Ministro Marco Aurélio. Descabida a alegação de ofensa a direito adquirido. O art. 21 da Lei 9.711/98 alterou o regime jurídico probatório no processo de concessão do benefício citado, sendo pacífico o entendimento fixado por esta Corte de que não há direito adquirido a regime jurídico. Ação direta cujo pedido se julga improcedente (ADI N. 2.555-DF).

2.1.7. EXTENSÃO A AERONAUTAS

STF - Supremo Tribunal Federal

- Informativo 140 – 05.03.1999

CONSTITUCIONAL. ADMINISTRATIVO. PREVIDENCIÁRIO. APOSENTADORIA: AERONAUTA. EX-COMBATENTE: PRESSUPOSTO DIVERSO. I.– A aposentadoria ordinária de aeronauta - Lei 3.501, de 21.12.58, art. 7º - tem pressuposto diverso da de ex-combatente - ADCT, art. 53, V; Lei 4.297/63, art. 1º. A aposentadoria de aeronauta não exige vinte e cinco anos de efetivo serviço, dado que o tempo de serviço é multiplicado por 1.5 (um ponto cinco): Lei 3.501/58, art. 7º. Já a de ex-combatente exige vinte e cinco anos de serviço efetivo: ADCT, art. 53, V; Lei 4.297/63, art. 1º. II. - Os benefícios previdenciários têm pressupostos certos e específicos, exigidos em lei, que devem ser satisfeitos. A satisfação de pressuposto de um benefício não autoriza a concessão de benefício outro, cujo pressuposto é também outro. III. - Segurança denegada. Recurso não provido (RMS N. 23.166-DF).

2.1.8. TEMPUS REGIT ACTUM

STF - Supremo Tribunal Federal

- Informativo 202 (15.09.2000) e 35 (14.06.1996)

ADMINISTRATIVO. PENSÃO. EX-COMBATENTE. REVERSÃO. FILHA. ADCT, art. 53, II e III, parágrafo único. Lei 4.242, de 1963. I. – O direito à pensão do ex-combatente é regido pela lei vigente por ocasião do óbito daquele. Tratando-se de reversão do benefício à filha, em razão do falecimento de sua mãe e viúva do ex-combatente, que a vinha recebendo, a lei a ser considerada é a Lei 4.242/63, vigente quando do óbito do ex-combatente, não obstante ter ocorrido o falecimento da viúva deste após a promulgação da CF/88, assim do art. 53, ADCT. A pensão a ser considerada, em tal caso, é a correspondente à deixada por um 2º Sargento (Lei 4.242/63, art. 30; Lei 3.765/60, art. 26). II. – Precedente do STF: MS 21.707-DF, Plenário, "DJ" de 13.10.95. III. – Mandado de Segurança deferido (MS N. 21.610-RS).

2.2. EX-FERROVIÁRIO

STJ - Superior Tribunal de Justiça

Tema	473	Situação	**Trânsito em Julgado**	Órgão julgador	**Primeira Seção**
Questão Controvertida	Questiona se a complementação de aposentadoria ou pensão de ex-ferroviário deveria, em razão do princípio tempus regit actum, observar a legislação previdenciária aplicável à concessão do benefício - art. 41 do Decreto 83.080/79, que estabelecia que a importância da pensão devida ao conjunto dos dependentes do segurado seria constituída de uma parcela familiar, igual a 50% do valor da aposentadoria que o segurado percebida ou daquela a que teria direito se na data do seu falecimento fosse aposentado, e mais tantas parcelas de 10% para cada dependente segurado, até o máximo de 5 (cinco) parcelas.				
Tese Firmada	O art. 5º da Lei 8.186/91 assegura o direito à complementação à pensão, na medida em que determina a observância das disposições do parágrafo único do art. 2º da citada norma, o qual, de sua parte, garante a permanente igualdade de valores entre ativos e inativos.				
Informações Complementares	"O caso concreto não corresponde aos julgados apreciados pelo Supremo Tribunal Federal nos RE 415.454/SC e RE 416.827/SC, ou no RE 606.449-EDcl, ou, ainda, naquele proferido, com repercussão geral, na Questão de Ordem no RE 597.389/SP, porquando em todos eles, o STF decidiu apenas sob o enfoque da indevida majoração das pensões previdenciárias, sob responsabilidade do INSS, concedidas antes da edição da Lei 9.032/95, tema que não figurou na inicial dos presentes autos, que almeja apenas a complementação da pensão a cargo da União por força da Lei 8.186/91." SCAN ME				

Tema	473	Situação	Trânsito em Julgado	Órgão julgador	Primeira Seção	
Processo / Recurso		Decisão de Afetação	Relator (a)	Acórdão Publicado	Embargos Declaratórios	Trânsito em Julgado
REsp 1211676/RN		12/11/2010	ARNALDO ESTEVES LIMA	17/08/2012	17/12/2013	05/03/2014

- Informativo 599 – 11.04.2017

IMPOSSIBILIDADE DE FERROVIÁRIO APOSENTADO (RFFSA) RECEBER COMO COMPLEMENTAÇÃO DE APOSENTADORIA ADICIONAL DE PERICULOSIDADE. VANTAGEM PECUNIÁRIA DE CARÁTER TRANSITÓRIO. O adicional de periculosidade não deve integrar a complementação dos proventos de aposentadoria percebida por ex-ferroviário (Resp 1.643.409-RJ, Rel. Min. Herman Benjamin, por unanimidade, julgado em 16/2/2017, Dje 7/3/2017).

STF - Supremo Tribunal Federal

Tema	726	Situação	Trânsito em Julgado	Órgão julgador	Plenário Virtual - RG	
Questão Controvertida	Montante da complementação de pensão devida aos pensionistas de ex-ferroviários da extinta Rede Ferroviária Federal - RFFSA.					
Tese Firmada	A questão do direito ao recebimento da complementação de pensão devida aos pensionistas de ex-ferroviários da extinta Rede Ferroviária Federal S.A. - RFFSA, nos termos da Lei 8.186/1991, que determina a paridade de valores relativos à aposentadoria com o vencimento da ativa, tem natureza infraconstitucional e a ela atribuem-se os efeitos da ausência de repercussão geral, nos termos do precedente fixado no RE 584.608, Relatora a Ministra Ellen Gracie, DJe 13/3/2009.					
Informações Complementares	SCAN ME					
Processo / Recurso	Repercussão Geral	Relator (a)	Acórdão Publicado	Embargos Declaratórios	Trânsito em Julgado	

II. REGIME GERAL DE PREVIDÊNCIA SOCIAL (RGPS)

Tema	726	Situação	Trânsito em Julgado	Órgão julgador	Plenário Virtual - RG
RE 675608	Não há RG - Matéria Infraconstitucional	RICARDO LEWANDOWSKI	28/05/2014	-	27/06/2014

2.3. VEREADOR

STJ - Superior Tribunal de Justiça

- Informativo 483 – 23.09.2011

APOSENTADORIA. TEMPO DE SERVIÇO. VEREANÇA. Trata-se, na origem, de ação declaratória de direito à aposentadoria em que o autor postula o cômputo do tempo de serviço do período no qual ocupou cargo de vereança (31/1/1977 a 29/3/1988), pretendendo equiparar sua condição de edil à de servidor público, portanto à de segurado obrigatório da Previdência Social. O STJ manteve a decisão recorrida por entender que a Lei n. 6.439/1977, regulamentada pelo Dec. n. 83.081/1979, vigente à época da vereança do recorrente, em seus arts. 5º e 7º, § 3º, não inclui como servidor público os agentes políticos, entre os quais se enquadra o cargo de vereador. Também, conforme a doutrina majoritária, há efetiva distinção entre os ocupantes de cargo político, enquadrado aí o detentor de mandato de vereança, e os chamados servidores públicos. Entende-se por agente político todo titular de cargo estrutural da organização política do País, constituinte da formação da vontade superior do Estado, cujo vínculo não tem natureza profissional, mas sim política. E, por servidores públicos, entendem-se aqueles que detêm com o Estado uma relação de trabalho de natureza profissional, de caráter não eventual, sob vínculo de dependência, independente do regime, se estatutário ou celetista. Assim, aquele que não é segurado obrigatório somente pode ter reconhecida a sua filiação à Previdência Social na modalidade facultativa, a qual pressupõe constante recolhimento pelo requerente das contribuições previdenciárias correspondentes. In casu, o recorrente, além de não recolher a contribuição correspondente ao interregno em que exerceu seus mandatos, também não se enquadra em nenhuma das categorias de segurados obrigatórios previstas na legislação em vigor à época. Por isso, não há como reconhecer o supracitado período para cômputo de tempo de contribuição. Com essas, entre outras considerações, a Turma negou provimento ao recurso (REsp 921.903-RS, Rel. Min. Sebastião Reis Júnior, julgado em 20/9/2011).

2.4. ALUNO-APRENDIZ

STJ - Superior Tribunal de Justiça

- Informativo 276 – 10.03.2006

ALUNO APRENDIZ. CÔMPUTO. TEMPO DE SERVIÇO. O período trabalhado como aluno aprendiz é computado para fins de aposentadoria em favor do autor. Note-se que o acórdão reconheceu não só o vínculo empregatício, mas também a retribuição pecuniária indireta (Súm. n. 96-TCU) à conta do orçamento da União (AgRg no REsp 777.153-SP, Rel. Min. Nilson Naves, julgado em 9/3/2006).

2.5. SEMINARISTA

STJ - Superior Tribunal de Justiça

- Informativo 305 – 24.11.2006

PREVIDENCIÁRIO. TEMPO. SERVIÇO. ASPIRANTE. VIDA RELIGIOSA. O período laborado na condição de aspirante à vida religiosa para custeio de sua formação deve ser computado como tempo de serviço. No caso, a recorrida desempenhou, como noviça e juvenista, atividade laborativa na instituição religiosa, alfabetizando e lecionando matéria de ensino primário em condições equivalentes às de empregado. Dessarte, referido período deve ser computado como tempo de serviço (REsp 512.549-RS, Rel. Min. Arnaldo Esteves Lima, julgado em 20/11/2006).

2.6. ESTUDANTE

STJ - Superior Tribunal de Justiça

- Informativo 58 – 19.05.2000

PREVIDENCIÁRIO. TEMPO DE SERVIÇO COMO ESTUDANTE. Não existindo norma ou lei que regulamentasse a categoria do estudante à época do período que se pretende reconhecer, não há como computar o tempo dessa atividade para fins previdenciários, por ser irretroativa a sua inscrição na Previdência Social (REsp 183.893-SP, Rel. Min. Fernando Gonçalves, julgado em 16/5/2000).

2.7. GUARDA-MIRIM

STJ - Superior Tribunal de Justiça

- Informativo 725

AÇÃO DECLARATÓRIA DE TEMPO DE SERVIÇO. ATIVIDADE DE GUARDA-MIRIM. DESVIRTUAMENTO. EQUIPARAÇÃO A SEGURADO EMPREGADO. ART. 11, I, A, DA LEI N. 8.213/1991. POSSIBILIDADE. É possível o reconhecimento do tempo de serviço na atividade de guarda-mirim, para fins previdenciários, nos casos em que o caráter socioeducativo da atividade é desvirtuado, por meio da comprovação da existência de vínculo semelhante ao de natureza empregatícia (AREsp 1.921.941-SP, Rel. Min. Manoel Erhardt, Primeira Turma, por unanimidade, julgado em 15/02/2022, Dje 17/02/2022).

CAPÍTULO 3 - CONTAGEM RECÍPROCA

1. COMPENSAÇÃO FINANCEIRA ENTRE REGIMES

STF - Supremo Tribunal Federal

- Informativo 962 – 06.12.2019

AÇÃO CÍVEL ORIGINÁRIA. DIREITO ADMINISTRATIVO, PREVIDENCIÁRIO E TRIBUTÁRIO. CERNE DA CONTROVÉRSIA. COMPENSAÇÃO FINANCEIRA ENTRE REGIMES PREVIDENCIÁRIOS. ARTIGO 201, § 9º, DA CONSTITUIÇÃO FEDERAL. LEI Nº 9.796/99. IMPOSIÇÃO DE OBSTÁCULOS POR ATOS NORMATIVOS INFRALEGAIS. FAVORECIMENTO DA UNIÃO E DO RGPS EM DETRIMENTO DAS UNIDADES SUBNACIONAIS E DOS RESPECTIVOS RPPS. OFENSA AO PACTO FEDERATIVO. NECESSIDADE DE EQUILÍBRIO. PRESERVAÇÃO DO INTERESSE PÚBLICO. 1. Os desembolsos a título de compensação financeira a que se refere o art. 201, § 9º, da CF/88 somente serão feitos pelos regimes de origem para os regimes instituidores que se mostrem "credores no cômputo [1] da compensação financeira devida de lado a lado e [2] dos débitos pelo não recolhimento de contribuições previdenciárias no prazo legal", segundo a Lei nº 9.796/99. 2. Para efetivamente haver os desembolsos (ou, eventualmente, a dação em pagamento de imóveis, como se dispôs na Lei nº 13.485/17), duas etapas precisam ser ultrapassadas. A primeira etapa refere-se à realização da compensação financeira previdenciária devida de lado a lado. Nesse ponto, importam os valores de natureza administrativo-previdenciária que um regime tem em face do outro, e não os de natureza tributária. A segunda etapa consiste na possibilidade de se utilizar o crédito remanescente da etapa anterior a favor de um regime instituidor para se abater, caso exista, débito de contribuição previdenciária do respectivo ente federado. 3. O Decreto nº 3.112/99, com as alterações promovidas pelo Decreto nº 6.900/09, ao limitar a autonomia dos regimes que vão celebrar o acordo de parcelamento autorizado na Lei nº 9.796/99, acaba por retirar a eficácia da disposição legal. O decreto, sob o argumento de realizar uma "autolimitação" apenas para o INSS, instituiu regras que criaram benefício para o RGPS e demasiado ônus para o RPPS dos entes federativos (que vão receber, em módicas prestações, os valores aos quais têm direito), quebrando, dessa forma, o pacto federativo. 4. A Portaria Conjunta PGFN/RFB/INSS nº 1/2013, ao dispor sobre a possibilidade de compensação prévia ao desembolso dos valores da compensação financeira, regulou a compensação de ofício no interesse exclusivo da União e do RGPS, e impôs restrições não constantes quer da Constituição Federal, quer da Lei nº 9.796/99. Não permitir o encontro de contas também no interesse do RPPS dos estados, dos municípios e do Distrito Federal resulta em quebra do pacto federativo. 5. No sistema de compensação financeira entre regimes previdenciários, o que deve prevalecer não é o interesse de um ou de outro regime, nem dessa ou daquela unidade federada, mas sim o interesse público, que se expressa, em especial, nas sadias concessões e manutenções dos benefícios previdenciários, seja qual for o ente da federação responsável por eles. 6. O débito de contribuição previdenciária identificada como cota do segurado não pode compor os valores objeto da compensação autorizada por meio da tutela de urgência. O Estado de São Paulo (incluídas suas fundações e autarquias) não figura como contribuinte dessa exação, mas simplesmente como retentor. Isto é, o tributo é devido, propriamente, pelo segurado. 7. Ação cível originária julgada parcialmente procedente, declarando-se: a) o direito de o Estado de São Paulo compensar débito de contribuição previdenciária devida por ele ou por suas autarquias e fundações com o crédito que o RPPS paulista tem em face do RGPS advindo de estoque de compensação financeira previdenciária; b) a ilegalidade das alíneas a e b do inciso I do art. 14-A do Decreto nº 3.112/99, incluído pelo Decreto nº 6.900/09. 8. Ficam os réus condenados a pagar aos autores honorários advocatícios arbitrados em 10% (dez por cento) do valor atualizado da causa, nos termos do art. 85, § 3º, I, e § 4º, III, do Código de Processo Civil. 9. Ficam prejudicados os agravos regimentais (ACO 2086).

2. RESTRIÇÕES POR LEGISLAÇÃO LOCAL

STF - Supremo Tribunal Federal

Tema	522	Situação	**Trânsito em Julgado**	Órgão julgador	**Tribunal Pleno**
Questão Controvertida	Contagem recíproca do tempo de contribuição na administração pública e na atividade privada para fins de concessão de aposentadoria.				
Tese Firmada	A imposição de restrições, por legislação local, à contagem recíproca do tempo de contribuição na administração pública e na atividade privada para fins de concessão de aposentadoria viola o art. 202, § 2º, da Constituição Federal, com redação anterior à EC 20/98.				
Informações Complementares	Há RG - Reafirmação Jurisprudência. SCAN ME				
Processo / Recurso	**Repercussão Geral**	**Relator (a)**	**Acórdão Publicado**	**Embargos Declaratórios**	**Trânsito em Julgado**
RE 650851	01/10/2014	GILMAR MENDES	12/12/2014	-	06/02/2015

3. ATIVIDADES CONCOMITANTES E MUDANÇA DE EMPREGO PARA CARGO PÚBLICO

STJ - Superior Tribunal de Justiça

- Informativo 544 – 27.08.2014

DIREITO PREVIDENCIÁRIO. ATIVIDADES CONCOMITANTES PRESTADAS SOB O RGPS E PRINCÍPIO DA UNICIDADE DE FILIAÇÃO. O segurado que manteve dois vínculos concomitantes com o

RGPS – um na condição de contribuinte individual e outro como empregado público – pode utilizar as contribuições efetivadas como contribuinte individual na concessão de aposentadoria junto ao RGPS, sem prejuízo do cômputo do tempo como empregado público para a concessão de aposentadoria sujeita ao Regime Próprio, diante da transformação do emprego público em cargo público (AgRg no REsp 1.444.003-RS, Rel. Min. Humberto Martins, julgado em 8/5/2014).

4. PERÍODO FRACIONADO

STJ - Superior Tribunal de Justiça

- Informativo 244 – 29.04.2005

APOSENTADO. CONTAGEM RECÍPROCA. TEMPO NÃO UTILIZADO. FRACIONAMENTO. PERÍODO. POSSIBILIDADE. A norma previdenciária não cria óbice à percepção de duas aposentadorias em regimes distintos, quando os tempos de serviço realizados em atividades concomitantes sejam computados em cada sistema de previdência, havendo a respectiva contribuição para cada um deles. O art. 98 da Lei n. 8.213/1991 deve ser interpretado restritivamente, dentro da sua objetividade jurídica. A vedação contida no referido dispositivo surge para reafirmar a revogação da norma inserida na Lei n. 5.890/1973, que permitia o acréscimo de percentual a quem ultrapassasse o tempo de serviço máximo, bem como para impedir a utilização do tempo excedente para qualquer efeito no âmbito da aposentadoria concedida. É permitido ao INSS emitir certidão de tempo de serviço para período fracionado, possibilitando ao segurado da Previdência Social levar para o regime de previdência próprio dos servidores públicos apenas o montante de tempo de serviço que lhe seja necessário para obtenção do benefício almejado naquele regime. Tal período, uma vez considerado no outro regime, não será mais contado para qualquer efeito no RGPS. O tempo não utilizado, entretanto, valerá para efeitos previdenciários junto à Previdência Social (REsp 687.479-RS, Rel. Min. Laurita Vaz, julgado em 26/4/2005).

CAPÍTULO 4 - ASPECTO JUDICIAL

1. PRÉVIO AGENDAMENTO NAS AGÊNCIAS A ADVOGADOS

STF - Supremo Tribunal Federal

Tema	741	Situação	**Trânsito em Julgado**	Órgão julgador	**Plenário Virtual - RG**
Questão Controvertida	Validade da exigência do INSS de prévio agendamento para o atendimento de advogados e da restrição a um único requerimento de benefício previdenciário por atendimento.				
Tese Firmada	A questão da validade da exigência do prévio agendamento para o atendimento de advogados e da restrição a um único requerimento de benefício previdenciário por atendimento feita pelo Instituto Nacional do Seguro Social - INSS tem natureza infraconstitucional, e a ela se atribuem os efeitos da ausência de repercussão geral, nos termos do precedente fixado no RE 584.608, rel. a Ministra Ellen Gracie, DJe 13/03/2009.				
Informações Complementares	SCAN ME				
Processo / Recurso	**Repercussão Geral**	**Relator (a)**	**Acórdão Publicado**	**Embargos Declaratórios**	**Trânsito em Julgado**
RE 769254	Não há RG - Matéria Infraconstitucional	TEORI ZAVASCKI	01/08/2014	-	18/08/2014

- Informativo 742 – 18.04.2014

INSS – ATENDIMENTO – ADVOGADOS. Descabe impor aos advogados, no mister da profissão, a obtenção de ficha de atendimento. A formalidade não se coaduna sequer com o direito dos cidadãos em geral de serem atendidos pelo Estado de imediato, sem submeter-se à peregrinação verificada costumeiramente em se tratando do Instituto (RE 277065/RS).

2. COMPETÊNCIA

2.1. JUSTIÇA FEDERAL

2.1.1. FUNDAMENTO CONSTITUCIONAL

STF - Supremo Tribunal Federal

- Informativo 162 (17.09.1999) – RE N. 251.617-RS

AÇÃO PREVIDENCIÁRIA. COMPETÊNCIA PARA PROCESSÁ-LA E JULGÁ-LA ORIGINARIAMENTE. Ambas as Turmas desta Corte (assim, a título exemplificativo, nos RREE 239.594, 222.061 e 114.799) têm entendido que, em se tratando de ação previdenciária, o segurado pode ajuizá-la perante o juízo federal de seu domicílio ou perante as varas federais da capital do Estado-membro, uma vez que o artigo 109, § 3º, da Constituição Federal prevê uma faculdade em seu benefício, não podendo esta norma ser aplicada para prejudicá-lo (RE N. 251.617-RS).

2.1.2. PENSÃO POR MORTE COM QUESTÃO PREJUDICIAL

STJ - Superior Tribunal de Justiça

- Informativo 517 – 02.05.2013

DIREITO PROCESSUAL CIVIL. COMPETÊNCIA PARA APRECIAR DEMANDA EM QUE SE OBJETIVE EXCLUSIVAMENTE O RECONHECIMENTO DO DIREITO DE RECEBER PENSÃO DECORRENTE DA MORTE DE ALEGADO COMPANHEIRO. Compete à Justiça Federal processar e julgar demanda proposta em face do INSS com o objetivo de ver reconhecido exclusivamente o direito da autora de receber pensão decorrente da morte do alegado companheiro, ainda que seja necessário enfrentar questão prejudicial referente à existência, ou não, da união estável (CC 126.489-RN, Rel. Min. Humberto Martins, julgado em 10/4/2013).

2.1.3. CUMULAÇÃO ENTRE APOSENTADORIA E AUXÍLIO-SUPLEMENTAR

STF - Supremo Tribunal Federal

- Informativo 501 – 11.04.2008

ACUMULAÇÃO DE PROVENTOS DE APOSENTADORIA COM AUXÍLIO SUPLEMENTAR. RECURSO JULGADO POR TURMA RECURSAL DO JUIZADO ESPECIAL FEDERAL PREVIDENCIÁRIO. MATÉRIA QUE NÃO SE INSERE NA RESSALVA CONTEMPLADA PELO ART. 109, I, DA CF. QUESTÃO QUE ENVOLVE APENAS ACIDENTE DE TRABALHO. COMPETÊNCIA DA JUSTIÇA FEDERAL. RE IMPROVIDO. I – Tratando-se de matéria de interesse do INSS, qual seja, a possibilidade ou não de acumulação de proventos da aposentadoria com o auxílio suplementar, a matéria refoge à competência da Justiça comum. II – Questão que não se enquadra na ressalva do art. 109, I, da CF, visto que não cuida exclusivamente de acidente do trabalho. III – Reconhecida a competência da Justiça Federal para julgar o feito. IV – Recurso extraordinário improvido (RE 461005/SP).

2.1.4. COMPATIBILIDADE DA LEI DO JEF COM O ART. 109, §2º, DA CF/88

STF - Supremo Tribunal Federal

Tema	**1277**	Situação	**Acórdão de Repercussão Geral publicado**	Órgão julgador	**Plenário Virtual**
Questão Controvertida		Compatibilidade do art. 3º, § 3º, da Lei 10.259/2001 com a Constituição da República, notadamente em face do art. 109, § 2º, da Carta Política.			
Tese Firmada		-			
Informações Complementares		SCAN ME			

Processo / Recurso	**Repercussão Geral**	**Relator (a)**	**Acórdão Publicado**	**Embargos Declaratórios**	**Trânsito em Julgado**
RE 1426083	Há repercussão geral	ALEXANDRE DE MORAES	29/09/2023	-	-

2.2. JUSTIÇA ESTADUAL

2.2.1. *CONCESSÃO E INDEFERIMENTO DE BENEFÍCIOS ACIDENTÁRIOS*

STF - Supremo Tribunal Federal

Tema	**414**	Situação	**Trânsito em Julgado**	Órgão julgador	**Plenário Virtual - RG**
Questão Controvertida	Competência para processar e julgar ação em que se discute a prestação de benefícios previdenciários decorrentes de acidentes de trabalho.				
Tese Firmada	Compete à Justiça Comum Estadual julgar as ações acidentárias que, propostas pelo segurado contra o Instituto Nacional do Seguro Social (INSS), visem à prestação de benefícios relativos a acidentes de trabalho.				
Informações Complementares	Há RG - Reafirmação de Jurisprudência. SCAN ME				
Processo / Recurso	**Repercussão Geral**	**Relator (a)**	**Acórdão Publicado**	**Embargos Declaratórios**	**Trânsito em Julgado**
RE 638483	10/06/2011	MINISTRO(A) PRESIDENTE	31/08/2011	-	12/09/2011

2.2.2. REVISÃO DE BENEFÍCIO ACIDENTÁRIO

STF - Supremo Tribunal Federal

- Informativo 186 – 28.04.2000

REAJUSTE DE BENEFÍCIO ACIDENTÁRIO COMPETÊNCIA. Considerando que a competência da Justiça Comum Estadual para as causas relativas a acidentes de trabalho (CF, art. 109, I) compreende não só o julgamento da ação relativa ao acidente do trabalho, mas, também, de todas as conseqüências dessa decisão, tais como a fixação do benefício e seus reajustamentos futuros, a Turma deu provimento a recurso extraordinário interposto contra acórdão do Tribunal de Alçada Civil do Estado São Paulo que reconhecera a competência da Justiça Federal para julgar os litígios relativos a reajuste de benefício acidentário (RE 264.560-SP).

2.2.3. PENSÃO POR MORTE DERIVADA DE ASSALTO NO AMBIENTE DE TRABALHO

STJ - Superior Tribunal de Justiça

- Informativo 542 – 27.06.2014

DIREITO PROCESSUAL CIVIL E PREVIDENCIÁRIO. COMPETÊNCIA PARA JULGAR PEDIDO DE PENSÃO POR MORTE DECORRENTE DE ÓBITO DE EMPREGADO ASSALTADO NO EXERCÍCIO DO TRABALHO. Compete à Justiça Estadual - e não à Justiça Federal - processar e julgar ação que tenha por objeto a concessão de pensão por morte decorrente de óbito de empregado ocorrido em razão de assalto sofrido durante o exercício do trabalho (CC 132.034-SP, Rel. Min. Benedito Gonçalves, julgado em 28/5/2014).

2.2.4. CUMULAÇÃO COM DANOS MORAIS EM COMPETÊNCIA DELEGADA

STJ - Superior Tribunal de Justiça

- Informativo 440 – 25.06.2010

COMPETÊNCIA. CUMULAÇÃO. PEDIDOS. APOSENTADORIA. DANOS MORAIS. Trata-se, na origem, de ação com pedido de concessão de aposentadoria cumulado com indenização de danos morais contra o INSS. O segurado, nos termos do art. 109, § 3º, da CF/1988, intentou ação na Justiça estadual localizada no foro de seu domicílio, que não possui vara federal instalada. Assim, o pedido de indenização por danos morais é decorrente do pedido principal de aposentadoria, devendo ambos ser apurados pelo mesmo juízo. Logo, facultado ao autor optar pelo foro, não caberia ao juízo declinar de sua competência, conforme dispõe a Súm. n. 33-STJ. (CC 111.409-SP, Rel. Min. Celso Limongi – Desembargador convocado TJ-SP –, julgado em 23/6/2010).

2.3. JUSTIÇA DO TRABALHO

2.3.1. COMPLEMENTAÇÃO DE APOSENTADORIA

STJ - Superior Tribunal de Justiça

- Informativo 337 – 26.10.2007

COMPETÊNCIA. JUSTIÇA DO TRABALHO. COMPLEMENTAÇÃO. APOSENTADORIA. Os agravantes insurgem-se contra a decisão que confirmou a declinação da competência em favor da Justiça trabalhista na ação em que aposentados pleiteiam o pagamento de diferenças devidas pelo banco empregador. Alegam que, a despeito de exigir-se do ex-empregador a prestação objeto dos autos, a relação não é de cunho trabalhista porquanto paga a título de complementação de aposentadoria, instituída sem contrapartida financeira nos termos da Port. n. 966/1947. Porém o Min. Relator ressaltou que a edição da Port. n. 966/1947, resultante de acordo com a Confederação dos Bancários, representa aditamento ao contrato de trabalho, criando encargo para o empregador, com efeitos previstos para depois da aposentação. Para que se acolhesse a tese dos agravantes, necessário ainda seria, por ficção jurídica, converter o empregador em entidade de previdência privada, o que não se tem por factível, porquanto desvirtuaria a relação entre as partes, que não é simplesmente contratual, mas trabalhista (AgRg no REsp 937.170-DF, Rel. Min. Aldir Passarinho Junior, julgado em 24/10/2007).

2.3.2. DANO MATERIAL PELA AUSÊNCIA DE RECOLHIMENTO DO EMPREGADOR

STJ - Superior Tribunal de Justiça

- Informativo 319 – 11.05.2007

INDENIZAÇÃO. DANO MATERIAL. RECOLHIMENTO. INSS. Ação de indenização movida pelo empregado contra seu ex-empregador decorrente do não-recolhimento de contribuições ao INSS, o que o impediu de receber o auxílio-doença a que tinha direito. Inegável a competência da Justiça do Trabalho para o julgamento do feito, tendo em vista tratar-se de pedido de indenização por dano material decorrente diretamente da relação de trabalho (CC 58.881-SP, Rel. Min. Carlos Alberto Menezes Direito, julgado em 9/5/2007).

2.4. COMPETÊNCIA DELEGADA

2.4.1. *FUNDAMENTO CONSTITUCIONAL*

STF - Supremo Tribunal Federal

- Informativo 235 (03.08.2001)

CONSTITUCIONAL. PREVIDENCIÁRIO. AÇÃO PROPOSTA POR SEGURADO CONTRA O INSS. ARTIGO 109, § 3.º, DA CONSTITUIÇÃO FEDERAL. COMPETÊNCIA. Em face do disposto no art. 109, § 3.º, da Constituição Federal, tratando-se de litígio contra instituição de previdência social, o ajuizamento da ação, se não ocorrer na Justiça Estadual, no foro do domicílio do segurado, pode ser feito tanto perante o juízo federal da respectiva jurisdição como perante as varas federais da capital do Estado-membro. Precedentes. Recurso extraordinário conhecido e provido (RE 293.246-RS).

2.4.2. *JULGAMENTO DE CONFLITOS DE COMPETÊNCIA*

STF - Supremo Tribunal Federal

Tema	**820**	Situação	**Trânsito em Julgado**	Órgão julgador	**Plenário Virtual - RG**
Questão Controvertida	a) Competência para processar e julgar conflitos entre juizado especial federal e juízo estadual no exercício da competência federal delegada; b) Pressuposto fático para a incidência do art. 109, § 3º, da Lei Maior: a inexistência de juízo federal no município ou a inexistência de juízo federal na comarca onde reside o segurado ou beneficiário do INSS.				

Tema	**820**	Situação	**Trânsito em Julgado**	Órgão julgador	**Plenário Virtual - RG**
Tese Firmada		A competência prevista no § 3º do artigo 109 da Constituição Federal, da Justiça comum, pressupõe inexistência de Vara Federal na Comarca do domicílio do segurado.			
Informações Complementares		Há RG. Recurso extraordinário em que se discute, à luz dos arts. 105, I, d, e 109, § 3º, da Constituição Federal, a competência, se dos Tribunais Regionais Federais ou do Superior Tribunal de Justiça, para processar e julgar conflitos entre juizado especial federal e juízo estadual no exercício da competência federal delegada, bem como se o pressuposto fático para a incidência do art. 109, § 3º, da Lei Maior é a inexistência de juízo federal no município ou a inexistência de juízo federal na comarca onde reside o segurado ou beneficiário do Instituto Nacional do Seguro Social.			

Processo / Recurso	**Repercussão Geral**	**Relator (a)**	**Acórdão Publicado**	**Embargos Declaratórios**	**Trânsito em Julgado**
RE 860508	05/06/2015	MARCO AURÉLIO	23/03/2021	-	31/03/2021

2.4.3. EFEITOS DA LEI 13.876/19

STJ - Superior Tribunal de Justiça

- Informativo 716 – 08.11.2021

INCIDENTE DE ASSUNÇÃO DE COMPETÊNCIA NOS AUTOS DO CONFLITO DE COMPETÊNCIA. AÇÕES DE NATUREZA PREVIDENCIÁRIO, EXCETO AS DE ÍNDOLE ACIDENTÁRIA. JUÍZOS FEDERAL E ESTADUAL INVESTIDO NA JURISDIÇÃO DELEGADA. ART. 109, §3º, DA CF. EMENDA CONSTITUCIONAL Nº 103/2019. LEI FEDERAL Nº 13.876/2019. Os efeitos da Lei n. 13.876/2019 na modificação de competência para o processamento e julgamento dos processos que tramitam na Justiça Estadual no exercício da competência federal delegada insculpido no art. 109, § 3º, da Constituição Federal, após as alterações promovidas pela Emenda Constitucional n. 103, de 12 de novembro de 2019, aplicar-se-ão aos feitos ajuizados após 1º de janeiro de 2020. As ações, em fase de conhecimento ou de execução, ajuizadas anteriormente a essa data, continuarão a ser processadas e julgadas no juízo estadual, nos termos em que previsto pelo § 3º do art. 109 da Constituição Federal, pelo inciso III do art. 15 da Lei n. 5.010, de 30 de maio de 1965, em sua redação original.1/01/2020. IAC 6 (CC 170.051-RS, Rel. Min. Mauro Campbell Marques, Primeira Seção, por unanimidade, julgado em 21/10/2021, Dje 04/11/2021 - IAC 6)

2.5. QUERELA NULLITATIS

STJ - Superior Tribunal de Justiça

- Informativo 478 – 24.06.2011

COMPETÊNCIA. QUERELA NULLITATIS. JUÍZO. DECISÃO VICIADA. Trata-se de definir a competência para processar e julgar a ação ajuizada pelo INSS, que alegava não ter sido citado para a demanda que determinou a revisão do benefício acidentário do segurado. Logo, versa sobre a competência para processar e julgar a querela nullitatis. A Seção entendeu competir ao juízo que proferiu a decisão supostamente viciada processar e julgar a ação declaratória de nulidade. Precedente citado: AgRg no REsp 1.199.335-RJ, DJe 22/3/2011 (CC 114.593-SP, Rel. Min. Maria Thereza de Assis Moura, julgado em 22/6/2011).

3. CONDIÇÕES DA AÇÃO E PRESSUPOSTOS PROCESSUAIS

3.1. CARÊNCIA DE AÇÃO PELA FALTA DE PRÉVIO REQUERIMENTO ADMINISTRATIVO

STJ - Superior Tribunal de Justiça

Tema	**660**	Situação	**Trânsito em Julgado**	Órgão julgador	**Primeira Seção**
Questão Controvertida		O feito em que se busca a concessão de benefício previdenciário deve ser extinto sem julgamento do mérito, por falta de interesse processual, sempre que não houver prévio requerimento ou comunicação desse pedido ao INSS na via administrativa.			

Tema	**660**	Situação	**Trânsito em Julgado**	Órgão julgador	**Primeira Seção**
Tese Firmada	"(...) a concessão de benefícios previdenciários depende de requerimento administrativo", conforme decidiu o Plenário do Supremo Tribunal Federal, no julgamento do RE 631.240/MG, sob o rito do artigo 543-B do CPC, observadas "as situações de ressalva e fórmula de transição a ser aplicada nas ações já ajuizadas até a conclusão do aludido julgamento (03/9/2014) "				
Informações Complementares	Sessão de 24/09/2014 - "a Seção, por unanimidade, deu parcial provimento ao recurso especial para que o juiz de 1º grau aplique as regras de modulação estipuladas pelo Supremo Tribunal Federal no julgamento do Recurso Extraordinário 631.240/MG e decidiu cancelar a submissão do presente recurso ao rito do art. 543-C do Código de Processo Civil, nos termos do voto do Sr. Ministro Relator, que retificou seu voto" Sessão de 22/10/2014 - "a Seção, por unanimidade, aprovou a questão de ordem, no sentido de o presente recurso voltar a tramitar sob o rito do art. 543-C do CPC, nos termos apresentados pelo Sr. Min. Relator [...]""(...) adesão à tese estabelecida no RE 631.240/MG, julgado pelo Supremo Tribunal Federal sob regime da repercussão geral", em que decidido:"RECURSO EXTRAORDINÁRIO. REPERCUSSÃO GERAL. PRÉVIO REQUERIMENTO ADMINISTRATIVO E INTERESSE EM AGIR.1. A instituição de condições para o regular exercício do direito de ação é compatível com o art. 5º, XXXV, da Constituição. Para se caracterizar a presença de interesse em agir, é preciso haver necessidade de ir a juízo.2. A concessão de benefícios previdenciários depende de requerimento do interessado, não se caracterizando ameaça ou lesão a direito antes de sua apreciação e indeferimento pelo INSS, ou se excedido o prazo legal para sua análise. É bem de ver, no entanto, que a exigência de prévio requerimento não se confunde com o exaurimento das vias administrativas.3. A exigência de prévio requerimento administrativo não deve prevalecer quando o entendimento da Administração for notória e reiteradamente contrário à postulação do segurado. 4. Na hipótese de pretensão de revisão, restabelecimento ou manutenção de benefício anteriormente concedido, considerando que o INSS tem o dever legal de conceder a prestação mais vantajosa possível, o pedido poderá ser formulado diretamente em juízo - salvo se depender da análise de matéria de fato ainda não levada ao conhecimento da Administração -, uma vez que, nesses casos, a conduta do INSS já configura o não acolhimento ao menos tácito da pretensão.5. Tendo em vista a prolongada oscilação jurisprudencial na matéria, inclusive no Supremo Tribunal Federal, deve-se estabelecer uma fórmula de transição para lidar com as ações em curso, nos termos a seguir expostos.6. Quanto às ações ajuizadas até a conclusão do presente julgamento (03.09.2014), sem que tenha havido prévio requerimento administrativo nas hipóteses em que exigível, será observado o seguinte: (i) caso a ação tenha sido ajuizada no âmbito de Juizado Itinerante, a ausência de anterior pedido administrativo não deverá implicar a extinção do feito; (ii) caso o INSS já tenha apresentado contestação de mérito, está caracterizado o interesse em agir pela resistência à pretensão; (iii) as demais ações que não se enquadrem nos itens (i) e (ii) ficarão sobrestadas, observando-se a sistemática a seguir.7. Nas ações sobrestadas, o autor será intimado a dar entrada no pedido administrativo em 30 dias, sob pena de extinção do processo. Comprovada a postulação administrativa, o				

Tema	660	Situação	**Trânsito em Julgado**	Órgão julgador	**Primeira Seção**
Informações Complementares	INSS será intimado a se manifestar acerca do pedido em até 90 dias, prazo dentro do qual a Autarquia deverá colher todas as provas eventualmente necessárias e proferir decisão. Se o pedido for acolhido administrativamente ou não puder ter o seu mérito analisado devido a razões imputáveis ao próprio requerente, extingue-se a ação. Do contrário, estará caracterizado o interesse em agir e o feito deverá prosseguir.8. Em todos os casos acima - itens (i), (ii) e (iii) -, tanto a análise administrativa quanto a judicial deverão levar em conta a data do início da ação como data de entrada do requerimento, para todos os efeitos legais.(...)"				
Informações Complementares	SCAN ME				
Repercussão Geral	Tema 350/STF - Prévio requerimento administrativo como condição para o acesso ao Judiciário.				
Processo / Recurso	**Decisão de Afetação**	**Relator (a)**	**Acórdão Publicado**	**Embargos Declaratórios**	**Trânsito em Julgado**
REsp 1369834/SP	04/06/2013	BENEDITO GONÇALVES	02/12/2014	-	04/03/2015

- Informativo 552 – 17.12.2014

DIREITO PREVIDENCIÁRIO E PROCESSUAL CIVIL. DISPENSA DE PRÉVIO REQUERIMENTO ADMINISTRATIVO PARA OBTENÇÃO DE BENEFÍCIO PREVIDENCIÁRIO. Para o ajuizamento de ação judicial em que se objetive a concessão de benefício previdenciário, dispensa-se, excepcionalmente, o prévio requerimento administrativo quando houver: (i) recusa em seu recebimento por parte do INSS; ou (ii) resistência na concessão do benefício previdenciário, a qual se caracteriza (a) pela notória oposição da autarquia previdenciária à tese jurídica adotada pelo segurado ou (b) pela extrapolação da razoável duração do processo administrativo (REsp 1.488.940-GO, Rel. Min. Herman Benjamin, julgado em 18/11/2014).

- Informativo 520 – 12.06.2013

DIREITO PREVIDENCIÁRIO E PROCESSUAL CIVIL. PRÉVIO REQUERIMENTO ADMINISTRATIVO PARA OBTENÇÃO DE BENEFÍCIO PREVIDENCIÁRIO. O prévio requerimento administrativo é indispensável para o ajuizamento da ação judicial em que se objetive a concessão de benefício previdenciário quando se tratar de matéria em que não haja resistência notória por parte do INSS à pretensão do beneficiário (AgRg no REsp 1.341.269-PR, Rel. Min. Castro Meira, julgado em 9/4/2013).

STF - Supremo Tribunal Federal

Tema	**350**	Situação	**Trânsito em Julgado**	Órgão julgador	**Tribunal Pleno**
Questão Controvertida	Prévio requerimento administrativo como condição para o acesso ao Judiciário.				
Tese Firmada	I - A concessão de benefícios previdenciários depende de requerimento do interessado, não se caracterizando ameaça ou lesão a direito antes de sua apreciação e indeferimento pelo INSS, ou se excedido o prazo legal para sua análise. É bem de ver, no entanto, que a exigência de prévio requerimento não se confunde com o exaurimento das vias administrativas;II - A exigência de prévio requerimento administrativo não deve prevalecer quando o entendimento da Administração for notória e reiteradamente contrário à postulação do segurado;III - Na hipótese de pretensão de revisão, restabelecimento ou manutenção de benefício anteriormente concedido, considerando que o INSS tem o dever legal de conceder a prestação mais vantajosa possível, o pedido poderá ser formulado diretamente em juízo - salvo se depender da análise de matéria de fato ainda não levada ao conhecimento da Administração -, uma vez que, nesses casos, a conduta do INSS já configura o não acolhimento ao menos tácito da pretensão;IV - Nas ações ajuizadas antes da conclusão do julgamento do RE 631.240/MG (03/09/2014) que não tenham sido instruídas por prova do prévio requerimento administrativo, nas hipóteses em que exigível, será observado o seguinte: (a) caso a ação tenha sido ajuizada no âmbito de Juizado Itinerante, a ausência de anterior pedido administrativo não deverá implicar a extinção do feito; (b) caso o INSS já tenha apresentado contestação de mérito, está caracterizado o interesse em agir pela resistência à pretensão; e (c) as demais ações que não se enquadrem nos itens (a) e (b) serão sobrestadas e baixadas ao juiz de primeiro grau, que deverá intimar o autor a dar entrada no pedido administrativo em até 30 dias, sob pena de extinção do processo por falta de interesse em agir. Comprovada a postulação administrativa, o juiz intimará o INSS para se manifestar acerca do pedido em até 90 dias. Se o pedido for acolhido administrativamente ou não puder ter o seu mérito analisado devido a razões imputáveis ao próprio requerente, extingue-se a ação. Do contrário, estará caracterizado o interesse em agir e o feito deverá prosseguir;V - Em todos os casos acima - itens (a), (b) e (c) -, tanto a análise administrativa quanto a judicial deverão levar em conta a data do início da ação como data de entrada do requerimento, para todos os efeitos legais.				

Tema	350	Situação	Trânsito em Julgado	Órgão julgador	Tribunal Pleno
Informações Complementares	SCAN ME				
Processo / Recurso	**Repercussão Geral**	**Relator (a)**	**Acórdão Publicado**	**Embargos Declaratórios**	**Trânsito em Julgado**
RE 631240	10/12/2010	ROBERTO BARROSO	10/11/2014	27/11/2014	03/05/2017

- Informativo 25 – 02.04.1996

CONDIÇÃO DA AÇÃO ACIDENTÁRIA. Não ofende o art. 5º, XXXV, da CF ("a lei não excluirá da apreciação do Poder Judiciário lesão ou ameaça a direito;"), decisão que, sem exigir o exaurimento da via administrativa, julga extinta, por falta de interesse de agir (CPC, art. 267, VI), ação acidentária que não foi precedida de comunicação ao INSS (ARE 144.840-SP).

3.2. LEGITIMIDADE ATIVA DO MP EM ACP SOBRE BENEFÍCIOS PREVIDENCIÁRIOS

STJ - Superior Tribunal de Justiça

- Informativo 459 – 10.10.2010

ACP. LEGITIMIDADE ATIVA. MP. BENEFÍCIO PREVIDENCIÁRIO. Ministério Público (MP) possui legitimidade para propor ação civil pública (ACP) com o objetivo de proteger os interesses de segurados de benefícios previdenciários. Ressalta a Min. Relatora que, com esse entendimento, foi restabelecida antiga jurisprudência, após os julgamentos sobre a matéria terem oscilado ultimamente; em várias decisões, inclusive na Terceira Seção, vinha-se recusando a legitimidade ad causam do MP em ACPs com o objetivo de discutir questões ligadas à seguridade social, como direitos relativos à concessão de benefício assistencial a pessoas idosas e portadores de deficiência, revisão de benefícios previdenciários e equiparação de menores sob guarda judicial a filhos de segurados para fins previdenciários. No entanto, segundo a Min. Relatora, deve haver nova reflexão sobre o tema em razão, sobretudo, do relevante interesse social envolvido no ajuizamento da ACP de natureza previdenciária, pois o reconhecimento da legitimidade do MP, além do interesse social, traz inegável economia processual, evitando-se a proliferação de demandas individuais idênticas com resultados divergentes e com o consequente acúmulo de feitos nas instâncias do Judiciário, o que, certamente, não contribui para uma prestação jurisdicional eficiente, célere e uniforme. Observa que o STF já vinha reconhecendo a legitimidade do MP para a ACP destinada à proteção de direitos sociais, tais como a moradia e a educação, e agora, em julgado mais recente, afirmou aquela Corte que certos direitos individuais homogêneos podem ser classificados como interesses ou direitos coletivos, ou identificar-se com interesses sociais e individuais indisponíveis, esclarecendo que, nesses casos, a ACP presta-se à defesa deles, legitimando o MP para a causa (art. 127, caput, e art. 129, III, da CF/1988). Desse modo, concluiu que o MP detém legitimidade para propor ACP na defesa de interesses individuais homogêneos (arts. 127, § 1º, e 129, II e III, da CF/1988). Assim, assevera a Min. Relatora, entre outras considerações, que, para fins de legitimidade do Parquet para a ACP quando se tratar de direitos individuais homogêneos, ainda que disponíveis, o que deve ser observado é a presença do relevante interesse social de que se reveste o direito a ser tutelado. Diante do exposto, a Turma negou provimento ao Resp interposto pelo Instituto Nacional do Seguro Social (INSS). No recurso, este buscava a extinção do feito sem julgamento do mérito, alegando a ilegitimidade do MPF para promover ACP pertinente a reajustes e revisões de benefícios previdenciários concedidos a partir de março de 1994, com inclusão da variação integral do IRSM de fevereiro de 1994 (39,67%) nos salários de contribuição integrantes do período básico de cálculo antes da conversão em URV. Anotou-se que o tribunal de origem entendeu ser cabível a revisão, confirmando a sentença de primeiro grau que também restringiu os efeitos do julgado à subseção judiciária em que proposta a ação, na forma do art. 16 da Lei n. 7.347/1985 (Resp 1.142.630-PR, Rel. Min. Laurita Vaz, julgado em 7/12/2010).

3.3. LEGITIMIDADE PASSIVA DO INSS NO FORNECIMENTO DE ÓRTESES E PRÓTESES

STJ - Superior Tribunal de Justiça

- Informativo 566 – 20.08.2015

DIREITO PREVIDENCIÁRIO E PROCESSUAL CIVIL. LEGITIMIDADE PASSIVA DO INSS EM DEMANDA PARA O FORNECIMENTO DE ÓRTESES E PRÓTESES. O INSS é parte legítima para figurar no polo passivo de demanda cujo escopo seja o fornecimento de órteses e próteses a segurado incapacitado parcial ou totalmente para o trabalho, não apenas quando esses aparelhos médicos sejam necessários à sua habilitação ou reabilitação profissional, mas, também, quando sejam essenciais à habilitação social (REsp 1.528.410-PR, Rel. Min. Herman Benjamin, julgado em 2/6/2015, DJe 12/8/2015).

3.4. LEGITIMIDADE DOS SUCESSORES PARA PEDIR REVISÃO DE BENEFÍCIO ORIGINÁRIO

STJ - Superior Tribunal de Justiça

Tema	1057	Situação	**Trânsito em Julgado**	Órgão julgador	**PRIMEIRA SEÇÃO**
Questão Controvertida	Possibilidade do reconhecimento da legitimidade ativa "ad causam" de pensionistas e sucessores para, em ordem de preferência, propor, em nome próprio, à falta de requerimento do segurado em vida, ação revisional da aposentadoria do "de cujus", com o objetivo de redefinir a renda mensal da pensão por morte - quando existente -, e, por conseguinte, receber, além das diferenças resultantes do recálculo do eventual pensionamento, os valores devidos e não pagos pela Administração ao instituidor quando vivo, referentes à readequação do benefício originário, a teor do disposto no art. 112 da Lei n. 8.213/1991.				
Tese Firmada	I. O disposto no art. 112 da Lei n. 8.213/1991 é aplicável aos âmbitos judicial e administrativo; II. Os pensionistas detêm legitimidade ativa para pleitear, por direito próprio, a revisão do benefício derivado (pensão por morte) - caso não alcançada pela decadência -, fazendo jus a diferenças pecuniárias pretéritas não prescritas, decorrentes da pensão recalculada;				

Tema	**1057**	Situação	**Trânsito em Julgado**	Órgão julgador	**PRIMEIRA SEÇÃO**
Tese Firmada	III. Caso não decaído o direito de revisar a renda mensal inicial do benefício originário do segurado instituidor, os pensionistas poderão postular a revisão da aposentadoria, a fim de auferirem eventuais parcelas não prescritas resultantes da readequação do benefício original, bem como os reflexos na graduação econômica da pensão por morte; e IV. À falta de dependentes legais habilitados à pensão por morte, os sucessores (herdeiros) do segurado instituidor, definidos na lei civil, são partes legítimas para pleitear, por ação e em nome próprios, a revisão do benefício original - salvo se decaído o direito ao instituidor - e, por conseguinte, de haverem eventuais diferenças pecuniárias não prescritas, oriundas do recálculo da aposentadoria do de cujus.				
Informações Complementares	SCAN ME				
Processo / Recurso	**Decisão de Afetação**	**Relator (a)**	**Acórdão Publicado**	**Embargos Declaratórios**	**Trânsito em Julgado**
REsp 1856967/ES **REsp 1856968/ES** **REsp 1856969/RJ**	29/06/2020	REGINA HELENA COSTA	28/06/2021	16/08/2021	04/03/2022

4. ATOS PROCESSUAIS

4.1. INTIMAÇÃO

4.1.1. DO MINISTÉRIO PÚBLICO SOBRE DIREITO DISPONÍVEL

STJ - Superior Tribunal de Justiça

- Informativo 468 – 15.04.2011

BENEFÍCIO PREVIDENCIÁRIO. IDOSA. INTERVENÇÃO. MP. Discute-se no Resp a obrigatoriedade de intervenção do Ministério Público (MP) em processos em que pessoas idosas capazes sejam parte e postulem direito individual disponível. Nos autos, a autora, que figura apenas como parte interessada no Resp, contando mais de 65 anos, ajuizou ação contra o Instituto Nacional do Seguro Social (INSS) para ver reconhecido exercício de atividade rural no período de 7/11/1946 a 31/3/1986. A sentença julgou improcedente o pedido e o TJ manteve esse entendimento. Sucede que, antes do julgamento da apelação, o MPF (recorrente), em parecer, requereu preliminar de anulação do processo a partir da sentença por falta de intimação e intervenção do Parquet ao argumento de ela ser, na hipótese, obrigatória, o que foi negado pelo TJ. Daí o Resp do MPF, em que alega ofensa aos arts. 84 do CPC e 75 da Lei n. 10.741/2003 (Estatuto da Pessoa Idosa). Destacou o Min. Relator que, no caso dos autos, não se discute a legitimidade do MPF para propor ação civil pública em matéria previdenciária; essa legitimidade, inclusive, já foi reconhecida pelo STF e pelo STJ. Explica, na espécie, não ser possível a intervenção do MPF só porque a parte autora é idosa, pois ela é dotada de capacidade civil, não se encontra em situação de risco e está representada por advogado que interpôs os recursos cabíveis. Ressalta ainda que o direito à previdência social envolve direitos disponíveis dos segurados. Dessa forma, não se trata de direito individual indisponível, de grande relevância social ou de comprovada situação de risco a justificar a intervenção do MPF. Diante do exposto, a Turma negou provimento ao recurso (Resp 1.235.375-PR, Rel. Min. Gilson Dipp, julgado em 12/4/2011).

4.1.2. PESSOAL DO PROCURADOR FEDERAL NOS JUIZADOS ESPECIAIS FEDERAIS

STF - Supremo Tribunal Federal

Tema	**549**	Situação	**Trânsito em Julgado**	Órgão julgador	**Tribunal Pleno**
Questão Controvertida	Obrigatoriedade de intimação pessoal de procuradores federais no âmbito dos Juizados Especiais Federais.				
Tese Firmada	A prerrogativa processual da Fazenda Pública Federal de receber intimações pessoais, nos termos do art. 17 da Lei 10.910/2004, não tem aplicação no âmbito do procedimento dos Juizados Especiais Federais.				

Tema	549	Situação	**Trânsito em Julgado**	Órgão julgador	**Tribunal Pleno**
Informações Complementares	SCAN ME				
Processo / Recurso	**Repercussão Geral**	**Relator (a)**	**Acórdão Publicado**	**Embargos Declaratórios**	**Trânsito em Julgado**
ARE 648629	25/05/2012	LUIZ FUX	08/04/2014	-	23/04/2014

4.2. HABILITAÇÃO DE HERDEIROS

STJ - Superior Tribunal de Justiça

- Informativo 600 – 26.04.2017

HABILITAÇÃO DOS HERDEIROS PARA O RECEBIMENTO DOS VALORES PREVIDENCIÁRIOS NÃO PAGOS EM VIDA AO SEGURADO. ARTIGO 112 DA LEI N. 8.213/1991. Os valores previdenciários não recebidos pelo segurado em vida, mesmo que reconhecidos apenas judicialmente, devem ser pagos, prioritariamente, aos dependentes habilitados à pensão por morte, para só então, na falta destes, serem pagos aos demais sucessores na forma da lei civil (REsp 1.596.774-RS, Rel. Min. Mauro Campbell Marques, por unanimidade, julgado em 21/3/2017, DJe 27/3/2017).

5. SENTENÇA

5.1. EXTINÇÃO SEM EXAME DE MÉRITO E TEMPO RURAL

STJ - Superior Tribunal de Justiça

Tema	629	Situação	**Trânsito em Julgado**	Órgão julgador	**CORTE ESPECIAL**
Questão Controvertida	Argumento de que a parte autora deixou de instruir seu pedido inicial com documentos que comprovassem o exercício de atividade rural em momento				

Tema	**629**	Situação	**Trânsito em Julgado**	Órgão julgador	**CORTE ESPECIAL**
Questão Controvertida	imediatamente anterior ao ajuizamento da ação, consoante exigência legal prevista no art. 143 da Lei 8.213/91, motivo pelo qual o feito deveria ter sido extinto nos termos do art. 269, I do CPC, com a decretação de improcedência do pedido.				
Tese Firmada	A ausência de conteúdo probatório eficaz a instruir a inicial, conforme determina o art. 283 do CPC, implica a carência de pressuposto de constituição e desenvolvimento válido do processo, impondo sua extinção sem o julgamento do mérito (art. 267, IV do CPC) e a consequente possibilidade de o autor intentar novamente a ação (art. 268 do CPC), caso reúna os elementos necessários à tal iniciativa.				
Informações Complementares	Na sessão de julgamento realizada em 12/08/2015 a Primeira Seção, "por maioria, em questão de ordem, decidiu manter a submissão deste recurso ao rito do art. 543-C do CPC. Decidiu, ainda, por unanimidade, submetê-lo ao julgamento da Corte Especial". SCAN ME				
Processo STF	ARE 1015816 - Baixado				
Processo / Recurso	**Decisão de Afetação**	**Relator (a)**	**Acórdão Publicado**	**Embargos Declaratórios**	**Trânsito em Julgado**
REsp 1352721/SP	04/04/2013	NAPOLEÃO NUNES MAIA FILHO	28/04/2016	-	15/09/2017

5.2. REMESSA NECESSÁRIA

5.2.1. SIMPLES CÁLCULOS ARITMÉTICOS

STJ - Superior Tribunal de Justiça

Tema	**1081**	Situação	**Afetado**	Órgão julgador	**CORTE ESPECIAL**
Questão Controvertida	Definir se a demanda previdenciária cujo valor da condenação seja aferível por simples cálculos aritméticos deve ser dispensada da remessa necessária, quando for possível estimar que será inferior ao montante previsto no artigo 496, § 3º, inc. I, do Código de Processo Civil.				

Tema	**1081**	Situação	**Afetado**	Órgão julgador	**CORTE ESPECIAL**
Tese Firmada	-				
Informações Complementares	Em sessão realizada em 23/11/2022, a Primeira Seção declinou a competência para a egrégia Corte Especial para o julgamento do presente recurso especial repetitivo, nos termos da questão de ordem suscitada pela Sra. Ministra Assusete Magalhães. Há determinação de suspensão do processamento dos recursos especiais e agravos em recurso especial que versem acerca da questão delimitada e que estejam pendentes de apreciação em todo o território nacional (acórdão publicado no DJe de 10/3/2021). SCAN ME				

Processo / Recurso	**Decisão de Afetação**	**Relator (a)**	**Acórdão Publicado**	**Embargos Declaratórios**	**Trânsito em Julgado**
REsp 1882236/RS **REsp 1893709/RS** **REsp 1894666/SC**	10/03/2021	HUMBERTO MARTINS	-	-	-

5.2.2. SENTENÇA ILÍQUIDA

STJ - Superior Tribunal de Justiça

- Informativo 658 – 08.11.2019

SENTENÇA ILÍQUIDA CONTRA O INSS. ART. 496, § 3º, I, CPC/2015. NOVOS PARÂMETROS. CONDENAÇÃO OU PROVEITO ECONÔMICO INFERIOR A MIL SALÁRIOS MÍNIMOS. REMESSA NECESSÁRIA. DISPENSA. SÚMULA 490/STJ. INAPLICABILIDADE. Após a entrada em vigor do Código de Processo Civil de 2015, é dispensável a remessa necessária nas sentenças ilíquidas proferidas em desfavor do INSS, cujo valor mensurável da condenação ou do proveito econômico seja inferior a mil salários-mínimos (Resp 1.735.097-RS, Rel. Min. Gurgel de Faria, Primeira Turma, por unanimidade, julgado em 08/10/2019, Dje 11/10/2019).

5.3. FUNGIBILIDADE ENTRE BENEFÍCIOS PREVIDENCIÁRIOS

STJ - Superior Tribunal de Justiça

- Informativo 522 – 01.08.2013

DIREITO PREVIDENCIÁRIO E PROCESSUAL CIVIL. CONCESSÃO DE BENEFÍCIO PREVIDENCIÁRIO DIVERSO DO REQUERIDO NA INICIAL. O juiz pode conceder ao autor benefício previdenciário diverso do requerido na inicial, desde que preenchidos os requisitos legais atinentes ao benefício concedido (AgRg no REsp 1.367.825-RS, Rel. Min. Humberto Martins, julgado em 18/4/2013).

6. RECURSOS

6.1. PORTE DE REMESSA E DE RETORNO

STJ - Superior Tribunal de Justiça

Tema	**1001**	Situação	**Trânsito em Julgado**	Órgão julgador	**CORTE ESPECIAL**
Questão Controvertida	Exigibilidade, ou não, do prévio pagamento de porte de remessa e de retorno pelo Instituto Nacional do Seguro Social - INSS, frente ao disposto no art. 27 do revogado CPC/73 (art. 91 do CPC/15), nos casos de recursos dirigidos aos Tribunais de Justiça.				
Tese Firmada	"A teor dos arts. 27 e 511, § 1º, do revogado CPC/73 (arts. 91 e 1.007, § 1º, do vigente CPC/15), o Instituto Nacional do Seguro Social - INSS, nos recursos de competência dos Tribunais de Justiça, está dispensado do prévio pagamento do porte de remessa e de retorno, enquanto parcela integrante do preparo, devendo recolher o respectivo valor somente ao final da demanda, acaso vencido".				
Informações Complementares	Vide Tema Repetitivo n. 16/STJ.Vide Controvérsia n. 62/STJ.Afetação na sessão eletrônica iniciada em 31/10/2018 e finalizada em 6/11/2018 (Corte Especial).Há determinação de suspensão da tramitação, em todo o território nacional, de todos os processos pendentes, individuais ou coletivos, que versem sobre a questão ora afetada (acórdão publicado no DJe de 27/11/2018). SCAN ME				

Tema	1001	Situação	**Trânsito em Julgado**	Órgão julgador	**CORTE ESPECIAL**
Repercussão Geral	Súmula 483/STJ				
Processo / Recurso	**Decisão de Afetação**	**Relator (a)**	**Acórdão Publicado**	**Embargos Declaratórios**	**Trânsito em Julgado**
REsp 1761618/SP REsp 1762577/SP REsp 1761119/SP	27/11/2018	SÉRGIO KUKINA	14/08/2019	12/11/2019	19/02/2020

STF - Supremo Tribunal Federal

Tema	135	Situação	**Trânsito em Julgado**	Órgão julgador	**Tribunal Pleno**
Questão Controvertida	Exigibilidade do porte de remessa e retorno de autos de autarquia federal no âmbito da Justiça Estadual.				
Tese Firmada	Aplica-se o § 1º do art. 511 do Código de Processo Civil para dispensa de porte de remessa e retorno ao exonerar o seu respectivo recolhimento por parte do INSS.				
Informações Complementares	SCAN ME				
Processo / Recurso	**Repercussão Geral**	**Relator (a)**	**Acórdão Publicado**	**Embargos Declaratórios**	**Trânsito em Julgado**
RE 594116	07/11/2008	EDSON FACHIN	05/04/2016	-	13/05/2016

6.2. *REFORMATIO IN PEJUS* E REMESSA NECESSÁRIA

STJ - Superior Tribunal de Justiça

- Informativo 528 – 23.10.2013

DIREITO PREVIDENCIÁRIO E PROCESSUAL CIVIL. REFORMATIO IN PEJUS EM REEXAME NECESSÁRIO. O Tribunal, em remessa necessária, inexistindo recurso do segurado, não pode determinar a concessão de benefício previdenciário que entenda mais vantajoso ao segurado. (REsp 1.379.494-MG, Rel. Min. Sérgio Kukina, julgado em 13/8/2013).

6.3. "COTA DE APELO" AUTORIZADA EM SENTENÇA E DEVIDO PROCESSO LEGAL

STF - Supremo Tribunal Federal

- Informativo 445 – 20.10.2006

DEVIDO PROCESSO LEGAL E COTA DE "APELO" - 1. Por ofensa ao princípio do devido processo legal, a Turma deu provimento a agravo de instrumento interposto pelo INSS, para, convertendo-o em recurso extraordinário e dando-lhe provimento, determinar o retorno dos autos para a Turma Recursal dos Juizados Especiais Federais do Rio Grande do Sul. No caso, os Juizados Especiais Federais julgaram procedente, em parte, pedido formulado em ação ordinária em que se discutia matéria previdenciária relativa à aplicação do IGP-DI, referente aos reajustes realizados em determinados meses. Todavia, no dispositivo desta sentença ficara registrado que as partes poderiam recorrer com a simples aposição da expressão "apelo", sendo remetidas ao juízo de 2º grau as argumentações da peça inicial ou da contestação. Em razão disso, o ora agravante consignara tão-somente a referida expressão, mas o seu recurso não fora conhecido ao fundamento de que essa prática seria contrária aos princípios dos Juizados Especiais Federais.

DEVIDO PROCESSO LEGAL E COTA DE "APELO" - 2. Inicialmente, salientou-se que, por determinação expressa do art. 13 da Lei 10.259/2001, não incidiria, na espécie, o reexame necessário previsto no art. 475, II, do CPC ["Art. 475. Está sujeita ao duplo grau de jurisdição... a sentença:... II - que julgar procedentes, no todo ou em parte, os embargos à execução de dívida ativa da Fazenda Pública (art. 585, VI)"]. Em seguida, considerou-se que o curso do processo deveria ser corrigido pelo STF, em razão da concretização do princípio do devido processo legal, o qual lastreia um rol de garantias constitucionais voltadas para a efetividade dos processos jurisdicionais e administrativos, assegurando que todo julgamento seja realizado com a observância das regras procedimentais previamente estabelecidas, e, além disso, representa uma exigência de fair trail, no sentido de garantir a participação equânime, justa, leal, sempre imbuída pela boa-fé e pela ética dos sujeitos processuais. Asseverou-se que, não obstante a decisão singular tenha admitido mera cota de "apelo" com base na ponderação entre os valores constitucionais da ampla defesa e o da garantia de razoável duração do processo, tal opção gerara discussão paralela no tocante à realização de audiência bilateral. Recurso provido para que se intime o representante legal da mencionada autarquia para emendar o recurso inominado, devolvendo-lhe o prazo legal (AI 529733/RS).

6.4. RECURSO EXTRAORDINÁRIO E INCIDENTE DE UNIFORMIZAÇÃO SIMULTÂNEOS

STF – Supremo Tribunal Federal

- Informativo 823 – 29.04.2016

PROCESSUAL CIVIL. AGRAVO REGIMENTAL NO RECURSO EXTRAORDINÁRIO COM AGRAVO. JUIZADOS ESPECIAIS FEDERAIS. ACÓRDÃO DE TURMA RECURSAL. ATAQUE SIMULTÂNEO POR RECURSO EXTRAORDINÁRIO E POR INCIDENTE DE UNIFORMIZAÇÃO DE JURISPRUDÊNCIA. OFENSA AO PRINCÍPIO DA UNIRRECORRIBILIDADE. AUSÊNCIA DE EXAURIMENTO DE INSTÂNCIA. 1. O incidente de uniformização de jurisprudência no âmbito dos Juizados Especiais Federais, cabível quando "houver divergência entre decisões sobre questões de direito material proferidas por Turmas Recursais na interpretação da lei" (art. 14, caput, da Lei 10.259/01), possui natureza recursal, já que propicia a reforma do acórdão impugnado. Trata-se de recurso de interposição facultativa, com perfil semelhante ao dos embargos de divergência previstos no art. 546 do CPC e dos embargos previstos no art. 894, II, da CLT. 2. Embora se admita, em tese – a exemplo do que ocorre em relação àqueles embargos (CPC, art. 546, e CLT, art. 894, II) –, a interposição alternativa de incidente de uniformização de jurisprudência ou de recurso extraordinário, não é admissível, à luz do princípio da unirrecorribilidade, a interposição simultânea desses recursos, ambos com o objetivo de reformar o mesmo capítulo do acórdão recorrido. 3. Apresentado incidente de uniformização de jurisprudência de decisão de Turma Recursal, o recurso extraordinário somente será cabível, em tese, contra o futuro acórdão que julgar esse incidente, pois somente então, nas circunstâncias, estará exaurida a instância ordinária, para os fins previstos no art. 102, III, da CF/88. 4. Agravo regimental a que se nega provimento (AG. REG. NO ARE N. 846.326-RS).

6.5. PUIL E DEFINIÇÃO DE JURISPRUDÊNCIA DOMINANTE

STJ - Superior Tribunal de Justiça

- Informativo 777 – 06.06.2023

PEDIDO DE UNIFORMIZAÇÃO DE INTERPRETAÇÃO DE LEI FEDERAL – PUIL. JUIZADO ESPECIAL FEDERAL. ART. 14 DA LEI N. 10.529/2001. JURISPRUDÊNCIA DOMINANTE DO STJ. CONCEITO. À falta de baliza normativo-conceitual específica, tem-se que a locução "jurisprudência dominante", para fins do manejo de pedido de uniformização de interpretação de lei federal (PUIL), deve abranger não apenas as hipóteses previstas no art. 927, III, do CPC, mas também os acórdãos do STJ proferidos em embargos de divergência e nos próprios pedidos de uniformização de lei federal por ele decididos (PUIL 825-RS, Rel. Ministro Sérgio Kukina, Primeira Seção, por unanimidade, julgado em 24/5/23).

6.6. INADMISSIBILIDADE DO RESP NOS CASOS DE REDISCUSSÃO DE REQUISITOS DOS BENEFÍCIOS POR INCAPACIDADE

STJ - Superior Tribunal de Justiça

Tema	**1246**	Situação	**Afetado**	Órgão julgador	**PRIMEIRA SEÇÃO**
Questão Controvertida	(In)admissibilidade de recurso especial interposto para rediscutir as conclusões do acórdão recorrido quanto ao preenchimento, em caso concreto em que se controverte				

II. REGIME GERAL DE PREVIDÊNCIA SOCIAL (RGPS)

Questão Controvertida	quanto a benefício previdenciário por incapacidade (aposentadoria por invalidez, auxílio-doença ou auxílio-acidente), do requisito legal da incapacidade do segurado para o exercício de atividade laborativa, seja pela vertente de sua existência, de sua extensão (total ou parcial) e/ou de sua duração (temporária ou permanente).
Tese Firmada	-
Informações Complementares	Há determinação de suspensão somente dos recursos especiais ou agravos em recurso especial pendentes que versem sobre a questão delimitada e em trâmite no território nacional. SCAN ME

Processo / Recurso	**Decisão de Afetação**	**Relator (a)**	**Acórdão Publicado**	**Embargos Declaratórios**	**Trânsito em Julgado**
REsp 2082395/SPe REsp 2098629/SP	12/04/2024	PAULO SÉRGIO DOMINGUES	-	-	-

7. FASE DE CUMPRIMENTO DE SENTENÇA

7.1. EXECUÇÃO INVERTIDA

7.1.1. ÔNUS DO INSS

STF - Supremo Tribunal Federal

Tema	**597**	Situação	**Trânsito em Julgado**	Órgão julgador	**Tribunal Pleno**
Questão Controvertida	Imposição ao INSS, nos processos em que figure como parte ré, do ônus de apresentar cálculos de liquidação do seu próprio débito.				
Tese Firmada	É infraconstitucional, a ela se aplicando os efeitos da ausência de repercussão geral, a controvérsia relativa à imposição ao Instituto Nacional do Seguro Social (INSS) do ônus de apresentar cálculo de liquidação de seus próprios débitos nos processos em que figure como réu.				

Tema	597	Situação	**Trânsito em Julgado**	Órgão julgador	**Tribunal Pleno**
Informações Complementares	SCAN ME				
Processo / Recurso	**Repercussão Geral**	**Relator (a)**	**Acórdão Publicado**	**Embargos Declaratórios**	**Trânsito em Julgado**
RE 729884	Não há RG - Matéria Infraconstitucional	DIAS TOFFOLI	01/02/2017	01/02/2017	07/02/2018

- Informativo 1018/2021 (28.05.2021) – ADPF 219/DF

ARGUIÇÃO DE DESCUMPRIMENTO DE PRECEITO FUNDAMENTAL – ADEQUAÇÃO. Cumpre ao Supremo, ante o objetivo da ação nobre que é a de descumprimento de preceito fundamental, o implemento de visão interpretativa generosa, contribuindo para a eficácia do Direito, a racionalização dos trabalhos judiciários, alfim, a manutenção da paz social. JUIZADOS ESPECIAIS – EXECUÇÃO – CÁLCULOS. A interpretação teleológico-sistemática da ordem jurídica, calcada na Constituição Federal como documento maior da República, conduz a placitar-se a óptica segundo a qual incumbe ao órgão da Administração Pública acionado, à pessoa jurídica de direito público, apresentar os cálculos indispensáveis à solução rápida e definitiva da controvérsia, prevalecendo o interesse primário – da sociedade – e não o secundário – o econômico da Fazenda Pública. Os interesses secundários não são atendíveis senão quando coincidirem com os primários, únicos que podem ser perseguidos por quem axiomaticamente os encara e representa – Celso Antônio Bandeira de Mello – Curso de Direito Administrativo 2010, página 23.

7.1.2. PAGAMENTO DE HONORÁRIOS EM CASO DE ANUÊNCIA DE CÁLCULO

STJ - Superior Tribunal de Justiça

- Informativo 563 – 14.06.2015

DIREITO PROCESSUAL CIVIL. DESCABIMENTO DE FIXAÇÃO DE HONORÁRIOS ADVOCATÍCIOS EM EXECUÇÃO INVERTIDA. Não cabe a condenação da Fazenda Pública em honorários advocatícios no caso em que o credor simplesmente anui com os cálculos apresentados em "execução invertida", ainda que se trate de hipótese de pagamento mediante Requisição de Pequeno Valor (RPV) (AgRg no AREsp 630.235-RS, Rel. Min. Sérgio Kukina, julgado em 19/5/2015, DJe 5/6/2015).

7.1.3. NO RITO ORDINÁRIO

STJ - Superior Tribunal de Justiça

- Informativo 799 – 19.12.2023

EXECUÇÃO INVERTIDA. FAZENDA PÚBLICA. PROCEDIMENTO COMUM. CUMPRIMENTO ESPONTÂNEO. PRINCÍPIO PROCESSUAL DA COOPERAÇÃO. DESCABIMENTO DE MEDIDA IMPOSITIVA. Não é possível a determinação judicial à Fazenda Pública de adoção da prática jurisprudencial da execução invertida no cumprimento de sentença em procedimento comum (AREsp 2.014.491-RJ, Rel. Ministro Herman Benjamin, Segunda Turma, por unanimidade, julgado em 12/12/2023).

7.2. HONORÁRIOS ADVOCATÍCIOS SUCUMBENCIAIS

7.2.1. BENEFÍCIO PAGO ADMINISTRATIVAMENTE NA BASE DE CÁLCULO

STJ - Superior Tribunal de Justiça

Tema	**1050**	Situação	**Trânsito em Julgado**	Órgão julgador	**Primeira Seção**
Questão Controvertida	Possibilidade de computar as parcelas pagas a título de benefício previdenciário na via administrativa no curso da ação na base de cálculo para fixação de honorários advocatícios, além dos valores decorrentes de condenação judicial.				

Tema	1050	Situação	**Trânsito em Julgado**	Órgão julgador	**Primeira Seção**
Tese Firmada	O eventual pagamento de benefício previdenciário na via administrativa, seja ele total ou parcial, após a citação válida, não tem o condão de alterar a base de cálculo para os honorários advocatícios fixados na ação de conhecimento, que será composta pela totalidade dos valores devidos.				
Informações Complementares	Afetação na sessão eletrônica iniciada em 22/4/2020 e finalizada em 28/4/2020 (Primeira Seção). Vide Controvérsia n. 153/STJ.				
Processo / Recurso	**Decisão de Afetação**	**Relator (a)**	**Acórdão Publicado**	**Embargos Declaratórios**	**Trânsito em Julgado**
REsp 1847860/RS **REsp 1847731/RS** **REsp 1847766/SC** **REsp 1847848/SC**	05/05/2020	NAPOLEÃO NUNES MAIA FILHO	05/05/2021	28/09/2021	30/11/2021

7.2.2. SOBRE AS PRESTAÇÕES VENCIDAS APÓS A PROLAÇÃO DA SENTENÇA

STJ - Superior Tribunal de Justiça

- Informativo 507 – 31.10.2012

DIREITO PROCESSUAL CIVIL E PREVIDENCIÁRIO. HONORÁRIOS ADVOCATÍCIOS. TERMO FINAL PARA APURAÇÃO DA BASE DE CÁLCULO. OBSERVÂNCIA DA SÚM. N. 111/STJ. A base de cálculo da verba honorária nas ações previdenciárias é composta das parcelas vencidas até a data da decisão judicial em que o direito do segurado foi reconhecido (AgRg nos Edcl no AREsp 155.028-SP, Rel. Min. Mauro Campbell Marques, julgado em 18/10/2012).

STF - Supremo Tribunal Federal

Tema	812	Situação	**Afetado**	Órgão julgador	**Plenário Virtual - RG**
Questão Controvertida	Quantificação da condenação em honorários advocatícios nas ações previdenciárias: incidência ou não de verba honorária sobre as prestações vencidas após a prolação da sentença.				
Tese Firmada	A questão acerca da apuração do valor da condenação em honorários advocatícios nas ações previdenciárias - notadamente quanto à incidência, ou não, de verba honorária sobre as prestações vencidas após a sentença - tem natureza infraconstitucional e a ela atribuem-se os efeitos da ausência de repercussão geral, nos termos do precedente fixado no RE 584.608, Relatora a Ministra Ellen Gracie, DJe 13/3/2009.				
Informações Complementares	SCAN ME				

Processo / Recurso	**Repercussão Geral**	**Relator (a)**	**Acórdão Publicado**	**Embargos Declaratórios**	**Trânsito em Julgado**
RE 751526	Não há RG - Matéria Infraconstitucional	MINISTRO (A) PRESIDENTE	26/05/2015	-	09/06/2015

7.2.3. FIXAÇÃO EM RPV INDEPENDENTEMENTE DE IMPUGNAÇÃO

STJ - Superior Tribunal de Justiça

Tema	1190	Situação	**Afetado**	Órgão julgador	**PRIMEIRA SEÇÃO**
Questão Controvertida	Possibilidade de fixação de honorários advocatícios sucumbenciais em cumprimento de sentença contra a Fazenda Pública, independentemente de existência de impugnação à pretensão executória, quando o crédito estiver sujeito ao regime da Requisição de Pequeno Valor - RPV.				
Tese Firmada	-				

Tema	1190	Situação	**Afetado**	Órgão julgador	**PRIMEIRA SEÇÃO**
Informações Complementares	SCAN ME				
Processo / Recurso	**Decisão de Afetação**	**Relator (a)**	**Acórdão Publicado**	**Embargos Declaratórios**	**Trânsito em Julgado**
REsp 2029636/SP **REsp 2029675/SP** **REsp 2030855/SP** **REsp 203111**	27/04/2023	HERMAN BENJAMIN	-	-	-

7.2.4. CANCELAMENTO DA SÚMULA 111 DO STJ

STJ - Superior Tribunal de Justiça

Tema	1105	Situação	**Trânsito em julgado**	Órgão julgador	**PRIMEIRA SEÇÃO**
Questão Controvertida	Definição acerca da incidência, ou não, da Súmula 111/STJ, ou mesmo quanto à necessidade de seu cancelamento, após a vigência do CPC/2015 (art. 85), no que tange à fixação de honorários advocatícios nas ações previdenciárias.				
Tese Firmada	Continua eficaz e aplicável o conteúdo da Súmula 111/STJ (com a redação modificada em 2006), mesmo após a vigência do CPC/2015, no que tange à fixação de honorários advocatícios.				
Informações Complementares	SCAN ME				
Processo / Recurso	**Decisão de Afetação**	**Relator (a)**	**Acórdão Publicado**	**Embargos Declaratórios**	**Trânsito em Julgado**

Tema	**1105**	Situação	**Trânsito em julgado**	Órgão julgador	**PRIMEIRA SEÇÃO**
REsp 1883715/SP REsp 1883722/SP REsp 1880529/SP	13/09/2021	SÉRGIO KUKINA	27/03/2023	03/04/2023	04/04/2024

7.3. BENEFÍCIO ADMINISTRATIVO CONCEDIDO NO CURSO DO PROCESSO

STJ - Superior Tribunal de Justiça

Tema	**1018**	Situação	**Trânsito em Julgado**	Órgão julgador	**Primeira Seção**
Questão Controvertida	Possibilidade de, em fase de Cumprimento de Sentença, o segurado do Regime Geral de Previdência Social receber parcelas pretéritas de aposentadoria concedida judicialmente até a data inicial de aposentadoria concedida administrativamente pelo INSS enquanto pendente a mesma ação judicial, com implantação administrativa definitiva dessa última por ser mais vantajosa, sob o enfoque do artigo 18, § 2º, da Lei 8.213/1991.				
Tese Firmada	O Segurado tem direito de opção pelo benefício mais vantajoso concedido administrativamente, no curso de ação judicial em que se reconheceu benefício menos vantajoso. Em cumprimento de sentença, o segurado possui o direito à manutenção do benefício previdenciário concedido administrativamente no curso da ação judicial e, concomitantemente, à execução das parcelas do benefício reconhecido na via judicial, limitadas à data de implantação daquele conferido na via administrativa.				
Informações Complementares	Afetação na sessão eletrônica iniciada em 29/5/2019 e finalizada em 4/6/2019 (Primeira Seção).Vide Controvérsia n. 106/STJ.Há determinação de suspensão do processamento de todos os processos pendentes, individuais ou coletivos, que versem acerca da questão delimitada e tramitem no território nacional (acórdão publicado no DJe de 21/6/2019). SCAN ME				
Processo / Recurso	**Decisão de Afetação**	**Relator (a)**	**Acórdão Publicado**	**Embargos Declaratórios**	**Trânsito em Julgado**
REsp 1767789/PR **REsp 1803154/RS**	21/06/2019	HERMAN BENJAMIN	01/07/2022	-	16/09/2022

STF - Supremo Tribunal Federal

Tema	1025	Situação	**Trânsito em Julgado**	Órgão julgador	**Plenário Virtual - RG**
Questão Controvertida	Possibilidade de execução de parcelas vencidas de benefício previdenciário reconhecido judicialmente anteriores à implantação de benefício concedido na esfera administrativa.				
Tese Firmada	É infraconstitucional e fundada em fatos e provas, a ela se aplicando os efeitos da ausência de repercussão geral, a controvérsia relativa à possibilidade de execução de parcelas vencidas de benefício previdenciário reconhecido judicialmente anteriores à implantação de benefício concedido na esfera administrativa.				
Informações Complementares	SCAN ME				

Processo / Recurso	**Repercussão Geral**	**Relator (a)**	**Acórdão Publicado**	**Embargos Declaratórios**	**Trânsito em Julgado**
ARE 1172577	Não há RG - Matéria Infraconstitucional	MINISTRO PRESIDENTE	18/02/2019	-	19/03/2019

7.4. JUROS E CORREÇÃO MONETÁRIA

7.4.1. LEI 11.960/2009

STJ - Superior Tribunal de Justiça

Tema	905	Situação	**Trânsito em Julgado**	Órgão julgador	**Primeira Seção**
Questão Controvertida	Discussão: aplicabilidade do art. 1º-F da Lei 9.494/97, com redação dada pela Lei 11.960/2009, em relação às condenações impostas à Fazenda Pública, independentemente de sua natureza, para fins de atualização monetária, remuneração do capital e compensação da mora.				
Tese Firmada	1. Correção monetária: o art. 1º-F da Lei 9.494/97 (com redação dada pela Lei 11.960/2009), para fins de correção monetária, não é aplicável nas condenações judiciais impostas à Fazenda Pública, independentemente de sua natureza.				

Tema	**905**	Situação	**Trânsito em Julgado**	Órgão julgador	**Primeira Seção**
Tese Firmada	1.1 Impossibilidade de fixação apriorística da taxa de correção monetária. No presente julgamento, o estabelecimento de índices que devem ser aplicados a título de correção monetária não implica pré-fixação (ou fixação apriorística) de taxa de atualização monetária. Do contrário, a decisão baseia-se em índices que, atualmente, refletem a correção monetária ocorrida no período correspondente. Nesse contexto, em relação às situações futuras, a aplicação dos índices em comento, sobretudo o INPC e o IPCA-E, é legítima enquanto tais índices sejam capazes de captar o fenômeno inflacionário. 1.2 Não cabimento de modulação dos efeitos da decisão. A modulação dos efeitos da decisão que declarou inconstitucional a atualização monetária dos débitos da Fazenda Pública com base no índice oficial de remuneração da caderneta de poupança, no âmbito do Supremo Tribunal Federal, objetivou reconhecer a validade dos precatórios expedidos ou pagos até 25 de março de 2015, impedindo, desse modo, a rediscussão do débito baseada na aplicação de índices diversos. Assim, mostra-se descabida a modulação em relação aos casos em que não ocorreu expedição ou pagamento de precatório. 2. Juros de mora: o art. 1º-F da Lei 9.494/97 (com redação dada pela Lei 11.960/2009), na parte em que estabelece a incidência de juros de mora nos débitos da Fazenda Pública com base no índice oficial de remuneração da caderneta de poupança, aplica-se às condenações impostas à Fazenda Pública, excepcionadas as condenações oriundas de relação jurídico-tributária. 3. Índices aplicáveis a depender da natureza da condenação. 3.1 Condenações judiciais de natureza administrativa em geral. As condenações judiciais de natureza administrativa em geral, sujeitam-se aos seguintes encargos: (a) até dezembro/2002: juros de mora de 0,5% ao mês; correção monetária de acordo com os índices previstos no Manual de Cálculos da Justiça Federal, com destaque para a incidência do IPCA-E a partir de janeiro/2001; (b) no período posterior à vigência do CC/2002 e anterior à vigência da Lei 11.960/2009: juros de mora correspondentes à taxa Selic, vedada a cumulação com qualquer outro índice; (c) período posterior à vigência da Lei 11.960/2009: juros de mora segundo o índice de remuneração da caderneta de poupança; correção monetária com base no IPCA-E. 3.1.1 Condenações judiciais referentes a servidores e empregados públicos. As condenações judiciais referentes a servidores e empregados públicos, sujeitam-se aos seguintes encargos: (a) até julho/2001: juros de mora: 1% ao mês (capitalização simples); correção monetária: índices previstos no Manual de Cálculos da Justiça Federal, com destaque para a incidência do IPCA-E a partir de janeiro/2001; (b) agosto/2001 a junho/2009: juros de mora: 0,5% ao mês; correção monetária: IPCA-E; (c) a partir de julho/2009: juros de mora: remuneração oficial da caderneta de poupança; correção monetária: IPCA-E.					

Tema	**905**	Situação	**Trânsito em Julgado**	Órgão julgador	**Primeira Seção**
Tese Firmada	3.1.2 Condenações judiciais referentes a desapropriações diretas e indiretas. No âmbito das condenações judiciais referentes a desapropriações diretas e indiretas existem regras específicas, no que concerne aos juros moratórios e compensatórios, razão pela qual não se justifica a incidência do art. 1º-F da Lei 9.494/97 (com redação dada pela Lei 11.960/2009), nem para compensação da mora nem para remuneração do capital. 3.2 Condenações judiciais de natureza previdenciária. As condenações impostas à Fazenda Pública de natureza previdenciária sujeitam-se à incidência do INPC, para fins de correção monetária, no que se refere ao período posterior à vigência da Lei 11.430/2006, que incluiu o art. 41-A na Lei 8.213/91. Quanto aos juros de mora, incidem segundo a remuneração oficial da caderneta de poupança (art. 1º-F da Lei 9.494/97, com redação dada pela Lei n. 11.960/2009). 3.3 Condenações judiciais de natureza tributária. A correção monetária e a taxa de juros de mora incidentes na repetição de indébitos tributários devem corresponder às utilizadas na cobrança de tributo pago em atraso. Não havendo disposição legal específica, os juros de mora são calculados à taxa de 1% ao mês (art. 161, § 1º, do CTN). Observada a regra isonômica e havendo previsão na legislação da entidade tributante, é legítima a utilização da taxa Selic, sendo vedada sua cumulação com quaisquer outros índices. 4. Preservação da coisa julgada. Não obstante os índices estabelecidos para atualização monetária e compensação da mora, de acordo com a natureza da condenação imposta à Fazenda Pública, cumpre ressalvar eventual coisa julgada que tenha determinado a aplicação de índices diversos, cuja constitucionalidade/legalidade há de ser aferida no caso concreto.				
Informações Complementares	Vide TEMAS 491/STJ e 492/STJO Relator do Tema 810/STF, Min. Luiz Fux, deferiu "excepcionalmente efeito suspensivo aos embargos de declaração opostos pelos entes federativos estaduais, com fundamento no artigo 1.026, § 1º, do CPC/2015 c/c o artigo 21, V, do RISTF", considerando que "a imediata aplicação do decisum embargado pelas instâncias a quo, antes da apreciação por esta Suprema Corte do pleito de modulação dos efeitos da orientação estabelecida, pode realmente dar ensejo à realização de pagamento de consideráveis valores, em tese, a maior pela Fazenda Pública, ocasionando grave prejuízo às já combalidas finanças públicas" (nos termos da decisão publicada no DJe de 25/9/2018). SCAN ME				

Tema	905	Situação	Trânsito em Julgado	Órgão julgador	Primeira Seção
Repercussão Geral	Tema 810/STF - Validade da correção monetária e dos juros moratórios incidentes sobre as condenações impostas à Fazenda Pública, conforme previstos no art. 1º-F da Lei 9.494/1997, com a redação dada pela Lei 11.960/2009.				

Processo / Recurso	Repercussão Geral	Relator (a)	Acórdão Publicado	Embargos Declaratórios	Trânsito em Julgado
REsp 1495146/MG **REsp 1492221/PR** **REsp 1495144/RS**	11/11/2014	MAURO CAMPBELL MARQUES	02/03/2018	19/06/2018 19/06/2018 19/06/2018	13/092018 11/02/2020 06/02/2020

- Informativo 536 – 26.03.2014

DIREITO PROCESSUAL CIVIL E PREVIDENCIÁRIO. JUROS DE MORA DEVIDOS PELA FAZENDA PÚBLICA. Nas ações previdenciárias em curso, tem aplicação imediata a alteração no regramento dos juros de mora devidos pela Fazenda Pública efetivada pela Lei 11.960/2009 no art. 1º-F da Lei 9.494/1997 (AgRg nos EAg 1.159.781-SP, Rel. Min. Sidnei Beneti, julgado em 19/2/2014).

STF - Supremo Tribunal Federal

Tema	1170	Situação	Acórdão de mérito publicado	Órgão julgador	Plenário Virtual
Questão Controvertida	Validade dos juros moratórios aplicáveis nas condenações da Fazenda Pública, em virtude da tese firmada no RE 870.947 (Tema 810), na execução de título judicial que tenha fixado expressamente índice diverso.				
Tese Firmada	É aplicável às condenações da Fazenda Pública envolvendo relações jurídicas não tributárias o índice de juros moratórios estabelecido no art. 1º-F da Lei n. 9.494/1997, na redação dada pela Lei n. 11.960/2009, a partir da vigência da referida legislação, mesmo havendo previsão diversa em título executivo judicial transitado em julgado.				

Tema	**1170**	Situação	**Acórdão de mérito publicado**	Órgão julgador	**Plenário Virtual**
Informações Complementares	SCAN ME				
Processo / Recurso	**Repercussão Geral**	**Relator (a)**	**Acórdão Publicado**	**Embargos Declaratórios**	**Trânsito em Julgado**
RE 1317982	Há repercussão geral	NUNES MARQUES	08/01/2024	26/01/2024	-

Tema	**810**	Situação	**Trânsito em Julgado**	Órgão julgador	**Tribunal Pleno**
Questão Controvertida	Validade da correção monetária e dos juros moratórios incidentes sobre as condenações impostas à Fazenda Pública, conforme previstos no art. 1º-F da Lei 9.494/1997, com a redação dada pela Lei 11.960/2009.				
Tese Firmada	1) O art. 1º-F da Lei nº 9.494/97, com a redação dada pela Lei nº 11.960/09, na parte em que disciplina os juros moratórios aplicáveis a condenações da Fazenda Pública, é inconstitucional ao incidir sobre débitos oriundos de relação jurídico-tributária, aos quais devem ser aplicados os mesmos juros de mora pelos quais a Fazenda Pública remunera seu crédito tributário, em respeito ao princípio constitucional da isonomia (CRFB, art. 5º, caput); quanto às condenações oriundas de relação jurídica não-tributária, a fixação dos juros moratórios segundo o índice de remuneração da caderneta de poupança é constitucional, permanecendo hígido, nesta extensão, o disposto no art. 1º-F da Lei nº 9.494/97 com a redação dada pela Lei nº 11.960/09; e 2) O art. 1º-F da Lei nº 9.494/97, com a redação dada pela Lei nº 11.960/09, na parte em que disciplina a atualização monetária das condenações impostas à Fazenda Pública segundo a remuneração oficial da caderneta de poupança, revela-se inconstitucional ao impor restrição desproporcional ao direito de propriedade (CRFB, art. 5º, XXII), uma vez que não se qualifica como medida adequada a capturar a variação de preços da economia, sendo inidônea a promover os fins a que se destina.				

Tema	810	Situação	**Trânsito em Julgado**	Órgão julgador	**Tribunal Pleno**
Informações Complementares	SCAN ME				
Processo / Recurso	**Repercussão Geral**	**Relator (a)**	**Acórdão Publicado**	**Embargos Declaratórios**	**Trânsito em Julgado**
RE 870947	17/04/2015	LUIZ FUX	20/11/2017	28/11/2017; 04/12/2018 e 09/02/2018	03/03/2020

7.4.2. ENTRE A DATA DE EXPEDIÇÃO DA ORDEM E O EFETIVO PAGAMENTO

STF - Supremo Tribunal Federal

Tema	1037	Situação	**Trânsito em Julgado**	Órgão julgador	**Tribunal Pleno**
Questão Controvertida	Incidência de juros da mora no período compreendido entre a data da expedição do precatório ou da requisição de pequeno valor (RPV) e o efetivo pagamento.				
Tese Firmada	O enunciado da Súmula Vinculante 17 não foi afetado pela superveniência da Emenda Constitucional 62/2009, de modo que não incidem juros de mora no período de que trata o § 5º do art. 100 da Constituição. Havendo o inadimplemento pelo ente público devedor, a fluência dos juros inicia-se após o 'período de graça.				
Informações Complementares	SCAN ME				
Processo / Recurso	**Repercussão Geral**	**Relator (a)**	**Acórdão Publicado**	**Embargos Declaratórios**	**Trânsito em Julgado**
RE 1169289	15/03/2019	MIN. MARCO AURÉLIO	01/07/2020	-	15/10/2020

7.4.3. FRACIONAMENTO DA EXECUÇÃO

STF - Supremo Tribunal Federal

Tema	**755**	Situação	**Trânsito em Julgado**	Órgão julgador	**Plenário Virtual - RG**
Questão Controvertida	Possibilidade de fracionamento da execução pecuniária contra a Fazenda Pública para que parte do valor devido seja pago antes do trânsito em julgado, mediante complemento positivo.				
Tese Firmada	É vedado o fracionamento da execução pecuniária contra a Fazenda Pública para que uma parte seja paga antes do trânsito em julgado, por meio de Complemento Positivo, e outra depois do trânsito, mediante Precatório ou Requisição de Pequeno Valor.				
Informações Complementares	Há RG - Reafirmação de Jurisprudência.				
Processo / Recurso	**Repercussão Geral**	**Relator (a)**	**Acórdão Publicado**	**Embargos Declaratórios**	**Trânsito em Julgado**
ARE 723307	09/08/2014	GILMAR MENDES	27/09/2016	-	04/11/2016

7.5. PRECATÓRIO E REQUISIÇÃO DE PEQUENO VALOR

7.5.1. LIMITE TEMPORAL PARA LEVANTAMENTO DE VALORES

STF - Supremo Tribunal Federal

- Informativo 1061/2022 (08.07.2022) – ADI 5755/DF

AÇÃO DIRETA DE INCONSTITUCIONALIDADE. PRECATÓRIOS. CONVERSÃO DE RITO. JULGAMENTO DEFINITIVO DA AÇÃO. ART. 2º, CAPUT E § 1º, DA LEI Nº 13.463/2017, QUE DETERMINA O

CANCELAMENTO DOS PRECATÓRIOS E REQUISIÇÕES DE PEQUENO VALOR (RPV) FEDERAIS EXPEDIDOS E CUJOS VALORES NÃO TENHAM SIDO LEVANTADOS PELO CREDOR E ESTEJAM DEPOSITADOS HÁ MAIS DE DOIS ANOS EM INSTITUIÇÃO FINANCEIRA OFICIAL. TRANSFERÊNCIA PARA A CONTA ÚNICA DO TESOURO NACIONAL. VIOLAÇÃO DOS ARTS. 2º, 5º, CAPUT, XXII, XXXV, XXXVI, LIV E LV, E 100 DA CONSTITUIÇÃO DA REPÚBLICA. PROCEDÊNCIA. 1. Conversão do rito do art. 10 para o rito do art. 12 da Lei nº 9.868/1999. Julgamento definitivo do mérito em razão: (i) da postulação formalizada; (ii) da plena coleta das informações jurídicas; e (iii) da apresentação dos argumentos necessários para a solução do problema constitucional posto, com respeito aos direitos fundamentais processuais. Perfectibilização do contraditório efetivo e presença de elevado grau de instrução processual. 2. A lei impugnada consubstancia ato normativo oriundo do Congresso Nacional, por iniciativa do Presidente da República. Exercício de competência legislativa concorrente sobre direito financeiro, uma vez que precatório e requisição de pequeno valor (RPV) destinam-se à realização de despesas públicas decorrentes de sentenças judiciais transitadas em julgado. Não configuração de inconstitucionalidade formal: a apreciação da natureza do disciplinamento da matéria e do desbordamento das balizas constitucionais expressamente previstas pelo texto da Carta Magna situa-se na seara de eventual inconstitucionalidade material da atuação legislativa quanto ao trâmite operacional de pagamento de valores por meio de precatórios e requisições de pequeno valor. 3. A Lei nº 13.463/2017 criou verdadeira inovação ao disciplinar o pagamento de montantes por precatórios e requisições de pequeno valor por meio da determinação de um limite temporal para o exercício do direito de levantamento do importe do crédito depositado. A transferência automática, pela instituição financeira depositária, dos valores depositados para a Conta Única do Tesouro Nacional sem prévia ciência do interessado ou formalização de contraditório (art. 5º, LV, CF) afronta o devido processo legal (CF, art. 5º, LIV) no que atine ao respeito ao contraditório e à ampla defesa. 4. Tal lei desloca a prévia ciência e o exercício do contraditório para momento posterior ao cancelamento automático, procedimento que viola a Constituição Federal. A mera possibilidade de novo requerimento do credor não desfigura a inconstitucionalidade material em razão da não observância do contraditório e da ampla defesa. 5. Impossibilidade de edição de medidas legislativas para condicionar e restringir o levantamento dos valores a título de precatórios. Precedente: ADI 3453 (Relatora: Min. Cármen Lúcia, Tribunal Pleno, DJ 16.3.2007). Violação da separação dos Poderes: a Constituição Federal desenhou o regime de pagamento de precatório e conferiu atribuições ao Poder Judiciário sem deixar margem limitativa do direito de crédito ao legislador infraconstitucional. Devem ser prestigiados o equilíbrio e a separação dos Poderes (art. 2º, CF), bem como a garantia da coisa julgada (art. 5º, XXXVI, CF) mediante a satisfação do crédito a conferir eficácia às decisões. A lei impugnada transfere do Judiciário para a instituição financeira a averiguação unilateral do pagamento e autoriza, indevidamente, o cancelamento automático do depósito e a remessa dos valores à Conta Única do Tesouro Nacional. Configurada uma verdadeira burla aos freios e contrapesos indispensáveis ao bom funcionamento dos Poderes. 6. A mora do credor em relação ao levantamento dos valores depositados na instituição financeira deve ser apurada no bojo do processo de execução, sem necessidade de cancelamento automático das requisições em ausência de prévia ciência ao interessado. Violação do devido processo legal (art. 5º, LIV, CF) e do princípio da proporcionalidade. Revela-se desproporcional a imposição do cancelamento automático após o decurso de dois anos do depósito dos valores a título de precatório e RPV. A atuação legislativa não foi pautada pela proporcionalidade em sua faceta de vedação do excesso. 7. Ao determinar o cancelamento puro e simples, imediatamente após o biênio em exame, a Lei nº 13.463/2017 afronta, outrossim, os incisos XXXV e XXXVI do art. 5º da Constituição da República, por violar a segurança jurídica, a inafastabilidade da jurisdição, além da garantia da coisa julgada e de cumprimento das decisões judiciais. Precedentes. 8. A lei impugnada imprime um tratamento mais gravoso ao credor, com a criação de mais uma assimetria entre a Fazenda Pública e o cidadão quando ocupantes dos polos de credor e devedor. Manifesta ofensa à isonomia, seja quanto à distinta paridade de armas entre a Fazenda Pública e os credores, seja no que concerne a uma diferenciação realizada entre os próprios credores: aqueles que consigam fazer o levantamento no prazo de dois anos e os que assim não o façam, independentemente da averiguação prévia das razões. Distinção automática e derivada do decurso do tempo entre credores sem a averiguação das razões do não levantamento dos valores atinentes aos precatórios e requisições de pequeno valor, que podem não advir necessariamente de mero desinteresse ou inércia injustificada. Ofensa à sistemática constitucional de precatórios como implementação da igualdade (art. 5º, caput, CF).

Precedentes. 9. O manejo dos valores de recursos públicos depositados e à disposição do credor viola o direito de propriedade (art. 5º, XXII, CF). Ingerência sobre o montante depositado e administrado pelo Poder Judiciário, que passa a ser tratado indevidamente como receita pública e alvo de destinação. 10. A ação direta conhecida e pedido julgado procedente.

Embargos de declaração em ação direta de inconstitucionalidade. Legitimidade ativa, no âmbito do controle concentrado, do Advogado-Geral da União para oposição de aclaratórios. Ausência de omissão, contradição ou obscuridade. Modulação. Possibilidade de veiculação por meio de aclaratórios. Razões de segurança jurídica orçamentária e excepcional interesse social. Atribuição de eficácia ex nunc à declaração de inconstitucionalidade a contar da publicação da ata de julgamento meritório. 1. Firme a jurisprudência deste Supremo Tribunal Federal no sentido da legitimidade do Advogado-Geral da União para, no âmbito do controle normativo abstrato, opor embargos de declaração. 2. Não configuradas quaisquer das hipóteses elencadas no art. 1.022 do CPC, evidenciado tão somente o inconformismo da parte com a decisão que lhe foi desfavorável. 3. A jurisprudência deste Supremo Tribunal Federal orienta-se no sentido de admitir a utilização dos aclaratórios com vista à modulação de efeitos de decisum proferido em sede de controle normativo abstrato. 4. Verificadas razões de segurança jurídica ou de excepcional interesse social, a teor do art. 27 da Lei 9.868/1999, cumpre ao Supremo Tribunal Federal harmonizar o princípio da nulidade da norma inconstitucional com a exigência de preservação de outros valores constitucionais, como a segurança jurídica, a confiança legítima e a boa-fé objetiva, a que a atribuição de eficácia retroativa ou plena à decisão traria danos irreversíveis. 5. As disposições legais declaradas inconstitucionais ao julgamento do presente feito, não obstante viciadas na sua origem, ampararam a concretização de inúmeros atos jurídicos que levaram ao cancelamento de diversos precatórios e RPVs, praticados ao abrigo legal por longo período, a impor a aplicação do art. 27 da Lei 9.868/1999. 6. Embargos de declaração acolhidos, em parte, para modular os efeitos da declaração de inconstitucionalidade, assentando que o decisum de mérito proferido nesta ação direta somente produz efeitos a partir da publicação da ata de julgamento meritório (06.7.2022).

7.5.2. CESSÃO DE CRÉDITO

- Informativo 771 – 25.04.2023

CESSÃO DE CRÉDITO INSCRITO EM PRECATÓRIO. POSSIBILIDADE. ART. 100, §§ 13 E 14, DA CONSTITUIÇÃO FEDERAL. O crédito inscrito em precatório oriundo de ação previdenciária pode ser objeto de cessão a terceiros (Resp 1.896.515-RS, Rel. Ministra Regina Helena Costa, Primeira Turma, por unanimidade, julgado em 11/4/2023, Dje 17/4/2023).

CONTROLE JUDICIAL EX OFFICIO DO NEGÓCIO JURÍDICO DE TRANSMISSÃO CREDITÍCIA. VIABILIDADE. ART. 168, PARÁGRAFO ÚNICO, DO CÓDIGO CIVIL. A possibilidade de cessão de precatórios decorrentes de ações previdenciárias não impede o juiz de controlar ex officio a validade de sua transmissão, negando a produção de efeitos a negócios jurídicos eivados de nulidade, independentemente de ajuizamento de ação própria. Resp 1.896.515-RS, Rel. Ministra Regina Helena Costa, Primeira Turma, por unanimidade, julgado em 11/4/2023, Dje 17/4/2023.

7.5.3. CRÉDITO SUPERPREFERENCIAL

STF - Supremo Tribunal Federal

Tema	**1156**	Situação	**Acórdão de Repercussão Geral publicado**	Órgão julgador	**Plenário Virtual**
Questão Controvertida	Pagamento da parcela de natureza superpreferencial, prevista no artigo 100, § 2º, da Constituição Federal, por meio de Requisição de Pequeno Valor (RPV).				
Tese Firmada	-				
Informações Complementares	SCAN ME				

Tema	1156	Situação	**Acórdão de Repercussão Geral publicado**	Órgão julgador	**Plenário Virtual**
Processo / Recurso	**Repercussão Geral**	**Relator (a)**	**Acórdão Publicado**	**Embargos Declaratórios**	**Trânsito em Julgado**
RE 1326178	Há repercussão geral	CRISTIANO ZANIN	02/09/2021	-	-

8. RECLAMAÇÃO CONSTITUCIONAL

8.1. RAZÕES DISSOCIADAS DO PARÂMETRO DE CONTROLE

STF - Supremo Tribunal Federal

- Informativo 808 – 20.11.2015

RECLAMAÇÃO. APOSENTADORIA ESPONTÂNEA. ACUMULAÇÃO DE PROVENTOS DE APOSENTADORIA COM VENCIMENTOS. ADI 1.770. AUSÊNCIA DE PERTINÊNCIA TEMÁTICA ESTRITA. TRANSCENDÊNCIA DOS MOTIVOS DETERMINANTES. I – É improcedente a reclamação que trate de situação que não guarda relação de estrita pertinência com o parâmetro de controle. II – A jurisprudência do Supremo Tribunal Federal se consolidou no sentido de ser incabível reclamação fundada na teoria da transcendência dos motivos determinantes de acórdão com efeito vinculante. III – O acórdão prolatado na ADI 1.770 não decidiu sobre a possibilidade de empresa pública despedir, ou não, empregado público após sua aposentadoria, nem, caso despedisse, se a consequência seria reintegrar o empregado, ou garantir-lhe as verbas rescisórias. IV – Reclamação julgada improcedente (Rcl 8168/SC).

8.2. TUTELA ANTECIPADA CONTRA A FAZENDA PÚBLICA

STF - Supremo Tribunal Federal

- Informativo 610 – 26.11.2010

RECLAMAÇÃO CONSTITUCIONAL. DECISÃO ANTECIPATÓRIA DE TUTELA. ALEGAÇÃO DE DESRESPEITO À ADC 4. MATÉRIA

PREVIDENCIÁRIA. NÃO-OCORRÊNCIA. 1. A ação de origem trata de matéria previdenciária; mais especificamente, cuida de devolução de contribuições pagas por servidor a montepio militar. Conforme a Súmula 729 do STF, "a decisão na Ação Direta de Constitucionalidade 4 não se aplica à antecipação de tutela em causa de natureza previdenciária". 2. Reclamação que se julga improcedente (RCL N. 6.205-PI).

8.3. DESCUMPRIMENTO DE DECISÃO DO STF NA SEARA TRABALHISTA

STF - Supremo Tribunal Federal

- Informativo 544 – 01.05.2009

RECLAMAÇÃO CONSTITUCIONAL. ALEGADO DESCUMPRIMENTO DE DECISÃO DO SUPREMO TRIBUNAL FEDERAL EM RECURSO EXTRAORDINÁRIO. 1. O Supremo Tribunal Federal determinou o retorno dos autos ao Tribunal Superior do Trabalho para que este prosseguisse no exame do processo, afastando, então, a premissa de que a aposentadoria espontânea extingue o contrato de trabalho. Acórdão do TST que afastou essa premissa. 2. Reclamação que se julga improcedente (Rcl 5515/PB).

9. AÇÃO RESCISÓRIA E COISA JULGADA

STJ - Superior Tribunal de Justiça

- Informativo 472 – 13.05.2011

AR. PREVIDENCIÁRIO. APOSENTADORIA RURAL POR IDADE. Trata-se de ação rescisória (AR) em que se pretende desconstituir acórdão da Sexta Turma deste Superior Tribunal que reconheceu ao segurado réu o direito de perceber aposentadoria rural por idade. In casu, ele requereu, pela primeira vez, o benefício de aposentadoria rural por idade em julho de 1996. O pleito foi julgado procedente diante da comprovação do exercício de atividade rural como boia-fria. Em grau de apelação, o TRF reformou a sentença por considerar que ele perdera a qualidade de segurado, pois o único documento trazido à colação datava de 1958 (certidão de casamento). Diante disso, a prova testemunhal, no caso, estaria isolada, sem amparo em qualquer início de prova material, transitando em julgado o acórdão em 3/3/1998. Uma nova ação foi proposta em 3/8/1998, com o mesmo objetivo e o mesmo pedido da anterior, que também foi julgada procedente, e o TRF novamente reformou a sentença por entender que os documentos juntados não se referiam aos 102 meses de carência e que a prova exclusivamente testemunhal era insuficiente. Sobreveio, então, o REsp, ao qual foi dado provimento, restabelecendo-se a sentença sob o fundamento de que a jurisprudência do STJ reconhece a certidão de casamento como início de prova material, que pode ser corroborada por testemunhos, como no caso concreto. Assim, em ambas as ações, a discussão gravitou sob a mesma controvérsia, qual seja, o reconhecimento da certidão de casamento como início de prova material, que, confirmada por testemunhos, comprovaria o cumprimento da carência exigida no art. 143 da Lei n. 8.213/1991. Dessarte, diante da inequívoca identidade entre as partes, bem como da mesma postulação e causa de pedir, entendeu-se configurada a violação da coisa julgada, acolhendo-se, desse modo, a pretensão da AR. Consignou-se que, diante do insucesso da primeira ação, incumbia à parte interessada promover novo feito para rescindi-la, ex vi do disposto no art. 485 do CPC e não intentar ação idêntica, tal como ocorreu. Com esses argumentos, entre outros, a Seção, por maioria, julgou procedente o pedido formulado na AR para rescindir o acórdão proferido no REsp e negar o direito do réu à aposentadoria por idade a fim de prevalecer o acórdão transitado em julgado em março de 1998 (AR 3.029-SP, Rel. Min. Jorge Mussi, julgada em 11/5/2011).

10. AÇÃO REGRESSIVA

STJ - Superior Tribunal de Justiça

- Informativo 596 – 01.03.2017

INDENIZAÇÃO AO INSS POR VALORES PAGOS EM RAZÃO DE PENSÃO POR MORTE. ASSASSINATO DE SEGURADA POR EX-COMPANHEIRO. LEGITIMIDADE DA AUTARQUIA PARA A PROPOSITURA DE AÇÃO REGRESSIVA. É possível o ajuizamento de ação regressiva pela autarquia previdenciária com o objetivo de ressarcimento de valores pagos a título de pensão por morte aos filhos de segurada, vítima de homicídio praticado por seu ex-companheiro (REsp

1.431.150-RS, Rel. Min. Humberto Martins, por maioria, julgado em 23/8/2016, DJe 2/2/2017).

11. ASTREINTES

STJ - Superior Tribunal de Justiça

- Informativo 680 – 23.10.2020

JUSTIÇA MULTIPORTAS. VALORIZAÇÃO DA COMPOSIÇÃO AMIGÁVEL. AUDIÊNCIA DE CONCILIAÇÃO. INTERESSE DO AUTOR NA REALIZAÇÃO DO ATO. OBRIGATORIEDADE. AUSÊNCIA DO INSS. MULTA DEVIDA. ART. 334, § 8° DO CPC/2015. É aplicável ao INSS a multa prevista no art. 334, § 8°, do CPC/2015, quando a parte autora manifestar interesse na realização da audiência de conciliação e a autarquia não comparecer no feito, mesmo que tenha manifestando seu desinteresse previamente (Resp 1.769.949-SP, Rel. Min. Napoleão Nunes Maia Filho, Primeira Turma, por unanimidade, julgado em 08/09/2020, Dje 02/10/2020).

12. ACORDO

STF - Supremo Tribunal Federal

- Informativo 1050/2022 (22.04.2022) – ADPF 939/DF

ARGUIÇÃO DE DESCUMPRIMENTO DE PRECEITO FUNDAMENTAL. INSTITUTO NACIONAL DO SEGURO SOCIAL (INSS). ALEGADA OMISSÃO EM DAR O DEVIDO CUMPRIMENTO AOS PRAZOS PARA APRECIAÇÃO DE REQUERIMENTOS ADMINISTRATIVOS PREVIDENCIÁRIOS E ASSISTENCIAIS. PRETENSÃO DE DAR CUMPRIMENTO AO ACORDO COLETIVO HOMOLOGADO NO RE 1.171.152/SC (TEMA Nº 1066 DA REPERCUSSÃO GERAL). INVIABILIDADE. SUBSIDIARIEDADE NÃO ATENDIDA. INADEQUAÇÃO DA VIA. PROCESSO EXTINTO SEM RESOLUÇÃO DO MÉRITO. 1. Na ADPF 33, definiu-se interpretação jurídica do requisito da subsidiariedade, o óbice processual consistente em pressuposto negativo de admissibilidade, previsto no art. 4º, § 1º, da Lei nº 9.882/1999, no sentido de que a cláusula de subsidiariedade impõe a inexistência de outro meio tão eficaz e definitivo quanto a ADPF para sanar a lesividade, em regra, no universo do sistema concentrado de jurisdição constitucional. 2. A subsidiariedade foi objeto de desenvolvimento interpretativo por este Supremo Tribunal Federal, em visão holística dos meios disponíveis para sanar, de modo adequado, a lesividade arguida. Assim, por exemplo, no sentido do não atendimento do requisito se (i) houver solução da controvérsia em sede de repercussão geral; (ii) pretender-se utilizar a ação direta como sucedâneo recursal; ou (iii) a lesão puder ser sanada em sede de recurso extraordinário em tramitação, mesmo que inexistente outra ação direta cabível na hipótese. 3. Ainda, já estabelecido por esta Suprema Corte ser incabível arguição de descumprimento de preceito fundamental que busca rediscutir decisões tomadas em recurso extraordinário com repercussão geral, ou que tenha pretenso efeito rescisório. 4. A agremiação partidária requerente afirma a existência de problema estrutural referido como a "fila do INSS", objeto do acordo coletivo celebrado e homologado no RE 1.171.152/SC, com o estabelecimento de prazos máximos para a apreciação dos requerimentos administrativos de benefícios previdenciários e assistenciais. Argumenta a não obtenção do resultado almejado e a subjetividade das sanções previstas na solução consensual. Pretende a imposição da observância dos prazos acordados. 5. Pretensão da espécie não encontra guarida em arguição de descumprimento de preceito fundamental. Há outros meios para combater a lesividade de forma ampla, geral e imediata, a assegurar solução adequada e efetiva à controvérsia posta e afastar a intervenção direta e transversa desta Suprema Corte, e quiçá precipitada, nesta via. 6. A incognoscibilidade se evidencia, em síntese, por quatro razões: (i) a omissão alegada – e assim o problema estrutural na perspectiva suscitada – foi objeto do acordo coletivo homologado no RE 1.171.152/SC, cujos prazos se pretende impor na presente ação; (ii) o desfecho consensual se apresenta compreensivo e complexo e contempla verdadeira microinstitucionalidade responsável pela supervisão e acomodação do cumprimento do acordo, o Comitê Executivo; (iii) a execução judicial do acordo, se for o caso, há de ser feita pela via própria e em termos adequados, e não de modo transverso na presente ADPF, à margem da institucionalidade e realidade do próprio acordo; e (iv) a ADPF não se presta a rever ou rescindir, mesmo que em parte e colateral ou indiretamente, a decisão tomada em recurso extraordinário – no caso, a decisão homologatória do acordo. 7. Arguição de descumprimento de preceito fundamental não conhecida.

CAPÍTULO 5 - DEVOLUÇÃO DE VALORES E INDENIZAÇÃO

1. PRESCRIÇÃO

1.1. DA PRETENSÃO RESSARCITÓRIA EM CASOS DE FRAUDE

STJ - Superior Tribunal de Justiça

- Informativo 768 – 28.03.2023

FRAUDE CONTRA A PREVIDÊNCIA SOCIAL. APURAÇÃO EM PROCEDIMENTO ADMINISTRATIVO. CANCELAMENTO DO BENEFÍCIO. PRAZO PRESCRICIONAL DE CINCO ANOS DA PRETENSÃO RESSARCITÓRIA. ART. 1º DO DECRETO N. 20.910/1932. Aplica-se o prazo prescricional de 5 anos, nos termos do art. 1º do Decreto n. 20.910/1932, à ação de ressarcimento de benefício previdenciário pago indevidamente, quando comprovada a má-fé do beneficiário (AgInt no Resp 1.998.744-RJ, Rel. Ministro Mauro Campbell Marques, Segunda Turma, por unanimidade, julgado em 6/3/2023, Dje 10/3/2023).

1.2. DA INDENIZAÇÃO PELA DEMORA NA CONCESSÃO DO BENEFÍCIO

STJ - Superior Tribunal de Justiça

- Informativo 720 – 06.12.2021

APOSENTADORIA. DEMORA NA CONCESSÃO. INDENIZAÇÃO POR DANOS MATERIAIS. PRESCRIÇÃO. TERMO INICIAL. DATA DA DECISÃO ADMINISTRATIVA DE CONCESSÃO. O termo inicial do prazo prescricional para ajuizamento da ação de indenização contra o Estado em razão da demora na concessão da aposentadoria conta-se a partir do seu deferimento (Resp 1.840.570-RS, Rel. Min. Benedito Gonçalves, Primeira Turma, por unanimidade, julgado em 16/11/2021, Dje 23/11/2021).

2. TUTELA POSTERIORMENTE REVOGADA

2.1. TESE CENTRAL

STJ - Superior Tribunal de Justiça

Tema	692	Situação	Revisado	Órgão julgador	Primeira Seção
Questão Controvertida	Proposta de Revisão de Entendimento firmado em tese repetitiva firmada pela Primeira Seção relativa ao Tema 692/STJ, quanto à devolução dos valores recebidos pelo litigante beneficiário do Regime Geral da Previdência Social - RGPS em virtude de decisão judicial precária, que venha a ser posteriormente revogada.				
Tese Firmada	A reforma da decisão que antecipa os efeitos da tutela final obriga o autor da ação a devolver os valores dos benefícios previdenciários ou assistenciais recebidos, o que pode ser feito por meio de desconto em valor que não exceda 30% (trinta por cento) da importância de eventual benefício que ainda lhe estiver sendo pago.				
Informações Complementares	Importante. No voto condutor do acórdão de afetação da matéria ao rito dos repetitivos, o Ministro relator ressalta a necessidade de ampliação do debate das variações a respeito da questão. No ponto, lista as seguintes situações que, dentre outras, poderão ser analisadas pelo Superior Tribunal de Justiça na presente afetação: a) tutela de urgência concedida de ofício e não recorrida; b) tutela de urgência concedida a pedido e não recorrida; c) tutela de urgência concedida na sentença e não recorrida, seja por agravo de instrumento, na sistemática processual anterior do CPC/1973, seja por pedido de suspensão, conforme o CPC/2015; d) tutela de urgência concedida initio litis e não recorrida; e) tutela de urgência concedida initio litis, cujo recurso não foi provido pela segunda instância; f) tutela de urgência concedida em agravo de instrumento pela segunda instância; g) tutela de urgência concedida em primeiro e segundo graus, cuja revogação se dá em razão de mudança superveniente da jurisprudência então existente; h) tutela de urgência concedida e cassada, a seguir, seja em juízo de reconsideração pelo próprio juízo de primeiro grau, ou pela segunda instância em agravo de instrumento ou mediante pedido de suspensão; i) tutela de urgência cassada, mesmo nas situações retratadas anteriormente, mas com fundamento expresso na decisão de que houve má-fé da parte ou afronta clara a texto de lei, como no caso das vedações expressas de concessão de medida liminar ou tutela antecipada. Vide Controvérsia 51/STJ - Aplicação, revisão ou distinção do Tema n. 692/STJ.				

Tema	**692**	Situação	**Revisado**	Órgão julgador	**Primeira Seção**
Informações Complementares	Há determinação de suspensão do processamento de todos os processos ainda sem trânsito em julgado, individuais ou coletivos, que versem acerca da questão submetida à revisão pertinente ao Tema n. 692/STJ e tramitem no território nacional, com a ressalva de incidentes, questões e tutelas, que sejam interpostas a título geral de provimentos de urgência nos processos objeto do sobrestamento (acórdão publicado no DJe de 3/12/2018, questão de ordem nos REsps n. 1.734.627/SP, 1.734.641/SP, 1.734.647/SP, 1.734.656/SP, 1.734.685/SP e 1.734.698/SP). SCAN ME				
Repercussão Geral	Tema 799/STF – Possibilidade da devolução de valores recebidos em virtude de tutela antecipada posteriormente revogada.				
Processo / Recurso	**Decisão de Afetação**	**Relator (a)**	**Acórdão Publicado**	**Embargos Declaratórios**	**Trânsito em Julgado**
Pet 12482/DF **REsp 1401560**	03/12/2018 03/09/2013	Sérgio Kukina	24/05/2022 13/10/2015	02/05/2016	03/03/2017

- Informativo 524 – 28.08.2013

DIREITO PROCESSUAL CIVIL E PREVIDENCIÁRIO. DEVOLUÇÃO DE BENEFÍCIO PREVIDENCIÁRIO RECEBIDO EM RAZÃO DE ANTECIPAÇÃO DOS EFEITOS DA TUTELA POSTERIORMENTE REVOGADA. O segurado da Previdência Social tem o dever de devolver o valor de benefício previdenciário recebido em antecipação dos efeitos da tutela (art. 273 do CPC) a qual tenha sido posteriormente revogada (REsp 1.384.418-SC, Rel. Min. Herman Benjamin, julgado em 12/6/2013).

- Informativo 507 – 31.10.2012

DIREITO PROCESSUAL CIVIL E PREVIDENCIÁRIO. REVOGAÇÃO DE ANTECIPAÇÃO DA TUTELA. NÃO RESTITUIÇÃO DOS VALORES RECEBIDOS. Os valores percebidos pelo segurado por força de tutela antecipada posteriormente revogada não devem ser devolvidos aos cofres públicos. (AgRg no AREsp 194.038-MG, Rel. Min. Mauro Campbell Marques, julgado em 18/10/2012).

STF - Supremo Tribunal Federal

Tema	799	Situação	**Trânsito em Julgado**	Órgão julgador	**Plenário Virtual - RG**
Questão Controvertida	Possibilidade da devolução de valores recebidos em virtude de tutela antecipada posteriormente revogada.				
Tese Firmada	A questão acerca da devolução de valores recebidos em virtude de concessão de antecipação de tutela posteriormente revogada tem natureza infraconstitucional e a ela atribuem-se os efeitos da ausência de repercussão geral, nos termos do precedente fixado no RE 584.608, Relatora a Ministra Ellen Gracie, DJe 13/3/2009.				
Informações Complementares	SCAN ME				
Repercussão Geral	Tema 799/STF - Possibilidade da devolução de valores recebidos em virtude de tutela antecipada posteriormente revogada.				
Processo / Recurso	**Repercussão Geral**	**Relator (a)**	**Acórdão Publicado**	**Embargos Declaratórios**	**Trânsito em Julgado**
ARE 722421	Não há RG - Matéria Infra-constitucional	MINISTRO (A) PRESIDENTE	30/03/2015	-	21/04/2015

2.2. DESCONTO NA VIA ADMINISTRATIVA

STJ - Superior Tribunal de Justiça

- Informativo 605 – 12.07.2017

BENEFÍCIO PREVIDENCIÁRIO. OFENSA DO ART. 115, II, DA LEI N. 8.213/1991. ATO DO GERENTE EXECUTIVO DE BENEFÍCIOS DO INSS. VALORES RECEBIDOS A TÍTULO DE TUTELA ANTECIPADA POSTERIORMENTE REVOGADA. DESCONTO. VIA ADMINISTRATIVA. IMPOSSIBILIDADE. O normativo contido no inciso II do artigo 115 da Lei n. 8.213/1991 não autoriza o INSS a descontar, na via administrativa, valores concedidos a título de tutela antecipada, posteriormente cassada com a improcedência do pedido (REsp 1.338.912-SE, Rel. Min. Benedito Gonçalves, por unanimidade, julgado em 23/5/2017, DJe 29/5/2017).

2.3. MANUTENÇÃO DA QUALIDADE DE SEGURADO

STJ - Superior Tribunal de Justiça

- Informativo 780 – 27.06.2023

BENEFÍCIO POR INCAPACIDADE. CONCESSÃO POR TUTELA PROVISÓRIA. REVOGAÇÃO DA MEDIDA. MANUTENÇÃO DA QUALIDADE DE SEGURADO. POSSIBILIDADE. A previsão legal de manutenção da qualidade de segurado, contida no art. 15, I, da Lei n. 8.213/1991, inclui os benefícios deferidos por decisão de caráter provisório, ainda que seja futuramente revogada (AREsp 2.023.456-SP, Rel. Ministro Gurgel de Faria, Primeira Turma, por unanimidade, julgado em 20/6/2023).

2.4. PRAZO PRESCRICIONAL PARA RESTITUIÇÃO DE VALORES

STJ - Superior Tribunal de Justiça

- Informativo 772 – 02.05.2023

PRETENSÃO DE RESTITUIÇÃO DE VALORES DE BENEFÍCIOS PREVIDENCIÁRIOS COMPLEMENTARES. DECISÃO LIMINAR POSTERIORMENTE REVOGADA. PRAZO PRESCRICIONAL DECENAL. ART. 205 DO CÓDIGO CIVIL (CC/2002). ENRIQUECIMENTO SEM CAUSA. NÃO CONFIGURAÇÃO. RESPONSABILIDADE CIVIL. DISTINÇÃO. PRESCRIÇÃO INTERCORRENTE. NÃO APLICAÇÃO. É de 10 anos o prazo prescricional aplicável à pretensão de restituição de valores de benefícios previdenciários complementares recebidos por força de decisão liminar posteriormente revogada, tendo em vista não se tratar de hipótese de enriquecimento sem causa, de prescrição intercorrente ou de responsabilidade civil (Resp 1.939.455-DF, Rel. Ministra Nancy Andrighi, Segunda Seção, por maioria, julgado em 26/4/2023).

PRETENSÃO DE RESTITUIÇÃO DE VALORES DE BENEFÍCIOS PREVIDENCIÁRIOS COMPLEMENTARES. DECISÃO LIMINAR POSTERIORMENTE REVOGADA. PRAZO PRESCRICIONAL. TERMO A QUO. DATA DO TRÂNSITO EM JULGADO. CONHECIMENTO DO DIREITO À RESTITUIÇÃO. O termo a quo do prazo prescricional da pretensão de restituição de valores de benefícios previdenciários complementares recebidos por força de decisão liminar posteriormente revogada é a data do trânsito em julgado do provimento jurisdicional em que a confirma, pois esse é o momento em que o credor toma conhecimento de seu direito à restituição, em que não mais será possível a reversão do aresto que revogou a decisão precária (Resp 1.939.455-DF, Rel. Ministra Nancy Andrighi, Segunda Seção, por maioria, julgado em 26/4/2023).

3. SENTENÇA POSTERIORMENTE REVOGADA

STJ - Superior Tribunal de Justiça

- Informativo 536 – 26.03.2014

DIREITO PROCESSUAL CIVIL E PREVIDENCIÁRIO. IRREPETIBILIDADE DE BENEFÍCIO PREVIDENCIÁRIO. Não está sujeito à repetição o valor correspondente a benefício previdenciário recebido por determinação de sentença que, confirmada em segunda instância, vem a ser reformada apenas no julgamento de recurso especial (EREsp 1.086.154-RS, Rel. Min. Nancy Andrighi, julgado em 20/11/2013).

4. RECEBIMENTO DE BOA-FÉ PELO SEGURADO

STJ - Superior Tribunal de Justiça

<table>
<tr><td>Tema</td><td>979</td><td>Situação</td><td>Trânsito em Julgado</td><td>Órgão julgador</td><td>Primeira Seção</td></tr>
<tr><td colspan="2">Questão Controvertida</td><td colspan="4">Devolução ou não de valores recebidos de boa-fé, a título de benefício previdenciário, por força de interpretação errônea, má aplicação da lei ou erro da Administração da Previdência Social.</td></tr>
</table>

Tema	**979**	Situação	**Trânsito em Julgado**	Órgão julgador	**Primeira Seção**
Tese Firmada	Com relação aos pagamentos indevidos aos segurados decorrentes de erro administrativo (material ou operacional), não embasado em interpretação errônea ou equivocada da lei pela Administração, são repetíveis, sendo legítimo o desconto no percentual de até 30% (trinta por cento) de valor do benefício pago ao segurado/beneficiário, ressalvada a hipótese em que o segurado, diante do caso concreto, comprova sua boa-fé objetiva, sobretudo com demonstração de que não lhe era possível constatar o pagamento indevido.				
Informações Complementares	Afetado na sessão do dia 09/08/2017 (Primeira Seção). Vide Controvérsia 4/STJ. Vide Tema 692/STJ. O Tema 692/STJ diferencia-se deste, pois, de acordo com o Ministro Relator: "Ressalte-se que a referida controvérsia é distinta da solucionada no julgamento do Tema n. 692, vinculado ao Recurso Especial Repetitivo 1.401.560/MT, Rel. Min. Sérgio Kukina, Rel. p/ Acórdão Min. Ari Pargendler, no qual a Primeira Seção firmou o entendimento de que "a reforma da decisão que antecipa a tutela obriga o autor da ação a devolver os benefícios previdenciários indevidamente recebidos" (decisão publicada no DJe de 16/08/2017).Há determinação de suspensão nacional de todos os processos pendentes, individuais ou coletivos (Art. 1.037, II, CPC). (acórdão publicado no DJe de 16/08/2017) SCAN ME				
Processo / Recurso	**Decisão de Afetação**	**Relator (a)**	**Acórdão Publicado**	**Embargos Declaratórios**	**Trânsito em Julgado**
REsp 1381734/RN	16/08/2017	BENEDITO GONÇALVES	23/04/2021	-	17/06/2021

STF - Supremo Tribunal Federal

- Informativo 720 – 20.09.2013

AGRAVO REGIMENTAL NO RECURSO EXTRAORDINÁRIO COM AGRAVO. PREVIDENCIÁRIO. CUMULAÇÃO DE AUXÍLIO SUPLEMENTAR COM APOSENTADORIA POR INVALIDEZ. VALORES RECEBIDOS DE BOA-FÉ. RESTITUIÇÃO. MATÉRIA COM REPERCUSSÃO GERAL REJEITADA PELO PLENÁRIO VIRTUAL NO

JULGAMENTO DO AI N.º 841.473. ALEGAÇÃO DE VIOLAÇÃO A RESERVA DE PLENÁRIO. AUSÊNCIA DE DECLARAÇÃO DE INCONSTITUCIONALIDADE PELO TRIBUNAL A QUO. MATÉRIA DE ORDEM INFRACONSTITUCIONAL. 1. O dever do beneficiário de boa-fé em restituir aos cofres públicos os valores que lhe foram concedidos mediante decisão judicial ou pagos indevidamente pela Administração Pública, posto controvérsia de natureza infraconstitucional, não revelam repercussão geral apta a tornar o apelo extremo admissível, consoante decidido pelo Plenário Virtual do STF, na análise do AI n. 841.473–RG, Relator Min. Cezar Peluso, DJe de 31/8/2011. 2. O princípio da reserva de plenário resta indene nas hipóteses em que não há declaração de inconstitucionalidade por órgão fracionário do Tribunal de origem, mas apenas a interpretação da norma em sentido contrário aos interesses da parte. Precedentes: ARE 683001-AgR, Rel. Min. Marco Aurélio, Primeira Turma, DJe 18/2/2013, ARE 701.883-AgR, Rel. Min. Celso de Mello, Segunda Turma, DJe de 12/11/2012, e ARE 701.883-AgR, Rel. Min. Celso de Mello, Segunda Turma, DJe de 12/11/2012. 3. In casu, o acórdão recorrido assentou, in verbis: "**AÇÃO ACIDENTÁRIA. IMPOSSIBILIDADE DE CUMULAÇÃO DE AUXÍLIO SUPLEMENTAR COM APOSENTADORIA POR INVALIDEZ. COBRANÇA PELA AUTARQUIA DOS VALORES PAGOS INDEVIDAMETNO. IMPOSSIBILIDADE.** Não se mostrava viável a cobrança dos valores pela Autarquia Federal, diante da ausência de má-fé por parte do segurado e do caráter alimentar do benefício previdenciário. O benefício não pode ser sancionado pelo erro cometido pela própria autarquia previdenciária que não constatou a impossibilidade de cumulação no momento em que deferira a aposentadoria por invalidez. APELAÇÃO DESPROVIDA". 4. Agravo regimental DESPROVIDO (AG. REG. NO ARE N. 653.095-RS).

5. INDENIZAÇÃO DO TRABALHADOR PORTUÁRIO

STJ - Superior Tribunal de Justiça

- Informativo 449 – 01.10.2010

TRABALHADOR PORTUÁRIO AVULSO. APOSENTADORIA. INDENIZAÇÃO. LEI N. 8.630/1993. Trata-se, na origem, de ação declaratória ajuizada pelo ora recorrido em desfavor do ora recorrente, na qual aquele alegou ser vigia portuário há mais de 20 anos, tendo-se aposentado em 1992, mas, devido à insuficiência dos rendimentos, retornou à atividade. Com o objetivo de receber a indenização de que trata o art. 59 da Lei n. 8.630/1993 (Lei de Modernização de Portos), o recorrido protocolou, junto ao recorrente, pedido de cancelamento de seu registro, o que foi indeferido. Assim, pretendia, com a referida ação, ver declarada a existência de sua inscrição, com deferimento de seu cancelamento para que recebesse a citada indenização. A sentença, confirmada em sede de apelação, julgou procedente o pedido. No REsp, entre outras alegações, o recorrente sustenta que o recorrido foi aposentado antes da vigência da Lei n. 8.630/1993, não tendo direito ao registro no órgão, muito menos a seu cancelamento para posterior recebimento da indenização a que fazem jus somente os trabalhadores enquadrados no art. 55 da referida lei. A Turma entendeu, tal como o acórdão recorrido, que a Lei n. 8.630/1993 pretendeu afastar do registro no órgão gestor e, consequentemente, da indenização decorrente do seu cancelamento, os trabalhadores efetivamente aposentados, não alcançando aqueles que, embora recebessem proventos de aposentadoria, retornaram à atividade antes da edição do citado diploma legal. Observou-se que foi com o escopo de racionalização do trabalho portuário, o que inclui a redução do quantitativo de mão de obra, que aquela lei, no seu art. 58, fomentou o pedido de cancelamento dos registros dos trabalhadores avulsos, ao incentivo da indenização a que alude seu art. 59. Diante disso, negou-se provimento ao recurso. Precedente citado: REsp 366.539-RS, DJ 20/5/2002 (REsp 696.843-RJ, Rel. Min. Luis Felipe Salomão, julgado em 28/9/2010).

6. CONVENCIMENTO A REALIZAR EMPRÉSTIMO CONSIGNADO

STF - Supremo Tribunal Federal

- Informativo 1016/2021 (14.05.2021) – ADI 6727/PR

MEDIDA CAUTELAR EM AÇÃO DIRETA DE INCONSTITUCIONALIDADE. CONVERSÃO EM JULGAMENTO DEFINITIVO. LEI N. 20.276 DO PARANÁ. PROIBIÇÃO A INSTITUIÇÕES FINANCEIRAS, CORRESPONDENTES BANCÁRIOS E SOCIEDADES DE

ARRENDAMENTO MERCANTIL DE REALIZAREM PUBLICIDADE OU ATIVIDADE DE CONVENCIMENTO DE APOSENTADOS E PENSIONISTAS PARA A CONTRATAÇÃO DE EMPRÉSTIMOS. COMPETÊNCIA CONCORRENTE DO ESTADO PARA LEGISLAR SOBRE PROTEÇÃO AO CONSUMIDOR. VULNERABILIDADE ECONÔMICA E SOCIAL DE APOSENTADOS E PENSIONISTAS. PROTEÇÃO INTEGRAL AO IDOSO. AÇÃO DIRETA DE INCONSTITUCIONALIDADE JULGADA IMPROCEDENTE. 1. Proibição da Lei paranaense n. 20.276/2020 a instituições financeiras, correspondentes bancários e sociedades de arrendamento mercantil realizarem telemarketing, oferta comercial, proposta, publicidade ou qualquer tipo de atividade tendente a convencer aposentados e pensionistas a celebrarem contratos de empréstimos resulta do legítimo exercício da competência concorrente do ente federado em matéria de defesa do consumidor, suplementando-se os princípios e as normas do Código de Defesa do Consumidor e reforçando-se a proteção de grupo em situação de especial vulnerabilidade econômica e social. 2. Ação direta julgada improcedente.

SÉTIMA SEÇÃO - BENEFÍCIO ASSISTENCIAL

CAPÍTULO 1 - ASPECTOS GERAIS

1. PREENCHIMENTO DOS REQUISITOS

STF - Supremo Tribunal Federal

Tema	807	Situação	**Trânsito em Julgado**	Órgão julgador	**Plenário Virtual - RG**
Questão Controvertida	Preenchimento dos requisitos para concessão do benefício assistencial previsto no art. 203, V, da Constituição Federal.				
Tese Firmada	A questão do preenchimento dos requisitos para concessão do benefício assistencial de prestação continuada tem natureza infraconstitucional, e a ela se atribuem os efeitos da ausência de repercussão geral, nos termos do precedente fixado no RE n. 584.608, rel. a Ministra Ellen Gracie, DJe 13/03/2009.				
Informações Complementares	Recurso extraordinário em que se discute, à luz dos arts. 5º, LV, 195, § 5º, e 203, V, da Constituição Federal, o preenchimento, ou não, dos requisitos necessários para concessão do benefício assistencial previsto no art. 203, V, da Constituição Federal. SCAN ME				

Processo / Recurso	Repercussão Geral	Relator (a)	Acórdão Publicado	Embargos Declaratórios	Trânsito em Julgado
ARE 865645	Não há RG - Matéria Infraconstitucional	LUIZ FUX	23/04/2015	-	07/05/2015

2. TERMO INICIAL

STJ - Superior Tribunal de Justiça

- Informativo 281 – 19.04.2006

BENEFÍCIO PREVIDENCIÁRIO. IDOSO. PRESTAÇÃO CONTINUADA. TERMO INICIAL. A questão restringiu-se em saber se o termo inicial do benefício assistencial de prestação continuada à pessoa portadora de deficiência é o da juntada do laudo pericial em juízo ou da citação. Para o Min. Relator, a Lei n. 8.742/1993, no art. 20, §§ 2º, 3º, 6º e 7º, condiciona à perícia médica realizada pelo INSS a concessão do benefício. Se constatada a invalidez somente em juízo e não estabelecida como já existente a incapacidade na data do requerimento administrativo, considera-se a data da juntada da perícia médica como termo inicial para concessão do benefício (REsp 811.261-SP, Rel. Min. Nilson Naves, julgado em 11/4/2006).

3. EFICÁCIA PLENA AO ART. 203, V, DA CF/88

STF - Supremo Tribunal Federal

- Informativo 244 – 05.10.2001

CONSTITUCIONAL. PREVIDENCIÁRIO. ASSISTÊNCIA SOCIAL. PESSOA PORTADORA DE DEFICIÊNCIA E AO IDOSO EM ESTADO DE MISERABILIDADE. C.F., art. 203, V; Lei 8.742, de 7.12.93. I. – Com a edição da Lei 8.742/93, tornou-se de aplicabilidade imediata o inc. V do art. 203, C.F. II. – No caso, a decisão que concedeu o benefício é posterior à citada Lei 8.742/93 e concedeu-o a partir da citação, tendo esta ocorrido na vigência da mencionada Lei 8.742/93. III. – RE não conhecido (RE N. 315.959-SP).

- Informativo 179 – 25.02.2000

PORTADOR DE DEFICIÊNCIA - IDOSO - BENEFÍCIO MENSAL - ARTIGO 203, INCISO V, DA CONSTITUIÇÃO FEDERAL. O disposto no inciso V do artigo 203 da Constituição Federal tornou-se de eficácia plena com a edição da Lei nº 8.742/93. Precedente: Ação Direta de Inconstitucionalidade nº 1.232-DF, relatada pelo Ministro Maurício Corrêa, com acórdão publicado na Revista Trimestral de Jurisprudência nº 154, páginas 818/820. Benefício Previdenciário: Termo Inicial (RE 213.736-SP).

4. LOAS A ESTRANGEIRO RESIDENTE NO PAÍS

STF - Supremo Tribunal Federal

Tema	173	Situação	**Trânsito em Julgado**	Órgão julgador	**Tribunal Pleno**
Questão Controvertida	Concessão de benefício assistencial a estrangeiros residentes no Brasil.				
Tese Firmada	Os estrangeiros residentes no País são beneficiários da assistência social prevista no artigo 203, inciso V, da Constituição Federal, uma vez atendidos os requisitos constitucionais e legais.				
Informações Complementares	SCAN ME				
Processo / Recurso	Repercussão Geral	Relator (a)	Acórdão Publicado	Embargos Declaratórios	Trânsito em Julgado
RE 587970	26/06/2009	MARCO AURÉLIO	22/09/2017	-	12/10/2017

5. PRESCRIÇÃO

STJ - Superior Tribunal de Justiça

- Informativo 796 – 28.11.2023

BENEFÍCIO ASSISTENCIAL AO PORTADOR DE DEFICIÊNCIA. AJUIZAMENTO DA AÇÃO APÓS CINCO ANOS DO INDEFERIMENTO ADMINISTRATIVO. PRESCRIÇÃO. A pretensão à concessão inicial ou ao direito de revisão de ato de indeferimento, cancelamento ou cessação do BPC-LOAS não é fulminada pela prescrição do fundo de direito, mas tão somente das prestações sucessivas anteriores ao lustro prescricional previsto no art. 1º do Decreto n. 20.910/1932 (Resp 1.803.530-PE, Rel. Ministro Herman Benjamin, Primeira Seção, por maioria, julgado em 22/11/2023).

6. LIMITAÇÃO NOS DESCONTOS EM OPERAÇÕES DE CRÉDITO

STJ - Superior Tribunal de Justiça

- Informativo 684 – 05.02.2021

OPERAÇÕES DE CRÉDITO PESSOAL. DESCONTO DAS PARCELAS EM CONTA CORRENTE NA QUAL RECEBIDO BENEFÍCIO DE PRESTAÇÃO CONTINUADA DE ASSISTÊNCIA SOCIAL AO IDOSO – BPC. PEDIDO DE LIMITAÇÃO DOS DESCONTOS. ACOLHIMENTO. VERBA DESTINADA ESSENCIALMENTE À SOBREVIVÊNCIA DO IDOSO. PRINCÍPIO DA DIGNIDADE DA PESSOA HUMANA. RESP 1.555.722/SP.DISTINGUISHING. É possível a limitação dos descontos em conta bancária de recebimento do Benefício de Prestação Continuada, de modo a não privar o idoso de grande parcela do benefício destinado à satisfação do mínimo existencial (Resp 1.834.231-MG, Rel. Min. Nancy Andrighi, Terceira Turma, por unanimidade, julgado em 15/12/2020, Dje 18/12/2020).

CAPÍTULO 2 - REQUISITO MÉDICO

1. NATUREZA DA INCAPACIDADE

STJ - Superior Tribunal de Justiça

- Informativo 608 – 30.08.2017

BENEFÍCIO ASSISTENCIAL À PESSOA COM DEFICIÊNCIA. LEI DE ORGANIZAÇÃO DA ASSISTÊNCIA SOCIAL. REDAÇÃO ORIGINAL QUE NÃO FAZIA DISTINÇÃO QUANTO À NATUREZA DA INCAPACIDADE, SE PERMANENTE OU TEMPORÁRIA, TOTAL OU PARCIAL. CONCESSÃO DO BENEFÍCIO. A Lei Orgânica da Assistência Social (LOAS) não exige incapacidade absoluta de pessoa com deficiência para concessão do Benefício de Prestação Continuada (REsp 1.404.019-SP, Rel. Min. Napoleão Nunes Maia Filho, por unanimidade, julgado em 27/6/2017, DJe 3/8/2017).

2. PORTADORES DE HIV

STJ - Superior Tribunal de Justiça

- Informativo 137 – 07.06.2002

AIDS. BENEFÍCIO. VIDA INDEPENDENTE. O art. 20 da Lei n. 8.742/1993 regulou o art. 203, V, da CF/1988 quanto ao recebimento do benefício de prestação continuada pelas pessoas idosas e portadores de deficiência. Porém, em seu § 2º, aquela Lei definiu os portadores como aqueles que estão incapacitados, tanto para a vida independente, quanto para o trabalho. In casu, há laudo pericial atestando que o recorrido, portador do vírus HIV, é incapaz para a atividade laboral, porém seria capaz para a vida independente, pelo simples fato de sozinho se alimentar, vestir e fazer sua higiene. A Turma entendeu que esse laudo não pode servir de base para negar o benefício ao recorrido, que faz jus à concessão por cumprir todos os requisitos legais previstos no caput do art. 20 da citada Lei e no dispositivo constitucional (Resp 360.202-AL, Rel. Min. Gilson Dipp, julgado em 4/6/2002).

3. GRAU DE INCAPACIDADE

STJ - Superior Tribunal de Justiça

- Informativo 770 – 18.04.2023

BENEFÍCIO DE PRESTAÇÃO CONTINUADA A PESSOA DEFICIENTE. GRAU DE INCAPACIDADE. PREVISÃO LEGAL. INEXISTÊNCIA. Para a de concessão do Benefício de Prestação Continuada – BPC à pessoa com deficiência, disciplinado na Lei Orgânica da Assistência Social – LOAS, não cabe ao intérprete da lei fazer imposição de requisitos mais rígidos do que aqueles previstos para a sua concessão (Resp 1.962.868-SP, Rel. Ministra Assusete Magalhães, Segunda Turma, por unanimidade, julgado em 21/3/2023, Dje 28/3/2023).

CAPÍTULO 3 - REQUISITO MISERABILIDADE

1. CONCESSÃO DE BENEFÍCIO NO VALOR DE UM SALÁRIO-MÍNIMO A MEMBRO DO NÚCLEO FAMILIAR

STJ - Superior Tribunal de Justiça

Tema	640	Situação	**Trânsito em Julgado**	Órgão julgador	**Primeira Seção**
Questão Controvertida	Discute-se a possibilidade de concessão de benefício previdenciário ou benefício assistencial, no valor de um salário-mínimo, recebido por pessoa idosa ou deficiente que faça parte do núcleo familiar, não deve ser considerado na aferição da renda per capita prevista no artigo 20, § 3º, da Lei n. 8.742/93 ante a interpretação do que dispõe o artigo 34, parágrafo único, da Lei n. 10.741/03 (Estatuto da Pessoa Idosa).				
Tese Firmada	Aplica-se o parágrafo único do artigo 34 do Estatuto da Pessoa Idosa (Lei n. 10.741/03), por analogia, a pedido de benefício assistencial feito por pessoa com deficiência a fim de que benefício previdenciário recebido por pessoa idosa, no valor de um salário-mínimo, não seja computado no cálculo da renda per capita prevista no artigo 20, § 3º, da Lei n. 8.742/93.				
Informações Complementares	SCAN ME				
Repercussão Geral	Tema 807/STF - Preenchimento dos requisitos para concessão do benefício assistencial previsto no art. 203, V, da Constituição Federal.				
Processo / Recurso	Decisão de Afetação	Relator (a)	Acórdão Publicado	Embargos Declaratórios	Trânsito em Julgado
REsp 1355052/SP	24/04/2013	BENEDITO GONÇALVES	05/11/2015	-	16/12/2015

- Informativo 507 – 31.10.2012

DIREITO PREVIDENCIÁRIO. EXCLUSÃO DE BENEFÍCIO DE VALOR MÍNIMO PERCEBIDO POR MAIOR DE 65 ANOS NA COMPOSIÇÃO DA RENDA FAMILIAR. O benefício previdenciário de valor mínimo recebido por pessoa acima de 65 anos não deve ser considerado na composição da renda familiar, para fins de concessão do benefício assistencial a outro membro da família, conforme preconiza o art.

34, parágrafo único, da Lei n. 10.741/2003 (Estatuto da Pessoa Idosa) (AgRg no AREsp 215.158-CE, Rel. Min. Mauro Campbell Marques, julgado em 18/10/2012).

2. CRITÉRIO OBJETIVO

STJ - Superior Tribunal de Justiça

Tema	**185**	Situação	**Trânsito em Julgado**	Órgão julgador	**Terceira Seção**
Questão Controvertida	Benefício assistencial. Possibilidade de demonstração da condição de miserabilidade do beneficiário por outros meios de prova, quando a renda per capita do núcleo familiar for superior a 1/4 do salário-mínimo.				
Tese Firmada	A limitação do valor da renda per capita familiar não deve ser considerada a única forma de se comprovar que a pessoa não possui outros meios para prover a própria manutenção ou de tê-la provida por sua família, pois é apenas um elemento objetivo para se aferir a necessidade, ou seja, presume-se absolutamente a miserabilidade quando comprovada a renda per capita inferior a 1/4 do salário-mínimo.				
Informações Complementares	Para concessão do benefício assistencial de prestação continuada à pessoa portadora de deficiência ou pessoa idosa, o preceito contido no art. 20, § 3º, da Lei 8.742/1993 (renda familiar per capita igual ou inferior a 1/4 do salário-mínimo) não é o único critério válido para comprovar a condição de miserabilidade preceituada no art. 203, V, da Constituição Federal. SCAN ME				
Repercussão Geral	Tema 27/STF - Meios de comprovação do estado miserabilidade do idoso para fins de percepção de benefício de assistência continuada. Tema 312/STF - Interpretação extensiva ao parágrafo único do art. 34 da Lei nº 10.741/2003 para fins do cálculo da renda familiar de que trata o art. 20, § 3º, da Lei nº 8.742/93.				
Processo / Recurso	Decisão de Afetação	Relator (a)	Acórdão Publicado	Embargos Declaratórios	Trânsito em Julgado
REsp 1112557/MG	19/06/2009	NAPOLEÃO NUNES MAIA FILHO	20/11/2009	-	21/03/2014

- Informativo 505 – 03.12.2012

DIREITO PREVIDENCIÁRIO. BENEFÍCIO ASSISTENCIAL. MEIOS DE PROVA DA CONDIÇÃO DE MISERABILIDADE. O critério previsto no art. 20, § 3º, da Lei n. 8.742/1993 (renda mensal per capita inferior a ¼ do salário-mínimo) não impede a concessão do correspondente benefício assistencial, desde que comprovada, por outros meios, a miserabilidade do postulante (AgRg no AREsp 224.185-SP, Rel. Min. Teori Albino Zavascki, julgado em 2/10/2012).

- Informativo 323 – 15.06.2007

BENEFÍCIO. PRESTAÇÃO CONTINUADA. MISERABILIDADE. Consolidou-se o entendimento de que o critério de aferição da renda mensal previsto no § 3º do art. 20 da Lei n. 8.742/1993 deve ser tido como um limite mínimo, um quantum considerado insatisfatório à subsistência da pessoa portadora de deficiência ou idosa, não impedindo, contudo, que o julgador faça uso de outros elementos probatórios, desde que aptos a comprovar a condição de miserabilidade da parte e de sua família (REsp 841.060-SP, Rel. Min. Maria Thereza de Assis Moura, julgado em 12/6/2007).

STF - Supremo Tribunal Federal

<table>
<tr><td>Tema</td><td>27</td><td>Situação</td><td>Trânsito em Julgado</td><td>Órgão julgador</td><td>Tribunal Pleno</td></tr>
<tr><td colspan="2">Questão Controvertida</td><td colspan="4">Meios de comprovação do estado miserabilidade da pessoa idosa para fins de percepção de benefício de assistência continuada.</td></tr>
<tr><td colspan="2">Tese Firmada</td><td colspan="4">É inconstitucional o § 3º do artigo 20 da Lei 8.742/1993, que estabelece a renda familiar mensal per capita inferior a um quarto do salário-mínimo como requisito obrigatório para concessão do benefício assistencial de prestação continuada previsto no artigo 203, V, da Constituição.</td></tr>
<tr><td colspan="2">Informações Complementares</td><td colspan="4">SCAN ME</td></tr>
</table>

Tema	27	Situação	Trânsito em Julgado	Órgão julgador	Tribunal Pleno

Processo / Recurso	Repercussão Geral	Relator (a)	Acórdão Publicado	Embargos Declaratórios	Trânsito em Julgado
RE 567985	09/02/2008	MARCO AURÉLIO	09/10/2013	-	11/12/2013

- Informativo 813 – 05.02.2016

RECLAMAÇÃO. FUNÇÃO CONSTITUCIONAL DESSE INSTRUMENTO PROCESSUAL (RTJ 134/1033 – RTJ 166/785). ALEGADO DESRESPEITO À AUTORIDADE DA DECISÃO PROFERIDA PELO SUPREMO TRIBUNAL FEDERAL NO EXAME DARCL4.374/PE. Julgamento plenário no qual esta Suprema Corte procedeu, expressamente, à reinterpretação dos comandos emergentes de decisão anteriormente proferida na análise da ADI1.232/DF. A questão da parametricidade das decisões emanadas desta Suprema Corte no âmbito de ações reclamatórias, quando o Tribunal, em virtude de evolução hermenêutica, vem a redefinir, nelas, o conteúdo e o alcance de julgamentos revestidos de eficácia "ergaomnes" e de efeito vinculante anteriormente proferido sem sede de fiscalização normativa abstrata. Idoneidade processual da reclamação "como instrumento de (re)interpretação da decisão proferida em controle de constitucionalidade abstrato" (Rcl 4.374/PE, Rel. Min. GILMAR MENDES, Pleno). Pretendido acesso ao benefício assistencial de prestação continuada (CF, art. 203, V). Critério objetivo que, consagrado no § 3º do art. 20 da Lei nº 8.742/93, revelou-se insuficiente e inadequado ao amparo efetivo das pessoas necessitadas, pois excluía do alcance tutelar do benefício constitucional pessoas em situação de comprovada miserabilidade. A ressignificação conferida pelo Supremo Tribunal Federal à regra legal em causa, fundada em modificações supervenientes do contexto fático e do quadro normativo em vigor, conduziu à superação da exegese dada no julgamento da ADI 1.232/DF, ensejando, mediante evolução interpretativa, nova compreensão hermenêutica, considerada mais adequada e fiel à vocação protetiva inerente ao art. 203, V, da Constituição. Declaração, pelo Plenário do Supremo Tribunal Federal, da inconstitucionalidade parcial, sem pronúncia de nulidade, do§ 3º do art. 20 da Lei nº 8.742/93 (Rcl 4.374/PE). Injustificada recusa do

INSS em conceder ao reclamante, que é portador de grave doença neurológica de natureza degenerativa, incapacitante e crônica, o pretendido benefício assistencial. Inadmissibilidade dessa recusa administrativa, pois, caso acolhida, transgrediria, frontalmente, o postulado constitucional que, dirigido ao Estado, veda a proteção insuficiente de direitos fundamentais (como o direito à assistência social). A proibição da proteção insuficiente como uma das expressões derivadas do princípio da proporcionalidade. Reconhecimento da plena legitimidade do acesso do ora reclamante ao benefício constitucional em referência. Precedentes. Reclamação julgada procedente (Recl. 18636/PB).

- Informativo 120 – 28.08.1998

BENEFÍCIO PREVIDENCIÁRIO: DEFICIENTE E IDOSO. O Tribunal, por maioria, julgou improcedente a ação direta de inconstitucionalidade proposta pelo Procurador-Geral da República contra o § 3º do art. 20 da Lei 8.742/93, que prevê o limite máximo de 1/4 do salário mínimo de renda mensal per capita da família para que esta seja considerada incapaz de prover a manutenção da pessoa idosa e do deficiente físico, para efeito de concessão de benefício previsto no art. 203, V, da CF ("A assistência social será prestada a quem dela necessitar, independentemente de contribuição à seguridade social, e tem por objetivos :... V - a garantia de um salário mínimo de benefício mensal à pessoa portadora de deficiência e ao idoso que comprovem não possuir meios de prover à própria manutenção ou de tê-la provida por sua família, conforme dispuser a lei."). Refutou-se o argumento de que o dispositivo impugnado inviabilizaria o exercício do direito ao referido benefício, uma vez que o legislador pode estabelecer uma hipótese objetiva para efeito da concessão do benefício previdenciário, não sendo vedada a possibilidade do surgimento de outras hipóteses, também mediante lei. Vencidos, em parte, os Min. Ilmar Galvão, relator, e Néri da Silveira, que emprestavam à norma objeto da causa interpretação conforme à CF, segundo a qual não ficam limitados os meios de prova da condição de miserabilidade da família do necessitado deficiente ou idoso (ADIn 1.232-DF).

3. ESTATUTO DA PESSOA IDOSA

STF - Supremo Tribunal Federal

Tema	**312**	Situação	**Trânsito em Julgado**	Órgão julgador	**Tribunal Pleno**
Questão Controvertida	Interpretação extensiva ao parágrafo único do art. 34 da Lei nº 10.741/2003 para fins do cálculo da renda familiar de que trata o art. 20, § 3º, da Lei nº 8.742/93.				
Tese Firmada	É inconstitucional, por omissão parcial, o parágrafo único do art. 34 da Lei 10.741/2003 (Estatuto da Pessoa Idosa).				
Informações Complementares	Recurso extraordinário em que se discute, à luz do art. 203, V, da Constituição Federal, a constitucionalidade, ou não, de decisão judicial que, conferindo interpretação extensiva ao parágrafo único do art. 34 da Lei nº 10.741/2003, deixa de computar benefício assistencial concedido a pessoa com deficiência ou qualquer outra situação não contemplada expressamente no referido dispositivo do Estatuto da Pessoa Idosa, para fins do cálculo da renda familiar de que trata o art. 20, § 3º, da Lei nº 8.742/93. SCAN ME				
Processo / Recurso	**Repercussão Geral**	**Relator (a)**	**Acórdão Publicado**	**Embargos Declaratórios**	**Trânsito em Julgado**
RE 580963	17/09/2010	GILMAR MENDES	14 /11/2013	-	13/02/2014

TÍTULO III

REGIME PRÓPRIO DE PREVIDÊNCIA SOCIAL (RPPS)

CAPÍTULO 1 - ASPECTOS GERAIS

1. COMPETÊNCIA

1.1. DA UNIÃO

1.1.1. EXCLUSIVA PARA FIXAR RPPS E UNIDADE GESTORA

STF - Supremo Tribunal Federal

- Informativo 957 – 25.10.2019

CONSTITUCIONAL. PREVIDENCIÁRIO. ART. 1º DA EMENDA CONSTITUCIONAL 41/2003. ATRIBUIÇÃO DE INCIATIVA LEGISLATIVA AO PODER EXECUTIVO PARA INSTITUIÇÃO DO REGIME DE PREVIDÊNCIA COMPLEMENTAR (RPC) PARA TODOS OS SERVIDORES PÚBLICOS (ART. 40, § 15, DA CF). PROIBIÇÃO QUANTO À EXISTÊNCIA DE MAIS DE UM REGIME PRÓPRIO DE PREVIDÊNCIA SOCIAL E MAIS DE UMA UNIDADE GESTORA DO RESPECTIVO REGIME (ART. 40, § 20, DA CF). EXTENSÃO A MAGISTRADOS. ALEGAÇÃO DE OFENSA AO PRINCÍPIO DA SEPARAÇÃO DOS PODERES E VIOLAÇÃO DA AUTONOMIA E INDEPENDÊNCIA FINANCEIRA E ADMINISTRATIVA DO PODER JUDICIÁRIO. INOCORRÊNCIA. AÇÃO IMPROCEDENTE. 1. O controle de constitucionalidade de emendas constitucionais é admitido pela jurisprudência desta CORTE (ADI 3.128, Rel. Min. ELLEN GRACIE, redator para acórdão Min. CEZAR PELUSO, Tribunal Pleno, DJ de 18/2/2005; ADI 1.946-MC, Rel. Min. SYDNEY SANCHES, Tribunal Pleno, DJ de 14/9/2001; ADI 939, Rel. Min. SYDNEY SANCHES, Tribunal Pleno, DJ de 18/3/1994), tendo como parâmetro a disciplina especial fixada pelo constituinte originário como limites para a reforma do texto constitucional (art. 60 da CF). 2. As normas constitucionais que especificam matérias cuja iniciativa de lei é reservada ao Poder Judiciário (arts. 93 e 96 da CF) contemplam um rol taxativo, que não inclui a instituição de regime previdenciário exclusivo para a magistratura. 3. O ideal igualitário perseguido pelo legislador constitucional (EC 20/1998), ao aproximar os proventos de aposentadoria e pensão dos servidores públicos aos benefícios do Regime

Geral de Previdência Social, justifica a existência, no âmbito de cada ente político, de apenas um Regime Próprio de Previdência Social (RPPS) e única unidade gestora do respectivo regime (art. 40, § 20, da CF), para atender isonomicamente a todos os servidores públicos. 4. O Regime de Previdência Complementar (RPC) é facultativo, tanto na instituição, pelo ente federativo, quanto na adesão, por parte do servidor. A norma constitucional impõe que os benefícios a serem pagos pelo RPC sejam estruturados exclusivamente na modalidade de contribuição definida (art. 40, § 15, da CF), permitindo ao participante indicar o valor de sua contribuição mensal e projetar o valor da renda a ser recebida no momento de sua aposentadoria. Por isso, a mudança nas regras de aposentadoria não compromete as prerrogativas funcionais e institucionais do Poder Judiciário e de seus membros. 5. Ação direta julgada improcedente (ADI N. 3.297-DF).

1.1.2. LEGISLATIVA SOBRE PENALIDADES AO ENTE FEDERADO SOBRE RPPS

STF - Supremo Tribunal Federal

Tema	**968**	Situação	**Acórdão de Repercussão Geral publicado**	Órgão julgador	**Plenário Virtual - RG**
Questão Controvertida	Competência legislativa da União para dispor sobre normas gerais em matéria previdenciária no que diz respeito ao descumprimento da Lei 9.717/1998 e do Decreto 3.778/2001 pelos demais entes federados.				
Tese Firmada	-				
Informações Complementares	Há RG - Mérito não Julgado. Recurso extraordinário em que se discute, à luz dos arts. 2º e 24, inc. XII e § 1º, da Constituição da República, a constitucionalidade dos arts. 7º e 9º da Lei 9.717/1998 e do Decreto 3.788/2001, no aspecto em que estabelecem medidas sancionatórias ao ente federado que não cumpra as regras gerais para a organização e o funcionamento dos regimes próprios de previdência social dos servidores públicos. SCAN ME				

Tema	968	Situação	Acórdão de Repercussão Geral publicado	Órgão julgador	Plenário Virtual - RG

Processo / Recurso	Repercussão Geral	Relator (a)	Acórdão Publicado	Embargos Declaratórios	Trânsito em Julgado
RE 1007271	13/10/2017	EDSON FACHIN	13/11/2017	-	-

- Informativo 486 (31.10.2007) e 459 (16.03.2007)

LEI 9.717/98: REPASSE DE COMPENSAÇÃO PREVIDENCIÁRIA. O Tribunal referendou decisão do Min. Marco Aurélio, que deferira pedido de tutela antecipada em ação cível originária, da qual relator, proposta pelo Estado do Paraná e a Paraná previdência, instituição gestora do sistema previdenciário paranaense, em que se pretende seja a União condenada a efetivar o repasse da compensação previdenciária, abster-se de aplicar sanção em decorrência de descumprimentos relativos à Lei 9.717/98 – que dispõe sobre regras gerais para a organização e o funcionamento dos regimes próprios de previdência social dos servidores públicos –, expedir o Certificado de Regularidade Previdenciária – CRP e não obstaculizar operações financeiras previstas no art. 7º da citada lei e no art. 1º do Decreto 3.788/2001, que instituiu o CRP. A tutela foi deferida para afastar, a partir deste momento, o óbice vislumbrado pela União ao repasse obrigatório da compensação previdenciária, bem como a observação da exceção imposta a partir da Lei 9.717/98, até mesmo quanto à realização de operações financeiras de que trata o seu art. 7º. Entendeu-se que, em princípio, a União extrapolou os limites de sua competência para estabelecer normas gerais sobre a matéria (CF: "Art. 24. Compete à União, aos Estados e ao Distrito Federal legislar concorrentemente sobre:... XIII – previdência social.... § 1º – No âmbito da legislação concorrente, a competência da União limitar-se-á a estabelecer normas gerais."). Asseverou-se que a citada lei atribui a ente da Administração Central, ao Ministério da Previdência e Assistência Social, atividades administrativas em órgãos da Previdência Social dos Estados, do Distrito Federal, dos Municípios e dos fundos a que se refere seu art. 6º, quais sejam, a de orientar, supervisionar e acompanhar as práticas relativas à previdência social dos servidores públicos das unidades da Federação. Além disso, em seu art. 7º, dispõe sobre sanções em face do descumprimento das normas (Informativo 486 (31.10.2007) e 459 (16.03.2007) (ACO 830 TA/PR).

1.2. DO TRIBUNAL DE CONTAS DA UNIÃO (TCU)

1.2.1. REDUÇÃO DE PENSÃO

STF - Supremo Tribunal Federal

- Informativo 873 – 18.08.2017

TCU: REDUÇÃO DE PENSÃO E DIREITO INDIVIDUAL. A Primeira Turma, em conclusão de julgamento e por maioria, indeferiu a ordem em mandado de segurança impetrado em face de decisão do Tribunal de Contas da União (TCU), que determinou, em 2015, a redução no valor de pensão percebida em decorrência do falecimento do marido da impetrante, que era servidor público. A impetração sustentou óbice à revisão implementada, em razão da decadência, pois o benefício foi deferido em 2007. Além disso, alegou cerceamento de defesa e violação do devido processo legal, pela ausência de participação da beneficiária no processo administrativo. A Turma salientou que o TCU atuou não apenas no sentido de alterar a pensão recebida pela impetrante, mas realizou auditoria relativa a proventos e pensões oriundos do órgão onde trabalhava o marido dela. Assim, a defesa de um direito individual não poderia ser exercida quanto àquele ato, porque, se admitidos todos os possíveis interessados em um pronunciamento do TCU, estaria inviabilizada a fiscalização linear, externa, da corte de contas. A irresignação, portanto, deveria ser dirigida ao órgão em que trabalhava o falecido, e não o TCU (MS 34224/DF).

1.2.2. CONTROLE EXTERNO

STF - Supremo Tribunal Federal

- Informativo 719 (13.09.2013), 716 (23.08.2013)

MANDADO DE SEGURANÇA. ADMINISTRATIVO. TRIBUNAL DE CONTAS DA UNIÃO. CONTROLE EXTERNO DE LEGALIDADE DE ATO CONCESSIVO DE APOSENTADORIA: INAPLICABILIDADE DA DECADÊNCIA PREVISTA NO ART. 54 DA LEI 9.784/1999. DETERMINAÇÃO DE TRANSFORMAÇÃO DE GRATIFICAÇÃO EM VANTAGEM PESSOAL NOMINALMENTE IDENTIFICÁVEL. INEXISTÊNCIA DE DIREITO ADQUIRIDO À FORMA DE CÁLCULO DA GRATIFICAÇÃO. PRECEDENTES. SEGURANÇA DENEGADA. 1. O servidor público não tem direito adquirido à manutenção de regime de composição de vencimentos ou proventos, uma vez que o que a Constituição lhe assegura é a irredutibilidade de vencimentos. 2. "Servidor não tem direito adquirido a regime jurídico de reajuste da gratificação incorporada, por isso que não contraria a Constituição da República lei que transforma as verbas incorporadas a esse título em vantagem pessoal nominalmente identificada, reajustável pelos índices gerais de revisão dos vencimentos dos servidores públicos" (AI 833.985-ED, Rel. Min. Cármen Lúcia, Primeira Turma, DJe 12.4.2011). 3. In casu, não houve decréscimo da remuneração dos agravantes, o que afasta a alegação de violação aos princípios do direito adquirido e da irredutibilidade de vencimentos. 4. Precedentes: MS 24.381, Rel. Min. Gilmar Mendes, Plenário, DJ 3.9.2004; RE 223.425, Rel. Min. Moreira Alves, Plenário, DJ 1º.9.2000; e RE 226.462, Rel. Min. Sepúlveda Pertence, Plenário, DJ 25.5.2001. 5. Ordem denegada (MS 31736/DF).

1.2.3. INÍCIO DO PRAZO DECADENCIAL

STJ - Superior Tribunal de Justiça

- Informativo 790 – 10.10.2023

SERVIDOR PÚBLICO FEDERAL. REVISÃO DE PENSÃO. DECADÊNCIA. RE 636.553/RS, TEMA 445/STF. PRAZO DE 5 ANOS PARA OS TRIBUNAIS DE CONTAS. MARCO INICIAL. CHEGADA DO PROCESSO NA CORTE DE CONTAS. JUÍZO DE RETRATAÇÃO. ART. 1.040, II, DO CPC. Os Tribunais de Contas estão sujeitos ao prazo de 5 anos para o julgamento da legalidade do ato de concessão inicial de aposentadoria, reforma ou pensão, a contar da chegada do processo à respectiva Corte de Contas (AgInt no AREsp

366.017-PR, Rel. Ministro Paulo Sérgio Domingues, Primeira Turma, por unanimidade, julgado em 3/10/2023, Dje 6/10/2023).

- Informativo 687 – 08.03.2021

APOSENTADORIA. ATO COMPLEXO. CONFIRMAÇÃO PELO TRIBUNAL DE CONTAS. DECADÊNCIA. READEQUAÇÃO DE ENTENDIMENTO. RE 636.553/RS, TEMA N. 445/STF. PRAZO DE CINCO ANOS. MARCO INICIAL. CHEGADA DO PROCESSO NA CORTE DE CONTAS. JUÍZO DE RETRATAÇÃO. Os Tribunais de Contas estão sujeitos ao prazo de 5 anos para o julgamento da legalidade do ato de concessão inicial de aposentadoria, reforma ou pensão, a contar da chegada do processo à respectiva Corte de Contas (Resp 1.506.932/PR, Rel. Min. Mauro Campbell Marques, Segunda Turma, por unanimidade, julgado em 02/03/2021).

STF – Supremo Tribunal Federal

- Informativo 618 – 04.03.2011

TERMO INICIAL DO PRAZO PARA REGISTRO DE APOSENTADORIA. O termo a quo do prazo de 5 anos para que o Tribunal de Contas da União – TCU examine a legalidade dos atos concessivos de aposentadorias, reformas e pensões, conta-se a partir da data de chegada do processo administrativo na própria Corte de Contas. Essa a conclusão do Plenário que, em votação majoritária, concedeu parcialmente mandado de segurança para, cassada a decisão do TCU, assegurar ao impetrante o contraditório e a ampla defesa no julgamento da legalidade e registro de sua aposentadoria. Tratava-se, na espécie, de writ impetrado contra decisão daquele tribunal que, por reputar ilegal uma das três aposentadorias do impetrante, com recusa do registro, determinara a suspensão do benefício e a restituição das importâncias recebidas. Considerou-se o fato de que o impetrante estaria recebendo o benefício de aposentadoria há mais de 10 anos quando do seu cancelamento. Aduziu-se que, no caso, ter-se-ia a anulação do benefício, sem que oportunizada a possibilidade de defesa. Enfatizou-se, ainda, não constar dos autos informação relativa à má-fé do impetrante, de modo a não se poder inferir que ele tivesse conhecimento da precariedade do ato praticado pelo órgão público. Consignou-se, por fim, a não devolução das quantias já recebidas (MS 24781/DF).

- Informativo 590 (11.06.2010), 589 (04.06.2010), 469 (01.06.2007) e 415 (10.02.2006)

MANDADO DE SEGURANÇA. ATO DO TRIBUNAL DE CONTAS DA UNIÃO. COMPETÊNCIA DO SUPREMO TRIBUNAL FEDERAL. NEGATIVA DE REGISTRO A APOSENTADORIA. PRINCÍPIO DA SEGURANÇA JURÍDICA. GARANTIAS CONSTITUCIONAIS DO CONTRADITÓRIO E DA AMPLA DEFESA. 1. O impetrante se volta contra o acórdão do TCU, publicado no Diário Oficial da União. Não exatamente contra o IBGE, para que este comprove o recolhimento das questionadas contribuições previdenciárias. Preliminar de ilegitimidade passiva rejeitada. 2. Infundada alegação de carência de ação, por ausência de direito líquido e certo. Preliminar que se confunde com o mérito da impetração. 3. A inércia da Corte de Contas, por mais de cinco anos, a contar da aposentadoria, consolidou afirmativamente a expectativa do ex-servidor quanto ao recebimento de verba de caráter alimentar. Esse aspecto temporal diz intimamente com: a) o princípio da segurança jurídica, projeção objetiva do princípio da dignidade da pessoa humana e elemento conceitual do Estado de Direito; b) a lealdade, um dos conteúdos do princípio constitucional da moralidade administrativa (caput do art. 37). São de se reconhecer, portanto, certas situações jurídicas subjetivas ante o Poder Público, mormente quando tais situações se formalizam por ato de qualquer das instâncias administrativas desse Poder, como se dá com o ato formal de aposentadoria. 4. A manifestação do órgão constitucional de controle externo há de se formalizar em tempo que não desborde das pautas elementares da razoabilidade. Todo o Direito Positivo é permeado por essa preocupação com o tempo enquanto figura jurídica, para que sua prolongada passagem em aberto não opere como fator de séria instabilidade inter-subjetiva ou mesmo intergrupal. A própria Constituição Federal de 1988 dá conta de institutos que têm no perfazimento de um certo lapso temporal a sua própria razão de ser. Pelo que existe uma espécie de tempo constitucional médio que resume em si, objetivamente, o desejado critério da razoabilidade. Tempo que é de cinco anos (inciso XXIX do art. 7º e arts. 183 e 191 da CF; bem como art. 19 do ADCT). 5. O prazo de cinco anos é de ser aplicado aos processos de contas que tenham por objeto o exame de legalidade dos atos concessivos de aposentadorias, reformas e pensões. Transcorrido in albis o interregno qüinqüenal, a contar da aposentadoria, é de se convocar os particulares para participarem do processo de seu interesse, a fim de desfrutar das garantias constitucionais do contraditório e da ampla defesa (inciso LV do art. 5º). 6. Segurança concedida (MS 25116/DF).

1.3. DOS ESTADOS

1.3.1. ANALISAR LEGALIDADE DE APOSENTADORIA DE MEMBRO DO TRIBUNAL DE CONTAS DO ESTADO (TCE)

STF – Supremo Tribunal Federal

- Informativo 972 – 03.04.2020

Ação direta de inconstitucionalidade. 2. Art. 29, inciso XXXV, e art. 49, incisos IV e IX, da Constituição do Estado de Rondônia, na redação dada pela Emenda Constitucional 21/2001. 3. Apreciação, pela Assembleia Legislativa, da legalidade dos atos de concessão de aposentadoria a integrantes do Tribunal de Contas do Estado e necessidade de sua convocação para auditar órgãos do Legislativo. 4. Interferência do Poder Legislativo na autonomia do Tribunal de Contas. 5. Inconstitucionalidade. Precedentes. 6. Medida cautelar concedida pelo Plenário confirmada. 7. Ação direta de inconstitucionalidade julgada procedente (ADI 2.546).

1.3.2. LEI FEDERAL QUE OBRIGA REAJUSTES DO RPPS ESTADUAL DE ACORDO COM O RGPS

STF – Supremo Tribunal Federal

- Informativo 1074/2022 (11.11.2022) – ADI 4582/DF

AÇÃO DIRETA DE INCONSTITUCIONALIDADE. DIREITO PREVIDENCIÁRIO. LEI Nº 10.887, DE 2004. LEI Nº 11.784, DE 2008. NORMA GERAL SOBRE PREVIDÊNCIA SOCIAL. AUTONOMIA FINANCEIRA E ADMINISTRATIVA DOS ESTADOS. FIXAÇÃO DE TEMPO E ÍNDICE PARA O REAJUSTE DE BENEFÍCIOS

NO REGIME PRÓPRIO DE PREVIDÊNCIA SOCIAL. EXTRAVASAMENTO DE COMPETÊNCIA LEGISLATIVA CONCORRENTE PELA UNIÃO. VÍCIO FORMAL: CARACTERIZADO. PRINCÍPIO DA ISONOMIA E GARANTIA À REVISÃO GERAL ANUAL DE VENCIMENTOS. VÍCIO MATERIAL: NÃO CARACTERIZADO. INTERPRETAÇÃO CONFORME À CONSTITUIÇÃO. RESTRIÇÃO DA APLICABILIDADE DO PRECEITO AOS SERVIDORES ATIVOS E INATIVOS E PENSIONISTAS DA UNIÃO. CONFIRMAÇÃO DA MEDIDA CAUTELAR. 1. A questão jurídica controvertida posta nesta ação direta de inconstitucionalidade consiste em saber se é constitucional lei federal que determina a todos os entes federados mantenedores de regimes próprios da previdência social a realização de reajustes dos proventos, na mesma data e índice em que se der o reacerto dos benefícios do regime geral, excetuados os beneficiados pela garantia da paridade. 2. Por afrontar a autonomia constitucional de Estado-membro e a repartição constitucional de competências legislativas, é formalmente inconstitucional lei federal que determina a todos os entes federados mantenedores de regimes próprios da previdência social a realização de reajustes, na mesma data e índice em que se der o reacerto dos benefícios do regime geral, ressalvado os casos de beneficiários agraciados pela paridade. 3. Na esteira da técnica decisória da interpretação conforme à Constituição, não há inconstitucionalidade no objeto, por vício formal, caso se considere que a lei impugnada dirige-se unicamente à União, havendo, assim, uma vinculação entre o RGPS e o regime próprio de previdência social em nível federal. 4. Não viola o princípio da igualdade ou a garantia fundamental à revisão geral anual de vencimentos, porque o objeto atacado almeja salvaguardar situações constituídas, excetuando do programa normativo os beneficiados pela garantia de paridade na revisão de proventos e pensões, nos termos da legislação regente. 5. Ação direta de inconstitucionalidade conhecida e, no mérito, julgada procedente, com confirmação da medida cautelar.

2. EQUILÍBRIO FINANCEIRO E ATUARIAL DO SISTEMA

STF - Supremo Tribunal Federal

- Informativo 928 (19.12.2018) e 926 (07.12.2018)

SEGREGAÇÃO DE FUNDOS E EQUILÍBRIO FINANCEIRO E ATUARIAL. A Primeira Turma, por maioria, deu provimento ao agravo, com deferimento da medida liminar, nos autos da ação cível originária em que se discute a validade das limitações impostas pela União ao Distrito Federal (DF) e ao Regime Próprio de Previdência Social dos Servidores do Distrito Federal (IPREV/DF), por alegação de comprometimento do equilíbrio financeiro e atuarial do sistema próprio local. No caso, o DF estabeleceu, para o sistema previdenciário do regime próprio, que, a partir de determinada data, haveria dois fundos: um por repartição simples e outro por capitalização. Diante do déficit do primeiro, foram utilizados recursos do segundo. No mérito, o colegiado determinou a expedição do Certificado de Regularidade Previdenciária (CRP) do DF para todos os fins, afastada a restrição imposta pela decisão agravada, que mantinha a vedação de recebimento de verbas e recursos de natureza previdenciária. Determinou ainda a retirada do ente federado do Cadastro Único de Exigências para Transferências Voluntárias (CAUC), até o julgamento definitivo da ação. Vencidos os ministros Luís Roberto Barroso (relator) e Luiz Fux, que votaram pelo não provimento do agravo e pela consequente manutenção da vedação em matéria previdenciária. Para eles, o art. 40 da Constituição Federal impõe a observância do equilíbrio financeiro e atuarial aos regimes próprios de previdência social. No mesmo sentido, o art. 69 da Lei de Responsabilidade Fiscal exige que os entes públicos organizem seus fundos de previdência com base em normas de contabilidade que preservem o equilíbrio financeiro e atuarial (ACO 3134 TP-AgR/DF).

- Informativo 893 (09.03.2018) e 817 (11.03.2016)

AÇÃO DIRETA DE INCONSTITUCIONALIDADE. ARTIGO 110, PARÁGRAFO ÚNICO, LEI Nº 915, DE 18 DE AGOSTO DE 2005, DO ESTADO DO AMAPÁ. REGIME PRÓPRIO DE PREVIDÊNCIA SOCIAL DOS SERVIDORES ESTADUAIS. TRANSFERÊNCIA DA RESPONSABILIDADE DO PAGAMENTO DE APOSENTADORIAS. EQUILÍBRIO FINANCEIRO E ATUARIAL DO SISTEMA PRÓPRIO DE PREVIDÊNCIA. VIOLAÇÃO DO ART. 40, CAPUT, DA CF/88. INCLUSÃO POR EMENDA PARLAMENTAR. INCONSTITUCIONALIDADE FORMAL. AUSÊNCIA. PROCEDÊNCIA DA AÇÃO. 1. Durante o período de vigência do Decreto nº 87, de 6 de junho de 1991, não havia contribuição dos servidores ao antigo IPEAP para o custeio dos benefícios de aposentadoria. O art. 254 da Lei estadual nº 66, de 6 de maio de 1993, expressamente determinava que "[a]s despesas decorrentes com aposentadorias serão de responsabilidade integral do Governo do Estado do Amapá". 2. A transferência à Amapá Previdência (AMPREV) da responsabilidade pelo pagamento das aposentadorias e pensões que tenham sido concedidas pelos Poderes do Estado, pelo Ministério Público ou pelo Tribunal de Contas durante o período de vigência do Decreto 84/91 e sem que tenha havido contrapartida dos segurados ou do próprio Estado do Amapá acarreta grave ofensa à regra de equilíbrio financeiro e atuarial do sistema próprio de previdência (art. 40, caput, CF /88). Essa regra destina-se à preservação da suficiência, presente e futura, do fundo de previdência, tendo em vista o sopesamento entre as receitas e as despesas com benefícios, o qual restaria prejudicado com a assunção de obrigação desprovida de qualquer contraprestação pecuniária. 3. Não cabe à Amapá Previdência arcar com o pagamento desses benefícios, os quais devem permanecer sob responsabilidade exclusiva e integral do Tesouro estadual. A inclusão do dispositivo ora impugnado via emenda parlamentar sem qualquer indicação de fonte de custeio total (art. 195, § 5º, c/c o art. 40, § 12, CF/88) destoa por completo do regime contributivo e contábil previsto no projeto legislativo original. 4. Não há ofensa à reserva de iniciativa legislativa privativa do chefe do Poder Executivo para tratar de matéria sobre a organização e o funcionamento da Administração Pública (art. 61, § 1º, II, b e c, da CF/88). A Lei estadual nº 915/2005 é oriunda de proposição legislativa feita pelo próprio Governador do Estado, tendo a inserção do parágrafo único do art. 110 sido obra de emenda de origem parlamentar. A Corte tem entendido, reiteradamente, que a Constituição Federal somente veda ao Poder Legislativo formalizar emendas a projetos de iniciativa exclusiva se delas resultar aumento de despesa pública ou se elas forem totalmente impertinentes à matéria versada no projeto (ADI nº 3.288/MG, Rel. Min. Ayres Britto, DJ de 24/2/11; ADI nº 2.350/GO, Rel. Min. Maurício Corrêa, DJ de 30/4/04). No caso, não houve aumento de despesa – pois o pagamento dos benefícios de aposentadoria e pensão já vinha sendo suportado pelo Tesouro estadual –, nem impertinência temática da emenda parlamentar em relação ao projeto de lei apresentado pelo Executivo. 5. Modulação dos efeitos da declaração de inconstitucionalidade, nos termos do art. 27 da Lei nº 9.868/99, para dar efeitos prospectivos à decisão, de modo que somente produza seus efeitos a partir de seis meses, contados da data da publicação da ata do julgamento, tempo hábil para que os órgãos estaduais envolvidos cumpram a decisão da Corte e regularizem a situação perante a Amapá Previdência. 6. Ação direta julgada procedente (ADI 3628/AP).

- Informativo 296 – 07.02.2003

BENEFÍCIO PREVIDENCIÁRIO E DEPENDENTES. Entendendo caracterizada a violação ao § 5º do art. 195 da CF ("Nenhum benefício ou serviço da seguridade social poderá ser criado, majorado ou estendido sem a correspondente fonte de custeio total."), o Tribunal julgou procedente o pedido formulado em ação direta ajuizada pelo Governador do Estado de Rondônia para declarar a inconstitucionalidade do inciso VI do art. 5º da Lei 135/86, do mesmo Estado, na redação dada pela Lei 511/93, que, alterando o Regime de Previdência e Assistência dos Servidores Públicos estaduais, considerava como dependentes do associado os pais que fossem aposentados e pensionistas do INSS cujas rendas não ultrapassassem o valor de dois salários mínimos (ADI 1.002-RO).

3. TETO CONSTITUCIONAL

3.1. DEFINIÇÃO DO MONTANTE REMUNERATÓRIO

STF - Supremo Tribunal Federal

Tema	**639**	Situação	**Trânsito em Julgado**	Órgão julgador	**Tribunal Pleno**
Questão Controvertida	Definição do montante remuneratório recebido por servidores públicos, para fins de incidência do teto constitucional.				
Tese Firmada	Subtraído o montante que exceder o teto e o subteto previsto no art. 37, inciso XI, da Constituição, tem-se o valor para base de cálculo para a incidência do imposto de renda e da contribuição previdenciária.				

Tema	639	Situação	**Trânsito em Julgado**	Órgão julgador	**Tribunal Pleno**
Informações Complementares					

Processo / Recurso	**Repercussão Geral**	**Relator (a)**	**Acórdão Publicado**	**Embargos Declaratórios**	**Trânsito em Julgado**
RE 675978	22/03/2013	CÁRMEN LÚCIA	29/06/2015	-	14/08/2015

3.2. PARCELAS DE CARÁTER INDENIZATÓRIO

STF - Supremo Tribunal Federal

Tema	480	Situação	**Trânsito em Julgado**	Órgão julgador	**Tribunal Pleno**
Questão Controvertida	Incidência do teto constitucional remuneratório sobre proventos percebidos em desacordo com o disposto no art. 37, XI, da Constituição Federal.				
Tese Firmada	O teto de retribuição estabelecido pela Emenda Constitucional 41/03 possui eficácia imediata, submetendo às referências de valor máximo nele discriminadas todas as verbas de natureza remuneratória percebidas pelos servidores públicos da União, Estados, Distrito Federal e Municípios, ainda que adquiridas de acordo com regime legal anterior. Os valores que ultrapassam os limites estabelecidos para cada nível federativo na Constituição Federal constituem excesso cujo pagamento não pode ser reclamado com amparo na garantia da irredutibilidade de vencimentos.				
Informações Complementares					

Processo / Recurso	**Repercussão Geral**	**Relator (a)**	**Acórdão Publicado**	**Embargos Declaratórios**	**Trânsito em Julgado**
RE 609381	23/09/2011	TEORI ZAVASCKI	11/12/2014	04/02/2015	07/04/2015

3.3. SOBRE A CUMULAÇÃO DE APOSENTADORIA COM PENSÃO

STF - Supremo Tribunal Federal

Tema	**359**	Situação	**Trânsito em Julgado**	Órgão julgador	**Tribunal Pleno**
Questão Controvertida	Incidência do teto constitucional remuneratório sobre o montante decorrente da acumulação de proventos e pensão.				
Tese Firmada	"Ocorrida a morte do instituidor da pensão em momento posterior ao da Emenda Constitucional nº 19/1998, o teto constitucional previsto no inciso XI do artigo 37 da Constituição Federal incide sobre o somatório de remuneração ou provento e pensão percebida por servidor"				
Informações Complementares	Julgado mérito de tema com repercussão geral em 06/08/2020. SCAN ME				
Processo / Recurso	**Repercussão Geral**	**Relator (a)**	**Acórdão Publicado**	**Embargos Declaratórios**	**Trânsito em Julgado**
RE 602584	17/12/2010	MARCO AURÉLIO	23/11/2020	14/12/2020	26/03/2021

3.4. CUMULAÇÃO NA ÁREA DE SAÚDE

STJ - Superior Tribunal de Justiça

- Informativo 508 – 14.11.2012

DIREITO ADMINISTRATIVO. SERVIDOR PÚBLICO APOSENTADO. PROFISSIONAIS DA ÁREA DA SAÚDE. CUMULAÇÃO DE CARGOS. TETO REMUNERATÓRIO. A acumulação de proventos de servidor aposentado em decorrência do exercício cumulado de dois cargos de profissionais da área de saúde legalmente exercidos, nos termos autorizados pela CF, não se submete ao teto constitucional, devendo os cargos ser considerados isoladamente para esse fim (RMS 38.682-ES, Rel. Min. Herman Benjamin, julgado em 18/10/2012).

3.5. MOMENTO DE INCIDÊNCIA NO CÁLCULO DA PENSÃO POR MORTE

STF - Supremo Tribunal Federal

<table>
<tr><td>Tema</td><td>1167</td><td>Situação</td><td>Acórdão de Repercussão Geral publicado</td><td>Órgão julgador</td><td>Plenário Virtual</td></tr>
<tr><td colspan="2">Questão Controvertida</td><td colspan="4">Definição do momento de incidência do teto remuneratório do serviço público no cálculo de pensão por morte estabelecido no artigo 40, § 7º, da Constituição Federal, na redação da Emenda Constitucional 41/2003.</td></tr>
<tr><td colspan="2">Tese Firmada</td><td colspan="4">Na sistemática de cálculo dos benefícios previdenciários, não é lícito ao segurado conjugar as vantagens do novo sistema com aquelas aplicáveis ao anterior, porquanto inexiste direito adquirido a determinado regime jurídico.</td></tr>
<tr><td colspan="2">Informações Complementares</td><td colspan="4">SCAN ME</td></tr>
</table>

Processo / Recurso	**Repercussão Geral**	**Relator (a)**	**Acórdão Publicado**	**Embargos Declaratórios**	**Trânsito em Julgado**
ARE 1314490	Há repercussão geral	FLÁVIO DINO	14/09/2021	-	-

4. *TEMPUS REGIT ACTUM*

STJ - Superior Tribunal de Justiça

- Informativo 439 – 18.06.2010

PENSÃO CIVIL. MORTE. LEI VIGENTE. É cediço que, conforme o princípio tempus regit actum, a lei que disciplina a concessão de benefício previdenciário é a que vige quando se implementam os requisitos necessários para sua obtenção (vide Súm. N. 340-STJ). Isso se dá, também, com a pensão por morte de servidor público (no caso, ministro aposentado). Contudo, o falecimento do servidor é o requisito necessário à obtenção desse benefício. Assim, a data de implemento desse requisito não pode ser confundida com a data de sua aposentadoria. Antes do falecimento, há apenas expectativa de direito, e não direito subjetivo desde logo exigível (direito adquirido), hipótese em que se permite a incidência de novel legislação se alteradas as normas que regem esse benefício (vide Súm. N. 359-STF). Caso contrário, estar-se-ia a garantir direito adquirido à manutenção de regime jurídico, o que é repudiado pela jurisprudência. Por isso, o STF, o STJ e mesmo o TCU entendem que, se falecido o servidor na vigência da EC n. 41/2003 e da Lei n. 10.887/2004, o respectivo benefício da pensão devido ao cônjuge supérstite está sujeito a esses regramentos. Esse entendimento foi, justamente, o que a autoridade tida por coatora considerou no cálculo do montante do benefício em questão, não havendo reparos a seu ato (MS 14.743-DF, Rel. Min. Teori Albino Zavascki, julgado em 16/6/2010).

- Informativo 274 – 17.02.2006

APOSENTADORIA. PARLAMENTAR. LEI NOVA. Na espécie, o Tribunal a quo afastou a possibilidade de o ex-parlamentar (recorrente) se aposentar com os proventos integrais com base na nova Lei n. 9.506/1997, ao fundamento de que a concessão da aposentadoria se dá de acordo com a lei vigente à época (Lei n. 7.087/1982, que não previa aposentadoria integral). Sendo assim, aquele Tribunal entendeu desnecessária a discussão sobre a existência de cardiopatia grave. Observou a Min. Relatora que, na lei nova, não há previsão expressa de sua aplicação retroativa às situações consolidadas na vigência da lei anterior. Outrossim, alertou a Min. Relatora que a lei nova só prevê a aposentadoria integral em caso de acidente, moléstia profissional ou doença grave ocorrida durante o exercício do mandato, acarretando a invalidez permanente. No caso, o recorrente exerceu seu mandato até o término e a existência de cardiopatia grave concomitante ao mandato legislativo foi afastada pela sentença de 1º grau. Isso posto, a Turma, ao prosseguir o julgamento, negou provimento ao recurso (Resp 729.520-SE, Rel. Min. Laurita Vaz, julgado em 16/2/2006).

STF - Supremo Tribunal Federal

Tema	396	Situação	**Trânsito em Julgado**	Órgão julgador	**Tribunal Pleno**
Questão Controvertida	Direito adquirido aos critérios da paridade e integralidade no pagamento de pensão por morte de servidor aposentado antes do advento da Emenda Constitucional nº 41/2003, mas falecido durante sua vigência.				
Tese Firmada	Os pensionistas de servidor falecido posteriormente à EC 41/2003 têm direito à paridade com servidores em atividade (EC 41/2003, art. 7º), caso se enquadrem na regra de transição prevista no art. 3º da EC 47/2005. Não tem, contudo, direito à integralidade (CF, art. 40, § 7º, inciso I).				
Informações Complementares	SCAN ME				
Processo / Recurso	**Repercussão Geral**	**Relator (a)**	**Acórdão Publicado**	**Embargos Declaratórios**	**Trânsito em Julgado**
RE 603580	06/05/2011	RICARDO LEWANDOWSKI	04/08/2015	14/08/2015	05/10/2016

- Informativo 853 – 10.02.2017

PROVENTOS - REGÊNCIA. Os proventos da aposentadoria são calculados considerada a legislação em vigor na data em que implementados os requisitos necessários à inatividade - verbete nº 359 da Súmula da Jurisprudência Predominante do Supremo (MS 32726/DF).

- Informativo 716 – 23.08.2013

DIREITO ADMINISTRATIVO. AGRAVO REGIMENTAL NO RECURSO EXTRAORDINÁRIO COM AGRAVO. SERVIDOR PÚBLICO. PENSÃO POR MORTE CONCEDIDA ANTERIORMENTE À CONSTITUIÇÃO FEDERAL DE 1988. LEI VIGENTE À DATA DO ÓBITO. AUTOAPLICABILIDADE DO ART. 40, § 7º, DA CONSTITUIÇÃO. PRECEDENTES. 1. A jurisprudência desta Corte firmou-se no sentido de que a pensão por morte rege-se pelas leis vigentes à data do óbito. 2. Deve haver paridade entre os valores da pensão recebida e a totalidade dos vencimentos que o servidor falecido percebia, ainda que o óbito seja anterior à Constituição de 1988, pois o artigo 40, § 7º é norma autoaplicável. Precedentes. 3. Agravo regimental a que se nega provimento (AG. REG. NO ARE N. 699.864-RJ).

5. ESTABILIDADE E EFETIVIDADE

STF - Supremo Tribunal Federal

- Informativo 752 – 01.07.2014

AÇÃO DIRETA DE INCONSTITUCIONALIDADE. ARTIGO 7º DA LEI COMPLEMENTAR Nº 100/2007 DO ESTADO DE MINAS GERAIS. NORMA QUE TORNOU TITULARES DE CARGOS EFETIVOS SERVIDORES QUE INGRESSARAM NA ADMINISTRAÇÃO PÚBLICA SEM CONCURSO PÚBLICO, ENGLOBANDO SERVIDORES ADMITIDOS ANTES E DEPOIS DA CONSTITUIÇÃO DE 1988. OFENSA AO ART. 37, INCISO II, DA CONSTITUIÇÃO FEDERAL, E AO ART. 19 DO ATO DAS DISPOSIÇÕES CONSTITUCIONAIS TRANSITÓRIAS. MODULAÇÃO DOS EFEITOS. PROCEDÊNCIA PARCIAL. 1. Desde a Constituição de 1988, por força do seu art. 37, inciso II, a investidura em cargo ou emprego público depende da prévia aprovação em concurso público. As exceções a essa regra estão taxativamente previstas na Constituição. Tratando-se, no entanto, de cargo efetivo, a aprovação em concurso público se impõe. 2. O art. 19 do Atos das Disposições Constitucionais Transitórias tornou estáveis os servidores que estavam em exercício há pelo menos cinco anos na data da promulgação da Constituição de 1988. A estabilidade conferida por essa norma não implica a chamada efetividade, que depende de concurso público, nem com ela se confunde. Tal dispositivo é de observância obrigatória pelos estados. Precedentes: ADI nº 289/CE, Relator o Ministro Sepúlveda Pertence, Tribunal Pleno, DJ de 16/3/07; RE nº 199.293/SP, Relator o Ministro Marco Aurélio, Tribunal Pleno, DJ de 6/8/04; ADI nº 243/RN-MC, Relator o Ministro Maurício Corrêa, Tribunal Pleno, DJ de 24/8/01; RE nº 167635/PA, Relator o Ministro Maurício Corrêa, Segunda Turma, DJ de 7/2/97. 3. Com exceção do inciso III (que faz referência a servidores submetidos a concurso público), os demais incisos do art. 7º da Lei Complementar nº 100, de 2007, do Estado de Minas Gerais tornaram titulares de cargo efetivo servidores que ingressaram na

Administração Pública com evidente burla ao princípio do concurso público (art. 37, II, CF/88). 4. Modulação dos efeitos da declaração de inconstitucionalidade, nos termos do art. 27 da Lei nº 9.868/99, para, i) em relação aos cargos para os quais não haja concurso público em andamento ou com prazo de validade em curso, dar efeitos prospectivos à decisão, de modo a somente produzir efeitos a partir de doze meses, contados da data da publicação da ata de julgamento, tempo hábil para a realização de concurso público, a nomeação e a posse de novos servidores, evitando-se, assim, prejuízo à prestação de serviços públicos essenciais à população; ii) quanto aos cargos para os quais exista concurso em andamento ou dentro do prazo de validade, a decisão deve surtir efeitos imediatamente. Ficam, ainda, ressalvados dos efeitos da decisão (a) aqueles que já estejam aposentados e aqueles servidores que, até a data de publicação da ata deste julgamento, tenham preenchido os requisitos para a aposentadoria, exclusivamente para efeitos de aposentadoria, o que não implica efetivação nos cargos ou convalidação da lei inconstitucional para esses servidores, uma vez que a sua permanência no cargo deve, necessariamente, observar os prazos de modulação acima; (b) os que foram nomeados em virtude de aprovação em concurso público, imprescindivelmente, no cargo para o qual foram aprovados; e (c) a estabilidade adquirida pelos servidores que cumpriram os requisitos previstos no art. 19 do ADCT da Constituição Federal. 5. Ação direta julgada parcialmente procedente (ADI N. 4.876-DF).

6. ALTERAÇÕES NO REGIME JURÍDICO

6.1. DIREITO ADQUIRIDO

STF - Supremo Tribunal Federal

- Informativo 961 – 29.11.2019

CONSTITUCIONAL. CONTROLE DE CONSTITUCIONALIDADE. ALTERAÇÃO SUBSTANCIAL DA LEI IMPUGNADA APÓS O AJUIZAMENTO DA AÇÃO. PERDA PARCIAL DO OBJETO. PRECEDENTES. AÇÃO DIRETA DE INCONSTITUCIONALIDADE PARCIALMENTE

PREJUDICADA. ALEGAÇÃO DE INCONSTITUCIONALIDADE MATERIAL DO ARTIGO 36, § 1º, DA LEI Nº 3.189, DE 22 DE FEVEREIRO DE 1999, DO ESTADO DO RIO DE JANEIRO, POR VIOLAÇÃO DO ARTIGO 5º, XXXVI, DA CONSTITUIÇÃO FEDERAL. AUSÊNCIA DE AFRONTA A DIREITO ADQUIRIDO. PRECEDENTES. IMPROCEDÊNCIA. 1. A jurisprudência desta Suprema Corte é firme no sentido de que a revogação expressa ou tácita da norma impugnada, bem como sua alteração substancial, após o ajuizamento da ação direta de inconstitucionalidade, acarreta a perda superveniente do seu objeto, independentemente da existência de efeitos residuais concretos dela decorrentes. Vocação dessa espécie de ação constitucional a assegurar a higidez da ordem jurídica vigente. Considerando a alteração substancial do ato normativo impugnado, a ação direta de inconstitucionalidade está parcialmente prejudicada. 2. Alegação de inconstitucionalidade material por violação do artigo 5º, XXXVI, da Constituição Federal. O artigo 36 da Lei Estadual nº 3.189/199 efetivou a extinção dos pensionamentos aos dependentes de servidores do Poder Executivo do Estado do Rio de Janeiro, derivados do regime especial instituído pela Lei nº 7.301/73. O parágrafo 1º ressalva os pensionamentos já devidos à época da edição da lei, cujo pagamento passou a ser efetuado pela RIOPREVIDÊNCIA. Impossibilidade de extensão da ressalva a quem tinha mera expectativa de direitos, não protegida constitucionalmente. O STF tem entendimento assente no sentido de que não se pode invocar direito adquirido a regime jurídico, inclusive o previdenciário. 3. Ação conhecida em parte para julgar o pedido improcedente (ADI 2.049).

6.2. REGIME JURÍDICO ÚNICO

STF - Supremo Tribunal Federal

- Informativo 638 – 02.09.2011

ENQUADRAMENTO DE SERVIDOR PÚBLICO FALECIDO E PARÂMETROS DA PENSÃO. A 1ª Turma proveu recurso ordinário em mandado de segurança, interposto de acórdão do STJ, que reconhecera a situação funcional de servidor público do falecido marido e pai das recorrentes – auxiliar local de missão diplomática brasileira no exterior – e determinara seu enquadramento no regime jurídico único, nos termos do art. 243 da Lei 8.112/90 ("Ficam submetidos ao regime jurídico instituído por esta Lei, na qualidade de servidores públicos, os servidores dos Poderes da União, dos ex-Territórios, das autarquias, inclusive as em regime especial, e das fundações públicas, regidos pela Lei nº 1.711, de 28 de outubro de 1952 – Estatuto dos Funcionários Públicos Civis da União, ou pela Consolidação das Leis do Trabalho, aprovada pelo Decreto-Lei nº 5.452, de 1º de maio de 1943, exceto os contratados por prazo determinado, cujos contratos não poderão ser prorrogados após o vencimento do prazo de prorrogação"). Asseverou-se que o STJ reconhecera o direito e, no STF, fixaram-se os parâmetros da pensão (RMS 28649/DF).

6.3. VENCIMENTO ÚNICO PARA A CARREIRA

STF - Supremo Tribunal Federal

- Informativo 711 – 21.06.2013

CONSTITUCIONAL. SERVIDOR PÚBLICO. PROVENTOS DE APOSENTADORIA. LEI SUPERVENIENTE ESTABELECENDO VENCIMENTO ÚNICO PARA A CARREIRA. DIREITO ADQUIRIDO A REGIME JURÍDICO. INEXISTÊNCIA, ASSEGURADA A IRREDUTIBILIDADE DO VALOR PERCEBIDO. PRECEDENTES DO SUPREMO TRIBUNAL FEDERAL. 1. A jurisprudência do Supremo Tribunal Federal consolidou-se no sentido de que não existe direito adquirido nem a regime jurídico, nem aos critérios que determinaram a composição da remuneração ou dos proventos, desde que o novo sistema normativo assegure a irredutibilidade dos ganhos anteriormente percebidos. 2. Não havendo redução dos proventos percebidos pelo inativo, não há inconstitucionalidade na lei que estabelece, para a carreira, o sistema de vencimento único, com absorção de outras vantagens remuneratórias. 3. Agravo regimental desprovido (AG. REG. NO RE N. 634.732-PR).

6.4. REENQUADRAMENTO FUNCIONAL

STF - Supremo Tribunal Federal

Tema	813	Situação	**Trânsito em Julgado**	Órgão julgador	**Plenário Virtual - RG**
Questão Controvertida	Ocorrência de redução dos proventos de servidor público inativo em virtude da alteração do regime do magistério estadual e do posterior reenquadramento funcional.				
Tese Firmada	A questão da preservação do valor dos proventos dos servidores do Magistério estadual que foram reenquadrados em razão da redução da jornada de trabalho do cargo de professor no qual se deu a respectiva aposentadoria tem natureza infraconstitucional, e a ela se atribuem os efeitos da ausência de repercussão geral, nos termos do precedente fixado no RE 584.608, rel. a Ministra Ellen Gracie, DJe 13/03/2009.				
Informações Complementares	SCAN ME				
Processo / Recurso	**Repercussão Geral**	**Relator (a)**	**Acórdão Publicado**	**Embargos Declaratórios**	**Trânsito em Julgado**
ARE 881383	Não há RG - Matéria Infraconstitucional	TEORI ZAVASCKI	21/05/2015	-	02/06/2015

6.5. ESCALONAMENTO DE CLASSES E EC 20/98

STF - Supremo Tribunal Federal

Tema	1207	Situação	**Trânsito em Julgado**	Órgão julgador	**Plenário Virtual - RG**
Questão Controvertida	Definição do período mínimo de cinco anos de efetivo exercício no cargo em que se der a aposentadoria a ser considerado quando o servidor obtiver promoção mediante acesso a classe mais elevada em carreira escalonada, aposentando-se pelas regras das Emendas Constitucionais 41/2003 ou 47/2005.				
Tese Firmada	A promoção por acesso de servidor a classe distinta na carreira não representa ascensão a cargo diverso daquele em que já estava efetivado, de modo que, para fins de aposentadoria, o prazo mínimo de cinco anos no cargo efetivo, exigido pelo artigo 40, § 1º, inciso III, da Constituição Federal, na redação da Emenda Constitucional 20/1998, e pelos artigos 6º da Emenda Constitucional 41/2003 e 3º da Emenda Constitucional 47/2005, não recomeça a contar pela alteração de classe.				

Tema	**1207**	Situação	**Trânsito em Julgado**	Órgão julgador	**Plenário Virtual - RG**
Informações Complementares	SCAN ME				
Processo / Recurso	**Repercussão Geral**	**Relator (a)**	**Acórdão Publicado**	**Embargos Declaratórios**	**Trânsito em Julgado**
RE 1322195	Há repercussão geral com reafirmação de Jurisprudência	MINISTRO(A) PRESIDENTE	05/04/2022	-	04/05/2022

Tema	**578**	Situação	**Trânsito em Julgado**	Órgão julgador	**Plenário Virtual - RG**
Questão Controvertida	Aplicação do lapso temporal da Emenda Constitucional 20/98 a integrante de carreira pública escalonada em classes que pleiteia aposentadoria, com proventos relativos ao cargo ao qual promovido, ante o implemento dos requisitos, no cargo originalmente ocupado, antes do advento da emenda em questão.				
Tese Firmada	I - Ressalvado o direito de opção, a regra de transição do art. 8º, inciso II, da Emenda Constitucional nº 20/98, somente se aplica aos servidores que, quando da sua publicação, ainda não reuniam os requisitos necessários para a aposentadoria; II - Em se tratando de carreira pública escalonada em classes, a exigência instituída pelo art. 8º, inciso II, da Emenda Constitucional n.º 20/98, de cinco anos de efetivo exercício no cargo no qual se dará a aposentadoria, deverá ser compreendida como cinco anos de efetivo exercício na carreira a que pertencente o servidor.				
Informações Complementares	Recurso extraordinário em que se discute, à luz dos incisos XXXVI e LXIX do art. 5º e do caput do art. 37 da Constituição Federal, assim como do caput e do § 2º do art. 3º e do inciso II do art. 8º da Emenda Constitucional 20/98, a aplicação, ou não, do lapso temporal exigido pela referida emenda a integrante de carreira pública escalonada em classes que pleiteia aposentadoria, com proventos relativos ao cargo ao qual promovido, ante o implemento dos requisitos, no cargo originalmente ocupado, antes do advento da emenda em questão. SCAN ME				

Tema	**578**	Situação	**Trânsito em Julgado**	Órgão julgador	**Plenário Virtual - RG**
Processo / Recurso	**Repercussão Geral**	**Relator (a)**	**Acórdão Publicado**	**Embargos Declaratórios**	**Trânsito em Julgado**
RE 662423	31/08/2012	DIAS TOFFOLI	25/11/2020	-	11/12/2020

6.6. RECLASSIFICAÇÃO EM CLASSE INFERIOR

STF - Supremo Tribunal Federal

Tema	**439**	Situação	**Trânsito em Julgado**	Órgão julgador	**Tribunal Pleno**
Questão Controvertida	Direito adquirido de servidores públicos estaduais aposentados à permanência em determinada classe, não obstante o advento de lei estadual que, ao promover a reclassificação de cargos, reenquadra-os em classe inferior.				
Tese Firmada	Desde que mantida a irredutibilidade, não tem o servidor inativo, embora aposentado na última classe da carreira anterior, o direito de perceber proventos correspondentes aos da última classe da nova carreira, reestruturada por lei superveniente.				
Informações Complementares	SCAN ME				
Processo / Recurso	**Repercussão Geral**	**Relator (a)**	**Acórdão Publicado**	**Embargos Declaratórios**	**Trânsito em Julgado**
RE 606199	17/06/2011	TEORI ZAVASCKI	07/02/2014	-	19/02/2014

6.7. TRANSPOSIÇÃO E APOSTILAMENTO

STJ - Superior Tribunal de Justiça

- Informativo 474 – 27.05.2011

SERVIDOR PÚBLICO APOSENTADO. TRANSPOSIÇÃO. APOSTILAMENTO. Trata-se de mandado de segurança em que a associação, ora impetrante, insurge-se contra ato do advogado-geral da União que negou o direito dos seus representados à transposição, ao apostilamento da denominação do cargo ocupado, bem como à transferência para a folha da Advocacia-Geral da União (AGU). Sustenta que seus representados possuem direito líquido e certo à transposição e, em consequência, aos benefícios dela decorrentes, porquanto deve haver isonomia entre ativos e inativos, consoante o art. 40, § 8º, da CF/1988 e art. 7º da EC n. 41/2003. Alega, ainda, que o parágrafo único do art. 189 da Lei n. 8.112/1990 também garante tal direito. Entende que a autoridade coatora, ao indeferir a transposição/apostilamento, descumpriu, inclusive, norma expressa nos arts. 19 e 19-A da Lei n. 9.028/1995 c/c o art. 5º da MP n. 71/2002. Portanto, a questão está em definir se os servidores aposentados, em carreira modificada por lei superveniente, possuem direito líquido e certo à transposição e ao apostilamento incidente sobre os ativos, com base na isonomia constitucional. A Seção entendeu que, como supedâneo normativo do pleito mandamental, não é possível invocar a legislação específica da transposição, já que ela é omissa em relação ao caso, pois somente tratou dos servidores ativos. Todavia, consignou que o referido pleito encontra amparo nos arts. 40, § 8º, da CF/1988 e 189 da Lei n. 8.112/1990. Observou-se que o STF fixou que a expressão "quaisquer benefícios ou vantagens" possui alcance amplo e permite inferir que os substituídos possuem direito ao apostilamento e que a aplicação da isonomia constitucional é realizada de forma automática, pressupondo tão somente uma lei que preveja tal direito aos ativos. Por fim, registrou-se que o atendimento do pleito mandamental não importará prejuízo ao erário, visto que os substituídos processuais vinculados à associação impetrante já percebem proventos equivalentes à denominação de advogado da União. Diante disso, concedeu-se a segurança e determinou-se a transposição e o apostilamento da denominação de advogado da União nos títulos de inatividade dos substituídos, além da transferência dos encargos dos servidores para a folha de pagamento da AGU (MS 15.555-DF, Rel. Min. Humberto Martins, julgado em 25/5/2011).

6.8. MUDANÇA DE CARGO E OPÇÃO POR REGIME PREVIDENCIÁRIO ANTERIOR

STF - Supremo Tribunal Federal

<table>
<tr><td>Tema</td><td>1071</td><td>Situação</td><td>Em julgamento</td><td>Órgão julgador</td><td colspan="2">Plenário Virtual - RG</td></tr>
<tr><td colspan="2">Questão Controvertida</td><td colspan="5">Definição do termo "ingressado no serviço público", à luz do art. 40, § 16, da Constituição Federal, para fins de definição do alcance temporal do direito de opção do servidor público federal, oriundo de cargo público de outro ente da federação, ao novo regime de previdência complementar.</td></tr>
<tr><td colspan="2">Tese Firmada</td><td colspan="5">-</td></tr>
<tr><td colspan="2">Informações Complementares</td><td colspan="5">Recurso extraordinário em que se discute, à luz do art. 40, § 16, da Constituição Federal, a possibilidade de servidor público federal optar pela sistemática previdenciária anterior à instituição do regime de previdência complementar (Lei nº 12.618/2012), mantendo vínculo com o Regime Próprio de Previdência dos Servidores Públicos Federais, considerando-se seu ingresso no serviço público municipal em 18/02/2008.
SCAN ME</td></tr>
<tr><td colspan="2">Processo / Recurso</td><td>Repercussão Geral</td><td>Relator (a)</td><td>Acórdão Publicado</td><td>Embargos Declaratórios</td><td>Trânsito em Julgado</td></tr>
<tr><td colspan="2">RE 1050597</td><td>01/11/2019</td><td>EDSON FACHIN</td><td>12/02/2020</td><td>-</td><td>-</td></tr>
</table>

6.9. PEDIDO DE APOSENTADORIA POSTERIOR À EXTINÇÃO DE CARGO COMISSIONADO

STJ - Superior Tribunal de Justiça

- Informativo 769 – 04.04.2023

APOSENTADORIA. CARGO COMISSIONADO. EXTINÇÃO DO VÍNCULO COM A ADMINISTRAÇÃO ANTES DO PEDIDO. REQUISITOS. CUMPRIMENTO ANTERIOR. DIREITO ADQUIRIDO. EXISTÊNCIA. Os servidores que reúnem as condições, sob a égide do regime anterior (3º da EC 20/1998) podem se aposentar, mesmo que seu vínculo com a Administração tenha cessado antes do pedido de aposentadoria (RMS 61.411-SP, Rel. Ministro Gurgel de Faria, Primeira Turma, por unanimidade, julgado em 14/3/2023).

7. CUMULAÇÃO

7.1. CARGO COM PROVENTO

STJ - Superior Tribunal de Justiça

- Informativo 455 – 12.11.2010

ACUMULAÇÃO. APOSENTADORIAS. EC N. 20/1998. O servidor que se tornou inativo e retornou ao serviço público no período de vigência da CF/1988 (art. 99, § 4º), tendo-se aposentado novamente, agora sob a vigência da redação originária do art. 37 da CF/1988, ou seja, antes da EC n. 20/1998, tem direito à acumulação dos proventos (MS 14.220-DF, Rel. Min. Jorge Mussi, julgado em 10/11/2010).

STF - Supremo Tribunal Federal

Tema	606	Situação	Trânsito em Julgado	Órgão julgador	Tribunal Pleno - sessão virtual
Questão Controvertida		a) reintegração de empregados públicos dispensados em face da concessão de aposentadoria espontânea e consequente possibilidade de acumulação de proventos com vencimentos; b) competência para processar e julgar a ação em que se discute a reintegração de empregados públicos dispensados em face da concessão de aposentadoria espontânea e consequente possibilidade de acumulação de proventos com vencimentos			
Tese Firmada		A natureza do ato de demissão de empregado público é constitucional-administrativa e não trabalhista, o que atrai a competência da Justiça comum para julgar a questão. A concessão de aposentadoria aos empregados públicos inviabiliza a			

Tema	**606**	Situação	**Trânsito em Julgado**	Órgão julgador	**Tribunal Pleno – sessão virtual**
Tese Firmada	permanência no emprego, nos termos do art. 37, § 14, da CRFB, salvo para as aposentadorias concedidas pelo Regime Geral de Previdência Social até a data de entrada em vigor da Emenda Constitucional nº 103/19, nos termos do que dispõe seu art. 6º.				
Informações Complementares	Há RG. Recurso extraordinário em que se discute, à luz do inciso XXXVI do art. 5º; do caput, dos incisos I, II, XVI e XVII e do § 10 do art. 37; do § 6º do art. 40; do art. 41; do art. 114; bem como do § 1º do art. 173, todos da Constituição Federal, a possibilidade, ou não, da reintegração de empregados públicos dispensados em face da concessão de aposentadoria espontânea e da consequente possibilidade de acumulação de proventos com vencimentos; assim como a competência para processar e julgar a respectiva causa (se da Justiça Federal ou da Justiça do Trabalho).				
Processo / Recurso	**Repercussão Geral**	**Relator (a)**	**Acórdão Publicado**	**Embargos Declaratórios**	**Trânsito em Julgado**
RE 655283	26/12/2012	MARCO AURÉLIO	02/12/2021	03/12/2021	28/10/2022

- Informativo 982 – 19.06.2020

SERVIDOR APOSENTADO PELO RGPS E REINTEGRAÇÃO SEM CONCURSO. A Primeira Turma, por maioria, deu provimento a agravos regimentais em recursos extraordinários com agravo para julgar improcedentes pedidos formulados por servidores públicos municipais, que, depois de se aposentarem voluntariamente, pretendiam ser reintegrados aos mesmos cargos que ocupavam anteriormente. Trata-se de servidores ocupantes de cargos de provimento efetivo, que requereram aposentadoria perante o Instituto Nacional do Seguro Social (INSS), pois o município não possui regime próprio de previdência. Posteriormente, mediante ação judicial, postularam a aludida reintegração, ao fundamento de que seria cabível a percepção simultânea de vencimentos de cargo público com proventos de aposentadoria, pagos pelo Regime Geral de Previdência Social (RGPS). A Turma considerou inadmissível que o servidor efetivo, depois de aposentado regularmente, seja reconduzido ao mesmo cargo sem a realização de concurso público, com o intuito de cumular vencimentos e proventos de aposentadoria. Se o servidor é aposentado pelo RGPS, a vacância do cargo respectivo não implica direito à reintegração ao mesmo cargo sem a realização de concurso (ARE 1234192 AgR/PR e ARE 1250903 AgR/PR).

- Informativo 699 – 29.03.2013

AGRAVO REGIMENTAL NO RECURSO EXTRAORDINÁRIO. ACUMULAÇÃO DE CARGOS PÚBLICOS. PERCEPÇÃO SIMULTÂNEA DE UM PROVENTO DE APOSENTADORIA COM A REMUNERAÇÃO DE OUTRO CARGO PÚBLICO. COMPATIBILIDADE DE HORÁRIOS. IMPERTINÊNCIA DO REQUISITO NO CASO. CONTROVÉRSIA SOBRE A NATUREZA DO CARGO. ANÁLISE DE LEGISLAÇÃO LOCAL. IMPOSSIBILIDADE. SÚMULA 280 DO STF. JULGAMENTO DA MATÉRIA NOS TERMOS DO ART. 557, CAPUT, DO CPC. AGRAVO IMPROVIDO. I – É impertinente a exigência de compatibilidade de horários como requisito para a percepção simultânea de um provento de aposentadoria com a remuneração pelo exercício de outro cargo público. Precedentes. II – A verificação da natureza do cargo de diretor de escola demanda a análise da Lei Complementar Estadual 836/1997, o que inviabiliza o extraordinário, nos termos da Súmula 280 do STF. III – A existência de precedentes firmados por ambas as Turmas do Supremo Tribunal Federal a respeito do tema versado no apelo extremo possibilita o julgamento monocrático do recurso, nos termos do art. 557, caput, do CPC. IV – Agravo regimental improvido (AG. REG. NO RE N. 709.535-SP).

- Informativo 350 – 04.06.2004

EC 20/98 E ACUMULAÇÃO DE CARGOS COM PROVENTOS. A Turma, por maioria, deu provimento a recurso ordinário em mandado de segurança interposto contra ato do Ministro de Estado da Educação que, com base em processo administrativo, considerara ilícita a acumulação de dois cargos públicos com provento de aposentadoria e demitira servidora de um dos cargos. Tratava-se, na espécie, de servidora pública aposentada que, antes do advento da EC 20/98, retornara ao serviço público por meio de concurso e exercia dois cargos: um de professora com outro técnico. Rejeitou-se a alegada prescrição administrativa, porquanto a demissão da recorrente do cargo técnico ocorrera aproximadamente três anos após o conhecimento da suposta irregularidade por parte da Administração. No tocante à tríplice acumulação, a Turma, tendo em conta a possibilidade de acumulação remunerada dos dois cargos exercidos (CF, art. 37, XVI), aplicou a orientação firmada pelo STF no sentido de que o art. 11 da EC 20/98 resguardou o direito dos servidores inativos que, até a data da sua publicação, em virtude de aprovação em concurso, reingressaram no serviço público. Vencido o Min. Joaquim Barbosa que negava provimento ao recurso por entender que houve violação ao texto constitucional ao se permitir que, uma vez aposentada, a recorrente viesse a exercer dois novos cargos (EC 20/98, art. 11: "A vedação prevista no art. 37, § 10, da Constituição Federal, não se aplica aos membros de poder e aos inativos, servidores e militares, que, até a publicação desta Emenda, tenham ingressado novamente no serviço público por concurso público de provas ou de provas e títulos, e pelas demais formas previstas na Constituição Federal, sendo-lhes proibida a percepção de mais de uma aposentadoria pelo regime de previdência a que se refere o art. 40 da Constituição Federal, aplicando-se-lhes, em qualquer hipótese, o limite de que trata o § 11 deste mesmo artigo.") (RMS 24737/DF).

7.2. PROVENTO CIVIL E MILITAR

STF - Supremo Tribunal Federal

- Informativo 782 – 24.04.2015

ADMINISTRATIVO. EMBARGOS DE DIVERGÊNCIA NO AGRAVO REGIMENTAL NO AGRAVO DE INSTRUMENTO. SERVIDOR PÚBLICO MILITAR REFORMADO SOB A ÉGIDE DA CONSTITUIÇÃO FEDERAL DE 1967. REINGRESSO NO SERVIÇO PÚBLICO ANTES DA VIGÊNCIA DA EC 20/98. APOSENTADORIA COMPULSÓRIA EM 2004. CUMULAÇÃO DE PROVENTOS CIVIS E MILITARES. LEGITIMIDADE. ART. 11 DA EC 20/98. 1. Segundo a pacífica jurisprudência do Supremo Tribunal Federal, é legítima a acumulação de proventos civis e militares quando a reforma se deu sob a égide da Constituição Federal de 1967 e a aposentadoria ocorreu antes da vigência da EC 20/98. 2. É irrelevante, entretanto, que a aposentadoria civil tenha acontecido na vigência da EC 20/98, bastando que o reingresso no serviço público tenha ocorrido antes do advento da alteração constitucional, de forma a ensejar a incidência da ressalva do art. 11 da EC 20/98, cuja aplicação se dá "(...) aos membros de poder e aos inativos, servidores e militares, que, até a publicação desta Emenda, tenham ingressado novamente no serviço público (...)". 3. Embargos de divergência a que se nega provimento (AI 801096 AgR-EDv/DF).

- Informativo 720 – 20.09.2013

RECURSO EXTRAORDINÁRIO – APOSENTADORIA – ACUMULAÇÃO. VALORES ORIUNDOS DE REFORMA MILITAR E PROVENTOS – POSSIBILIDADE. A ressalva contida no artigo 11 da Emenda Constitucional nº 20/1998 não exclui o recebimento simultâneo de valores relativos a reforma militar e proventos de aposentadoria de servidor que retornou ao serviço público antes da promulgação da referida Emenda (AG. REG. NO AI N. 747.057-RJ).

- Informativo 375 – 11.02.2005

CUMULAÇÃO DE PROVENTOS DE INATIVIDADE CIVIL E MILITAR. O Tribunal deferiu mandado de segurança impetrado, por militar reformado, contra ato do Ministro Presidente da 1ª Câmara do Tribunal de Contas da União – TCU e do Coordenador-Geral de Recursos Humanos do Departamento de Administração da Agência Brasileira de Inteligência – ABIN, que culminara com a cessação do pagamento dos benefícios civis do impetrante. Na espécie, após sua reforma, em 1979, o impetrante fora contratado como desenhista, sob o regime da CLT, pela Secretaria de Assuntos Estratégicos da Presidência da República – atual ABIN, emprego de natureza técnica que fora convertido em cargo público com a instituição do Regime Jurídico Único pela Lei 8.112/90, e no qual se aposentara, em 1997, vindo a receber, cumulativamente, os proventos da inatividade civil e militar. Preliminarmente, excluiu-se da legitimação passiva o segundo impetrado, haja vista tratar-se de mero executor do ato administrativo do TCU. Afastou-se, em seguida, a alegação de decadência administrativa, em razão de o ato de aposentadoria ser ato administrativo complexo que só se aperfeiçoa com registro perante o TCU, sem o qual não se operam os efeitos da decadência. No mérito, na linha do que decidido pelo Pleno no MS 24742/DF (pendente de publicação – v. Informativo 360), entendeu-se que não haveria, no caso, óbice à acumulação dos proventos da inatividade. Ressaltando o fato de o impetrante ter sido reformado sob a égide da CF/67, na redação dada pela EC 1/69, cujo § 9º do seu art. 93 permitia a cumulação de proventos de inatividade dos militares da reserva e dos reformados quanto a contratos para prestação de serviços técnicos ou especializados, e de ter sido aposentado como servidor civil em 1997, concluiu-se que não teria ocorrido a percepção de mais de uma aposentadoria pelo regime de previdência a que alude o art. 40 da CF, vedada pelo art. 11 da EC 20/98, mas a acumulação de provento civil (regime próprio do art. 40, da CF/88) com provento militar (regime próprio do art. 42, da CF/88), situação não abrangida pela proibição da Emenda. (EC 20/98: "Art. 11. A vedação prevista no art. 37, § 10, da Constituição Federal, não se aplica aos membros de poder e aos inativos, servidores e militares, que, até a publicação desta Emenda, tenham ingressado novamente no serviço público por concurso público de provas ou de provas e títulos, e pelas demais formas previstas na Constituição Federal, sendo-lhes proibida a percepção de mais de uma aposentadoria pelo regime de previdência a que se refere o art. 40 da Constituição Federal, aplicando-se-lhes, em qualquer hipótese, o limite de que trata o § 11 deste mesmo artigo.") (MS 25090/DF).

- Informativo 360 – 10.09.2004

PENSÕES. MILITAR E CIVIL. CUMULAÇÃO. CF/67. O Tribunal, por maioria, deferiu mandado de segurança impetrado contra ato do Tribunal de Contas da União que declarara ilegal a reforma do marido da impetrante, Coronel da Aeronáutica falecido em 1998, e que implicara o cancelamento da pensão militar por ela recebida. Na espécie, o militar servira à Força Aérea Brasileira por trinta e seis anos, tendo sido reformado em 1982, quando passara a receber os proventos respectivos. Após sua reforma, trabalhara, sob o regime da CLT, por um período de onze anos, como pesquisador sênior do Centro Técnico Aeroespacial – CTA, emprego que, nesse ínterim, fora transformado em cargo público e no qual o militar veio a se aposentar, em 1993, percebendo proventos. Com seu falecimento, a impetrante vinha recebendo duas pensões (militar e civil). Tendo em conta que a reforma do militar e o seu retorno ao serviço público se deram sob a égide da CF/67 que, no § 9º do art. 93, permitia a acumulação de proventos de inatividade dos militares da reserva e dos reformados quanto a contratos para prestação de serviços técnicos ou especializados, como no caso, entendeu-se que não haveria óbice ao recebimento da pensão militar pela impetrante. Salientou-se, ainda, que a CF/67 seria aplicável à reforma e a CF/88, na sua redação original, à aposentadoria civil, haja vista que somente a partir do advento da EC 20/98, que instituiu o teto previsto no § 11 do art. 40, estaria vedada a percepção de mais de uma aposentadoria pelo regime de previdência a que se refere o aludido artigo. Vencido, em parte, o Min. Joaquim Barbosa que fazia ressalva no sentido de possibilitar que o TCU verificasse a regularidade da aposentadoria civil. (CF/67, com a redação dada pela EC 1/69: "Art. 93. As patentes, com as vantagens, prerrogativas e deveres a elas inerentes, são asseguradas em toda a plenitude, assim aos oficiais da ativa e da reserva como aos reformados. ... § 9° A proibição de acumular proventos de inatividade não se aplicará aos militares da reserva e aos reformados, quanto ao exercício de mandato eletivo, quanto ao de função de magistério ou de cargo em comissão ou quanto ao contrato para prestação de serviços técnicos ou especializados.") (MS 24742/DF).

7.3. MÉDICO CIVIL E MÉDICO MILITAR

STF - Supremo Tribunal Federal

Tema	627	Situação	**Trânsito em Julgado**	Órgão julgador	**Plenário Virtual - RG**
Questão Controvertida	Acumulação de pensão decorrente de cargo de médico militar com outra pensão oriunda de cargo de médico civil.				
Tese Firmada	Em se tratando de cargos constitucionalmente acumuláveis, descabe aplicar a vedação de acumulação de aposentadorias e pensões contida na parte final do artigo 11 da Emenda Constitucional 20/98, porquanto destinada apenas aos casos de que trata, ou seja, aos reingressos no serviço público por meio de concurso público antes da publicação da referida emenda e que envolvam cargos inacumuláveis.				

Tema	627	Situação	**Trânsito em Julgado**	Órgão julgador	**Plenário Virtual – RG**
Informações Complementares	Julgado. Recurso extraordinário em que se discute – à luz dos arts. 37, § 10; 142, § 3º, IX e art. 11 da Emenda Constitucional 20/1998 – a possibilidade de acumulação de pensão decorrente de cargo de médico militar com pensão oriunda de cargo de médico civil. SCAN ME				
Processo / Recurso	**Repercussão Geral**	**Relator (a)**	**Acórdão Publicado**	**Embargos Declaratórios**	**Trânsito em Julgado**
RE 658999	14/12/2012	LUIZ FUX	22/03/2023	-	21/04/2023

7.4. DUAS APOSENTADORIAS PELO RPPS

STJ – Superior Tribunal de Justiça

- Informativo 510 – 18.12.2012

DIREITO ADMINISTRATIVO E CONSTITUCIONAL. ACUMULAÇÃO DE DOIS PROVENTOS DE APOSENTADORIA PELO RPPS. RETORNO AO SERVIÇO PÚBLICO ANTERIOR À EC N. 20/1998. Ressalvadas as hipóteses de acumulação de cargo público expressamente previstas na CF, não é possível, após a EC n. 20/1998, cumular mais de uma aposentadoria à conta do regime previdenciário do art. 40 da CF, ainda que o ingresso no cargo em que se deu a segunda aposentadoria tenha ocorrido antes da referida Emenda (RMS 32.756-PE, Rel. Min. Castro Meira, julgado em 27/11/2012).

7.5. MAIS DE UMA PENSÃO

STF - Supremo Tribunal Federal

Tema	**162**	Situação	**Trânsito em Julgado**	Órgão julgador	**Tribunal Pleno**
Questão Controvertida	Acumulação de pensões por morte, no caso de o servidor aposentado ter reingressado no serviço público, por meio de concurso, antes da edição da Emenda Constitucional nº 20/98, e ter falecido em data posterior ao seu advento.				
Tese Firmada	É inconstitucional a percepção cumulativa de duas pensões estatutárias pela morte de servidor aposentado que reingressara no serviço público, por meio de concurso, antes da edição da EC 20/1998 e falecera após o seu advento.				
Informações Complementares	SCAN ME				
Processo / Recurso	**Repercussão Geral**	**Relator (a)**	**Acórdão Publicado**	**Embargos Declaratórios**	**Trânsito em Julgado**
RE 584388	08/05/2009	RICARDO LEWANDOWSKI	27/09/2011	-	07/10/2011

- Informativo 859 – 31.03.2017

CUMULAÇÃO DE PROVENTOS, PENSÕES E CARGOS PÚBLICOS INACUMULÁVEIS EM ATIVIDADE. A Primeira Turma concedeu mandado de segurança impetrado contra ato do Tribunal de Contas da União (TCU), que determinou à impetrada optar por uma das duas pensões que recebe em decorrência de aposentadorias de seu falecido esposo – servidor público civil aposentado pelo SNI e militar reformado do Exército –, ao fundamento de que a cumulação seria ilegal. Inicialmente, afastou a preliminar de decadência. O acordão impugnado foi publicado em 3.3.2004, ao passo que o "mandamus" somente foi protocolado em 13.10.2004, mais de 120 dias após a ciência do ato impugnado, o que resultaria na perda do direito de ajuizar a ação mandamental. O Colegiado, entretanto, asseverou que o fato de a impetrante haver sido favorecida por decisão liminar deferida em 10.11.2004 – portanto, há mais de doze anos – justifica avançar na análise da impetração. Ressaltou a necessidade de encontrar solução alternativa que leve em consideração a eficiência processual e a primazia da decisão de mérito, normas fundamentais já incorporadas na estrutura do novo CPC. Ademais, citou precedentes da Corte no sentido da superação de óbices processuais, quando necessária para adentrar no exame das questões de mérito. Apontou, ainda, precedente no sentido da obrigatoriedade da observância do princípio da segurança jurídica, diante da concessão de medidas liminares em processos cujos méritos são definitivamente julgados depois de passados muitos anos. No mérito, a Turma anotou que o art. 11 da Emenda Constitucional 20/1998 vedou expressamente a concessão de mais de uma aposentadoria pelo regime de previdência dos servidores civis previsto no art. 40 da Constituição Federal (CF). Registrou, no entanto, não haver qualquer referência à concessão de proventos militares, os quais são tratados nos arts. 42 e 142 do texto constitucional. Ressaltou que, por cumular a percepção de pensão civil com pensão militar, a impetrante está enquadrada em situação não alcançada pela proibição da referida emenda. Por fim, o Colegiado apontou precedentes nesse sentido (MS 25097).

7.6. PENSÃO HONORÍFICA E PENSÃO POR MORTE

STF - Supremo Tribunal Federal

- Informativo 479 – 14.09.2007

PENSÃO HONORÍFICA E PENSÃO POR MORTE: CUMULAÇÃO. A pensão honorífica concedida, pela Lei 9.255/96, a descendente do mártir Tiradentes é acumulável com pensão por morte, em face do caráter previdenciário deste benefício. Com base nessa orientação, a Turma manteve decisão monocrática do Min. Gilmar Mendes que, por ausência de prequestionamento, negara seguimento a agravo de instrumento, do qual relator, interposto pelo Instituto Nacional do Seguro Social – INSS, que visava à subida de recurso extraordinário. A citada autarquia sustentava ofensa ao art. 5º, caput e seu inciso XXXVI, ambos da CF, sob a alegação de que o pagamento da pensão especial para a ora agravada constituiria afronta ao princípio da isonomia, em desfavor dos demais descendentes de Tiradentes, bem como aduzia a proibição de acúmulo do referido benefício com "quaisquer outros recebidos dos cofres públicos" (Lei 9.255/96, art. 2º). Inicialmente, ressaltou-se que a agravante aufere dois benefícios distintos, a saber: a) a pensão decorrente da morte de seu pai, desde 1967; e b) a pensão de natureza honorífica, a partir de 1996. Considerou-se que a mencionada pensão especial possui caráter reparador, com escopo de homenagear a memória de Tiradentes, e que, portanto, não há de se confundir com os pagamentos feitos à agravada, a título previdenciário, que representam contrapartida às contribuições feitas ao erário pelo seu genitor. Ademais, asseverou-se que não se poderia ordenar o pagamento de benefício honorífico que se condicionasse ao não recebimento de outros benefícios, de natureza previdenciária, mesmo porque a agravada já ostentava, durante o processo legislativo que deu origem à benesse de caráter honorífico, a condição de beneficiária da pensão por morte (AI 623655 AgR/DF).

7.7. TRÍPLICE ACUMULAÇÃO DE VENCIMENTOS ANTES DA EC 20/1998

STF - Supremo Tribunal Federal

Tema	921	Situação	**Trânsito em Julgado**	Órgão julgador	**Plenário Virtual - RG**
Questão Controvertida	Tríplice acumulação de vencimentos e proventos decorrentes de ingressos em cargos públicos anteriores à EC n. 20/1998.				
Tese Firmada	É vedada a cumulação tríplice de vencimentos e/ou proventos, ainda que a investidura nos cargos públicos tenha ocorrido anteriormente à EC 20/1998.				
Informações Complementares	Há RG - Reafirmação de Jurisprudência SCAN ME				

Processo / Recurso	**Repercussão Geral**	**Relator (a)**	**Acórdão Publicado**	**Embargos Declaratórios**	**Trânsito em Julgado**
ARE 848993	07/10/2016	GILMAR MENDES	23/03/2017	30/03/2017	14/10/2020

7.8. TÉCNICO DE LABORATÓRIO

STJ - Superior Tribunal de Justiça

- Informativo 349 – 28.03.2008

APOSENTADORIA. CUMULATIVIDADE. EC N. 20/1998. O impetrante faz jus à duplicidade de proventos oriundos de aposentadorias no cargo de técnico de laboratório, visto que, dada sua situação funcional, não se aplica a vedação do art. 11 da EC n. 20/1998 mormente por direito adquirido, bem como por sua necessidade na condição de octogenário (MS 12.518-DF, Rel. Min. Arnaldo Esteves Lima, julgado em 26/3/2008).

7.9. EX-COMBATENTE

STJ - Superior Tribunal de Justiça

- Informativo 317 – 20.04.2007

ACUMULAÇÃO. EX-COMBATENTE. RESERVA REMUNERADA. Não é possível a acumulação das pensões e dos proventos relativos à reserva remunerada com a pensão especial devida aos ex-combatentes, uma vez que o art. 1º da Lei n. 5.315/1967 só é aplicável aos militares que, no retorno da campanha militar, decidiram retornar à vida civil e se afastar da caserna (AgRg no Resp 909.931-SC, Rel. Min. Maria Thereza de Assis Moura, julgado em 19/4/2007).

STF - Supremo Tribunal Federal

Tema	**840**	Situação	**Trânsito em Julgado**	Órgão julgador	**Plenário Virtual - RG**
Questão Controvertida	Definição do alcance do art. 53, V, do ADCT, notadamente da expressão "serviço efetivo, em qualquer regime jurídico", considerada a garantia do direito adquirido.				
Tese Firmada	A expressão 'serviço efetivo, em qualquer regime jurídico', considerado o disposto no artigo 53 do Ato das Disposições Transitórias, não aproveita tempo ficto.				

Tema	**840**	Situação	**Trânsito em Julgado**	Órgão julgador	**Plenário Virtual - RG**
Informações Complementares	Recurso extraordinário em que se discute, à luz do art. 5º, XXXVI, da Constituição Federal, o alcance do art. 53, V, do Ato das Disposições Constitucionais Transitórias, que trata da aposentadoria de ex-combatente, considerada a expressão "serviço efetivo em qualquer regime jurídico" e a garantia do direito adquirido. SCAN ME				
Processo / Recurso	**Repercussão Geral**	**Relator (a)**	**Acórdão Publicado**	**Embargos Declaratórios**	**Trânsito em Julgado**
RE 683621	28/08/2015	MARCO AURÉLIO	19/10/2020	22/10/2020	25/03/2021

7.10. ANISTIADO

STJ - Superior Tribunal de Justiça

- Informativo 315 – 30.03.2007

ANISTIA. ACUMULAÇÃO. CARGOS. DEDICAÇÃO EXCLUSIVA. APOSENTADORIA. O impetrante, nos idos de 1962, foi admitido como professor da UNB. Por razões políticas, foi demitido em 1965, porém logrou ser anistiado e reintegrado sob o regime da dedicação exclusiva em 1988, devido à EMC n. 26/1985 à CF/1967. Concomitantemente, obteve imediata licença sem vencimentos até 1992, data de sua aposentadoria no cargo. Nesse ínterim, foi admitido como tecnologista no IBGE (1972), onde laborou até 1997, quando novamente aposentado. Diante disso, a Seção entendeu cumprido o requisito constitucional da compatibilidade de horários para fins de acumulação (art. 37, XVI, b, da CF/1988), visto que, nesse período (1988 a 1992), o impetrante cumpria, sim, integralmente o horário de trabalho do cargo de tecnologista e sequer foi remunerado duplamente pelo erário. Anotou que não há questionamentos quanto à natureza técnica do cargo de tecnologista e eventual sobreposição de contagem de tempo de serviço para a concessão das aposentadorias. Outrossim, afirmou que a solução dada pelo TCU no acórdão do TC 018.957/1993-5, de possibilitar ao servidor a opção do regime (art. 14 do Dec. N. 94.664/1987), aqui não seria adequada, também porque submissas as duas aposentadorias do impetrante à regra de transição inserta no art. 11 da EC n. 20/1998 (MS 11.566-DF, Rel. Min. Arnaldo Esteves Lima, julgado em 28/3/2007).

STF - Supremo Tribunal Federal

- Informativo 686 – 31.10.2012

ANISTIA E ACUMULAÇÃO DE APOSENTADORIA. A 1ª Turma concedeu mandado de segurança para anular acórdão do TCU e restabelecer as pensões percebidas pela impetrante. Tratava-se, na espécie, de writ impetrado contra decisão da Corte de Contas que determinara a suspensão de um dos benefícios, ao argumento de que seriam resultantes de cargos que, em atividade, não seriam acumuláveis. Destacou-se que a primeira aposentadoria fora concedida ao marido falecido em 1970 e julgada legal pelo TCU após 7 anos. A segunda ocorrera em 1990 e registrada em 1993, implementada há mais de 15 anos. Acrescentou-se que ambas foram revertidas em pensões em 25.6.98, antes da promulgação da EC 20, de 15.12.98. Inicialmente, rejeitou-se a preliminar de ilegitimidade passiva ad causam, em face da jurisprudência do Supremo no sentido de que o TCU seria parte legítima para figurar no polo passivo de mandado de segurança quando a decisão proferida estivesse dotada de caráter impositivo. No mérito, ressaltou-se a relevância das causas de pedir vinculadas a: devido processo legal; passagem do lapso temporal – considerado o art. 54 da Lei 9.784/99 –; aplicação da EC 20/98 no tempo e, em especial, singularidade da primeira pensão, decorrente de indenização em face do Ato Institucional 5 e do art. 8º do ADCT. Destacou-se a natureza jurídica da anistia, no que visaria minimizar atos do passado, a implicar reparação monetária. Frisou-se que a aposentadoria decorrente do AI 5 seria verdadeira indenização e, portanto, acumulável com segunda relação jurídica que o servidor viera a manter com a Administração. Por fim, julgou-se prejudicado o agravo regimental interposto (MS 28700/DF).

7.11. ABONO DE PERMANÊNCIA COM INDENIZAÇÃO

STF - Supremo Tribunal Federal

Tema	1233	Situação	**Trânsito em Julgado**	Órgão julgador	**Plenário Virtual**
Questão Controvertida	Possibilidade de cumulação do abono de permanência com indenização por dano decorrente de equívoco no indeferimento de aposentadoria de servidor público.				
Tese Firmada	É infraconstitucional, a ela se aplicando os efeitos da ausência de repercussão geral, a controvérsia relativa à possibilidade de cumulação do abono de permanência com indenização decorrente do indeferimento equivocado de aposentadoria a servidor público.				
Informações Complementares	SCAN ME				

Processo / Recurso	**Repercussão Geral**	**Relator (a)**	**Acórdão Publicado**	**Embargos Declaratórios**	**Trânsito em Julgado**
RE 1348274	Não há RG - Matéria Infracons-titucional	MINISTRO PRESIDENTE	13/09/2022	-	28/09/2022

7.12. DUAS APOSENTADORIAS DE PROFESSOR E TEORIA DO FATO CONSUMADO

STJ - Superior Tribunal de Justiça

- Informativo 489 – 19.12.2011

APOSENTADORIA. CONTAGEM. TEMPO DE SERVIÇO. TEORIA DO FATO CONSUMADO. A Turma, diante da singularidade do caso e das situações fáticas consolidadas no tempo, por aplicação direta da teoria do fato consumado, deu provimento à segurança para manter a percepção pela impetrante, servidora pública do Distrito Federal, de sua segunda aposentadoria especial referente ao cargo efetivo de professora. A impetrante, quando em atividade, acumulava dois cargos de professora, tendo sido afastada, durante dois períodos, para exercer cargos em comissão na Secretaria de Educação. Em 8/3/1979, foi deferida sua primeira aposentadoria, computados como tempo de serviço os períodos relativos ao exercício das funções comissionadas. Em 15/2/1991, outra aposentadoria especial foi concedida à impetrante, referente a um segundo cargo efetivo de professora, considerado o mesmo interstício atinente aos cargos em comissão. O Tribunal de Contas do Distrito Federal (TCDF), em 15/3/2001, ao realizar o exame de legalidade do segundo ato de aposentação, negou seu registro por entender que o tempo de serviço prestado no exercício das funções de confiança não poderia ser levado em conta para aposentadoria nos dois cargos efetivos. Observou a Min. Relatora que a negativa do registro da aposentadoria ocorreu após dez anos da concessão inicial e quando a impetrante já contava com 74 anos de idade, ou seja, acima do limite etário para permanência em atividade. Dessa forma, diante da demora injustificada do TCDF na análise do ato de aposentação, o que, inclusive, inviabilizou que a impetrante exercesse seu direito de retornar às atividades para complementação do tempo necessário à segunda aposentadoria especial, seria perfeitamente aplicável à hipótese a teoria do fato consumado, tendo como escopo final evitar qualquer prejuízo à parte, que não contribuiu com a mora administrativa (RMS 26.998-DF, Rel. Min. Laurita Vaz, julgado em 6/12/2011).

CAPÍTULO 2 - CUSTEIO

1. IMUNIDADE SOBRE DOENÇA INCAPACITANTE

STF - Supremo Tribunal Federal

Tema	**317**	Situação	**Trânsito em Julgado**	Órgão julgador	**Plenário Virtual - RG**
Questão Controvertida	Auto-aplicabilidade da imunidade relativa à contribuição sobre os proventos de aposentadorias e pensões dos servidores públicos, prevista no art. 40, § 21, da Constituição Federal, quando o beneficiário for portador de doença incapacitante.				
Tese Firmada	O art. 40, § 21, da Constituição Federal, enquanto esteve em vigor, era norma de eficácia limitada e seus efeitos estavam condicionados à edição de lei complementar federal ou lei regulamentar específica dos entes federados no âmbito dos respectivos regimes próprios de previdência social.				
Informações Complementares	Há RG. Recurso extraordinário em que se discute, à luz dos artigos 2º; art. 40, § 21; 146, II e III; e 150, II, da Constituição Federal, a auto-aplicabilidade, ou não, do art. 40, § 21, da Constituição Federal, com a redação dada pela Emenda Constitucional nº 47/2005, o qual estabelece que a contribuição sobre os proventos de aposentadorias e pensões dos servidores públicos incidirá apenas sobre as parcelas de proventos de aposentadoria e de pensão que superem o dobro do limite máximo estabelecido para os benefícios do regime geral de previdência social, de que trata o art. 201 da Constituição Federal, quando o beneficiário, na forma da lei, for portador de doença incapacitante. SCAN ME				
Processo / Recurso	**Repercussão Geral**	**Relator (a)**	**Acórdão Publicado**	**Embargos Declaratórios**	**Trânsito em Julgado**
RE 630137	08/10/2010	ROBERTO BARROSO	12/03/2021	-	20/03/2021

2. INCIDÊNCIA DA CONTRIBUIÇÃO PREVIDENCIÁRIA

2.1. RETENÇÃO NA FONTE

2.1.1. VALORES PAGOS EM CUMPRIMENTO DE DECISÃO JUDICIAL

STJ - Superior Tribunal de Justiça

- Informativo 510 – 18.12.2012

DIREITO TRIBUTÁRIO. CONTRIBUIÇÃO PREVIDENCIÁRIA INCIDENTE SOBRE VALORES RECEBIDOS EM EXECUÇÃO JUDICIAL. É devida a retenção na fonte da contribuição do Plano de Seguridade do Servidor Público – PSS, incidente sobre valores pagos em cumprimento de decisão judicial, independentemente de condenação ou de prévia autorização no título executivo (EDcl no AgRg no REsp 1.266.616-RS, Rel. Min. Humberto Martins, julgado em 20/11/2012).

2.1.2. ART. 16-A DA LEI 10.887/04

STJ - Superior Tribunal de Justiça

<table>
<tr><td>Tema</td><td>431</td><td>Situação</td><td>Trânsito em Julgado</td><td>Órgão julgador</td><td>Primeira Seção</td></tr>
<tr><td colspan="2">Questão Controvertida</td><td colspan="4">Discute-se o cabimento da retenção da contribuição previdenciária prevista no art. 16-A da Lei 10.887/2004, introduzido pela Medida Provisória 449/2008, pois não prevista no título executivo.</td></tr>
<tr><td colspan="2">Tese Firmada</td><td colspan="4">A retenção na fonte da contribuição do Plano de Seguridade do Servidor Público - PSS, incidente sobre valores pagos em cumprimento de decisão judicial, prevista no art. 16-A da Lei 10.887/04, constitui obrigação ex lege e como tal deve ser promovida independentemente de condenação ou de prévia autorização no título executivo.</td></tr>
<tr><td colspan="2">Informações Complementares</td><td colspan="4">SCAN ME</td></tr>
</table>

Tema	431	Situação	**Trânsito em Julgado**	Órgão julgador	**Primeira Seção**
Processo / Recurso	**Decisão de Afetação**	**Relator (a)**	**Acórdão Publicado**	**Embargos Declaratórios**	**Trânsito em Julgado**
REsp 1196777/RS REsp 1196778/RS	20/08/2010	TEORI ALBINO ZAVASCKI	04/11/2010	15/04/2011 e 07/06/2011	07/12/2010 e 08/08/2011

- Informativo 510 – 18.12.2012

DIREITO TRIBUTÁRIO. CONTRIBUIÇÃO PREVIDENCIÁRIA RETIDA NA FONTE. A determinação de retenção na fonte da contribuição previdenciária, na forma e pelo modo estabelecido no art. 16-A da Lei n. 10.887/2004, nada mais representa do que uma providência de arrecadação do tributo, não traduzindo juízo de certeza quanto à legitimidade ou não da exação tributária ou do respectivo valor (EDcl no AgRg no REsp 1.266.616-RS, Rel. Min. Humberto Martins, julgado em 20/11/2012).

2.2. TERÇO DE FÉRIAS, SERVIÇOS EXTRAORDINÁRIOS, ADICIONAL NOTURNO E ADICIONAL DE INSALUBRIDADE

STJ - Superior Tribunal de Justiça

- Informativo 656 – 11.10.2019

SERVIDOR PÚBLICO. PROVENTOS DE APOSENTADORIA. VERBA NÃO INCORPORÁVEL. CONTRIBUIÇÃO PREVIDENCIÁRIA. NÃO INCIDÊNCIA. MATÉRIA DECIDIDA SOB O RITO DA REPERCUSSÃO GERAL. RE 593.068/SC (TEMA 163). JUÍZO DE RETRATAÇÃO. Em adequação ao entendimento do Supremo Tribunal Federal, não incide contribuição previdenciária sobre verba não incorporável aos proventos de aposentadoria do servidor público, tais como terço de férias, serviços extraordinários, adicional noturno e adicional de insalubridade (EDcl no AgInt no REsp 1.659.435-SC, Rel. Min. Napoleão Nunes Maia Filho, Primeira Turma, por unanimidade, julgado em 03/09/2019, DJe 06/09/2019).

- Informativo 30.10.2009

CONTRIBUIÇÃO PREVIDENCIÁRIA. TERÇO CONSTITUCIONAL. FÉRIAS. O STJ entendia que o acréscimo de 1/3 sobre as férias integraria a remuneração do servidor público e, consequentemente, a base de cálculo da contribuição previdenciária (art. 4º da Lei n. 10.887/2004), pois se trataria, ao cabo, de vantagem retributiva da prestação do trabalho. Contudo, esse entendimento mostrou-se contrário a vários arestos do ST, que concluíam não incidir a referida contribuição sobre aquele adicional, visto que deteria natureza compensatória, indenizatória, por não se incorporar ao salário do servidor para aposentadoria (art. 201, § 11, da CF/1988). Assim, embora esses julgados não sejam do Pleno do STF, a Seção reviu sua posição, para entender também que não incide contribuição previdenciária sobre o terço constitucional de férias. Anote-se, por último, que esse entendimento da Seção foi firmado em incidente de uniformização jurisprudencial que manteve o acórdão impugnado da Turma Nacional de Uniformização de Jurisprudência dos Juizados Especiais Federais acorde com a jurisprudência do STF (Pet 7.296-PE, Rel. Min. Eliana Calmon, julgada em 28/10/2009).

2.3. PARCELA QUE EXCEDE O VALOR TETO DE BENEFÍCIOS DO RGPS E EC 41/03

STF - Supremo Tribunal Federal

- Informativo 983 (26.06.2020), 641 (23.09.2011) e 640 (16.09.2011)

ADIs 3133 e 3143

AÇÃO DIRETA DE INCONSTITUCIONALIDADE. CONTRIBUIÇÃO PREVIDENCIÁRIA DE INATIVOS E PENSIONISTAS. ARTS. 40, CAPUT – EXPRESSÕES 'E SOLIDÁRIO' E 'E INATIVOS E DOS PENSIONISTAS' -, § 7º, INC. I E II, E § 18, E 149, § 1º, DA CONSTITUIÇÃO DA REPÚBLICA; E ART. 4º, CAPUT E PARÁGRAFO ÚNICO, INC. I E II, DA EMENDA CONSTITUCIONAL N. 41/2003. IMPROCEDÊNCIA DAS ALEGAÇÕES DE CONTRARIEDADE AO ART. 5º, CAPUT, INC. XXXVI E LIV E § 2º, C/C O ART. 40, § 12, ART. 150, INC. II, ART. 195, INC. II, C/C ART. 60, § 4º, INC. I E IV, DA CONSTITUIÇÃO DA REPÚBLICA. 1. No julgamento das

Ações Diretas de Inconstitucionalidade n. 3.105/DF e 3.128/DF, o Supremo Tribunal Federal reconheceu a constitucionalidade da cobrança da contribuição previdenciária instituída no caput do art. 4º da Emenda Constitucional n. 41/2003 e declarou a inconstitucionalidade das expressões "cinquenta por cento do" e "sessenta por cento do", contidas nos incisos I e II do parágrafo único do art. 4º da Emenda Constitucional n. 41/2003: prejuízo do pedido quanto ao art. 40, caput, da Constituição da República e ao art. 4º, caput e parágrafo único, inc. I e II, da Emenda Constitucional n. 41/2003. 2. A Emenda Constitucional n. 103/2019 alterou substancialmente a norma do § 7º do art. 40 da Constituição, acarretando a perda superveniente do objeto: pedido prejudicado nessa parte. 3. A discriminação determinada pelo art. 40, § 18, da Constituição da República, segundo a qual incidirá contribuição previdenciária sobre os proventos de aposentadorias e pensões que excederem o limite máximo estabelecido para os benefícios do regime geral de previdência social configura situação justificadamente favorável àqueles que já recebiam benefícios quando do advento da Emenda Constitucional n. 41/2003, incluídos no rol dos contribuintes (Ações Diretas de Inconstitucionalidade n. 3.105/DF e 3.128/DF): improcedência do pedido nessa parte. 5. No julgamento da Ação Direta de Inconstitucionalidade n. 3.138, o Supremo Tribunal Federal reconheceu a constitucionalidade do art. 149, § 1º, da Constituição da República: prejuízo do pedido quanto a essa norma. 6. Ação julgada prejudicada quanto ao pedido de declaração de inconstitucionalidade das normas postas no art. 40, caput e § 7º, incs. I e II, e 149, § 1º, da Constituição da República e no art. 4º, caput, parágrafo único, inc. I e II, da Emenda Constitucional n. 41/2003, e improcedente quanto à norma do art. 40, § 18, da Constituição da República.

ADI 3184

AÇÃO DIRETA DE INCONSTITUCIONALIDADE. CONTRIBUIÇÃO PREVIDENCIÁRIA DE INATIVOS E PENSIONISTAS. ART. 40, § 18, DA CONSTITUIÇÃO DA REPÚBLICA; ARTS. 4º, PARÁGRAFO ÚNICO, INC. I E II, E 9º DA EMENDA CONSTITUCIONAL N. 41/2003. IMPROCEDÊNCIA DAS ALEGAÇÕES DE CONTRARIEDADE AOS PRINCÍPIOS DO DIREITO ADQUIRIDO, DO ATO JURÍDICO PERFEITO, DA PROPORCIONALIDADE E DA SEGURANÇA JURÍDICA.

1. No julgamento das Ações Diretas de Inconstitucionalidade n. 3.105/DF e 3.128/DF, o Supremo Tribunal Federal reconheceu a constitucionalidade da cobrança da contribuição previdenciária instituída no caput do art. 4º da Emenda Constitucional n. 41/2003 e declarou a inconstitucionalidade das expressões "cinquenta por cento do" e "sessenta por cento do", contidas nos incisos I e II do parágrafo único do art. 4º da Emenda Constitucional n. 41/2003: prejuízo do pedido nessa parte. 2. A discriminação determinada pelo § 18 do art. 40 da Constituição da República, segundo a qual incidirá contribuição previdenciária sobre os proventos de aposentadorias e pensões que excederem o limite máximo estabelecido para os benefícios do regime geral de previdência social, configura situação justificadamente favorável àqueles que já recebiam benefícios quando do advento da Emenda Constitucional n. 41/2003, incluídos no rol dos contribuintes (Ações Diretas de Inconstitucionalidade n. 3.105/DF e 3.128/DF): improcedência do pedido nessa parte. 3. A pacífica jurisprudência do Supremo Tribunal assentou inexistir direito adquirido à não tributação: improcedente do pedido quanto ao art. 9º da Emenda Constitucional n. 41/2003. 4. Ação julgada prejudicada quanto ao art. 4º, parágrafo único, inc. I e II, da Emenda Constitucional n. 41/2003; e improcedente quanto ao § 18 do art. 40 da Constituição da República e ao art. 9º da Emenda Constitucional n. 41/2003.

2.4. CONTRIBUIÇÃO DOS SERVIDORES INATIVOS E PENSIONISTAS

2.4.1. *FEDERAIS*

STF - Supremo Tribunal Federal

- Informativo 376 (18.02.2005), 357 (20.08.2004) e 349 (28.05.2004)

INCONSTITUCIONALIDADE. SEGURIDADE SOCIAL. SERVIDOR PÚBLICO. VENCIMENTOS. PROVENTOS DE APOSENTADORIA E PENSÕES. SUJEIÇÃO À INCIDÊNCIA DE CONTRIBUIÇÃO PREVIDENCIÁRIA. OFENSA A DIREITO ADQUIRIDO NO ATO DE APOSENTADORIA. NÃO OCORRÊNCIA. CONTRIBUIÇÃO SOCIAL. EXIGÊNCIA PATRIMONIAL DE NATUREZA TRIBUTÁRIA. INEXISTÊNCIA

DE NORMA DE IMUNIDADE TRIBUTÁRIA ABSOLUTA. EMENDA CONSTITUCIONAL Nº 41/2003 (ART. 4º, CAPUT). REGRA NÃO RETROATIVA. INCIDÊNCIA SOBRE FATOS GERADORES OCORRIDOS DEPOIS DO INÍCIO DE SUA VIGÊNCIA. PRECEDENTES DA CORTE. INTELIGÊNCIA DOS ARTS. 5º, XXXVI, 146, III, 149, 150, I E III, 194, 195, CAPUT, II E § 6º, DA CF, E ART. 4º, CAPUT, DA EC Nº 41/2003. 1. No ordenamento jurídico vigente, não há norma, expressa nem sistemática, que atribua à condição jurídico-subjetiva da aposentadoria de servidor público o efeito de lhe gerar direito subjetivo como poder de subtrair ad aeternum a percepção dos respectivos proventos e pensões à incidência de lei tributária que, anterior ou ulterior, os submeta à incidência de contribuição previdencial. Noutras palavras, não há, em nosso ordenamento, nenhuma norma jurídica válida que, como efeito específico do fato jurídico da aposentadoria, lhe imunize os proventos e as pensões, de modo absoluto, à tributação de ordem constitucional, qualquer que seja a modalidade do tributo eleito, donde não haver, a respeito, direito adquirido com o aposentamento. 2. Inconstitucionalidade. Ação direta. Seguridade social. Servidor público. Vencimentos. Proventos de aposentadoria e pensões. Sujeição à incidência de contribuição previdenciária, por força de Emenda Constitucional. Ofensa a outros direitos e garantias individuais. Não ocorrência. Contribuição social. Exigência patrimonial de natureza tributária. Inexistência de norma de imunidade tributária absoluta. Regra não retroativa. Instrumento de atuação do Estado na área da previdência social. Obediência aos princípios da solidariedade e do equilíbrio financeiro e atuarial, bem como aos objetivos constitucionais de universalidade, equidade na forma de participação no custeio e diversidade da base de financiamento. Ação julgada improcedente em relação ao art. 4º, caput, da EC nº 41/2003. Votos vencidos. Aplicação dos arts. 149, caput, 150, I e III, 194, 195, caput, II e § 6º, e 201, caput, da CF. Não é inconstitucional o art. 4º, caput, da Emenda Constitucional nº 41, de 19 de dezembro de 2003, que instituiu contribuição previdenciária sobre os proventos de aposentadoria e as pensões dos servidores públicos da União, dos Estados, do Distrito Federal e dos Municípios, incluídas suas autarquias e fundações. 3. Inconstitucionalidade. Ação direta. Emenda Constitucional (EC nº 41/2003, art. 4º, § único, I e II). Servidor público. Vencimentos. Proventos de aposentadoria e pensões. Sujeição à incidência de contribuição previdenciária. Bases de cálculo diferenciadas. Arbitrariedade. Tratamento discriminatório entre servidores e pensionistas da União, de um lado, e servidores e pensionistas dos Estados, do Distrito Federal e dos Municípios, de outro. Ofensa ao princípio constitucional da isonomia tributária, que é particularização do princípio fundamental da igualdade. Ação julgada procedente para declarar inconstitucionais as expressões "cinquenta por cento do" e "sessenta por cento do", constante do art. 4º, § único, I e II, da EC nº 41/2003. Aplicação dos arts. 145, § 1º, e 150, II, cc. art. 5º, caput e § 1º, e 60, § 4º, IV, da CF, com restabelecimento do caráter geral da regra do art. 40, § 18. São inconstitucionais as expressões "cinqüenta por cento do" e "sessenta por cento do", constantes do § único, incisos I e II, do art. 4º da Emenda Constitucional nº 41, de 19 de dezembro de 2003, e tal pronúncia restabelece o caráter geral da regra do art. 40, § 18, da Constituição da República, com a redação dada por essa mesma Emenda (ADI N. 3105-DF E ADI N. 3128-DF).

2.4.2. ESTADUAIS

STF - Supremo Tribunal Federal

- Informativo 776 (06.03.2015) e 646 (04.11.2011)

CONTRIBUIÇÃO PREVIDENCIÁRIA DE INATIVOS E PENSIONISTAS: ISENÇÃO E PATOLOGIAS INCAPACITANTES. O Plenário, em conclusão de julgamento e por maioria, acolheu, em parte, pedido formulado em ação direta para estabelecer que o parágrafo único do art. 3º da Lei 8.633/2005 do Estado do Rio Grande do Norte ["Art. 3º. Os aposentados e os pensionistas de qualquer dos Poderes do Estado, do Ministério Público e do Tribunal de Contas do Estado, incluídas suas autarquias e fundações, e dos Militares Estaduais contribuirão para o regime próprio de previdência social, com 11 % (onze por cento) incidentes sobre o valor da parcela dos proventos de aposentadorias e pensões que supere o limite máximo estabelecido para os benefícios do regime geral de previdência social, fixado pela legislação federal. Parágrafo único. São isentos da contribuição de que trata o 'caput' deste artigo, os aposentados e pensionistas que sejam portadores de patologias incapacitantes, abrangidos pela isenção oferecida pela legislação do Imposto de Renda"] deve ser interpretado à luz do limite previsto no art. 40, § 21, da CF ("§ 21. A contribuição prevista no §

18 deste artigo incidirá apenas sobre as parcelas de proventos de aposentadoria e de pensão que superem o dobro do limite máximo estabelecido para os benefícios do regime geral de previdência social de que trata o art. 201 desta Constituição, quando o beneficiário, na forma da lei, for portador de doença incapacitante"). O Colegiado destacou que a norma adversada seria extremamente simpática do ponto de vista da justiça social, a qual deveria valer para todos, sob pena de se ferir a isonomia. Ademais, ela alcançaria grande parte dos aposentados e pensionistas. Entretanto, o mencionado parágrafo único, ao conceder isenção total, seria mais amplo do que o § 21 do art. 40 da CF, que confere benefício limitado (ADI 3477/RN).

- Informativo 600 – 17.09.2010 – ADI 2158/PR e ADI 2189/PR

AÇÃO DIRETA DE INCONSTITUCIONALIDADE. AMB. LEI Nº 12.398/98-PARANÁ. DECRETO ESTADUAL Nº 721/99. EDIÇÃO DA EC Nº 41/03. SUBSTANCIAL ALTERAÇÃO DO PARÂMETRO DE CONTROLE. NÃO OCORRÊNCIA DE PREJUÍZO. SUPERAÇÃO DA JURISPRUDÊNCIA DA CORTE ACERCA DA MATÉRIA. CONTRIBUIÇÃO DOS INATIVOS. INCONSTITUCIONALIDADE SOB A EC Nº 20/98. PRECEDENTES. 1. Em nosso ordenamento jurídico, não se admite a figura da constitucionalidade superveniente. Mais relevante do que a atualidade do parâmetro de controle é a constatação de que a inconstitucionalidade persiste e é atual, ainda que se refira a dispositivos da Constituição Federal que não se encontram mais em vigor. Caso contrário, ficaria sensivelmente enfraquecida a própria regra que proíbe a convalidação. 2. A jurisdição constitucional brasileira não deve deixar às instâncias ordinárias a solução de problemas que podem, de maneira mais eficiente, eficaz e segura, ser resolvidos em sede de controle concentrado de normas. 3. A Lei estadual nº 12.398/98, que criou a contribuição dos inativos no Estado do Paraná, por ser inconstitucional ao tempo de sua edição, não poderia ser convalidada pela Emenda Constitucional nº 41/03. E, se a norma não foi convalidada, isso significa que a sua inconstitucionalidade persiste e é atual, ainda que se refira a dispositivos da Constituição Federal que não se encontram mais em vigor, alterados que foram pela Emenda Constitucional nº 41/03. Superada a preliminar de prejudicialidade da ação, fixando o entendimento de, analisada a situação concreta, não se assentar o prejuízo das ações em curso, para evitar situações em que uma lei que nasceu claramente inconstitucional volte a produzir, em tese, seus efeitos, uma vez revogada as medidas cautelares concedidas já há dez anos. 4. No mérito, é pacífica a jurisprudência desta Corte no sentido de que é inconstitucional a incidência, sob a égide da EC nº 20/98, de contribuição previdenciária sobre os proventos dos servidores públicos inativos e dos pensionistas, como previu a Lei nº 12.398/98, do Estado do Paraná (cf. ADI nº 2.010/DF-MC, Relator o Ministro Celso de Mello, DJ de 12/4/02; e RE nº 408.824/RS-AgR, Segunda Turma, Relator o Ministro Eros Grau, DJ de 25/4/08). 5. É igualmente inconstitucional a incidência, sobre os proventos de inativos e pensionistas, de contribuição compulsória para o custeio de serviços médico-hospitalares (cf. RE nº 346.797/RS-AgR, Relator o Ministro Joaquim Barbosa, Primeira Turma, DJ de 28/11/03; ADI nº 1.920/BA-MC, Relator o Ministro Nelson Jobim, DJ de 20/9/02). 6. Declaração de inconstitucionalidade por arrastamento das normas impugnadas do decreto regulamentar, em virtude da relação de dependência com a lei impugnada. Precedentes. 7. Ação direta de inconstitucionalidade julgada parcialmente procedente (ADI 2158/PR). **AÇÃO DIRETA DE INCONSTITUCIONALIDADE. PGR. LEI Nº 12.398/98-PARANÁ. DECRETO ESTADUAL Nº 721/99. EDIÇÃO DA EC Nº 41/03. SUBSTANCIAL ALTERAÇÃO DO PARÂMETRO DE CONTROLE. NÃO OCORRÊNCIA DE PREJUÍZO. CONTRIBUIÇÃO DOS INATIVOS. INCONSTITUCIONALIDADE SOB A EC Nº 20/98. PRECEDENTES.** 1. Em nosso ordenamento jurídico, não se admite a figura da constitucionalidade superveniente. Mais relevante do que a atualidade do parâmetro de controle é a constatação de que a inconstitucionalidade persiste e é atual, ainda que se refira a dispositivos da Constituição Federal que não se encontram mais em vigor. Caso contrário, ficaria sensivelmente enfraquecida a própria regra que proíbe a convalidação. 2. A jurisdição constitucional brasileira não deve deixar às instâncias ordinárias a solução de problemas que podem, de maneira mais eficiente, eficaz e segura, ser resolvidos em sede de controle concentrado de normas. 3. A Lei estadual nº 12.398/98, que criou a contribuição dos inativos no Estado do Paraná, por ser inconstitucional ao tempo de sua edição, não poderia ser convalidada pela Emenda Constitucional nº 41/03. E, se a norma não foi convalidada, isso significa que a sua inconstitucionalidade persiste e é atual, ainda que se refira a dispositivos da Constituição Federal que não se encontram mais em vigor, alterados que foram pela Emenda Constitucional nº 41/03. Superada a preliminar de prejudicialidade da ação, fixando o entendimento de, analisada a situação concreta, não se assentar o prejuízo das ações em curso, para evitar situações em que uma lei que nasceu claramente inconstitucional volte a produzir, em tese, seus efeitos, uma vez revogada as medidas cautelares concedidas já há dez anos. 4. No mérito, é pacífica a jurisprudência desta Corte no sentido de que é inconstitucional a incidência, sob a égide da EC nº 20/98, de contribuição previdenciária sobre os proventos dos servidores públicos inativos e dos pensionistas, como previu a Lei nº 12.398/98 do Estado do Paraná (cf. ADI nº 2.010/DF-MC, Relator o Ministro Celso de Mello, DJ de 12/4/02; e RE nº 408.824/RS-AgR, Segunda Turma, Relator o Ministro Eros Grau, DJ de 25/4/08). 5. Ação direta julgada procedente (ADI 2189/PR).

- Informativo 445 – 20.10.2006

CONTRIBUIÇÃO PREVIDENCIÁRIA DE INATIVOS E PENSIONISTAS. O Tribunal julgou parcialmente procedente ação direta para declarar a inconstitucionalidade da expressão "cinqüenta por cento do" contida no art. 5º, § 2º, I, da Lei 7.249/98, do Estado da Bahia, com a redação que lhe foi dada pela Lei 9.003/2004, que, dispondo sobre o Sistema de Seguridade Social dos Servidores Públicos Estaduais, estabelece que o custeio da previdência social será feito por meio de contribuições dos órgãos e entidades da Administração direta e indireta do Estado, dos servidores públicos ativos, inativos e pensionistas. Adotou-se o entendimento fixado pela Corte no julgamento da ADI 3105/DF e da ADI 3128/DF (DJU de 18.2.2005), no sentido da constitucionalidade da cobrança da contribuição previdenciária sobre os proventos de aposentadoria e pensões, e da inconstitucionalidade, por ofensa ao princípio da igualdade, da adoção de tratamento diferenciado entre contribuintes, quanto à sujeição do tributo, em razão de o gozo do benefício ou o cumprimento das exigências para a sua obtenção se darem antes ou depois da publicação da EC 41/2003. O Tribunal também deu interpretação conforme a Constituição ao inciso I do art. 3º da Lei 7.249/98 para assentar que o custeio da seguridade social incumbe aos servidores públicos ativos e inativos da Administração direta e indireta do Estado, sujeitos ao regime estatutário (ADI 3188/BA).

- Informativo 312 – 13.06.2003

CONTRIBUIÇÃO PREVIDENCIÁRIA DO ESTADO DO RS. Considerando que a CF/88, somente após a superveniência da EC 20/98, não autoriza a cobrança de contribuição previdenciária sobre servidores aposentados e pensionistas, a Turma deu provimento parcial a agravo regimental em recurso extraordinário interposto pelo Instituto de Previdência do Estado do Rio Grande do Sul – IPERGS, para reconhecer a constitucionalidade da cobrança de contribuição previdenciária de inativos pela Lei estadual 7.672/82 no período anterior à promulgação da Emenda Constitucional 20/98 e determinar a restituição dos valores pagos pelos inativos e pensionistas somente com relação ao período posterior à referida Emenda. Precedentes citados: ADI (MC) 1.441-DF (DJU de 18.10.96) e RE (AgR) 372.356-MG (julgado em 30.5.2003, acórdão pendente de publicação, v. Informativo 311) (RE (AgR) 367.094-RS).

2.5. PODER JUDICIÁRIO

STF - Supremo Tribunal Federal

- Informativo 1086/2023 (17.03.2023) – ADI 4859/PI

Direito constitucional e previdenciário. Ação direta de inconstitucionalidade. Leis complementares do Estado do Piauí. Participação do Judiciário no custeio do regime próprio de previdência social. 1. Ação direta contra dispositivos das Leis Complementares nºs 39/2004 e 40/2004, do Estado do Piauí, que, entre outras providências, (i) preveem como fonte de recursos do fundo de previdência o aporte de capital financeiro e a cobertura de déficit do regime próprio de previdência social por todos os poderes e órgãos autônomos do Estado, (ii) permitem à Secretaria de Fazenda do Estado reter na fonte as contribuições previdenciárias, inclusive as dos servidores e membros do Poder Judiciário e (iii) impõem a esse poder o custeio do abono de permanência dos seus membros e servidores. Alegação de afronta à autonomia financeira do Judiciário (CF, art. 99, § 1º). 2. A questão em debate é relevante. A independência do Poder Judiciário é um elemento essencial do Estado democrático de Direito. O controle recíproco entre as esferas de poder, que evita que alguma delas assuma um viés autoritário, somente se mostra efetivo quando exercido por órgãos independentes, livres de qualquer pressão externa. 3. Cobertura de déficit do regime previdenciário pelo Judiciário. Ausência de ofensa à sua independência. A cobertura de déficit, no regime de repartição simples (CF, art. 40, caput), é dever do Estado. A ótica contributiva e solidária desse regime impõe não só que uns segurados financiem as prestações de outros, mas também que o Estado, responsável pelo gerenciamento de todo o sistema, responda por eventuais insuficiências. E, ao falar-se em Estado, não há por que se considerar apenas o Poder Executivo se o regime próprio de previdência social é único para todo o ente federado, compreendendo não só os servidores titulares de cargo efetivo daquele poder, mas também os servidores e membros dos Poderes Legislativo e Judiciário, Ministério Público e Tribunal de Contas (art. 40, § 20, da CF). 4. Retenção, pela Secretaria de Fazenda, das contribuições devidas pelo Judiciário, seus membros e servidores. Inconstitucionalidade do art. 7º da LC nº 39/2004. A autonomia financeira e orçamentária do Poder Judiciário envolve dois aspectos principais: (i) a prerrogativa de elaborar a própria proposta orçamentária (CF, art. 99, § 1º); e (ii) o direito de receber os recursos correspondentes às dotações orçamentárias, em duodécimos, até o dia 20 de cada mês (CF, art. 168). O repasse dos duodécimos deve abranger a integralidade das verbas destinadas a cada poder, porque a ele cabe gerenciar os seus próprios recursos. Precedentes. 5. Custeio do abono de permanência pelo Judiciário. O abono de permanência é uma contraprestação pela continuidade em serviço para além do tempo necessário, de caráter remuneratório. Assim sendo, compete a cada Poder ou órgão autônomo arcar com o pagamento dessa parcela, para os respectivos membros e servidores públicos. 6. Ação direta conhecida em parte e, nessa parte, pedido julgado parcialmente procedente, para declarar a inconstitucionalidade do art. 7º da Lei Complementar nº 39/2004, do Estado do Piauí. 7. Fixação da seguinte tese de julgamento: "É constitucional norma de lei estadual que imponha ao Poder Judiciário (i) participar, juntamente com os demais poderes e órgãos autônomos, da cobertura de déficit e do custeio do regime próprio de previdência social e (ii) realizar o pagamento do abono de permanência dos seus membros e servidores. 2. É inconstitucional norma de lei estadual que autorize a Secretaria de Estado de Fazenda a reter o valor correspondente às contribuições previdenciárias devidas pelo Poder Judiciário, seus membros e servidores".

Tese: É constitucional norma de lei estadual que imponha ao Poder Judiciário (i) participar, juntamente com os demais poderes e órgãos autônomos, da cobertura de déficit e do custeio do regime próprio de previdência social e (ii) realizar o pagamento do abono de permanência dos seus membros e servidores. 2. É inconstitucional norma de lei estadual que autorize a Secretaria de Estado de Fazenda a reter o valor correspondente às contribuições previdenciárias devidas pelo Poder Judiciário, seus membros e servidores.

- Informativo 521 – 26.09.2008

AGRAVO REGIMENTAL EM MEDIDA LIMINAR EM RECLAMAÇÃO CONTRA DECISÃO QUE DEFERIU A MEDIDA LIMINAR PARA SUSPENDER ACÓRDÃO DO TRIBUNAL DE JUSTIÇA A QUO QUE DEFERIU A NÃO-INCIDÊNCIA DA CONTRIBUIÇÃO PREVIDENCIÁRIA DOS AGRAVANTES. AGRAVO REGIMENTAL AO QUAL SE NEGA PROVIMENTO. 1. Magistrados e pensionistas de magistrados aposentados que entraram na magistratura quando vigente a Constituição da República de 1946. Reiteração dos argumentos de que as Emendas Constitucionais ns. 20/98 e 41/03 não alcançariam os servidores que ingressaram na carreira antes da promulgação da Constituição da República de 1988. 2. Ausência de norma de imunidade tributária absoluta que assegure aos Agravantes o direito adquirido de não se sujeitarem à contribuição previdenciária. 3. Descumprimento da Ação Direta de Inconstitucionalidade n. 3.105. Precedentes. 4. Agravo Regimental ao qual se nega provimento (AG. REG. NA MEDIDA CAUTELAR NA Rcl N. 4.486-MS).

- Informativo 233 (22.06.2001) e 224 (20.04.2001)

CONTRIBUIÇÃO PREVIDENCIÁRIA DE MAGISTRADO. Concluído o julgamento de mandado de segurança impetrado pelo Estado do Rio Grande do Sul e pelo Instituto de Previdência do Estado – IPERGS contra ato do Órgão Especial do Tribunal de Justiça local que determinara a incidência da contribuição previdenciária dos magistrados somente sobre a parte básica dos vencimentos e não sobre a sua integralidade (MS 23.608-RS).

2.6. MINISTÉRIO PÚBLICO

STF – Supremo Tribunal Federal

- Informativo 1086/2023 (17.03.2023) – ADI 4824/PI

DIREITO CONSTITUCIONAL E PREVIDENCIÁRIO. AÇÃO DIRETA DE INCONSTITUCIONALIDADE. LEIS COMPLEMENTARES DO

ESTADO DO PIAUÍ. INCLUSÃO DOS MEMBROS DO MINISTÉRIO PÚBLICO NO REGIME PRÓPRIO DE PREVIDÊNCIA SOCIAL DOS DEMAIS SERVIDORES PÚBLICOS. 1. Ação direta contra dispositivos das Leis Complementares n°s 39/2004 e 40/2004, do Estado do Piauí, que, entre outras providências, (i) incluem os servidores e membros do Ministério Público estadual no regime próprio de previdência social do Estado do Piauí; (ii) destinam ao fundo de previdência as dotações orçamentárias vinculadas ao pagamento de despesa com pessoal inativo, pensões e outros benefícios do Ministério Público; e (iii) impõem o recolhimento de contribuição previdenciária ao órgão, seus membros e servidores, permitindo à Secretaria de Fazenda do Estado retê-la na fonte. Alegação de afronta à separação de poderes e à independência do Ministério Público (CF, arts. 2º, 127, § 2º, e 168). 2. A questão em debate é relevante. A independência do Ministério Público é um elemento essencial do Estado democrático de Direito. O controle recíproco entre as esferas de poder, que evita que alguma delas assuma um viés autoritário, somente se mostra efetivo quando exercido por órgãos independentes, livres de qualquer pressão externa. 3. Inclusão dos servidores e membros do Ministério Público estadual no regime próprio de previdência social do Estado do Piauí. Ausência de ofensa à separação de Poderes e à independência do Ministério Público. Tal providência, longe de afrontar a Constituição, é, em realidade, uma imposição constitucional. O art. 40, § 20, da CF, inserido pela EC nº 41/2003, estabeleceu a unicidade de regime previdenciário e de unidade gestora em cada ente federativo, vedando, portanto, a existência de leis que privilegiem determinadas categorias do serviço público. Tal unicidade atende aos princípios constitucionais da isonomia, solidariedade e eficiência administrativa. 4. Destinação de verbas orçamentárias do Ministério Público ao fundo de previdência, cômputo de certos gastos previdenciários como despesa com pessoal e a imposição de recolhimento de contribuição. Ausência de afronta à independência do órgão. A ótica contributiva e solidária do regime de repartição simples (CF, art. 40, caput) impõe não só que uns segurados financiem as prestações de outros, mas também que o Estado, responsável pelo gerenciamento de todo o sistema, responda por eventuais insuficiências. E, ao falar-se em Estado, não há por que se considerar apenas o Poder Executivo se o regime próprio de previdência social é único para todo o ente federado, compreendendo não só os servidores titulares de cargo efetivo daquele poder, mas também os servidores e membros dos Poderes Legislativo e Judiciário, Ministério Público e Tribunal de Contas. 5. Retenção, pela Secretaria de Fazenda, das contribuições devidas pelo Ministério Público, seus membros e servidores. Inconstitucionalidade do art. 7º da LC nº 39/2004. A autonomia financeira e orçamentária do MP envolve dois aspectos principais: (i) a prerrogativa de elaborar a própria proposta orçamentária (CF, art. 127, § 3º); e (ii) o direito de receber os recursos correspondentes às dotações orçamentárias, em duodécimos, até o dia 20 de cada mês (CF, art. 168). O repasse dos duodécimos deve abranger a integralidade das verbas destinadas a cada poder ou órgão autônomo, porque a ele cabe gerenciar os seus próprios recursos. Precedentes. 6. Ação direta conhecida e pedido julgado parcialmente procedente, para declarar a inconstitucionalidade do art. 7º da Lei Complementar nº 39/2004, do Estado do Piauí. 7. Fixação da seguinte tese de julgamento: "1. É constitucional norma de lei estadual que imponha ao Ministério Público (i) a vinculação ao regime próprio de previdência social do respectivo ente federado; e (ii) a participação, juntamente com os poderes e demais órgãos autônomos, do custeio previdenciário. 2. É inconstitucional norma de lei estadual que autorize a Secretaria de Estado de Fazenda a reter o valor correspondente às contribuições previdenciárias devidas pelo Ministério Público, seus membros e servidores".

Tese: 1. É constitucional norma de lei estadual que imponha ao Ministério Público (i) a vinculação ao regime próprio de previdência social do respectivo ente federado; e (ii) a participação, juntamente com os poderes e demais órgãos autônomos, do custeio previdenciário. 2. É inconstitucional norma de lei estadual que autorize a Secretaria de Estado de Fazenda a reter o valor correspondente às contribuições previdenciárias devidas pelo Ministério Público, seus membros e servidores.

2.7. SERVIDOR ESTADUAL

2.7.1. *ADESÃO FACULTATIVA*

STJ - Superior Tribunal de Justiça

- Informativo 312 – 09.03.2007

CONTRIBUIÇÃO PREVIDENCIÁRIA. PENSÃO ESPECIAL. NÃO--INCIDÊNCIA. Não incide a contribuição previdenciária sobre pensão especial percebida por dependente, no caso esposa, de servidor público estadual que se filiou a plano de previdência complementar, de adesão facultativa, instituído pelas Leis estaduais ns. 7.301/1973, 7.602/1974 e LC n. 69/1990. O STF, ao julgar a ADI 3.105-DF, entendeu constitucional a cobrança de contribuição previdenciária sobre provento de inativo e de pensionistas determinada pela EC n. 41/2003, mas apenas quanto aos benefícios referentes aos sistemas previdenciários de natureza pública e de filiação compulsória (RMS 23.051-RJ, Rel. Min. José Delgado, julgado em 6/3/2007).

2.7.2. LICENÇA SEM VENCIMENTO

STJ - Superior Tribunal de Justiça

- Informativo 335 – 12.10.2007

RMS. SERVIDOR ESTADUAL. LICENÇA SEM VENCIMENTO. CONTRIBUIÇÃO PREVIDENCIÁRIA. O servidor que se afasta de seu cargo, com licença sem vencimento, por interesse próprio, está obrigado a contribuir para o sistema previdenciário durante o tempo desse afastamento, nos termos expressos na LC n. 64/2002. O regime de previdência assenta-se na obrigatória contribuição financeira dos servidores públicos (da administração direta e indireta), sem o que o Estado jamais poderia promover o indispensável equilíbrio financeiro e atuarial do serviço previdenciário em toda sua abrangência. O STF, em caso análogo, assentou que a contagem, na aposentadoria do tempo de afastamento decorrente de licença para interesse particular, prevista em Constituição estadual, é contrária à Constituição Federal, a qual veda a contagem de tempo ficto nos casos de aposentação de servidor público (RMS 21.167-MG, Rel. Min. Francisco Falcão, julgado em 9/10/2007).

2.8. JUROS DE MORA

STJ - Superior Tribunal de Justiça

<table>
<tr><td>Tema</td><td>501</td><td>Situação</td><td>Trânsito em Julgado</td><td>Órgão julgador</td><td>Primeira Seção</td></tr>
<tr><td colspan="2">Questão Controvertida</td><td colspan="4">Discute-se a incidência da contribuição do Plano de Seguridade do Servidor Público – PSS sobre os juros de mora.</td></tr>
<tr><td colspan="2">Tese Firmada</td><td colspan="4">Ainda que seja possível a incidência de contribuição social sobre quaisquer vantagens pagas ao servidor público federal (art. 4º, § 1º, da Lei 10.887/2004), não é possível a sua incidência sobre as parcelas pagas a título de indenização (como é o caso dos juros de mora), pois, conforme expressa previsão legal (art. 49, I e § 1º, da Lei 8.112/90), não se incorporam ao vencimento ou provento.</td></tr>
<tr><td colspan="2">Informações Complementares</td><td colspan="4">Possibilidade de incidência da contribuição do Plano de Seguridade do Servidor Público – PSS sobre os juros de mora recebidos através de requisitório judicial.
SCAN ME</td></tr>
<tr><td>Processo / Recurso</td><td>Decisão de Afetação</td><td>Relator (a)</td><td>Acórdão Publicado</td><td>Embargos Declaratórios</td><td>Trânsito em Julgado</td></tr>
<tr><td>REsp 1239203/PR</td><td>19/08/2011</td><td>MAURO CAMPBELL MARQUES</td><td>01/02/2013</td><td>-</td><td>06/03/2013</td></tr>
</table>

2.9. CORREÇÃO MONETÁRIA EM PROCESSO JUDICIAL

STJ - Superior Tribunal de Justiça

- Informativo 598 – 29.03.2017

EXECUÇÃO DE SENTENÇA. VERBAS SALARIAIS PAGAS EM ATRASO. CONTRIBUIÇÃO PREVIDENCIÁRIA. INCIDÊNCIA SOBRE VALORES PAGOS A TÍTULO DE CORREÇÃO MONETÁRIA. Incide contribuição previdenciária sobre os valores recebidos a título de correção monetária em execução de sentença na qual se reconheceu o direito a reajuste de servidores públicos (REsp 1.268.737-RS, Rel. Min.

Regina Helena Costa, por unanimidade, julgado em 14/2/2017, DJe 21/2/2017).

3. ALÍQUOTA

3.1. MÍNIMA

STF - Supremo Tribunal Federal

- Informativo 655 – 24.02.2012

AÇÃO DIRETA DE INCONSTITUCIONALIDADE. ART. 149, § 1º, DA CONSTITUIÇÃO DA REPÚBLICA (ALTERADO PELA EMENDA CONSTITUCIONAL N. 41/2003). 1. A norma que fixa alíquota mínima (contribuição dos servidores titulares de cargos efetivos na União) para a contribuição a ser cobrada pelos Estados, pelo Distrito Federal e pelos Municípios de seus servidores, para o custeio, em benefício destes, do regime previdenciário de que trata o art. 40 da Constituição da República não contraria o pacto federativo ou configura quebra de equilíbrio atuarial. 2. A observância da alíquota mínima fixada na Emenda Constitucional n. 41/2003 não configura quebra da autonomia dos Estados Federados. O art. 201, § 9º, da Constituição da República, ao estabelecer um sistema geral de compensação, há ser interpretado à luz dos princípios da solidariedade e da contributividade, que regem o atual sistema previdenciário brasileiro. 3. Ação julgada improcedente (ADI N. 3.138-DF).

3.2. LIMITAÇÃO E REDUÇÃO

STF - Supremo Tribunal Federal

- Informativo 95 (05.12.1997) e 93 (21.11.1997)

DIREITO CONSTITUCIONAL E PREVIDENCIÁRIO. MEDIDA PROVISÓRIA Nº 560, DE 26.07.1994, SUCESSIVAMENTE REEDITADA, NO PRAZO, E NÃO REJEITADA PELO CONGRESSO NACIONAL: EFICÁCIA DE LEI. ALÍQUOTA DE CONTRIBUIÇÃO AO PLANO DE SEGURIDADE SOCIAL. AÇÃO DIRETA DE INCONSTITUCIONALIDADE DA RESOLUÇÃO DO CONSELHO DE ADMINISTRAÇÃO DO

III. REGIME PRÓPRIO DE PREVIDÊNCIA SOCIAL (RPPS)

SUPERIOR TRIBUNAL DE JUSTIÇA, DE 14.05.1997 (PROCESSO STJ 01813/97). MEDIDA CAUTELAR. 1. A Resolução do Conselho de Administração do Superior Tribunal de Justiça, no Processo STJ 01813/97, pela qual deferiu requerimento formulado por dois servidores da Corte, no sentido da "limitação da alíquota de contribuição ao Plano de Seguridade Social do Servidor a 6%, com o ressarcimento dos valores recolhidos indevidamente, no período julho/94 a abril/97" e ainda determinou a extensão dos efeitos de tal decisão "a todos os demais servidores do mesmo Tribunal, nos termos do voto do Ministro Relator", é ato normativo, impugnável mediante Ação Direta de Inconstitucionalidade, conforme precedentes do S.T.F.: ADIs nºs 577, 664, 683, 658, 666, entre outras. 2. A Medida Provisória nº 560, de 26.07.1994, e suas sucessivas reedições, sem alteração no ponto que aqui interessa (a última de n° 1.482-36, de 15.05.1997), não chegaram a ser votadas e, por tanto, rejeitadas pelo Congresso Nacional, sendo certo que todas as reedições ocorreram antes de esgotados os trinta dias a que alude o parágrafo único do art. 62 da Constituição Federal. 3. A última M.P. tem, portanto, eficácia de Lei, nos termos do "caput" do mesmo artigo, pelo menos até trinta dias seguintes a 15.05.1997, enquanto não for convertida em Lei de conteúdo diverso ou rejeitada. 4. O S.T.F. não admite reedição de M.P., quando já rejeitada pelo Congresso Nacional (ADI 293-RTJ 146/707). Tem, contudo, admitido como válidas e eficazes as reedições de Medidas Provisórias, ainda não votadas pelo Congresso Nacional, quando tais reedições hajam ocorrido dentro do prazo de trinta dias de sua vigência. Até porque o poder de editar M.P. subsiste, enquanto não rejeitada (ADI 295, ADI 1.533, entre outras). 5. No caso, o Conselho Administrativo do S.T.J. partiu do pressuposto de que, não convertida em Lei a M.P., após sucessivas reedições, perdeu ela sua eficácia. Sucede que a última foi baixada, na mesma data de tal Resolução (14.05.1997), e ainda dentro do prazo de trinta dias da M.P. anterior. Tudo conforme demonstrado na inicial. 6. Está, por conseguinte, satisfeito o requisito da plausibilidade jurídica da ação ("fumus boni iuris"), pois havendo M.P., com eficácia de Lei, em vigor, não podia o Conselho Administrativo do S.T.J., que não tem competência legislativa, baixar ato normativo em sentido contrário, reduzindo a alíquota de contribuição ao Plano de Seguridade Social. 7. Preenchido, igualmente, o requisito do "periculum in mora", ou da alta conveniência da Administração Pública, pois a interrupção dos recolhimentos, segundo as alíquotas previstas na Medida Provisória, e, ainda, a restituição do que havia sido recolhido, a maior, desde julho de 1994, evidenciam a possibilidade de grave prejuízo para os cofres já combalidos da Previdência Social, em detrimento de todos aqueles que não foram contemplados pela Resolução em questão. 8. Medida cautelar deferida, nos termos do voto do Relator, para suspensão, "ex-tunc", ou seja, desde 14.05.1997, da Resolução do Conselho Administrativo do S.T.J., da mesma data, no Processo 01813/97 (ADIn N. 1.610).

- Informativo 160 (03.09.1999)

PSSS E ALÍQUOTA DE 6%. O Tribunal julgou procedente ação direta requerida pelo Procurador-Geral da República, e declarou a inconstitucionalidade da Resolução Administrativa de 20.11.96 do TRT da 15ª Região, pela qual determinou-se a redução de 12% para 6% a alíquota da contribuição dos magistrados e servidores daquele Tribunal ao Plano de Seguridade Social do Servidor – PSSS, bem como a compensação dos valores descontados acima desse percentual desde julho de 1994. Considerou-se que a MP 560, que determinava a aplicação da alíquota de 12% para a contribuição dos servidores públicos, sendo reeditada sucessiva e tempestivamente, manteve a sua eficácia desde a primeira edição (1º.7.94). O Tribunal, por maioria, rejeitou a preliminar de não conhecimento da ação em face da superveniência da Lei 9.630/99, que fixou novas alíquotas para o PSSS, uma vez que o ato impugnado é uma resolução administrativa de tribunal que não foi objeto de consideração na mencionada Lei. Vencidos, neste ponto, os Ministros Marco Aurélio e Sepúlveda Pertence, que acolhiam a preliminar de não conhecimento da ação por perda de objeto, ao fundamento de que a Lei superveniente revogara a Resolução atacada (ADIn 1.711-SP).

- Informativo 18.12.1998 – 18.12.1998

REEDIÇÃO DE MP: PSSS E ALÍQUOTA DE 6%. Com base no mesmo fundamento acima mencionado, o Tribunal, por maioria, julgou procedente ação direta requerida pelo Procurador-Geral da República, e declarou a inconstitucionalidade da Resolução Administrativa nº 10/97, do Tribunal Regional do Trabalho da 20ª Região (Sergipe), que reduzira de 12% para 6% a alíquota da contribuição dos servidores daquele Tribunal ao Plano de Seguridade Social do Servidor – PSSS e determinara a restituição dos valores descontados acima desse percentual a partir de julho de 1994. Considerou-se que a MP 560, de 26.7.94, que determinava a aplicação da alíquota de 12% para a contribuição dos servidores públicos, sendo reeditada sucessiva e tempestivamente (e não apreciada pelo Congresso Nacional), manteve a eficácia de lei. Vencido o Min. Marco Aurélio, relator, que julgava improcedente a ação por entender não ser possível a reedição de medida provisória, ainda que esta não tenha sido rejeitada expressamente pelo Congresso Nacional (ADIn 1.660-SE).

- Informativo 134 – 04.12.1998

PSSS E ALÍQUOTA DE 6%. O Tribunal, por maioria, julgou procedente ação direta requerida pelo Procurador-Geral da República, e declarou a inconstitucionalidade da Resolução Administrativa nº 1.876/97, do Tribunal Regional Eleitoral do Estado do Pará, que limitara em 6% a alíquota da contribuição dos servidores daquele Tribunal ao Plano de Seguridade Social do Servidor – PSSS, com o ressarcimento dos valores recolhidos acima desse percentual a partir de julho de 1994. Considerou-se que a MP 560, que determinava a aplicação da alíquota de 12% para a contribuição dos servidores públicos, sendo reeditada sucessiva e tempestivamente, manteve a sua eficácia desde a primeira edição (1º.7.94) (ADIn 1.647-PA).

3.3. MAJORAÇÃO

STF – Supremo Tribunal Federal

Tema	933	Situação	**Trânsito em Julgado**	Órgão julgador	**Plenário Virtual - RG**
Questão Controvertida	Balizas constitucionais para a majoração de alíquota de contribuição previdenciária de regime próprio de previdência social.				
Tese Firmada	I - A ausência de estudo atuarial específico e prévio à edição de lei que aumente a contribuição previdenciária dos servidores públicos não implica vício de inconstitucionalidade, mas mera irregularidade que pode ser sanada pela demonstração do déficit financeiro ou atuarial que justificava a medida; II - A majoração da alíquota da contribuição previdenciária do servidor público para 13,25% não afronta os princípios da razoabilidade e da vedação ao confisco.				

Tema	933	Situação	**Trânsito em Julgado**	Órgão julgador	**Plenário Virtual - RG**
Informações Complementares	Há RG. Agravo contra decisão pela qual inadmitido recurso extraordinário em que se discute, com base nos arts. 37, caput, 40, 150, inc. IV, e 195, § 5º, da Constituição da República, quais seriam as balizas impostas pela Constituição a leis que elevam as alíquotas das contribuições previdenciárias incidentes sobre servidores públicos, especialmente à luz do caráter contributivo do regime previdenciário e dos princípios do equilíbrio financeiro e atuarial, da vedação ao confisco e da razoabilidade.				

Processo / Recurso	**Repercussão Geral**	**Relator (a)**	**Acórdão Publicado**	**Embargos Declaratórios**	**Trânsito em Julgado**
ARE 875958	17/02/2017	ROBERTO BARROSO	11/02/2022	-	19/02/2022

- Informativo 1109/2023 (29.09.2023) – ADI 2521/PE

AÇÃO DIRETA DE INCONSTITUCIONALIDADE. CONSTITUCIONAL, TRIBUTÁRIO E PREVIDENCIÁRIO. SISTEMA DE PREVIDÊNCIA DOS SERVIDORES PÚBLICOS DO ESTADO DE PERNAMBUCO. REVOGAÇÃO DA LEI ESTADUAL N. 7.551, DE 27 DE DEZEMBRO DE 1977. PERDA PARCIAL DE OBJETO. LEI ESTADUAL N. 28, DE 14 DE JANEIRO DE 2000. ALÍQUOTA DE 14% COBRADA DOS SEGURADOS. RAZOABILIDADE. NECESSIDADE DE MANUTENÇÃO DO EQUILÍBRIO FINANCEIRO E ATUARIAL DO SISTEMA. 1. Implicam o prejuízo parcial do pedido formulado em ação direta de inconstitucionalidade a superveniente alteração substancial das normas impugnadas, ausente aditamento da inicial, ou a revogação de parte delas. 2. É razoável e proporcional a alíquota de 14% cobrada dos segurados de regime próprio de previdência e calculada com base na remuneração percebida. 3. Conforme disposto no Tema n. 933 da repercussão geral, a criação ou a majoração de alíquota de contribuição social, quando promovida com o propósito de preservar o equilíbrio financeiro e atuarial do respectivo regime, à luz da razoabilidade e da proporcionalidade, não produz efeito confiscatório nem atenta contra o princípio da irredutibilidade remuneratória. 4. Pedido conhecido em parte e, nessa extensão, julgado improcedente.

- Informativo 1109/2023 (29.09.2023) – ADI 5944/CE

AÇÃO DIRETA DE INCONSTITUCIONALIDADE. ART. 1º DA LEI COMPLEMENTAR ESTADUAL Nº 167, DE 2016, DO CEARÁ. CONTRIBUIÇÃO PREVIDENCIÁRIA DE SERVIDORES PÚBLICOS ATIVOS, INATIVOS E PENSIONISTAS, E DE MILITARES. REGIME PRÓPRIO DE PREVIDÊNCIA SOCIAL. INCREMENTO ESCALONADO DE ALÍQUOTAS DE 11% PARA 14%. FIXAÇÃO DE ALÍQUOTA ESPECIAL DE CONTRIBUIÇÃO PREVIDENCIÁRIA EM 22%. EQUILÍBRIO FINANCEIRO E ATUARIAL. VEDAÇÃO À TRIBUTAÇÃO COM EFEITO CONFISCATÓRIO. 1. Preliminares rejeitadas. A Associação Nacional dos Defensores Públicos possui legitimidade ativa para questionar, em controle abstrato de constitucionalidade perante o Supremo Tribunal Federal, normas estaduais atinentes à majoração de alíquotas de contribuições previdenciárias incidentes sobre o funcionalismo público cearense. Ainda que os associados não correspondam à totalidade dos afetados pelo objeto, resta caracterizada a pertinência temática da associação de classe de âmbito nacional no caso dos autos. 2. Mérito. A controvérsia constitucional deduzida na ação direta encontra-se pacificada no âmbito deste STF, de modo a não encontrar guarida no repertório jurisprudencial do Tribunal os argumentos em favor de suposta ofensa ao princípio da vedação do efeito confiscatório da tributação ou ao equilíbrio financeiro e atuarial dos regimes próprios de previdência social. Precedentes: ARE nº 875.958-RG/GO, Rel. Min. Roberto Barroso, Tribunal Pleno, j. 19/10/2021, p. 11/02/2022, Tema nº 933 do ementário da Repercussão Geral; ADI nº 6.122/BA, Rel. Min. Gilmar Mendes, Tribunal Pleno, j. 28/11/2022, p. 12/12/2022; ADI nº 7.026/SC, Rel. Min. Cármen Lúcia, Tribunal Pleno, j. 03/07/2023, p. 22/08/2023; e ADI nº 2.034/DF, Rel. Min. Gilmar Mendes, Tribunal Pleno, j. 20/06/2018, p. 24/09/2018. 3. Não ofende a razoabilidade ou o princípio tributário da vedação ao efeito confiscatório norma estadual que determine o incremento escalonado das alíquotas de contribuição previdenciária, de 11% a 14%, incidente sobre os servidores públicos ativos, inativos e pensionistas do Estado do Ceará e destinado a lastrear regime próprio de previdência social, nos termos do art. 149, §§ 1º-A e 1º-B, da Constituição da República. 4. Não há afronta ao equilíbrio financeiro e atuarial dos regimes próprios de previdência social, quando projeto de lei não venha guarnecido de cálculos atuariais e estudos financeiros que demonstrem, ao ver dos contribuintes, a exata correlação entre o acréscimo na arrecadação e os benefícios previdenciários percebidos. Na melhor das hipóteses, cuida-se de irregularidade legística, passível de saneamento mediante a comprovação de déficit financeiro ou atuarial que justificava a medida fiscal. 5. Ação direta de inconstitucionalidade conhecida e julgada improcedente.

3.4. PROGRESSIVA E EC 103/19

STF - Supremo Tribunal Federal

Tema	1226	Situação	**Acórdão de Repercussão Geral publicado**	Órgão julgador	**Plenário Virtual**
Questão Controvertida	Constitucionalidade do artigo 11, § 1º, incisos V a VIII, da Emenda Constitucional 103/2019, ante a previsão de alíquotas progressivas às contribuições previdenciárias dos servidores públicos federais.				
Tese Firmada	-				
Informações Complementares	SCAN ME				
Processo / Recurso	**Repercussão Geral**	**Relator (a)**	**Acórdão Publicado**	**Embargos Declaratórios**	**Trânsito em Julgado**
RE 1384562	Há repercussão geral	LUÍS ROBERTO BARROSO	17/08/2022	-	-

4. BASE DE CÁLCULO

4.1. AUMENTO DOS INATIVOS E PENSIONISTAS POR DÉFICIT ATUARIAL (EC 103/19)

STF - Supremo Tribunal Federal

- Informativo 1084/2023 (07.03.2023) – ADI 6483/BA

Direito constitucional, previdenciário e tributário. Ação direta de inconstitucionalidade. Lei estadual. Adequação do regime próprio de previdência social à EC nº 103/2019. Ampliação da base de cálculo da contribuição de inativos e pensionistas. 1. Ação direta contra o art. 2º da Lei nº 14.250/2020, do Estado da Bahia, que estabeleceu a incidência de contribuição previdenciária sobre a parcela dos proventos de aposentadoria e pensão, concedidos pelo regime próprio de previdência social, que supere o triplo do valor do salário mínimo. 2. Alegação de afronta ao art. 40, § 18, da CF, que fixa como base de cálculo da contribuição o valor dos proventos e pensões que ultrapasse o limite máximo dos benefícios do regime geral de previdência social. 3. O art. 149, § 1º-A, da Constituição, inserido pela Emenda Constitucional nº 103/2019, autorizou que a contribuição previdenciária incida sobre o valor que excede o salário mínimo sempre que houver déficit atuarial. O objetivo foi conferir ao legislador, ao lado da progressividade de alíquotas permitida no § 1º do art. 149 da CF, mais um instrumento de reequilíbrio do sistema previdenciário. 4. Dados do final de 2021, extraídos do portal do Ministério do Trabalho e da Previdência, revelam que o regime próprio de previdência social do Estado da Bahia apresentou um resultado atuarial negativo de mais de R$ 119 bilhões. Além disso, a mensagem do Governador do Estado, ao encaminhar o projeto de lei para discussão e votação, justificou o aumento da base de cálculo da contribuição aludindo à situação de desequilíbrio do sistema previdenciário. 5. Assim sendo, o art. 2º da Lei nº 14.250/2020, do Estado da Bahia, está em consonância com o art. 149, § 1º-A, da Constituição, que, na hipótese de déficit atuarial, abre uma exceção ao disposto no art. 40, § 18, da CF, permitindo a ampliação da base de cálculo da contribuição de inativos e pensionistas. 6. Improcedência do pedido, com a fixação da seguinte tese: "O art. 2º da Lei nº 14.250/2020, do Estado da Bahia, que amplia a base de cálculo da contribuição previdenciária de inativos e pensionistas no regime próprio de previdência social, está em consonância com o art. 149, § 1º-A, da Constituição".

Tese: O art. 2º da Lei nº 14.250/2020, do Estado da Bahia, que amplia a base de cálculo da contribuição previdenciária de inativos e pensionistas no regime próprio de previdência social, está em consonância com o art. 149, § 1º-A, da Constituição.

- Informativo 1051/2022 (29.04.2022) – ADI 7026/SC

AÇÃO DIRETA DE INCONSTITUCIONALIDADE. INC. I E § 2º DO ART. 17 E ARTS. 65 E SEGUINTES DA LEI COMPLEMENTAR N. 412/2008 DE SANTA CATARINA, ALTERADOS PELA LEI COMPLEMENTAR ESTADUAL N. 773/2021. ORGANIZAÇÃO DO REGIME PRÓPRIO DE PREVIDÊNCIA DOS SERVIDORES PÚBLICOS DE SANTA CATARINA. AMPLIAÇÃO DA BASE CONTRIBUTIVA DE APOSENTADORIAS E PENSÕES. ALTERAÇÃO DE NORMAS DE TRANSIÇÃO. INEXISTÊNCIA DE DIREITO ADQUIRIDO A REGIME JURÍDICO PREVIDENCIÁRIO. AÇÃO DIRETA DE INCONSTITUCIONALIDADE JULGADA IMPROCEDENTE. 1. Instruído o feito nos termos do art. 10 da Lei n. 9.868/1999, é de cumprir-se o princípio constitucional da razoável duração do processo, com o conhecimento e julgamento definitivo de mérito da presente ação direta por este Supremo Tribunal, ausente a necessidade de novas informações. Precedentes. 2. A Confederação dos Servidores Públicos do Brasil – CSPB dispõe de legitimidade ativa ad causam para a propositura desta ação direta, pela sua natureza jurídica de confederação sindical, registrada e composta unicamente por entidades sindicais (inc. IX do art. 103 da Constituição da República), presente, ainda, a pertinência temática entre as atribuições estatutárias e o objeto desta ação. Precedentes. 3. É constitucional a legislação estadual impugnada, que dispõe de fundamento de validade no § 1º-A do art. 149 da Constituição da República, incluído pela Emenda Constitucional n. 103/2019, e também harmônica com a tese firmada pelo Plenário deste Supremo Tribunal Federal: Agravo em Recurso Extraordinário n. 875.958, Tema 933, com repercussão geral, Relator o Ministro Roberto Barroso, DJe 19.10.2021, no qual estabelecido que "a majoração da alíquota da contribuição previdenciária do servidor público para 13,25% não afronta os princípios da razoabilidade e da vedação ao confisco". Precedentes. 4. Em matéria previdenciária, aplicam-se as normas vigentes ao tempo da reunião dos requisitos de passagem para a inatividade. Precedentes. 5. Ação direta de inconstitucionalidade julgada improcedente.

5. MILITARES

5.1. CONTRIBUIÇÃO PREVIDENCIÁRIA DE ATIVOS COM BASE NA LEI 7.672/82

STF - Supremo Tribunal Federal

Tema	467	Situação	**Trânsito em Julgado**	Órgão julgador	**Plenário Virtual**
Questão Controvertida	Descontos previdenciários de militares estaduais ativos com base na Lei nº 7.672/82.				
Tese Firmada	A questão da exigibilidade de contribuição previdenciários de servidores militares estaduais em atividade, com base na Lei gaúcha n. 7.672/1982, tem natureza infraconstitucional, e a ela se atribuem os efeitos da ausência de repercussão geral, nos termos do precedente fixado no RE n. 584.608, rel. a Ministra Ellen Gracie, DJe 13/03/2009.				
Informações Complementares	SCAN ME				

Processo / Recurso	Repercussão Geral	Relator (a)	Acórdão Publicado	Embargos Declaratórios	Trânsito em Julgado
AI 834262	Não há RG - Matéria Infraconstitucional	MINISTRO(A) PRESIDENTE	15/09/2011	-	12/12/2011

5.2. CONTRIBUIÇÃO PREVIDENCIÁRIA DE INATIVOS (ENTRE A EC 20/98 E EC 41/03)

STF - Supremo Tribunal Federal

Tema	160	Situação	**Trânsito em Julgado**	Órgão julgador	**Tribunal Pleno - sessão virtual**
Questão Controvertida	Contribuição previdenciária sobre pensões e proventos e militares inativos entre a Emenda Constitucional nº 20/98 e a Emenda Constitucional nº 41/2003.				

Tema	**160**	Situação	**Trânsito em Julgado**	Órgão julgador	**Tribunal Pleno - sessão virtual**
Tese Firmada	É constitucional a cobrança de contribuições sobre os proventos dos militares inativos, aqui compreendidos os Policiais Militares e o Corpo de Bombeiros dos Estados e do Distrito Federal e os integrantes das Forças Armadas, entre o período de vigência da Emenda Constitucional 20/98 e da Emenda Constitucional 41/03, por serem titulares de regimes jurídicos distintos dos servidores públicos civis e porque a eles não se estende a interpretação integrativa dos textos dos artigos 40, §§ 8º e 12, e artigo 195, II, da Constituição da República.				
Informações Complementares	SCAN ME				

Processo / Recurso	**Repercussão Geral**	**Relator (a)**	**Acórdão Publicado**	**Embargos Declaratórios**	**Trânsito em Julgado**
RE 596701	24/04/2009	EDSON FACHIN	26/06/2020	03/08/2020	18/06/2021

5.3. ALÍQUOTA ESTADUAL PARA POLICIAIS E BOMBEIROS MILITARES

STF - Supremo Tribunal Federal

Tema	**1177**	Situação	**Acórdão de mérito publicado**	Órgão julgador	**Plenário Virtual**
Questão Controvertida	Constitucionalidade do estabelecimento, pela Lei Federal 13.954/2019, de nova alíquota para a contribuição previdenciária de policiais e bombeiros militares estaduais inativos e pensionistas.				
Tese Firmada	A competência privativa da União para a edição de normas gerais sobre inatividades e pensões das polícias militares e dos corpos de bombeiros militares (artigo 22, XXI, da Constituição, na redação da Emenda Constitucional 103/2019) não exclui a competência legislativa dos Estados para a fixação das alíquotas da contribuição previdenciária incidente sobre os proventos de seus próprios militares inativos e pensionistas, tendo a Lei Federal 13.954/2019, no ponto, incorrido em inconstitucionalidade.				

Tema	1177	Situação	**Acórdão de mérito publicado**	Órgão julgador	**Plenário Virtual**
Informações Complementares					
Processo / Recurso	**Repercussão Geral**	**Relator (a)**	**Acórdão Publicado**	**Embargos Declaratórios**	**Trânsito em Julgado**
RE 1338750	Há repercussão geral com reafirmação de Jurisprudência	MINISTRO PRESIDENTE	13/09/2022	26/09/2022	-

6. CONTRIBUIÇÃO PARA ASSISTÊNCIA À SAÚDE (ENTRE A EC 20/98 E 41/03)

STF - Supremo Tribunal Federal

Tema	431	Situação	**Trânsito em Julgado**	Órgão julgador	**Plenário Virtual - RG**
Questão Controvertida	Contribuição para assistência à saúde incidente sobre proventos e pensões dos servidores públicos no interregno das EC n. 20/98 e n. 41/03.				
Tese Firmada	É incompatível com a Constituição norma que institui contribuição à saúde incidente sobre o valor de proventos e pensões de servidores públicos, no interregno das Emendas Constitucionais 20/1998 e 41/2003.				
Informações Complementares	Há RG - Reafirmação de Jurisprudência.				
Processo / Recurso	**Repercussão Geral**	**Relator (a)**	**Acórdão Publicado**	**Embargos Declaratórios**	**Trânsito em Julgado**
AI 831223	17/06/2011	MINISTRO(A) PRESIDENTE	06/10/2011	19/10/2011	03/05/2012

7. AFASTAMENTO DO TRABALHO APÓS PEDIDO DE JUBILAÇÃO

STF - Supremo Tribunal Federal

Tema	199	Situação	**Trânsito em Julgado**	Órgão julgador	**Plenário Virtual - RG**
Questão Controvertida	Incidência de descontos previdenciários sobre vencimentos de servidor que se afastou regularmente do serviço, após haver formulado pedido de sua aposentadoria.				
Tese Firmada	A questão do pagamento da contribuição previdenciária durante o período do regular afastamento do servidor do cargo, após formular pedido de aposentadoria, tem natureza infraconstitucional e a ela são atribuídos os efeitos da ausência de repercussão geral, nos termos do precedente fixado no RE n. 584.608, rel. a Ministra Ellen Gracie, DJe 13/03/2009.				
Informações Complementares	SCAN ME				
Processo / Recurso	**Repercussão Geral**	**Relator (a)**	**Acórdão Publicado**	**Embargos Declaratórios**	**Trânsito em Julgado**
AI 764703	Não há RG - Matéria Infraconstitucional	CEZAR PELUSO	16/10/2009	-	28/10/2009

8. CONTRIBUIÇÃO PREVIDENCIÁRIA AOS ATIVOS DO ESTADO DE SÃO PAULO

STF - Supremo Tribunal Federal

Tema	397	Situação	**Trânsito em Julgado**	Órgão julgador	**Plenário Virtual - RG**
Questão Controvertida	Cobrança de contribuição previdenciária dos servidores estaduais ativos de São Paulo.				
Tese Firmada	A questão constitucional da exigibilidade de contribuição previdenciária, instituída pala Lei Complementar estadual n. 943/2003, paga pelos servidores públicos estaduais em atividade, no que diz respeito ao preenchimento dos pressupostos de validade da criação de tributos, não tem repercussão geral, pois não atingido quórum mínimo de oito votos para reconhecimento do tema como matéria infraconstitucional (Regimento Interno do Supremo Tribunal Federal - RISTF, art. 324, § 2º).				

Tema	**397**	Situação	**Trânsito em Julgado**	Órgão julgador	**Plenário Virtual - RG**
Informações Complementares	SCAN ME				
Processo / Recurso	**Repercussão Geral**	**Relator (a)**	**Acórdão Publicado**	**Embargos Declaratórios**	**Trânsito em Julgado**
RE 633843	Não há RG - Matéria Infraconstitucional	MINISTRO(A) PRESIDENTE	15/09/2011	-	26/09/2011

9. GASTOS PREVIDENCIÁRIOS COMO DESPESAS DO ENSINO

STF - Supremo Tribunal Federal

- Informativo 1106/2023 (08.09.2023) – ADI 6412/PE

Direito constitucional e financeiro. Ação direta de inconstitucionalidade. Lei estadual. Cômputo de gastos previdenciários como despesas com manutenção e desenvolvimento do ensino. Conhecimento. Procedência. 1. Ação direta contra o art. 6º, II, da Lei Complementar nº 43/2002, do Estado de Pernambuco, que considera como despesas com manutenção e desenvolvimento do ensino as dotações orçamentárias previstas nos arts. 62, VII, e 63 da Lei Complementar estadual nº 28/2000. Tais dotações se destinam à constituição de reserva extraordinária para amortização do passivo atuarial de fundo previdenciário, no que se refere ao pessoal docente e aos demais profissionais da educação em gozo de benefício previdenciário, inclusive seus pensionistas. 2. Embora os arts. 62, VII, e 63 da Lei Complementar nº 28/2000 tenham sido revogados pela Lei Complementar nº 511/2022, não está configurada a perda do objeto. A ausência de revogação do dispositivo impugnado nesta ação direta pode conduzir à interpretação de que ainda está autorizada a inclusão, no rol das despesas com manutenção e desenvolvimento do ensino, de gastos feitos para cobertura de eventuais insuficiências financeiras do fundo previdenciário. 3. A jurisprudência pacífica do Supremo Tribunal Federal reconhece que a definição do que sejam despesas com manutenção e desenvolvimento do ensino constitui matéria de diretrizes e bases da educação nacional (art. 22, XXIV, CF/1988), ou mesmo de normas gerais sobre educação (art. 24, IX e § 1º, CF/1988), de competência privativa da União. 4. Ao exercer essa competência, o ente central editou os arts. 70 e 71 da Lei nº 9.394/1996 (Lei de Diretrizes e Bases da Educação), que, ao contrário do ato impugnado, não incluem nesse rol os gastos previdenciários. Logo, há vício formal de inconstitucionalidade na hipótese. 5. Pedido julgado procedente, com a fixação da seguinte tese de julgamento: É inconstitucional lei estadual que autoriza o cômputo de gastos previdenciários como despesas com manutenção e desenvolvimento do ensino.

- Informativo 990/2020 (7 a 11.09.2020) – ADI 5719/SP

AÇÃO DIRETA DE INCONSTITUCIONALIDADE. DIREITO CONSTITUCIONAL E FINANCEIRO. EDUCAÇÃO. ARTS. 26, I, E 27 DA LEI COMPLEMENTAR 1.010/2007 DO ESTADO DE SÃO PAULO. CÔMPUTO DE DESPESAS COM PREVIDÊNCIA E INATIVOS PARA EFEITO DE CUMPRIMENTO DE VINCULAÇÃO CONSTITUCIONAL ORÇAMENTÁRIA EM EDUCAÇÃO. COMPETÊNCIA PARA EDIÇÕES DE NORMAS GERAIS DE EDUCAÇÃO JÁ EXERCIDA PELA UNIÃO. IMPOSSIBILIDADE DE LEI ESTADUAL DISPOR DO ASSUNTO DE FORMA DIVERSA. VIOLAÇÃO DOS ARTS. 22, XXIV, 24, IX § 1º § 4°; 212 CAPUT, E 167, VI. AÇÃO JULGADA PARCIALMENTE PROCEDENTE. 1. A Constituição prevê o dever de aplicação de percentual mínimo para investimentos na manutenção e desenvolvimento do ensino. 2. A definição de quais despesas podem ou não ser consideradas como manutenção e desenvolvimento de ensino é definida em regra geral de competência da União, qual seja, os artigos 70 e 71 da Lei de Diretrizes e Bases da Educação Nacional, de n° 9.394/1996. Disposição diversa de lei local significa afronta aos arts. 22, XXIV, e 24, IX da CRFB. 3. O cômputo de despesas com encargos previdenciários de servidores inativos ou do déficit de seu regime próprio de previdência como manutenção e desenvolvimento de ensino importa em violação a destinação mínima de recursos exigida pelo art. 212 da CRFB, bem como à cláusula de não vinculação de impostos do art. 167, IV da CRFB 4. Ação julgada parcialmente procedente para: (i) declarar a inconstitucionalidade integral do art. 26, I da Lei Complementar nº 1.010/2007 do Estado de São Paulo e (ii) declarar a inconstitucionalidade sem redução de texto do art. 27 da Lei Complementar nº 1.010/2007 do Estado de São Paulo, para que os valores de complementação ao déficit previdenciário não sejam computados para efeitos de vinculação ao investimento mínimo constitucional em educação.

CAPÍTULO 3 – TEMPO DE SERVIÇO

1. LICENÇA PARA TRATAMENTO DE SAÚDE

STF – Supremo Tribunal Federal

Tema	1029	Situação	**Trânsito em Julgado**	Órgão julgador	**Plenário Virtual – RG**
Questão Controvertida	Contagem do tempo de licença para tratamento de saúde e de faltas atestadas por médicos como de efetivo exercício para fins de aposentadoria e disponibilidade de servidor público.				
Tese Firmada	É infraconstitucional, a ela se aplicando os efeitos da ausência de repercussão geral, a controvérsia fundada na interpretação de lei local relativa à contagem do tempo de licença para tratamento de saúde como de efetivo exercício para fins de aposentadoria e disponibilidade de servidor público.				
Informações Complementares	SCAN ME				

Processo / Recurso	**Repercussão Geral**	**Relator (a)**	**Acórdão Publicado**	**Embargos Declaratórios**	**Trânsito em Julgado**
ARE 1177289	Não há RG – Matéria Infraconstitucional	MINISTRO(A) PRESIDENTE	01/04/2019	-	30/05/2019

2. POSSE POR DECISÃO JUDICIAL DE NATUREZA PRECÁRIA

STF – Supremo Tribunal Federal

- Informativo 911 – 17.08.2018

POSSE EM CONCURSO PÚBLICO E EXERCÍCIO DETERMINADOS POR DE DECISÕES PRECÁRIAS. CONCESSÃO DE APOSENTADORIA VOLUNTÁRIA. A Primeira Turma, em face da inaplicabilidade das orientações estabelecidas no RE 608.482, julgado sob o rito da repercussão geral (Tema 476), deu provimento ao agravo interno com vistas a negar seguimento ao recurso extraordinário em que se discutia a validade de portaria que tornou sem efeito ato de nomeação e posse de servidora pública. O colegiado rememorou que o Supremo Tribunal Federal (STF), ao julgar o RE 608.482, decidiu pela inaplicabilidade da "teoria do fato consumado" a candidato que assumiu o cargo em razão de decisão judicial de natureza precária e revogável. Naquele julgado, a Corte entendeu que, em face das disposições constitucionais que regem o acesso a cargos públicos, é incabível justificar a permanência de alguém que tomou posse em razão de decisão judicial de caráter precário, com fundamento nos princípios da boa-fé e da proteção da confiança legítima. Entretanto, no julgamento do precedente, não foram contempladas as hipóteses em que servidor, em razão do decurso do tempo no exercício do cargo, tem a aposentadoria concedida pela Administração Pública. Afirmou-se que especificidades – em especial o decurso de mais de 21 anos no cargo e a concessão de aposentadoria voluntária pela Administração Pública – diferem das circunstâncias do indigitado "leading case". No caso concreto, em razão do elevado grau de estabilidade da situação jurídica, o princípio da proteção da confiança legítima incide com maior intensidade. A Turma entendeu que a segurança jurídica, em sua perspectiva subjetiva, protege a confiança legítima e preserva fatos pretéritos de eventuais modificações na interpretação jurídica, bem como resguarda efeitos jurídicos de atos considerados inválidos por qualquer razão. A aplicação do princípio da proteção da confiança, portanto, pressupõe a adoção de atos contraditórios pelo Estado que frustrem legítimas expectativas nutridas por indivíduos de boa-fé. Naturalmente, tais expectativas podem ser frustradas não apenas por decisões administrativas contraditórias, mas também por decisões judiciais (RE 740029 AgR/DF).

3. TEMPO FICTO

STF - Supremo Tribunal Federal

- Informativo 342 (09.04.2004) e 324 (10.10.2003)

APOSENTADORIA: FIXAÇÃO DE TEMPO FICTO. Concluído o julgamento de mérito de ação direta de inconstitucionalidade contra a parte final do art. 3º e o art. 4º da Lei 1.713/90, do Estado do Rio de Janeiro, que previam a contagem em dobro do tempo de exercício em cargos de comissão na Administração Direta do mencionado Estado, para fins de aposentadoria. O Tribunal, acompanhando o voto proferido pelo Min. Carlos Velloso, relator, julgou procedente o pedido, por entender que os dispositivos impugnados, ao reduzirem indiretamente o tempo fixado na CF para a aposentadoria, estabelecendo tempo ficto, afrontaram o disposto no art. 40, §§ 4º, e 10 da CF (ADI 404/RJ).

STF - Supremo Tribunal Federal

Informativo 211 - 24.11.2000

APOSENTADORIA E TEMPO FICTO DE SERVIÇO. O Tribunal, por maioria, conheceu e deu provimento a recurso do Estado de Goiás contra acórdão do Tribunal de Justiça estadual - que assegurara a servidora pública o direito de contar, para efeito de tempo de serviço, o período em que esteve em licença para trato de interesse particular, já que efetuara o pagamento da contribuição previdenciária - e declarou *incidenter tantum* a inconstitucionalidade do § 2º do art. 20 do ADCT da Constituição do Estado de Goiás ("Ao funcionário que haja contribuído, em caráter obrigatório, em qualquer época, para o órgão previdenciário do Estado, mesmo no caso de licença para interesse particular, fica assegurado o direito de contar o tempo dessa contribuição para efeito de aposentadoria."). Considerou-se que o reconhecimento de tempo de serviço ficto, ainda que as contribuições previdenciárias sejam pagas, implica a redução do tempo de serviço necessário para efeito de aposentadoria previsto no art. 40 da CF (RE 227.158-GO).

4. ESTÁGIO PROBATÓRIO

STJ - Superior Tribunal de Justiça

- Informativo 435 – 21.05.2010

SERVIDOR. ESTÁGIO PROBATÓRIO. APOSENTADORIA. No mérito, insurge-se a recorrente contra o acórdão que denegou a segurança impetrada em face de ato que indeferiu seu pedido de aposentadoria voluntária, ante a ausência do término do estágio probatório de três anos no cargo de assessor jurídico do Ministério Público do Estado do Rio Grande do Sul (MP), tal qual previsto em provimento daquele órgão. Para tanto, alega ser de dois anos o estágio probatório, conforme prevê o estatuto dos servidores públicos daquele estado-membro. Cumpre esclarecer que, apesar de a estabilidade e o estágio probatório serem institutos diversos, vinculam-se um ao outro, uma vez que um dos objetivos do estágio probatório é fornecer elementos para a Administração averiguar se o servidor cumpre os requisitos para adquirir estabilidade no serviço público. Com efeito, o prazo do estágio probatório dos servidores públicos deve observar a alteração promovida pela EC n. 19/1998 no art. 41 da CF/1988, no tocante ao aumento do lapso temporal para a aquisição da estabilidade no serviço público para três anos. Por isso, em caso de cessão do servidor para outro órgão, como na hipótese dos autos, há a imediata suspensão de contagem do referido prazo. Assim, é firme o entendimento deste Superior Tribunal e do STF no sentido de que não pode o servidor em estágio probatório, ainda não investido definitivamente no cargo, aposentar-se voluntariamente, excepcionadas as hipóteses legais, uma vez que, como etapa final do processo seletivo, enquanto não aprovado no estágio probatório, o servidor ainda não tem a investidura definitiva no cargo. Conclui-se, pois, que a recorrente, ex-servidora do Tribunal Regional Eleitoral, não tem direito líquido e certo à aposentadoria voluntária enquanto não cumprido o período de estágio probatório no cargo de assessor jurídico do Ministério Público daquele estado. Por essas razões, a Turma negou provimento ao recurso (RMS 23.689-RS, Rel. Min. Maria Thereza de Assis Moura, julgado em 18/5/2010).

STF - Supremo Tribunal Federal

- Informativo 371 – 26.11.2004

CONSTITUCIONAL. ADMINISTRATIVO. SERVIDOR PÚBLICO. APOSENTADORIA. ESTÁGIO PROBATÓRIO. I. – Constituindo o estágio probatório complemento do processo seletivo, etapa final deste, não pode o servidor, no curso do mesmo, aposentar-se, voluntariamente.

II. – Precedentes do STF. III. – Mandado de Segurança indeferido (MS N. 24.744-DF).

5. SERVIÇO PÚBLICO FEDERAL SOMADO A TEMPO EM ESTATAIS

STJ - Superior Tribunal de Justiça

- Informativo 386 – 13.03.2009

SERVIDORES PÚBLICOS. TEMPO. SERVIÇO. EMPRESAS ESTATAIS. In casu, pretende-se desconstituir acórdão que manteve a sentença a qual julgou improcedente o pedido na ação em que os ora recorrentes, servidores públicos federais, buscam a averbação do período trabalhado na Caixa Econômica Federal e no Banco do Brasil para todos os fins, especialmente, para concessão de licença-prêmio e adicional de tempo de serviço. A Turma, por maioria, negou provimento ao recurso, por entender que o tempo de serviço prestado àquelas instituições somente pode ser computado na forma prevista no art. 103, V, da Lei n. 8.112/1990 (contar-se-á apenas para efeito de aposentadoria e disponibilidade o tempo de serviço em atividade privada vinculada à Previdência Social), visto que se trata respectivamente de empresa pública e sociedade de economia mista, sujeitando-se, assim, ao regime próprio das empresas privadas, inclusive quanto aos direitos e obrigações civis, comerciais, trabalhistas e tributárias (art. 173, § 1º, II, da CF/1988) (REsp 960.200-RS, Rel. Min. Arnaldo Esteves Lima, julgado em 10/3/2009).

6. JUSTIFICAÇÃO EM PROCESSO JUDICIAL PENDENTE

STF - Supremo Tribunal Federal

- Informativo 662 – 20.04.2012

REGISTRO DE APOSENTADORIA E JUSTIFICAÇÃO JUDICIAL. Em face das especificidades da causa e da necessidade de se garantir a segurança jurídica, a 2ª Turma concedeu mandado de segurança para declarar nula decisão do TCU que negara registro à aposentadoria da impetrante, com o consequente direito de permanecer em inatividade. No caso, a servidora pública federal requerera sua aposentadoria e apresentara certidões de tempo de serviço e justificação judicial referente ao período em que trabalhara como professora municipal. Considerou-se o fato de a impetrante receber os proventos há mais de vinte anos, por força de liminar anteriormente concedida neste writ. Frisou-se que o TCU estaria autorizado a proceder ao registro da aposentadoria com base na validade da justificação referente ao período em que ela trabalhara como professora. Consignou-se que, enquanto não desautorizada em sede judiciária pelos meios processuais adequados, a justificação estaria apta a produzir os efeitos a que se destinaria (MS 22315/MA).

7. SUJEITOS

7.1. ALUNO-APRENDIZ

STF - Supremo Tribunal Federal

- Informativo 853 (10.02.2017) e 814 (19.02.2016)

CONTRADITÓRIO - PRESSUPOSTOS - LITÍGIO - ACUSAÇÃO. O contraditório, base maior do devido processo legal, requer, a teor do disposto no inciso LV do artigo 5º da Constituição Federal, litígio ou acusação, não alcançando os atos sequenciais alusivos ao registro de aposentadoria. **PROVENTOS DA APOSENTADORIA - TEMPO DE SERVIÇO - ALUNO-APRENDIZ - COMPROVAÇÃO.** O cômputo do tempo de serviço como aluno-aprendiz exige a demonstração da efetiva execução do ofício para o qual recebia instrução, mediante encomendas de terceiros (MS 31518/DF).

- Informativo 669 (08.06.2012) e 667 (25.05.2012)

AGRAVO REGIMENTAL. MANDADO DE SEGURANÇA. TRIBUNAL DE CONTAS DA UNIÃO. TEMPO DE SERVIÇO PRESTADO COMO ALUNO-APRENDIZ EM ESCOLA TÉCNICA. CÔMPUTO PARA APOSENTADORIA. LEGALIDADE. MUDANÇA DE ORIENTAÇÃO DA CORTE DE CONTAS QUANTO AOS REQUISITOS EXIGIDOS, APÓS A CONCESSÃO DA APOSENTADORIA. IMPOSSIBILIDADE. AGRAVO

REGIMENTAL IMPROVIDO. I – A jurisprudência do Supremo Tribunal Federal consolidou-se, em casos idênticos ao que ora se analisa, pela legalidade do cômputo do tempo prestado como aluno-aprendiz para fins de aposentadoria. II – A nova interpretação da Súmula 96 do TCU, firmada no Acórdão 2.024/2005, não pode ser aplicada à aposentadoria concedida anteriormente. III – Agravo regimental improvido (AG. REG. EM MS N. 28.399-DF).

- Informativo 575 – 19.02.2010

MANDADO DE SEGURANÇA. TRIBUNAL DE CONTAS DA UNIÃO. ACÓRDÃO N. 188/2008. DETERMINAÇÃO DE RETORNO DO IMPETRANTE À ATIVIDADE PARA COMPLETAR O TEMPO NECESSÁRIO PARA APOSENTADORIA COM PROVENTOS INTEGRAIS, OU SUA PERMANÊNCIA, NA CONDIÇÃO DE APOSENTADO, COM PROVENTOS PROPORCIONAIS. LEGALIDADE DO CÔMPUTO DO PRAZO DE ALUNO-APRENDIZ EM ESCOLA TÉCNICA PARA APOSENTADORIA DO IMPETRANTE: PRECEDENTES. SEGURANÇA CONCEDIDA (MS 27185/DF).

7.2. ANISTIADO

STF - Supremo Tribunal Federal

- Informativo 732 – 13.12.2013

ANISTIA - APOSENTADORIA - INSTITUTOS - DIVERSIDADE. Os institutos da anistia e da aposentadoria são diversos, quando a primeira não envolve, explicitamente, a segunda, cabendo ao Tribunal de Contas da União, a teor do disposto no artigo 71, inciso III, da Constituição Federal, examinar o atendimento dos requisitos legais considerado o processo de registro da aposentadoria (MS N. 25.916-DF).

- Informativo 609 – 19.11.2010

REGISTRO DE APOSENTADORIA: GARANTIAS CONSTITUCIONAIS E ANISTIA. O Plenário, por maioria, concedeu parcialmente mandado de segurança para anular acórdão do Tribunal de Contas da União – TCU e restabelecer a percepção dos proventos de aposentadoria da impetrante, até que nova decisão seja proferida, em processo no qual lhe sejam garantidos a ampla defesa e o contraditório. Tratava-se, na espécie, de writ impetrado contra decisão da Corte de Contas que negara registro à aposentadoria da impetrante ao fundamento de que ela não teria comprovado vínculo com a Administração Pública antes de ser beneficiada por anistia (26.5.89), outorgada com amparo na EC 26/85, em que determinada a sua reintegração ao serviço público. Por conseguinte, o TCU desconstituíra o ato concessivo de anistia e cassara seus efeitos. Salientou-se que a apreciação, para fins de registro, do ato de concessão inicial de aposentadoria da impetrante fora realizada pelo TCU passados mais de 10 anos de sua efetivação. Nesse sentido, rememorou-se a orientação firmada pelo STF no julgamento do MS 26116/DF (j. em 8.9.2010, v. Informativo 599) em que assentada a necessidade de se assegurar aos interessados as garantias do contraditório e da ampla defesa caso decorridos mais de 5 anos da apreciação da legalidade do ato de concessão inicial de aposentadoria, reforma e pensão. Aduziu-se, ainda, que a negativa de registro da aposentadoria invalidara a própria anistia concedida à impetrante 15 anos antes e sem que observados os princípios do contraditório e da ampla defesa. Consignou-se que, se a Administração Pública tivesse, por meio de procedimento administrativo autônomo, procedido à revisão da anistia, teria que proporcionar à impetrante o contraditório e a ampla defesa. Assim, não faria sentido que – no bojo do procedimento de apreciação, para fins de registro, do ato de aposentadoria – pudesse fazê-lo sem considerar essas mesmas garantias. Vencidos os Ministros Marco Aurélio e Joaquim Barbosa que concediam a ordem em maior extensão por não reconhecerem ao TCU a atribuição de examinar a licitude, ou não, da anistia (MS 26053/DF).

7.3. NOTÁRIOS E REGISTRADORES

STF - Supremo Tribunal Federal

- Informativo 780 – 10.04.2015

PREVIDENCIÁRIO E CONSTITUCIONAL. LEI ESTADUAL QUE INCLUIU NO REGIME PRÓPRIO DE PREVIDÊNCIA SEGURADOS QUE NÃO SÃO SERVIDORES DE CARGOS EFETIVOS NA

ADMINISTRAÇÃO PÚBLICA. ART. 40 DA CONSTITUIÇÃO FEDERAL. NECESSÁRIA VINCULAÇÃO AO REGIME GERAL DE PREVIDÊNCIA SOCIAL. 1. O art. 40 da Constituição de 1988, na redação hoje vigente após as Emendas Constitucionais 20/98 e 41/03, enquadra como segurados dos Regimes Próprios de Previdência Social apenas os servidores titulares de cargo efetivo na União, Estado, Distrito Federal ou Municípios, ou em suas respectivas autarquias e fundações públicas, qualidade que não aproveita aos titulares de serventias extrajudiciais. 2. O art. 95 da Lei Complementar 412/2008, do Estado de Santa Catarina, é materialmente inconstitucional, por incluir como segurados obrigatórios de seu RPPS os cartorários extrajudiciais (notários, registradores, oficiais maiores e escreventes juramentados) admitidos antes da vigência da Lei federal 8.935/94 que, até 15/12/98 (data da promulgação da EC 20/98), não satisfaziam os pressupostos para obter benefícios previdenciários. 3. Ação direta de inconstitucionalidade julgada procedente, com modulação de efeitos, para assegurar o direito adquirido dos segurados e dependentes que, até a data da publicação da ata do presente julgamento, já estivessem recebendo benefícios previdenciários juntos ao regime próprio paranaense ou já houvessem cumprido os requisitos necessários para obtê-los (ADI N. 4.641-SC).

- Informativo 436 – 18.08.2006

Ação direta de inconstitucionalidade. 2. Art. 34, § 1º, da Lei Estadual do Paraná nº 12.398/98, com redação dada pela Lei Estadual nº 12.607/99. 3. Preliminar de impossibilidade jurídica do pedido rejeitada, por ser evidente que o parâmetro de controle da Constituição Estadual invocado referia-se à norma idêntica da Constituição Federal. 4. Inexistência de ofensa reflexa, tendo em vista que a discussão dos autos enceta análise de ofensa direta aos arts. 40, caput, e 63, I, c/c 61, § 1º, II, "c", da Constituição Federal. 5. Não configuração do vício de iniciativa, porquanto os âmbitos de proteção da Lei Federal nº 8.935/94 e Leis Estaduais nºs 12.398/98 e 12.607/99 são distintos. Inespecificidade dos precedentes invocados em virtude da não-coincidência das matérias reguladas. 6. Inconstitucionalidade formal caracterizada. Emenda parlamentar a projeto de iniciativa exclusiva do Chefe do Executivo que resulta em aumento de despesa afronta os arts. 63,

I, c/c 61, § 1º, II, "c", da Constituição Federal. 7. Inconstitucionalidade material que também se verifica em face do entendimento já pacificado nesta Corte no sentido de que o Estado-Membro não pode conceder aos serventuários da Justiça aposentadoria em regime idêntico ao dos servidores públicos (art. 40, caput, da Constituição Federal). 8. Ação direta de inconstitucionalidade julgada procedente (ADI 2791/PR).

7.4. MÉDICO RESIDENTE

STJ - Superior Tribunal de Justiça

- Informativo 730 – 28.03.2022

MÉDICO RESIDENTE. REMUNERAÇÃO PELOS COFRES PÚBLICOS. TEMPO DE SERVIÇO PARA APOSENTADORIA. ART. 80, III, DA LEI N. 1.711/1952. POSSIBILIDADE. O período de residência médica exercido na regência da Lei n. 1.711/1952 deve ser considerado como tempo de serviço para aposentadoria, independentemente da forma de admissão, contanto que tenha sido remunerado pelos cofres públicos (Resp 1.487.518-GO, Rel. Min. Og Fernandes, Segunda Turma, por unanimidade, julgado em 08/03/2022).

7.5. SERVIDORES SEM CONCURSO PÚBLICO ESTABILIZADOS PELO ART. 19 DO ADCT

STF - Supremo Tribunal Federal

Tema	1254	Situação	Acórdão de mérito publicado	Órgão julgador	Plenário Virtual
Questão Controvertida	Regime previdenciário aplicável aos servidores estabilizados pelo art. 19 do ADCT não efetivados por concurso público, se o regime próprio de previdência do Estado a que vinculado o servidor ou se o regime geral de previdência social.				
Tese Firmada	Somente os servidores públicos civis detentores de cargo efetivo (art. 40, CF, na redação dada pela EC 20/98) são vinculados ao regime próprio de previdência social, a excluir os estáveis nos termos do art. 19 do ADCT e os demais servidores admitidos sem concurso público.				

Tema	1254	Situação	**Acórdão de mérito publicado**	Órgão julgador	**Plenário Virtual**
Informações Complementares	SCAN ME				
Processo / Recurso	**Repercussão Geral**	**Relator (a)**	**Acórdão Publicado**	**Embargos Declaratórios**	**Trânsito em Julgado**
RE 1426306	Há repercussão geral com reafirmação de Jurisprudência	MINISTRO PRESIDENTE	16/06/2023	28/06/2023	-

7.6. PROFESSOR

STF - Supremo Tribunal Federal

Tema	965	Situação	**Trânsito em Julgado**	Órgão julgador	**Plenário Virtual - RG**
Questão Controvertida	Aposentadoria especial prevista no art. 40, § 5º, da Constituição: cômputo do tempo de serviço prestado por professor na escola em funções diversas da docência.				
Tese Firmada	Para a concessão da aposentadoria especial de que trata o art. 40, § 5º, da Constituição, conta-se o tempo de efetivo exercício, pelo professor, da docência e das atividades de direção de unidade escolar e de coordenação e assessoramento pedagógico, desde que em estabelecimentos de educação infantil ou de ensino fundamental e médio.				
Informações Complementares	Há RG - Reafirmação de Jurisprudência. SCAN ME				
Processo / Recurso	**Repercussão Geral**	**Relator (a)**	**Acórdão Publicado**	**Embargos Declaratórios**	**Trânsito em Julgado**
RE 1039644	13/10/2017	ALEXANDRE DE MORAES	13/11/2017	-	29/11/2017

- Informativo 1106/2023 (08.09.2023) – ADI 856/RS

AÇÃO DIRETA DE INCONSTITUCIONALIDADE. DIREITO CONSTITUCIONAL E PREVIDENCIÁRIO. APOSENTADORIA ESPECIAL. FUNÇÕES DE MAGISTÉRIO. DEFINIÇÃO. PROJETO DE LEI DE INICIATIVA PRIVATIVA DO CHEFE DO EXECUTIVO (ART. 61, II, "C" E "E", DA CRFB). COMPETÊNCIA LEGISLATIVA DA UNIÃO (ARTIGOS 22, XXIII E XXIV, E 24, XII E § 1º, DA CRFB). INCOMPETÊNCIA DE ESTADOS-MEMBROS E MUNICÍPIOS PARA REGULAMENTAR A MATÉRIA. ART. 67, § 2º, DA LEI N.º 9.394/96 (LEI DE DIRETRIZES E BASES DA EDUCAÇÃO). CONSTITUCIONALIDADE. PRECEDENTES DO PLENÁRIO. IMPOSSIBILIDADE DE CARACTERIZAÇÃO DE ATIVIDADES MERAMENTE ADMINISTRATIVAS COMO DE MAGISTÉRIO. AÇÃO DIRETA JULGADA PROCEDENTE. 1. A alteração do parâmetro de controle indicado na inicial da Ação Direta de Inconstitucionalidade não gera perda do interesse de agir, porquanto impossível a convalidação superveniente de vício de inconstitucionalidade, de modo que a situação de ofensa à norma fundamental persistirá, sendo mister que esta Suprema Corte exerça jurisdição para corrigir o estado de contrariedade à Carta Magna. Precedentes: ADI 2158, Relator(a): Min. DIAS TOFFOLI, Tribunal Pleno, julgado em 15/09/2010; ADI 4696, Relator(a): Min. EDSON FACHIN, Tribunal Pleno, julgado em 30/06/2017. 2. O Chefe do Executivo possui a iniciativa privativa de leis que disponham sobre servidores públicos da União e Territórios, seu regime jurídico, provimento de cargos, estabilidade e aposentadoria de civis, reforma e transferência de militares para a inatividade, bem como sobre criação, estruturação e atribuições dos Ministérios e órgãos da administração pública, ex vi do art. 61, II, alíneas c e e, da Carta Magna. 3. A lei resultante de projeto de iniciativa parlamentar que promove alterações no sistema estadual de ensino, define funções de magistério e impacta a aposentadoria de servidores é formalmente inconstitucional por vício de iniciativa. Precedentes: ADI 1895, Relator(a): Min. SEPÚLVEDA PERTENCE, Tribunal Pleno, julgado em 02/08/2007; ADI 582, Relator(a): Min. NÉRI DA SILVEIRA, Tribunal Pleno, julgado em 17/06/1999; ADI 575, Relator(a): Min. SEPÚLVEDA PERTENCE, Tribunal Pleno, julgado em 25/03/1999; ADI 1487 MC, Relator(a): Min. SYDNEY SANCHES, Tribunal Pleno, julgado em 07/08/1996. 4. O art. 40, III, b, da Constituição, na sua redação original, da mesma forma que o texto atual do parágrafo quinto do mesmo artigo, consagra redução no tempo de serviço necessário à aposentadoria do professor que comprove exclusivamente tempo de efetivo exercício das funções de magistério, sendo certo que a fixação de requisitos para a concessão de aposentadoria especial é matéria de competência legislativa da União, consoante os artigos 22, XXIII e XXIV, e 24, XII e § 1º, da Constituição. 5. A eficácia do direito à aposentadoria especial objeto do art. 40, § 4º, da Constituição Federal, exige regulamentação mediante lei complementar de iniciativa privativa do Presidente da República, sendo vedado a Estados e Municípios legislar sobre a matéria, na medida em que vinculados ao teor da Súmula Vinculante n.º 33 até que editada lei complementar específica. Precedentes: Rcl 21360 AgR, Relator(a): Min. ROSA WEBER, Primeira Turma, julgado em 07/03/2017; MI 4457 AgR, Relator(a): Min. LUIZ FUX, Tribunal Pleno, julgado em 18/12/2013. 6. O legislador federal editou norma regulamentadora do art. 40, § 5º, da Constituição, de modo a definir quais funções se enquadram como de magistério para fins de concessão da aposentadoria especial, dispondo o art. 67, § 2º, da Lei n.º 9.394/96, a Lei de Diretrizes e Bases da Educação Nacional, in verbis: Para os efeitos do disposto no § 5º do art. 40 e no § 8º do art. 201 da Constituição Federal, são consideradas funções de magistério as exercidas por professores e especialistas em educação no desempenho de atividades educativas, quando exercidas em estabelecimento de educação básica em seus diversos níveis e modalidades, incluídas, além do exercício da docência, as de direção de unidade escolar e as de coordenação e assessoramento pedagógico. 7. O art. 67, § 2º, da Lei n.º 9.394/96 já foi declarado constitucional pelo Plenário deste Supremo Tribunal Federal em decisões com efeitos vinculantes e erga omnes: ADI 3772, Relator(a): Min. CARLOS BRITTO, Redator(a) p/ Acórdão: Min. RICARDO LEWANDOWSKI, Tribunal Pleno, julgado em 29/10/2008; RE 1039644 RG, Relator(a): Min. ALEXANDRE DE MORAES, julgado em 12/10/2017. 8. As atividades meramente administrativas não podem ser consideradas como magistério, sob pena de ofensa à autoridade da decisão proferida na ADI 3.772/DF (Rcl 17426 AgR, Relator(a): Min. ROBERTO BARROSO, Primeira Turma, julgado em 09/08/2016). 9. In casu, a lei estadual impugnada estende a aposentadoria especial para atividades administrativas, técnico-pedagógicas e outras específicas que não propriamente a de professor, inclusive a de representação sindical, por isso que, além dos vícios de iniciativa e de competência, a norma também padece de inconstitucionalidade material, por ofender o núcleo da disposição constitucional que restringe a aposentadoria especial a funções de magistério. 10. Ação Direta de Inconstitucionalidade julgada procedente para, confirmando a medida cautelar anteriormente deferida, declarar a inconstitucionalidade da Lei Estadual n.º 9.841, de 16 de março de 1993, do Rio Grande do Sul.

- Informativo 540 (27.03.2009), 526 (31.10.2008) e 502 (18.04.2008)

AÇÃO DIRETA DE INCONSTITUCIONALIDADE MANEJADA CONTRA O ART. 1º DA LEI FEDERAL 11.301/2006, QUE ACRESCENTOU O § 2º AO ART. 67 DA LEI 9.394/1996. CARREIRA DE MAGISTÉRIO. APOSENTADORIA ESPECIAL PARA OS EXERCENTES DE FUNÇÕES DE DIREÇÃO, COORDENAÇÃO E ASSESSORAMENTO PEDAGÓGICO. ALEGADA OFENSA AOS ARTS. 40, § 4º, E 201, § 1º, DA CONSTITUIÇÃO FEDERAL. INOCORRÊNCIA. AÇÃO JULGADA PARCIALMENTE PROCEDENTE, COM INTERPRETAÇÃO CONFORME. I – A função de magistério não se circunscreve apenas ao trabalho em sala de aula, abrangendo também a preparação de aulas, a correção de provas, o atendimento aos pais e alunos, a coordenação e o assessoramento pedagógico e, ainda, a direção de unidade escolar. II – As funções de direção, coordenação e assessoramento pedagógico integram a carreira do magistério, desde que exercidos, em estabelecimentos de ensino básico, por professores de carreira, excluídos os especialistas em educação, fazendo jus aqueles que as desempenham ao regime especial de aposentadoria estabelecido nos arts. 40, § 4º, e 201, § 1º, da Constituição Federal. III – Ação direta julgada parcialmente procedente, com interpretação conforme, nos termos supra (ADI N. 3.772-DF).

- Informativo 416 – 17.02.2006

PROFESSOR E APOSENTADORIA PROPORCIONAL ESPECIAL. A Turma reformou acórdão do Tribunal de Justiça do Estado de São Paulo que, mantendo sentença denegatória de mandado de segurança impetrado por professor com 29 anos de efetivo exercício em função de magistério, entendera que a aposentadoria do ora recorrente deveria ser concedida na proporção de 29/35. Aplicou-se a orientação firmada no RE 214852/SP (DJU de 26.5.2000) no sentido de que, em se tratando de aposentadoria por idade com proventos proporcionais ao tempo de serviço de professor que tenha exercido função de magistério, o cálculo da sua aposentadoria deve ser feito com base no tempo de serviço exigido para a aposentadoria com proventos integrais – 30 anos para professor e 25 anos para professora (CF, art. 40, III, na redação original). RE provido (CPC, art. 557, § 1º-A) para conceder a segurança (RE 459188/SP).

- Informativo 246 – 19.10.2001

Recurso extraordinário. Magistério. Contagem de tempo de serviço para aposentadoria especial prevista no art. 40, III, "b" da CF. Professor cedido a outro órgão para exercer funções diferentes das exclusivas de magistério. Exclusão desse período de cessão para fins dessa contagem, conforme a jurisprudência desta Corte. Agravo regimental desprovido (RE (AgRg) N. 276.639-SP).

- Informativo 241 – 14.09.2001

APOSENTADORIA DE PROFESSOR. Para efeito de aposentadoria especial de professora e professor, respectivamente, aos 25 e 30 anos "de efetivo exercício em funções de magistério" (CF, art. 40, III, b, na redação primitiva), não se considera o tempo de serviço em que tais servidores tenham exercido funções de natureza administrativa. Com base nesse entendimento, a Turma negou provimento a agravo regimental em recurso extraordinário interposto contra decisão do Min. Ilmar Galvão, relator, que reformara acórdão do Tribunal de Justiça do Estado de São Paulo para afastar o direito de professora estadual ao cômputo, para fins de aposentadoria especial, do tempo de serviço prestado na área de recursos humanos e supervisão pedagógica na secretaria estadual da educação (RE (AgRg) 276.040-SP).

- Informativo 217 (16.02.2001) e 193 (16.06.2000)

MAGISTÉRIO PÚBLICO. APOSENTADORIA ESPECIAL. ART. 165, XX, DA EC 01/69. TEMPO DE SERVIÇO EM QUE ESTEVE À DISPOSIÇÃO DA JUSTIÇA ELEITORAL. Tempo de serviço insuscetível de ser computado para o fim previsto no dispositivo constitucional em referência, o qual exigia efetivo exercício em função de magistério, requisito que não se pode ter por atendido se o servidor dela esteve afastado não para atendimento do serviço eleitoral, na fase aguda da realização do pleito (recolhimento e contagem de votos), mas por longo período, por efeito de requisições sucessivas, de ordinário por ele próprio provocadas. Impossibilidade, ademais, da caracterização, por lei, de tempo de serviço ficto para o fim de atendimento de exigência constitucional de tempo de serviço efetivo. Recurso conhecido e provido (RE N. 104.641-RS).

8. CONTAGEM RECÍPROCA

8.1. RESTRIÇÕES

STF - Supremo Tribunal Federal

- Informativo 766 (07.11.2014), 756 (29.08.2014) e 152 (11.06.1999)

APOSENTADORIA: CONTAGEM RECÍPROCA E RESTRIÇÕES INDEVIDAS. O Plenário julgou procedente pedido formulado em ação direta para declarar a inconstitucionalidade do art. 119, VI, da Lei 6.677/1994, do Estado da Bahia ["Art. 119. Contar-se-á para efeito de aposentadoria e disponibilidade: ... VI – até 10 (dez) anos do tempo de serviço em atividade privada vinculada à previdência social, desde que um decênio, pelo menos, no serviço público estadual, ressalvada a legislação federal regulamentadora da matéria"]. O Tribunal confirmou a liminar deferida e consignou que, na sua redação original, o § 2° do art. 202 da CF seria autoaplicável ("Art. 202. É assegurada aposentadoria, nos termos da lei, calculando-se o benefício sobre a média dos trinta e seis últimos salários de contribuição, corrigidos monetariamente mês a mês, e comprovada a regularidade dos reajustes dos salários de contribuição de modo a preservar seus valores reais e obedecidas as seguintes condições: ... § 2º – Para efeito de aposentadoria, é assegurada a contagem recíproca do tempo de contribuição na administração pública e na atividade privada, rural e urbana, hipótese em que os diversos sistemas de previdência social se compensarão financeiramente, segundo critérios estabelecidos em lei") (ADI N. 1.798-BA).

- Informativo 265 – 26.04.2002

CONTAGEM RECÍPROCA DO TEMPO DE SERVIÇO. O Tribunal declarou a inconstitucionalidade do art. 119 da Lei Complementar 2.303/91, do

Município de Sarandi-RS, que, para efeito de aposentadoria, exigia um tempo mínimo de serviço público para ter-se a compensação entre os diferentes sistemas previdenciários. Considerou-se caracterizada a ofensa ao art. 202, § 2º, da CF (redação anterior à EC 20/98), que não admite qualquer restrição à contagem recíproca do tempo de serviço. Precedente citado: RE 220.821-RS (DJU de 19.5.2000) (RE 219.169-RS).

8.2. CERTIDÃO DE TEMPO DE CONTRIBUIÇÃO E TEMPO ESPECIAL

STF - Supremo Tribunal Federal

- Informativo 418 – 10.03.2006

1. O servidor público tem direito à emissão pelo INSS de certidão de tempo de serviço prestado como celetista sob condições de insalubridade, periculosidade e penosidade, com os acréscimos previstos na legislação previdenciária. 2. A autarquia não tem legitimidade para opor resistência à emissão da certidão com fundamento na alegada impossibilidade de sua utilização para a aposentadoria estatutária; requerida esta, apenas a entidade à qual incumba deferi-la é que poderia se opor à sua concessão (RE N. 433.305-PB).

8.3. CONVERSÃO DE ESPECIAL EM COMUM ATÉ A EC 103/19

STJ - Superior Tribunal de Justiça

- Informativo 724 – 14.02.2022

APOSENTADORIA. CONVERSÃO DE TEMPO ESPECIAL EM COMUM. CERTIDÃO DO TEMPO DE CONTRIBUIÇÃO DO RGPS. SERVIDOR PÚBLICO. CONTAGEM RECÍPROCA. REGIME PRÓPRIO DE PREVIDÊNCIA. ATÉ A EC 103/2019. POSSIBILIDADE. TEMA 942/STF. JUÍZO DE RETRATAÇÃO. Até a edição da EC 103/2019, é admissível, aos servidores públicos, a conversão do tempo de serviço especial em comum objetivando a contagem recíproca de tempo de serviço (REsp 1.592.380-SC, Rel. Min. Francisco Falcão, Segunda Turma, por unanimidade, julgado em 08/02/2022, Dje 10/02/2022).

CAPÍTULO 4 - GRATIFICAÇÕES, BENEFÍCIOS E VANTAGENS

1. NATUREZA JURÍDICA

STF - Supremo Tribunal Federal

Tema	1089	Situação	Trânsito em Julgado	Órgão julgador	Plenário Virtual - RG

Questão Controvertida	Natureza de gratificações ou outras vantagens remuneratórias concedidas a servidores ativos estaduais, municipais ou distritais para fins de incorporação aos proventos de servidores inativos e pensionistas.
Tese Firmada	É infraconstitucional, a ela se aplicando os efeitos da ausência de repercussão geral, a controvérsia relativa à definição da natureza jurídica de gratificações ou outras vantagens remuneratórias concedidas aos servidores ativos estaduais, municipais ou distritais para fins de incorporação aos proventos de servidores inativos e pensionistas.
Informações Complementares	Decisão por unanimidade proferida em 08/05/2020. SCAN ME

Processo / Recurso	Repercussão Geral	Relator (a)	Acórdão Publicado	Embargos Declaratórios	Trânsito em Julgado
RE 1223164	Não há RG - Matéria Infraconstitucional	MINISTRO(A) PRESIDENTE	30/07/2020	-	26/08/2020

2. REAJUSTE DE PROVENTOS

STF - Supremo Tribunal Federal

<table>
<tr><td>Tema</td><td>1224</td><td>Situação</td><td>Trânsito em Julgado</td><td>Órgão julgador</td><td colspan="2">TRIBUNAL PLENO - SESSÃO VIRTUAL</td></tr>
<tr><td colspan="2">Questão Controvertida</td><td colspan="5">Reajuste de proventos e pensões concedidos a servidores públicos federais e seus dependentes não beneficiados pela garantia de paridade de revisão, pelo mesmo índice de reajuste do regime geral de previdência social (RGPS), previsto em normativo do Ministério da Previdência Social, no período anterior à Lei 11.784/2008.</td></tr>
<tr><td colspan="2">Tese Firmada</td><td colspan="5">É constitucional o reajuste de proventos e pensões concedidos a servidores públicos federais e seus dependentes não beneficiados pela garantia de paridade de revisão pelo mesmo índice de reajuste do regime geral de previdência social (RGPS), previsto em normativo do Ministério da Previdência Social, no período anterior à Lei 11.784/2008.</td></tr>
<tr><td colspan="2">Informações Complementares</td><td colspan="5">SCAN ME</td></tr>
<tr><td colspan="2">Processo / Recurso</td><td>Repercussão Geral</td><td>Relator (a)</td><td>Acórdão Publicado</td><td>Embargos Declaratórios</td><td>Trânsito em Julgado</td></tr>
<tr><td colspan="2">RE 1372723</td><td>Há repercussão geral</td><td>DIAS TOFFOLI</td><td>25/10/2023</td><td>-</td><td>22/11/2023</td></tr>
</table>

- Informativo 494 (15.02.2008) e 481 (28.09.2007)

REAJUSTE DE PROVENTOS E EC 41/2003. O Tribunal concedeu mandado de segurança impetrado por servidor público aposentado contra ato omissivo do Tribunal de Contas da União – TCU, com o objetivo de compelir tal colegiado a proceder ao reajuste anual de seu benefício, nos termos do § 8º do art. 40, da CF; do art. 15, da Lei federal 10.887/2004; do art. 65, caput e parágrafo único, da Orientação Normativa 3/2004, do Ministério da Previdência Social, e do § 1º do art. 1º, da Portaria MPS 822/2005 e seu Anexo I. No mérito, por maioria, considerou-se o que previsto no § 8º do art. 40, da CF, com a redação da EC 41/2003, que assegura o reajustamento dos benefícios para preservar-lhes, em caráter permanente, o valor real, conforme critérios estabelecidos em lei. Asseverou-se que o art. 9º da Lei federal 9.717/98, que dispõe sobre as regras gerais para a organização e o funcionamento dos regimes próprios de previdência social dos servidores públicos da União, dos Estados, do Distrito Federal e dos Municípios, delegou competência ao Ministério da Previdência Social, para o estabelecimento de regras gerais atinentes ao regime em questão, sem afronta ao citado dispositivo constitucional, que versa apenas sobre critérios legais de reajustamento e não competência para fixação de índices, nem ao art. 61, § 1º, c, da CF, que não trata de reajuste de proventos. Ressaltou-se, ainda, que o art. 15 da Lei federal 10.887/2004 tão-só cuidou de estabelecer que os benefícios como os do autor, concedidos na forma do § 2º do art. 3º, da EC 41/2003, fossem reajustados na mesma data em que se desse o reajuste dos benefícios do regime geral de previdência social, sendo silente, no entanto, quanto ao índice. Reputou-se que, autorizado pela primeira lei federal, e sem contradição com a segunda, o Ministério da Previdência Social editou a Orientação Normativa 3/2004, que preencheu a lacuna sobre o índice, tendo a Portaria MPS 822/2005 fixado, posteriormente, o percentual aplicável a cada caso (art. 1º, § 1º, e Anexo I) (MS 25871/DF).

3. BENEFICIÁRIOS

3.1. ATIVOS E INATIVOS

3.1.1. INTEGRALIDADE

STF - Supremo Tribunal Federal

- Informativo 716 – 23.08.2013

DIREITO ADMINISTRATIVO. PENSÃO POR MORTE. BENEFÍCIO INTEGRAL. AUTO-APLICABILIDADE DO ART. 40, § 5º, DA CONSTITUIÇÃO FEDERAL (ATUAL § 7º). NATUREZA DA VANTAGEM RECEBIDA PELO INSTITUIDOR DO BENEFÍCIO. EXTENSÃO AOS INATIVOS E PENSIONISTAS. DEBATE DE ÂMBITO INFRACONSTITUCIONAL. ACÓRDÃO RECORRIDO PUBLICADO EM 12.08.2010. A jurisprudência do Supremo Tribunal Federal é pacífica no sentido de que o artigo 40, § 5º, da Constituição Federal, atual § 7º, é norma de aplicabilidade imediata e determina que o cálculo de pensão por morte de servidor público deve corresponder à totalidade dos vencimentos ou proventos deste quando em atividade. Precedentes. A controvérsia acerca da possibilidade de extensão aos aposentados e pensionistas das vantagens percebidas pelos servidores em atividade assim como sobre a natureza jurídica das referidas vantagens, está restrita ao âmbito infraconstitucional. Precedentes. As razões do agravo regimental não são aptas a infirmar os fundamentos que lastrearam a decisão agravada, mormente no que se refere à ausência de ofensa direta e literal a preceito da Constituição da República. Agravo regimental conhecido e não provido (AG. REG. NO ARE N. 650.374-CE).

- Informativo 249 – 09.11.2001

PROVENTOS E SALÁRIO-MÍNIMO. Considerando que o entendimento firmado pela Corte nos RREE 197.072-SC (DJU de 8.6.2001) e 199.098-SC (DJU de 18.5.2001) – no sentido de que, para efeito da garantia ao salário mínimo a que se refere o art. 7º, IV, da CF, é de se considerar a remuneração total do servidor, e não apenas o vencimento-base –, é aplicável ao servidor inativo, a Turma deu provimento a recurso extraordinário para reformar acórdão do Tribunal de Justiça do Estado de São Paulo que reconhecera a servidora inativa estadual o direito de receber o salário-base de seus proventos não inferior ao salário mínimo (RE 323.500-SP).

3.1.2. APÓS ABSORÇÃO DE CARGO

STJ - Superior Tribunal de Justiça

Tema	477	Situação	**Trânsito em Julgado**	Órgão julgador	**Primeira Seção**
Questão Controvertida	Cinge-se a discussão em saber se ao servidor aposentado do extinto DNER, que passou a integrar os quadros do Ministério dos Transportes, deve, ou não, ter assegurada a extensão do reajuste remuneratório previsto na Lei 11.171/05 para os servidores ativos do DNIT.				

Tema	477	Situação	**Trânsito em Julgado**	Órgão julgador	**Primeira Seção**
Tese Firmada	O servidor aposentado do extinto DNER, ainda que passe a integrar o quadro de inativos do Ministério dos Transportes, deve ter como parâmetro de seus proventos a retribuição dos servidores ativos do DNER absorvidos pelo DNIT, pois esta autarquia é que é a sucessora do DNER, não havendo razão jurídica para justificar qualquer disparidade.				
Informações Complementares	Tema 602/STF - Extensão, a servidores aposentados e pensionistas, dos efeitos financeiros decorrentes do enquadramento de servidores ativos do extinto DNER no Plano Especial de Cargos do DNIT. SCAN ME				

Processo / Recurso	**Repercussão Geral**	**Relator (a)**	**Acórdão Publicado**	**Embargos Declaratórios**	**Trânsito em Julgado**
REsp 1244632/CE	19/05/2011	CASTRO MEIRA	13/09/2011	-	16/12/2014

STF - Supremo Tribunal Federal

Tema	602	Situação	**Trânsito em Julgado**	Órgão julgador	**Tribunal Pleno**
Questão Controvertida	Extensão, a servidores aposentados e pensionistas, dos efeitos financeiros decorrentes do enquadramento de servidores ativos do extinto DNER no Plano Especial de Cargos do DNIT.				
Tese Firmada	Os servidores aposentados e pensionistas do extinto DNER fazem jus aos efeitos financeiros decorrentes do enquadramento de servidores ativos que, provindos deste órgão, passaram a gozar dos benefícios e vantagens resultantes do Pleno Especial de Cargos do DNIT, instituído pela Lei 11.171/2005.				
Informações Complementares	SCAN ME				

Tema	602	Situação	**Trânsito em Julgado**	Órgão julgador	**Tribunal Pleno**
Processo / Recurso	**Repercussão Geral**	**Relator (a)**	**Acórdão Publicado**	**Embargos Declaratórios**	**Trânsito em Julgado**
RE 677730	19/10/2012	GILMAR MENDES	24/10/2014	-	14/11/2014

3.1.3. APÓS MODIFICAÇÕES NO RPPS

STF - Supremo Tribunal Federal

Tema	566	Situação	**Trânsito em Julgado**	Órgão julgador	**Plenário Virtual - RG**
Questão Controvertida	Realinhamento salarial de servidores públicos inativos, em face de modificações no regime próprio de previdência social.				
Tese Firmada	A questão do direito ao realinhamento salarial da Lei gaúcha n. 12.201/2004, que institui o fator de recomposição para o vencimento básico dos servidores da Secretaria da Justiça e Segurança, pelos inativos, em face de modificações no regime próprio de previdência social, tem natureza infraconstitucional, e a ela se atribuem os efeitos da ausência de repercussão geral, nos termos do precedente fixado no RE n. 584.608, rel. a Ministra Ellen Gracie, DJe 13/03/2009.				
Informações Complementares	SCAN ME				
Processo / Recurso	**Repercussão Geral**	**Relator (a)**	**Acórdão Publicado**	**Embargos Declaratórios**	**Trânsito em Julgado**
ARE 652235	Não há RG - Matéria Infraconstitucional	CEZAR PELUSO	11/09/2012	-	26/09/2012

3.1.4. *DIREITO NÃO CONCEDIDO NA ATIVA*

STJ - Superior Tribunal de Justiça

<table>
<tr><td>Tema</td><td>1017</td><td>Situação</td><td>Acórdão Publicado - RE Pendente</td><td>Órgão julgador</td><td colspan="2">Primeira Seção</td></tr>
<tr><td colspan="2">Questão Controvertida</td><td colspan="5">Definição sobre a configuração do ato de aposentadoria de servidor público como negativa expressa da pretensão de reconhecimento e cômputo, nos proventos, de direito não concedido enquanto o servidor estava em atividade, à luz do art. 1º do Decreto 20.910/1932 e da Súmula 85/STJ.</td></tr>
<tr><td colspan="2">Tese Firmada</td><td colspan="5">O ato administrativo de aposentadoria de servidor público não configura, por si só, para fins do art. 1º do Decreto 20.910/1932 e da Súmula 85/STJ, expressa negativa do direito ao reconhecimento e ao cômputo de verbas não concedidas enquanto ele estava em atividade, salvo quando houver, no mesmo ato, inequívoco indeferimento pela Administração, situação essa que culminará na prescrição do fundo de direito se decorrido o prazo prescricional.</td></tr>
<tr><td colspan="2">Informações Complementares</td><td colspan="5">O objeto do recurso restringe-se à discussão do direito do servidor de buscar revisão de seus proventos, por meio do recálculo do valor inicial, passados mais de cinco anos da data em que foi aposentado e cessou o percebimento da vantagem em decorrência da aposentadoria pela média salarial.
Afetação na sessão eletrônica iniciada em 29/5/2019 e finalizada em 4/6/2019 (Primeira Seção).
Vide Controvérsia n. 79/STJ.
Vide Tema Repetitivo n. 602/STJ.
Há determinação de suspensão do processamento de todos os processos pendentes, individuais ou coletivos, que versem acerca da questão delimitada e tramitem no território nacional (acórdão publicado no DJe de 21/6/2019).
Processo STF - ARE 1460060 - Concluso ao relator.
SCAN ME</td></tr>
<tr><td colspan="2">Processo / Recurso</td><td>Decisão de Afetação</td><td>Relator (a)</td><td>Acórdão Publicado</td><td>Embargos Declaratórios</td><td>Trânsito em Julgado</td></tr>
<tr><td colspan="2">REsp 1783975/RS
REsp 1772848/RS</td><td>21/06/2019</td><td>HERMAN BENJAMIN</td><td>01/07/2021</td><td>15/03/2022</td><td>-</td></tr>
</table>

3.1.5. LEI NOVA MAIS BENÉFICA

STF - Supremo Tribunal Federal

- Informativo 969 (13.03.2020) e 968 (06.03.2020)

APOSENTADORIA E DIREITO ADQUIRIDO A REGIME JURÍDICO. A Primeira Turma, por maioria, deu provimento a agravo regimental, a fim de que seja reformado o ato recorrido e julgada improcedente a reclamação, na qual se alegava haver desrespeito ao que decidido pelo Supremo Tribunal Federal (STF) na ADI 4.420 (Informativo 968). No caso, o reclamante, antigo titular do cargo de escrevente notarial do estado de São Paulo, teve duas aposentadorias concedidas nos termos da Lei 10.393/1970 daquela unidade federativa. Posteriormente, a norma foi revogada pela Lei estadual 14.016/2010, que alterou condições estabelecidas à época da concessão dos benefícios. Em razão disso, ajuizou ação declaratória de revisão de aposentadoria, que foi julgada improcedente. Na reclamação, arguia ter sido estabelecido, no paradigma citado, que não poderiam ser alcançados pelos efeitos da legislação de 2010 aqueles que estivessem em pleno gozo de suas aposentadorias, dentro das regras da lei de 1970. No mérito, considerou que a decisão reclamada não possui aderência estrita ao paradigma indicado. Na ADI 4.420, o STF garantiu a situação jurídica de quem já tinha se aposentado ou preenchido os requisitos para a obtenção do benefício. Não houve a intenção de se assegurar o direito à manutenção da indexação de benefício de aposentadoria ao salário-mínimo ou impedir a majoração de alíquotas. O tema em análise não foi ali discutido. Ademais, a lei prevê novos critérios para reajustes futuros e inexiste direito adquirido à manutenção de regime jurídico anterior. O ministro Roberto Barroso agregou que a decisão reclamada não está em conflito com a jurisprudência do STF ao compreender pela aplicabilidade da nova lei para a atualização do benefício da aposentadoria. Igualmente, está correta na parte em que declarou a não recepção da Lei 10.393/1970. O referido diploma indexou a aposentadoria ao valor do salário-mínimo, o que é expressamente vedado pela Constituição Federal (art. 7º, IV). Compreensão ratificada pelo STF no Enunciado 4 da Súmula Vinculante. No tocante à alteração da alíquota da contribuição previdenciária, o ministro asseverou também inexistir violação ao precedente mencionado. Além de não haver direito adquirido a regime jurídico, é pacífico o entendimento do STF segundo o qual a contribuição previdenciária possui natureza jurídica tributária. Complementou inexistir norma jurídica válida que confira o direito ao não recolhimento de tributo (Rcl 37892 AgR/SP).

3.1.6. PRÊMIO E NÃO VANTAGEM

STF - Supremo Tribunal Federal

- Informativo 156 – 06.08.1999

PRÊMIO PARA APOSENTADORIA E INATIVOS. A Turma confirmou acórdão do Tribunal de Justiça do Estado de São Paulo que negara a pensionista de servidor do Município do Guarujá a extensão de vantagem referente ao pagamento, no momento da aposentadoria, do valor correspondente a um vencimento por ano de serviço prestado à Municipalidade, ao fundamento de que não havia, à época da inativação do servidor, previsão legal para esse pagamento. Considerou-se que este benefício não configura vantagem concedida aos servidores enquanto no exercício de seus cargos, mas sim um prêmio instituído para estimular a aposentadoria, não sendo, portanto, aplicável à espécie o § 4º, do art. 40, da CF, que determina que serão "estendidos aos inativos quaisquer benefícios ou vantagens posteriormente concedidos aos servidores em atividade" (redação anterior à EC 20/98) (RE 219.313-SP).

3.1.7. SUPRESSÃO DE PARCELA DOS ATIVOS

STF - Supremo Tribunal Federal

- Informativo 711 – 21.06.2013

PROVENTOS - ALTERAÇÃO - PESSOAL DA ATIVA - SUPRESSÃO DE PARCELA - EXTENSÃO - IMPROPRIEDADE. Surge inadequada a supressão de parcela integrante de proventos ou pensão, a pretexto de imprimir tratamento igualitário considerado pessoal da ativa (AG. REG. NO AI N. 640.141-RJ).

3.1.8. CELETISTA APOSENTADO ANTES DA LEI 8.112/90

STF - Supremo Tribunal Federal

- Informativo 244 – 05.10.2001

CONSTITUCIONAL. ADMINISTRATIVO. SERVIDOR CELETISTA. APOSENTADORIA PREVIDENCIÁRIA ANTERIOR À LEI N.º 8.112/90. REVISÃO DE PROVENTOS. EQUIPARAÇÃO COM OS VENCIMENTOS DOS SERVIDORES PÚBLICOS DA ATIVA. CONSTITUIÇÃO FEDERAL, ART. 40, § 4.º, NA REDAÇÃO ANTERIOR À EC 20/98. Ao servidor submetido ao regime da Consolidação das Leis do Trabalho, segurado da Previdência Social, que se aposentou antes do advento da Lei n.º 8.112, de 11 de dezembro de 1990, não se aplica a norma do art. 40, § 4.º, da Carta da República, na redação anterior à EC 20/98, que é destinada apenas ao servidor público estatutário, assegurando-lhe a revisão dos proventos na mesma proporção e na mesma data em que se modificar a remuneração dos servidores em atividade. Recurso conhecido e provido (RE N. 241.372-SC).

3.1.9. PROFESSOR DO MUNICÍPIO DE BELO HORIZONTE

STF - Supremo Tribunal Federal

Tema	1293	Situação	Acórdão de Repercussão Geral publicado	Órgão julgador	Plenário Virtual - RG
Questão Controvertida	Extensão aos servidores inativos dos efeitos remuneratórios decorrentes da reestruturação da carreira de professor do Município de Belo Horizonte.				
Tese Firmada	-				

Tema	1293	Situação	**Acórdão de Repercussão Geral publicado**	Órgão julgador	**Plenário Virtual - RG**
Informações Complementares	SCAN ME				
Processo / Recurso	**Repercussão Geral**	**Relator (a)**	**Acórdão Publicado**	**Embargos Declaratórios**	**Trânsito em Julgado**
ARE 1473591	Há Repercussão Geral	MINISTRO(A) PRESIDENTE	21/03/2024	-	-

3.2. TITULARES DE CARGOS EFETIVOS

STF - Supremo Tribunal Federal

- Informativo 1074/2022 (11.11.2022) – ADI 7198/PA

EMBARGOS DE DECLARAÇÃO. AÇÃO DIRETA DE INCONSTITUCIONALIDADE. REGIME PREVIDENCIÁRIO PARA AGENTES PÚBLICOS NÃO TITULARES DE CARGO EFETIVO POR LEI ESTADUAL. LEI COMPLEMNTAR ESTADUAL 39/2002, ART. 98-A, INCLUÍDO PELA LEI COMPLEMENTAR ESTADUAL 125/2019. EMENDA CONSTITUCIONAL 20/1998. ATENDIMENTO DOS PRESSUPOSTOS DO ART. 27 DA LEI 9.868/1999. NECESSIDADE DE CONFERIR EFEITOS PROSPECTIVOS AO JULGADO. EMBARGOS DE DECLARAÇÃO PARCIALMENTE PROVIDOS. 1. Embargos de declaração opostos contra acórdão que declarou a inconstitucionalidade da legislação do Estado do Pará que assegurou aposentadoria para "servidores não titulares de cargo efetivo" e pensão aos seus dependentes que ingressaram sem concurso público entre a data promulgação da Constituição de 1988 e a da promulgação da Emenda Constitucional 20/1998. Pretensão de modulação dos efeitos da decisão embargada. 2. Segundo a jurisprudência do

Supremo Tribunal Federal, são cabíveis embargos de declaração para se pleitear a modulação dos efeitos das decisões proferidas em sede de controle concentrado de constitucionalidade. Precedentes. 3. Estão presentes o excepcional interesse público e as razões de segurança jurídica, os quais justificam o parcial acolhimento do pedido do embargante para conceder efeitos prospectivos à decisão embargada. Foram modulados os efeitos da decisão, para excluir os servidores já aposentados e aqueles que tenham implementado os requisitos para aposentadoria até a data da publicação da ata de julgamento. 4. Embargos de declaração aos quais se dá parcial provimento para conferir efeitos ex nunc ao acórdão ora embargado, de modo a preservar as aposentadorias já concedidas no regime próprio de previdência do Estado, bem como assegurar a aposentação dos servidores que, até data da publicação da ata do presente julgamento, tenham completado os requisitos para tanto.

CONSTITUCIONAL. FEDERALISMO E RESPEITO ÀS REGRAS DE DISTRIBUIÇÃO DE COMPETÊNCIA. USURPAÇÃO DE COMPETÊNCIA DA UNIÃO. REGIME PREVIDENCIÁRIO PARA AGENTES PÚBLICOS NÃO TITULARES DE CARGO EFETIVO POR LEI ESTADUAL. LEI COMPLEMNTAR ESTADUAL 39/2002, ART. 98-A, INCLUÍDO PELA LEI COMPLEMENTAR ESTADUAL 125/2019. EMENDA CONSTITUCIONAL 20/1998. COMPETÊNCIA PARA LEGISLAR SOBRE PREVIDÊNCIA SOCIAL. REGIME GERAL DE PREVIDÊNCIA SOCIAL. PROCEDÊNCIA. 1. As regras de distribuição de competências legislativas são alicerces do federalismo e consagram a fórmula de divisão de centros de poder em um Estado de Direito. 2. Matéria atinente à regime de previdência social, instituindo regime próprio para determinado grupo de agentes públicos do Estado do Pará após a Emenda Constitucional 20/1998. 3. É competência concorrente da União, dos Estados e do Distrito legislar sobre previdência social, nos termos do art. 24, XII, CF. Aos Estados e ao Distrito Federal compete legislar sobre previdência social dos seus respectivos servidores, no âmbito de suas respectivas competências e especificamente para os servidores titulares de cargo efetivo, sempre em observância às normas gerais editadas pela União. 4. O regime próprio de previdência social aplica-se aos servidores titulares de cargos efetivos (art. 40, caput, CF). Aos agentes públicos não titulares de cargos efetivos, por sua vez, aplica-se o regime geral de previdência social (art. 40, §13, CF). Sistemática constitucional estabelecida desde a Emenda Constitucional 20/1998. 5. Pretensão de modulação dos efeitos da decisão. A legislação impugnada abrange períodos aquisitivos posteriores à EC nº 20/1998 e com o fundamento legal encontrado em uma normatização editada quase vinte anos após o referido marco constitucional. Inaplicável. 6. Ação Direta de Inconstitucionalidade julgada procedente.

- Informativo 794 (14.08.2015), 786 (22.05.2015), 601 (24.09.2010), 582 (16.04.2010), 556 (21.08.2009) E 380 (14.03.2005)

AÇÃO DIRETA DE INCONSTITUCIONALIDADE. ARTIGOS 79 e 85 DA LEI COMPLEMENTAR N. 64, DE 25 DE MARÇO DE 2002, DO ESTADO DE MINAS GERAIS. IMPUGNAÇÃO DA REDAÇÃO ORIGINAL E DA REDAÇÃO CONFERIDA PELA LEI COMPLEMENTAR N. 70, DE 30 DE JULHO DE 2003, AOS PRECEITOS. IPSEMG. REGIME PRÓPRIO DE PREVIDÊNCIA E ASSISTÊNCIA SOCIAL DOS SERVIDORES DO ESTADO DE MINAS GERAIS. BENEFÍCIOS PREVIDENCIÁRIOS E APOSENTADORIA ASSEGURADOS A SERVIDORES NÃO-TITULARES DE CARGO EFETIVO. ALEGAÇÃO DE VIOLAÇÃO DO DISPOSTO NO § 13 DO ARTIGO 40 E NO § 1º DO ARTIGO 149 DA CONSTITUIÇÃO DO BRASIL. AÇÃO DIRETA JULGADA PARCIALMENTE PROCEDENTE. 1. Artigo 85, caput, da LC n. 64 estabelece que "o IPSEMG prestará assistência médica, hospitalar e odontológica, bem como social, farmacêutica e complementar aos segurados referidos no art. 3º e aos servidores não titulares de cargo efetivo definidos no art. 79, extensiva a seus dependentes". A Constituição de 1988 --- art. 149, § 1º --- define que "os Estados, o Distrito Federal e os Municípios poderão instituir contribuição, cobrada de seus servidores, para o custeio, em benefícios destes, de sistemas de previdência e assistência social". O preceito viola o texto da Constituição de 1988 ao instituir contribuição compulsória. Apenas os servidores públicos titulares de cargos efetivos podem estar compulsoriamente filiados aos regimes próprios de previdência. Inconstitucionalidade da expressão "definidos no art. 79" contida no artigo 85, caput, da LC 64/02. 2. Os Estados-membros não podem contemplar de modo obrigatório em relação aos seus servidores, sob pena de mácula à Constituição do Brasil, como benefícios, serviços de assistência médica, hospitalar, odontológica, social, e farmacêutica. O benefício será custeado mediante o pagamento de contribuição facultativa aos que se dispuserem a dele fruir. 3. O artigo 85 da lei impugnada institui modalidade complementar do sistema único de saúde --- "plano de saúde complementar". Contribuição voluntária. Inconstitucionalidade do vocábulo "compulsoriamente" contido no § 4º e no § 5º do artigo 85 da LC 64/02, referente à contribuição para o custeio da assistência médica, hospitalar, odontológica e farmacêutica. 4. Reconhecida a perda de objeto superveniente em relação ao artigo 79 da LC 64/02, na redação conferida LC 70/03, ambas do Estado de Minas Gerais. A Lei Complementar 100, de 5 de novembro de 2007, do Estado de Minas Gerais --- "Art. 14. Fica revogado o art. 79 da Lei Complementar nº 64, de 2002". 5. Pedido julgado parcialmente procedente para declarar a inconstitucionalidade: [i] da expressão "definidos no art. 79" --- artigo 85, caput, da LC 64/02 [tanto na redação original quanto na redação conferida pela LC 70/03], ambas do Estado de Minas Gerais. [ii] do vocábulo "compulsoriamente" --- §§ 4º e 5º do artigo 85 [tanto na redação original quanto na redação conferida pela LC 70/03], ambas do Estado de Minas Gerais (ADI 3106 ED/MG e ADI 3106/MG).

- Informativo 502 – 18.04.2008

ADMINITRATIVO. SERVIDOR PÚBLICO. CARGO EM COMISSÃO. APOSENTADORIA. LEI 8.647/1993. IMPOSSIBILIDADE DE CONCESSÃO DE APOSENTADORIA PRÓPRIA DOS SERVIDORES OCUPANTES DE CARGO EFETIVO. RECURSO ORDINÁRIO EM MANDADO DE SEGURANÇA DESPROVIDO. O sistema previdenciário dos ocupantes de cargos comissionados foi regulado pela lei 8.647/1993. Posteriormente, com a Emenda Constitucional 20/1998, o art. 40, § 13 da Constituição Federal determinou a filiação obrigatória dos servidores sem vínculo efetivo ao Regime Geral de Previdência. Como os detentores de cargos comissionados desempenham função pública a título precário, sua situação é incompatível com o gozo de quaisquer benefícios que lhes confira vínculo de caráter permanente, como é o caso da aposentadoria. Inadmissível, ainda, o entendimento segundo o qual, à míngua de previsão legal, não se deva exigir o preenchimento de requisito algum para a fruição da aposentadoria por parte daqueles que desempenham a função pública a título precário, ao passo que, para os que mantêm vínculo efetivo com a Administração, exige-se o efetivo exercício no cargo por cinco anos ininterruptos ou dez intercalados (art. 193 da Lei 8.112/1990). Recurso ordinário a que se nega provimento (RMS N. 25.039-DF).

3.3. FUNÇÃO COMISSIONADA

STJ - Superior Tribunal de Justiça

- Informativo 457 – 26.11.2010

FUNÇÃO COMISSIONADA. INCORPORAÇÃO. APOSENTADORIA. Não há previsão legal para a incorporação dos valores referentes à função comissionada que o recorrente exercia na atividade aos proventos de aposentadoria por invalidez, tendo em vista a revogação do art. 193 da Lei n. 8.112/1990. O art. 7º da Lei n. 9.624/1998 ressalvou o direito à incorporação dos servidores que, até 19 de janeiro de 1995, tenham completado todos os requisitos para a obtenção da aposentadoria, o que não ocorreu no caso. Não há violação do princípio da irredutibilidade de vencimentos por se tratar de vantagem de caráter propter laborem (RMS 22.996-DF, Rel. Min. Laurita Vaz, julgado em 25/11/2010).

3.4. REGIME DE SUBSÍDIOS

STF - Supremo Tribunal Federal

Tema	737	Situação	**Trânsito em Julgado**	Órgão julgador	**Plenário Virtual - RG**
Questão Controvertida		Possibilidade de vinculação de pensões e de proventos de aposentadoria de servidores públicos efetivos com subsídios de agentes políticos.			
Tese Firmada		É inconstitucional norma que vincula pensões e proventos de aposentadoria de servidores públicos efetivos a subsídios de agentes políticos.			

Tema	737	Situação	**Trânsito em Julgado**	Órgão julgador	**Plenário Virtual - RG**
Informações Complementares	Há RG - Reafirmação de Jurisprudência. SCAN ME				
Processo / Recurso	**Repercussão Geral**	**Relator (a)**	**Acórdão Publicado**	**Embargos Declaratórios**	**Trânsito em Julgado**
RE 759518	30/05/2014	GILMAR MENDES	24/11/2014	02/12/2014	21/02/2017

- Informativo 1117/2023 (27.11.2023) – ADI 3834/DF

DIREITO CONSTITUCIONAL. AÇÃO DIRETA DE INCONSTITUCIONALIDADE. VANTAGENS REMUNERATÓRIAS CRIADAS POR RESOLUÇÃO DO CONSELHO NACIONAL DO MINISTÉRIO PÚBLICO. REGIME DE SUBSÍDIO. 1. Ação direta contra o art. 4º, V, da Resolução nº 09/2006, do Conselho Nacional do Ministério Público – CNMP, que permite (i) a incorporação ao subsídio de vantagens pessoais decorrentes de exercício pretérito de função de direção, chefia ou assessoramento e, (ii) nos casos em que os membros se aposentam no último nível da carreira, autoriza o acréscimo de vinte por cento do vencimento ao cálculo dos proventos da aposentadoria. 2. Violação do art. 39, § 4º, da Constituição Federal. O regime remuneratório de subsídio, caracterizado pela unicidade da remuneração, veda a instituição de vantagens pecuniárias pessoais de natureza remuneratória. Sob fundamentos de moralidade e publicidade, bem como de economicidade, isonomia e legalidade, fixou-se um parâmetro com o legítimo propósito de repelir acréscimos de abonos, prêmios, verbas de representação, ou outras gratificações e espécies remuneratórias. Precedentes. 3. De acordo com o art. 40, § 2º, CF, com a redação conferida pela EC n.º 20/1998, os proventos de aposentadoria, por ocasião de sua concessão, não poderão exceder a remuneração do respectivo servidor no cargo efetivo em que se deu a aposentadoria. 4. Ação direta de inconstitucionalidade conhecida e pedido julgado procedente, com a fixação da seguinte tese de julgamento: A incorporação de vantagens pessoais decorrentes do exercício pretérito de função de direção, chefia ou assessoramento, bem como o acréscimo de 20% ao cálculo dos proventos de aposentaria para aqueles que se aposentam no último nível da carreira, afrontam o regime constitucional de subsídio. Tese: A incorporação de vantagens pessoais decorrentes do exercício pretérito de função de direção, chefia ou assessoramento, bem como o acréscimo de 20% ao cálculo dos proventos de aposentadoria para aqueles que se aposentam no último nível da carreira, afrontam o regime constitucional de subsídio.

3.5. AGENTES POLÍTICOS

3.5.1. PODER EXECUTIVO

3.5.1.1. EX-PREFEITO

STF - Supremo Tribunal Federal

- Informativo 1085/2023 (10.03.2023) – ADPF 783/ES

ARGUIÇÃO DE DESCUMPRIMENTO DE PRECEITO FUNDAMENTAL. LEIS MUNICIPAIS Nº 67/77, 8/79 E 105/80 DE MUCURICI/ES. PENSÃO ESPECIAL A DEPENDENTES DE PREFEITOS E VICE-PREFEITOS FALECIDOS NO EXERCÍCIO DO CARGO. CONHECIMENTO DA AÇÃO. NÃO CONFIGURAÇÃO DE NATUREZA PREVIDENCIÁRIA. VIOLAÇÃO DOS PRINCÍPIOS REPUBLICANO E DA IGUALDADE. NÃO RECEPÇÃO. JURISPRUDÊNCIA DO STF. ARGUIÇÃO JULGADA PROCEDENTE. MODULAÇÃO. 1. Segundo a consolidada jurisprudência do Supremo Tribunal Federal, contraria a Constituição de 1988 o pagamento de pensão especial a ex-detentor de cargo público e a seus dependentes, por ser tal benefício incompatível com a sistemática previdenciária constitucional e com os princípios republicano e da igualdade. Precedentes: ADPF nº 912, Rel. Min. Alexandre de Moraes, Tribunal Pleno, DJe de 4/4/22; ADPF nº 413, de minha relatoria, Tribunal Pleno, Dje de 21/6/18; ADI nº 4.552-MC, Rel. Min. Cármen Lúcia, Tribunal Pleno, Dje de 9/6/15; e ADI nº 3.853, Rel. Min. Cármen Lúcia, Tribunal Pleno, Dje de 26/10/07. 2. Ação julgada procedente, com modulação de efeitos,

III. REGIME PRÓPRIO DE PREVIDÊNCIA SOCIAL (RPPS)

tão somente para afastar o dever de devolução dos valores já pagos até a data da publicação da ata de julgamento do presente feito.

Tese: São incompatíveis com a Constituição Federal de 1988 a concessão e, ainda, a continuidade do pagamento de pensões mensais vitalícias não decorrentes do RGPS a dependentes de prefeitos e vice-prefeitos, em razão do mero exercício do mandato eletivo.

- Informativo 1071/2022 (14.10.2022) – ADPF 975/CE

ARGUIÇÃO DE DESCUMPRIMENTO DE PRECEITO FUNDAMENTAL. LEI N. 405, DE 30.11.1984, E LEI N. 486, DE 20.3.1989, DO MUNICÍPIO DE CAUCAIA/CE. CONCESSÃO DE PENSÕES ESPECIAIS A VIÚVAS DE EX-PREFEITOS DO MUNICÍPIO DE CAUCAIA/CE. PRINCÍPIO REPUBLICANO, DEMOCRÁTICO, DA IGUALDADE, DA MORALIDADE E DA IMPESSOALIDADE. OFENSA AO INC. XIII DO ART. 37 E AO § 13 DO ART. 40 DA CONSTITUIÇÃO DA REPÚBLICA. MODULAÇÃO DOS EFEITOS DA DECISÃO. ARGUIÇÃO DE DESCUMPRIMENTO DE PRECEITO FUNDAMENTAL JULGADA PROCEDENTE. 1. É cabível arguição de descumprimento de preceito fundamental para definir a recepção de norma anterior à Constituição de 1988, atendido o princípio da subsidiariedade: ausência de outro meio para fazer cessar, de forma eficaz e definitiva, a inconstitucionalidade apontada. Precedentes. 2. Os cargos políticos de chefia do Poder Executivo são de ocupação transitória pelo mandato de seus ocupantes. 3. Precedentes do Supremo Tribunal sobre inexistência de direito ao recebimento de pensão vitalícia por ex-chefe do Poder Executivo estadual e municipal e respectivos dependentes: ofensa aos princípios republicano, democrático, da moralidade, da impessoalidade, da igualdade. 4. Ofendem preceitos fundamentais da Constituição da República, normas municipais pelas quais se concedem pensões e benefícios análogos a viúvas de ex-prefeitos, pelo mero exercício de cargo eletivo e à margem do Regime Geral de Previdência Social. 5. Princípio da segurança jurídica e de excepcional interesse social (art. 27 da Lei n. 9.868/1999): modulação de efeitos para se dotar de eficácia à decisão a partir da publicação da ata de julgamento, afastando-se o dever de devolução dos valores recebidos pelos beneficiários até essa data. 6. Arguição de descumprimento de preceito fundamental julgada procedente para declarar não recepcionada a Lei n. 405, de 30.11.1984, e a Lei n. 486, de 20.3.1989, do Município de Caucaia/CE, modulados os efeitos da decisão com atribuição de eficácia à decisão a partir da data da publicação da ata de julgamento.

- Informativo 696 (01.03.2013), 561 (02.10.2009) e 432 (23.06.2006)

CONSTITUCIONAL. PENSÃO ESPECIAL A VIÚVA DE PREFEITO. LEI MUNICIPAL DE EFEITOS CONCRETOS. VALIDADE. ISONOMIA E PRINCÍPIO DA MORALIDADE (CF, ART. 37). IMUNIDADE MATERIAL DE VEREADORES (CF, ART. 29, VIII). EXTENSÃO QUANTO À RESPONSABILIDADE CIVIL. 1. Não há empecilho constitucional à edição de leis sem caráter geral e abstrato, providas apenas de efeitos concretos e individualizados. Há matérias a cujo respeito a disciplina não pode ser conferida por ato administrativo, demandando a edição de lei, ainda que em sentido meramente formal. É o caso da concessão de pensões especiais. 2. O tratamento privilegiado a certas pessoas somente pode ser considerado ofensivo ao princípio da igualdade ou da moralidade quando não decorrer de uma causa razoavelmente justificada. 3. A moralidade, como princípio da Administração Pública (art. 37) e como requisito de validade dos atos administrativos (art. 5.º, LXXIII), tem a sua fonte por excelência no sistema de direito, sobretudo no ordenamento jurídico-constitucional, sendo certo que os valores humanos que inspiram e subjazem a esse ordenamento constituem, em muitos casos, a concretização normativa de valores retirados da pauta dos direitos naturais, ou do patrimônio ético e moral consagrado pelo senso comum da sociedade. A quebra da moralidade administrativa se caracteriza pela desarmonia entre a expressão formal (= a aparência) do ato e a sua expressão real (= a sua substância), criada e derivada de impulsos subjetivos viciados quanto aos motivos, ou à causa, ou à finalidade da atuação administrativa. 4. No caso, tanto a petição inicial, quanto os atos decisórios das instâncias ordinárias, se limitaram a considerar "imoral" a lei que concedeu pensão especial a viúva de prefeito falecido no exercício do cargo por ter ela conferido tratamento privilegiado a uma pessoa, sem, contudo, fazer juízo algum, por mínimo que fosse, sobre a razoabilidade ou não, em face das circunstâncias de fato e de direito, da concessão do privilégio.. 5. Com maior razão se mostrava indispensável um juízo sobre o elemento subjetivo da conduta, para fins de atribuir responsabilidade civil, relativamente aos demandados que exerciam o cargo de vereador, investidos, constitucionalmente, da proteção de imunidade material (=inviolabilidade) pelos votos proferidos no exercício do mandato (CF, art. 29, VIII). Se é certo que tal imunidade, inclusive para efeitos civis, é assegurada até mesmo em caso de cometimento de crime, não se há de afastá-la em casos como o da espécie, que de crime não se trata e em que sequer a intenção dolosa foi aventada. 6. Recursos extraordinários providos (RE 405386/RJ).

3.5.1.2. EX-GOVERNADOR

STF - Supremo Tribunal Federal

- Informativo 1031/2021 (12.11.2021) – ADI /GO

AÇÃO DIRETA DE INCONSTITUCIONALIDADE. LEIS 11.280/1990, 11.642/1991 E 18.306/2013, DO ESTADO DE GOIÁS, QUE DISPÕEM SOBRE PENSÃO ESPECIAL. USURPAÇÃO DE COMPETÊNCIA DA UNIÃO EM MATÉRIA DE SEGURIDADE SOCIAL. ART. 22, XXIII, DA CF. AUSÊNCIA DE ESPECIFICAÇÃO SUFICIENTE DE CRITÉRIOS AUTORIZADORES. USO DE CLÁUSULAS DE CONTEÚDO VAGO E IMPRECISO. DISCRICIONARIEDADE EXCESSIVA DO GOVERNADOR DO ESTADO. AFRONTA AOS PRINCÍPIOS REPUBLICANOS. MODULAÇÃO DOS EFEITOS. AÇÃO DIRETA DE INCONSTITUCIONALIDADE JULGADA PROCEDENTE. I – As Leis estaduais, ao autorizarem a concessão de benefícios assistenciais em desacordo com os parâmetros estabelecidos pela legislação federal de regência, adentraram na competência privativa da União, prevista no art. 22, XXIII, da Constituição Federal, para legislar sobre seguridade social. Precedente. II – A pensão especial disciplinada pela legislação estadual não se coaduna com nenhuma das hipóteses indicadas no julgamento da ADI 4.976/DF, de minha relatoria, seja porque não concede o benefício a uma categoria profissional específica, seja porque não foi instituída para atender demandas sociais ou individuais de projeção social geradas por fatos extraordinários de repercussão nacional. III – A legislação estadual não especificou suficientemente os critérios autorizadores que dão ensejo ao benefício especial, abrindo margem para concessões arbitrárias e desvinculadas dos objetivos constantes do precitado art. 22 da Lei 8.742/1993. IV – Não é possível, no âmbito de um regime republicano, a instituição de uma verdadeira regalia a indistintas pessoas a juízo exclusivo do Governador do Estado, tomando por base cláusulas de conteúdo vago e impreciso, tais como "prestado relevantes serviços" e "caráter eminentemente humanitário", constantes do art. 1°, II e III da Lei estadual 11.280/1990. V – Considerando a segurança jurídica e o excepcional interesse social envolvidos na questão, entendo ser cabível a limitação dos efeitos da inconstitucionalidade, a fim de que esta decisão tenha eficácia após um mês da publicação do acórdão do presente julgamento. VI – Ação direta de inconstitucionalidade julgada procedente para declarar a inconstitucionalidade das Leis 11.280/1990, 11.642/1991 e 18.306/2013, todas do Estado de Goiás.

- Informativo 962 – 06.12.2019

AÇÃO DIRETA DE INCONSTITUCIONALIDADE. ARTIGO 85, § 5º, DA CONSTITUIÇÃO DO ESTADO DO PARANÁ. "SUBSÍDIO" MENSAL E VITALÍCIO A EX-GOVERNADOR QUE TENHA EXERCIDO O CARGO EM CARÁTER PERMANENTE. ADITAMENTO À INICIAL. DISPOSITIVOS DA LEGISLAÇÃO ESTADUAL (ARTIGOS 1º E 2º DA LEI N. 13.426/2002, ARTIGO 1º DA LEI Nº 16.656/2010). INCONSTITUCIONALIDADE POR ARRASTAMENTO. PREVISÃO DE TRANSFERÊNCIA DO BENEFÍCIO AO CÔNJUGE SUPÉRSTITE. PENSÃO. PRECEDENTES DO STF. NÃO DEVOLUÇÃO DAS VERBAS DE CARÁTER ALIMENTAR RECEBIDAS DE BOA-FÉ, TUTELA DA CONFIANÇA JUSTIFICADA DOS CIDADÃOS. PRECEDENTES DO STF. AÇÃO DIRETA JULGADA PARCIALMENTE PROCEDENTE. 1. Revogação de ato normativo objeto de contestação de ação constitucional com o objetivo de fraudar o exercício da jurisdição constitucional ou cujo processo já tenha sido liberado para pauta de julgamento do Plenário não implica a necessária situação de perda superveniente de objeto. Precedentes do Supremo Tribunal Federal. 2. O Supremo Tribunal Federal definiu interpretação jurídica, na formação de precedentes, no sentido de que a instituição de prestação pecuniária mensal e vitalícia a ex-governadores, designada "subsídio", corresponde à concessão de benesse que não se compatibiliza com a Constituição Federal (notadamente com o princípio republicano e o princípio da igualdade, consectário daquele), por configurar tratamento diferenciado e privilegiado sem fundamento jurídico razoável, em favor de quem não exerce função pública ou presta qualquer serviço à administração. 2.

Precedentes: ADI nº 4.544, Rel. Roberto Barroso, Tribunal Pleno, Dje de 13/06/2018, ADI nº 3.418, Rel. Min. Dias Toffoli, Tribunal Pleno, Dje de 20/09/2018, ADI nº 4.601, Rel. Min. Luiz Fux, Tribunal Pleno, Dje de 25/10/2018, ADI nº 4.169, Rel. Min. Luiz Fux, Tribunal Pleno, Dje de 25/10/2018, ADI nº 4.552-MC, Rel. Min. Cármen Lúcia, Tribunal Pleno, Dje de 9/6/15; ADI nº 3.853, Rel. Min. Cármen Lúcia, Tribunal Pleno, Dje de 26/10/07, ADI nº 1.461, Rel. Min. Maurício Corrêa, Tribunal Pleno, Dje de 22/08/1997. 3. Inconstitucionalidade por arrastamento: art. 1º da Lei Estadual 13.426/2002 e art. 1º da Lei Estadual 16.656/2010 quanto à pensão das viúvas de ex-governadores, com vinculação de valor. Exclusão do art. 2º da Lei 13.426/2002, por impertinente. 4. O caráter alimentar das verbas recebidas de boa-fé, por significativo lapso temporal, assim como a confiança justificada e segurança jurídica dos atos praticados pelo poder público estadual, impõe restrição aos efeitos da declaração de inconstitucionalidade, assentando a inexigibilidade de devolução dos valores recebidos até a publicação do acórdão do presente julgado. Precedentes desta Suprema Corte. 5. Ação julgada parcialmente procedente, por maioria, para declarar a inconstitucionalidade do art. 85, § 5º, da Constituição do Estado do Paraná e, por arrastamento, declarar a inconstitucionalidade da Lei n. 16.656/2010 e do art. 1º da Lei n. 13.246/2002, ambas do Estado do Paraná (ADI 4545/PR).

- Informativo 789 (12.06.2015), 780 (10.04.2015) e 616 (18.02.2011)

MEDIDA CAUTELAR NA AÇÃO DIRETA DE INCONSTITUCIONALIDADE. ART. 305 DA CONSTITUIÇÃO DO ESTADO DO PARÁ. PENSÃO VITALÍCIA PARA EX-GOVERNADORES. 1. No vigente ordenamento republicano e democrático brasileiro, os cargos políticos de chefia do Poder Executivo não são exercidos nem ocupados 'em caráter permanente', por serem os mandatos temporários e seus ocupantes, transitórios. 2. Ex-governador não é mais agente público, pelo que não se poderia cogitar de vinculação de categoria remuneratória afeta à desembargador do Estado, do Tribunal de Justiça do Estado. A remissão ao vencimento do governador em exercício ou, na espécie, de desembargador, para fixação do padrão de subsídio, patenteia estender-se o subsídio a quem não mais trabalha no Estado e, por isso, não teria razão para ser remunerado, menos ainda em idêntica situação a quem está no cargo. 3. A carência de parâmetro constitucional nacional e a inauguração de padrão normativo estadual em desacordo com os princípios da Constituição da República, especialmente aqueles referentes às regras orçamentárias e aos princípios constitucionais da Administração Pública, evidenciam a relevância jurídica da questão posta e os gravames jurídicos e sociais que a preservação dos efeitos da norma poderia acarretar. 4. Precedentes. 5. Medida cautelar deferida para suspender a eficácia do art. 305, caput e § 1º, da Constituição do Estado do Pará, até julgamento de mérito da presente ação. **AÇÃO DIRETA DE INCONSTITUCIONALIDADE. ART. 305 DA CONSTITUIÇÃO DO PARÁ. INCONSTITUCIONALIDADE DE PENSÃO VITALÍCIA PARA EX-GOVERNADORES. PRECEDENTES. AÇÃO JULGADA PROCEDENTE**. 1. Os cargos políticos de chefia do Poder Executivo não são exercidos nem ocupados 'em caráter permanente', por serem os mandatos temporários e seus ocupantes, transitórios. 2. Inexiste direito ao recebimento de pensão vitalícia por ex-governador. 3. Ausência de parâmetro constitucional nacional e inauguração de padrão normativo estadual em desacordo com os princípios da Constituição da República, especialmente aqueles referentes às regras orçamentárias e aos princípios constitucionais da Administração Pública: Precedentes. 4. Ação julgada procedente para declarar inconstitucional o art. 305, caput e § 1º, da Constituição do Pará (ADI 4552/DF MC e ADI 4552/DF).

- Informativo 485 (26.10.2007), 479 (14.09.2007), 474 (03.08.2007) e 463 (20.04.2007)

AÇÃO DIRETA DE INCONSTITUCIONALIDADE. EMENDA CONSTITUCIONAL N. 35, DE 20 DE DEZEMBRO DE 2006, DA CONSTITUIÇÃO DO ESTADO DE MATO GROSSO DO SUL. ACRÉSCIMO DO ART. 29-A, CAPUT e §§ 1º, 2º E 3º, DO ATO DAS DISPOSIÇÕES CONSTITUCIONAIS GERAIS E TRANSITÓRIAS DA CONSTITUIÇÃO SUL-MATO-GROSSENSE. INSTITUIÇÃO DE SUBSÍDIO MENSAL E VITALÍCIO AOS EX-GOVERNADORES DAQUELE ESTADO, DE NATUREZA IDÊNTICA AO PERCEBIDO PELO ATUAL CHEFE DO PODER EXECUTIVO ESTADUAL. GARANTIA DE PENSÃO AO CÔNJUGE SUPÉRSTITE, NA METADE DO VALOR PERCEBIDO EM VIDA PELO TITULAR. 1. Segundo a nova redação acrescentada ao Ato das Disposições Constitucionais Gerais e Transitórias da

Constituição de Mato Grosso do Sul, introduzida pela Emenda Constitucional n. 35/2006, os ex-Governadores sul-mato-grossenses que exerceram mandato integral, em 'caráter permanente', receberiam subsídio mensal e vitalício, igual ao percebido pelo Governador do Estado. Previsão de que esse benefício seria transferido ao cônjuge supérstite, reduzido à metade do valor devido ao titular. 2. No vigente ordenamento republicano e democrático brasileiro, os cargos políticos de chefia do Poder Executivo não são exercidos nem ocupados 'em caráter permanente', por serem os mandatos temporários e seus ocupantes, transitórios. 3. Conquanto a norma faça menção ao termo 'benefício', não se tem configurado esse instituto de direito administrativo e previdenciário, que requer atual e presente desempenho de cargo público. 4. Afronta o equilíbrio federativo e os princípios da igualdade, da impessoalidade, da moralidade pública e da responsabilidade dos gastos públicos (arts. 1º, 5º, caput, 25, § 1º, 37, caput e inc. XIII, 169, § 1º, inc. I e II, e 195, § 5º, da Constituição da República). 5. Precedentes. 6. Ação direta de inconstitucionalidade julgada procedente para declarar a inconstitucionalidade do art. 29-A e seus parágrafos do Ato das Disposições Constitucionais Gerais e Transitórias da Constituição do Estado de Mato Grosso do Sul (ADI N. 3.853-MS).

- Informativo 479 (14.09.2007), 286 (18.10.2002) e 80 (22.08.1997)

AÇÃO DIRETA DE INCONSTITUCIONALIDADE. MEDIDA LIMINAR. EX-GOVERNADOR DE ESTADO. SUBSÍDIO MENSAL E VITALÍCIO A TÍTULO DE REPRESENTAÇÃO. EMENDA À CONSTITUIÇÃO Nº 003, DE 30 DE NOVEMBRO DE 1995, DO ESTADO DO AMAPÁ. 1. Normas estaduais que instituíram subsídio mensal e vitalício a título de representação para Governador de Estado e Prefeito Municipal, após cessada a investidura no respectivo cargo, apenas foram acolhidas pelo Judiciário quando vigente a norma-padrão no âmbito federal. 2. Não é, contudo, o que se verifica no momento, em face de inexistir parâmetro federal correspondente, suscetível de ser reproduzido em Constituição de Estado-Membro. 3. O Constituinte de 88 não alçou esse tema a nível constitucional. 4. Medida liminar deferida. **AÇÃO DIRETA DE INCONSTITUCIONALIDADE. 2. SUBSÍDIO MENSAL E VITALÍCIO A SER CONCEDIDO A EX-GOVERNADORES DO ESTADO DO AMAPÁ. 3. ARTIGO 356 E §§ 1º E 2º DAS DISPOSIÇÕES**

CONSTITUCIONAIS GERAIS DA CONSTITUIÇÃO DO ESTADO DO AMAPÁ, COM A REDAÇÃO CONFERIDA PELA EC Nº 3/1995, REVOGADO PELA EMENDA CONSTITUCIONAL Nº 35, DE 21 DE MARÇO DE 2006. 4. AÇÃO DIRETA JULGADA PREJUDICADA ANTE A PERDA DO OBJETO (ADI 1461/AP MC e ADI 1461/AP).

3.5.2. PODER LEGISLATIVO

3.5.2.1. EX-VEREADOR

STF - Supremo Tribunal Federal

<table>
<tr><td>Tema</td><td>672</td><td>Situação</td><td colspan="2">Trânsito em Julgado</td><td>Órgão julgador</td><td>Tribunal Pleno</td></tr>
<tr><td colspan="2">Questão Controvertida</td><td colspan="5">Recebimento, por ex-vereadores, de pensão vitalícia estabelecida por lei municipal anterior à Constituição de 1988.</td></tr>
<tr><td colspan="2">Tese Firmada</td><td colspan="5">Lei municipal a versar a percepção, mensal e vitalícia, de 'subsídio' por ex-vereador e a consequente pensão em caso de morte não é harmônica com a Constituição Federal de 1988.</td></tr>
<tr><td colspan="2">Informações Complementares</td><td colspan="5">SCAN ME</td></tr>
<tr><td colspan="2">Processo / Recurso</td><td>Repercussão Geral</td><td>Relator (a)</td><td>Acórdão Publicado</td><td>Embargos Declaratórios</td><td>Trânsito em Julgado</td></tr>
<tr><td colspan="2">RE 638307</td><td>06/09/2013</td><td>MARCO AURÉLIO</td><td>13/03/2020</td><td>-</td><td>21/03/2020</td></tr>
</table>

- Informativo 1027/2021 (03.09.2021) – ADPF 764/CE

Arguição de descumprimento de preceito fundamental. 2. Lei 104, de 30 de setembro de 1985, e art. 20, § 2º, das Disposições Transitórias da Lei Orgânica, ambas do Município de Nova Russas (CE). 3. Pensão vitalícia a dependentes de prefeitos, vice-prefeitos e vereadores do Município de Nova Russas (CE), falecidos no exercício do mandato. 4. Legislação anterior à Constituição de 1988. 5. ADPF é o instrumento adequado para o objetivo buscado. 6. Arguição de descumprimento conhecida. 7. Os cargos políticos do Poder Legislativo e do Poder Executivo municipal têm caráter temporário e transitório, motivo pelo qual não se justifica a concessão de qualquer benefício a ex-ocupante do cargo de forma permanente, sob pena de afronta aos princípios da igualdade, impessoalidade, moralidade pública e responsabilidade com gastos públicos. 8. Não se revela compatível com o princípio republicano e o princípio da igualdade a outorga de tratamento diferenciado a determinado indivíduo, sem que não mais esteja presente o fator de diferenciação que justificou sua concessão na origem. 9. É contrária ao atual sistema constitucional brasileiro a instituição da pensão impugnada. 10. ADPF julgada procedente. 11. Lei 104, de 30 de setembro de 1985, do Município de Nova Russas (CE) não recepcionada pela Constituição Federal de 1988. 12. Inconstitucionalidade do art. 20, § 2º, das Disposições Transitórias da Lei Orgânica do Município de Nova Russas (CE).

3.5.2.2. EX-DEPUTADO

STF - Supremo Tribunal Federal

- Informativo 472 (22.06.2007) e 412 (24.07.2005)

RECURSO EXTRAORDINÁRIO. CONSTITUCIONAL. ADMINISTRATIVO. MINAS GERAIS. PENSÃO. VIÚVA DE DEPUTADO ESTADUAL. ART. 5º, XXXVI DA CONSTITUIÇÃO. DIREITO ADQUIRIDO. Viúva de deputado estadual que vinha percebendo pensão, com base na lei estadual 8.393/1983, correspondente a 2/3 do valor do subsídio pago a deputado estadual. Não pode a lei posterior (lei estadual 9.886/1989) reduzir o quantum da pensão deferida sob a égide de legislação anterior, para o montante de 35% do atual subsídio pago a deputado estadual. Ofensa ao direito adquirido configurada. Recurso extraordinário conhecido e provido (RE 460737/MG).

- Informativo 245 (12.10.2001)

CONSTITUCIONAL. ADMINISTRATIVO. SERVIDOR PÚBLICO: MUNICÍPIO DE BELO HORIZONTE, MG: EX-PREFEITOS: SUBSÍDIO MENSAL E VITALÍCIO. I. – Inexistência de direito adquirido à pensão, ou ao subsídio mensal e vitalício, dado que o benefício foi fruto de lei inconstitucional em virtude de vício de iniciativa. II. – Confirmação do acórdão recorrido que deu pela inconstitucionalidade da lei municipal que, decorrente de emenda apresentada na Câmara Municipal, concedeu aos ex-prefeitos subsídio mensal e vitalício igual ao de Secretário Municipal e, em conseqüência, teve como inexistente direito adquirido com base na norma inconstitucional. III. – R.E. não conhecido (RE 290.776-MG).

3.5.3. PODER JUDICIÁRIO

3.5.3.1. JUÍZES CLASSISTAS E TOGADOS

STF - Supremo Tribunal Federal

- Informativo 991/2020 (14 a 18.09.2020) – ADI 5179/DF

Ação Direta de Inconstitucionalidade. 2. Art. 5º da Lei 9.655/1998. 3. Alteração substancial da norma constitucional invocada com a edição das Emendas Constitucionais n. 20/1998 e 41/2003. A modificação do parâmetro constitucional posterior à vigência da norma questionada não prejudica o controle de constitucionalidade. Precedentes. 4. Critério de reajuste dos proventos dos juízes classistas. Alegação de ofensa ao art. 40, § 4º (norma originária) e/ou § 8º (com a renumeração conferida pela Emenda Constitucional 20/1998 e alteração realizada pela Emenda Constitucional 41/2003), da Constituição Federal. 5. Impossibilidade de o Poder Judiciário determinar reajuste com base em critério não previsto legalmente. Incabível acolher o pleito de incidência do Índice Nacional dos Preços ao Consumidor (INPC). 6. Norma de múltiplos sentidos. Ambiguidade da categoria referida dos servidores públicos federais. Acolhimento do pedido alternativo. 7. Tramitação legislativa do Projeto de Lei 2.980, de 1997 (que culminou com a promulgação da Lei 9.655/1998), no qual se debateu a vinculação do reajuste da remuneração do juiz classista ao dos servidores civis da União. Interpretação autêntica. 8. Antes da reforma Constitucional promovida pela Emenda Constitucional 24/1999, os juízes classistas estavam inseridos no Capítulo III (Do Poder Judiciário) da Constituição Federal. Única interpretação consentânea com o texto constitucional: considerar como categoria paradigma os servidores públicos do Poder Judiciário da União. 9. Ação Direta de Inconstitucionalidade julgada parcialmente procedente para conferir interpretação conforme à Constituição ao art. 5º da Lei 9.655/1998, no sentido de que se aplicam aos proventos de aposentadoria do juízes classistas temporários (e às pensões decorrentes) os reajustes conferidos aos servidores públicos federais do Poder Judiciário da União (vencimentos básicos de analista judiciário, na classe intermediária, no último padrão), de acordo com a redação conferida ao § 8º do art. 40 da CF pela Emenda Constitucional 41/2003.

- Informativo 406 – 21.10.2005

JUÍZES CLASSISTAS E TOGADOS: EQUIPARAÇÃO DE PROVENTOS. A Turma, negando provimento a recurso extraordinário, manteve acórdão do TRF da 4ª Região que entendera incabível a aplicação da garantia de paridade entre os cargos de juiz togado da ativa e de juiz classista temporário inativo. Sustentava-se, na espécie, ofensa aos arts. 5º, XXXVI, e 40, § 8º (com redação dada pela EC 20/98), ambos da CF, sob o argumento de que, em razão de o recorrente, juiz classista, ter sido aposentado antes do advento da Lei 9.655/98 – que desvinculou o cálculo da remuneração dos juízes classistas da Justiça do Trabalho do que percebido pelos juízes togados –, teria direito adquirido aos benefícios e vantagens a estes posteriormente concedidos. Entendeu-se que a pretensão do recorrente seria equivocada, já que a extensão contemplada no texto primitivo da CF fez-se vinculada à melhoria dos classistas que continuaram em atividade, nada tendo a ver com a regência do cálculo da remuneração, que acabou sendo, inclusive, alterada para restringir-se ao que percebido em atividade (RE 391792/RS).

- Informativo 287 (15.10.2002), 260 (15.03.2002) e 254 (14.12.2001)

AÇÃO DIRETA DE INCONSTITUCIONALIDADE. ART. 5º, CAPUT E § 1º DA LEI Nº 9.528, DE 10.12.97. APOSENTADORIA DE MAGISTRADOS CLASSISTAS TEMPORÁRIOS DA JUSTIÇA DO TRABALHO. INAPLICABILIDADE DO REGIME PREVISTO NO ART. 93 DA CONSTITUIÇÃO FEDERAL. 1. A nova redação do inc. VI do art. 93 da CF, dada pela EC nº 20/98, não foi capaz de provocar substancial alteração dos parâmetros apontados para a aferição da inconstitucionalidade do ato normativo questionado. Além disso, a superveniência da EC nº 24, de 09.12.99, que extinguiu a representação classista na Justiça do Trabalho ao modificar a redação dos arts. 111, 112, 113, 115 e 116 da Constituição Federal, não retirou a natureza normativa do preceito impugnado, que permanece regendo um número indeterminado de situações que digam respeito à aposentadoria dos juízes temporários. Preliminares afastadas, com o conseqüente conhecimento da ação. Entendimento original do Relator, em sentido contrário, reconsiderado para participar das razões prevalecentes. 2. Embora a CF/88 tenha conferido, até o advento da EC nº 24/99, tratamento de magistrado aos representantes classistas da Justiça do Trabalho, a estes não se aplica o regime jurídico constitucional próprio dos magistrados togados, disposto no art. 93 da Carta Magna. 3. A aposentadoria dos juízes temporários, assim como os demais benefícios e vantagens que a estes tenham sido outorgados, devem estar expressamente previstos em legislação específica. Precedentes: MS nº 21.466, Rel. Min. Celso de Mello, DJ 06.05.94 e MS nº 22.498, Rel. Min. Moreira Alves, DJ 03.04.98. 4. Por este motivo é que a aposentadoria dos magistrados classistas já se encontrava disciplinada por Diploma legal especial, a saber, a Lei nº 6.903, de 30.04.81, recebida pela ordem constitucional vigente e revogada pelos dispositivos ora impugnados. 5. Ação direta de inconstitucionalidade julgada improcedente por decisão majoritária (ADI 1.878-DF).

3.5.3.2. ADICIONAL SOBRE REMUNERAÇÃO DE MINISTRO DE TRIBUNAL SUPERIOR

STJ - Superior Tribunal de Justiça

- Informativo 488 – 02.12.2011

PROVENTOS. APOSENTADORIA. ADICIONAL. LEI N. 1.711/1952. CARGO ISOLADO. Trata-se de Resp oriundo de ação revisional de proventos de aposentadoria ajuizada ao fundamento de que o autor, ora recorrido, tem direito ao adicional previsto no art. 184, II, da Lei n. 1.711/1952, a incidir sobre a remuneração do cargo de ministro de tribunal superior por ele ocupado quando de sua passagem à inatividade, visto que, anteriormente à nomeação para tal cargo, havia adquirido esse direito de forma definitiva como desembargador federal. Subsidiariamente, caso rejeitado o primeiro pedido, pleiteou fosse reconhecida a incidência de tal vantagem sobre os vencimentos de desembargador federal. A Turma, ao renovar o julgamento, por maioria, deu provimento ao recurso da União sob o fundamento, entre outros, de que o referido adicional é vantagem assegurada ao servidor que se aposenta na última classe do cargo de carreira, não sendo devida, portanto, a quem se aposenta em cargo de provimento isolado. Assim, consignou-se que, no caso em questão, o recorrido, ao tomar posse como ministro de tribunal superior, não deu continuidade à sua carreira de desembargador federal, mas passou a ocupar cargo isolado que, por sua vez, possui seu próprio complexo de direitos e deveres, inclusive no que se refere aos subsídios e aos proventos. Desse modo, tendo optado por aposentar-se nesse cargo, inacumulável com o de desembargador federal, o recorrido já não faz jus nem ao valor nem a qualquer parcela isoladamente considerada do subsídio ou dos proventos que poderia ter percebido na sua condição jurídica anterior. Frisou-se, ainda, ser o pedido subsidiário igualmente improcedente porque também representa uma pretensão de vantagem à base de um regime jurídico híbrido, semelhante à do pedido principal. Em ambos se busca adicionar aos proventos de ministro uma vantagem que a lei somente atribui a desembargador federal, sendo a diferença entre eles apenas quanto à base de cálculo da vantagem pretendida (Resp 1.238.439-DF, Rel. Min. Teori Albino Zavascki, julgado em 1º/12/2011).

STF - Supremo Tribunal Federal

- Informativo 727 (08.11.2013) e 726 (01.11.2013)

Mandado de segurança. 2. Ministro do Tribunal Superior do Trabalho aposentado. Cargo isolado. 3. Aplicação do inciso II, do art. 184, da Lei 1.711/52, prevendo aposentadoria com provento aumentado de 20% quando ocupante da última classe da respectiva carreira. Impossibilidade. 4. Pedido de aposentadoria feito em cargo que ocupava, fazendo incidir o inciso III, do art. 184, da Lei 1.711/52. 5. Não preenchimento da exigência legal de permanência no cargo pelo período de três anos. 6. Ausência de direito líquido e certo. Segurança denegada (MS 25079/DF).

3.5.3.3. DEMAIS MEMBROS

STF - Supremo Tribunal Federal

- Informativo 1092/2023 (05.05.2023) – ADI 3308/DF, ADI 3363/DF, ADI 3998/DF, ADI 4802/DF e ADI 4803/DF

AÇÕES DIRETAS DE INCONSTITUCIONALIDADE 3.308, 3.363, 3.998, 4.802 e 4.803. LEGITIMIDADE ATIVA DA AJUFE E ANAMATRA. SUBMISSÃO DOS MAGISTRADOS AO REGIME DE PREVIDÊNCIA SOCIAL COMUM AOS SERVIDORES PÚBLICOS. EMENDAS CONSTITUCIONAIS 20/1998 e 41/2003. INEXISTÊNCIA DE OFENSA AO PRINCÍPIO DA SEPARAÇÃO DE PODERES. A GARANTIA DA VITALICIEDADE ESTÁ ADSTRITA À TAXATIVIDADE DAS HIPÓTESES DE APOSENTADORIA COMPULSÓRIA. PRECEDENTE DA AO 2.330, Rel. Min. Gilmar Mendes, Plenário, Sessão Virtual de 27.9.2019 a 3.10.2019. AÇÕES JULGADAS IMPROCEDENTES.

- Informativo 1089/2023 (05.05.2023) – ADI 2952/RJ

Ação direta de inconstitucionalidade. 2. Lei 1.856/91, do Estado do Rio de Janeiro. 3. Benefício de permanência em atividade para os magistrados. 4. Vantagem remuneratória não prevista na LOMAN (art. 65). 5. Violação ao art. 93, caput, da constituição. 6. Ação julgada procedente.

- Informativo 416 – 17.02.2006

PENSÃO ESPECIAL VITALÍCIA E DIREITO ADQUIRIDO. A Turma negou provimento a recurso extraordinário interposto por filha solteira de juiz de direito, falecido em 1983, que pretendia a percepção da integralidade dos proventos do magistrado. No caso concreto, a recorrente recebia, assim como sua mãe, 25% do valor dos vencimentos do de cujus e, após o óbito de sua genitora, 50% do total, teto este previsto na Lei local 4.468/82. Sustentava, na espécie, ofensa ao art. 5º, XXXVI, da CF, sob a alegação de que a partir da vigência da CF/88, por força do disposto no seu art. 40, § 5º (redação original: "O benefício da pensão por morte corresponderá à totalidade dos vencimentos ou proventos do servidor falecido, até o limite estabelecido em lei, observado o disposto no parágrafo anterior."), faria jus ao pleiteado montante e que o limite a ser observado não seria o fixado pela mencionada lei local, mas sim o previsto no art. 37, XI, da CF, que, em sua redação original, estipulava os limites máximos de remuneração dos Três Poderes. Aduzindo que em relação às parcelas previdenciárias os cálculos regulam-se pelo critério atuarial, entendeu-se que os parâmetros consolidados em 1983 não se modificariam pelo fato de a atual Constituição dispor sobre o direito à pensão pela totalidade dos vencimentos de servidor falecido. No ponto, salientou-se que o mesmo enfoque prevaleceria caso a Constituição previsse a redução da percentagem. Asseverou--se, ainda, que se o falecimento tivesse ocorrido em data posterior ao novo texto constitucional seria possível, temperando-se o princípio atuarial, cogitar-se do recebimento da pensão no percentual integral, dada a supremacia da Constituição (RE 273570/MA).

3.6. FILHA DESQUITADA E PENSÃO ESPECIAL

STJ - Superior Tribunal de Justiça

- Informativo 491 – 24.02.2012

PENSÃO ESPECIAL. FILHA DESQUITADA. EQUIPARAÇÃO. FILHA SOLTEIRA. Na espécie, trata-se de demanda em que a recorrida visa à percepção de pensão especial disciplinada pela Lei n. 6.782/1980 nos mesmos moldes em que percebida por sua mãe, falecida em 1994. A Turma manteve o entendimento do tribunal a quo que condenou a União a pagar pensão especial à demandante que, embora tenha perdido a condição de solteira, regra estabelecida pelo parágrafo único do art. 5º da Lei n. 3.373/1958, após seu divórcio, voltou a depender economicamente de seu pai (instituidor da pensão) e, depois do falecimento dele, manteve essa condição ao conviver com sua mãe, beneficiária da pensão especial. O STF e o STJ reconhecem que, na aplicação da Lei n. 3.373/1958, a filha separada, desde que comprovada a dependência econômica em relação ao instituidor do benefício, é equiparada à filha solteira (REsp 1.297.958-DF, Rel. Min. Teori Albino Zavascki, julgado em 16/2/2012).

4. GRATIFICAÇÕES EM ESPÉCIE

4.1. *PRO LABORE FACIENDO*

STF - Supremo Tribunal Federal

<table>
<tr><td>Tema</td><td>1082</td><td>Situação</td><td>Trânsito em Julgado</td><td>Órgão julgador</td><td colspan="2">Plenário Virtual - RG</td></tr>
<tr><td colspan="2">Questão Controvertida</td><td colspan="5">Direito à integralidade no pagamento de gratificação de desempenho de natureza pro labore faciendo recebida em atividade por servidor que se aposentou no regime do artigo 3º da Emenda Constitucional nº 47/05.</td></tr>
<tr><td colspan="2">Tese Firmada</td><td colspan="5">As gratificações de natureza pro labore faciendo são incorporadas à aposentadoria conforme as normas de regência de cada uma delas, não caracterizando ofensa ao direito à integralidade a incorporação em valor inferior ao da última remuneração recebida em atividade por servidor que se aposentou nos termos do art. 3º da Emenda Constitucional nº 47/2005.</td></tr>
<tr><td colspan="2">Informações Complementares</td><td colspan="5">Há RG - Reafirmação de Jurisprudência
SCAN ME</td></tr>
<tr><td colspan="2">Processo / Recurso</td><td>Repercussão Geral</td><td>Relator (a)</td><td>Acórdão Publicado</td><td>Embargos Declaratórios</td><td>Trânsito em Julgado</td></tr>
<tr><td colspan="2">RE 1225330</td><td>20/03/2020</td><td>MINISTRO(A) PRESIDENTE</td><td>28/04/2020</td><td>-</td><td>07/05/2020</td></tr>
</table>

4.2. DE DESEMPENHO

STF - Supremo Tribunal Federal

<table>
<tr><td>Tema</td><td>983</td><td>Situação</td><td>Trânsito em Julgado</td><td>Órgão julgador</td><td>Plenário Virtual - RG</td></tr>
<tr><td colspan="2">Questão Controvertida</td><td colspan="4">Gratificações federais de desempenho: (I) termo final do pagamento equiparado entre ativos e inativos e (II) redução do valor pago aos aposentados e pensionistas e princípio da irredutibilidade de vencimentos.</td></tr>
</table>

Tema	**983**	Situação	**Trânsito em Julgado**	Órgão julgador	**Plenário Virtual – RG**
Tese Firmada	I – O termo inicial do pagamento diferenciado das gratificações de desempenho entre servidores ativos e inativos é o da data da homologação do resultado das avaliações, após a conclusão do primeiro ciclo; II – A redução, após a homologação do resultado das avaliações, do valor da gratificação de desempenho paga aos inativos e pensionistas não configura ofensa ao princípio da irredutibilidade de vencimentos.				
Informações Complementares	Há RG – Reafirmação de Jurisprudência. SCAN ME				

Processo / Recurso	**Repercussão Geral**	**Relator (a)**	**Acórdão Publicado**	**Embargos Declaratórios**	**Trânsito em Julgado**
ARE 1052570	16/02/2018	ALEXANDRE DE MORAES	06/03/2018	13/03/2018	16/05/2018

4.3. GDATA E GDASST

STF – Supremo Tribunal Federal

Tema	**153**	Situação	**Trânsito em Julgado**	Órgão julgador	**Tribunal Pleno**
Questão Controvertida	Extensão, em relação aos servidores inativos, dos critérios de cálculo da GDATA e da GDASST estabelecidos para os servidores em atividade.				
Tese Firmada	A fixação da GDATA e da GDASST em relação aos servidores inativos deve obedecer aos critérios a que estão submetidos os servidores em atividade de acordo com a sucessão de leis de regência.				
Informações Complementares	SCAN ME				

Tema	153	Situação	Trânsito em Julgado	Órgão julgador	Tribunal Pleno

Processo / Recurso	Repercussão Geral	Relator (a)	Acórdão Publicado	Embargos Declaratórios	Trânsito em Julgado
RE 597154	20/02/2009	MINISTRO(A) PRESIDENTE	29/05/2009	09/06/2009 e 09/06/2011	28/11/2014

4.4. GDASS

STF - Supremo Tribunal Federal

- Informativo 856 – 10.03.2017

AGRAVO REGIMENTAL EM RECURSO EXTRAORDINÁRIO COM AGRAVO. DIREITO ADMINISTRATIVO E PREVIDENCIÁRIO. APOSENTADORIA. INCORPORAÇÃO DA GRATIFICAÇÃO DE DESEMPENHO DA ATIVIDADE DO SEGURO SOCIAL – GDASS. PARIDADE. IMPOSSIBILIDADE. AGRAVO REGIMENTAL IMPROVIDO. IMPOSIÇÃO DE MULTA. 1. É firme o entendimento desta Corte no sentido de que o termo inicial para o pagamento diferenciado das gratificações de desempenho entre os servidores ativos e inativos é a data da homologação do resultados das avaliações. Precedentes. 2. O artigo 40, § 4º, da Constituição Federal não tem o alcance de garantir aos servidores inativos o recebimento de vantagens de natureza pro labore faciendo, as quais devem ser pagas de acordo com a legislação de regência. 3. Agravo regimental a que se nega provimento, com aplicação de multa, nos termos do art. 1.021, § 4º, do CPC (AG. REG. NO ARE N. 750.614-RN).

4.5. GADF

STF - Supremo Tribunal Federal

- Informativo 763 (17.10.2014) e 575 (19.02.2010)

REDUÇÃO DE PROVENTOS: DEVOLUÇÃO DE PARCELAS E CONTRADITÓRIO. O Plenário denegou ordem em mandado de segurança coletivo impetrado pela Associação Nacional de Delegados de Polícia Federal – ADPF e outra, no qual se questionava ato do TCU, que suspendera o pagamento da Gratificação de Atividade pelo Desempenho de Função – GADF – recebida cumulativamente com parcela relativa a décimos e quintos – a aposentados e pensionistas filiados àquela entidade e determinara a devolução do montante recebido a esse título nos últimos cinco anos. O Colegiado consignou não se exigir, quanto à tramitação do processo de aposentadoria, a bilateralidade, o contraditório e a audição do servidor envolvido (Enunciado 3 da Súmula Vinculante: "Nos processos perante o Tribunal de Contas da União asseguram-se o contraditório e a ampla defesa quando da decisão puder resultar anulação ou revogação de ato administrativo que beneficie o interessado, excetuada a apreciação da legalidade do ato de concessão inicial de aposentadoria, reforma e pensão"). Enfatizou, ademais, que o conflito retratado na espécie não envolveria incorporação, mas sim ausência do direito à cumulatividade, o que tornaria irrelevante a incorporação anteriormente versada no art. 193 da Lei 8.112/1990. No tocante à devolução das parcelas recebidas, assinalou que a Administração Pública seria regida pelo princípio da legalidade estrita e que somente poderiam ser satisfeitos valores quando previstos em lei (MS 25561/DF).

4.6. GDAPA

STF - Supremo Tribunal Federal

- Informativo 661 – 13.04.2012

AGRAVO REGIMENTAL EM AGRAVO DE INSTRUMENTO. SERVIDOR PÚBLICO. APOSENTADORIA. PARIDADE REMUNERATÓRIA. § 8º DO ART. 40 DO MAGNO TEXTO. GRATIFICAÇÃO DE DESEMPENHO DE ATIVIDADE DE PERITO FEDERAL AGRÁRIO (GDAPA). EXTENSÃO NOS MESMOS VALORES PAGOS A SERVIDORES ATIVOS. CRITÉRIOS DE AVALIAÇÃO JÁ REGULAMENTADOS.1. A ausência de regulamentação do processo de avaliação de desempenho, tal como previsto na Lei federal 10.550/2002, confere à GDAPA um caráter de generalidade. Pelo que a vantagem é de ser estendida aos servidores aposentados em paridade de condições com os ativos apenas no período que antecedeu a citada regulamentação. 2. Agravo regimental desprovido (AG. REG. NO AI N. 845.833-PR).

5. APOSENTADORIA PROPORCIONAL

STF - Supremo Tribunal Federal

- Informativo 704 – 03.05.2013

AGRAVO REGIMENTAL NO AGRAVO DE INSTRUMENTO. SERVIDOR PÚBLICO. CARGO EM COMISSÃO. APOSENTADORIA PROPORCIONAL. EXONERAÇÃO ANTERIOR À POSTULAÇÃO DO PEDIDO. IMPOSSIBILIDADE. 1. O Plenário desta Corte reconheceu a impossibilidade da concessão de aposentadoria proporcional, quando o servidor ocupante de cargo em comissão não apresentar mais a condição de servidor público, em razão de sua exoneração. 2. Agravo regimental não provido (AG. REG. NO AI N. 465.497-RS).

- Informativo 400 – 05.09.2005

RECURSO EXTRAORDINÁRIO. SERVIDOR PÚBLICO ESTADUAL. APOSENTADORIA PROPORCIONAL PREVISTA ALÍNEA "C" DO INCISO III DO ART. 40 DA CONSTITUIÇÃO REPUBLICANA, REDAÇÃO ANTERIOR À EC 20/98. PROVENTOS PROPORCIONAIS. BASE DE CÁLCULO DA PROPORCIONALIDADE - VENCIMENTO OU REMUNERAÇÃO. NECESSIDADE DE OBSERVÂNCIA, PELO ENTE FEDERADO, DAS NORMAS DE APOSENTADORIA CONSTANTES DO MAGNO TEXTO. PRECEDENTES. A proporcionalidade da aposentadoria prevista na alínea "c" do inciso III do art. 40 da carta de outubro, com a redação anterior à EC 20/98, deve incidir sobre o total da remuneração do servidor, e não apenas sobre o vencimento básico do cargo. Este é o sentido da expressão "proventos proporcionais" (no plural), lançada no dispositivo. É assente nesta colenda Corte o entendimento de que as regras estaduais de concessão de aposentadoria devem pautar-se pelos critérios estabelecidos no art. 40 da Lei das Leis. Precedentes: ADIs 101, 369 e 755. Recurso provido (RE N. 400.344-CE).

6. APOSENTADORIA ESPECIAL

6.1. FUNDAMENTO CONSTITUCIONAL DA CONTAGEM DIFERENCIADA

STF - Supremo Tribunal Federal

- Informativo 783 – 01.05.2015

MI 4204

DIREITO ADMINISTRATIVO E PREVIDENCIÁRIO. MANDADO DE INJUNÇÃO. SERVIDOR PÚBLICO. ATIVIDADE EXERCIDA EM CONDIÇÕES PREJUDICIAIS À SAÚDE OU À INTEGRIDADE FÍSICA. CONTAGEM DIFERENCIADA DE TEMPO ESPECIAL. 1. No regime próprio de previdência dos servidores públicos, a conversão de tempo especial em comum por um fator multiplicador decorre diretamente do direito constitucional à aposentadoria especial (CF, art. 40, § 4º) e não incide na proibição de cômputo de tempo ficto (CF, art. 40, § 10). Precedente. 2. Direito previsto no regime geral (Lei nº 8.213/1991, art. 57, § 5º) que a Constituição garante no regime próprio (CF, art. 40, § 12). 3. Consequentemente, a omissão legislativa em assegurar esse direito pode ser reconhecida na via do mandado de injunção. Revisão da jurisprudência do STF. 4. Voto pela concessão parcial da ordem, com efeitos erga omnes.

- Informativo 964 (05.02.2020) e 772 (19.12.2014)

MI 4367 AgR/DF, MI 6286 AgR/DF e MI 2901 AgR/DF

AGRAVO INTERNO EM MANDADO DE INJUNÇÃO. SERVIDOR PÚBLICO. CONTAGEM DIFERENCIADA. ALCANCE DO ART. 40, § 4º, DA CONSTITUIÇÃO DA REPÚBLICA. PRECEITO QUE NÃO VEICULA DEVER DE LEGISLAR SOBRE FATOR DE MULTIPLICAÇÃO, DESTINADO A PROPICIAR A CONVERSÃO EM COMUM DE TEMPO PRESTADO EM CONDIÇÕES ESPECIAIS. 1. A jurisprudência desta Suprema Corte consolidou-se no sentido de que não se extrai do art. 40, § 4º, da Constituição da República o dever de legislar sobre fator de multiplicação, voltado a viabilizar, mediante contagem qualificada, a conversão em comum de tempo de serviço prestado em condições especiais. 2. Agravo interno conhecido e provido.

- Informativo 713 – 02.08.2013

AGRAVO REGIMENTAL EM MANDADO DE INJUNÇÃO. ART. 40, § 4º, III, DA MAGNA CARTA. ORDEM CONCEDIDA PARA ASSEGURAR O EXAME DE PEDIDO DE APOSENTADORIA ESPECIAL DE SERVIDOR PÚBLICO À LUZ DO ART. 57 DA LEI 8.213/91. Ordem injuncional fundada na inexistência de norma regulamentadora do art. 40, § 4º, III, da Carta da República, a impedir o exercício de direito constitucionalmente assegurado, qual seja, a aposentadoria especial do servidor público que exerce atividades sob condições prejudiciais à saúde ou à integridade física. Ao julgamento do MI 721-7/DF, o Plenário do STF fixou o entendimento de que, evidenciada a mora legislativa em disciplinar a aposentadoria especial do servidor público prevista no art. 40, § 4º, da Lei Maior, se impõe a adoção supletiva, via pronunciamento judicial, da disciplina própria do Regime Geral da Previdência Social, a teor do art. 57 da Lei 8.213/1991 (AG. REG. NO MI N. 1.675-DF).

6.2. REQUISITOS

STJ - Superior Tribunal de Justiça

- Informativo 506 -17.10.2012

DIREITO ADMINISTRATIVO. SERVIDOR PÚBLICO. APOSENTADORIA ESPECIAL. A concessão de aposentadoria especial a servidor público depende de comprovação da efetiva nocividade da atividade realizada de forma permanente, nos termos do art. 57 da Lei n. 8.213/1991, enquanto não editada lei complementar que discipline o assunto (RMS 36.806-PE, Rel. Min. Napoleão Nunes Maia Filho, julgado em 4/10/2012).

6.3. CONVERSÃO DE TEMPO ESPECIAL EM COMUM

6.3.1. NO MESMO REGIME

STF - Supremo Tribunal Federal

- Informativo 713 (02.08.2013) e 697 (08.03.2013)

AGRAVO REGIMENTAL EM MANDADO DE INJUNÇÃO. PEDIDO DE CONVERSÃO DO TEMPO DE SERVIÇO. AUSÊNCIA DE PREVISÃO CONSTITUCIONAL. RECURSO PROVIDO. 1. O mandado de injunção volta-se à colmatagem de lacuna legislativa capaz de inviabilizar o gozo de direitos e liberdades constitucionalmente assegurados, bem assim de prerrogativas inerentes à nacionalidade, à soberania e à cidadania (art. 5º, LXXI, CF/1988). 2. É imprescindível, para o exame do writ, a presença de dois pressupostos sucessivos: i) a verificação da omissão legislativa e ii) a efetiva inviabilidade do gozo de direito, faculdade ou prerrogativa consagrados constitucionalmente em razão do citado vácuo normativo. 3. O preceito constitucional em foco na presente demanda não assegura a contagem diferenciada do tempo de serviço e sua averbação na ficha funcional; o direito subjetivo corresponde à aposentadoria em regime especial, devendo esta Suprema Corte atuar na supressão da mora legislativa, cabendo à autoridade administrativa a análise de mérito do direito, após exame fático da situação do servidor. 4. A pretensão de garantir a conversão de tempo especial em tempo comum mostra-se incompatível com a presente via processual, uma vez que, no mandado de injunção, cabe ao Poder Judiciário, quando verificada a mora legislativa, viabilizar o exercício do direito subjetivo constitucionalmente previsto (art. 40, § 4º, da CF/88), no qual não está incluído o direito vindicado. 5. Agravo regimental provido para julgar improcedente o mandado de injunção (AG. REG. NO MI N. 2.123-DF e AG. REG. NO MI N. 2.370-DF).

- Informativo 713 – 02.08.2013

EMBARGOS DE DECLARAÇÃO RECEBIDOS COMO AGRAVO REGIMENTAL. MANDADO DE INJUNÇÃO. SERVIDOR PÚBLICO. PRETENSÃO DE ASSEGURAR A CONTAGEM E AVERBAÇÃO DE TEMPO DE SERVIÇO PRESTADO EM CONDIÇÕES ESPECIAIS. INIDONEIDADE DA VIA ELEITA. Pressuposto do writ previsto no art. 5º, LXXI, da Constituição da República é a existência de omissão legislativa que torne inviável o exercício dos direitos e liberdades constitucionais e das prerrogativas inerentes à nacionalidade, à soberania e à cidadania. A conversão de períodos especiais em comuns, para fins de contagem diferenciada e averbação nos assentamentos funcionais de servidor público, não constitui pretensão passível de tutela por mandado de injunção, à míngua de dever constitucional de legislar sobre a matéria. Precedentes: MI 2140 AgR/DF, MI 2123 AgR/DF, MI 2370 AgR/DF e

MI 2508 AgR/DF. Embargos de declaração recebidos como agravo regimental, ao qual se nega provimento (EMB. DECL. NO MI N. 1.551-DF).

- Informativo 705 – 10.05.2013

MANDADO DE INJUNÇÃO. APOSENTADORIA ESPECIAL DE SERVIDOR PÚBLICO. ART. 40, § 4º, DA CONSTITUIÇÃO FEDERAL, APLICAÇÃO DAS NORMAS DO REGIME GERAL DE PREVIDÊNCIA SOCIAL. AGRAVO DESPROVIDO. 1. Segundo a jurisprudência do STF, a omissão legislativa na regulamentação do art. 40, § 4º, da Constituição, deve ser suprida mediante a aplicação das normas do Regime Geral de Previdência Social previstas na Lei 8.213/91 e no Decreto 3.048/99. Não se admite a conversão de períodos especiais em comuns, mas apenas a concessão da aposentadoria especial mediante a prova do exercício de atividades exercidas em condições nocivas. Ainda, o STF tem competência para apreciar os mandados de injunção impetrados por servidores públicos municipais, estaduais e distritais. Fundamentos observados pela decisão agravada. 2. Agravo regimental desprovido (AG. REG. NO MI N. 1.508-DF).

6.3.2. DO RGPS PARA O RPPS

STF - Supremo Tribunal Federal

Tema	942	Situação	**Trânsito em Julgado**	Órgão julgador	**Tribunal Pleno - sessão virtual**
Questão Controvertida	Possibilidade de aplicação das regras do regime geral de previdência social para a averbação do tempo de serviço prestado em atividades exercidas sob condições especiais, nocivas à saúde ou à integridade física de servidor público, com conversão do tempo especial em comum, mediante contagem diferenciada.				
Tese Firmada	Até a edição da Emenda Constitucional nº 103/2019, o direito à conversão, em tempo comum, do prestado sob condições especiais que prejudiquem a saúde ou a integridade física de servidor público decorre da previsão de adoção de requisitos e critérios diferenciados para a jubilação daquele enquadrado na hipótese prevista no então vigente inciso III do § 4º do art. 40 da Constituição da República, devendo ser aplicadas as normas do regime geral de previdência social relativas à aposentadoria especial contidas na Lei 8.213/1991 para viabilizar sua concretização enquanto não sobrevier lei complementar disciplinadora da matéria. Após a vigência da EC n.º 103/2019, o direito à conversão em tempo comum, do prestado sob condições especiais pelos servidores obedecerá à legislação complementar dos entes federados, nos termos da competência conferida pelo art. 40, § 4º-C, da Constituição da República.				

Tema	**942**	Situação	**Trânsito em Julgado**	Órgão julgador	**Tribunal Pleno - sessão virtual**
Informações Complementares	Há RG. Recurso extraordinário em que se discute, à luz do art. 40, § 4º, inc. III, da Constituição da República, a possibilidade de aplicação das regras do regime geral de previdência social para a averbação do tempo de serviço prestado em atividades exercidas sob condições especiais, nocivas à saúde ou à integridade física de servidor público, com conversão do tempo especial em comum, mediante contagem diferenciada. SCAN ME				
Processo / Recurso	**Repercussão Geral**	**Relator (a)**	**Acórdão Publicado**	**Embargos Declaratórios**	**Trânsito em Julgado**
RE 1014286	21/04/2017	LUIZ FUX	24/09/2020	24/10/2020	04/08/2021

6.4. SERVIDOR JÁ APOSENTADO

STF - Supremo Tribunal Federal

- Informativo 711 – 21.06.2013

MANDADO DE INJUNÇÃO. APOSENTADORIA ESPECIAL DE SERVIDOR PÚBLICO. ART. 40, § 4º, DA CONSTITUIÇÃO FEDERAL, APLICAÇÃO DAS NORMAS DO REGIME GERAL DE PREVIDÊNCIA SOCIAL. AGRAVO DESPROVIDO. 1. Segundo a jurisprudência do STF, a omissão legislativa na regulamentação do art. 40, § 4º, da Constituição, deve ser suprida mediante a aplicação das normas do Regime Geral de Previdência Social previstas na Lei 8.213/91 e no Decreto 3.048/99. Ainda, o mandado de injunção não é o meio processual adequado para assegurar o direito à aposentadoria especial de servidor público já aposentado, diante da falta de impedimento ao exercício do direito. 2. Agravo regimental desprovido (AG. REG. NO MI N. 4.771-DF).

6.5. §§ 4° E 5° DO ART. 40 DA CF/88 AO CELETISTA ANTES DA LEI 8.112/91

STF - Supremo Tribunal Federal

Tema	**594**	Situação	**Trânsito em Julgado**	Órgão julgador	**Plenário Virtual - RG**
Questão Controvertida	Aplicação das regras previstas nos §§ 4º e 5º do art. 40 da Constituição Federal (redação originária) a servidor celetista aposentado ou falecido antes do advento da Lei 8.112/90.				
Tese Firmada	As regras dos parágrafos 4º e 5º do artigo 40 da Constituição Federal, na redação anterior à EC 20/1998, não se aplicam ao servidor submetido ao regime da Consolidação das Leis do Trabalho que se aposentou ou faleceu antes do advento da Lei nº 8.112/1990.				
Informações Complementares	Há RG - Reafirmação de Jurisprudência.				
Processo / Recurso	**Repercussão Geral**	**Relator (a)**	**Acórdão Publicado**	**Embargos Declaratórios**	**Trânsito em Julgado**
RE 627294	21/12/2012	LUIZ FUX	04/10/2012	-	22/10/2012

6.6. ATIVIDADES DE RISCO QUE GEREM INTEGRALIDADE E PARIDADE

STF - Supremo Tribunal Federal

Tema	**1019**	Situação	**Trânsito em Julgado**	Órgão julgador	**Plenário Virtual - RG**
Questão Controvertida	Direito de servidor público que exerça atividades de risco de obter, independentemente da observância das regras de transição das Emendas Constitucionais nºs 41/03 e 47/05, aposentadoria especial com proventos calculados com base na integralidade e na paridade.				

Tema	1019	Situação	**Trânsito em Julgado**	Órgão julgador	**Plenário Virtual - RG**
Tese Firmada	O servidor público policial civil que preencheu os requisitos para a aposentadoria especial voluntária prevista na LC nº 51/85 tem direito ao cálculo de seus proventos com base na regra da integralidade e, quando também previsto em lei complementar, na regra da paridade, independentemente do cumprimento das regras de transição especificadas nos arts. 2º e 3º da EC 47/05, por enquadrar-se na exceção prevista no art. 40, § 4º, inciso II, da Constituição Federal, na redação anterior à EC 103/19, atinente ao exercício de atividade de risco.				
Informações Complementares	Há RG. Recurso extraordinário em que se examina, à luz dos arts. 40, §§ 1º, 3º, 4º, 8º e 17, da Constituição Federal; 3º, 6º, 6º-A e 7º da Emenda Constitucional nº 41/03 e 2º e 3º da Emenda Constitucional nº 47/05, se o servidor público que exerce atividades de risco e preenche os requisitos para a aposentadoria especial tem, independentemente da observância das normas de transição constantes das referidas emendas constitucionais, direito ao cálculo dos proventos com base nas regras da integralidade e da paridade.				
Processo / Recurso	**Repercussão Geral**	**Relator (a)**	**Acórdão Publicado**	**Embargos Declaratórios**	**Trânsito em Julgado**
RE 1162672	23/11/2018	LUIZ FUX	25/10/2023	07/11/2023	20/02/2024

6.7. PERÍODO ANTERIOR À INSTITUIÇÃO DO REGIME JURÍDICO ÚNICO

STF - Supremo Tribunal Federal

Tema	293	Situação	**Trânsito em julgado**	Órgão julgador	**Plenário Virtual - RG**
Questão Controvertida	Contagem especial de tempo de serviço, prestado sob condições insalubres, em período anterior à instituição do Regime Jurídico Único.				
Tese Firmada	O tempo de serviço prestado por servidor público ex-celetista, em período anterior à instituição do regime jurídico único, uma vez comprovadas as condições insalubres, periculosas ou penosas, constituiu direito adquirido para todos os efeitos.				

Tema	293	Situação	**Trânsito em julgado**	Órgão julgador	**Plenário Virtual - RG**
Informações Complementares	SCAN ME				
Processo / Recurso	**Repercussão Geral**	**Relator (a)**	**Acórdão Publicado**	**Embargos Declaratórios**	**Trânsito em Julgado**
RE 612358	14/08/2010	ROSA WEBER	13/03/2020	-	07/04/2020

- Informativo 351 – 11.06.2004

APOSENTADORIA E SERVIÇO PRESTADO EM CONDIÇÃO INSALUBRE. A Turma manteve decisão do Min. Maurício Corrêa, relator, que, ao negar seguimento a recurso extraordinário interposto pelo INSS, reconhecera o direito adquirido de servidor público federal converter o tempo de serviço prestado em condições insalubres, em período anterior à instituição do Regime Jurídico Único, para fins de aposentadoria. Considerou-se que, não obstante o advento de um novo regime jurídico (Lei 8.112/90), no qual prevista a edição de lei específica para regulamentar a concessão de aposentadoria para os agentes públicos que exercerem atividades em tais condições, a referida vantagem não poderia ser suprimida, porquanto incorporada ao patrimônio jurídico do servidor, já que a legislação previdenciária vigente, à época em que realizada a prestação do serviço público, expressamente assegurava-lhe a averbação do tempo de serviço prestado nessas condições (RE 376948 AgR/PR).

6.8. PERCEPÇÃO DE ADICIONAL DE INSALUBRIDADE

STJ - Superior Tribunal de Justiça

- Informativo 773 – 09.05.2023

SERVIDOR PÚBLICO MUNICIPAL. RECONHECIMENTO DO DIREITO À AVERBAÇÃO DE TEMPO DE SERVIÇO PRESTADO EM CONDIÇÕES

INSALUBRES, COMO OPERADOR DE TRATAMENTO. PERCEPÇÃO DE ADICIONAL DE INSALUBRIDADE. NÃO COMPROVAÇÃO, POR SI SÓ, DO DIREITO À APOSENTADORIA ESPECIAL. A percepção de adicional de insalubridade pelo segurado, por si só, não lhe confere o direito de ter o respectivo período reconhecido como especial, porquanto os requisitos para a percepção do direito trabalhista são distintos dos requisitos para o reconhecimento da especialidade do trabalho no âmbito da previdência social (AgInt nos EDcl no AgInt no AREsp 1.865.832-SP, Rel. Ministra Assusete Magalhães, Segunda Turma, por unanimidade, julgado em 3/4/2023, DJe 11/4/2023).

6.9. CATEGORIA PROFISSIONAL

6.9.1. GUARDA CIVIL MUNICIPAL

STF - Supremo Tribunal Federal

Tema	**1057**	Situação	**Trânsito em Julgado**	Órgão julgador	**Plenário Virtual - RG**
Questão Controvertida	Concessão de aposentadoria especial a guarda civil municipal com base no art. 40, § 4º, inciso II, da Constituição Federal, que prevê ser possível, por meio de lei complementar, a adoção de requisitos e critérios diferenciados para a concessão de aposentadoria para servidores que exerçam atividades de risco.				
Tese Firmada	Os guardas civis não possuem direito constitucional à aposentadoria especial por exercício de atividade de risco prevista no artigo 40, § 4º, inciso II, da Constituição Federal.				
Informações Complementares	Há RG - Reafirmação de Jurisprudência SCAN ME				
Processo / Recurso	**Repercussão Geral**	**Relator (a)**	**Acórdão Publicado**	**Embargos Declaratórios**	**Trânsito em Julgado**
ARE 1215727	30/08/2019	MINISTRO(A) PRESIDENTE	26/09/2019	-	04/10/2019

- Informativo 966 – 14.02.2020

AGRAVO INTERNO EM MANDADO DE INJUNÇÃO. ART. 40, § 4º, II, DA MAGNA CARTA. REDAÇÃO DADA PELA EMENDA CONSTITUCIONAL Nº 47/2005. ALCANCE DA EXPRESSÃO "ATIVIDADES DE RISCO". GUARDA MUNICIPAL. AUSÊNCIA DE RISCO INERENTE. 1. Ao julgamento do ARE nº 1.215.727, ocasião em que examinado o tema nº 1057 da repercussão geral, o Plenário desta Suprema Corte assentou a seguinte tese: "Os guardas civis não possuem direito constitucional à aposentadoria especial por exercício de atividade de risco prevista no artigo 40, § 4º, inciso II, da Constituição Federal". 2. Na espécie, o impetrante é guarda municipal, integrando categoria cujo leque de atribuições específicas – proteção de bens, serviços e instalações do município a que funcionalmente vinculado (art. 144, § 8º, da Magna Carta) –, por inconfundível com a atividade desempenhada pelos órgãos policiais elencados no art. 144, I a V, da Constituição da República, não permite, na esteira da jurisprudência desta Suprema Corte, direta ilação no sentido da presença de risco inerente, quadro a conjurar a concessão da ordem pretendida. 3. Agravo interno conhecido e não provido (MI 6.953 AgR).

- Informativo 961 – 29.11.2019

DIREITO PREVIDENCIÁRIO. AGRAVO INTERNO EM MANDADO DE INJUNÇÃO. GUARDA MUNICIPAL. ALEGADA ATIVIDADE DE RISCO. APOSENTADORIA ESPECIAL. 1. Somente se verifica omissão inconstitucional, diante da expressão 'atividades de risco' contida no art. 40, § 4º, II, da Constituição da República, nos casos em que a periculosidade é inequivocamente inerente ao ofício. 2. A exposição eventual a situações de risco a que podem estar sujeitos os guardas municipais e outras diversas categorias não garante direito subjetivo constitucional à aposentadoria especial. 3. A percepção de gratificações ou adicionais de periculosidade, assim como o porte de arma de fogo, não são suficientes para reconhecer o direito à aposentadoria especial, em razão da autonomia entre o vínculo funcional e o previdenciário. 4. Agravo provido para denegação da ordem (MI 6.961 AgR).

- Informativo 957 – 25.10.2019

DIREITO PREVIDENCIÁRIO. AGRAVO INTERNO EM MANDADO DE INJUNÇÃO. GUARDA MUNICIPAL. ALEGADA ATIVIDADE DE

RISCO. APOSENTADORIA ESPECIAL. 1. Somente se verifica omissão inconstitucional, diante da expressão 'atividades de risco' contida no art. 40, § 4º, II, da Constituição da República, nos casos em que a periculosidade é inequivocamente inerente ao ofício. 2. A exposição eventual a situações de risco a que podem estar sujeitos os guardas municipais e outras diversas categorias não garante direito subjetivo constitucional à aposentadoria especial. 3. A percepção de gratificações ou adicionais de periculosidade, assim como o porte de arma de fogo, não são suficientes para reconhecer o direito à aposentadoria especial, em razão da autonomia entre o vínculo funcional e o previdenciário. 4. Agravo provido para denegação da ordem (AG. REG. NO MI N. 6.895-DF).

- Informativo 907 – 22.06.2018

GUARDAS MUNICIPAIS E APOSENTADORIA ESPECIAL. Diante da ausência de legislação específica, não cabe ao Poder Judiciário garantir aposentadoria especial [CF; art. 40, § 4º, II] a guarda municipal. Com base nessa orientação, o Plenário, em julgamento conjunto e por maioria, negou provimento ao agravo regimental no MI 6.515, e deu provimento aos agravos regimentais nos MIs 6.770, 6.773, 6.780 e 6.874. O Tribunal entendeu que o referido benefício não pode ser estendido aos guardas civis, uma vez que suas atividades precípuas não são inequivocamente perigosas e, ainda, pelo fato de não integrarem o conjunto de órgãos de segurança pública relacionados no art. 144, I a V da CF. A proximidade da atividade das guardas municipais com a segurança pública é inegável, porém, à luz do § 8º do mesmo dispositivo constitucional, sua atuação é limitada, voltada à proteção do patrimônio municipal. Conceder esse benefício por via judicial não seria prudente, pois abriria margem reivindicatória a diversas outras classes profissionais que, assim como os guardas municipais, lidam com o risco diariamente. Ademais, cabe ao legislador, e não ao Judiciário, classificar as atividades profissionais como sendo ou não de risco para fins de aposentadoria especial (– MI 6515/DF, MI 6770/DF, MI 6773/DF, MI 6780/DF e MI 6874/DF).

6.9.2. POLICIAIS CIVIS

STF - Supremo Tribunal Federal

Tema	26	Situação	**Trânsito em Julgado**	Órgão julgador	**Tribunal Pleno**
Questão Controvertida	Concessão de aposentadoria especial a policiais civis nos termos da Lei Complementar nº 51/1985.				
Tese Firmada	O inciso I do artigo 1º da Lei complementar 51/1985 foi recepcionado pela Constituição Federal de 1988.				
Informações Complementares	SCAN ME				
Processo / Recurso	**Repercussão Geral**	**Relator (a)**	**Acórdão Publicado**	**Embargos Declaratórios**	**Trânsito em Julgado**
RE 567110	09/02/2008	CÁRMEN LÚCIA	11/04/2011	-	11/05/2011

- Informativo 998/2020 (2 a 10.11.2020) – ADI 5039

DIREITO CONSTITUCIONAL E PREVIDENCIÁRIO. AÇÃO DIRETA DE INCONSTITUCIONALIDADE. LEI COMPLEMENTAR ESTADUAL QUE REGULAMENTA A APOSENTADORIA ESPECIAL DOS POLICIAIS CIVIS. VIOLAÇÃO AOS ARTIGOS 24, XII; 40, §§ 1º, I, 2º, 4º, II, E 8º, DA CONSTITUIÇÃO FEDERAL. 1. Os Estados e os Municípios podem, no exercício da competência legislativa conferida pela Constituição Federal, elaborar leis que regulamentem a aposentadoria dos seus servidores, desde que não desbordem do conteúdo do art. 40, da CRFB e, especificamente no tocante aos policiais civis, atentem à Lei Complementar 51/85, norma geral editada pela União e recepcionada pela Constituição Federal, conforme precedentes do STF. 2. O STF tem firme entendimento no sentido de que os policiais civis não possuem o mesmo regime jurídico, inclusive no que toca às aposentadorias, daquele a que pertencem os militares, vinculando-se ao regime próprio de previdência social dos servidores públicos do ente federativo ao qual pertencem. 3. O STF possui jurisprudência sedimentada no sentido de que a impugnação genérica e abstrata de uma norma impede o conhecimento da ação direta de inconstitucionalidade, pois o princípio da causa de pedir aberta não dispensa o ônus de fundamentação mínima sobre a contrariedade a determinadas regras ou princípios constitucionais, razão pela qual não se conhece da presente ação quanto ao § 3º do art. 91-A da Lei Complementar 432/2008. 4. O § 12 do art. 45 e os §§ 1º, 5º e 6º do art. 91-A, da Lei Complementar do Estado de Rondônia 432/2008, na redação dada pela Lei Complementar 672/2012, ao reconhecerem aos policiais civis o direito à aposentadoria com paridade e integralidade, sem observar regras de transição quanto à data de ingresso no serviço público, nos termos das Emendas Constitucionais 41/2003 e 47/2005, violam os §§ 3º e 8º do artigo 40 da Constituição Federal. 5. A remuneração do cargo efetivo no qual se der a aposentadoria é o limite para a fixação do valor dos proventos, nos termos do que dispõe o § 2º do art. 40 da Constituição Federal. Assim, o § 4º do art. 91-A da Lei Complementar 432/2008, ao estabelecer, por analogia às policias militares, aposentadorias aos policiais civis em valor correspondente à remuneração ou subsídio integral da classe imediatamente superior ou à remuneração normal acrescida de 20% (vinte por cento), é incompatível com o Texto Constitucional. 6. Ação direta de inconstitucionalidade conhecida em parte e, na parte conhecida, provida.

- Informativo 547 (22.05.2009) e 542 (17.04.2009)

MANDADO DE INJUNÇÃO E ART. 40, § 4º, DA CF. Na linha da nova orientação jurisprudencial fixada no julgamento do MI 721/DF (DJE de 30.11.2007), o Tribunal julgou procedente pedido formulado em mandado de injunção para, reconhecendo a mora legislativa e a necessidade de se dar eficácia às normas constitucionais e efetividade ao direito do impetrante, suprir a falta da norma regulamentadora a que se refere o art. 40, § 4º, da CF, aplicando ao caso, no que couber e a partir da comprovação dos dados perante a autoridade administrativa competente, o art. 57 da Lei 8.213/91.

Tratava-se, na espécie, de mandado de injunção impetrado por investigador da polícia civil do Estado de São Paulo que pleiteava fosse suprida a lacuna normativa constante do aludido § 4º do art. 40, assentando-se o seu direito à aposentadoria especial, em razão do trabalho estritamente policial, por 25 anos, em atividade considerada perigosa e insalubre. Em seguida, resolvendo questão de ordem suscitada pelo Min. Joaquim Barbosa, o Tribunal, por maioria, autorizou que os Ministros decidam monocrática e definitivamente os casos idênticos (MI 795-DF).

- Informativo 541 – 10.04.2009

AÇÃO DIRETA DE INCONSTITUCIONALIDADE. ART. 3º DA LEI DISTRITAL N. 3.556/2005. SERVIDORES DAS CARREIRAS POLICIAIS CIVIS CEDIDOS À ADMINISTRAÇÃO PÚBLICA DIRETA E INDIRETA DA UNIÃO E DO DISTRITO FEDERAL: TEMPO DE SERVIÇO CONSIDERADO PELA NORMA QUESTIONADA COMO DE EFETIVO EXERCÍCIO DE ATIVIDADE POLICIAL. AMPLIAÇÃO DO BENEFÍCIO DE APOSENTADORIA ESPECIAL DOS POLICIAIS CIVIS ESTABELECIDO NO ARTIGO 1º DA LEI COMPLEMENTAR FEDERAL Nº 51, DE 20.12.1985. AÇÃO JULGADA PROCEDENTE. 1. Inexistência de afronta ao art. art. 40, § 4º, da Constituição da República, por restringir-se a exigência constitucional de lei complementar à matéria relativa à aposentadoria especial do servidor público, o que não foi tratado no dispositivo impugnado. 2. Inconstitucionalidade formal por desobediência ao art. 21, inc. XIV, da Constituição da República que outorga competência privativa à União legislar sobre regime jurídico de policiais civis do Distrito Federal. 3. O art. 1º da Lei Complementar Federal n. 51/1985 que dispõe que o policial será aposentado voluntariamente, com proventos integrais, após 30 (trinta) anos de serviço, desde que conte pelo menos 20 anos de exercício em cargo de natureza estritamente policial foi recepcionado pela Constituição da República de 1988. A combinação desse dispositivo com o art. 3º da Lei Distrital n. 3.556/2005 autoriza a contagem do período de vinte anos previsto na Lei Complementar n. 51/1985 sem que o servidor público tenha, necessariamente, exercido atividades de natureza estritamente policial, expondo sua integridade física a risco, pressuposto para o reconhecimento da aposentadoria especial do art. 40, § 4º, da Constituição da República: inconstitucionalidade configurada. 4. Ação direta de inconstitucionalidade julgada procedente (ADI N. 3.817-DF).

6.9.3. POLICIAIS CIVIS E MILITARES FEMININAS

STF - Supremo Tribunal Federal

- Informativo 793 (07.08.2015) e 781 (17.04.2015)

AÇÃO DIRETA DE INCONSTITUCIONALIDADE POR OMISSÃO. APOSENTADORIA ESPECIAL PARA POLICIAIS FEMININAS CIVIS E MILITARES. ART. 40, § 1º E § 4º, DA CONSTITUIÇÃO DA REPÚBLICA. AÇÃO JULGADA IMPROCEDENTE. 1. Inexistência de omissão inconstitucional relativa à aposentadoria especial das servidoras da Polícia Militar. A Lei Complementar n. 144/2014, norma geral editada pela União nos termos do art. 24, § 4º, da Constituição da República, é aplicável às servidoras da Polícia Civil do Estado de São Paulo. Precedentes. 2. O art. 42, § 1º, da Constituição da República preceitua: a) o regime previdenciário próprio dos militares, a ser instituído por lei específica estadual; b) não contempla a aplicação de normas relativas aos servidores públicos civis para os militares, ressalvada a norma do art. 40, § 9º, pela qual se reconhece que "o tempo de contribuição federal, estadual ou municipal será contado para efeito de aposentadoria e o tempo de serviço correspondente para efeito de disponibilidade". Inaplicabilidade do art. 40, §§ 1º e § 4º, da Constituição da República, para os policiais militares. Precedentes. 3. Ação direta de inconstitucionalidade por omissão julgada improcedente (ADO 28/SP).

6.9.4. VIGILANTE

STF - Supremo Tribunal Federal

- Informativo 964 – 05.02.2020

AGRAVO INTERNO EM MANDADO DE INJUNÇÃO. LACUNA REGULAMENTADORA DO ART. 40, § 4º, II, DA MAGNA CARTA.

REDAÇÃO DADA PELA EMENDA CONSTITUCIONAL Nº 47/2005. EXERCENTE DO CARGO DE VIGILANTE EM UNIVERSIDADE ESTADUAL. ATIVIDADE DE RISCO. APOSENTADORIA ESPECIAL. "PERICULOSIDADE INEQUIVOCAMENTE INERENTE AO OFÍCIO". NÃO CONFIGURAÇÃO. 1. Ao julgamento dos MIs nºs 833 e 844, o Plenário deste Supremo Tribunal Federal firmou o entendimento de que a expressão "atividades de risco", veiculada no art. 40, § 4º, II, da Carta Magna, na redação dada pela EC nº 47/2005, por sua natureza aberta, a apontar para a existência de significativa liberdade de conformação por parte do legislador, só revela omissão inconstitucional, suscetível de ser colmatada em mandado de injunção, no caso de periculosidade inequivocamente inerente ao ofício. 2. Na espécie, o agravante exerce o cargo de vigilante em universidade estadual, integrando, pois, categoria profissional cujo leque de atribuições especializadas, por não permitir direta ilação no sentido da presença de risco inerente, conjura a concessão da ordem injuncional pretendida. 3. Agravo interno conhecido e não provido (MI 6865).

6.9.5. AUDITORES FISCAIS DA RECEITA FEDERAL DO BRASIL

STF - Supremo Tribunal Federal

- Informativo 820 – 08.04.2016

EMBARGOS DE DECLARAÇÃO RECEBIDOS COMO AGRAVO REGIMENTAL. MANDADO DE INJUNÇÃO COLETIVO. LACUNA REGULAMENTADORA DO ART. 40, § 4º, II, DA MAGNA CARTA. AUDITORES FISCAIS DA RECEITA FEDERAL DO BRASIL. ATIVIDADE DE RISCO. APOSENTADORIA ESPECIAL. REQUISITO DA "PERICULOSIDADE INEQUIVOCAMENTE INERENTE AO OFÍCIO". NÃO CONFIGURAÇÃO. 1. Ao julgamento dos MIs nºs 833 e 844, o Plenário deste Supremo Tribunal Federal firmou o entendimento de que a expressão "atividades de risco", veiculada no art. 40, § 4º, II, da Carta Magna, por sua natureza aberta, a apontar para a existência de significativa liberdade de conformação por parte do legislador, só revela omissão inconstitucional, suscetível de ser colmatada em mandado de injunção, no caso de periculosidade inequivocamente inerente ao ofício. 2. Na espécie, os servidores associados à impetrante são auditores fiscais da Receita Federal do Brasil, integrando, portanto, categoria profissional cujo leque de atribuições especializadas (efetivação de lançamentos, realização de análises contábeis e fiscais, exame de impugnações e consultas administrativas etc.), por não permitir direta ilação no sentido da presença de risco inerente, conjura a concessão da ordem pretendida. Embargos de declaração recebidos como agravo regimental, ao qual se nega provimento (EMB. DECL. NO MI N. 5.554-DF).

6.9.6. ATIVIDADES JURÍDICAS E AFINS

STF - Supremo Tribunal Federal

- Informativo 1130/2024 (10.04.2024) – ADI 7494/RO

AÇÃO DIRETA DE INCONSTITUCIONALIDADE. CONVERSÃO DE APRECIAÇÃO DE CAUTELAR EM JULGAMENTO DE MÉRITO. §§ 17 E 18 DO ART. 250 DA CONSTITUIÇÃO DE RONDÔNIA, ALTERADOS PELA EMENDA CONSTITUCIONAL ESTADUAL N. 151/2022. APOSENTADORIA ESPECIAL POR EXPOSIÇÃO A ATIVIDADE DE RISCO DE SERVIDOR PÚBLICO. § 4º-B DO ART. 40 DA CONSTITUIÇÃO DA REPÚBLICA ALTERADO PELA EMENDA CONSTITUCIONAL N. 103/2019. ROL TAXATIVO. PEDIDO EM AÇÃO DIRETA JULGADO PROCEDENTE. 1. O processo está instruído nos termos do art. 10 da Lei n. 9.868/1999. Proposta de conversão da apreciação da medida cautelar em julgamento de mérito, sem necessidade de novas providências. Precedentes. 2. Pelas normas constitucionais previstas nos §§ 4º e 4º-B do art. 40 da Constituição da República é taxativo o rol daqueles a quem a Constituição permite usufruir do direito à aposentadoria especial por desempenharem atividade de risco. Precedentes. 3. Pela Emenda à Constituição da República n. 103/2009 o constituinte derivado limitou as hipóteses de concessão de aposentadoria especial em razão do exercício de atividade de risco aos ocupantes do cargo de agente penitenciário, agente socioeducativo, policial legislativo, policial federal, policial rodoviário federal, policial ferroviário federal e policial civil. Precedentes. 4. É incompatível com o regime da aposentadoria especial por exercício da atividade de risco, análoga à dos policiais, a atuação dos membros do Ministério Público e dos ocupantes de cargos no Poder Judiciário, Defensoria Pública, Procuradores do Estado, Procuradores dos Municípios, Oficiais de Justiça e Auditores Fiscais de Tributos estaduais por contrariedade aos §§ 4º e 4º-B do art. 40 da Constituição da República. 5. Compete ao Município legislar sobre inatividade de servidores municipais por se cuidar de sua auto organização administrativa e ser assunto de interesse local, nos termos do inc. I do art. 30 da Constituição da República. 6. Regime jurídico dos servidores públicos do Estado sujeita-se à reserva de iniciativa do chefe do Poder Executivo estadual: afronta ao disposto no inc. II do § 1º do art. 61 da Constituição da República. Precedentes. 7. A prerrogativa constitucional de promover alterações em projetos de iniciativa reservada ao chefe do Poder Executivo deve observância ao disposto no inc. I do art. 63 da Constituição da República, pelo qual se prevê que não será admitido aumento da despesa prevista nos projetos de iniciativa exclusiva do Presidente da República, ressalvado o disposto no art. 166, § 3º e § 4º', aplicável ao processo legislativo estadual. Precedentes. 8. Ação direta de inconstitucionalidade na qual convertida a apreciação da medida cautelar em julgamento de mérito. Pedido formulado na ação julgado procedente para declarar a inconstitucionalidade dos §§ 17 e 18 do art. 250 da Constituição de Rondônia, alterados pela Emenda Constitucional n. 151/2022.

- Informativo 801 (02.10.2015), 789 (12.06.2015), 764 (24.10.2014) e 594 (06.08.2010)

DIREITO PREVIDENCIÁRIO. MANDADO DE INJUNÇÃO COLETIVO. OFICIAIS DE JUSTIÇA. ALEGADA ATIVIDADE DE RISCO. APOSENTADORIA ESPECIAL. ORDEM DENEGADA. 1. Diante do caráter aberto da expressão atividades de risco (art. 40, § 4º, II, da Constituição) e da relativa liberdade de conformação do legislador, somente há omissão inconstitucional quando a periculosidade seja inequivocamente inerente ao ofício. 2. A eventual exposição a situações de risco – a que podem estar sujeitos os Oficiais de Justiça e, de resto, diversas categorias de servidores públicos – não garante direito subjetivo constitucional à aposentadoria especial. 3. A percepção de gratificações ou adicionais de periculosidade, assim como o porte de arma de fogo, não são, por si sós, suficientes para reconhecer o direito à aposentadoria especial, em razão da autonomia entre o vínculo funcional e o previdenciário. 4. Voto pela denegação da ordem, sem prejuízo da possibilidade, em tese, de futura lei contemplar a pretensão da categoria. **DIREITO PREVIDENCIÁRIO. MANDADO DE INJUNÇÃO COLETIVO. OFICIAIS DE JUSTIÇA E SERVIDORES DO JUDICIÁRIO E DO MINISTÉRIO PÚBLICO DA UNIÃO COM ATRIBUIÇÕES RELACIONADAS À SEGURANÇA. ALEGADA ATIVIDADE DE RISCO. APOSENTADORIA ESPECIAL. ORDEM DENEGADA.** 1. Diante do caráter aberto da expressão atividades de risco (art. 40, § 4º, II, da Constituição) e da relativa liberdade de conformação do legislador, somente há omissão inconstitucional quando a periculosidade seja inequivocamente inerente ao ofício. 2. A eventual exposição a situações de risco – a que podem estar sujeitos os servidores ora substituídos e, de resto, diversas outras categorias – não garante direito subjetivo constitucional à aposentadoria especial. 3. A percepção de gratificações ou adicionais de periculosidade, assim como o porte de arma de fogo, não são, por si sós, suficientes para reconhecer o direito à aposentadoria especial, em razão da autonomia entre o vínculo funcional e o previdenciário. 4. Voto pela denegação da ordem, sem prejuízo da possibilidade, em tese, de futura lei contemplar a pretensão das categorias representadas pela impetrante (MI N. 833-DF e MI 844-DF).

6.9.7. AUXILIAR DE ENFERMAGEM

STF - Supremo Tribunal Federal

- Informativo 476 (17.08.2007), 450 (01.12.2006) e 442 (29.09.2006)

MANDADO DE INJUNÇÃO E ART. 40, § 4º, DA CF. O Tribunal julgou parcialmente procedente pedido formulado em mandado de injunção impetrado, contra o Presidente da República, por servidora do Ministério da Saúde, para, de forma mandamental, adotando o sistema do regime geral de previdência social (Lei 8.213/91, art. 57), assentar o direito da impetrante à aposentadoria especial de que trata o § 4º do art. 40 da CF. Na espécie, a impetrante, auxiliar de enfermagem, pleiteava fosse suprida a falta da norma regulamentadora a que se refere o art. 40, § 4º, a fim de possibilitar o exercício do seu direito à aposentadoria especial, haja vista ter trabalhado por mais de 25 anos em atividade considerada insalubre. Salientando o caráter mandamental e não simplesmente declaratório do mandado de injunção, asseverou-se caber ao Judiciário, por força do disposto no art. 5º, LXXI e seu § 1º, da CF, não apenas emitir certidão de omissão do Poder incumbido de regulamentar o direito a liberdades constitucionais, a prerrogativas inerentes à nacionalidade, à soberania e à cidadania, mas viabilizar, no caso concreto, o exercício desse direito, afastando as conseqüências da inércia do legislador (MI 721/DF).

6.9.8. TECNOLOGISTA

STF - Supremo Tribunal Federal

- Informativo 513 – 04.07.2008

MANDADO DE INJUNÇÃO E ART. 40, § 4º, DA CF. Na linha da nova orientação jurisprudencial fixada no julgamento do MI 721/DF (DJU de 30.11.2007), o Tribunal julgou procedente pedido formulado em mandado de injunção para, de forma mandamental, assentar o direito do impetrante à contagem diferenciada do tempo de serviço em decorrência de atividade em trabalho insalubre, após a égide do regime estatutário, para fins de aposentadoria especial de que cogita o § 4º do art. 40 da CF. Tratava-se, na espécie, de writ impetrado por servidor público federal, lotado, na função de tecnologista, na Fundação Oswaldo Cruz, que pleiteava fosse suprida a lacuna normativa constante do aludido § 4º do art. 40, assentando-se o seu direito à aposentadoria especial, em razão do trabalho, por 25 anos, em atividade considerada insalubre, ante o contato com agentes nocivos, portadores de moléstias humanas e com materiais e objetos contaminados. Determinou-se, por fim, a comunicação ao Congresso Nacional para que supra a omissão legislativa (MI 758/DF).

7. AUXÍLIO-RECLUSÃO

STJ - Superior Tribunal de Justiça

- Informativo 560 – 03.05.2015

DIREITO ADMINISTRATIVO. AUXÍLIO-RECLUSÃO A SERVIDORES OCUPANTES DE CARGO EFETIVO. Para concessão de auxílio-reclusão, não se aplica aos servidores públicos estatutários ocupantes de cargos efetivos a exigência de baixa renda prevista no art. 13 da EC 20/1998 (AgRg no REsp 1.510.425-RJ, Rel. Min. Humberto Martins, julgado em 16/4/2015, DJe 22/4/2015).

8. APOSENTADORIA DA LC 142/13 AO SERVIDOR DEFICIENTE

STF - Supremo Tribunal Federal

- Informativo 947 – 16.08.2019

MANDADO DE INJUNÇÃO E APOSENTADORIA DE SERVIDOR PÚBLICO COM DEFICIÊNCIA. A Primeira Turma, em julgamento conjunto, acolheu pedidos formulados em mandados de injunção para reconhecer o direito dos impetrantes - servidores públicos com deficiência - de ver analisado o requerimento de aposentadoria, apresentado com base no art. 40, § 4º, I, da Constituição Federal (CF) (1), consideradas as normas da Lei Complementar (LC) 142/2013. Inicialmente, o Colegiado rejeitou as preliminares alusivas à atual tramitação de projeto de lei que regula a matéria, pois não afasta a impetração; e à suposta ausência de prévio requerimento administrativo. No ponto, a CF exauriu as situações que exigem a observância dessa fase: o dissídio coletivo, próprio da justiça do trabalho; e os processos relativos à justiça desportiva. No mérito, destacou que a adoção das normas da LC 142/2013 – retroativamente, inclusive – para suprir a omissão do Congresso Nacional na matéria exige um salto hermenêutico menor do que exigiria a aplicação da Lei 8.213/1991, que cuida da previdência dos trabalhadores em geral (MI 6818/DF e MI 6988/RR).

- Informativo 807 – 13.11.2015

AGRAVO REGIMENTAL NO MANDADO DE INJUNÇÃO. CONSTITUCIONAL E ADMINISTRATIVO. APOSENTADORIA ESPECIAL DE SERVIDOR PÚBLICO PORTADOR DE DEFICIÊNCIA: ART. 40, § 4º, INC. I, DA CONSTITUIÇÃO DA REPÚBLICA. A AUTORIDADE ADMINISTRATIVA RESPONSÁVEL PELO EXAME DO PEDIDO DE APOSENTADORIA É COMPETENTE PARA AFERIR, NA ESPÉCIE

EM EXAME, O PREENCHIMENTO DE TODOS OS REQUISITOS PARA A APOSENTAÇÃO PREVISTOS NO ORDENAMENTO JURÍDICO VIGENTE. PRECEDENTES. AGRAVO REGIMENTAL AO QUAL SE NEGA PROVIMENTO. (AG. REG. NO MI. N. 6.519-DF)

- Informativo 799 – 18.09.2015

AGRAVO REGIMENTAL NO MANDADO DE INJUNÇÃO. CONSTITUCIONAL E ADMINISTRATIVO. APOSENTADORIA ESPECIAL DE SERVIDOR PÚBLICO PORTADOR DE DEFICIÊNCIA. ORIENTAÇÃO JURISPRUDENCIAL CORRENTE NESTA CORTE PELA APLICABILIDADE DA LEI COMPLEMENTAR 142/2013 ATÉ QUE SOBREVENHAM AS LEIS COMPLEMENTARES QUE REGULAMENTEM O ART. 40, § 4º, DA CONSTITUIÇÃO. PRECEDENTES DO STF. PERMANÊNCIA DO DEVER DA AUTORIDADE ADMINISTRATIVA COMPETENTE PARA A CONCESSÃO DA APOSENTADORIA DE VERIFICAR O PREENCHIMENTO DOS REQUISITOS LEGAIS NO CASO CONCRETO. LIMITES OBJETIVOS DA DECISÃO EM MANDADO DE INJUNÇÃO. AGRAVO REGIMENTAL A QUE SE NEGA PROVIMENTO. 1. A aposentadoria especial de servidor público portador de deficiência é assegurada mediante a aplicação da Lei Complementar 142/2013, até que editada a lei complementar exigida pelo art. 40, § 4º, I, da Constituição Federal. Precedentes do STF. 2. A decisão concessiva da ordem no mandado de injunção deve limitar-se à determinação da norma regulamentadora de direito constitucional aplicável ao caso sub judice, sem, no entanto, abordar o efetivo preenchimento dos requisitos legais no caso concreto para a concessão da aposentadoria especial, a serem verificados pela autoridade administrativa competente. 3. In casu, a omissão legislativa diz respeito tão somente à adoção de critérios diferenciados para a concessão da aposentadoria especial. Nesse ponto, a decisão agravada colmatou integralmente a lacuna, ao determinar a incidência da sistemática prevista na Lei Complementar 142/2013. 4. Agravo regimental desprovido (AG. REG. NO MI N. 6.326-DF).

- Informativo 630 – 10.06.2011

APOSENTADORIA ESPECIAL - SERVIDOR PÚBLICO - PORTADOR DE DEFICIÊNCIA (CF, ART. 40, § 4º, I). Mandado de injunção. Servidor público portador de deficiência. Direito público subjetivo à aposentadoria especial (cf, art. 40, § 4º, i). Injusta frustração desse direito em decorrência de inconstitucional, prolongada e lesiva omissão imputável a órgãos estatais da união federal. Correlação entre a imposição constitucional de legislar e o reconhecimento do direito subjetivo à legislação. Descumprimento de imposição constitucional legiferante e desvalorização funcional da constituição escrita. A inércia do poder público como elemento revelador do desrespeito estatal ao dever de legislar imposto pela constituição. Omissões normativas inconstitucionais: uma prática governamental que só faz revelar o desprezo das instituições oficiais pela autoridade suprema da lei fundamental do estado. A colmatação jurisdicional de omissões inconstitucionais: um gesto de fidelidade à supremacia hierárquico-normativa da constituição da república. A vocação protetiva do mandado de injunção. Legitimidade dos processos de integração normativa (dentre eles, o recurso à analogia) como forma de suplementação da "inertia agendi vel deliberandi". Precedentes do supremo tribunal federal. Mandado de injunção conhecido e deferido (MI 1967/DF).

9. APOSENTADORIA COMPULSÓRIA

9.1. CARGO EM COMISSÃO

STJ - Superior Tribunal de Justiça

- Informativo 523 – 14.08.2013

DIREITO ADMINISTRATIVO. INAPLICABILIDADE DA APOSENTADORIA COMPULSÓRIA POR IDADE A SERVIDOR PÚBLICO OCUPANTE EXCLUSIVAMENTE DE CARGO EM COMISSÃO. Não é aplicável a regra da aposentadoria compulsória por idade na hipótese de servidor público que ocupe exclusivamente cargo em comissão (RMS 36.950-RO, Rel. Min. Castro Meira, DJe 26/4/2013).

STF - Supremo Tribunal Federal

<table>
<tr><td>Tema</td><td>763</td><td>Situação</td><td>Trânsito em Julgado</td><td>Órgão julgador</td><td>Tribunal Pleno</td></tr>
<tr><td colspan="2">Questão Controvertida</td><td colspan="4">Possibilidade de aplicação da aposentadoria compulsória ao servidor público ocupante exclusivamente de cargo em comissão, assim como a possibilidade de o servidor efetivo aposentado compulsoriamente vir a assumir cargos ou funções comissionadas.</td></tr>
</table>

Tema	**763**	Situação	**Trânsito em Julgado**	Órgão julgador	**Tribunal Pleno**
Tese Firmada	1. Os servidores ocupantes de cargo exclusivamente em comissão não se submetem à regra da aposentadoria compulsória prevista no art. 40, § 1º, II, da Constituição Federal, a qual atinge apenas os ocupantes de cargo de provimento efetivo, inexistindo, também, qualquer idade limite para fins de nomeação a cargo em comissão; 2. Ressalvados impedimentos de ordem infraconstitucional, não há óbice constitucional a que o servidor efetivo aposentado compulsoriamente permaneça no cargo comissionado que já desempenhava ou a que seja nomeado para cargo de livre nomeação e exoneração, uma vez que não se trata de continuidade ou criação de vínculo efetivo com a Administração.				
Informações Complementares	SCAN ME				
Processo / Recurso	**Repercussão Geral**	**Relator (a)**	**Acórdão Publicado**	**Embargos Declaratórios**	**Trânsito em Julgado**
RE 786540	19/09/2014	DIAS TOFFOLI	15/12/2017	-	20/02/2018

9.2. PROCESSO ADMINISTRATIVO DISCIPLINAR PENDENTE DE JULGAMENTO

STJ - Superior Tribunal de Justiça

- Informativo 431 – 23.04.2010

PAD. APOSENTADORIA COMPULSÓRIA. O impetrante, juiz de direito, aposentou-se voluntariamente com proventos proporcionais, mas tinha pendente processo administrativo disciplinar (PAD) que apurava fatos imputados ao magistrado. Noticiam os autos que a aposentadoria voluntária foi concedida com a expressa consignação de não haver prejuízo quanto ao trâmite de processo administrativo em curso. Assim, concluído o PAD e comprovadas as condutas reprováveis praticadas quando ainda no exercício da magistratura, a pena aplicada foi a de substituição da aposentadoria voluntária pela aposentadoria compulsória (art. 42, V, da LC n. 35/1979). Diante desses fatos, a Min. Relatora afirma ser evidente que não houve violação dos princípios da legalidade e segurança jurídica quanto à pena aplicada. Com esse entendimento, a Turma, ao prosseguir o julgamento, denegou a ordem (RMS 18.448-PR, Rel. Min. Laurita Vaz, julgado em 20/4/2010).

9.3. MAGISTRATURA

STF - Supremo Tribunal Federal

- Informativo 1095/2023 (26.05.2023) – ADI 5430/DF

Direito constitucional. Ação direta de inconstitucionalidade. Aposentadoria compulsória de magistrados. Lei de iniciativa parlamentar. Improcedência. 1. Ação direta de inconstitucionalidade ajuizada pela Associação dos Magistrados Brasileiros (AMB) e pela Associação Nacional dos Magistrados da Justiça do Trabalho (ANAMATRA), em face da Lei Complementar nº 152/2015, de iniciativa parlamentar, que elevou a idade da aposentadoria compulsória no serviço público para 75 (setenta e cinco) anos. 2. Alegação de inconstitucionalidade formal, ao argumento de que o projeto de lei só poderia ser deflagrado pelo Supremo Tribunal Federal, na linha do precedente firmado por esta Corte no julgamento da ADI 5.316-MC (Rel. Min. Luiz Fux). Subsidiariamente, cuidando a matéria de funcionalismo público em sentido amplo, defende-se que a iniciativa caberia à Presidência da República. 3. Superação do precedente apontado. Na ADI 5.490 (Relª. Minª. Cármen Lúcia), por unanimidade, esta Corte decidiu que não há, na hipótese, reserva de iniciativa para a deflagração do processo legislativo sobre aposentadoria compulsória por idade. Isso porque a lei complementar nacional se limita a regulamentar a EC nº 88/2015, da qual se extrai definição preexistente do corte etário para inatividade, e traz um regramento genérico necessário ao funcionamento do regime previdenciário próprio. 4. Não há previsão específica de reserva de iniciativa nas normas trazidas pela EC nº 88/2015, de modo que prevalece a regra geral constante do art. 61, caput, da CF/1988, que autoriza a propositura do projeto de lei complementar por qualquer membro do Congresso Nacional. 5. O regime previdenciário dos agentes públicos deve trazer regras uniformes entre as diferentes carreiras para permitir a previsibilidade e o equilíbrio das contas públicas. Nesse ponto, a magistratura se submete às normas gerais do art. 40 da CF/1988, nos termos do art. 93, VI, da CF/1988, com redação dada pela EC nº 20/1998. Não há, portanto, qualquer elemento que exija singularidade no tratamento da matéria. 6. A aposentadoria compulsória traduz a necessidade de renovação dos cargos públicos efetivos ou vitalícios, como imperativo republicano. Esse interesse está presente em igual grau e importância em todos os Poderes estatais, de modo que, à luz da isonomia, deve ser uniforme o tratamento da idade máxima para ida à inatividade. 7. Pedido improcedente, com a fixação da seguinte tese de julgamento: "Não se submete a reserva de iniciativa a lei complementar nacional que, regulamentando a EC nº 88/2015, fixa em 75 (setenta e cinco) anos a idade de aposentadoria compulsória para todos os agentes públicos titulares de cargos efetivos ou vitalícios".

Tese: Não se submete a reserva de iniciativa a lei complementar nacional que, regulamentando a EC nº 88/2015, fixa em 75 (setenta e cinco) anos a idade de aposentadoria compulsória para todos os agentes públicos titulares de cargos efetivos ou vitalícios.

- Informativo 1081/2023 (10.02.2023) – ADI 5378/DF

AÇÃO DIRETA DE INCONSTITUCIONALIDADE. CONSTITUCIONAL E ADMINISTRATIVO. ART. 57, II, DA CONSTITUIÇÃO DO ESTADO DE ALAGOAS E ART. 45 DO ADCT, NA REDAÇÃO DADA PELA EMENDA N. 40, DE 04.09.2015. IDADE PARA APOSENTADORIA COMPULSÓRIA PARA DESEMBARGADORES, JUÍZES, MEMBROS DO MINISTÉRIO PÚBLICO E CONSELHEIROS DO TRIBUNAL DE CONTAS. IMPOSSIBILIDADE. COMPETÊNCIA PRIVATIVA DA UNIÃO. AÇÃO DIRETA JULGADA PROCEDENTE. 1. É inconstitucional norma estadual, editada dentro do período entre a promulgação da Emenda Constitucional n. 88, em 7 de maio de 2015, até a publicação da Lei Complementar n. 152, em 3 de dezembro de 2015, que estende a idade de aposentadoria compulsória para cargos que não estejam expressamente indicados na Constituição Federal. 2. Ação direta julgada procedente com modulação dos efeitos da decisão.

- Informativo 933 – 15.03.2019

CNJ: MANDADO DE SEGURANÇA E APOSENTADORIA COMPULSÓRIA. A Segunda Turma, em julgamento conjunto, denegou a ordem em mandados de segurança impetrados em face de acórdão do Conselho Nacional de Justiça (CNJ) que aplicou a penalidade de aposentadoria compulsória com proventos proporcionais a magistradas acusadas de terem cometido infração funcional em ação de usucapião especial de bem móvel. No caso, magistrada de primeiro grau deferiu liminar para determinar que o Banco do Brasil, réu na ação de usucapião, se abstivesse de movimentar quantia superior a 2 bilhões de reais supostamente depositada, há mais de 3 anos, na conta bancária do autor da ação de usucapião. Mesmo advertida sobre o esquema fraudulento no qual se baseava o pedido de usucapião, a magistrada insistiu em manter a liminar, sem analisar o pedido de reconsideração, a contestação, o incidente de falsidade e o laudo pericial juntado aos autos pela instituição financeira. Tal decisão foi mantida por desembargadora em sede recursal. A Turma reiterou a jurisprudência do Supremo Tribunal Federal (STF) no sentido da impossibilidade de revisão do mérito das decisões do CNJ, cujos atos e procedimentos estão sujeitos apenas ao controle de legalidade desta Corte. Ademais, está consolidado o entendimento de que a estreita via do mandado de segurança não se presta ao reexame de fatos e provas do processo de revisão disciplinar. A atuação do Conselho pautou-se nos estritos termos das atribuições que lhe são conferidas pelo art. 103-B da Constituição Federal, em consonância com o entendimento do STF segundo o qual a competência do CNJ não é subsidiária, mas originária e concorrente à competência das corregedorias locais. Nessa linha, não procede a alegação de que o CNJ teria exorbitado suas atribuições ao julgar processo administrativo disciplinar (PAD) por fatos já investigados pela corregedoria do tribunal de justiça sem que houvesse revisão disciplinar. Em relação à alegada prescrição, a Turma afirmou que a ação disciplinar para aplicação da pena de aposentadoria compulsória prescreve em cinco anos, conforme dispõem o art. 142 da Lei 8.112/1990, aplicável à hipótese ante a ausência de norma específica na Lei Orgânica da Magistratura Nacional (MS 25.191), e o art. 24 da Resolução 135 do CNJ. Quanto à alegação de bis in idem, destacou que as faltas disciplinares apuradas pelo CNJ não se confundem com os efeitos penais eventualmente decorrentes das condutas das impetrantes. A complexidade dos atos praticados pode desencadear consequências administrativas e penais, sem que se possa falar em dupla punição. Por fim, segundo o colegiado, não haveria desproporcionalidade do acórdão impugnado, porquanto amparado na conclusão de que as magistradas não observaram os deveres de cautela e prudência ao ignorarem dados trazidos aos autos que demonstravam claramente a utilização do aparato judiciário para atingir objetivo criminoso (MS 35540/DF e MS 35521/DF).

- Informativo 786 – 22.05.2015

MEDIDA CAUTELAR NA AÇÃO DIRETA DE INCONSTITUCIONALIDADE. EMENDA CONSTITUCIONAL Nº 88/2015. CUMULAÇÃO DE AÇÕES EM PROCESSO OBJETIVO. POSSIBILIDADE. ART. 292 DO CÓDIGO DE PROCESSO CIVIL. APLICAÇÃO SUBSIDIÁRIA. MÉRITO. APOSENTADORIA COMPULSÓRIA AOS 75 ANOS DE IDADE DE MEMBROS DOS TRIBUNAIS SUPERIORES E DO TRIBUNAL DE CONTAS DA UNIÃO. NECESSIDADE DE NOVA SABATINA PERANTE O SENADO FEDERAL (CRFB, ART. 52). VIOLAÇÃO À SEPARAÇÃO DOS PODERES (CRFB, ART. 60, § 4º, III). ULTRAJE À INDEPENDÊNCIA E À IMPARCIALIDADE DO PODER JUDICIÁRIO. INCONSTITUCIONALIDADE DA EXPRESSÃO "NAS CONDIÇÕES DO ART. 52 DA CONSTITUIÇÃO FEDERAL" DO ARTIGO 100 DO ADCT. SENTIDO DA EXPRESSÃO "LEI COMPLEMENTAR" NA NOVA REDAÇÃO DO ART. 40, § 1º, II, CRFB. DISCUSSÃO RESTRITA AOS MEMBROS DO PODER JUDICIÁRIO. ART. 93, VI, DA CRFB. NECESSIDADE DE LEI COMPLEMENTAR NACIONAL DE INICIATIVA DO STF. INVALIDADE DE LEIS ESTADUAIS QUE DISPONHAM SOBRE APOSENTADORIA DE MAGISTRADOS. EXISTÊNCIA DE REGRA DE APOSENTADORIA ESPECÍFICA PARA MEMBROS DE TRIBUNAL SUPERIOR. PRINCÍPIOS DA ISONOMIA E DA UNIDADE DO PODER JUDICIÁRIO. ALEGADA VIOLAÇÃO. NÃO OCORRÊNCIA. PEDIDO CAUTELAR DEFERIDO. 1. O princípio constitucional da separação dos Poderes (CRFB, art. 2º), cláusula pétrea inscrita no art. 60, § 4º, III, da Constituição República, revela-se incompatível com arranjos institucionais que comprometam a independência e a imparcialidade do Poder Judiciário, predicados necessários à garantia da justiça e do Estado de Democrático de Direito. 2. A expressão "nas condições do art. 52 da Constituição Federal" contida no art. 100 do ADCT, introduzido pela EC nº 88/2015, ao sujeitar à confiança política do Poder Legislativo a permanência no cargo de magistrados do Supremo Tribunal Federal, dos Tribunais Superiores e de membros do Tribunal de Contas da União, vulnera as condições materiais necessárias ao exercício imparcial e independente da função jurisdicional. 3. A aposentadoria compulsória de magistrados é tema reservado à lei complementar nacional, de iniciativa do Supremo Tribunal Federal, nos termos da regra expressa contida no artigo 93, VI, da Constituição da República, não havendo que se falar em interesse local, ou mesmo qualquer singularidade que justifique a atuação legiferante estadual em detrimento da uniformização. 4. A unidade do Poder Judiciário nacional e o princípio da isonomia são compatíveis com a existência de regra de aposentadoria específica para integrantes do Supremo Tribunal Federal e dos Tribunais Superiores, cujos cargos também apresentam peculiaridades para o seu provimento. 5. É inconstitucional todo pronunciamento judicial ou administrativo que afaste, amplie ou reduza a literalidade do comando previsto no art. 100 do ADCT e, com base em neste fundamento, assegure a qualquer agente público o exercício das funções relativas a cargo efetivo ou vitalício após ter completado setenta anos de idade. 6. A cumulação simples de pedidos típicos de ADI e de ADC é processualmente cabível em uma única demanda de controle concentrado de constitucionalidade, desde que satisfeitos os requisitos previstos na legislação processual civil (CPC, art. 292). 7. Pedido cautelar deferido (ADI 5316 MC/DF).

9.4. MINISTÉRIO PÚBLICO

STF - Supremo Tribunal Federal

- Informativo 1081/2023 (10.02.2023) – ADI 5378/DF

AÇÃO DIRETA DE INCONSTITUCIONALIDADE. CONSTITUCIONAL E ADMINISTRATIVO. ART. 57, II, DA CONSTITUIÇÃO DO ESTADO DE ALAGOAS E ART. 45 DO ADCT, NA REDAÇÃO DADA PELA EMENDA N. 40, DE 04.09.2015. IDADE PARA APOSENTADORIA COMPULSÓRIA PARA DESEMBARGADORES, JUÍZES,

MEMBROS DO MINISTÉRIO PÚBLICO E CONSELHEIROS DO TRIBUNAL DE CONTAS. IMPOSSIBILIDADE. COMPETÊNCIA PRIVATIVA DA UNIÃO. AÇÃO DIRETA JULGADA PROCEDENTE. 1. É inconstitucional norma estadual, editada dentro do período entre a promulgação da Emenda Constitucional n. 88, em 7 de maio de 2015, até a publicação da Lei Complementar n. 152, em 3 de dezembro de 2015, que estende a idade de aposentadoria compulsória para cargos que não estejam expressamente indicados na Constituição Federal. 2. Ação direta julgada procedente com modulação dos efeitos da decisão.

- Informativo 963 – 13.12.2019

AÇÃO DIRETA DE INCONSTITUCIONALIDADE. CONSTITUCIONAL. APOSENTADORIA COMPULSÓRIA. EMENDA CONSTITUCIONAL N. 88/2015. INC. III DO ART. 2º DA LEI COMPLEMENTAR N. 152/2015. ALEGADO VÍCIO FORMAL DE INICIATIVA PARA EDITAR NORMAS REFERENTES À APOSENTADORIA DOS MEMBROS DO MINISTÉRIO PÚBLICO. AÇÃO DIRETA DE INCONSTITUCIONALIDADE JULGADA IMPROCEDENTE. 1. O inc. II do § 1º do art. 40 da Constituição da República, alterado pela Emenda Constitucional n. 88, de 7.5.2015, possibilita aos servidores públicos a aposentadoria compulsória, com proventos proporcionais ao tempo de contribuição, aos setenta anos de idade ou aos setenta e cinco anos de idade, na forma da lei complementar. 2. A Lei Complementar n. 152/2015 regulamentou o inc. II do § 1º do art. 40 da Constituição e dispôs sobre a aposentadoria compulsória por idade dos servidores públicos ocupantes de cargos efetivos de todos os entes federativos, dos membros do Poder Judiciário, do Ministério Público, da Defensoria Pública e dos Tribunais e dos Conselhos de Contas. 3. Não há reserva de iniciativa para a deflagração do processo legislativo sobre aposentadoria compulsória por idade dos membros do Ministério Público (§ 4º do art. 129 e do inc. VI do art. 93 da Constituição da República). 4. O Supremo Tribunal Federal decidiu, em sessão administrativa, não haver vício formal de iniciativa no Projeto de Lei n. 274/2015, pelo qual originou a Lei Complementar n. 152/2015, por regulamentar norma constitucional com definição preexistente e regramento geral ao regime previdenciário próprio. 5. Ação direta de inconstitucionalidade julgada improcedente (ADI 5490).

9.5. NOTÁRIOS E REGISTRADORES

STJ - Superior Tribunal de Justiça

- Informativo 264 – 14.10.2005

APOSENTADORIA COMPULSÓRIA. NOTÁRIOS E REGISTRADORES. Trata-se da aplicação, por analogia, da regra do art. 40, II, da CF/1988, da aposentadoria compulsória aos 70 anos de idade aos notários e registradores. Note-se que, após a alteração introduzida pelo art. 40 da EC n. 20/1998, o STF deu nova conceituação de servidor público, como sendo o titular de cargo efetivo. Portanto só se destina a citada norma constitucional aos servidores em sentido estrito. A partir daí, o STF modificou o entendimento anterior, passando a considerar a inaplicabilidade da aposentadoria compulsória aos notários e registradores. O Min. Relator esclareceu, ainda, que os notários e registradores exercem função por delegação do Poder Público, em caráter privado, apesar da exigência de aprovação em concurso publico de provas e títulos, que veio apenas como medida saneadora e moralizadora. Ressaltou, ainda, que hoje os últimos precedentes deste Superior Tribunal interpretam que os notários e registradores não estão submetidos à aposentadoria compulsória, mas somente à aposentadoria voluntária ou facultativa, conforme previsto no art. 30 da Lei n. 8.935/1994 (RMS 20.325-MG, Rel. Min. Paulo Medina, julgado em 11/10/2005).

STF - Supremo Tribunal Federal

- Informativo 421 (31.03.2006), 410 (25.11.2005), 369 (12.11.2004) e 303 – 31.03.2003

AÇÃO DIRETA DE INCONSTITUCIONALIDADE. PROVIMENTO N. 055/2001 DO CORREGEDOR-GERAL DE JUSTIÇA DO ESTADO DE MINAS GERAIS. NOTÁRIOS E REGISTRADORES. REGIME JURÍDICO DOS SERVIDORES PÚBLICOS. INAPLICABILIDADE. EMENDA CONSTITUCIONAL N. 20/98. EXERCÍCIO DE ATIVIDADE EM CARÁTER PRIVADO POR DELEGAÇÃO DO PODER PÚBLICO. INAPLICABILIDADE DA APOSENTADORIA COMPULSÓRIA AOS SETENTA ANOS. INCONSTITUCIONALIDADE. 1. O artigo 40, § 1º, inciso II, da Constituição do Brasil, na redação que lhe foi conferida pela EC 20/98, está restrito aos cargos efetivos da União, dos Estados-membros, do Distrito Federal e dos Municípios – incluídas as autarquias e fundações. 2. Os serviços de registros públicos, cartorários e notariais são exercidos em caráter privado por delegação do Poder Público – serviço público não-privativo. 3. Os notários e os registradores exercem atividade estatal, entretanto não são titulares de cargo público efetivo, tampouco ocupam cargo público. Não são servidores públicos, não lhes alcançando a compulsoriedade imposta pelo mencionado artigo 40 da CB/88 – aposentadoria compulsória aos setenta anos de idade. 4. Ação direta de inconstitucionalidade julgada procedente (ADI N. 2.602-MG).

9.6. SERVENTIA JUDICIAL NÃO ESTATIZADA/OFICIALIZADA

STF - Supremo Tribunal Federal

Tema	571	Situação	**Trânsito em Julgado**	Órgão julgador	**Tribunal Pleno**
Questão Controvertida	Aposentadoria compulsória de titular de serventia judicial não estatizada.				
Tese Firmada	Não se aplica a aposentadoria compulsória prevista no artigo 40, parágrafo 1º, inciso II, da Constituição Federal aos titulares de serventias judiciais não estatizadas, desde que não sejam ocupantes de cargo público efetivo e não recebam remuneração proveniente dos cofres públicos.				
Informações Complementares	Houve a substituição do processo paradigma (RE 675228). A decisão que reconheceu a repercussão geral foi proferida no RE originário. SCAN ME				
Processo / Recurso	**Repercussão Geral**	**Relator (a)**	**Acórdão Publicado**	**Embargos Declaratórios**	**Trânsito em Julgado**

Tema	**571**	Situação	**Trânsito em Julgado**	Órgão julgador	**Tribunal Pleno**
RE 647827	24/08/2012	GILMAR MENDES	01/02/2018	-	21/02/2018

- Informativo 718 – 22.11.2021

ESCRIVÃO DE SERVENTIA NÃO ESTATIZADA. APOSENTADORIA COMPULSÓRIA. NÃO CABIMENTO. EXCEÇÕES. OCUPANTE DE CARGO PÚBLICO. REMUNERAÇÃO. COFRES PÚBLICOS. REPERCUSSÃO GERAL. STF. RE 647.827/PR. Não se aplica a aposentadoria compulsória prevista no art. 40, §1º, II, da CF aos titulares de serventias judiciais não estatizadas, desde que não sejam ocupantes de cargo público efetivo e não recebam remuneração proveniente dos cofres públicos (RMS 57.258-GO, Rel. Min. Herman Benjamin, Segunda Turma, por unanimidade, julgado em 16/11/2021).

- Informativo 847 – 18.11.2016

DIREITO CONSTITUCIONAL. AÇÃO DIRETA DE INCONSTITUCIONALIDADE. EXTINÇÃO DA CARTEIRA DE PREVIDÊNCIA DAS SERVENTIAS NÃO OFICIALIZADAS DA JUSTIÇA DO ESTADO DE SÃO PAULO. PROTEÇÃO DOS DIREITOS ADQUIRIDOS. DIREITO À CONTAGEM RECÍPROCA DO TEMPO DE SERVIÇO. 1. A Lei nº 14.016, de 12.04.2010, do Estado de São Paulo, que declarou em regime de extinção a Carteira de Previdência das Serventias não Oficializadas da Justiça daquele Estado, não padece de inconstitucionalidade formal, visto que o constituinte conferiu aos Estados-membros competência concorrente para legislarem sobre previdência social, consoante o disposto no art. 24, XII, da Constituição Federal. 2. A extinção da Carteira de Previdência das Serventias não Oficializadas da Justiça daquele Estado, embora possível por meio da referida lei, deve, contudo, respeitar o direito adquirido dos participantes que já faziam jus aos benefícios à época da edição da lei, bem como o direito à contagem recíproca do tempo de contribuição para aposentadoria pelo Regime Geral de Previdência Social (CF, art. 201, '§ 9º) dos participantes que ainda não haviam implementado os requisitos para a fruição dos benefícios. 3. Ação direta de inconstitucionalidade cujo pedido se julga parcialmente procedente para: (i) declarar a inconstitucionalidade do art. 3º, caput, e § 1º, da Lei nº 14.016/2010, do Estado de São Paulo, no que excluem a assunção de responsabilidade pelo Estado; (ii) conferir interpretação conforme à Constituição ao restante do diploma impugnado, proclamando que as regras não se aplicam a quem, na data da publicação da lei, já estava em gozo de benefício ou tinha cumprido, com base no regime instituído pela Lei estadual nº 10.393/1970, os requisitos necessários à concessão; (iii) quanto aos que não implementaram todos os requisitos, conferir interpretação conforme para garantir-lhes a faculdade da contagem de tempo de contribuição para efeito de aposentadoria pelo Regime Geral da Previdência Social, nos termos do art. 201, § 9º, da Constituição Federal (ADI 4420/SP).

9.7. SERVIÇO EXTERIOR BRASILEIRO

STJ - Superior Tribunal de Justiça

- Informativo 596 – 01.03.2017

SERVIDOR PÚBLICO FEDERAL. SERVIÇO EXTERIOR. APOSENTADORIA COMPULSÓRIA. APLICAÇÃO DE REGRA DE TRANSIÇÃO DA LEI COMPLEMENTAR N. 152/2015. DISTINÇÃO ENTRE CARREIRAS NO SERVIÇO PÚBLICO. CABIMENTO. Não viola o princípio da isonomia o implemento de regra de transição de aposentadoria dos servidores integrantes do Serviço Exterior Brasileiro – Lei 11.440/2006 – como está previsto no parágrafo único do art. 2º da Lei Complementar 152/2015, considerando-se as peculiaridades da carreira, as necessidades do Estado e a ordem constitucional vigente (MS 22.394-DF, Rel. Min. Humberto Martins, por maioria, julgado em 9/11/2016, DJe 2/2/2017).

9.8. ALTERAÇÃO DO LIMITE DE IDADE POR CONSTITUIÇÃO ESTADUAL

STF - Supremo Tribunal Federal

- Informativo 1123/2024 (21.02.2024) - ADI 5298/RJ e ADI 5304/RJ

DIREITO CONSTITUCIONAL E ADMINISTRATIVO. AÇÕES DIRETAS DE INCONSTITUCIONALIDADE. JULGAMENTO CONJUNTO. INEXISTÊNCIA DE PREJUDICIALIDADE DA AÇÃO. IMPOSSIBILIDADE DE CONVALIDAÇÃO. MODIFICAÇÃO DO LIMITE DE IDADE PARA APOSENTADORIA COMPULSÓRIA DOS MAGISTRADOS E SERVIDORES PÚBLICOS DO ESTADO DO RIO DE JANEIRO. IMPOSSIBILIDADE. COMPETÊNCIA CONCORRENTE. NORMAS GERAIS JÁ EDITADAS PELA UNIÃO. NORMAS DE REPRODUÇÃO OBRIGATÓRIA. EXTRAPOLAÇÃO DOS LIMITES DO EXERCÍCIO DO PODER CONSTITUINTE DECORRENTE REFORMADOR. INCONSTITUCIONALIDADE FORMAL E MATERIAL. PRECEDENTES. PROCEDÊNCIA DAS AÇÕES. 1. É inconstitucional previsão normativa de Constituição Estadual que estabelece limite de idade para aposentadoria compulsória diverso daquele fixado pela Constituição Federal de 1988. 2. In casu, a EC nº 59/2015 à Constituição do Estado do Rio de Janeiro alterou o limite de idade para aposentadoria compulsória dos servidores públicos estaduais em contrariedade ao que então dispunha o art. 40, § 1º, II, da CRFB/88, revelando-se a inconstitucionalidade da norma impugnada. 3. Ações diretas de inconstitucionalidade cujo pedido se julga procedente, para declarar a inconstitucionalidade da Emenda Constitucional nº 59/2015, do Estado do Rio de Janeiro, ratificando a medida cautelar anteriormente deferida.

10. APOSENTADORIA POR INVALIDEZ

10.1. INTEGRALIDADE E PARIDADE DECORRENTE DE DOENÇA GRAVE

STF - Supremo Tribunal Federal

Tema	754	Situação	**Trânsito em Julgado**	Órgão julgador	**Tribunal Pleno**
Questão Controvertida	Eficácia temporal do art. 6º-A da Emenda Constitucional 41/2003, incluído pela Emenda Constitucional 70/2012, que reestabeleceu a integralidade e a paridade de proventos para os servidores públicos aposentados por invalidez permanente decorrente de doença grave.				

Tema	754	Situação	**Trânsito em Julgado**	Órgão julgador	**Tribunal Pleno**
Tese Firmada	Os efeitos financeiros das revisões de aposentadoria concedidas com base no art. 6º-A da Emenda Constitucional nº 41/2003, introduzido pela Emenda Constitucional nº 70/2012, somente se produzirão a partir da data de sua promulgação (30.3.2012).				
Informações Complementares	Houve a substituição do processo paradigma (ARE 791475). A decisão que reconheceu repercussão geral foi proferida no feito originário. SCAN ME				
Processo / Recurso	**Repercussão Geral**	**Relator (a)**	**Acórdão Publicado**	**Embargos Declaratórios**	**Trânsito em Julgado**
RE 924456	02/08/2014	DIAS TOFFOLI	08/09/2017	-	12/10/2017

10.2. ROL EXEMPLIFICATIVO

STJ - Superior Tribunal de Justiça

- Informativo 557 – 18.03.2015

DIREITO ADMINISTRATIVO E PREVIDENCIÁRIO. APOSENTADORIA DE SERVIDOR PÚBLICO COM DOENÇA NÃO PREVISTA NO ART. 186 DA LEI 8.112/1990. Serão proporcionais - e não integrais - os proventos de aposentadoria de servidor público federal diagnosticado com doença grave, contagiosa ou incurável não prevista no art. 186, § 1º, da Lei 8.112/1990 nem indicada em lei. (REsp 1.324.671-SP, Rel. Min. Humberto Martins, julgado em 3/3/2015, DJe 9/3/2015).

- Informativo 509 – 05.12.2012

DIREITO ADMINISTRATIVO. SERVIDOR PÚBLICO FEDERAL. DOENÇA GRAVE NÃO ESPECIFICADA NO ART. 186, § 1º, DA LEI

N. 8.112/1990. ROL EXEMPLIFICATIVO. APOSENTADORIA COM PROVENTOS INTEGRAIS. O servidor público federal acometido por doença grave que enseje a sua incapacitação para o exercício das atividades inerentes ao cargo que detenha deve ser aposentado com proventos integrais, e não proporcionais, mesmo que a enfermidade que o acometa não esteja especificada no art. 186, § 1º, da Lei n. 8.112/1990 (REsp 1.322.927-DF, Rel. Min. Diva Malerbi – Desembargadora convocada do TRF da 3ª Região –, julgado em 13/11/2012).

STF - Supremo Tribunal Federal

Tema	**524**	Situação	**Trânsito em Julgado**	Órgão julgador	**Tribunal Pleno**
Questão Controvertida	Aposentadoria integral de servidor portador de doença grave não especificada em lei.				
Tese Firmada	A concessão de aposentadoria de servidor público por invalidez com proventos integrais exige que a doença incapacitante esteja prevista em rol taxativo da legislação de regência.				
Informações Complementares	SCAN ME				
Processo / Recurso	**Repercussão Geral**	**Relator (a)**	**Acórdão Publicado**	**Embargos Declaratórios**	**Trânsito em Julgado**
RE 656860	18/02/2012	TEORI ZAVASCKI	18/09/2014	-	06/10/2014

10.3. CONVERSÃO DE PROPORCIONAL PARA INTEGRAL

STJ - Superior Tribunal de Justiça

- Informativo 425 – 05.03.2010

APOSENTADORIA. DOENÇA GRAVE. A servidora aposentou-se por invalidez, mas com proventos proporcionais. Contudo, é possível a conversão em aposentadoria por invalidez com proventos integrais em razão de padecer de doença incurável, mesmo que não especificada no rol do art. 186, I, § 1º, da Lei n. 8.112/1990 (no caso, a cervicobraquialgia e a lombociatalgia, que a inabilitam para o trabalho), apesar do entendimento de ambas as Turmas da Terceira Seção, de apenas permitir, nesses casos, a aposentação com proventos proporcionais. A CF/1988, em seu art. 40, I, prevê a doença grave ou incurável (na forma da lei) como causa de aposentadoria por invalidez com proventos integrais, mas, dando efetividade a esse mandamento constitucional, o referido artigo da Lei n. 8.112/1990 apenas exemplificou essas doenças, visto que não há como considerar esse rol taxativo, diante da impossibilidade de ele alcançar todas as enfermidades tidas pela medicina como graves, contagiosas e incuráveis. Excluir a aposentadoria com proventos integrais nesses casos de mal tão grave quanto os mencionados naquele dispositivo de lei seria o mesmo que ofender princípios constitucionais, tais como o da isonomia. É a ciência médica e não a jurídica que deve incumbir-se de qualificar a patologia como incurável, contagiosa ou grave, tal qual o fez o laudo pericial juntado aos autos e considerado pelas instâncias ordinárias, soberanas no exame do conjunto probatório (REsp 942.530-RS, Rel. Min. Jorge Mussi, julgado em 2/3/2010).

- Informativo 400 – 26.06.2009

APOSENTADORIA. INVALIDEZ. PROVENTOS. Trata-se, originariamente, de mandado de segurança em que a impetrante, ora recorrente, insurgiu-se contra o ato do TJ consubstanciado na concessão de sua aposentadoria por invalidez, com proventos proporcionais, nos termos do art. 219, II, do estatuto dos funcionários públicos civis estadual aprovado pelo DL estadual n. 2.479/1979, com base em conclusão do departamento de saúde daquele tribunal de que a servidora é portadora de torcicolo espasmódico e transtorno de adaptação. No RMS, a recorrente alega que é portadora da mencionada doença incurável, com progressiva perda dos movimentos, diagnosticada após criteriosos exames e acompanhamentos realizados por um dos maiores especialistas em neurologia daquele estado, cujo laudo, constante dos autos, foi inteiramente ignorado pelos médicos que assinaram e encaminharam o ato de aposentadoria. Alega, ainda, que, para o encaminhamento de tal ato, só um médico examinou-a enquanto os demais não a assistiram em momento algum, em qualquer de suas consultas e muito menos estiveram presentes ao ato final conclusivo da avaliação de seu estado de saúde. A Turma, ao prosseguir o julgamento, negou provimento ao recurso ao fundamento de que não se evidenciou, nos autos, que a referida moléstia (torcicolo espasmódico) tem previsão legal como uma das doenças taxativamente previstas pelo legislador para fins de concessão de aposentadoria com proventos integrais. Desse modo, independentemente de ser necessária ou não a participação de três neurologistas para elaborar o laudo ora combatido e do exame da servidora pelos três profissionais que assinaram o referido laudo, o que não foi demonstrado pela recorrente, com base nos dispositivos legais aplicáveis ao caso, versando a hipótese acerca de moléstia que não está prevista expressamente em lei, não há direito líquido e certo da impetrante à aposentadoria com proventos integrais (RMS 22.837-RJ, Rel. Min. Paulo Gallotti, julgado em 23/6/2009).

11. PENSÃO POR MORTE

11.1. ASPECTOS GERAIS

11.1.1. TERMO INICIAL

STJ - Superior Tribunal de Justiça

- Informativo 516 – 17.04.2013

DIREITO ADMINISTRATIVO. TERMO INICIAL DOS EFEITOS DA PENSÃO POR MORTE NO CASO DE HABILITAÇÃO POSTERIOR DE DEPENDENTE. No caso de concessão integral da pensão por morte de servidor público, a posterior habilitação, que inclua novo dependente, produz efeitos a partir da data de seu requerimento na via administrativa (REsp 1.348.823-RS, Rel. Min. Mauro Campbell Marques, julgado em 7/2/2013).

11.1.2. REQUISITOS DIFERENCIADOS POR GÊNERO

STF - Supremo Tribunal Federal

Tema	**457**	Situação	**Trânsito em Julgado**	Órgão julgador	**Plenário Virtual - RG**
Questão Controvertida	Requisitos legais diferenciados para a concessão de pensão por morte em relação a cônjuges homens e mulheres de ex-servidores públicos.				

Tema	**457**	Situação	**Trânsito em Julgado**	Órgão julgador	**Plenário Virtual - RG**
Tese Firmada	É inconstitucional, por transgressão ao princípio da isonomia entre homens e mulheres (CF, art. 5º, I), a exigência de requisitos legais diferenciados para efeito de outorga de pensão por morte de ex-servidores públicos em relação a seus respectivos cônjuges ou companheiros/companheiras (CF, art. 201, V).				
Informações Complementares	Há RG. Houve a substituição do processo paradigma (AI 846973). A decisão que reconheceu repercussão geral foi proferida no feito originário. Agravo de instrumento interposto contra decisão que inadmitiu recurso extraordinário, em que se discute, à luz dos artigos 5º, I, 195, § 5º, e 201, da Constituição Federal, a possibilidade de se conceder pensão por morte a marido de ex-servidora pública do Estado do Rio Grande do Sul, sem a comprovação dos requisitos da Lei Estadual nº 7.672/82, exigidos exclusivamente para os cônjuges do sexo masculino. SCAN ME				
Processo / Recurso	**Repercussão Geral**	**Relator (a)**	**Acórdão Publicado**	**Embargos Declaratórios**	**Trânsito em Julgado**
RE 659424	06/08/2011	CELSO DE MELLO	26/11/2020	07/12/2020	10/05/2022

11.1.3. PROVA DA DEPENDÊNCIA ECONÔMICA

STJ - Superior Tribunal de Justiça

- Informativo 539 – 15.05.2014

DIREITO ADMINISTRATIVO. DEPENDÊNCIA ECONÔMICA PARA CONCESSÃO DE PENSÃO POR MORTE DE SERVIDOR PÚBLICO FEDERAL. Não se exige prova de dependência econômica para a concessão de pensão por morte a filho inválido de servidor público federal (REsp 1.440.855-PB, Rel. Min. Humberto Martins, julgado em 3/4/2014).

11.1.4. SERVIDOR ESTADUAL

STJ - Superior Tribunal de Justiça

- Informativo 349 – 28.03.2008

PENSÃO. MORTE. SERVIDOR ESTADUAL. No caso, não tem aplicação a Lei n. 8.213/1991, norma específica para o regime geral de previdência social. A pensão a que faz jus o ex-cônjuge do falecido, servidor público estadual, tem como limite o percentual que já recebia a título de alimentos, conforme prevê a legislação estadual pertinente. O ente federado é livre para, em razão da autonomia concedida pela Constituição da República e atento apenas aos limites que ela mesma impõe, dispor sobre o estatuto de seu pessoal, inclusive sobre a seguridade social de seus servidores (RMS 25.178-AM, Rel. Min. Felix Fischer, julgado em 18/3/2008).

11.2. DEPENDENTES

11.2.1. ASSENTO FUNCIONAL E ROL EXEMPLIFICATIVO

STJ - Superior Tribunal de Justiça

- Informativo 553 – 11.02.2015

DIREITO ADMINISTRATIVO. PENSÃO POR MORTE DE SERVIDOR PÚBLICO FEDERAL. Para fins de concessão da pensão por morte de servidor público federal, a designação do beneficiário nos assentos funcionais do servidor é prescindível se a vontade do instituidor em eleger o dependente como beneficiário da pensão houver sido comprovada por outros meios idôneos (REsp 1.486.261-SE, Rel. Min. Herman Benjamin, julgado em 20/11/2014, DJe 5/12/2014).

11.2.2. RESERVA DE QUOTA-PARTE

STJ - Superior Tribunal de Justiça

- Informativo 532 – 19.12.2013

DIREITO ADMINISTRATIVO. RESERVA DE COTA-PARTE DE PENSÃO POR MORTE DE SERVIDOR PÚBLICO. Não é possível reservar cota-parte de pensão por morte a fim de resguardar eventual beneficiário que ainda não tenha se habilitado (AgRg no REsp 1.273.009-RJ, Rel. Min. Benedito Gonçalves, julgado em 17/10/2013).

11.2.3. MENOR SOB GUARDA

STF - Supremo Tribunal Federal

- Informativo 806 – 06.11.2015

AGRAVO REGIMENTAL EM MANDADO DE SEGURANÇA. ACÓRDÃO DO TRIBUNAL DE CONTAS DA UNIÃO QUE JULGOU ILEGAL O ATO DE CONCESSÃO DE PENSÃO CIVIL. BENEFICIÁRIA. MENOR SOB GUARDA TEMPORÁRIA. JURISPRUDÊNCIA CONSOLIDADA. AGRAVO REGIMENTAL AO QUAL SE NEGA PROVIMENTO. 1. A Primeira Câmara do Tribunal de Contas da União considerou ilegal e negou registro à pensão civil instituída por servidora pública federal falecida e concedida em favor da impetrante, sua neta, nascida em 28/10/1996, ao argumento de que a genitora da impetrante é economicamente ativa, o que descaracterizava a dependência econômica da menor em relação à instituidora do benefício. 2. O recebimento de pensão temporária até completar 21 (vinte um) anos de idade (alínea "b", do inciso II, do art. 217, da Lei nº 8.112/1990) é assegurado ao menor de idade que esteja sob a guarda do servidor na data do seu óbito. Irrelevante o fato de a guarda ser provisória ou definitiva. (MS 25.823/DF, Redator para o acórdão Min. Ayres Britto, Plenário, DJe 28/08/2009). 3. O art. 205 do Regimento Interno desta Suprema Corte, na redação conferida pela Emenda Regimental nº 28/2009, expressamente autoriza o Relator a julgar monocraticamente o mandado de segurança, quando a matéria em debate for objeto de jurisprudência consolidada do Supremo Tribunal Federal. 4. In casu, a decisão do TCU teve por fundamento, apenas, a necessidade de comprovação da dependência econômica da ora impetrante. Dessa forma, anulada a decisão questionada e não existindo outra fundamentação para a negativa do registro, a Corte de Contas deve procedê-lo na forma legal. 5. Agravo regimental a que se nega provimento (AG. REG. EM MS N. 27.052-DF).

- Informativo 766 – 07.11.2014

MANDADO DE SEGURANÇA. TRIBUNAL DE CONTAS DA UNIÃO. MENOR SOB GUARDA DE SERVIDOR PÚBLICO. FALECIMENTO: PENSÃO TEMPORÁRIA. ART. 217, INC. II, AL. B, DA LEI N. 8.112/1990. NEGATIVA DE REGISTRO. LEI N. 9.717/1998, ART. 5º. PRETENSO EFEITO DERROGATÓRIO NOS REGIMES PRÓPRIOS DE PREVIDÊNCIA SOCIAL: INOCORRÊNCIA. MANDADO DE SEGURANÇA CONCEDIDO (MS 31770/DF).

- Informativo 738 – 14.03.2014

TCU: MENOR SOB GUARDA E PENSÃO. Com base nos princípios constitucionais da proteção à criança e ao adolescente (CF, art. 227), a 1ª Turma negou provimento a agravo regimental e confirmou medida liminar que concedera, em parte, a segurança para garantir, a menor de vinte e um anos sob guarda de servidor, o direito à pensão por morte. Na espécie, o TCU, ao analisar o ato concessório da pensão dos impetrantes, deferida com base no art. 217, II, b, da Lei 8.112/1990, negara o registro por considerá-la ilegal. A Corte de Contas entendera que o art. 5º da Lei 9.717/1998 (Os regimes próprios de previdência social dos servidores públicos da União, dos Estados, do Distrito Federal e dos Municípios, dos militares dos Estados e do Distrito Federal não poderão conceder benefícios distintos dos previstos no Regime Geral de Previdência Social, de que trata a Lei nº 8.213, de 24 de julho de 1991, salvo disposição em contrário da Constituição Federal) teria derrogado as pensões civis estatutárias destinadas ao filho emancipado e não inválido; ao irmão emancipado e não inválido; ao menor sob guarda; e à pessoa designada, previstas no art. 217, II, a, b, c e d, da Lei 8.112/1990, do regime próprio de previdência social dos servidores públicos da União. A Turma excluíra, ainda, dois dos impetrantes que, ao tempo da impetração, já não mais deteriam condição legal objetiva de menor sob guarda até vinte e um anos de idade (MS 31687 AgR/DF).

- Informativo 512 – 27.06.2008

MANDADO DE SEGURANÇA. ATO DO PRESIDENTE DO SUPREMO TRIBUNAL FEDERAL, QUE EXTINGUIU PAGAMENTO DE PENSÃO

A NETA DE EX-SERVIDORA. 1. O menor que, na data do óbito do servidor, esteja sob a guarda deste último, tem direito à pensão temporária até completar 21 (vinte e um) anos de idade (alínea "b" do inciso II do art. 217 da Lei nº 8.112/90). Irrelevante o fato de a guarda ser provisória ou definitiva. 2. Segurança concedida (MS 25823/DF).

- Informativo 467 (18.05.2007) e 459 (16.03.2007)

PENSÃO DE MENOR E DEPENDÊNCIA ECONÔMICA. I. Mandado de segurança. Tribunal de Contas da União. Pensão temporária (L. 8.112/90, art. 217, inciso II, alínea 'b'): suspensão liminar: presença dos seus pressupostos. 1. Ato do Tribunal de Contas da União que, liminarmente, determinou a suspensão de quaisquer pagamentos decorrentes de pensão temporária instituída em favor de menor cuja guarda fora confiada ao servidor falecido, seu avô. 2. Caracterização do periculum in mora, dada a necessidade de prevenir lesão ao Erário e garantir a eficácia de eventual decisão futura, diante de grave suspeita de vícios na sua concessão e, principalmente, quando a sua retirada não significa o desamparo de pretenso titular. 3. Plausibilidade da tese que exige a comprovação da dependência econômica para recebimento da pensão temporária prevista na letra b do inciso II do art. 217 da L. 8.112/90, tendo em vista que, no caso, à vista da capacidade econômica dos pais do beneficiário, apurada pela equipe de auditoria, não se pode inferir que a dependência econômica tenha sido a única causa para a concessão da guarda do requerente aos avós. II. Mandado de segurança: alegação improcedente de prejuízo. Indiferente para a continuidade do processo a perda do benefício pelo impetrante por ter atingido a idade limite de vinte e um anos: dada a confirmação, em decisão de mérito, do entendimento do TCU manifestado na cautelar – objeto desta impetração – mantém-se o interesse do requerente no julgamento do mérito do mandado de segurança, já que, se concedida a ordem, estaria ele resguardado de devolver os valores recebidos desde a decisão impugnada. III. Contraditório, ampla defesa e devido processo legal: exigência afastada nos casos em que o Tribunal de Contas da União, no exercício do controle externo que lhe atribui a Constituição (art. 71, III), aprecia a legalidade da concessão de aposentadoria ou pensão, só após o que se aperfeiçoa o ato complexo, dotando-o de definitividade administrativa. IV. Tribunal de

Contas da União: controle externo: não consumação de decadência administrativa, por não se aplicar o prazo previsto no art. 54 da L. 9.784/99, dado o não aperfeiçoamento do ato complexo de concessão (MS N. 25.409-DF).

11.2.4. FILHO(A) SOLTEIRO(A) MAIOR DE 21 ANOS

STJ - Superior Tribunal de Justiça

- Informativo 343 – 01.02.2008

FUNCIONÁRIO PÚBLICO. MORTE. PENSÃO TEMPORÁRIA. BENEFICIÁRIO. IDADE LIMITE. Somente cabe a pensão temporária por morte de servidor público civil a dependente menor de 21 anos, salvo no caso de inválido (art. 222 da Lei n. 8.112/1990). Inexiste direito líquido e certo com previsão legal que assegure a concessão a estudante universitário até 24 anos de idade (MS 12.982-DF, Rel. Min. Teori Albino Zavascki, julgado em 1º/2/2008).

STF - Supremo Tribunal Federal

Tema	**271**	Situação	**Trânsito em Julgado**	Órgão julgador	**Plenário Virtual - RG**
Questão Controvertida	Direito de filha de ex-servidor, solteira e maior de 21 anos, receber pensão.				
Tese Firmada	A questão do direito ao recebimento de pensão previdenciária por morte de servidor estadual pela filha solteira, maior de 21 anos de idade, tem natureza infraconstitucional e a ela são atribuídos os efeitos da ausência de repercussão geral, nos termos do precedente fixado no RE n. 84.608, rel. a Ministra Ellen Gracie, DJe 13/03/2009.				
Informações Complementares	SCAN ME				

Tema	271	Situação	**Trânsito em Julgado**	Órgão julgador	**Plenário Virtual - RG**
Processo / Recurso	**Repercussão Geral**	**Relator (a)**	**Acórdão Publicado**	**Embargos Declaratórios**	**Trânsito em Julgado**
RE 610220	Não há RG - Matéria Infraconstitucional	ELLEN GRACIE	04/06/2020	-	04/06/2010

11.2.5. MULHER CASADA EM CONCUBINATO

STJ - Superior Tribunal de Justiça

- Informativo 199 – 20.02.2004

PENSÃO. MORTE. UNIÃO ESTÁVEL. MULHER CASADA. A recorrente, mulher casada, veio a conviver em concubinato com o servidor estadual formando entidade familiar estável e pública, que perdurou por 13 anos até o falecimento do varão. Isso posto, prosseguindo o julgamento, a Turma entendeu que não há óbice para que a companheira supérstite faça jus à pensão por morte, sendo irrelevante ela possuir anterior vínculo matrimonial desfeito de fato (REsp 406.886-RJ, Rel. originário Min. Vicente Leal, Rel. para acórdão Min. Hamilton Carvalhido, julgado em 17/2/2004).

11.2.6. COMPANHEIRA E CONCUBINA

STF - Supremo Tribunal Federal

- Informativo 540 (27.03.2009) e 535 (13.02.2009)

COMPANHEIRA E CONCUBINA – DISTINÇÃO. Sendo o Direito uma verdadeira ciência, impossível é confundir institutos, expressões e vocábulos, sob pena de prevalecer a babel. **UNIÃO ESTÁVEL – PROTEÇÃO DO ESTADO.** A proteção do Estado à união estável alcança apenas as situações legítimas e nestas não está incluído o concubinato. **PENSÃO – SERVIDOR PÚBLICO – MULHER – CONCUBINA**

– DIREITO. A titularidade da pensão decorrente do falecimento de servidor público pressupõe vínculo agasalhado pelo ordenamento jurídico, mostrando-se impróprio o implemento de divisão a beneficiar, em detrimento da família, a concubina (RE 590779/ES).

11.2.7. SEPARAÇÃO DE FATO E UNIÃO ESTÁVEL

STF – Supremo Tribunal Federal

- Informativo 839 – 16.09.2016

DIREITO CIVIL E ADMINISTRATIVO. MANDADO DE SEGURANÇA. REGISTRO DE PENSÃO POR MORTE PELO TCU. RATEIO ENTRE COMPANHEIRA E VIÚVA DE SERVIDOR PÚBLICO. EXIGÊNCIA DE RECONHECIMENTO JUDICIAL DE UNIÃO ESTÁVEL E SEPARAÇÃO DE FATO. 1. É possível o reconhecimento de união estável de pessoa casada que esteja separada judicialmente ou de fato (CC, art. 1.723, § 1º). 2. O reconhecimento da referida união estável pode se dar administrativamente, não se exigindo necessariamente decisão judicial para configurar a situação de separação de fato. 3. No caso concreto, embora comprovada administrativamente a separação de fato e a união estável, houve negativa de registro de pensão por morte, fundada unicamente na necessidade de separação judicial. 4. Segurança concedida (MS 33.008/DF).

- Informativo 509 (06.06.2008) e 404 (07.10.2005)

PENSÃO POR MORTE E RATEIO ENTRE ESPOSA E COMPANHEIRA. A Turma concluiu julgamento de recurso extraordinário interposto pelo Estado da Bahia contra acórdão do seu respectivo Tribunal de Justiça que, dando interpretação ao § 3º do art. 226 da CF, acolhera pedido formulado em apelação, reconhecendo o direito à recorrida do rateio, com a esposa legítima, da pensão por morte de seu ex-companheiro, tendo em conta a estabilidade, publicidade e continuidade da união entre aquela e o falecido, da qual nasceram nove filhos. Em votação majoritária, proveu-se o recurso extraordinário. Entendeu-se que, embora não haja imposição da monogamia para ter-se configurada a união estável, no caso dos autos, esta não gozaria da proteção da ordem jurídica constitucional, porquanto em desarmonia com essa, cujo art. 226 possui como objetivo maior a proteção do casamento. Ressaltou-se que, apesar de o Código Civil versar a união estável como núcleo familiar, excepciona a proteção do Estado quando existente impedimento para o casamento relativamente aos integrantes da união, sendo que, se um deles é casado, esse estado civil apenas deixa de ser óbice quando verificada a separação de fato. Concluiu-se, dessa forma, estar-se diante de concubinato (CC, art. 1.727) e não de união estável. Vencido o Min. Carlos Britto que, conferindo trato conceitual mais dilatado para a figura jurídica da família e ressaltando a existência de prole, bem como de dependência econômica da recorrida, negava provimento ao extraordinário. Reputava que a união estável constituiria tertium genus do companheirismo, abarcante dos casais desimpedidos para o casamento civil, ou, reversamente, ainda sem condições jurídicas para tanto. Assim, considerava não existir concubinos (palavra preconceituosa) para a Constituição, porém casais em situação de companheirismo (RE 397762/BA).

11.2.8. EX-COMPANHEIRA

STF - Supremo Tribunal Federal

- Informativo 241 – 14.09.2001

EX-COMPANHEIRA E BENEFÍCIO PREVIDENCIÁRIO. Com base no art. 226, § 3º, da CF/88 ("Para efeito da proteção do Estado, é reconhecida a união estável entre o homem e a mulher como entidade familiar ..."), a Turma deu provimento a recurso extraordinário para reformar acórdão do Tribunal de Justiça do Estado do Rio Grande do Sul que afastara o direito de inclusão de ex-companheira como dependente de segurado perante o Instituto de Previdência do Estado do Rio Grande do Sul – IPERGS, fundado na Lei estadual nº 7.672/82 (art. 9º, I e II: "Para os efeitos desta lei, são dependentes do segurado: I – a esposa; a ex-esposa divorciada, ...; II – a companheira, mantida como se esposa fosse há mais de cinco anos ..."). Salientou-se também que, na espécie, houve, em ação de alimentos e dissolução da sociedade de fato, acordo homologado em juízo no qual se assegurara à recorrente o direito à reintegração como beneficiária do segurado (RE 229.349-RS).

11.2.9. CÔNJUGE VARÃO E EXIGÊNCIA DE INVALIDEZ

STF - Supremo Tribunal Federal

- Informativo 790 – 19.06.2015

PREVIDENCIÁRIO. AGRAVO REGIMENTAL EM RECURSO EXTRAORDINÁRIO COM AGRAVO. SERVIDOR PÚBLICO QUE FALECEU ANTES DA EC 20/98. PENSÃO POR MORTE. CÔNJUGE VARÃO. EXIGÊNCIA DE INVALIDEZ. OFENSA AO PRINCÍPIO DA ISONOMIA. PRECEDENTES. 1. A jurisprudência do Supremo Tribunal Federal é firme no sentido de que ofende o princípio constitucional da isonomia lei que exige do marido, para fins de recebimento de pensão por morte da mulher, a comprovação do estado de invalidez. Precedentes. 2. Agravo regimental a que se nega provimento (AG. REG. NO ARE N. 699.199-CE).

- Informativo 473 – 29.06.2007

RECURSO EXTRAORDINÁRIO: DESCABIMENTO. AUSÊNCIA DE PREQUESTIONAMENTO DO ART. 5º, XXXVI, DA CONSTITUIÇÃO FEDERAL, TIDO POR VIOLADO: INCIDÊNCIA DAS SÚMULAS 282 E 356. II. PENSÃO POR MORTE DE SERVIDORA PÚBLICA ESTADUAL, OCORRIDA ANTES DA EC 20/98: CÔNJUGE VARÃO: EXIGÊNCIA DE REQUISITO DE INVALIDEZ QUE AFRONTA O PRINCÍPIO DA ISONOMIA. 1. Considerada a redação do artigo 40 da Constituição Federal antes da EC 20/98, em vigor na data do falecimento da servidora, que não faz remissão ao regime geral da previdência social, impossível a invocação tanto do texto do artigo 195, § 5º – exigência de fonte de custeio para a instituição de benefício –, quanto o do art. 201, V – inclusão automática do cônjuge, seja homem ou mulher, como beneficiário de pensão por morte. 2. No texto anterior à EC 20/98, a Constituição se preocupou apenas em definir a correspondência entre o valor da pensão e a totalidade dos vencimentos ou proventos do servidor falecido, sem qualquer referência a outras questões, como, por exemplo os possíveis beneficiários da pensão por morte (Precedente: MS 21.540, Gallotti, RTJ 159/787). 3. No entanto, a lei estadual mineira, violando o princípio da igualdade do artigo 5º, I, da Constituição, exige do marido, para que perceba a pensão por morte da mulher, um requisito – o da invalidez – que, não se presume em relação à viúva, e que não foi objeto do acórdão do RE 204.193, 30.5.2001, Carlos Velloso, DJ 31.10.2002. 4. Nesse precedente, ficou evidenciado que o dado sociológico que se presume em favor da mulher é o da dependência econômica e não, a de invalidez, razão pela qual também não pode ela ser exigida do marido. Se a condição de invalidez revela, de modo inequívoco, a dependência econômica, a recíproca não é verdadeira; a condição de dependência econômica não implica declaração de invalidez. 5. Agravo regimental provido, para conhecer do recurso extraordinário e negar-lhe provimento (RE 385397 AgR/MG).

12. LICENÇA-MATERNIDADE

STF - Supremo Tribunal Federal

Tema	**1072**	Situação	**Mérito julgado**	Órgão julgador	**PLENÁRIO VIRTUAL - RG**
Questão Controvertida	Possibilidade de concessão de licença-maternidade à mãe não gestante, em união estável homoafetiva, cuja companheira engravidou após procedimento de inseminação artificial.				
Tese Firmada	"A mãe servidora ou trabalhadora não gestante em união homoafetiva tem direito ao gozo de licença-maternidade. Caso a companheira tenha utilizado o benefício, fará jus à licença pelo período equivalente ao da licença-paternidade"				
Informações Complementares	SCAN ME				
Processo / Recurso	**Repercussão Geral**	**Relator (a)**	**Acórdão Publicado**	**Embargos Declaratórios**	**Trânsito em Julgado**
RE 1211446	19/11/2019	MINISTRO(A) PRESIDENTE	-	-	-

13. ABONO DE PERMANÊNCIA

13.1. NECESSIDADE DE REQUERIMENTO

STJ - Superior Tribunal de Justiça

- Informativo 969 – 13.03.2020

CONSTITUCIONAL. AÇÃO DIRETA DE INCONSTITUCIONALIDADE. REGIME PRÓPRIO DE PREVIDÊNCIA SOCIAL. AUXÍLIO-DOENÇA E ABONO DE PERMANÊNCIA. ALEGAÇÃO DE INCONSTITUCIONALIDADE DOS ARTIGOS 53 E 89, § 1º, DA LEI Nº 7.114/2009 DO ESTADO DE ALAGOAS, QUE REESTRUTURA O REGIME PRÓPRIO DE PREVIDÊNCIA DOS SERVIDORES ESTADUAIS, POR VIOLAÇÃO DOS ARTIGOS 5º, XXXVI, 37, XV, 40, § 19, E 194, PARÁGRAFO ÚNICO, DA CONSTITUIÇÃO DA REPÚBLICA. PROCEDÊNCIA PARCIAL. 1. Alegação de inconstitucionalidade material do artigo 53 da lei combatida, que prevê a forma de cálculo da renda mensal do benefício previdenciário de auxílio-doença com estipulação de valor inferior ao do rendimento efetivo do servidor. Inexistência de afronta aos princípios da irredutibilidade dos vencimentos e dos benefícios (artigos 37, XV, e 194, parágrafo único, da Constituição Federal). Os vencimentos recebidos pelo servidor público, pagos em contraprestação pelo seu labor, não se confundem com os valores auferidos a título de benefício previdenciário. O regime previdenciário possui natureza contributiva e solidária, que deve observar o equilíbrio financeiro e atuarial (art. 40, CF, e art. 1º, Lei 9.717/98). A vedação que decorre da Constituição Federal é a do pagamento de benefícios com valores inferiores ao do salário-mínimo, como estatui o seu artigo 201, § 2. A forma de cálculo do benefício de auxílio-doença pode ser parametrizada pelos Estados como decorrência da sua autonomia. O texto normativo impugnado guarda conformidade e convergência com o desenho constitucional estabelecido para a organização e o funcionamento dos regimes próprios dos servidores públicos dos Estados. Ausência de violação dos parâmetros constitucionais invocados. 2. O abono de permanência deve ser concedido uma vez preenchidos os seus requisitos, sem necessidade de formulação de requerimento ou outra exigência não prevista constitucionalmente. A jurisprudência desta Suprema Corte tem afirmado que cumpridas as condições para o gozo da aposentadoria, o servidor que decida continuar a exercer as atividades laborais tem direito ao aludido abono sem qualquer tipo de exigência adicional. Precedentes. Súmula 359 deste Supremo Tribunal Federal. O artigo 89, § 1º, da Lei alagoana nº 7.114/2009, ao prever que "o pagamento do Abono de Permanência será devido a partir do mês subsequente ao que for requerido", impõe condições não constitucionalmente assentadas e afronta, por conseguinte, o direito adquirido do servidor. Inconstitucionalidade material por violação dos artigos 5º, XXXVI, e 40, § 19, da Constituição da República. 3. Pedido julgado parcialmente procedente, para declarar a inconstitucionalidade do artigo 89, § 1º, da Lei nº 7.114/2009 do Estado de Alagoas (ADI 5.026).

13.2. MOMENTO DE CESSAÇÃO DO PAGAMENTO DO ABONO DE PERMANÊNCIA

STF - Supremo Tribunal Federal

Tema	**901**	Situação	**Trânsito em Julgado**	Órgão julgador	**Plenário Virtual - RG**
Questão Controvertida	Momento no qual deve cessar o pagamento do benefício de abono de permanência: se do protocolo do pedido de aposentadoria ou do aperfeiçoamento do ato de jubilação.				
Tese Firmada	Embargos de declaração na repercussão geral no recurso extraordinário. Tema nº 901 da repercussão geral. Momento da cessação do pagamento de abono de permanência. Direito Processual. Deliberação do Plenário Virtual. Situação em que a maioria absoluta dos Ministros votou pela ausência de questão constitucional. Consequências. Recurso aclaratório acolhido com efeitos infringentes. 1. O reconhecimento da repercussão geral pelo Plenário Virtual não configura preclusão consumativa. O resultado da deliberação eletrônica não impede o posterior reexame dos requisitos de admissibilidade do recurso e dos efeitos do julgamento. Precedentes. 2. No Plenário Virtual, seis Ministros votaram pelo caráter infraconstitucional da discussão relativa ao momento em que deve cessar o pagamento do abono de permanência - se a partir do protocolo do pedido de aposentadoria ou do aperfeiçoamento do ato de jubilação -, mas, ainda assim, a repercussão geral foi admitida. 3. O quórum previsto no art. 102, § 3º, da Constituição Federal somente se aplica à rejeição do recurso por ausência de repercussão geral. A presença ou não de questão constitucional depende dos votos da maioria absoluta da Corte - isto é, seis votos. Admitindo-se que as questões postas repousam apenas na				

Tema	**901**	Situação	**Trânsito em Julgado**	Órgão julgador	**Plenário Virtual - RG**
Tese Firmada	esfera da legalidade, há que se concluir que o Tribunal decidiu pela inexistência de questão constitucional e, por conseguinte, de repercussão geral, na medida em que essa pressupõe a existência daquela. 4. Na hipótese, a racionalidade do sistema e a vontade constitucional demandam a revisão do resultado proclamado, visto que, não havendo matéria constitucional e, por extensão, repercussão geral, nem sequer há de se conhecer do recurso quanto a seu mérito. 5. Embargos de declaração acolhidos com efeitos infringentes, reconhecendo-se o caráter infraconstitucional da controvérsia posta nos autos e, por conseguinte, a ausência de repercussão geral da matéria, e não se conhecendo do recurso extraordinário, nos termos do art. 543-A do CPC/1917 e do art. 1.035 do CPC/2015.				
Informações Complementares	Recurso extraordinário em que se discute, à luz do art. 40, § 19, da Constituição Federal, o momento no qual deve cessar o pagamento do benefício de abono de permanência, se a partir do protocolo do requerimento da jubilação ou quando da perfectibilização do ato de aposentadoria. SCAN ME				
Processo / Recurso	**Repercussão Geral**	**Relator (a)**	**Acórdão Publicado**	**Embargos Declaratórios**	**Trânsito em Julgado**
RE 956304	10/06/2016	DIAS TOFFOLI	25/11/2020	02/02/2021	28/05/2021

13.3. PREENCHIMENTO DOS REQUISITOS DA APOSENTADORIA ESPECIAL

STF - Supremo Tribunal Federal

Tema	**888**	Situação	**Trânsito em Julgado**	Órgão julgador	**Plenário Virtual - RG**
Questão Controvertida	Direito de servidores públicos abrangidos pela aposentadoria especial ao abono de permanência.				
Tese Firmada	É legítimo o pagamento do abono de permanência previsto no art. 40, § 19, da Constituição Federal ao servidor público que opte por permanecer em atividade após o preenchimento dos requisitos para a concessão da aposentadoria voluntária especial (art. 40, § 4º, da Carta Magna).				

Tema	888	Situação	Trânsito em Julgado	Órgão julgador	Plenário Virtual - RG
Informações Complementares	Há RG - Reafirmação de Jurisprudência.				

Processo / Recurso	Repercussão Geral	Relator (a)	Acórdão Publicado	Embargos Declaratórios	Trânsito em Julgado
ARE 954408	15/04/2016	TEORI ZAVASCKI	22/04/2016	-	17/05/2016

13.4. REGULAMENTAÇÃO POR LEI ESTADUAL

STF - Supremo Tribunal Federal

- Informativo 958 – 08.11.2019

CONSTITUCIONAL. AÇÃO DIRETA DE INCONSTITUCIONALIDADE. SERVIDOR PÚBLICO. ABONO DE PERMANÊNCIA. ART. 171, § 16, DA CONSTITUIÇÃO DO ESTADO DE PERNAMBUCO. EXIGÊNCIA DE REGULAMENTAÇÃO INFRACONSTITUCIONAL PARA A CONCESSÃO DA ISENÇÃO DA CONTRIBUIÇÃO PREVIDENCIÁRIA. AFRONTA AO ART. 3°, § 1°, DA EC 20/1998. AÇÃO JULGADA PROCEDENTE. I – É inconstitucional a norma do Estado de Pernambuco que prevê a regulamentação da isenção de contribuição previdenciária (abono de permanência), porquanto a norma prevista no § 1° do art. 3° da EC 20/1998 é autoaplicável, e devem ser observadas apenas as condições impostas no art. 40, § 1°, III, a, da CF. II – Violação do princípio da simetria constitucional. III – Ação direta de inconstitucionalidade julgada procedente (ADI/3217).

13.5. SERVIDOR APOSENTADO

STF - Supremo Tribunal Federal

- Informativo 824 – 06.05.2016

AGRAVO REGIMENTAL NO RECURSO EXTRAORDINÁRIO COM AGRAVO. POLICIAL APOSENTADO NOS TERMOS DA LEI COMPLEMENTAR FEDERAL Nº 51/85. RECEPÇÃO PELA CF/88. ABONO DE PERMANÊNCIA. PERCEPÇÃO. POSSIBILIDADE. REQUISITOS PARA CONCESSÃO DO BENEFÍCIO. PREENCHIMENTO. LEGISLAÇÃO INFRACONSTITUCIONAL. OFENSA REFLEXA. FATOS E PROVAS. REEXAME. IMPOSSIBILIDADE. PRECEDENTES. 1. A jurisprudência da Corte é no sentido de que o art. 1º, inciso I, da Lei Complementar nº 51/85 foi recepcionado pela Constituição Federal. 2. A Corte já se pronunciou no sentido de que a Constituição não veda a extensão do direito ao abono de permanência para servidores públicos que se aposentam com fundamento no art. 40, § 4º, da CF. 3. Inadmissível, em recurso extraordinário, a análise da legislação infraconstitucional e o reexame de fatos e provas dos autos. Incidência das Súmulas nºs 636 e 279/STF. 4. Agravo regimental não provido (AG. REG. NO ARE N. 913.126-RS).

- Informativo 780 – 10.04.2015

PREVIDENCIÁRIO E CONSTITUCIONAL. LEI 15.150/05, DO ESTADO DE GOIÁS. CRIAÇÃO DE REGIME DE PREVIDÊNCIA ALTERNATIVO EM BENEFÍCIO DE CATEGORIAS DE AGENTES PÚBLICOS NÃO REMUNERADOS PELOS COFRES PÚBLICOS. INADMISSIBILIDADE. CONTRASTE COM OS MODELOS DE PREVIDÊNCIA PREVISTOS NOS ARTS. 40 (RPPS) E 201 (RGPS) DA CF. 1. A Lei estadual 15.150/05 estabeleceu regime previdenciário específico para três classes de agentes colaboradores do Estado de Goiás, a saber: (a) os delegatários de serviço notarial e registral, que tiveram seus direitos assegurados pelo art. 51 da Lei federal 8.935, de 18 de novembro de 1994; (b) os serventuários do foro judicial, admitidos antes da vigência da Lei federal 8.935, de 18 de novembro de 1994; e (c) os antigos segurados facultativos com contribuição em dobro, filiados ao regime próprio de previdência estadual antes da publicação da Lei 12.964, de 19 de novembro de 1996. 2. No julgamento da

ADI 3106, Rel. Min. Eros Grau, DJe de 29/9/10, o Plenário invalidou norma que autorizava Estado-membro a criar sistema previdenciário especial para amparar agentes públicos não efetivos, por entender que, além de atentatória ao conteúdo do art. 40, § 13, da Constituição Federal, tal medida estaria além da competência legislativa garantida ao ente federativo pelo art. 24, XII, do texto constitucional. 3. Presente situação análoga, é irrecusável a conclusão de que, ao criar, no Estado de Goiás, um modelo de previdência extravagante – destinado a beneficiar agentes não remunerados pelos cofres públicos, cujo formato não é compatível com os fundamentos constitucionais do RPPS (art. 40), do RGPS (art. 201) e nem mesmo da previdência complementar (art. 202) – o poder legislativo local desviou-se do desenho institucional que deveria observar e, além disso, incorreu em episódio de usurpação de competência, atuando para além do que lhe cabia nos termos do art. 24, XII, da CF, o que resulta na invalidade de todo o conteúdo da Lei 15.150/05. 4. Ação direta de inconstitucionalidade julgada procedente, com modulação de efeitos, para declarar a inconstitucionalidade integral da Lei 15.150/2005, do Estado de Goiás, ressalvados os direitos dos agentes que, até a data da publicação da ata deste julgamento, já houvessem reunido os requisitos necessários para obter os correspondentes benefícios de aposentadoria ou pensão (ADI N. 4.639-GO).

14. COMPLEMENTAÇÃO DE APOSENTADORIA

14.1. PARA CREDENCIADO

STJ - Superior Tribunal de Justiça

- Informativo 430 – 16.04.2010

COMPLEMENTAÇÃO. APOSENTADORIA. CREDENCIAMENTO. Segundo a jurisprudência do STJ, o art. 1º, parágrafo único, da LC n. 200/1974 do Estado de São Paulo assegurou o direito à complementação de aposentadorias e pensões aos servidores daquele estado admitidos até 13 de maio de 1974 e a seus dependentes. Na hipótese, a servidora, em março de 1974, iniciou sua prestação de serviços ao instituto de previdência daquele estado na qualidade de credenciada, exercendo a função de advogada pública (procuradora autárquica). Contudo, em 4 de novembro de 1976, foi contratada como procuradora autárquica com efeitos que retroagiram a 1º de julho de 1976. Daí que presente o direito adquirido, mostrando-se o credenciamento como forma de disfarçar verdadeira relação de trabalho. Anote-se que houve o recolhimento de contribuições ao INSS e ao FGTS nesse período, que foi computado, para aposentadoria, pela própria Administração em certidão de tempo de serviço. Então, é possível aproveitá-lo para concessão de complementação de aposentadoria, tal como requerido. Com esse entendimento, a Turma, ao prosseguir o julgamento, deu provimento ao especial (Resp 1.182.987-SP, Rel. Min. Nilson Naves, julgado em 15/4/2010).

14.2. DE SERVIDOR SUBMETIDO AO RGPS

STF - Supremo Tribunal Federal

Tema	**1278**	Situação	**Trânsito em Julgado**	Órgão julgador	**PLENÁRIO VIRTUAL - RG**
Questão Controvertida	Complementação, à luz da concernente legislação local, da aposentadoria de servidor público municipal submetido ao regime geral de previdência social – RGPS.				
Tese Firmada	É infraconstitucional, a ela aplicando-se os efeitos da ausência de repercussão geral, a controvérsia acerca da a complementação, à luz da concernente legislação local, da aposentadoria de servidor público municipal submetido ao regime geral de previdência social - RGPS.				
Informações Complementares	SCAN ME				
Processo / Recurso	**Repercussão Geral**	**Relator (a)**	**Acórdão Publicado**	**Embargos Declaratórios**	**Trânsito em Julgado**
RE 1438780	Não há RG - Matéria Infracons-titucional	MINISTRO PRESIDENTE	29/09/2023	-	18/10/2023

15. MILITARES

15.1. CONTAGEM EM DOBRO

STJ - Superior Tribunal de Justiça

- Informativo 384 – 27.02.2009

MILITAR. TEMPO. SERVIÇO. CONTAGEM EM DOBRO. Trata-se de REsp em que o ponto central é saber se a contagem em dobro constante dos arts. 1º, b, e 4º da Lei n. 2.116/1953, refere-se, tão-somente, ao prazo para a passagem do militar para a inatividade ou se ela pode ser utilizada também para os fins de ser incluída no percebimento de gratificações, férias e outras vantagens. A Turma entendeu que, nos termos dos dispositivos legais acima citados, o tempo de serviço prestado pelo militar em Fernando de Noronha-PE deve ser computado não apenas para a inatividade, mas sim para todos os fins, exceto indicação para quota compulsória. Assim, deu-se provimento ao recurso (REsp 720.448-PE, Rel. Min. Maria Thereza de Assis Moura, julgado em 17/2/2009).

15.2. DEPENDENTE DE MILITAR EXCLUÍDO DA CORPORAÇÃO

STF - Supremo Tribunal Federal

- Informativo 715 (16.08.2013) e 712 (01.07.2013)

EMENTA: RECURSO EXTRAORDINÁRIO. ART. 117 DA LEI COMPLEMENTAR ESTADUAL 53/1990. BENEFÍCIO PREVIDENCIÁRIO INSTITUÍDO AOS DEPENDENTES DE POLICIAL MILITAR EXCLUÍDO DA CORPORAÇÃO. CONSTITUCIONALIDADE. RECURSO EXTRAORDINÁRIO IMPROVIDO. I – Compete aos Estados-membros dispor sobre os direitos, os deveres, a remuneração, as prerrogativas e outras situações especiais dos militares, inclusive quanto aos direitos previdenciários. II – O benefício previdenciário instituído em favor dos dependentes de policial militar excluído da corporação representa uma contraprestação às contribuições previdenciárias pagas durante o período efetivamente trabalhado. III – Recurso extraordinário ao qual se nega provimento, assentando-se a constitucionalidade do art. 117 da Lei Complementar Estadual 53/1990 (RE N. 610.290-MS).

15.3. TEMPO ESPECIAL

STJ - Superior Tribunal de Justiça

- Informativo 524 – 28.08.2013

DIREITO ADMINISTRATIVO. CÔMPUTO DO TEMPO DE SERVIÇO PRESTADO NAS FORÇAS ARMADAS PARA O FIM DE APOSENTADORIA ESPECIAL. Não é possível computar, para a concessão da aposentadoria especial prevista no art. 1º da LC 51/1985, o tempo de serviço prestado nas Forças Armadas. (REsp 1.357.121-DF, Rel. Min. Humberto Martins, julgado em 28/5/2013).

15.4. NECESSIDADE DE LEI ESPECÍFICA

STF - Supremo Tribunal Federal

- Informativo 1108/2023 (22.09.2023) – ADI 5154/PA

Ação Direta de Inconstitucionalidade. 2. Regime de Previdência dos Militares e Servidores do Estado do Pará. Lei Complementar 39, de 2002, do Estado do Pará. 3. Alegação de violação ao disposto no artigo 42, § 1º, que exige lei específica para tratar do regime de previdência do servidor militar, nos termos do art. 142, § 3º, inciso X, da Constituição Federal. Inocorrência. 4. A inclusão em um mesmo diploma normativo de regra geral, comum a servidores civis e militares, não ofende a exigência constitucional de lei específica para tratar da inatividade dos militares. 5. Ação Direta de Inconstitucionalidade julgada improcedente.

15.5. NEXO CAUSAL COM A FUNÇÃO

STJ - Superior Tribunal de Justiça

- Informativo 522 – 01.08.2013

DIREITO ADMINISTRATIVO. REFORMA DE MILITAR TEMPORÁRIO POR INCAPACIDADE DEFINITIVA PARA O SERVIÇO ATIVO NAS

FORÇAS ARMADAS. Não tem direito à reforma o militar temporário no caso de incapacidade definitiva para o serviço castrense causada por evento que não guarde relação com o exercício da função (REsp 1.328.915-RS, Rel. Min. Mauro Campbell Marques, julgado em 4/4/2013).

- Informativo 514 – 20.03.2013

DIREITO ADMINISTRATIVO. PRESCINDIBILIDADE DE DEMONSTRAÇÃO DO NEXO CAUSAL ENTRE A DOENÇA INCAPACITANTE E O SERVIÇO MILITAR PARA CONCESSÃO DE REFORMA A MILITAR. Para a concessão de reforma por invalidez a militar, é desnecessário que a moléstia incapacitante sobrevenha, necessariamente, em consequência de acidente ou doença que tenha relação de causa e efeito com o serviço militar (AgRg no REsp 980.270-RJ, Rel. Min. Jorge Mussi, julgado em 6/12/2012).

15.6. AUXÍLIO-INVALIDEZ

15.6.1. FORMA DE CÁLCULO

STJ - Superior Tribunal de Justiça

- Informativo 492 – 09.03.2012

MILITAR. REFORMA. INCAPACIDADE TOTAL E PERMANENTE. O militar considerado incapaz total e permanentemente para qualquer trabalho faz jus à reforma na mesma graduação, mas com remuneração calculada com base no soldo correspondente ao grau hierárquico imediato ao que possuir na ativa (art. 110 da Lei n. 6.880/1980) (RMS 28.470-AM, Rel. Min. Maria Thereza de Assis Moura, julgado em 1º/3/2012).

STF - Supremo Tribunal Federal

Tema	**465**	Situação	**Trânsito em Julgado**	Órgão julgador	**Plenário Virtual - RG**
Questão Controvertida	Alteração da fórmula do cálculo do auxílio-invalidez para os servidores militares.				

Tema	**465**	Situação	**Trânsito em Julgado**	Órgão julgador	**Plenário Virtual – RG**
Tese Firmada	A Portaria n. 931/2005 do Ministério da Defesa, que alterou a fórmula de cálculo do auxílio-invalidez para os servidores militares, está em harmonia com os princípios da legalidade e da irredutibilidade de vencimentos.				
Informações Complementares	Há RG. Recurso extraordinário em que se discute, à luz dos artigos 2º, 5º, XXXVI, e 37, caput e XV, da Constituição Federal, a constitucionalidade, ou não, da decisão que, em face dos princípios constitucionais da legalidade e da irredutibilidade de vencimentos, afastou a incidência da Portaria 931/MD-2005, a qual alterou a fórmula de cálculo do auxílio-invalidez para os servidores militares, por entender que a referida portaria importou diminuição do valor global dos proventos. SCAN ME				

Processo / Recurso	**Repercussão Geral**	**Relator (a)**	**Acórdão Publicado**	**Embargos Declaratórios**	**Trânsito em Julgado**
RE 642890	06/08/2011	CELSO DE MELLO	26/10/2022	-	08/11/2022

15.6.2. COMPROVAÇÃO DE INCAPACIDADE TOTAL

STJ – Superior Tribunal de Justiça

- Informativo 374 – 31.10.2008

PM. REFORMA. ESPECIFICAÇÃO. INCAPACIDADE. O recorrente foi capitão da polícia militar estadual por mais de trinta anos e se viu transferido para a inatividade por tempo de serviço, sob o regime da reserva remunerada. Quer agora a prevalência de seu direito à reforma, visto que já reconhecida sua incapacidade definitiva para o serviço castrense nas perícias médicas efetuadas pela própria corporação militar (a moléstia é incurável e foi adquirida em razão do serviço). Esse direito foi negado ao fundamento de que não aflorava das perícias sua incapacidade absoluta para aquele ofício: far-se-ia necessário apontar especificamente quais atividades não poderia cumprir. Diante disso, é certo que, preenchidos os requisitos constantes da lei estadual que disciplina a matéria (contenta-se com o reconhecimento da incapacidade definitiva), não há como a Administração criar empecilhos, a reclamar outras condições mais exigentes à fruição do benefício. Pois não se trata de ato discricionário do Poder Público, mas, sim, de direito subjetivo do administrado, que, preenchidas as condições previstas, pode exigir da autoridade a prática do ato, sob pena de sujeição ao crivo da Justiça. Daí se reconhecer o direito do recorrente passar à inatividade mediante reforma (RMS 24.316-RJ, Rel. Min. Napoleão Nunes Maia Filho, julgado em 30/10/2008).

15.6.3. *PORTADOR DE HIV*

STJ - Superior Tribunal de Justiça

Tema	1088	Situação	**Acórdão Publicado - RE Pendente**	Órgão julgador	**PRIMEIRA SEÇÃO**
Questão Controvertida	Definir se o militar diagnosticado como portador do vírus HIV tem direito à reforma ex officio por incapacidade definitiva, independentemente do grau de desenvolvimento da Síndrome de Imunodeficiência Adquirida - SIDA/AIDS, com remuneração calculada com base no soldo correspondente ao grau imediatamente superior ao que possuía na ativa.				
Tese Firmada	O militar de carreira ou temporário - este último antes da alteração promovida pela Lei 13.954/2019 -, diagnosticado como portador do vírus HIV, tem direito à reforma ex officio por incapacidade definitiva para o serviço ativo das Forças Armadas, independentemente do grau de desenvolvimento da Síndrome de Imunodeficiência Adquirida - SIDA/AIDS, porém, sem a remuneração calculada com base no soldo correspondente ao grau hierárquico imediatamente superior ao que possuía na ativa, se não estiver impossibilitado total e permanentemente para qualquer trabalho, na forma do art. 110, § 1º, da Lei 6.880/80."				
Informações Complementares	Há determinação de suspensão do processamento de todos os processos pendentes, individuais ou coletivos, que versem acerca da questão ora afetada e tramitem no território nacional (art. 1.037, II, do CPC/2015). (acórdão publicado no DJe de 30/4/2021).				

Tema	1088	Situação	**Acórdão Publicado - RE Pendente**	Órgão julgador	**PRIMEIRA SEÇÃO**
Informações Complementares	SCAN ME				
Processo STF	RE 1448031 - Concluso ao relator; RE 1460062 - Concluso ao relator.				
Processo / Recurso	**Decisão de Afetação**	**Relator (a)**	**Acórdão Publicado**	**Embargos Declaratórios**	**Trânsito em Julgado**
REsp 1872008/RS **REsp 1878406/RJ** **REsp 1901989/RS**	30/04/2021	ASSUSETE MAGALHÃES	01/08/2022	24/08/2022 e 25/11/2022	-

- Informativo 319 – 11.05.2007

MILITAR. PORTADOR. HIV. REFORMA EX OFFICIO. CAPACIDADE DEFINITIVA. Tem direito à concessão da reforma ex officio por incapacidade definitiva, com remuneração calculada com base no soldo correspondente ao grau hierárquico imediato ao que possuía na ativa, o militar portador do vírus HIV independente do grau de desenvolvimento da doença (AIDS/SIDA). Esse entendimento não se estende às demais doenças previstas na legislação de regência, devendo, nos demais casos, o militar comprovar a sua incapacidade para todo e qualquer trabalho, a fim de ser reformado com base no soldo de grau hierárquico imediato (EREsp 670.744-RJ, Rel. Min. Arnaldo Esteves Lima, julgados em 9/5/2007).

15.6.4. REDUÇÃO DE VENCIMENTO DE MILITAR REFORMADO

STJ - Superior Tribunal de Justiça

- Informativo 302 – 03.11.2006

SERVIDOR MILITAR. AUXÍLIO-INVALIDEZ. REDUÇÃO. A Seção consignou que, não obstante este Superior Tribunal tenha jurisprudência uniforme no sentido de que o servidor não tem direito adquirido à imutabilidade do regime remuneratório, há de ser respeitado o princípio da irredutibilidade de vencimentos (CF/1988, art. 37, XV). Desse modo, não cabia a redução nominal do vencimento relativo ao auxílio-invalidez do militar reformado. Também, inexiste decadência do writ quando o ato impugnado consiste na redução mensal do valor do vencimento por força da teoria da relação jurídica de trato sucessivo (MS 11.442-DF, Rel. Min. Maria Thereza de Assis Moura, julgado em 27/9/2006).

15.6.5. PORTARIA 931/2005 DO MINISTÉRIO DA DEFESA

STJ - Superior Tribunal de Justiça

- Informativo 803 – 12.03.2024

MILITAR. AUXÍLIO-INVALIDEZ. PORTARIA N. 931/2005 DO MINISTÉRIO DA DEFESA. PRINCÍPIOS DA LEGALIDADE E IRREDUTIBILIDADE DE VENCIMENTOS. APLICAÇÃO DO TEMA N. 465/STF. JUÍZO DE RETRATAÇÃO. A Portaria n. 931/2005 do Ministério da Defesa, que alterou a fórmula de cálculo do auxílio-invalidez para os servidores militares, está em harmonia com os princípios da legalidade e da irredutibilidade de vencimento. (AgRg no REsp 1.125.429-RS, Rel. Ministro Afrânio Vilela, Segunda Turma, por unanimidade, julgado em 5/3/2024).

15.7. PENSÃO POR MORTE

15.7.1. ROL EXEMPLIFICATIVO

STJ - Superior Tribunal de Justiça

- Informativo 480 – 12.08.2011

MILITAR. PENSÃO. MORTE. Na espécie, três filhas do militar falecido (havidas no casamento) impetraram MS em razão do aparecimento de três outras filhas dele, as quais foram exitosas no pleito feito à administração militar de dividir com as impetrantes a pensão deixada pelo genitor. O tribunal a quo concedeu a segurança ao fundamento de que as três filhas que se habilitaram posteriormente não reuniam as condições legais para a percepção do benefício, por não fazerem parte do rol dos beneficiários declarados ao tempo da morte do militar. O entendimento do STJ é remansoso quando se trata de concessão de pensão, devendo o benefício ser regido pelas leis vigentes ao tempo do óbito do seu instituidor. In casu, o instituidor faleceu em 11/1/2004, por isso é aplicável a lei em vigor à época (Lei n. 3.765/1960). Além disso, a contribuição de 1,5% de sua remuneração, além dos 7,5% obrigatórios, foi realizada nos termos do art. 31 da MP n. 2.215-10/2001, o que garantia à sua prole a manutenção da pensão prevista na redação original do art. 7º da lei supradita. Assim, o acórdão recorrido não poderia ter estabelecido tratamento diferenciado entre as filhas do falecido, consoante dispõe o art. 227, § 6º, da CF/1988 e da própria lei já mencionada, que expressamente registra o direito dos filhos de qualquer situação e sexo. Com essas, entre outras considerações, a Turma deu provimento ao recurso (REsp 1.188.756-MS, Rel. Min. Herman Benjamin, julgado em 4/8/2011).

15.7.2. EXTENSÃO PARA FILHO MAIOR DE 21 ANOS

STJ - Superior Tribunal de Justiça

- Informativo 571 – 27.10.2015

DIREITO ADMINISTRATIVO E PREVIDENCIÁRIO. PERCEPÇÃO DE PENSÃO MILITAR POR FILHO MENOR DE 24 ANOS. O falecimento de militar após o advento da Lei 6.880/1980 e antes da vigência da Medida Provisória 2.215-10/2001 gera direito à percepção de pensão por morte a filho universitário menor de 24 anos e não remunerado (EREsp 1.181.974-MG, Rel. Min. Og Fernandes, julgado em 16/9/2015, DJe 16/10/2015).

- Informativo 382 – 06.02.2009

PENSÃO POR MORTE. UNIVERSITÁRIA. MAIOR DE 21 ANOS. Nos termos do art. 217, II, a, da Lei n. 8.112/1990, a pensão pela morte de servidor público federal é devida aos filhos até o limite de 21 anos de idade, salvo se inválido, não se podendo estender até os

24 anos para os estudantes universitários, por falta de previsão legal (REsp 939.932-PB, Rel. Min. Arnaldo Esteves Lima, julgado em 5/2/2009).

- Informativo 15.07.2020

PENSÃO MILITAR. FILHA MAIOR DE 21 ANOS. Cuida-se de pensão militar dividida em três partes, com 50% destinados à filha do primeiro matrimônio. A segunda mulher do militar falecido pleiteia que a divisão, em partes iguais, faça-se apenas entre as ex-esposas. A sentença deu-lhe razão, determinando o pagamento de 50 % da pensão à autora e a outra metade à ex-mulher, revertendo em favor delas a pensão da filha, ora cancelada, da mesma forma, o acórdão recorrido. A Min. Relatora negava provimento ao recurso da União por entender que, na época do falecimento do militar, estava em vigor a lei que afastava o direito à pensão da filha maior de 21 anos. Para o Min. Nilson Naves, a divisão de pensão entre as ex-esposas é solução justa. Mas, no caso, não se pode deixar à margem dos acontecimentos o art. 31 e seus parágrafos da MP n. 2.215/2001 – normas de transição. O dispositivo acima constitui exceção ao art. 7º da Lei n. 3.765/1960, na redação do art. 27 da MP 2.215-10/2001. Assim, aqueles que eram militares na data da entrada em vigor da referida MP têm o direito à manutenção dos benefícios da Lei n. 3.765/1960, mormente no que se refere ao rol de beneficiários, desde que contribuam com mais 1,5% de sua remuneração. É o caso dos autos. Trata-se de regra de transição entre o novo e o antigo regime de pensões militares, bem como forma de contraprestação específica para manutenção das filhas maiores de 21 anos como beneficiárias da aludida pensão militar, qual seja, o desconto adicional e opcional de mais 1,5% além dos 7,5% obrigatórios. E, trazendo acórdãos do Tribunal de Contas da União – TCU ns. 797/2005 e 3.886/2006, o Ministro acrescentou que solução diversa privaria a norma em questão de sua vigência, eficácia e validade. Assim, proveu o recurso da União a fim de rejeitar o pedido formulado pela autora. Isso posto, a Turma, ao prosseguir o julgamento, por maioria, deu provimento ao recurso da União (REsp 871.269-RJ, Rel. originária Min. Maria Thereza de Assis Moura, Rel. para acórdão Min. Nilson Naves, julgado em 11/12/2007).

15.7.3. PENSÃO DE FILHA E CARÊNCIA A PREENCHER

STJ - Superior Tribunal de Justiça

- Informativo 385 – 06.03.2009

PENSÃO. MILITAR. FILHA. LEI N. 3.765/1960. A questão consiste em saber se teria direito à pensão a filha menor de bombeiro militar do Distrito Federal que faleceu 32 dias antes de completar os dois anos exigidos na Lei n. 3.765/1960 para alcançar a condição de segurado obrigatório. O Min. Relator não conheceu do recurso do MP e da menor, a teor da Súm. n. 280 do STF. Contudo, o Min. Nilson Naves inaugurou a divergência, dando provimento ao recurso do MP para reconhecer o direito da menor à pensão militar prevista na referida lei, a contar do falecimento do militar, observada a prescrição quinquenal, mas condicionada a pensão ao recolhimento do valor dos dias que faltaram para o preenchimento de carência. O voto de desempate do Min. Celso Limongi (Desembargador convocado do TJ-SP), votando com a divergência, ressaltou que a Lei n. 3.765/1960, quando aplicada ao Corpo de Bombeiro e à Polícia Militar do DF, tem natureza de lei federal. Ainda observou que o art. 21, XIV, da CF/1988 dispõe que compete à União organizar e manter o Corpo de Bombeiros Militar do Distrito Federal. Isso posto, renovado o julgamento, após voto de desempate, a Turma negou provimento ao recurso da menor que pedia o reconhecimento da morte violenta do militar, incidindo a Súm. n. 7-STJ, e julgou procedente o recurso do MP, concedendo pensão militar à filha menor (REsp 660.310-DF, Rel. originário Min. Hélio Quaglia Barbosa, Rel. para acórdão Min. Nilson Naves, julgado em 5/3/2009).

15.7.4. RATEIO ENTRE ESPOSA E CONCUBINA

STJ - Superior Tribunal de Justiça

- Informativo 508 – 14.11.2012

DIREITO ADMINISTRATIVO. PENSÃO DE MILITAR. IMPOSSIBILIDADE DE RATEIO ENTRE A VIÚVA E A CONCUBINA. Não deve ser rateada entre a viúva e a concubina a pensão de militar se os dois relacionamentos foram mantidos concomitantemente (AgRg no REsp 1.344.664-RS, Rel. Min. Humberto Martins, julgado em 6/11/2012).

15.7.5. PENSÃO E RESERVA NÃO REMUNERADA

STJ - Superior Tribunal de Justiça

- Informativo 436 – 28.05.2010

MILITAR. RESERVA NÃO REMUNERADA. PENSÃO. O oficial "demitido a pedido" antes do advento da MP n. 2.131/2000 (reeditada sob o n. 2.215-10/2001) e transferido para a reserva não remunerada não se enquadra no conceito de militar dado pela Lei n. 6.880/1980 nem no conceito de "atuais militares" previsto no art. 31 da mencionada MP, não tendo direito adquirido à manutenção da pensão nos termos do art. 7º da Lei n. 3.765/1960 (REsp 889.196-RJ, Rel. Min. Maria Thereza de Assis Moura, julgado em 25/5/2010).

15.7.6. REGIMES PREVIDENCIÁRIOS DISTINTOS E EX-MILITAR

STJ - Superior Tribunal de Justiça

- Informativo 396 – 29.05.2009

EX-MILITAR. DEPENDENTES. PENSÃO. É indevida a pensão prevista na LC estadual n. 53/1990 a dependentes de militar excluído da corporação em 2003, após o advento da Lei n. 9.717/1998, por ser vedada a concessão de benefícios previdenciários distintos da Lei n. 8.213/1991, que instituiu o regime geral da previdência social (AgRg no AgRg no REsp 1.089.226-MS, Rel. Min. Felix Fischer, julgado em 26/5/2009).

- Informativo 387 – 20.03.2009

PENSÃO. COMPANHEIRA. EX-POLICIAL MILITAR. A recorrente pretende o recebimento de benefício de pensão decorrente da exclusão de seu companheiro da Polícia Militar estadual com base no art. 117 da LC estadual n. 53/1990. Porém, a Turma, por maioria, negou provimento ao recurso, por entender que, com a superveniência da Lei federal n. 9.717/1998 – que dispõe sobre norma geral da previdência social –, tornou-se vedada a concessão de benefícios previdenciários distintos daqueles previstos na Lei n. 8.213/1991, dentre os quais a pensão devida aos dependentes de ex-militar que for excluído das fileiras da Polícia Militar do estado (RMS 27.775-MS, Rel. Min. Laurita Vaz, julgado em 17/3/2009).

15.8. LICENÇA MATERNIDADE PARA ADOTANTE

STF - Supremo Tribunal Federal

- Informativo 1067/2022 (20.09.2022) – ADI 6603/DF

AÇÃO DIRETA DE INCONSTITUCIONALIDADE. ART. 3º DA LEI 13.109/2015. LICENÇA MATERNIDADE ÀS ADOTANTES NO ÂMBITO DAS FORÇAS ARMADAS. PROTEÇÃO À MULHER, À MATERNIDADE, À CRIANÇA E À FAMÍLIA. DISTINÇÃO ENTRE MATERNIDADE BIOLÓGICA E SOCIOAFETIVA. IMPOSSIBILIDADE. PROCEDÊNCIA DO PEDIDO. 1. Nos termos da jurisprudência firmada por esta Suprema Corte, a Constituição da República não permite discrímen entre a mãe biológica e a mãe adotiva, de modo que se revela inconstitucional ato normativo que institui períodos distintos de licença maternidade para as hipóteses e, da mesma forma, mostram-se colidentes com a Carta Política prazos de licença diferentes em razão da idade da criança adotada. 2. O art. 3º, caput, § 1º e 2º, da Lei 13.109/2015, estabeleceu prazos distintos, em relação à maternidade biológica, para licença maternidade decorrente da adoção e, ainda, períodos diferentes em razão da idade da criança adotada, a evidenciar a manifesta inconstitucionalidade dos dispositivos impugnados. 3. Ação direta de inconstitucionalidade conhecida. Pedido julgado procedente.

- Informativo 1013/2021 (16.04.2021) – ADI 6600/TO

CONSTITUCIONAL. AÇÃO DIRETA DE INCONSTITUCIONALIDADE. DIREITOS FUNDAMENTAIS. PROTEÇÃO DA MULHER, DA MATERNIDADE E DA INFÂNCIA. LICENÇA-MATERNIDADE. LEI ESTADUAL 2.578/2012. ESTATUTO DOS POLICIAIS E

BOMBEIROS MILITARES DO ESTADO DO TOCANTINS. DIFERENCIAÇÃO ENTRE A MATERNIDADE BIOLÓGICA E A ADOTIVA PARA FINS DE DURAÇÃO DE LICENÇA-MATERNIDADE. INCONSTITUCIONALIDADE. AÇÃO PROCEDENTE. 1. Proposta de conversão de referendo de medida cautelar em julgamento definitivo de mérito, considerando a não complexidade da questão de direito em discussão e a instrução dos autos, nos termos do art. 12 da Lei 9.868/1999. 2. A Constituição Federal estabelece a proteção à maternidade como dever do Estado, além de outros direitos sociais instrumentais como a licença-gestante, o direito à segurança no emprego, a proteção do mercado de trabalho da mulher e a redução dos riscos inerentes ao trabalho, por meio de normas de saúde, higiene e segurança. 3. A formação do vínculo familiar por meio da adoção está igualmente protegida pelas garantias conferidas pela Constituição à maternidade biológica, inclusive no tocante à convivência integral da criança com a mãe de maneira harmônica e segura. A Constituição não diferencia a maternidade biológica da adotiva, pelo que é inconstitucional qualquer disposição normativa que discrimine a mãe adotiva. 4. Medida Cautelar confirmada e Ação Direta julgada procedente para declarar inconstitucionais os artigos 92, II, a (parte final), b e c, e 94, I e II, da Lei 2.578/2012 do Estado do Tocantins.

CAPÍTULO 5 – ASPECTOS JUDICIAIS

1. CONTRADITÓRIO E AMPLA DEFESA

STF – Supremo Tribunal Federal

- Informativo 692 – 04.12.2012

AGRAVO REGIMENTAL EM MANDADO DE SEGURANÇA. TRIBUNAL DE CONTAS DA UNIÃO. NEGATIVA DE REGISTRO DE APOSENTADORIA CONSIDERADA ILEGAL. DECISÃO PROFERIDA MAIS DE 5 (CINCO) ANOS DEPOIS DA CHEGADA DO PROCESSO ADMINISTRATIVO AO TCU. DIREITO DE AMPLA DEFESA E CONTRADITÓRIO. AGRAVO REGIMENTAL AO QUAL SE NEGA PROVIMENTO. 1. Embora autuado o processo em 2/8/06, o processo administrativo deu entrada na Corte de Contas em 18/8/04. A contagem do prazo de cinco anos para a observância do contraditório e da ampla defesa inicia-se a partir da data de ingresso do processo de registro da aposentadoria na Corte de Contas, podendo a respectiva autuação ocorrer em momento posterior. Decorrido o lapso temporal de quase 6 (seis) anos de trâmite interno na Corte de Contas, necessária, na esteira da jurisprudência da Corte, a observância dos postulados da ampla defesa e do contraditório no processamento do ato de aposentadoria da impetrante. 2. Agravo regimental ao qual se nega provimento (AG. REG. EM MS N. 31.342-DF).

- Informativo 670 – 15.06.2012

MANDADO DE SEGURANÇA. ADMINISTRATIVO. ATO DO TRIBUNAL DE CONTAS DA UNIÃO. NEGATIVA DE REGISTRO A APOSENTADORIA. SUPOSTAS IRREGULARIDADES NA CONTAGEM DE TEMPO DE SERVIÇO POR SERVIDORES DA FUNDAÇÃO NACIONAL DE SAÚDE. AUSÊNCIA DE EXAME EFETIVO DA SITUAÇÃO FUNCIONAL DO IMPETRANTE. APOSENTADORIA EFETIVADA HÁ MAIS DE SEIS ANOS. DESRESPEITO ÀS GARANTIAS DO CONTRADITÓRIO E DA AMPLA DEFESA. SEGURANÇA PARCIALMENTE CONCEDIDA (MS N. 28.074-DF).

- Informativo 575 – 19.02.2010

ALTERAÇÃO DE APOSENTADORIA: ADITAMENTO E DESNECESSIDADE DE CONTRADITÓRIO. O Tribunal indeferiu mandado de segurança impetrado contra ato do Tribunal de Contas da União – TCU que, sem prévia manifestação do impetrante, excluíra dos seus proventos de aposentadoria o pagamento de "quintos". Na espécie, a Corte de Contas reputara legal a aposentação originária do impetrante, ocorrida em 1995. Entretanto, em 1997, a fundação que concedera a aposentadoria ao impetrante incluíra, de maneira superveniente, o pagamento de "quintos", parcela remuneratória esta não examinada naquela oportunidade, por não constar do processo. Ocorre que, submetida tal inclusão ao TCU, este a considerara ilegal ante a insuficiência de tempo de serviço do impetrante para auferi-la. Afastou-se a preliminar de decadência ao fundamento de que o prazo de cinco anos previsto no art. 54 da Lei 9.784/99 teria sido observado. No ponto, ressaltando que o ato de aposentadoria seria complexo, aduziu-se que o termo a quo para a contagem do referido prazo seria a data em que aperfeiçoada aquela. No mérito, consignou-se que, na situação dos autos, fora encaminhada ao TCU alteração introduzida posteriormente nos proventos de aposentadoria do impetrante e que o órgão competente glosara o que praticado na origem, modificando os parâmetros da aposentadoria então registrada. Mencionou-se, ademais, que o procedimento referente à alteração estaria ligado ao registro. Asseverou-se que, uma vez procedido o registro da aposentadoria pelo TCU, fixando-se certos parâmetros a nortearem os proventos, alteração realizada pelo órgão de origem em benefício do aposentado implicaria aditamento e, então, não haveria necessidade de estabelecer-se contraditório (MS 25525/DF).

- Informativo 482 – 05.10.2007

REDUÇÃO DE PROVENTOS E CONTRADITÓRIO. Por vislumbrar ofensa ao art. 5º, LV, da CF ("aos litigantes, em processo judicial ou administrativo, e aos acusados em geral são assegurados o contraditório e ampla defesa, com os meios e recursos a ela inerentes;"), a Turma deu provimento a recurso extraordinário para restabelecer o entendimento sufragado na sentença, concedendo, portanto, a segurança em favor do ora recorrido, cujos proventos foram reduzidos, sem observância do contraditório, não obstante decisão do Tribunal de Contas estadual considerando legal a sua aposentadoria. Asseverou-se que uma coisa seria concluir-se pela desnecessidade do contraditório quando se está diante de ato complexo, ou seja, quando o órgão de origem pede o cálculo dos proventos para satisfação precária e efêmera, até a homologação da aposentadoria e o Tribunal de Contas vem a suprimi-los. Algo diverso diria respeito ao aperfeiçoamento do ato praticado, procedendo a Corte de Contas à homologação. Então, surge para o servidor aposentado, no patrimônio, direito que não é passível de modificação de forma unilateral pela Administração Pública. Nesse sentido, erronia no cálculo dos proventos há de ser elucidada em processo administrativo, observado o direito de defesa – o contraditório (RE 285495/SE).

- Informativo 403 – 30.09.2005

REGISTRO DE PENSÃO E CONTRADITÓRIO. O Tribunal, por maioria, concedeu mandado de segurança impetrado contra ato do TCU, que indeferira o registro de pensão vitalícia concedida à impetrante e determinara a devolução das quantias recebidas, sob o fundamento de má-fé, ante a inexistência de provas da sua condição de companheira do instituidor do benefício. Inicialmente, foram afastadas as preliminares de ilegitimidade passiva do TCU, por ser este a autoridade que ordenara o cumprimento do ato, bem como o de decadência, haja vista que os efeitos da publicação do ato administrativo não poderiam alcançar a pensionista, que não é parte regularmente integrada no processo administrativo, devendo o prazo de 120 dias ser contado da data em que a impetrante efetivamente tivera ciência do ato. Quanto ao mérito, tendo em conta o longo período em que a pensão vinha sendo concedida (4 anos) e o resultado gravoso do ato impugnado, entendeu-se que a impetrante tinha o direito líquido e certo de ser ouvida, no procedimento administrativo, por força dos princípios do contraditório e da ampla defesa, antes de a autoridade decidir sobre a legalidade ou não da pensão percebida. O Min. Sepúlveda Pertence, embora ressalvando seu entendimento quanto à possibilidade de contraditório antes da homologação do benefício, acompanhou o voto do relator, em razão de dado peculiar do caso – a imputação de fraude – a exigir a manifestação da interessada, no que foi acompanhado pelos Ministros Gilmar Mendes, Eros Grau e Joaquim Barbosa. Vencidos os Ministros Marco Aurélio e Nelson Jobim, presidente, que indeferiam a ordem por considerar que, tratando-se de ato complexo, o registro de pensão, ainda não aperfeiçoado, prescinde do contraditório. Writ deferido para suspender a ordem de cancelamento do pagamento do benefício até que, com observância do contraditório e da ampla defesa, seja ouvida a impetrante no processo administrativo, ficando cassada a decisão impugnada (MS 24927/RO).

- Informativo 361 – 17.09.2004

Mandado de Segurança. 2. Cancelamento de pensão especial pelo Tribunal de Contas da União. Ausência de comprovação da adoção por instrumento jurídico adequado. Pensão concedida há vinte anos. 3. Direito de defesa ampliado com a Constituição de 1988. Âmbito de proteção que contempla todos os processos, judiciais ou administrativos, e não se resume a um simples direito de manifestação no processo. 4. Direito constitucional comparado. Pretensão à tutela jurídica que envolve não só o direito de manifestação e de informação, mas também o direito de ver seus argumentos contemplados pelo órgão julgador. 5. Os princípios do contraditório e da ampla defesa, assegurados pela Constituição, aplicam-se a todos os procedimentos administrativos. 6. O exercício pleno do contraditório não se limita à garantia de alegação oportuna e eficaz a respeito de fatos, mas implica a possibilidade de ser ouvido também em matéria jurídica. 7. Aplicação do princípio da segurança jurídica, enquanto subprincípio do Estado de Direito. Possibilidade de revogação de atos administrativos que não se pode estender indefinidamente. Poder anulatório sujeito a prazo razoável. Necessidade de estabilidade das situações criadas administrativamente. 8. Distinção entre atuação administrativa que independe da audiência do interessado e decisão que, unilateralmente, cancela decisão anterior. Incidência da garantia do contraditório, da ampla defesa e do devido processo legal ao processo administrativo. 9. Princípio da confiança como elemento do princípio da segurança jurídica. Presença de um componente de ética jurídica. Aplicação nas relações jurídicas de direito público. 10. Mandado de Segurança deferido para determinar observância do princípio do contraditório e da ampla defesa (CF art. 5º LV) (MS N. 24.268-MG).

2. PREJUDICIAIS DE MÉRITO

2.1. DECADÊNCIA

2.1.1. PARA ANULAR ATO DE CONCESSÃO DE BENEFÍCIO

STJ - Superior Tribunal de Justiça

- Informativo 508 – 14.11.2012

DIREITO ADMINISTRATIVO. PRAZO DECADENCIAL PARA A ANULAÇÃO DE ATO DE APOSENTADORIA. TERMO A QUO. O termo inicial do prazo decadencial de cinco anos para que a Administração Pública anule ato administrativo referente à concessão de aposentadoria, previsto no art. 54 da Lei n. 9.784/1999, é a data da homologação da concessão pelo Tribunal de Contas (RMS 38.682-ES, Rel. Min. João Otávio de Noronha, julgados em 7/11/2012).

- Informativo 332 – 21.09.2007

APOSENTADORIA PROVISÓRIA. REVISÃO. PRAZO. DECADÊNCIA. O ato de aposentadoria, objeto de análise do processo administrativo perante o Tribunal de Contas da União, somente se aperfeiçoa com o registro deste Tribunal para efetuar a condição resolutiva do ato de aposentação provisória, razão pela qual se invibializam os efeitos da decadência, mesmo ultrapassados cinco anos do tal ato concessivo, sujeito, ademais, à revisão e anulação (Lei n. 9.784/1999 e Lei Estadual n. 10.177/1998). No caso, não há ilegalidade no ato do TCU que determinou a abertura do processo administrativo para reexaminar a concessão da aposentadoria provisória (RMS 21.142-SP, Rel. Min. Felix Fischer, julgado em 20/9/2007).

STF - Supremo Tribunal Federal

Tema	**445**	Situação	**Trânsito em Julgado**	Órgão julgador	**Tribunal Pleno**
Questão Controvertida	Incidência do prazo decadencial previsto no art. 54 da Lei 9.784/1999 para a Administração anular ato de concessão de aposentadoria.				
Tese Firmada	Em atenção aos princípios da segurança jurídica e da confiança legítima, os Tribunais de Contas estão sujeitos ao prazo de 5 anos para o julgamento da legalidade do ato de concessão inicial de aposentadoria, reforma ou pensão, a contar da chegada do processo à respectiva Corte de Contas.				
Informações Complementares	SCAN ME				

Tema	445	Situação	Trânsito em Julgado		Órgão julgador	Tribunal Pleno
Processo / Recurso		Repercussão Geral	Relator (a)	Acórdão Publicado	Embargos Declaratórios	Trânsito em Julgado
RE 636553		24/06/2011	GILMAR MENDES	26/05/2020	18/06/2020	05/03/2021

- Informativo 691 – 07.12.2012

DECADÊNCIA - ATO ADMINISTRATIVO - DESFAZIMENTO - APOSENTADORIA - INADEQUAÇÃO. O disposto no artigo 54 da Lei nº 9.784/99, a revelar o prazo de decadência para a Administração Pública rever os próprios atos, por pressupor situação jurídica constituída, não se aplica à aposentadoria, porque esta reclama atos sequenciais. **PROVENTOS DA APOSENTADORIA - URPs - DECISÃO JUDICIAL - ALCANCE.** O título judicial há de ter o alcance perquirido não só quanto à situação jurídica do beneficiário - servidor -, mas também ao fato de envolver relação jurídica de ativo, e não de inativo. **CONTRADITÓRIO - PRESSUPOSTOS - LITÍGIO - ACUSAÇÃO.** O contraditório, base maior do devido processo legal, requer, a teor do disposto no inciso LV do artigo 5º da Constituição Federal, litígio ou acusação, não alcançando os atos sequenciais alusivos ao registro de aposentadoria (MS 28604/DF).

- Informativo 508 – 30.05.2008

MANDADO DE SEGURANÇA. ATO DO TRIBUNAL DE CONTAS DA UNIÃO. APOSENTADORIA DE MAGISTRADO. NÃO-PREENCHIMENTO DA TOTALIDADE DOS REQUISITOS PARA A OBTENÇÃO DA VANTAGEM PREVISTA NO ART. 184, INC. II, DA LEI N. 1.711/1952. INAPLICABILIDADE DO ART. 250 DA LEI N. 8.112/1990. DECADÊNCIA ADMINISTRATIVA E OFENSA AO PRINCÍPIO DA IRREDUTIBILIDADE DE SALÁRIOS NÃO CONFIGURADAS. 1. O direito à aposentação com a vantagem prevista no inciso II do art. 184 da Lei n. 1.711/1952 exige que o Interessado tenha, concomitantemente, prestado trinta e cinco anos de serviço (no caso do Magistrado-Impetrante, trinta anos) e sido ocupante do último cargo da respectiva carreira. O Impetrante preencheu apenas o segundo requisito em 13.7.1993, quando em vigor a Lei n. 8.112/1990. 2. A limitação temporal estabelecida no art. 250 da Lei n. 8.112/1990 para a concessão da vantagem pleiteada teve aplicação até 19.4.1992, data em que o Impetrante ainda não havia tomado posse no cargo de Juiz togado do Tribunal Regional do Trabalho da 2ª Região. 3. O Supremo Tribunal Federal pacificou entendimento de que, sendo a aposentadoria ato complexo, que só se aperfeiçoa com o registro no Tribunal de Contas da União, o prazo decadencial da Lei n. 9.784/99 tem início a partir de sua publicação. Aposentadoria do Impetrante não registrada: inocorrência da decadência administrativa. 4. A redução de proventos de aposentadoria, quando concedida em desacordo com a lei, não ofende o princípio da irredutibilidade de vencimentos. Precedentes. 5. Segurança denegada (MS N. 25.552-DF).

2.1.2. MANDADO DE SEGURANÇA SOBRE PENSÃO PAGA A MENOR

STJ - Superior Tribunal de Justiça

- Informativo 517 – 02.05.2013

DIREITO PROCESSUAL CIVIL. PRAZO DECADENCIAL PARA A IMPETRAÇÃO DE MANDADO DE SEGURANÇA. Renova-se mês a mês o prazo decadencial para a impetração de mandado de segurança no qual se contesta o pagamento de pensão feito pela Administração em valor inferior ao devido (AgRg no AREsp 243.070-CE, Rel. Min. Humberto Martins, julgado em 7/2/2013).

2.1.3. MANDADO DE SEGURANÇA CONTRA BASE DE CÁLCULO ILEGAL

STJ - Superior Tribunal de Justiça

- Informativo 800 – 20.02.2024

APOSENTADORIA DE SERVIDOR PÚBLICO. ATO DE DEFERIMENTO. BASE DE CÁLCULO CONSIDERADA ILEGAL. MANDADO DE SEGURANÇA. DECADÊNCIA. TERMO INICIAL. CIÊNCIA DO ATO. O prazo decadencial para impetrar mandado de segurança contra fixação de base de cálculo tida por ilegal - em ato de deferimento de aposentadoria de servidor público - inicia-se com a ciência desse ato, sem prejuízo de cobrança de parcelas pela via ordinária quando não indeferido o direito de fundo (AgInt no AgInt no RMS 32.325-CE, Rel. Ministro Afrânio Vilela, Segunda Turma, por unanimidade, julgado em 6/2/2024, DJe 14/2/2024).

2.2. PRESCRIÇÃO

2.2.1. *SERVIDOR CIVIL*

STJ - Superior Tribunal de Justiça

- Informativo 644 – 12.04.2019

PENSÃO POR MORTE. SERVIDOR PÚBLICO ESTADUAL. RELAÇÃO DE TRATO SUCESSIVO. PRESCRIÇÃO DE FUNDO DE DIREITO. NÃO OCORRÊNCIA. SÚMULA N. 85/STJ. APLICABILIDADE. PRESCRIÇÃO APENAS DAS PRESTAÇÕES VENCIDAS NO QUINQUÊNIO ANTERIOR À PROPOSITURA DA AÇÃO. Não ocorre a prescrição do fundo de direito no pedido de concessão de pensão por morte, estando prescritas apenas as prestações vencidas no quinquênio que precedeu à propositura da ação (EREsp 1.269.726-MG, Rel. Min. Napoleão Nunes Maia Filho, por unanimidade, julgado em 13/03/2019, DJe 20/03/2019).

- Informativo 542 – 27.06.2014

DIREITO ADMINISTRATIVO E PREVIDENCIÁRIO. APLICABILIDADE DO ART. 1º DO DECRETO 20.910/1932 AOS CASOS DE REVISÃO DE APOSENTADORIA DE SERVIDOR PÚBLICO. Nos casos em que o servidor público busque a revisão do ato de aposentadoria, ocorre a prescrição do próprio fundo de direito após o transcurso de mais de cinco anos – e não de dez anos – entre o ato de concessão e o ajuizamento da ação (Pet 9.156-RJ, Rel. Min. Arnaldo Esteves Lima, julgado em 28/5/2014).

- Informativo 351 – 11.04.2008

PRESCRIÇÃO. FUNDO DE DIREITO. REVISÃO. APOSENTADORIA. A Turma, por maioria, deu provimento ao REsp ao entendimento de que, nas hipóteses em que o servidor pretende a revisão da aposentadoria, ocorre a prescrição do próprio fundo de direito após o transcurso de cinco anos entre o ato de concessão e o ajuizamento da ação. Contudo, no voto vencido, ressaltou-se que a aquisição do direito é perfeitamente compatível com seu não-exercício. Ao adquirir direito, o titular não é obrigado a exercê-lo, ou seja, o direito não perece para o titular, salvo se houver, da parte do devedor, um ato formal explícito e inequívoco que denegue o próprio direito material. Como não há um ato formal da Administração para recusar o direito material, não se pode, juridicamente, afirmar que esse direito tenha sido alcançado por qualquer causa extintiva, particularmente a prescrição (REsp 851.560-DF, Rel. Min. Arnaldo Esteves Lima, julgado em 8/4/2008).

STF - Supremo Tribunal Federal

Tema	**1283**	Situação	**Trânsito em Julgado**	Órgão julgador	**PLENÁRIO VIRTUAL - RG**
Questão Controvertida	Termo inicial de prescrição de pretensão revisional de benefício previdenciário para cômputo de verbas não concedidas a servidor antes da aposentadoria.				
Tese Firmada	É infraconstitucional a controvérsia relativa à determinação do termo inicial de prescrição de pretensão revisional de benefício previdenciário para cômputo de verbas não concedidas a servidor antes da aposentadoria.				
Informações Complementares	SCAN ME				
Processo / Recurso	**Repercussão Geral**	**Relator (a)**	**Acórdão Publicado**	**Embargos Declaratórios**	**Trânsito em Julgado**
ARE 1439551	Não há repercussão geral (questão infraconstitucional)	MINISTRO PRESIDENTE	16/11/2023	-	02/12/2023

2.2.2. SERVIDOR MILITAR

STJ - Superior Tribunal de Justiça

- Informativo 453 – 29.10.2010

PRESCRIÇÃO. REVISÃO. ATO. REFORMA MILITAR. A Turma reafirmou a jurisprudência de que se deve reconhecer a prescrição do próprio fundo de direito no caso em que o militar busca a concessão de sua reforma, após mais de cinco anos contados do transcurso do ato da Administração que determinou o seu licenciamento (REsp 1.195.266-SP, Rel. Min. Mauro Campbell Marques, julgado em 26/10/2010).

3. COMPETÊNCIA

3.1. JULGAR MANDADO DE INJUNÇÃO

STF - Supremo Tribunal Federal

<table>
<tr><td>Tema</td><td>727</td><td>Situação</td><td>Trânsito em Julgado</td><td>Órgão julgador</td><td colspan="2">Plenário Virtual - RG</td></tr>
<tr><td colspan="2">Questão Controvertida</td><td colspan="5">Definição da legitimidade passiva ad causam e, portanto, da competência para julgar o mandado de injunção impetrado por servidores públicos municipais, estaduais e distritais em que se pretende a declaração de mora legislativa para edição da lei complementar relativa à disciplina da aposentadoria especial de servidor público, a que alude o § 4º do art. 40 da Constituição federal.</td></tr>
<tr><td colspan="2">Tese Firmada</td><td colspan="5">Compete ao Supremo Tribunal Federal julgar mandado de injunção referente à omissão quanto à edição da lei complementar prevista no art. 40, § 4º, da Constituição de 1988.</td></tr>
<tr><td colspan="2">Informações Complementares</td><td colspan="5">Há RG - Reafirmação de Jurisprudência.
SCAN ME</td></tr>
<tr><td colspan="2">Processo / Recurso</td><td>Repercussão Geral</td><td>Relator (a)</td><td>Acórdão Publicado</td><td>Embargos Declaratórios</td><td>Trânsito em Julgado</td></tr>
<tr><td colspan="2">RE 797905</td><td>16/05/2014</td><td>GILMAR MENDES</td><td>29/05/2014</td><td>-</td><td>09/06/2014</td></tr>
</table>

3.2. CONFLITO DE INTERESSES SOBRE CONTRIBUIÇÃO E COMPLEMENTAÇÃO DE PROVENTOS

STF - Supremo Tribunal Federal

Tema	**149**	Situação	**Trânsito em Julgado**	Órgão julgador	**Tribunal Pleno**
Questão Controvertida	Competência para processar e julgar causa que envolve contribuição previdenciária instituída pelo Estado membro incidente sobre complementação de proventos e de pensões por ele paga.				
Tese Firmada	Compete à Justiça comum o julgamento de conflito de interesses a envolver a incidência de contribuição previdenciária, considerada a complementação de proventos.				
Informações Complementares	SCAN ME				
Processo / Recurso	**Repercussão Geral**	**Relator (a)**	**Acórdão Publicado**	**Embargos Declaratórios**	**Trânsito em Julgado**
RE 594435	14/02/2009	MARCO AURÉLIO	03/09/2018	11/09/2018	18/10/2019

3.3. EX-FERROVIÁRIOS

STF - Supremo Tribunal Federal

- Informativo 895 – 30.03.2018

COMPLEMENTAÇÃO DE PENSÃO E APOSENTADORIA DE FERROVIÁRIOS E COMPETÊNCIA. As causas entre o Poder Público e servidores estatutários não são oriundas de relação de trabalho. Com base nessa orientação, a 1ª Turma, por maioria, deu provimento a agravo regimental em reclamação para assentar a competência da justiça comum para o julgamento de demandas propostas por ferroviários pensionistas e aposentados das antigas ferrovias do Estado de São Paulo, que foram absorvidas pela Ferrovia Paulista S/A, sucedida pela extinta Rede Ferroviária Federal, com vistas à complementação de suas pensões e aposentadorias em face da União (Rcl 24990 AgR/SP).

4. LEGITIMIDADE PASSIVA

4.1. COMPLEMENTAÇÃO DE APOSENTADORIA POR MUNICÍPIO

STF - Supremo Tribunal Federal

Tema	870	Situação	**Trânsito em Julgado**	Órgão julgador	**Plenário Virtual - RG**
Questão Controvertida	Legitimidade do Município de Mossoró/RN para figurar no polo passivo de demanda visando à complementação de aposentadoria.				
Tese Firmada	A questão da legitimidade do Município de Mossoró - RN para figurar no polo passivo nas causas cujo pedido é a complementação de aposentadoria concedida com base na Lei municipal 311/1991 tem natureza infraconstitucional, e a ela se atribuem os efeitos da ausência de repercussão geral, nos termos do precedente fixado no RE 584.608, rel. a Ministra Ellen Gracie, DJe 13/03/2009.				
Informações Complementares	Recurso extraordinário em que se discute, à luz do art. 40 da Constituição Federal, a legitimidade, ou não, do Município de Mossoró/RN para figurar no polo passivo de demanda visando à complementação de aposentadoria. SCAN ME				
Processo / Recurso	**Repercussão Geral**	**Relator (a)**	**Acórdão Publicado**	**Embargos Declaratórios**	**Trânsito em Julgado**
ARE 907777	Não há RG - Matéria Infraconstitucional	TEORI ZAVASCKI	11/12/2015	-	06/02/2016

4.2. PRESIDENTE DA REPÚBLICA EM MANDADO DE INJUNÇÃO

STF - Supremo Tribunal Federal

- Informativo 668 – 01.06.2012

CONSTITUCIONAL. MANDADO DE INJUNÇÃO. APOSENTADORIA ESPECIAL. SERVIDORES PÚBLICOS ESTADUAIS E MUNICIPAIS. DECISÃO QUE CONCEDE A ORDEM PARA DETERMINAR QUE A AUTORIDADE ADMINISTRATIVA COMPETENTE ANALISE A SITUAÇÃO FÁTICA DO IMPETRANTE À LUZ DO ART. 57 DA LEI 8.213/1991. AGRAVO REGIMENTAL DA UNIÃO. ALEGAÇÃO DE ILEGITIMIDADE PASSIVA DO PRESIDENTE DA REPÚBLICA E DE INCOMPETÊNCIA DA UNIÃO PARA LEGISLAR SOBRE PREVIDÊNCIA DOS SERVIDORES PÚBLICOS ESTADUAIS E MUNICIPAIS. AGRAVO REGIMENTAL DESPROVIDO. A Corte firmou entendimento no sentido de que a competência concorrente para legislar sobre previdência dos servidores públicos não afasta a necessidade da edição de norma regulamentadora de caráter nacional, cuja competência é da União. Por esse motivo, a Corte assentou a legitimidade do Presidente da República para figurar no polo passivo de mandado de injunção sobre esse tema. Precedentes. Agravo regimental desprovido (AG. REG. NO MI N. 1.898-DF)

4.3. MANDADO DE SEGURANÇA E AUTORIDADE COATORA (TCE)

STJ - Superior Tribunal de Justiça

- Informativo 412 – 23.10.2019

PENSÃO POR MORTE. ANULAÇÃO. TCE. In casu, a recorrente teve anulada, pelo Tribunal de Contas da entidade federativa ora recorrida pensão que lhe foi concedida em razão do falecimento de seu companheiro. Impetrou mandado de segurança, que foi extinto sob o fundamento de indicação errônea da autoridade coatora, no caso, secretário de Fazenda, quando deveria ser o presidente daquele Tribunal. No REsp, alegou que, no MS preventivo, a autoridade coatora é aquela que tem competência para a prática do ato em tese ameaçador ao direito do impetrante, asseverando a completa ilegalidade do ato. Sustentou, ademais, que a apontada ilegitimidade da autoridade coatora poderia ser afastada pela aplicação da teoria da encampação à espécie. A Turma, por maioria, negou provimento ao recurso, assentando que, no STJ, prevalece o entendimento de que o writ no qual se discute a legalidade de ato a ser praticado pela Administração em consequência de decisão da Corte de Contas deve indicar, como autoridade coatora, seu presidente, e não o mero executor material da determinação acoimada de ilegal. Quanto à mencionada teoria da encampação, observou-se não ser ela aplicável à espécie, isso porque também entende o STJ que essa tese apenas incide se, entre outros aspectos, houver vínculo hierárquico entre a autoridade apontada como coatora e a que, efetivamente, deveria figurar no processo, além da defesa da legalidade do ato impugnado, requisitos que não se verificam no caso discutido. Para o Min. Napoleão Nunes Maia Filho, vencido, o mandado de segurança deve ser desimpedido ao máximo e, em caso de dúvida, há legitimação de quem praticou o ato, ainda que, eventualmente, sua prática tenha sido por delegação, por determinação ou por ordem de quem quer que seja. Quem pratica o ato é quem está legitimado, diz o art. 6º, § 3º, da Lei n. 12.016/2009 (nova Lei do Mandado de Segurança). Para o Min. Arnaldo Esteves Lima, também vencido, com a nova Lei, a questão ficou resolvida, podendo ser aplicada aos processos em curso (RMS 29.773-DF, Rel. Min. Jorge Mussi, julgado em 20/10/2009).

- Informativo 317 – 20.04.2007

MS. APOSENTADORIA. AUTORIDADE COATORA. TRIBUNAL. CONTAS. Como consabido e acolhido pela jurisprudência do STJ e STF, o ato de aposentadoria classifica-se como complexo e se perfaz pela manifestação do órgão concedente somada da aprovação do Tribunal de Contas local, tal como determina o art. 71, III, da CF/1988, de reprodução obrigatória nos Estados Membros. Manifestada a ilegalidade do ato pelo Tribunal de Contas local, ao respectivo secretário de Administração, aqui o do Distrito Federal, só resta acatar a decisão e cassar a aposentadoria. Porém isso não o transforma em autoridade coatora e o legitima a figurar no pólo passivo do mandado de segurança, ora de natureza preventiva. Correto é impetrá-lo contra o Tribunal de Contas, que efetivamente tomou a decisão. Com esse entendimento, a Turma, ao continuar o julgamento, deu provimento ao recurso especial (REsp 223.670-DF, Rel. Min. Maria Thereza de Assis Moura, julgado em 19/4/2007).

5. ACORDO EFETIVADO EM JUÍZO E EFEITOS PERANTE TERCEIROS

STJ - Superior Tribunal de Justiça

- Informativo 618 – 23.02.2018

PENSÃO POR MORTE. ACORDO EFETIVADO EM JUÍZO. DIVISÃO ENTRE COMPANHEIRA DO *DE CUJUS* E A GENITORA DESTE. EFEITOS PERANTE TERCEIROS. ALTERAÇÃO DA ORDEM LEGAL DE PENSIONAMENTO. IMPOSSIBILIDADE. O acordo de partilha de pensão por morte, homologado judicialmente, não altera a ordem legal do pensionamento, podendo, todavia, impor ao órgão de previdência a obrigação de depositar parcela do benefício em favor do acordante que não figura como beneficiário perante a autarquia previdenciária (RMS 45.817-RJ, Rel. Min. Humberto Martins, Rel. Acd. Min. Og Fernandes, por maioria, julgado em 26/09/2017, DJe 05/02/2018).

6. RECURSO EXTRAORDINÁRIO EM PROCESSO ADMINISTRATIVO DISCIPLINAR DE TRIBUNAL

STF - Supremo Tribunal Federal

- Informativo 892 – 02.03.2018

RECURSO EXTRAORDINÁRIO E ACORDÃO PROFERIDO EM PROCESSO ADMINISTRATIVO. A Segunda Turma, em conclusão de julgamento, negou provimento a agravo regimental no qual se discutiu o cabimento de recurso extraordinário para impugnar decisão proferida em processo administrativo (Informativo 833). O TST, em sede de processo administrativo disciplinar, havia determinado a cassação da aposentadoria de magistrado trabalhista, com fundamento no trânsito em julgado de sentença penal condenatória prolatada em seu desfavor. O agravante sustentou que: a) o cabimento de recurso extraordinário independeria da natureza do procedimento adotado para a prolação da decisão recorrida, administrativa ou judicial; e b) a limitação dada à expressão "causa" acarretaria ofensa direta à Constituição Federal. A Turma asseverou que a jurisprudência do STF é pacífica no sentido de que a expressão "causa" referida no inciso III do art. 102 da CF só alcança processos judiciais. Por essa razão, não é cabível a interposição de recurso extraordinário contra acórdão proferido por tribunal no âmbito de processo administrativo de natureza disciplinar instaurado contra magistrado (ARE 958311/SP).

7. EFEITOS DE MEDIDA CAUTELAR EM ADI SOBRE AÇÕES INDIVIDUAIS ENVOLVENDO APLICAÇÃO DE LEI OU ATO NORMATIVO

STJ - Superior Tribunal de Justiça

<table>
<tr><td>Tema</td><td>130</td><td>Situação</td><td>Trânsito em Julgado</td><td>Órgão julgador</td><td>Primeira Seção</td></tr>
<tr><td colspan="2">Questão Controvertida</td><td colspan="4">Possibilidade de prosseguimento de ações ajuizadas para repetição de valores referentes ao pagamento de contribuição previdenciária estadual a pensionistas e servidores inativos diante da determinação do STF de suspensão cautelar da norma estadual que estabelece seu pagamento.</td></tr>
<tr><td colspan="2">Tese Firmada</td><td colspan="4">O Supremo Tribunal Federal deferiu medida cautelar na ADI nº 2.189-3 para suspender as normas contidas na Lei Estadual nº 12.398/98, que dispõe sobre as contribuições dos inativos e pensionistas para o fundo de previdência dos servidores públicos do Estado do Paraná, sem, no entanto, atribuir-lhe efeito retroativo. A cautela assim deferida não impede o prosseguimento dos processos visando justamente afastar a aplicação da lei ou do ato normativo suspenso em decisão provida de eficácia erga omnes, tampouco o ajuizamento de novas ações que tenham por fundamento a restituição dos valores cobrados em virtude da norma excluída do mundo jurídico, ainda que em caráter precário.</td></tr>
<tr><td colspan="2">Informações Complementares</td><td colspan="4">O deferimento de medida cautelar em ação direta de inconstitucionalidade não suspende o julgamento de processos que envolvam a aplicação da lei ou do ato normativo.
SCAN ME</td></tr>
</table>

Tema	130	Situação	Trânsito em Julgado		Órgão julgador	Primeira Seção
Processo / Recurso		Decisão de Afetação	Relator (a)	Acórdão Publicado	Embargos Declaratórios	Trânsito em Julgado
REsp 1111099/PR		14/04/2009	HAMILTON CARVALHIDO	05/10/2010	-	09/11/2010

8. COISA JULGADA

STF - Supremo Tribunal Federal

- Informativo 690 – 30.11.2012

TCU: COISA JULGADA E INOPONIBILIDADE. A 1ª Turma desproveu agravo regimental de decisão do Min. Dias Toffoli, que concedera mandado de segurança, do qual relator, para cassar acórdão do TCU, que suspendera pagamento de pensão por considerá-la ilegal. No caso, decisão judicial transitada em julgado condenara a União ao pagamento do referido benefício. Assinalou-se que questões referentes a regime de aposentação da impetrante, bem como a responsabilidade do INSS pelo pagamento, deveriam ter sido arguidas durante a discussão judicial e, eventualmente, após o trânsito em julgado, pela via da ação rescisória. Entretanto, descaberia aventá-las no momento da análise da legalidade da pensão, perante o TCU. Afirmou-se que essa Corte de Contas não poderia, mesmo que indiretamente, alterar as partes alcançadas por decisão judicial já transitada em julgado (MS 30312 AgR/RJ).

- Informativo 678 – 06.09.2012

MANDADO DE SEGURANÇA. ADMINISTRATIVO. ATO DO TRIBUNAL DE CONTAS DA UNIÃO. PENSÃO POR MORTE. DEFICIENTES VISUAIS. PROVA DA INVALIDEZ POSTERIOR AO ÓBITO DO INSTITUIDOR DA PENSÃO. REGISTRO NEGADO. ALEGADA AUSÊNCIA DE CONTRADITÓRIO E AMPLA DEFESA: IMPROCEDÊNCIA. VIOLAÇÃO À COISA JULGADA: OCORRÊNCIA. MANDADO DE SEGURANÇA CONCEDIDO. 1. Não há falar, no caso em exame, em ofensa à garantia do contraditório e da ampla defesa no Tribunal de Contas da União, tendo em vista que o exercício da sua competência constitucional de controle externo se deu em prazo inferior a cinco anos. Precedentes. 2. A invalidez das Impetrantes, assentada em sentença judicial transitada em julgado antes do falecimento do instituidor da pensão, não pode ser afastada pelo Tribunal de Contas da União, sob pena de ofensa à coisa julgada. Precedentes. 3. Mandado de segurança concedido (MS N. 30.488-MA).

- Informativo 282 20.09.2002

MANDADO DE SEGURANÇA. TRIBUNAL DE CONTAS DA UNIÃO. APOSENTADORIA. REGISTRO. VANTAGEM DEFERIDA POR SENTENÇA TRANSITADA EM JULGADO. DISSONÂNCIA COM A JURISPRUDÊNCIA DO SUPREMO TRIBUNAL FEDERAL. DETERMINAÇÃO À AUTORIDADE ADMINISTRATIVA PARA SUSPENDER O PAGAMENTO DA PARCELA. IMPOSSIBILIDADE. 1. Vantagem pecuniária incluída nos proventos de aposentadoria de servidor público federal, por força de decisão judicial transitada em julgado. Impossibilidade de o Tribunal de Contas da União impor à autoridade administrativa sujeita à sua fiscalização a suspensão do respectivo pagamento. Ato que se afasta da competência reservada à Corte de Contas (CF, artigo 71, III). 2. Ainda que contrário à pacífica jurisprudência desta Corte, o reconhecimento de direito coberto pelo manto da res judicata somente pode ser descontituído pela via da ação rescisória. Segurança concedida (MS N. 23.665-DF).

9. EXECUÇÃO PROVISÓRIA EM PENSÃO POR MORTE

STJ - Superior Tribunal de Justiça

- Informativo 519 – 28.05.2013

DIREITO ADMINISTRATIVO. POSSIBILIDADE DE EXECUÇÃO PROVISÓRIA CONTRA A FAZENDA PÚBLICA NOS CASOS DE PENSÃO POR MORTE DE SERVIDOR PÚBLICO. É possível a execução provisória contra a Fazenda Pública nos casos de instituição de pensão por morte de servidor público (AgRg no AREsp 230.482-RS, Rel. Min. Sérgio Kukina, julgado em 7/3/2013).

10. AÇÃO RESCISÓRIA COMO RECURSO

STJ - Superior Tribunal de Justiça

- Informativo 318 – 27.04.2007

AR. PENSÃO ESPECIAL. DOENÇA PROFISSIONAL. Trata-se de ação rescisória visando a rescindir acórdão da Sexta Turma deste Superior Tribunal que, ao interpretar o art. 242 da Lei n. 1.711/1952, concluiu que a pensão especial por doença profissional só poderia ser concedida ao servidor público (estatutário) e não ao funcionário público (celetista), em face da interpretação sistemática e teleológica do aludido diploma legal. A ação visa rescindir acórdão proferido em recurso especial e não em outra ação rescisória. É verdade, porém, que essa mesma discussão já foi objeto de reapreciação, via rescisória, só que perante o TRF, ou seja, em outro órgão jurisdicional. O Min. Relator acentuou que a jurisprudência deste Superior Tribunal com relação a esse tópico rechaça a possibilidade da propositura da segunda ação rescisória, sobre os mesmos argumentos, contra acórdão proferido por outra ação rescisória originária deste Tribunal. Neste compasso, entende o Min. Relator que a ação comporta conhecimento, todavia o pedido deve ser julgado improcedente, pois a clareza do tema não comporta ilações, sendo inaceitável a compatibilização de institutos distintos. Uma coisa era o empregado público, regido pela CLT, outra, bem distinta, era o funcionário público, regido pela Lei n. 1.711/1952, norma vigente à época do fato. As regências eram totalmente díspares, pois a primeira vinculava o ente/empregador com o empregado, via contrato de trabalho. A segunda jungia a Administração ao funcionário, por intermédio de estatuto. Daí, por decorrência lógica, o regramento a ser aplicado a uns não significava imediata extensão a outros. A tese de que a pensão especial é extensível a todos, independentemente do vínculo jurídico que os unia à Administração, é inaceitável. A pensão especial é de natureza estatutária e, por isso mesmo, não contempla empregado temporário, contratado por prazo determinado, com subordinação jurídica ao regime celetista. No caso, verifica-se que a presente ação pretende equiparar-se a mais uma tentativa esdrúxula de recurso, o que é vedado na processualística pátria. Na verdade, a autora busca, nesta via, abrir outra oportunidade recursal, justamente para obter reforma do acórdão que lhe foi desfavorável, não demonstrando malferimento de qualquer dispositivo apontado na exordial. Assim, conclui-se que a ação rescisória não pode ser "travestida" de recurso, pois seu escopo não se coaduna com a pretensão lançada e por derradeiro, impossível a análise relativa à afetação ao princípio da isonomia, preceituado na Carta Magna, já que a presente ação rescisória visa rescindir acórdão de recurso especial, ou seja, sendo vedado o exame da matéria constitucional no apelo extremo, é inevitável que o âmbito apreciativo da rescisória circunscreva-se aos estreitos limites normativos do especial. Raciocínio diverso, levará este Superior Tribunal a apreciar, reflexamente, matéria constitucional em recurso especial, o que é impossível (AR 683-CE, Rel. Min. Gilson Dipp, julgada em 25/4/2007).

11. JUROS DE MORA SOBRE O PSS

STJ - Superior Tribunal de Justiça

- Informativo 698 – 31.05.2021

PLANO DE SEGURIDADE DO SERVIDOR PÚBLICO (PSS). CONTRIBUIÇÃO PREVIDENCIÁRIA. ART. 16-A DA LEI N. 10.887/2004. BASE DE CÁLCULO DOS JUROS DE MORA. INCLUSÃO. Os valores devidos a título de contribuição do Plano de Seguridade do Servidor Público (PSS) devem integrar a base de cálculo dos juros de mora, na hipótese de pagamento em cumprimento de decisão judicial, de modo a evitar indevida antecipação do fato gerador, bem como indevida redução da obrigação de pagar (REsp 1.805.918-PE, Rel. Min. Og Fernandes, Segunda Turma, por unanimidade, julgado em 25/05/2021).

CAPÍTULO 6 – REPETIÇÃO/RESTITUIÇÃO DE VALORES

1. PELA ADMINISTRAÇÃO

1.1. PELA EXTINÇÃO DE FUNDO DE PREVIDÊNCIA SEM TER OCORRIDO CONTRAPARTIDA

STJ - Superior Tribunal de Justiça

<table>
<tr><td>Tema</td><td>371</td><td>Situação</td><td>Trânsito em Julgado</td><td>Órgão julgador</td><td colspan="2">Primeira Seção</td></tr>
<tr><td colspan="2">Questão Controvertida</td><td colspan="5">Questão referente à obrigação de a União ressarcir ex-congressistas, sem direito à pensão, em relação às importâncias recolhidas a título de contribuição previdenciária ao Instituto de Previdência dos Congressistas - IPC, extinto pela Lei 9.506/97.</td></tr>
<tr><td colspan="2">Tese Firmada</td><td colspan="5">Há de se reconhecer o direito à restituição de contribuições pagas ao extinto Instituto de Previdência dos Congressistas - IPC, fundo fechado de previdência, visto que os segurados, ex-contribuintes, após a extinção, nenhum benefício receberão em contrapartida, evitando-se, assim, o enriquecimento ilícito da União, sucessora nos direitos e obrigações do IPC.</td></tr>
<tr><td colspan="2">Informações Complementares</td><td colspan="5">O ex-congressista não detentor do direito à pensão, porque não completou o período de carência de 8 (oito) anos, tem direito ao ressarcimento das importâncias recolhidas a título de contribuição previdenciária ao Instituto de Previdência dos Congressistas - IPC.
SCAN ME</td></tr>
<tr><td colspan="2">Processo / Recurso</td><td>Decisão de Afetação</td><td>Relator (a)</td><td>Acórdão Publicado</td><td>Embargos Declaratórios</td><td>Trânsito em Julgado</td></tr>
<tr><td colspan="2">REsp 1122387/DF</td><td>05/03/2010</td><td>NAPOLEÃO NUNES MAIA FILHO</td><td>10/09/2010</td><td>02/08/2013</td><td>18/03/2014</td></tr>
</table>

STF - Supremo Tribunal Federal

- Informativo 652 – 19.12.2011

ALTERAÇÃO DE REGIME PREVIDENCIÁRIO E SEGURANÇA JURÍDICA. O Plenário, por maioria, acolheu parcialmente pedidos formulados em ações diretas, na qual declarado em regime de extinção a Carteira de Previdência dos Advogados da respectiva unidade da federação – para declarar a inconstitucionalidade do art. 2º, §§ 2º e 3º, da aludida lei. Conferiu-se, ainda, interpretação conforme à Constituição ao restante da norma impugnada, a fim de proclamar que as regras não se aplicam a quem, na data da publicação da lei, já estava em gozo de benefício previdenciário ou já tinha cumprido, com base no regime instituído pela Lei estadual 10.394/70, os requisitos necessários à concessão. O regime instituído para a Carteira dos Advogados do Estado de São Paulo teria sido recebido pela CF/88. Afirmou que, apesar de voltado à proteção social de profissionais sem vínculo estatal, teria sido criado pelo Poder Público, o que lhe retiraria o caráter de previdência privada e a finalidade lucrativa. (...) Consignou que, embora possível a alteração do regime jurídico em âmbito previdenciário, não caberia levar às últimas consequências essa admissão. Reputou que a relação jurídico-previdenciária seria tipicamente de longa duração. Desse modo, o participante de um plano de previdência, normalmente, só desfrutaria do benefício após extenso período de contribuição. Concluiu que a desvinculação de um plano de previdência, depois de determinado período, resultaria em prejuízo ao participante quando comparada à permanência, ainda que contribuições fossem resgatadas. Por outro lado, sublinhou que, como toda relação jurídica de longa duração, a previdenciária seria, de certo modo, aberta, por ser impossível prever, desde logo, todas as mudanças passíveis de desequilibrar o vínculo e exigir adaptação. Portanto, a expectativa de alguma modificação de regras para restabelecer o equilíbrio entre direitos e obrigações seria implícita, fosse a relação de natureza contratual, fosse estatutária. Assentou que a adequação, no entanto, não poderia olvidar princípios como os da confiança, da solidariedade, da responsabilidade e da segurança. Dessa forma, a modificação da realidade, por mais grave, não se poderia impor à força da Constituição. Admitiu a alteração ou supressão de certo regime jurídico, mas afastou a colocação em segundo plano de direitos adquiridos e de situações subjetivas já reconhecidas. (...) Assinalou que, na extinção da Carteira de Previdência, como preconizado na norma atacada, não se poderia desconsiderar o estreito vínculo existente, desde a criação, entre o Estado de São Paulo e o respectivo Fundo. Evidenciou a singularidade da situação previdenciária, criada e fomentada pelo próprio Poder Público, cuja modificação da realidade jurídica implicara a necessidade de liquidação do Fundo. Ressaiu que o procedimento de liquidação, apesar de legítimo quanto ao fim, não o seria quanto ao meio pelo qual implementado. Imputaria aos participantes todo o ônus da preservação do equilíbrio financeiro, até o término da Carteira, olvidando-se que à Administração Pública incumbiria também suportar o risco decorrente da modificação do ordenamento jurídico ao longo dos anos. Ponderou que os participantes não teriam o dever jurídico de arcar com os prejuízos da ausência da principal fonte de custeio da Carteira, mesmo que o Poder Público, no tocante à decisão de extingui-la, tivesse atuado licitamente. Assim, a lesão indenizável resultaria dos efeitos da posição administrativa e das características híbridas do então regime previdenciário, e não propriamente da atuação do administrador. A respeito, rememorou jurisprudência da Corte sobre a possibilidade de configuração de responsabilidade do Estado, ainda que lícito o ato praticado, com base no princípio da igualdade (ADI 4291/SP e ADI 4429/SP).

- Informativo 639 – 09.09.2011

RECURSO EXTRAORDINÁRIO. SERVIDOR PÚBLICO. DIREITO À RESTITUIÇÃO DE CONTRIBUIÇÕES. FUNDO DE PENSÃO FACULTATIVO, EXTINTO UNILATERALMENTE PELA ADMINISTRAÇÃO PÚBLICA. ALEGAÇÃO DE AFRONTA AO INCISO XXXVI DO ART. 5º E AO § 6º DO ART. 37 DA MAGNA CARTA. OCORRÊNCIA. RECURSO EXTRAORDINÁRIO PROVIDO. 1. Plano de pensão complementar facultativo, disponibilizado aos membros do Ministério Público do Estado do Rio de Janeiro que optassem pela sua filiação. Plano autônomo, esse, internamente desvinculado do regime obrigatório de contribuição mensal. 2. Caso em que a Administração Pública editou uma lei para dar fim a plano especial de pensão, quando ainda vivos os supridores estipendiais desse plano. Situação em que lei posterior fez retroagir a sua eficácia temporal para impedir a produção dos efeitos futuros de ato jurídico anteriormente consolidado, com violação à garantia constitucional do inciso XXXVI do art. 5º da Constituição Federal. 3. O dano suportado pelos servidores, derivado do rompimento unilateral pela Administração do plano de pensão, consubstancia direito à indenização, na forma do § 6º do art. 37 da Constituição Federal. Com o que se faz imperioso o reconhecimento da situação jurídica subjetiva dos recorrentes ante o Poder Público, sob pena de se chancelar o enriquecimento estatal sem causa. 4. Recurso extraordinário provido para determinar a devolução aos recorrentes das contribuições pagas ao fundo de reserva em tela (RE 486825/RJ).

1.2. POR DECLARAÇÃO DE INCONSTITUCIONALIDADE

STF - Supremo Tribunal Federal

Tema	**407**	Situação	**Trânsito em Julgado**	Órgão julgador	**Plenário Virtual - RG**
Questão Controvertida	Restituição de valores descontados compulsoriamente a título de contribuição previdenciária declarada inconstitucional.				
Tese Firmada	A questão do direito à restituição da parcela da contribuição previdenciária destinada ao custeio da assistência médico-hospitalar, descontada compulsoriamente de servidores públicos, tem natureza infraconstitucional e a ela são atribuídos os efeitos da ausência de repercussão geral, nos termos do precedente fixado no RE n. 584.608, rel. a Ministra Ellen Gracie, DJe 13/03/2009.				
Informações Complementares	SCAN ME				
Processo / Recurso	**Repercussão Geral**	**Relator (a)**	**Acórdão Publicado**	**Embargos Declaratórios**	**Trânsito em Julgado**
RE 633329	Não há RG - Matéria Infraconstitucional	MINISTRO(A) PRESIDENTE	31/08/2011	-	12/09/2011

1.3. CONTRIBUIÇÃO INDEVIDA NO PERÍODO ENTRE A EC 20/98 E 41/03

STF - Supremo Tribunal Federal

<table>
<tr><td>Tema</td><td>343</td><td>Situação</td><td>Trânsito em Julgado</td><td>Órgão julgador</td><td colspan="2">Tribunal Pleno</td></tr>
<tr><td colspan="2">Questão Controvertida</td><td colspan="5">Devolução de contribuição previdenciária cobrada de servidor inativo ou pensionista, no período compreendido entre a EC 20/98 e a EC 41/2003.</td></tr>
<tr><td colspan="2">Tese Firmada</td><td colspan="5">É devida a devolução aos pensionistas e inativos, perante o Juízo competente para a execução, da contribuição previdenciária indevidamente recolhida no período entre a EC 20/1998 e a EC 41/2003, sob pena de enriquecimento ilícito do ente estatal.</td></tr>
<tr><td colspan="2">Informações Complementares</td><td colspan="5">Há RG - Reafirmação Jurisprudência
SCAN ME</td></tr>
<tr><td colspan="2">Processo / Recurso</td><td>Repercussão Geral</td><td>Relator (a)</td><td>Acórdão Publicado</td><td>Embargos Declaratórios</td><td>Trânsito em Julgado</td></tr>
<tr><td colspan="2">RE 580871</td><td>17/11/2010</td><td>GILMAR MENDES</td><td>13/12/2010</td><td>-</td><td>24/02/2011</td></tr>
</table>

1.4. CONTRIBUIÇÃO RECOLHIDA NA PENDÊNCIA DE PROCESSO JUDICIAL

STF - Supremo Tribunal Federal

- Informativo 528 (14.11.2008) e 523 (10.10.2008)

RECURSO EXTRAORDINÁRIO. CONSTITUCIONAL. EC 20/98, ARTIGO 8º, § 5º. SERVIDOR. TEMPO TRABALHADO APÓS COMPLETAR AS EXIGÊNCIAS PARA APOSENTADORIA. CONTRIBUIÇÃO PREVIDENCIÁRIA. ISENÇÃO. Se o servidor contribuiu para a Previdência Social no período trabalhado além da data em que poderia ter se aposentado – o que não fez porque ao tempo do requerimento houve controvérsia a respeito da contagem do tempo de serviço, posteriormente dirimida em juízo a favor do servidor –, faz jus à devolução dos valores recolhidos, nos termos da isenção prevista no § 5º do artigo 8º da EC 20/98. Recurso extraordinário conhecido e provido (RE N. 568.377-RS)

2. PELO SERVIDOR

2.1. RECEBIDOS DE BOA-FÉ

STJ - Superior Tribunal de Justiça

Tema	**1009**	Situação	**Trânsito em Julgado**	Órgão julgador	**Primeira Seção**
Questão Controvertida	O Tema 531 do STJ abrange, ou não, a devolução ao Erário de valores recebidos de boa-fé pelo servidor público quando pagos indevidamente por erro operacional da Administração Pública.				
Tese Firmada	Os pagamentos indevidos aos servidores públicos decorrentes de erro administrativo (operacional ou de cálculo), não embasado em interpretação errônea ou equivocada da lei pela Administração, estão sujeitos à devolução, ressalvadas as hipóteses em que o servidor, diante do caso concreto, comprova sua boa-fé objetiva, sobretudo com demonstração de que não lhe era possível constatar o pagamento indevido.				
Informações Complementares	Tese firmada no Tema Repetitivo n. 531/STJ: Quando a Administração Pública interpreta erroneamente uma lei, resultando em pagamento indevido ao servidor, cria-se uma falsa expectativa de que os valores recebidos são legais e definitivos, impedindo, assim, que ocorra desconto dos mesmos, ante a boa-fé do servidor público. Vide Controvérsia n. 70/STJ.O Ministro Relator, na sessão de julgamento de 24/4/2019, submeteu os Recurso Especiais n. 1.769.306/AL e 1.769.209/AL à Primeira Seção do STJ, em questão de ordem, para propor o prosseguimento da Proposta de Revisão de Entendimento firmado em tese relativa ao Tema n. 531 do STJ. SCAN ME				

Tema	1009	Situação	Trânsito em Julgado		Órgão julgador	Primeira Seção
Processo / Recurso		Decisão de Afetação	Relator (a)	Acórdão Publicado	Embargos Declaratórios	Trânsito em Julgado
REsp 1769306/AL e REsp 1769209/AL		02/05/2019	BENEDITO GONÇALVES	19/05/2021	26/10/2021	04/02/2022

STF - Supremo Tribunal Federal

- Informativo 716 – 23.08.2013

ADMINISTRATIVO. AGRAVOS REGIMENTAIS NO RECURSO EXTRAORDINÁRIO. SERVIDOR PÚBLICO. APOSENTADORIA DECLARADA ILEGAL PELO TRIBUNAL DE CONTAS. DEVOLUÇÃO DOS VALORES INDEVIDAMENTE RECEBIDOS. TERMO INICIAL. DATA DA DECISÃO DO ÓRGÃO DE CONTAS. APLICAÇÃO DA SÚMULA 106 DO TCU. PRECEDENTES. SERVIDOR INDUZIDO A ERRO PELA ADMINISTRAÇÃO. AUSÊNCIA DE PREQUESTIONAMENTO. SÚMULA 282/STF. 1. O Plenário do Supremo Tribunal Federal, em diversas oportunidades, já assentou que, havendo boa-fé do servidor público que recebe valores indevidos a título de aposentadoria, só a partir da data em que for ela julgada ilegítima pelo órgão competente deverá ser devolvida a quantia recebida a maior (MS 26085, Relator(a): Min. CÁRMEN LÚCIA, Tribunal Pleno, DJe de 13-06-2008; e MS 24781, Relator(a): Min. ELLEN GRACIE, Relator(a) p/ Acórdão: Min. GILMAR MENDES, Tribunal Pleno, DJe de 09-06-2011). 2. Agravos regimentais a que se nega provimento (AG. REG. NO RE N. 450.458-DF).

2.2. RESTITUIÇÃO DE PROVENTOS DO FALECIDO POR ERRO ADMINISTRATIVO

STJ - Superior Tribunal de Justiça

- Informativo 579 – 01.04.2016

DIREITO ADMINISTRATIVO. RESTITUIÇÃO À ADMINISTRAÇÃO PÚBLICA DE PROVENTOS DEPOSITADOS A SERVIDOR PÚBLICO FALECIDO. Os herdeiros devem restituir os proventos que, por erro operacional da Administração Pública, continuaram sendo depositados em conta de servidor público após o seu falecimento (AgRg no REsp 1.387.971-DF, Rel. Min. Mauro Campbell Marques, julgado em 15/3/2016, DJe 21/3/2016).

2.3. DESCONTO RETROATIVO DE CONTRIBUIÇÃO EXTEMPORÂNEA

STJ - Superior Tribunal de Justiça

- Informativo 507 – 31.10.2012

DIREITO ADMINISTRATIVO. DESCONTO RETROATIVO. CONTRIBUIÇÃO PREVIDENCIÁRIA SOBRE GRATIFICAÇÃO NÃO RECOLHIDA. Não é possível descontar, retroativa e diretamente em folha, os valores referentes à contribuição previdenciária incidente sobre gratificação recebida por servidor público quando a Administração deixa de recolher, por erro, na época própria (AgRg no AREsp 95.329-RO, Rel. Min. Benedito Gonçalves, julgado em 23/10/2012).

2.4. LICENÇA CAPACITAÇÃO E APOSENTADORIA VOLUNTÁRIA

STJ - Superior Tribunal de Justiça

- Informativo 414 – 06.11.2009

LICENÇA. CAPACITAÇÃO. APOSENTADORIA VOLUNTÁRIA. In casu, a controvérsia estabeleceu-se em virtude de acordo entre a universidade ora recorrente e a servidora pública – professora universitária – ora recorrida, com o escopo de conceder a ela licença com vencimentos para capacitação (doutorado), no período de 4/3/1991 a 3/3/1995, cujo grau de "Doutora em Ciências Humanas: Ciência Política" foi obtido em 2/2/1994. Entre as obrigações da recorrida oriundas do referido pacto, encontrava-se a de que, ao retornar da licença, ela deveria trabalhar pelo tempo correspondente ao afastamento, incluídas as prorrogações, sob pena de indenização de todas as despesas. Porém, a recorrida aposentou-se voluntariamente antes de satisfazer tal exigência. Assim, a questão está em saber se a aposentadoria voluntária interrompe o vínculo com a Administração Pública e, em consequência, descumpre o pactuado entre a servidora e a Administração com esteio nas normas previstas no Dec. n. 94.664/1987. A Turma, ao prosseguir o julgamento, deu provimento ao recurso ao fundamento de que, diante dos princípios da moralidade e da boa-fé no âmbito do serviço público, o servidor deve indenizar a Administração Pública pelo descumprimento de contraprestação estabelecida para capacitação de doutoramento, ainda que exerça seu direito constitucional à aposentadoria, visto que a finalidade do ato administrativo de custear os estudos não se limita ao usufruto próprio do servidor, mas também à necessidade de contraprestação perante a Administração. Ademais, o art. 47 do Dec. n. 94.664/1987 encontra sua revogação tácita e material apenas com a edição da MP n. 441/2008, posteriormente convertida na Lei n. 11.907/2009. Ressalte-se que, anterior a esse período, pela Lei n. 8.112/1990, o âmbito da revogação do dispositivo legal estende-se apenas aos dispositivos correlatos. Desse modo, não havendo dispositivo correlato no Estatuto dos Servidores Públicos, permanecia em vigor o referido decreto, ante a sua força normativa, sua recepção material e compatibilidade com a CF/1988, nos termos do art. 2º, § 1º, da LICC (REsp 805.392-MG, Rel. Min. Maria Thereza de Assis Moura, julgado em 3/11/2009).

CAPÍTULO 7 - RESPONSABILIDADE CIVIL E ADMINISTRATIVA

1. DO ESTADO

1.1. DEMORA NA CONCESSÃO DA APOSENTADORIA

STJ - Superior Tribunal de Justiça

- Informativo 302 – 03.11.2006

INDENIZAÇÃO. DEMORA. APOSENTADORIA. O deferimento tardio da aposentadoria não gera para o servidor direito à indenização, uma vez que o procedimento da aposentação deve obedecer ao devido processo legal (REsp 811.815-MS, Rel. originário Min. José Delgado, Rel. para acórdão Min. Luiz Fux, julgado em 24/10/2006).

STF - Supremo Tribunal Federal

Tema	83	Situação	**Trânsito em Julgado**	Órgão julgador	**Plenário Virtual - RG**
Questão Controvertida	Responsabilidade civil do Estado por indenização em virtude de demora excessiva e injustificada na apreciação do pedido de aposentadoria de servidor público.				
Tese Firmada	A questão da responsabilidade civil do Estado por indenização em virtude de demora excessiva e injustificada na apreciação do pedido de aposentadoria de servidor público não tem repercussão geral, pois ausente relevância econômica, política, social ou jurídica que transcenda ao interesse das partes.				
Informações Complementares	SCAN ME				

Tema	83	Situação	**Trânsito em Julgado**	Órgão julgador	**Plenário Virtual - RG**

Processo / Recurso	**Repercussão Geral**	**Relator (a)**	**Acórdão Publicado**	**Embargos Declaratórios**	**Trânsito em Julgado**
RE 584186	Não há RG - Questão sem Relevância	MENEZES DIREITO	27/06/2008	-	27/06/2008

1.2. ANISTIADO

STF - Supremo Tribunal Federal

Tema	394	Situação	**Trânsito em Julgado**	Órgão julgador	**Tribunal Pleno**
Questão Controvertida	Pagamento imediato de reparação econômica a anistiados políticos.				
Tese Firmada	1) - Reconhecido o direito à anistia política, a falta de cumprimento de requisição ou determinação de providências por parte da União, por intermédio do órgão competente, no prazo previsto nos arts. 12, § 4º, e 18, caput e parágrafo único, da Lei nº 10.599/02, caracteriza ilegalidade e violação de direito líquido e certo; 2) - Havendo rubricas no orçamento destinadas ao pagamento das indenizações devidas aos anistiados políticos e não demonstrada a ausência de disponibilidade de caixa, a União há de promover o pagamento do valor ao anistiado no prazo de 60 dias; 3) - Na ausência ou na insuficiência de disponibilidade orçamentária no exercício em curso, cumpre à União promover sua previsão no projeto de lei orçamentária imediatamente seguinte.				
Informações Complementares	SCAN ME				

Processo / Recurso	**Repercussão Geral**	**Relator (a)**	**Acórdão Publicado**	**Embargos Declaratórios**	**Trânsito em Julgado**
RE 553710	29/04/2011	CÁRMEN LÚCIA	31/08/2017	06/09/2017 e 17/09/2018	12/03/2020

2. DO SERVIDOR PÚBLICO

2.1. SUSPENSÃO E CASSAÇÃO DE APOSENTADORIA

2.1.1. CONSTITUCIONALIDADE DA MEDIDA

STF - Supremo Tribunal Federal

- Informativo 791 – 26.06.2015

AGRAVO REGIMENTAL. SUSPENSÃO DE TUTELA ANTECIPADA. SERVIDOR PÚBLICO ESTADUAL. CASSAÇÃO DE APOSENTADORIA. CONSTITUCIONALIDADE. DECISÃO AGRAVADA QUE DEFERIU A SUSPENSÃO DE TUTELA ANTECIPADA. AGRAVO REGIMENTAL IMPROVIDO. I – A natureza excepcional da contracautela permite tão somente juízo mínimo de delibação sobre a matéria de fundo e análise do risco de grave lesão à ordem, à saúde, à segurança e à economia públicas. Controvérsia sobre matéria constitucional evidenciada e risco de lesão à ordem e à economia públicas verificado. II – O Plenário Supremo Tribunal Federal já se manifestou pela constitucionalidade da cassação da aposentadoria, inobstante o caráter contributivo de que se reveste o benefício previdenciário. Precedentes: MS 21.948/RJ, Rel. Min. Néri da Silveira, MS 23.299/SP, Rel. Min. Sepúlveda Pertence e MS 23.219-AgR/RS, Rel. Min. Eros Grau. III – Impõe-se a suspensão das decisões como forma de evitar o efeito multiplicador, que se consubstancia no aforamento, nos diversos tribunais, de processos visando ao mesmo escopo. Precedentes. IV – Agravo regimental a que se nega provimento (AG. REG. NA STA N. 729-SC).

2.1.2. EQUIVALENTE À PENA DE DEMISSÃO

STJ - Superior Tribunal de Justiça

- Informativo 666 – 27.03.2020

SERVIDOR PÚBLICO. PROCESSO ADMINISTRATIVO DISCIPLINAR. IMPROBIDADE ADMINISTRATIVA. CASSAÇÃO DE

APOSENTADORIA. POSSIBILIDADE. É possível a cassação de aposentadoria de servidor público pela prática, na atividade, de falta disciplinar punível com demissão (MS 23.608-DF, Rel. Min. Napoleão Nunes Maia Filho, Rel. Acd. Min. Og Fernandes, Primeira Seção, por maioria, julgado em 27/11/2019, DJe 05/03/2020).

STF - Supremo Tribunal Federal

- Informativo 975 – 30.04.2020

ARGUIÇÃO DE DESCUMPRIMENTO DE PRECEITO FUNDAMENTAL. CONSTITUCIONAL E ADMINISTRATIVO. ARTS. 127, IV, E 134 DA LEI 8.112/1990. PENALIDADE DISCIPLINAR DE CASSAÇÃO DE APOSENTADORIA OU DISPONIBILIDADE. EMENDAS CONSTITUCIONAIS 3/1993, 20/1998 E 41/2003. PENALIDADE QUE SE COMPATIBILIZA COM O CARÁTER CONTRIBUTIVO E SOLIDÁRIO DO REGIME PRÓPRIO DE PREVIDÊNCIA DOS SERVIDORES. PODER DISCIPLINAR DA ADMINISTRAÇÃO PÚBLICA. AÇÃO JULGADA IMPROCEDENTE. 1. As Emendas Constitucionais 3/1993, 20/1998 e 41/2003 estabeleceram o caráter contributivo e o princípio da solidariedade para o financiamento do regime próprio de previdência dos servidores públicos. Sistemática que demanda atuação colaborativa entre o respectivo ente público, os servidores ativos, os servidores inativos e os pensionistas. 2. A contribuição previdenciária paga pelo servidor público não é um direito representativo de uma relação sinalagmática entre a contribuição e eventual benefício previdenciário futuro. 3. A aplicação da penalidade de cassação de aposentadoria ou disponibilidade é compatível com o caráter contributivo e solidário do regime próprio de previdência dos servidores públicos. Precedentes. 4. A perda do cargo público foi prevista no texto constitucional como uma sanção que integra o poder disciplinar da Administração. É medida extrema aplicável ao servidor que apresentar conduta contrária aos princípios básicos e deveres funcionais que fundamentam a atuação da Administração Pública. 5. A impossibilidade de aplicação de sanção administrativa a servidor aposentado, a quem a penalidade de cassação de aposentadoria se mostra como única sanção à disposição da Administração, resultaria em tratamento diverso entre servidores ativos e inativos, para o sancionamento dos mesmos ilícitos, em prejuízo do princípio isonômico e da moralidade administrativa, e representaria indevida restrição ao poder disciplinar da Administração em relação a servidores aposentados que cometeram faltas graves enquanto em atividade, favorecendo a impunidade. 6. Arguição conhecida e julgada improcedente (ADPF 418).

2.1.3. APOSENTADORIA ANTES DA CONDENAÇÃO PENAL

STJ - Superior Tribunal de Justiça

- Informativo 552 – 17.12.2014

DIREITO PENAL. INAPLICABILIDADE DO ART. 92, I, DO CP A SERVIDOR PÚBLICO APOSENTADO ANTERIORMENTE À CONDENAÇÃO CRIMINAL. Ainda que condenado por crime praticado durante o período de atividade, o servidor público não pode ter a sua aposentadoria cassada com fundamento no art. 92, I, do CP, mesmo que a sua aposentadoria tenha ocorrido no curso da ação penal (REsp 1.416.477-SP, Rel. Min. Walter de Almeida Guilherme – Desembargador convocado do TJ/SP –, julgado em 18/11/2014).

2.1.4. APOSENTADORIA COMPULSÓRIA DE MAGISTRADO E CONDENAÇÃO PENAL

STJ - Superior Tribunal de Justiça

- Informativo 270 – 09.12.2005

MAGISTRADO. APOSENTADORIA COMPULSÓRIA. CASSAÇÃO. Inexiste direito líquido e certo de magistrado vitalício para manter a aposentadoria compulsória cassada em razão de condenação penal transitada em julgado que determinou a perda do cargo (art. 95, I, da CF/1988), por ser inaplicável o art. 54 da Lei n. 9.784/1999 à hipótese (RMS 18.763-RJ, Rel. Min. Laurita Vaz, julgado em 6/12/2005).

2.1.5. LACUNA EM DIREITO LOCAL

STJ - Superior Tribunal de Justiça

- Informativo 751 – 03.10.2022

SERVIDOR PÚBLICO. PROCESSO ADMINISTRATIVO DISCIPLINAR. SUSPENSÃO DE APOSENTADORIA. LACUNA EM DIREITO LOCAL. APLICAÇÃO SUBSIDIÁRIA DA LEI N. 8.112/1990. POSSIBILIDADE. Servidor público. Processo administrativo disciplinar. Suspensão de aposentadoria. Lacuna em direito local. Aplicação subsidiária da Lei n. 8.112/1990. Possibilidade (AgInt no AgInt no RMS 61.130-PR, Rel. Min. Mauro Campbell Marques, Segunda Turma, por unanimidade, julgado em 27/09/2022).

2.2. RESERVA REMUNERADA DE MILITAR NA PENDÊNCIA DE PROCESSO CRIMINAL

STF - Supremo Tribunal Federal

- Informativo 973 (17.04.2020)

EMENTA: AÇÃO DIRETA DE INCONSTITUCIONALIDADE. CONSTITUCIONAL. AL. A DO § 3º DO ART. 176 DA LEI N. 7.990/2001 DA BAHIA. TRANSFERÊNCIA PARA A RESERVA REMUNERADA. CONDICIONANTES. POLICIAIS MILITARES QUE ESTEJAM RESPONDENDO A PROCESSO CRIMINAL, PROCESSO CIVIL POR ABUSO DE AUTORIDADE E PROCESSO ADMINISTRATIVO. ALEGADA CONTRARIEDADE AO INC. X DO § 3º DO ART. 142 DA CONSTITUIÇÃO DA REPÚBLICA. AÇÃO DIRETA CONHECIDA EM PARTE E, NA PARTE CONHECIDA, JULGADA IMPROCEDENTE. 1. Não impugnação de todas as normas que integram o conjunto normativo apontado como inconstitucional: ausência do interesse de agir da parte autora. Precedentes. 2. Não configura contrariedade ao princípio da presunção de inocência a restrição imposta pela norma estadual impugnada por se caracterizar restrição administrativa que não se reveste de caráter punitivo, mas acautelatório, pela qual se assegura a persecução penal e se evitam eventuais prejuízos à administração militar. Precedentes. 3. As especificidades das instituições militares, organizadas com base na hierarquia e na disciplina, respaldam a definição legal de critérios diferenciados para a transferência de seus membros à reserva remunerada de forma voluntária. 4. Ação direta de inconstitucionalidade não conhecida quanto à expressão "estiver respondendo a processo administrativo" prevista na al. a do § 3º do art. 176 da Lei n. 7.990/2001 da Bahia e, na parte conhecida, julgada improcedente para declarar constitucional a condição para transferência à reserva remunerada, a pedido, ao policial militar que estiver respondendo a processo criminal ou por abuso de autoridade (ADI 5.493).

2.3. APOSENTADORIA DE SERVIDOR INVESTIGADO

STF - Supremo Tribunal Federal

- Informativo 1092/2023 (05.05.2023) – ADI 6591/DF

DIREITO CONSTITUCIONAL E ADMINISTRATIVO. AÇÃO DIRETA DE INCONSTITUCIONALIDADE. LEI DO ESTADO DA BAHIA 6.677/94. ESTATUTO DOS SERVIDORES PÚBLICOS CIVIS. NORMA QUE IMPEDE A APOSENTADORIA E A EXONERAÇÃO A PEDIDO DE SERVIDOR QUE RESPONDE A PROCESSO DISCIPLINAR. CONSTITUCIONALIDADE, SALVO EXCESSO DE PRAZO INJUSTIFICADO PARA A CONCLUSÃO DO PROCESSO DISCIPLINAR. INTERPRETAÇÃO CONFORME. AÇÃO JULGADA PARCIALMENTE PROCEDENTE. 1. A Administração não dispõe de discricionariedade para deixar de aplicar as penalidades disciplinares quando a hipótese fática se amolda ao tipo legal nem para estender desproporcionalmente o prazo de conclusão do processo administrativo. 2. Além da penalidade de demissão, a Administração pode também reconhecer, pelo prazo de cinco anos, a incompatibilidade para nova investidura em cargo público. 3. A possibilidade de cumulação de sanções e a vinculação da Administração indicam que é constitucional a previsão legal que impede a exoneração a pedido e a aposentadoria voluntária de servidor que responde a processo disciplinar. Precedente. 4. Em caso de inobservância de prazo razoável para a conclusão de processo administrativo disciplinar, não há falar em ilegalidade na concessão de aposentadoria ao servidor investigado. Precedentes do STJ. 5. Ação direta parcialmente procedente, para conferir interpretação conforme a Constituição ao art. 240 da Lei Estadual 6.677, de 26.09.1994, a fim de assentar que, em caso de inobservância de prazo razoável para a conclusão de processo administrativo disciplinar, ser possível a concessão de aposentadoria a servidor investigado.

2.4. REINTEGRAÇÃO COM VÍNCULO NO RGPS

STF – Supremo Tribunal Federal

Tema	**1150**	Situação	**Trânsito em Julgado**	Órgão julgador	**Plenário Virtual**
Questão Controvertida	Possiblidade de reintegração de servidor público aposentado pelo Regime Geral de Previdência Social (RGPS) ao mesmo cargo no qual se aposentou, com a consequente acumulação dos proventos e da remuneração, apesar de previsão de vacância do cargo em lei local.				
Tese Firmada	O servidor público aposentado pelo Regime Geral de Previdência Social, com previsão de vacância do cargo em lei local, não tem direito a ser reintegrado ao mesmo cargo no qual se aposentou ou nele manter-se, por violação à regra do concurso público e à impossibilidade de acumulação de proventos e remuneração não acumuláveis em atividade.				
Informações Complementares	SCAN ME				
Processo / Recurso	**Repercussão Geral**	**Relator (a)**	**Acórdão Publicado**	**Embargos Declaratórios**	**Trânsito em Julgado**
RE 1302501	Há repercussão geral com reafirmação de Jurisprudência	MINISTRO(A) PRESIDENTE	25/08/2021	27/08/2021	20/09/2022

TÍTULO IV

REGIME DE PREVIDÊNCIA COMPLEMENTAR (RPC)

CAPÍTULO 1 - ASPECTOS GERAIS

1. FILIAÇÃO FACULTATIVA E PATRIMÔNIO JURÍDICO

STJ - Superior Tribunal de Justiça

- Informativo 427 – 19.03.2010

PREVIDÊNCIA PRIVADA. FILIAÇÃO. FACULDADE. É certo que a competência para legislar sobre a previdência social é concorrente (art. 24, XII, da CF/1988), porém cabe à União editar as normas gerais (§ 1º desse mesmo artigo). Dessarte, se há normas gerais editadas pela União, elas deverão ser respeitadas pela legislação estadual, sob pena de usurpação da competência constitucional. Diante disso, conclui-se que, se o art. 1º da LC n. 109/2001 dispôs que é facultativa a adesão ao regime de previdência privada complementar, essa norma há de ser observada pelos estados e municípios, daí o recorrente não poder ser compelido a filiar-se em carteira de previdência complementar de escrivães, notários e registradores, quanto mais arcar com a contribuição, se nem sequer a isso anuiu (REsp 920.702-PR, Rel. Min. Aldir Passarinho Junior, julgado em 18/3/2010).

- Informativo 293 – 18.08.2006

CONTRIBUIÇÃO PREVIDENCIÁRIA PRIVADA COMPLEMENTAR. COBRANÇA FACULTATIVA. A matéria consiste em saber se a cobrança de contribuição previdenciária de notário, registrador ou escrivão em carteira de previdência complementar, portanto privada, é obrigatória ou meramente facultativa. A Min. Relatora aduziu que a faculdade do usuário de aderir à previdência privada emana do próprio texto constitucional, no art. 202, o qual foi reproduzido pelo art. 1º da LC n. 109/2001. Entendeu que ninguém pode ser compelido a permanecer filiado a um regime de previdência privada que a própria CF/1988 estabelece facultativo. Há que se ter em consideração, nesse particular, que o direito de livre associação é cláusula pétrea da CF/1988, o que não autoriza a edição de qualquer lei, seja estadual seja federal, que imponha a filiação a qualquer entidade associativa sob pena de quebra de princípio erigido constitucionalmente como intocável. A Min. Relatora considerou ainda ser indiscutível que o filiado que se desliga do regime de previdência privada complementar terá direito ao resgate das parcelas recolhidas (Súm. n. 289-STJ). Pode o filiado defender-se para não ser forçado a permanecer nessa condição ad aeternum, tampouco obrigado a recolher compulsoriamente as contribuições à carteira (REsp 615.088-PR, Rel. Min. Nancy Andrighi, julgado em 15/8/2006).

STF - Supremo Tribunal Federal

- Informativo 636 (19.08.2011) e 572 (18.12.2009)

PREVIDÊNCIA COMPLEMENTAR – BALIZAS. Tratando-se de previdência complementar, as balizas constantes de resolução passam a integrar o patrimônio dos beneficiários (RE 464971/MG).

2. APLICAÇÃO DO CÓDIGO DE DEFESA DO CONSUMIDOR

STJ - Superior Tribunal de Justiça

- Informativo 738 – 30.05.2022

PLANO DE PREVIDÊNCIA COMPLEMENTAR. ENTIDADE ABERTA DE PREVIDÊNCIA PRIVADA. PECÚLIO. APLICABILIDADE DO CÓDIGO DE DEFESA DO CONSUMIDOR. DIFERENÇA ENTRE O VALOR INFORMADO AO INSTITUIDOR DO BENEFÍCIO E O MONTANTE PAGO ADMINISTRATIVO. VINCULAÇÃO À OFERTA E À INFORMAÇÃO PRESTADA. OBTENÇÃO DE VANTAGEM ECONÔMICA. CUMPRIMENTO DE DEVER CORRESPONDENTE. A promessa, reiterada periodicamente, acerca do valor da prestação previdenciária deve ser honrada perante o consumidor que não foi comprovada e oportunamente avisado do alegado erro de cálculo (REsp 1.966.034-MG, Rel. Min. Luis Felipe Salomão, Rel. Acd. Min. Raul Araújo, Quarta Turma, por maioria, julgado em 24/05/2022).

- Informativo 571 – 27.10.2015

DIREITO CIVL. INAPLICABILIDADE DO CDC ÀS ENTIDADES FECHADAS DE PREVIDÊNCIA PRIVADA. O Código de Defesa do Consumidor não é aplicável à relação jurídica entre participantes ou assistidos de plano de benefício e entidade de previdência complementar fechada, mesmo em situações que não sejam regulamentadas pela legislação especial (REsp 1.536.786-MG, Rel. Min. Luis Felipe Salomão, julgado em 26/8/2015, DJe 20/10/2015).

3. PARIDADE DE BENEFÍCIOS CONCEDIDOS A ATIVOS

3.1. FRUTO DE ACORDO COLETIVO

STF - Supremo Tribunal Federal

Tema	591	Situação	**Trânsito em Julgado**	Órgão julgador	**Plenário Virtual - RG**
Questão Controvertida	Extensão, às complementações de aposentadoria, de benefício concedido indistintamente aos empregados ativos em razão de acordo coletivo de trabalho.				
Tese Firmada	A questão do direito ao recebimento pelos aposentados e pensionistas, a título de complementação de aposentadoria, das vantagens concedidas em acordo coletivo de trabalho, aos empregados em atividade, tem natureza infraconstitucional, e a ela se atribuem os efeitos da ausência de repercussão geral, nos termos do precedente fixado no RE n. 584.608, rel. a Ministra Ellen Gracie, DJe 13/03/2009.				
Informações Complementares	SCAN ME				
Processo / Recurso	**Repercussão Geral**	**Relator (a)**	**Acórdão Publicado**	**Embargos Declaratórios**	**Trânsito em Julgado**
RE 659109	Não há RG - Matéria Infraconstitucional	LUIZ FUX	15/05/2013	21/05/2013	22/10/2014

3.2. VANTAGEM A EMPREGADOS ATIVOS

STJ - Superior Tribunal de Justiça

<table>
<tr><td>Tema</td><td>736</td><td>Situação</td><td>Trânsito em Julgado</td><td>Órgão julgador</td><td>Segunda Seção</td></tr>
<tr><td>Questão Controvertida</td><td colspan="5">Discute se o abono único salarial previsto em acordo coletivo ou convenção coletiva de trabalho para os empregados da ativa deve integrar a complementação de aposentadoria dos inativos paga por instituição de previdência privada.</td></tr>
<tr><td>Tese Firmada</td><td colspan="5">a) Nos planos de benefícios de previdência privada fechada, patrocinados pelos entes federados - inclusive suas autarquias, fundações, sociedades de economia mista e empresas controladas direta ou indiretamente -, é vedado o repasse de abono e vantagens de qualquer natureza para os benefícios em manutenção, sobretudo a partir da vigência da Lei Complementar n. 108/2001, independentemente das disposições estatutárias e regulamentares;
b) Não é possível a concessão de verba não prevista no regulamento do plano de benefícios de previdência privada, pois a previdência complementar tem por pilar o sistema de capitalização, que pressupõe a acumulação de reservas para assegurar o custeio dos benefícios contratados, em um período de longo prazo.</td></tr>
<tr><td>Informações Complementares</td><td colspan="5">SCAN ME</td></tr>
<tr><td>Repercussão Geral</td><td colspan="5">Tema 219/STF - Extensão a beneficiários de plano de previdência privada complementar de vantagem outorgada a empregados ativos.</td></tr>
<tr><td>Processo / Recurso</td><td>Decisão de Afetação</td><td>Relator (a)</td><td>Acórdão Publicado</td><td>Embargos Declaratórios</td><td>Trânsito em Julgado</td></tr>
<tr><td>REsp 1425326/RS</td><td>14/03/2014</td><td>LUIS FELIPE SALOMÃO</td><td>01/08/2014</td><td>-</td><td>05/09/2014</td></tr>
</table>

STF - Supremo Tribunal Federal

Tema	219	Situação	**Trânsito em Julgado**	Órgão julgador	**Plenário Virtual - RG**
Questão Controvertida	Extensão a beneficiários de plano de previdência privada complementar de vantagem outorgada a empregados ativos.				
Tese Firmada	A questão da extensão de vantagem pecuniária paga aos empregados em atividade aos beneficiários da previdência complementar privada tem natureza infraconstitucional e a ela são atribuídos os efeitos da ausência de repercussão geral, nos termos do precedente fixado no RE n. 584.608, rel. a Ministra Ellen Gracie, DJe 13/03/2009.				
Informações Complementares	SCAN ME				
Processo / Recurso	**Repercussão Geral**	**Relator (a)**	**Acórdão Publicado**	**Embargos Declaratórios**	**Trânsito em Julgado**
RE 590005	Não há RG - Matéria Infraconstitucional	CEZAR PELUSO	18/12/2009	-	05/02/2010

4. EQUIPARAÇÃO DE REAJUSTE COM A PREVIDÊNCIA PÚBLICA

4.1. AUMENTOS REAIS DO BENEFÍCIO OFICIAL

STJ - Superior Tribunal de Justiça

Tema	941	Situação	**Trânsito em Julgado**	Órgão julgador	**Segunda Seção**
Questão Controvertida	Definir se a previsão, no regulamento de plano de benefícios de previdência privada, de reajuste com base nos mesmos índices adotados pela previdência pública, garante também a extensão de índices correspondentes a eventuais aumentos reais do benefício oficial.				
Tese Firmada	Nos planos de benefícios de previdência complementar administrados por entidade fechada, a previsão regulamentar de reajuste, com base nos mesmos índices adotados pelo Regime Geral de Previdência Social, não inclui a parte correspondente a aumentos reais.				

Tema	**941**	Situação	**Trânsito em Julgado**	Órgão julgador	**Segunda Seção**
Informações Complementares					
Processo / Recurso	**Decisão de Afetação**	**Relator (a)**	**Acórdão Publicado**	**Embargos Declaratórios**	**Trânsito em Julgado**
REsp 1564070/MG	20/11/2015	LUIS FELIPE SALOMÃO	18/04/2017	-	13/06/2017

- Informativo 557 – 18.03.2015

DIREITO CIVIL E PREVIDENCIÁRIO. INADMISSIBILIDADE DE EXTENSÃO À APOSENTADORIA COMPLEMENTAR DE AUMENTOS REAIS CONCEDIDOS PARA BENEFÍCIOS MANTIDOS PELO INSS. A previsão normativa estatutária de reajuste da aposentadoria complementar segundo os mesmos índices de reajustamento incidentes nos benefícios mantidos pelo INSS não garante o aumento real do valor do benefício, mas apenas a reposição das perdas causadas pela inflação (REsp 1.510.689-MG, Rel. Min. Ricardo Villas Bôas Cueva, julgado em 10/3/2015, DJe 16/3/2015).

4.2. MESMOS ÍNDICES UTILIZADOS PELO RGPS

STF - Supremo Tribunal Federal

Tema	**466**	Situação	**Trânsito em Julgado**	Órgão julgador	**Plenário Virtual**
Questão Controvertida	Revisão de contrato celebrado com entidade fechada de previdência complementar.				
Tese Firmada	A questão da obrigatoriedade da revisão de contrato celebrado com entidade fechada de previdência complementar para recalcular os benefícios de seus associados, com base nos mesmos índices utilizados para reajustar os benefícios pagos pelo Regime Geral de Previdência Social - RGPS, tem natureza infraconstitucional, e a ela se atribuem os efeitos da ausência de repercussão geral, nos termos do precedente fixado no RE n. 584.608, rel. a Ministra Ellen Gracie, DJe 13/03/2009.				

Tema	**466**	Situação	**Trânsito em Julgado**	Órgão julgador	**Plenário Virtual**
Informações Complementares	SCAN ME				

Processo / Recurso	**Repercussão Geral**	**Relator (a)**	**Acórdão Publicado**	**Embargos Declaratórios**	**Trânsito em Julgado**
ARE 642137	Não há RG - Matéria Infraconstitucional	MINISTRO(A) PRESIDENTE	15/09/2011	-	30/09/2011

5. ISONOMIA NO REGIME PÚBLICO POR FORÇA DE LEI ESTADUAL

STF - Supremo Tribunal Federal

Tema	**229**	Situação	**Trânsito em Julgado**	Órgão julgador	**Plenário Virtual - RG**
Questão Controvertida	Isonomia quanto ao enquadramento como beneficiário do regime público de previdência complementar instituído por lei estadual.				
Tese Firmada	A questão do preenchimento dos requisitos para concessão de complementação de aposentadoria, nos termos das Leis paulistas n. 4.819/1958 e n. 200/1974, tem natureza infraconstitucional e a ela são atribuídos os efeitos da ausência de repercussão geral, nos termos do precedente fixado no RE n. 584.608, rel. a Ministra Ellen Gracie, DJe 13/03/2009.				
Informações Complementares	SCAN ME				

Processo / Recurso	**Repercussão Geral**	**Relator (a)**	**Acórdão Publicado**	**Embargos Declaratórios**	**Trânsito em Julgado**
RE 585392	Não há RG - Matéria Infraconstitucional	ELLEN GRACIE	18/12/2009	-	10/02/2010

6. TEMPO DO RGPS PARA A PREVIDÊNCIA PRIVADA

STJ - Superior Tribunal de Justiça

- Informativo 555 – 11.03.2015

DIREITO CIVIL E PREVIDENCIÁRIO. INCOMPATIBILIDADE DE BENEFÍCIOS DA PREVIDÊNCIA SOCIAL COM A PREVIDÊNCIA PRIVADA. Não é possível aproveitar tempo de serviço especial, tampouco tempo de serviço prestado sob a condição de aluno-aprendiz, mesmo que reconhecidos pelo INSS, para fins de cálculo da renda mensal inicial de benefício da previdência privada (REsp 1.330.085-RS, Rel. Min. Ricardo Villas Bôas Cueva, julgado em 10/2/2015, DJe 13/2/2015).

7. "INSS HIPOTÉTICO"

STJ - Superior Tribunal de Justiça

- Informativo 542 – 27.06.2014

DIREITO CIVIL E PREVIDENCIÁRIO. POSSIBILIDADE DE A REVISÃO DE PLANO DE BENEFÍCIOS DE PREVIDÊNCIA PRIVADA ATINGIR QUEM AINDA NÃO PREENCHEU TODOS OS REQUISITOS PARA APOSENTADORIA. A alteração regulamentar que implique a instituição do denominado "INSS Hipotético" para o cálculo de benefício pode alcançar todos os participantes do plano de previdência privada que ainda não atingiram todas as condições estabelecidas para elegibilidade previstas no regulamento, não havendo direito adquirido do beneficiário às normas do regulamento vigente na ocasião da adesão à relação contratual (REsp 1.184.621-MS, Rel. Min. Luis Felipe Salomão, julgado em 24/4/2014).

8. *TEMPUS REGIT ACTUM*

8.1. CONDIÇÕES DE ELEGIBILIDADE X DATA DA ADESÃO

STJ - Superior Tribunal de Justiça

Tema	**907**	Situação	**Trânsito em Julgado**	Órgão julgador	**Segunda Seção**
Questão Controvertida	Discute a definição sobre o regulamento aplicável ao participante de plano de previdência privada para fins de cálculo da renda mensal inicial do benefício complementar.				
Tese Firmada	O regulamento aplicável ao participante de plano fechado de previdência privada para fins de cálculo da renda mensal inicial do benefício complementar é aquele vigente no momento da implementação das condições de elegibilidade, haja vista a natureza civil e estatutária, e não o da data da adesão, assegurado o direito acumulado.				
Informações Complementares	Discute-se, no caso, se deve ser aplicado o regulamento do plano de benefícios vigente à época da aposentadoria do associado ou aquele em vigor ao tempo de sua adesão. "Esse entendimento se aplica a quaisquer das modalidades de planos de benefícios, como os Planos de Benefício Definido (BD), os Planos de Contribuição Definida (CD) e os Planos de Contribuição Variável (CV)". (acórdão publicado no DJe de 7/5/2019). SCAN ME				
Repercussão Geral	Tema 662/STF - Direito adquirido ao recebimento de complementação de aposentadoria calculada de acordo com as normas vigentes à época da adesão a contrato de plano de previdência privada.				
Processo / Recurso	**Decisão de Afetação**	**Relator (a)**	**Acórdão Publicado**	**Embargos Declaratórios**	**Trânsito em Julgado**
REsp 1435837/ RS 27	27/11/2014	RICARDO VILLAS BÔAS CUEVA	07/05/2019	01/10/2019 e 28/09/2020	14/09/2022

STF - Supremo Tribunal Federal

Tema	662	Situação	**Trânsito em Julgado**	Órgão julgador	**Plenário Virtual - RG**
Questão Controvertida	Direito adquirido ao recebimento de complementação de aposentadoria calculada de acordo com as normas vigentes à época da adesão a contrato de plano de previdência privada.				
Tese Firmada	A questão do direito adquirido ao recebimento de complementação de benefício previdenciário de acordo com as regras vigentes no período de adesão ao plano de previdência privada tem natureza infraconstitucional e a ela atribuem-se os efeitos da ausência de repercussão geral, nos termos do precedente fixado no RE 584.608, Relatora a Ministra Ellen Gracie, DJe 13/3/2009.				
Informações Complementares	SCAN ME				
Processo / Recurso	**Repercussão Geral**	**Relator (a)**	**Acórdão Publicado**	**Embargos Declaratórios**	**Trânsito em Julgado**
ARE 742083	Não há RG - Matéria Infraconstitucional	RICARDO LEWANDOWSKI	01/07/2013	-	05/08/2013

8.2. DATA DO ÓBITO X DATA DE LEGISLAÇÃO MAIS VANTAJOSA

STJ - Superior Tribunal de Justiça

- Informativo 590 – 03.10.2016

DIREITO CIVIL. INCIDÊNCIA DA SÚMULA 340 DO STJ EM PLANO DE PREVIDÊNCIA PRIVADA. A norma de regulamento de plano de previdência privada aplicável à concessão de complementação de pensão por morte é aquela vigente na data do óbito do participante, ainda que seja editada norma superveniente mais vantajosa ao beneficiário (REsp 1.404.908-MG, Rel. Min. Ricardo Villas Bôas Cueva, julgado em 2/8/2016, DJe 22/9/2016).

9. TERMO FINAL DO SERVIDOR PÚBLICO OPTAR PELO RPC

STF - Supremo Tribunal Federal

- Informativo 908 – 29.06.2018

PROCESSO OBJETIVO - CONTROLE DE CONSTITUCIONALIDADE - LIMINAR - INDEFERIMENTO. O implemento de medida acauteladora pressupõe a plausibilidade jurídica da pretensão e o risco de manter-se com plena eficácia o quadro normativo impugnado, circunstâncias não verificadas. **SERVIDOR PÚBLICO - REGIME DE PREVIDÊNCIA COMPLEMENTAR - INGRESSO - OPÇÃO - TERMO FINAL - PARLAMENTO - ESCOLHA POLÍTICO-NORMATIVA - LEGITIMIDADE.** Descabe ao Supremo, no exercício da função de legislador negativo, suspender a eficácia de dispositivos que definem novo termo final para a formalização, por servidor público – gênero –, de opção pelo ingresso no regime de previdência complementar ao qual se refere o § 16 do artigo 40 da Constituição Federal, sob pena de indevida manipulação de opção político-normativa do Parlamento (ADI 4885 MC/DF).

10. LIMITE ETÁRIO PARA A COMPLEMENTAÇÃO

STJ - Superior Tribunal de Justiça

- Informativo 509 – 05.12.2012

DIREITO CIVIL. PREVIDÊNCIA PRIVADA. LIMITE ETÁRIO PARA COMPLEMENTAÇÃO DE APOSENTADORIA. É legal a previsão de idade mínima de 55 anos estabelecida no Dec. n. 81.240/1978 para a complementação da aposentadoria por entidade de previdência privada (REsp 1.151.739-CE, Rel. Min. Nancy Andrighi, julgado em 14/11/2012).

11. FATOR REDUTOR

STJ - Superior Tribunal de Justiça

- Informativo 505 – 03.10.2012

DIREITO CIVIL. PREVIDÊNCIA PRIVADA. INCIDÊNCIA DE FATOR REDUTOR. É possível a estipulação, em contrato de adesão ao plano de previdência privada, de fator redutor à renda mensal inicial do participante com idade inferior a 53 anos de idade em caso de aposentadoria especial, ou 55 anos para as demais aposentadorias (REsp 1.015.336-SP, Rel. Min. Luis Felipe Salomão, julgado em 20/9/2012).

12. POSSIBILIDADE DE MAJORAÇÃO DE CONTRIBUIÇÃO

STJ - Superior Tribunal de Justiça

- Informativo 561 – 17.05.2015

DIREITO CIVIL E PREVIDENCIÁRIO. POSSIBILIDADE DE MAJORAÇÃO DAS CONTRIBUIÇÕES PARA PLANO DE PREVIDÊNCIA PRIVADA. A contribuição dos integrantes de plano de previdência complementar pode ser majorada sem ofender direito adquirido (REsp 1.364.013-SE, Rel. Min. Ricardo Villas Bôas Cueva, julgado em 28/4/2015, DJe 7/5/2015).

13. VALOR INFERIOR PARA MULHERES CONFORME SEU TEMPO DE CONTRIBUIÇÃO

STF - Supremo Tribunal Federal

Tema	**452**	Situação	**Trânsito em Julgado**	Órgão julgador	**Tribunal Pleno - sessão virtual**
Questão Controvertida		Cláusula de plano de previdência complementar que estabelece valor inferior de complementação de benefício para mulheres em virtude de seu tempo de contribuição.			
Tese Firmada		É inconstitucional, por violação ao princípio da isonomia (art. 5º, I, da Constituição da República), cláusula de contrato de previdência complementar que, ao prever regras distintas entre homens e mulheres para cálculo e concessão de complementação de aposentadoria, estabelece valor inferior do benefício para as mulheres, tendo em conta o seu menor tempo de contribuição			

Tema	**452**	Situação	**Trânsito em Julgado**	Órgão julgador	**Tribunal Pleno - sessão virtual**
Informações Complementares	O Tribunal reconheceu a existência de repercussão geral da questão constitucional suscitada. Recurso extraordinário em que se discute, à luz do princípio da isonomia e do artigo 202, caput, e § 1º (redação anterior ao advento da Emenda Constitucional 20/98), da Constituição Federal, a validade, ou não, de cláusula de contrato de previdência complementar que, ao prever percentuais distintos entre homens e mulheres para cálculo e concessão de complementação de aposentadoria, estabelece valor inferior do benefício para as mulheres, tendo em conta o seu menor tempo de contribuição. SCAN ME				

Processo / Recurso	**Repercussão Geral**	**Relator (a)**	**Acórdão Publicado**	**Embargos Declaratórios**	**Trânsito em Julgado**
RE 639138	01/07/2011	GILMAR MENDES	16/10/2020	26/10/2020	02/10/2021

14. UNIÃO HOMOAFETIVA

STJ - Superior Tribunal de Justiça

- Informativo 421 – 05.02.2010

PREVIDÊNCIA PRIVADA. PENSÃO POST MORTEM. UNIÃO HOMOAFETIVA. A questão posta no REsp cinge-se à possibilidade de entender-se procedente o pedido de pensão post mortem feito à entidade fechada de previdência privada complementar, com base na existência de união afetiva entre pessoas do mesmo sexo pelo período aproximado de 15 anos. A Turma entendeu, entre outras questões, que, comprovada a existência de união afetiva entre pessoas do mesmo sexo, é de se reconhecer o direito do companheiro sobrevivente de receber benefícios previdenciários decorrentes do plano de previdência privada do qual o falecido era participante, com os idênticos efeitos da união estável. Desse modo, se, por força do art. 16 da Lei n. 8.213/1991, a necessária dependência econômica para a concessão da pensão por morte entre companheiros de união estável é presumida, também o é no caso de companheiros do mesmo sexo, diante do emprego da analogia que se estabeleceu entre essas duas entidades familiares. Ressaltou-se que a proteção social ao companheiro homossexual decorre da subordinação dos planos complementares privados de previdência aos ditames genéricos do plano básico estatal, do qual são desdobramentos no interior do sistema de seguridade social, de forma que os normativos internos dos planos de benefícios das entidades de previdência privada podem ampliar, mas não restringir, o rol dos beneficiários designados pelos participantes. O direito social previdenciário, ainda que de caráter privado complementar, deve incidir igualitariamente sobre todos aqueles que se colocam sob seu manto protetor. Assim, aqueles que vivem em uniões de afeto com pessoas do mesmo sexo seguem enquadrados no rol dos dependentes preferenciais dos segurados no regime geral, bem como dos participantes no regime complementar de previdência, em igualdade de condições com todos os demais beneficiários em situações análogas. Ressaltou-se, ainda, que, incontroversa a união nos mesmos moldes em que a estável, o companheiro participante de plano de previdência privada faz jus à pensão por morte, ainda que não esteja expressamente inscrito no instrumento de adesão, isso porque a previdência privada não perde seu caráter social só pelo fato de decorrer de avença firmada entre particulares. Dessa forma, mediante ponderada intervenção do juiz, munido das balizas da integração da norma lacunosa por meio da analogia, considerando-se a previdência privada em sua acepção de coadjuvante da previdência geral e seguindo os princípios que dão forma ao direito previdenciário como um todo, entre os quais se destaca o da solidariedade, são considerados beneficiários os companheiros de mesmo sexo de participantes dos planos de previdência, sem preconceitos ou restrições de qualquer ordem, notadamente aquelas amparadas em ausência de disposição legal. Nesse contexto, enquanto a lei civil permanecer inerte, as novas estruturas de convívio que batem às portas dos tribunais devem ter sua tutela jurisdicional prestada com base nas leis existentes e nos parâmetros humanitários que norteiam, não só o Direito Constitucional, mas a maioria dos ordenamentos jurídicos existentes no mundo. Destarte, especificamente quanto ao tema em foco, é de ser atribuída normatividade idêntica à da união estável ao relacionamento afetivo entre pessoas do mesmo sexo, com os efeitos jurídicos daí derivados, evitando-se que, por conta do preconceito, sejam suprimidos direitos fundamentais das pessoas envolvidas. Por fim, registrou-se que o alcance dessa decisão abrange unicamente os planos de previdência privada complementar (REsp 1.026.981-RJ, Rel. Min. Nancy Andrighi, julgado em 4/2/2010).

15. VERBAS REMUNERATÓRIAS ORIUNDAS DE RECLAMATÓRIA TRABALHISTA

15.1. VERBAS RECEBIDAS APÓS A CONCESSÃO DO BENEFÍCIO

STJ - Superior Tribunal de Justiça

<table>
<tr><td>Tema</td><td>1021</td><td>Situação</td><td>Trânsito em Julgado</td><td>Órgão julgador</td><td>Segunda Seção</td></tr>
<tr><td colspan="2">Questão Controvertida</td><td colspan="4">Definir a possibilidade de inclusão no cálculo da complementação de aposentadoria, paga por entidade fechada de previdência privada, de verbas remuneratórias incorporadas ao salário do trabalhador por decisão da Justiça do Trabalho, após a concessão do benefício, sem a prévia formação da correspondente reserva matemática.</td></tr>
<tr><td colspan="2">Tese Firmada</td><td colspan="4">a) "A concessão do benefício de previdência complementar tem como pressuposto a prévia formação de reserva matemática, de forma a evitar o desequilíbrio atuarial dos planos. Em tais condições, quando já concedido o benefício de complementação de aposentadoria por entidade fechada de previdência privada, é inviável a inclusão dos reflexos de quaisquer verbas remuneratórias reconhecidas pela Justiça do Trabalho nos cálculos da renda mensal inicial dos benefícios de complementação de aposentadoria."
b) "Os eventuais prejuízos causados ao participante ou ao assistido que não puderam contribuir ao fundo na época apropriada ante o ato ilícito do empregador poderão ser reparados por meio de ação judicial a ser proposta contra a empresa ex-empregadora na Justiça do Trabalho."</td></tr>
</table>

Tema	1021	Situação	**Trânsito em Julgado**	Órgão julgador	**Segunda Seção**
Informações Complementares	Afetação na sessão eletrônica iniciada em 14/8/2019 e finalizada em 20/8/2019 (Segunda Seção). Vide Controvérsia n. 83/STJ - Aplicação ou distinção do Tema n 955/STJ. Há determinação de suspensão do processamento de todos os processos pendentes, individuais ou coletivos, que versem acerca da questão delimitada e tramitem no território nacional (acórdão publicado no DJe de 27/8/2019). SCAN ME				

Processo / Recurso	**Decisão de Afetação**	**Relator (a)**	**Acórdão Publicado**	**Embargos Declaratórios**	**Trânsito em Julgado**
REsp 1778938/SP e REsp 1740397/RS	27/08/2019	ANTONIO CARLOS FERREIRA	11/12/2020	-	17/02/2021

- Informativo 574 – 18.12.2015

DIREITO CIVIL E PREVIDENCIÁRIO. VERBAS TRABALHISTAS RECEBIDAS POR MEIO DE SENTENÇA DEFINITIVA DA JUSTIÇA DO TRABALHO E CÁLCULO DA APOSENTADORIA COMPLEMENTAR. O deferimento por sentença trabalhista definitiva de verbas salariais não justifica o recálculo da renda mensal inicial de aposentadoria complementar privada já concedida (Resp 1.410.173-SC, Rel. Min. Isabel Gallotti, julgado em 5/11/2015, DJe 16/12/2015).

15.2. HORAS EXTRAS

STJ - Superior Tribunal de Justiça

Tema	955	Situação	**Trânsito em Julgado**	Órgão julgador	**Segunda Seção**
Questão Controvertida	Inclusão, nos cálculos dos proventos de complementação de aposentadoria das horas extraordinárias habituais, incorporadas ao salário do participante de plano de previdência privada por decisão da justiça trabalhista.				

Tema	**955**	Situação	**Trânsito em Julgado**	Órgão julgador	**Segunda Seção**
Tese Firmada	I – A concessão do benefício de previdência complementar tem como pressuposto a prévia formação de reserva matemática, de forma a evitar o desequilíbrio atuarial dos planos. Em tais condições, quando já concedido o benefício de complementação de aposentadoria por entidade fechada de previdência privada, é inviável a inclusão dos reflexos das verbas remuneratórias (horas extras) reconhecidas pela Justiça do Trabalho nos cálculos da renda mensal inicial dos benefícios de complementação de aposentadoria; II – Os eventuais prejuízos causados ao participante ou ao assistido que não puderam contribuir ao fundo na época apropriada ante o ato ilícito do empregador poderão ser reparados por meio de ação judicial a ser proposta contra a empresa ex-empregadora na Justiça do Trabalho; III – Modulação de efeitos (art. 927, § 3º, do CPC/2015): para as demandas ajuizadas na Justiça Comum até a data do presente julgamento, e ainda sendo útil ao participante ou assistido, conforme as peculiaridades da causa, admite-se a inclusão dos reflexos de verbas remuneratórias (horas extras), reconhecidas pela Justiça do Trabalho, nos cálculos da renda mensal inicial dos benefícios de complementação de aposentadoria, condicionada à previsão regulamentar (expressa ou implícita) e à recomposição prévia e integral das reservas matemáticas com o aporte de valor a ser apurado por estudo técnico atuarial em cada caso; IV – Nas reclamações trabalhistas em que o ex-empregador tiver sido condenado a recompor a reserva matemática, e sendo inviável a revisão da renda mensal inicial da aposentadoria complementar, os valores correspondentes a tal recomposição devem ser entregues ao participante ou assistido a título de reparação, evitando-se, igualmente, o enriquecimento sem causa do ente fechado de previdência complementar.				
Informações Complementares	Há determinação de suspensão nacional de todos os processos pendentes, individuais ou coletivos (Art. 1.037, II, CPC). (Decisão de afetação publicada no DJe de 15/06/2016). SCAN ME				

Processo / Recurso	**Decisão de Afetação**	**Relator (a)**	**Acórdão Publicado**	**Embargos Declaratórios**	**Trânsito em Julgado**
REsp 1312736/RS	15/06/2016	ANTONIO CARLOS FERREIRA	16/08/2018	06/03/2019	28/03/2019

- Informativo 750 – 26.09.2022

PREVIDÊNCIA PRIVADA. ADICIONAL DE HORAS EXTRAS. RECONHECIMENTO EM RECLAMAÇÃO TRABALHISTA. REVISÃO DE BENEFÍCIO PREVIDENCIÁRIO COMPLEMENTAR. APLICAÇÃO DOS TEMAS 936, 955 E 1021/STJ E TEMA 1.166/STF. A recomposição da reserva matemática, decorrente da aplicação da modulação de efeitos no julgamento dos Repetitivo/Temas 955 e 1021/STJ, deverá ocorrer na forma delineada no julgamento do EREsp 1.557.698/RS, pela Segunda Seção do STJ (AgInt no REsp 1.992.122-DF, Rel. Min. Marco Buzzi, Quarta Turma, por unanimidade, julgado em 27/06/2022, DJe 30/06/2022).

- Informativo 571 – 27.10.2015

DIREITO CIVIL E PREVIDENCIÁRIO. REVISÃO DE APOSENTADORIA COMPLEMENTAR PARA INCLUSÃO DE HORAS EXTRAS. No caso em que o direito a horas extraordinárias, cujos valores estejam previstos no regulamento da entidade de previdência complementar como integrantes da base de cálculo das contribuições do participante, tiver sido reconhecido somente após a aposentadoria do empregado, o valor do benefício da aposentadoria complementar deve ser recalculado para considerar os valores das horas extraordinárias, devendo ser aferido no recálculo o que deixou de ser recolhido pelo empregado e pelo patrocinador se as horas extras tivessem sido oportunamente pagas (REsp 1.525.732-RS, Rel. Min. Ricardo Villas Bôas Cueva, julgado em 6/10/2015, DJe 16/10/2015).

15.3. RESERVA MATEMÁTICA ADICIONAL

STJ - Superior Tribunal de Justiça

- Informativo 649, 21.06.2019

ENTIDADE FECHADA DE PREVIDÊNCIA PRIVADA. VERBAS REMUNERATÓRIAS RECONHECIDAS PELA JUSTIÇA DO TRABALHO. MAJORAÇÃO DO BENEFÍCIO DE APOSENTADORIA. RESERVA MATEMÁTICA ADICIONAL. OBRIGAÇÃO DE PAGAR. Entidade fechada de previdência pode cobrar do beneficiário o pagamento da reserva matemática adicional, em virtude da majoração, por força de sentença judicial transitada em julgado, do benefício de aposentadoria complementar (REsp 1.624.273-PR, Rel. Min. Nancy Andrighi, Terceira Turma, por unanimidade, julgado em 21/05/2019, DJe 24/05/2019).

15.4. RECÁLCULO DE VERBAS RECONHECIDAS EM ANTIGO PLANO DE BENEFÍCIOS

STF - Supremo Tribunal Federal

Tema	1117	Situação	**Trânsito em Julgado**	Órgão julgador	**Plenário Virtual**
Questão Controvertida	Recálculo do saldamento de antigo plano de benefícios, decorrente do reconhecimento judicial de parcelas salariais não consideradas no salário de contribuição, apesar da adesão a novo plano de previdência complementar.				
Tese Firmada	É infraconstitucional, a ela se aplicando os efeitos da ausência de repercussão geral, a controvérsia relativa ao recálculo do saldamento de antigo plano de benefícios, decorrente do reconhecimento judicial de parcelas salariais não consideradas no salário de contribuição, apesar da adesão a novo plano de previdência complementar.				
Informações Complementares	SCAN ME				
Processo / Recurso	**Repercussão Geral**	**Relator (a)**	**Acórdão Publicado**	**Embargos Declaratórios**	**Trânsito em Julgado**
RE 1265546	Não há repercussão geral (questão infraconstitucional)	MINISTRO(A) PRESIDENTE	16/12/2020	-	06/02/2021

16. PAGAMENTO DE JOIA PARA INSCRIÇÃO DE BENEFICIÁRIO À PENSÃO POR MORTE

STJ - Superior Tribunal de Justiça

- Informativo 645 – 26.04.2019

PREVIDÊNCIA PRIVADA. INSCRIÇÃO DE BENEFICIÁRIO. PAGAMENTO DE JOIA. PREVISÃO NO REGULAMENTO DO PLANO DE BENEFÍCIOS. POSSIBILIDADE. É válida a exigência de pagamento de joia para inscrição de beneficiário no plano de previdência complementar para fazer jus à pensão por morte (REsp 1.605.346-BA, Rel. Min. Luis Felipe Salomão, por unanimidade, julgado em 12/02/2019, DJe 28/03/2019).

17. MIGRAÇÃO DE REGIMES

17.1. REVISÃO DE RESERVA DE POUPANÇA

STJ - Superior Tribunal de Justiça

Tema	943	Situação	**Trânsito em Julgado**	Órgão julgador	**Segunda Seção**
Questão Controvertida	Definir: I) se, em havendo transação para migração de plano de benefícios de previdência privada, é cabível a aplicação do mesmo raciocínio sufragado pela Súmula 289/STJ para o instituto jurídico do resgate; e II) se, para anulação de cláusula contratual da transação, é necessária observância às regras inerentes a essa modalidade contratual, previstas no Código Civil.				
Tese Firmada	1.1. Em caso de migração de plano de benefícios de previdência complementar, não é cabível o pleito de revisão da reserva de poupança ou de benefício, com aplicação do índice de correção monetária. 1.2. Em havendo transação para migração de plano de benefícios, em observância à regra da indivisibilidade da pactuação e proteção ao equilíbrio contratual, a anulação de cláusula que preveja concessão de vantagem contamina todo o negócio jurídico, conduzindo ao retorno ao status quo ante.				

Tema	943	Situação	**Trânsito em Julgado**	Órgão julgador	**Segunda Seção**
Informações Complementares	Tema 174/STF - Índice de correção monetária incidente sobre verba a ser restituída a associados que se desligam de plano de previdência privada.				
Referência Sumular	Súmula 289/STJ				
Processo / Recurso	**Decisão de Afetação**	**Relator (a)**	**Acórdão Publicado**	**Embargos Declaratórios**	**Trânsito em Julgado**
REsp 1551488/MS	20/11/2015	LUIS FELIPE SALOMÃO	01/08/2017	-	27/09/2017

17.2. REVISÃO COM BASE EM REGULAMENTO DO PLANO PRIMITIVO

STJ - Superior Tribunal de Justiça

- Informativo 544 – 27.08.2014

DIREITO CIVIL E PREVIDENCIÁRIO. REVISÃO DE BENEFÍCIO APÓS A MIGRAÇÃO ENTRE PLANOS DE PREVIDÊNCIA PRIVADA. Havendo transação prevendo a migração de participante ou assistido para outro plano de benefícios de previdência privada, em termos previamente aprovados pelo órgão público fiscalizador, não há direito adquirido consistente na invocação do regulamento do plano primitivo para revisão do benefício complementar, sobretudo se, ao tempo da transação, ainda não forem preenchidas todas as condições para a implementação do benefício previsto no regulamento primitivo (REsp 1.172.929-RS, Rel. Min. Luis Felipe Salomão, julgado em 10/6/2014).

17.3. RESGATE

STJ - Superior Tribunal de Justiça

- Informativo 550 – 19.11.2014

DIREITO PREVIDENCIÁRIO. IMPOSSIBILIDADE DE RESTITUIÇÃO DE PARCELAS EM CASO DE MIGRAÇÃO ENTRE PLANOS DE BENEFÍCIOS DE PREVIDÊNCIA COMPLEMENTAR. Não cabe o resgate, por participante ou assistido de plano de benefícios, das parcelas pagas a entidade fechada de previdência privada complementar quando, mediante transação extrajudicial, tenha ocorrido a migração dos participantes ou assistidos a outro plano de benefícios da mesma entidade (AgRg no AREsp 504.022-SC, Rel. Min. Luis Felipe Salomão, julgado em 10/9/2014).

18. DEVER DE PRESTAÇÃO DE CONTAS INDIVIDUAL

STJ - Superior Tribunal de Justiça

- Informativo 242 – 15.04.2005

PREVIDÊNCIA PRIVADA. PRESTAÇÃO DE CONTAS. A questão consiste em saber se a entidade de previdência privada pode ser compelida a prestar contas da administração dos valores durante o período de contribuição de cada associado ou se seria suficiente a demonstração nos termos estatutários. Prosseguindo o julgamento, a Seção, por maioria, deu provimento ao recurso, ao reconhecer o direito à prestação de contas individual nos termos do art. 914 do CPC. Não pode prosperar o argumento de que essas entidades privadas administram recursos próprios e não de terceiros. Pois, embora a fundação ora embargada tenha patrimônio próprio, também administra parcela da contribuição paga por seus beneficiários, tanto que os associados, ao se desligarem da empresa, têm direito de ser reembolsados pelo montante adimplido (EREsp 544.974-DF, Rel. Min. Castro Filho, julgados em 13/4/2005).

19. RATEIO DE ATIVOS EM LIQUIDAÇÃO EXTRAJUDICIAL POR EX-PARTICIPANTE

STJ - Superior Tribunal de Justiça

- Informativo 624 – 18.05.2018

PREVIDÊNCIA COMPLEMENTAR. LIQUIDAÇÃO EXTRAJUDICIAL. RATEIO DE ATIVOS. INCLUSÃO DE EX-PARTICIPANTES. DESCABIMENTO. O desligamento de participante de plano de previdência complementar faz cessar o direito ao rateio de eventual superávit de ativos apurados em posterior liquidação extrajudicial da entidade (REsp 1.441.411-AM, Rel. Min. Paulo de Tarso Sanseverino, por unanimidade, julgado em 10/04/2018, DJe 19/04/2018).

20. CORREÇÃO MONETÁRIA

20.1. ALTERAÇÃO DE INDEXADOR

STJ - Superior Tribunal de Justiça

- Informativo 574 – 18.12.2015

DIREITO CIVIL E PREVIDENCIÁRIO. ALCANCE DE ALTERAÇÃO DO INDEXADOR DE CORREÇÃO MONETÁRIA DE APOSENTADORIA COMPLEMENTAR PREVISTO NO PLANO DE BENEFÍCIOS. A alteração no regulamento referente ao plano de benefícios de previdência privada que substituir o indexador IGP-DI pelo INPC para fins de correção monetária da aposentadoria complementar alcança o assistido – "o participante ou seu beneficiário em gozo de benefício de prestação continuada" (art. 8º, II, da LC n. 109/2001) –, devendo o novo índice incidir integralmente a partir de sua vigência, e não apenas nos períodos em que o indexador for mais vantajoso ao assistido (REsp 1.463.803-RJ, Rel. Min. Ricardo Villas Bôas Cueva, julgado em 24/11/2015, DJe 2/12/2015).

20.2. EXPURGOS INFLACIONÁRIOS

STJ - Superior Tribunal de Justiça

Tema	514	Situação	**Trânsito em Julgado**	Órgão julgador	**Segunda Seção**
Questão Controvertida	Discute-se a validade da quitação dos expurgos inflacionários, por instrumento de transação.				
Tese Firmada	A quitação relativa à restituição, por instrumento de transação, somente alcança as parcelas efetivamente quitadas, não tendo eficácia em relação às verbas por ele não abrangidas. Portanto, se os expurgos inflacionários não foram pagos aos participantes que faziam jus à devolução das parcelas da contribuição, não se pode considerá-los saldados por recibo de quitação passado de forma geral.				
Informações Complementares	Devolução de parcelas de contribuições pagas a plano de previdência privada - Reserva de poupança. SCAN ME				
Processo STF	RE 781959 - Baixado				
Processo / Recurso	**Decisão de Afetação**	**Relator (a)**	**Acórdão Publicado**	**Embargos Declaratórios**	**Trânsito em Julgado**
REsp 1183474/DF	29/08/2011	RAUL ARAÚJO	28/11/2012	26/06/2013	19/02/2014

Tema	511	Situação	**Trânsito em Julgado**	Órgão julgador	**Segunda Seção**
Questão Controvertida	Discute-se a aplicação dos expurgos inflacionários sobre os valores recebidos a título de reserva de poupança de participantes de plano previdenciário que dele se desligaram antes do implemento das condições necessárias para fruição dos benefícios.				
Tese Firmada	É devida a restituição da denominada reserva de poupança a ex-participantes de plano de benefícios de previdência privada, devendo ser corrigida monetariamente conforme os índices que reflitam a real inflação ocorrida no período, mesmo que o estatuto da entidade preveja critério de correção diverso, devendo ser incluídos os expurgos inflacionários (Súmula 289/STJ).				

<table>
<tr><td>Tema</td><td>511</td><td>Situação</td><td colspan="2">Trânsito em Julgado</td><td>Órgão julgador</td><td>Segunda Seção</td></tr>
<tr><td colspan="2">Informações Complementares</td><td colspan="5">SCAN ME</td></tr>
<tr><td colspan="2">Repercussão Geral</td><td colspan="5">Tema 174/STF - Índice de correção monetária incidente sobre verba a ser restituída a associados que se desligam de plano de previdência privada.</td></tr>
<tr><td colspan="2">Referência Sumular</td><td colspan="5">Súmula 289/STJ</td></tr>
<tr><td colspan="2">Processo / Recurso</td><td>Decisão de Afetação</td><td>Relator (a)</td><td>Acórdão Publicado</td><td>Embargos Declaratórios</td><td>Trânsito em Julgado</td></tr>
<tr><td colspan="2">REsp 1177973/DF e REsp 1183474/DF</td><td>29/08/2011</td><td>RAUL ARAÚJO</td><td>28/11/2012</td><td>26/06/2013</td><td>22/02/2013 e 19/02/2014</td></tr>
</table>

20.3. FGTS

STJ - Superior Tribunal de Justiça

<table>
<tr><td>Tema</td><td>513</td><td>Situação</td><td colspan="2">Trânsito em Julgado</td><td>Órgão julgador</td><td>Segunda Seção</td></tr>
<tr><td colspan="2">Questão Controvertida</td><td colspan="5">Possibilidade de aplicação dos índices de correção do FGTS sobre as parcelas de contribuição restituídas aos participantes desligados de plano de previdência privada.</td></tr>
<tr><td colspan="2">Tese Firmada</td><td colspan="5">A Súmula 252/STJ, por ser específica para a correção de saldos do FGTS, não tem aplicação nas demandas que envolvem previdência privada.</td></tr>
<tr><td colspan="2">Informações Complementares</td><td colspan="5">SCAN ME</td></tr>
<tr><td colspan="2">Processo / Recurso</td><td>Decisão de Afetação</td><td>Relator (a)</td><td>Acórdão Publicado</td><td>Embargos Declaratórios</td><td>Trânsito em Julgado</td></tr>
<tr><td colspan="2">REsp 1177973/DF</td><td>29/08/2011</td><td>RAUL ARAÚJO</td><td>28/11/2012</td><td>-</td><td>22/02/2013</td></tr>
</table>

21. DESLIGAMENTO

21.1. ANTES DA AQUISIÇÃO DO DIREITO AOS BENEFÍCIOS

STJ - Superior Tribunal de Justiça

<table>
<tr><td>Tema</td><td>512</td><td>Situação</td><td>Trânsito em Julgado</td><td>Órgão julgador</td><td colspan="2">Segunda Seção</td></tr>
<tr><td colspan="2">Questão Controvertida</td><td colspan="5">Discute-se a aplicação do IPC atualização das parcelas restituídas a título de reserva de poupança de participantes de plano previdenciário que dele se desligaram antes do implemento das condições necessárias para fruição dos benefícios.</td></tr>
<tr><td colspan="2">Tese Firmada</td><td colspan="5">A atualização monetária das contribuições devolvidas pela entidade de previdência privada ao associado deve ser calculada pelo IPC, por ser o índice que melhor traduz a perda do poder aquisitivo da moeda.</td></tr>
<tr><td colspan="2">Informações Complementares</td><td colspan="5">SCAN ME</td></tr>
<tr><td colspan="2">Processo / Recurso</td><td>Decisão de Afetação</td><td>Relator (a)</td><td>Acórdão Publicado</td><td>Embargos Declaratórios</td><td>Trânsito em Julgado</td></tr>
<tr><td colspan="2">REsp 1177973/DF e REsp 1183474/DF</td><td>29/08/2011</td><td>RAUL ARAÚJO</td><td>28/11/2012</td><td>26/06/2013</td><td>22/02/2013
19/02/2014</td></tr>
</table>

21.2. APÓS A AQUISIÇÃO DO DIREITO AOS BENEFÍCIOS

STF - Supremo Tribunal Federal

<table>
<tr><td>Tema</td><td>174</td><td>Situação</td><td>Trânsito em Julgado</td><td>Órgão julgador</td><td>Plenário Virtual - RG</td></tr>
<tr><td colspan="2">Questão Controvertida</td><td colspan="4">Índice de correção monetária incidente sobre verba a ser restituída a associados que se desligam de plano de previdência privada.</td></tr>
</table>

Tema	174	Situação	**Trânsito em Julgado**	Órgão julgador	**Plenário Virtual - RG**
Tese Firmada	A questão do índice de correção monetária aplicável sobre as parcelas de contribuição a serem restituídas aos associados que se desligam de plano de previdência privada tem natureza infraconstitucional e a ela são atribuídos os efeitos da ausência de repercussão geral, nos termos do precedente fixado no RE n. 584.608, rel. a Ministra Ellen Gracie, DJe 13/03/2009.				
Informações Complementares	SCAN ME				
Processo / Recurso	**Repercussão Geral**	**Relator (a)**	**Acórdão Publicado**	**Embargos Declaratórios**	**Trânsito em Julgado**
RE 582504	Não há RG - Matéria Infraconstitucional	CEZAR PELUSO	09/10/2009	-	19/10/2009

21.3. POR INADIMPLEMENTO EM PLANO DE PECÚLIO

STJ - Superior Tribunal de Justiça

- Informativo 690 – 29.03.2021

PLANO DE PECÚLIO. INADIMPLÊNCIA. LONGO PERÍODO. ENTIDADE DE PREVIDÊNCIA PRIVADA. RECUSA DE PAGAMENTO DO PECÚLIO POR MORTE. LEGITIMIDADE. É legítima a recusa da entidade de previdência privada ao pagamento do pecúlio por morte no caso de inadimplemento das parcelas contratadas por longo período, independente da ausência de prévia interpelação para o encerramento do contrato (REsp 1.691.792-RS, Rel. Min. Antônio Carlos Ferreira, Quarta Turma, por unanimidade, julgado em 23/03/2021).

- Informativo 488 – 02.12.2011

PREVIDÊNCIA PRIVADA. PECÚLIO. MORA. CANCELAMENTO. Cuida-se de REsp para desconstituir o acórdão que negou à ora recorrente o pagamento de indenização por plano privado de pecúlio, ao fundamento de que o contrato havia sido cancelado antes do falecimento do segurado em razão do suposto inadimplemento de parcelas vencidas. Nesta instância especial, entendeu-se que o contrato de previdência privada com plano de pecúlio por morte assemelha-se ao seguro de vida, podendo também as normas aplicáveis às sociedades seguradoras estender-se, no que couber, às entidades abertas de previdência privada (art. 73 da LC n. 109/2001). Ressaltou-se que, nos contratos de seguro, o simples atraso no pagamento do prêmio não é em si bastante para a suspensão da cobertura e consequente negativa da indenização, sendo necessária a interpelação do devedor para lhe propiciar, inclusive, a purgação da mora. De modo similar, descabe negar o pagamento de pecúlio por morte sem que o devedor seja previamente interpelado para a purgação da mora. Ademais, consignou-se a incidência da teoria do adimplemento substancial, que objetiva impedir o uso desequilibrado do direito de resolução por parte do credor quando o rompimento do pacto não se ajusta às exigências de índole social ou pautadas pela boa-fé. In casu, embora houvesse mora de 90 dias no pagamento da mensalidade do plano, antes da ocorrência do fato gerador (morte do contratante), tentou-se a purgação, ocasião em que os valores atrasados foram pagos pelo de cujus, mas a ele devolvidos pela entidade de previdência privada, devido ao cancelamento administrativo do contrato ocorrido seis dias antes. Sendo assim, o inadimplemento contratual não pode ser imputado exclusivamente ao falecido, na medida em que decorreu do arbítrio injustificável da entidade de previdência e seguros (recorrida) ao não receber as parcelas em atraso antes mesmo da ocorrência do sinistro, não agindo assim com a boa-fé e cooperação recíproca que são essenciais à harmonização das relações civis. Dessarte, concluiu-se que, na espécie, torna-se incabível a negativa de pagamento do pecúlio depois de verificada a morte do contratante (REsp 877.965-SP, Rel. Min. Luis Felipe Salomão, julgado em 22/11/2011).

22. IMPOSTO DE RENDA

STJ - Superior Tribunal de Justiça

- Informativo 786 – 13.09.2023

IMPOSTO SOBRE A RENDA DAS PESSOAS FÍSICAS (IRPF). BASE DE CÁLCULO. DEDUÇÃO. CONTRIBUIÇÃO AO PLANO DE PREVIDÊNCIA PRIVADA. CONTRIBUIÇÃO EXTRAORDINÁRIA. RECOMPOSIÇÃO DE RESERVA DEFICITÁRIA. POSSIBILIDADE. LIMITE LEGAL DE 12%. OBSERVÂNCIA. As contribuições extraordinárias pagas para equacionar o resultado deficitário nos planos de previdência privada podem ser deduzidas da base de cálculo do imposto de renda das pessoas físicas, observado o limite de 12% do total dos rendimentos computados na determinação da base de cálculo do imposto devido na declaração de rendimentos (AREsp 1.890.367-SC, Rel. Ministro Gurgel de Faria, Primeira Turma, por unanimidade, julgado em 5/9/2023).

CAPÍTULO 2 – ENTIDADES FECHADAS ("FUNDOS DE PENSÃO")

1. EXIGIBILIDADE DE PIS/COFINS

STF – Supremo Tribunal Federal

Tema	1280	Situação	**Conclusos ao(à) Relator(a)**	Órgão julgador	**Plenário Virtual - RG**
Questão Controvertida	Exigibilidade do PIS/COFINS em face das entidades fechadas de previdência complementar (EFPC), tendo presentes a Lei 9.718/1998 e o conceito de faturamento, considerando-se a redação original do art. 195, I, da Constituição Federal.				
Tese Firmada	-				
Informações Complementares	SCAN ME				

Processo / Recurso	**Repercussão Geral**	**Relator (a)**	**Acórdão Publicado**	**Embargos Declaratórios**	**Trânsito em Julgado**
RE 722528	Há repercussão geral	DIAS TOFFOLI	26/10/2023	-	-

2. JUROS NO MÚTUO FENERATÍCIO

STJ – Superior Tribunal de Justiça

- Informativo 741 – 20.06.2022

ENTIDADE FECHADA DE PREVIDÊNCIA PRIVADA. EQUIPARAÇÃO À INSTITUIÇÕES FINANCEIRAS. IMPOSSIBILIDADE. CONTRATOS DE MÚTUO. COBRANÇA DE JUROS REMUNERATÓRIOS. LIMITE LEGAL. CAPITALIZAÇÃO. PERIODICIDADE ANUAL. Nos contratos de mútuo celebrados pelas entidades fechadas de previdência complementar com seus beneficiários, é ilegítima a cobrança de juros remuneratórios acima do limite legal, autorizada a capitalização de juros somente na periodicidade anual, desde que pactuada, após a entrada em vigor do Código Civil de 2002 (REsp 1.854.818-DF, Rel. Min. Maria Isabel Gallotti, Rel. Acd. Min. Marco Buzzi, Quarta Turma, por maioria, julgado em 07/06/2022).

- Informativo 581 – 28.04.2016

DIREITO CIVIL. POSSIBILIDADE DE ENTIDADE FECHADA DE PREVIDÊNCIA AUMENTAR EM ATÉ 12% OS JUROS NO MÚTUO FENERATÍCIO. A entidade fechada de previdência complementar contratada em mútuo feneratício pode, obedecido o limite de 12% ao ano, cobrar o aumento de taxa de juros pactuado do tomador do crédito (empregado do patrocinador e vinculado ao plano de benefícios oferecido pela mutuante) desde o desligamento deste da relação empregatícia, antes da extinção da obrigação decorrente desse contrato de crédito (REsp 1.304.529-SC, Rel. Min. Luis Felipe Salomão, julgado em 15/3/2016, DJe 22/4/2016).

3. "CESTA-ALIMENTAÇÃO"

STJ - Superior Tribunal de Justiça

Tema	**540**	Situação	**Trânsito em Julgado**	Órgão julgador	**Segunda Seção**
Questão Controvertida	Discute-se a incorporação aos proventos de complementação de aposentadoria da parcela denominada cesta-alimentação, concedida aos empregados em atividade mediante convenção coletiva de trabalho.				
Tese Firmada	O auxílio cesta-alimentação, parcela concedida a título indenizatório aos empregados em atividade, mediante convenção coletiva de trabalho, não se incorpora aos proventos da complementação de aposentadoria pagos por entidade fechada de previdência privada.				
Informações Complementares	SCAN ME				

Tema	540	Situação	Trânsito em Julgado	Órgão julgador	Segunda Seção
Repercussão Geral	Tema 219/STF - Extensão a beneficiários de plano de previdência privada complementar de vantagem outorgada a empregados ativos.				
Processo / Recurso	Decisão de Afetação	Relator (a)	Acórdão Publicado	Embargos Declaratórios	Trânsito em Julgado
REsp 1207071/RJ	20/04/2012	MARIA ISABEL GALLOTTI	08/08/2012	-	05/10/2017

- Informativo 509 – 05.12.2012

DIREITO CIVIL. PREVIDÊNCIA PRIVADA. AUXÍLIO CESTA-ALIMENTAÇÃO. CONTEMPLAÇÃO APENAS AOS TRABALHADORES EM ATIVIDADE. O auxílio cesta-alimentação, parcela concedida a título indenizatório aos empregados em atividade, mediante convenção coletiva de trabalho, não se incorpora aos proventos da complementação de aposentadoria pagos por entidade fechada de previdência privada (AgRg no AREsp 13.324-SE, Rel. Min. Raul Araújo, julgado em 20/11/2012).

4. PENSÃO POR MORTE E INCLUSÃO SUPERVENIENTE DE BENEFICIÁRIO

STJ - Superior Tribunal de Justiça

- Informativo 620 – 23.03.2018

PREVIDÊNCIA PRIVADA FECHADA. SUPLEMENTAÇÃO DE PENSÃO POR MORTE. INDICAÇÃO DE BENEFICIÁRIO NO PLANO. OMISSÃO. ÓBITO DO PARTICIPANTE. COMPANHEIRO. INCLUSÃO POSTERIOR. POSSIBILIDADE. RATEIO IGUALITÁRIO ENTRE O EX-CÔNJUGE E O COMPANHEIRO DO INSTITUIDOR DA PENSÃO. PRESUNÇÃO DE DEPENDÊNCIA ECONÔMICA SIMULTÂNEA. É possível a inclusão de companheiro como beneficiário de suplementação de pensão por morte quando existente, no plano de previdência privada fechada, apenas a indicação de ex-cônjuge do participante (REsp 1.715.485-RN, Rel. Min. Ricardo Villas Bôas Cueva, por unanimidade, julgado em 27/02/2018, DJe 06/03/2018)

5. DISSOLUÇÃO DE UNIÃO ESTÁVEL EM COMUNHÃO PARCIAL DE BENS

STJ - Superior Tribunal de Justiça

- Informativo 606 – 02.08.2017

UNIÃO ESTÁVEL. REGIME DE BENS. COMUNHÃO PARCIAL. PREVIDÊNCIA PRIVADA FECHADA. PARTILHA. ART. 1.659, VII, DO CC/2002. BENEFÍCIO EXCLUÍDO. O benefício de previdência privada fechada é excluído da partilha em dissolução de união estável regida pela comunhão parcial de bens (REsp 1.477.937-MG, Rel. Min. Ricardo Villas Bôas Cueva, por unanimidade, julgado em 27/4/2017, DJe 20/6/2017).

6. CONDIÇÃO PARA RESGATE DE RESERVA DE POUPANÇA

STJ - Superior Tribunal de Justiça

- Informativo 563 – 14.06.2015

DIREITO CIVIL E PREVIDENCIÁRIO. CONDIÇÃO PARA O RESGATE DE RESERVA DE POUPANÇA DE PLANO PRIVADO DE PREVIDÊNCIA COMPLEMENTAR DE ENTIDADE FECHADA. É lícita a cláusula estatutária que prevê a rescisão do vínculo laboral com o patrocinador como condição para o resgate de reserva de poupança de plano privado de previdência complementar de entidade fechada (REsp 1.518.525-SE, Rel. Min. Ricardo Villas Bôas Cueva, julgado em 19/5/2015, DJe 29/5/2015).

- Informativo 563 – 14.06.2015

DIREITO CIVIL E PREVIDENCIÁRIO. CONDIÇÃO PARA O RESGATE DA TOTALIDADE DAS CONTRIBUIÇÕES VERTIDAS AO PLANO PRIVADO DE PREVIDÊNCIA COMPLEMENTAR DE ENTIDADE FECHADA. É lícita a cláusula que prevê a rescisão do vínculo laboral com o patrocinador como condição para o resgate da totalidade das contribuições vertidas ao plano privado de previdência complementar de entidade fechada (REsp 1.189.456-RS, Rel. Min. Luis Felipe Salomão, julgado em 12/5/2015, DJe, 11/6/2015).

7. RECEBIMENTO DE VALORES DECORRENTES DE RESULTADO SUPERAVITÁRIO

STJ - Superior Tribunal de Justiça

- Informativo 803 – 12.03.2024

AÇÃO DE COBRANÇA. ENTIDADE FECHADA DE PREVIDÊNCIA COMPLEMENTAR. RESULTADO SUPERAVITÁRIO. REVISÃO OBRIGATÓRIA DO PLANO DE BENEFÍCIOS. REVERSÃO DE VALORES DA RESERVA ESPECIAL. MORTE DA ASSISTIDA. DIREITO ACUMULADO. O espólio faz jus ao recebimento dos valores revertidos pela entidade fechada de previdência complementar, após a morte da beneficiária, por força dos superávits apurados nos exercícios anteriores a sua morte (REsp 2.013.177-PR, Rel. Ministra Nancy Andrighi, Terceira Turma, por unanimidade, julgado em 5/3/2024).

8. DEMISSÃO VOLUNTÁRIA E REINGRESSO

STJ - Superior Tribunal de Justiça

- Informativo 194 – 05.12.2003

APOSENTADORIA. COMPLEMENTAÇÃO. PLANO. DEMISSÃO VOLUNTÁRIA. Os recorridos, na qualidade de funcionários, participavam de plano de previdência privada (entidade fechada) que lhes complementaria a aposentadoria, custeado integralmente pela empresa recorrente. Sucede que aderiram ao plano de demissão voluntária, mediante o recebimento de compensação financeira e expressa renúncia à complementação. Agora, após vários anos do desligamento e perto de obterem a aposentadoria pelo INSS, desejam retomar o plano previdenciário ao fundamento de que não lhes fora comunicado que poderiam passar a contribuir ao referido plano (art. 31, VIII, Dec. n. 81.240/1978). Prosseguindo o julgamento, a Turma, por maioria, entendeu que, nesse contexto, os recorridos não fazem jus ao reingresso, não se podendo falar em boa ou má-fé na falta da comunicação, pois se trata, unicamente, de transação (REsp 480.296-RJ, Rel. originário Min. Ruy Rosado, Rel. para acórdão Min. Fernando Gonçalves, julgado em 2/12/2003).

9. INTERVENÇÃO DA PREVIC E PRAZO DE DURAÇÃO

STJ - Superior Tribunal de Justiça

- Informativo 631 – 14.09.2018

PREVIDÊNCIA PRIVADA FECHADA. PREVIC. INTERVENÇÃO EM ENTIDADE. PRAZO. PRORROGAÇÕES SUCESSIVAS. ADMISSIBILIDADE. LIMITE TEMPORAL. SANEAMENTO DA ENTIDADE. RAZOABILIDADE. A intervenção da Superintendência Nacional de Previdência Complementar (PREVIC) nas entidades fechadas de previdência privada deve perdurar pelo tempo necessário ao saneamento da entidade, podendo o prazo inicial de duração ser prorrogado mais de uma vez (REsp 1.734.410-SP, Rel. Min. Ricardo Villas Bôas Cueva, por unanimidade, julgado em 14/08/2018, DJe 24/08/2018).

10. RESPONSABILIDADE DO PATROCINADOR

10.1. SOLIDARIEDADE

STJ - Superior Tribunal de Justiça

Tema	936	Situação	**Trânsito em Julgado**	Órgão julgador	**Segunda Seção**
Questão Controvertida	Definir, em demandas envolvendo revisão de benefício do regulamento do plano de benefícios de previdência privada complementar, se o patrocinador também pode ser acionado para responder solidariamente com a entidade fechada.				
Tese Firmada	I - A patrocinadora não possui legitimidade passiva para litígios que envolvam participante/assistido e entidade fechada de previdência complementar, ligados estritamente ao plano previdenciário, como a concessão e a revisão de benefício ou o resgate da reserva de poupança, em virtude de sua personalidade jurídica autônoma. II - Não se incluem no âmbito da matéria afetada as causas originadas de eventual ato ilícito, contratual ou extracontratual, praticado pelo patrocinador.				

Tema	**936**	Situação	**Trânsito em Julgado**	Órgão julgador	**Segunda Seção**
Informações Complementares					
Processo / Recurso	**Decisão de Afetação**	**Relator (a)**	**Acórdão Publicado**	**Embargos Declaratórios**	**Trânsito em Julgado**
REsp 1370191/RJ	04/08/2015	LUIS FELIPE SALOMÃO	01/08/2018	28/06/2019	21/08/2019

STF - Supremo Tribunal Federal

Tema	**1206**	Situação	**Trânsito em Julgado**	Órgão julgador	**Plenário Virtual**
Questão Controvertida	Obrigatoriedade de o patrocinador constar do polo passivo da lide, a fim de responder solidariamente com a entidade fechada de previdência complementar, nas demandas que versem sobre complementação de aposentadoria.				
Tese Firmada	É infraconstitucional, a ela se aplicando os efeitos da ausência de repercussão geral, a controvérsia relativa à definição, nas demandas referentes à complementação de aposentadoria, da obrigatoriedade, ou não, da inclusão do patrocinador na lide, a fim de que responda solidariamente à entidade de previdência fechada.				
Informações Complementares					
Processo / Recurso	**Repercussão Geral**	**Relator (a)**	**Acórdão Publicado**	**Embargos Declaratórios**	**Trânsito em Julgado**
RE 1228869	Não há repercussão geral (questão infraconstitucional)	MINISTRO PRESIDENTE	04/04/2022	-	13/04/2022

10.2. INADIMPLEMENTO DO PATROCINADOR

STJ - Superior Tribunal de Justiça

- Informativo 510 – 18.12.2012

DIREITO CIVIL. COMPLEMENTAÇÃO DE APOSENTADORIA POR ENTIDADE FECHADA DE PREVIDÊNCIA PRIVADA. INADIMPLÊNCIA DA PATROCINADORA. IMPOSSIBILIDADE DE SUPRESSÃO DO PAGAMENTO DO BENEFÍCIO AO ASSISTIDO. Não é possível a supressão do pagamento de complementação de aposentadoria de empregado já aposentado, que cumpriu devidamente as condições pactuadas com a entidade fechada de previdência privada para a obtenção do benefício, quando o motivo ensejador do corte é a denúncia do convênio firmado entre a referida entidade e a patrocinadora, em face do inadimplemento desta (REsp 1.242.267-ES, Rel. Min. Raul Araújo, julgado em 4/12/2012).

10.3. INADIMPLEMENTO DO FUNDO DE PREVIDÊNCIA PRIVADA

STF - Supremo Tribunal Federal

- Informativo 579 (19.03.2010) e 533 (19.12.2008)

Agravo Regimental em Suspensão de Liminar. 2. Medida acautelatória que obrigara a União a arcar com as despesas de complementações das aposentadorias e pensões devidas pelo fundo AERUS. 3. Decisão da Presidência concessiva de contracautela proferida sob a ótica dos riscos de prejuízo à ordem pública. 4. Imprescindibilidade de instrução probatória para demonstração do nexo causal entre o dano e a ação imputável ao ente público. 5. Risco de lesão à economia pública. 6. Entidade que se encontra sob regime de liquidação extrajudicial 7. Inexistência de prévia dotação orçamentária. 8. Necessidade de se resguardar as legítimas expectativas dos beneficiários do AERUS. 9. Agravo regimental parcialmente provido para a limitação dos efeitos da suspensão da liminar até o momento da prolação da sentença na ação principal (SL 127 AgR/DF).

- Informativo 465 (04.05.2007) e 452 (15.12.2006)

AGRAVO REGIMENTAL. SUSPENSÃO DE LIMINAR. AÇÃO CIVIL PÚBLICA. RESPONSABILIDADE CIVIL DO ESTADO. CF, ART. 37, § 6º. CONCESSÃO DE TUTELA ANTECIPADA. MANUTENÇÃO, PELA UNIÃO, DOS PAGAMENTOS DE APOSENTADORIAS, PENSÕES E AUXÍLIOS-DOENÇA AOS BENEFICIÁRIOS DE FUNDO DE PREVIDÊNCIA COMPLEMENTAR EM FASE DE LIQÜIDAÇÃO EXTRAJUDICIAL. VEDAÇÃO AO APORTE DE RECURSOS, PELA UNIÃO, A ENTIDADE FECHADA DE PREVIDÊNCIA PRIVADA. CF, ART. 202, § 3º. OCORRÊNCIA DE LESÃO À ORDEM PÚBLICA, CONSIDERADOS SEUS ASPECTOS JURÍDICO-CONSTITUCIONAL E ADMINISTRATIVO. 1. É cabível o pedido de suspensão de liminar deferida por relator, no âmbito dos Tribunais, ainda que o Poder Público não tenha interposto agravo regimental. Precedentes: Pet 2.455-AgR, red. p/ o acórdão Ministro Gilmar Mendes, DJ 1º.10.2004 e SL 112-AgR, Min. Ellen Gracie, DJ 24.11.2006. 2. Competência da Presidência para a apreciação do pedido ratificada ante a constatação da presença, na causa, de questões relativas à incidência dos arts. 37, § 6º, e 202, § 3º, da Constituição Federal. 3. Afastamento da alegação de que a tutela antecipada representou mero adiantamento alimentar de parte da indenização pretendida em face: (1) da inexistência, na atual fase do processo, de qualquer apuração concreta dos prejuízos alegados; (2) da evidente responsabilização da União, pela decisão impugnada, como regular patrocinadora de Fundo de Previdência Privada em fase de liquidação extrajudicial. 4. A imposição da continuidade de um sistema previdenciário fechado já em regime de liquidação extrajudicial provoca lesão à ordem administrativa por trazer inúmeras dificuldades à condução e à execução, pelo Poder Público, do próprio processo de liquidação. 5. Agravo regimental improvido (AG. REG. NA SL N. 129-DF).

10.4. FALÊNCIA DA ENTIDADE PATROCINADORA OU ESGOTAMENTO DA RESERVA

STF - Supremo Tribunal Federal

Tema	1296	Situação	**Publicado acórdão, DJE**	Órgão julgador	**PLENÁRIO VIRTUAL - RG**
Questão Controvertida	Responsabilidade de entidade de previdência complementar pelo pagamento de benefício nos casos de falência de entidade patrocinadora ou de esgotamento de recursos de reserva pré-constituída.				

Tema	**1296**	Situação	**Publicado acórdão, DJE**	Órgão julgador	**PLENÁRIO VIRTUAL - RG**
Tese Firmada	O Tribunal, por maioria, reconheceu a inexistência de repercussão geral da questão, por não se tratar de matéria constitucional, vencido o Ministro André Mendonça.				
Informações Complementares	SCAN ME				
Processo / Recurso	**Repercussão Geral**	**Relator (a)**	**Acórdão Publicado**	**Embargos Declaratórios**	**Trânsito em Julgado**
ARE 1481694	04/04/2024	MINISTRO(A) PRESIDENTE	10/04/2024	-	-

11. PATROCINADO POR ENTE PÚBLICO

11.1. FUNDAMENTO CONSTITUCIONAL

STF - Supremo Tribunal Federal

- Informativo 979 – 29.05.2020

DIREITO PREVIDENCIÁRIO. AÇÃO DIRETA DE INCONSTITUCIONALIDADE. PREVIDÊNCIA COMPLEMENTAR PRIVADA. DEPUTADOS ESTADUAIS. ESTADO PATROCINADOR. IMPROCEDÊNCIA. 1. Ação direta de inconstitucionalidade em face da Lei Complementar nº 120/2007, do Estado do Paraná, que prevê a instituição de regime de previdência complementar privada para Deputados estaduais, com contrapartida da Assembleia Legislativa. Lei complementar passível de controle de constitucionalidade, pois a controvérsia constitucional foi suscitada em abstrato. Preliminar rejeitada. 2. A Constituição prevê a criação de regimes de previdência complementar tanto para os segurados do regime geral (art. 202, CF) quanto para os servidores titulares de cargo efetivo, vinculados aos regimes próprios (art. 40, §§ 14 a 16, CF). Como exercentes de mandatos eletivos, os parlamentares não se inserem no regime próprio, mas, sim, no regime geral e, por isso, se submetem ao disposto no art. 202 da Carta Federal. 3. A lei complementar que regula o regime de previdência privada, a que se refere o art. 202 e seu § 4º, destina-se à criação de regras e princípios gerais a que todos os regimes devem submeter-se, e foi cumprida com a edição das Leis Complementares nº 108/2001 e nº 109/2001. Não há exigência constitucional de que os planos de custeio e benefício sejam feitos por lei complementar. 4. A previdência complementar e o regime geral de previdência social (RGPS) são regimes jurídicos diversos e autônomos, com regramentos específicos em níveis constitucional e infraconstitucional. Não há inconstitucionalidade na concessão de benefício da previdência complementar sem a existência de aposentadoria pelo regime geral. 5. Não há vedação, em sede constitucional, para que entes federativos sejam patrocinadores de entidades fechadas de previdência privada, diante da previsão do § 4º do art. 202, da CF/88. A Lei Complementar Estadual impugnada deixa clara a determinação de instituição de plano de previdência que observe o caráter facultativo, contributivo e suplementar, bem como determina a observância de critérios que preservem o equilíbrio financeiro e atuarial e assegurem financiamento por meio de capitalização. Compatibilidade com a Constituição. 6. Demais impugnações relacionadas a matérias disciplinadas em âmbito infraconstitucional dependem da análise do regramento das LC nº 108/2001 e LC nº 109/2001 e escapam ao controle concentrado. 7. Improcedência do pedido na ação direta, com a fixação da seguinte tese: "Não há vedação, em sede constitucional, para que entes federativos sejam patrocinadores de entidades fechadas de previdência privada para parlamentares, diante da previsão do § 4º do art. 202, da CF/88. Impugnações aos respectivos planos de custeio e benefício relacionadas a matérias disciplinadas nas LC nº 108/2001 e LC nº 109/2001 possuem natureza infraconstitucional." (ADI 3.948)

11.2. BENEFÍCIO RECEBIDO SEM QUEBRA DE VÍNCULO COM O PATROCINADOR

STJ - Superior Tribunal de Justiça

Tema	**944**	Situação	**Trânsito em Julgado**	Órgão julgador	**Segunda Seção**
Questão Controvertida	Definir se o participante de plano de benefícios de previdência privada patrocinado por entidade da administração pública pode se tornar elegível a um benefício de prestação programada e continuada, sem que tenha havido a cessação do vínculo com o patrocinador.				

Tema	**944**	Situação	**Trânsito em Julgado**	Órgão julgador	**Segunda Seção**
Tese Firmada	Nos planos de benefícios de previdência privada patrocinados pelos entes federados - inclusive suas autarquias, fundações, sociedades de economia mista e empresas controladas direta ou indiretamente -, para se tornar elegível a um benefício de prestação que seja programada e continuada, é necessário que o participante previamente cesse o vínculo laboral com o patrocinador, sobretudo a partir da vigência da Lei Complementar nº 108/2001, independentemente das disposições estatutárias e regulamentares.				
Informações Complementares	Proferido despacho de mero expediente, reeexaminando a decisão de afetação do presente tema, constatou-se a ocorrência de pequeno erro material, tendo em vista ter constado da decisão de 20/11/2015, "por equívoco, o termo "cessão" do vínculo com o patrocinador, quando se quis dizer cessação" (Despacho publicado no DJe de 31/08/2016). SCAN ME				
Processo / Recurso	**Decisão de Afetação**	**Relator (a)**	**Acórdão Publicado**	**Embargos Declaratórios**	**Trânsito em Julgado**
REsp 1433544/SE	01/12/2016	LUIS FELIPE SALOMÃO	01/12/2016	-	08/02/2017

11.3. ABSORÇÃO DE PREVIDÊNCIA PRIVADA POR EMPRESA PÚBLICA FEDERAL

STJ - Superior Tribunal de Justiça

- Informativo 469 – 15.04.2011

PREVIDÊNCIA PRIVADA. ABSORÇÃO. Trata-se de REsp em que a empresa pública federal, recorrente, alega violação dos arts. 535, II, do CPC e 10 do DL n. 2.291/1986. Sustenta, em síntese, além da negativa de prestação jurisdicional, não estar obrigada a promover a absorção da associação de previdência privada dos empregados do extinto banco federal pela entidade de previdência privada dos seus empregados, nem a transferir os associados daquela entidade a essa. A Turma, ao prosseguir o julgamento, negou provimento ao recurso pelo fundamento, entre outros, de que, segundo o art. 10 do DL n. 2.291/1986, incumbia à recorrente a tarefa de promover a absorção da mencionada associação pela entidade de previdência de seus empregados. Contudo, não foi isso que ela fez, ao contrário, em vez de absorver o complexo de relações jurídicas previdenciárias nutrido pelos autores ora recorridos, associados daquela entidade que seria absorvida, sem exclusões não previstas pela norma, a recorrente impediu-lhes o ingresso em seus quadros, absorvendo somente os beneficiários da ativa, como que operando uma absorção de apenas parte dos beneficiários, rejeitando os aposentados, não os deixando ingressar, isto é, o contrário de "absorver", configurando-se, com propriedade, como um meio de "dissolver" o vínculo jurídico por intermédio do qual ingressariam eles na entidade absorvedora. Assim, descumpriu a recorrente o comando normativo citado, introduzindo, sem dúvida, um componente de astúcia administrativa para obliquamente excluir os beneficiários mais onerosos, que eram os aposentados (REsp 922.517-RJ, Rel. Min. Sidnei Beneti, julgado em 12/4/2011).

12. PATROCINADO POR ENTE PRIVADO

12.1. PREVI (BANCO DO BRASIL)

12.1.1. BENEFÍCIO ESPECIAL DE RENDA CERTA

STJ - Superior Tribunal de Justiça

- Informativo 552 – 17.12.2014

DIREITO PREVIDENCIÁRIO. BENEFÍCIO ESPECIAL DE RENDA CERTA. RECURSO REPETITIVO (ART. 543-C DO CPC E RES. 8/2008-STJ). O Benefício Especial de Renda Certa, instituído pela Caixa de Previdência dos Funcionários do Banco do Brasil (PREVI), é devido exclusivamente aos assistidos que, no período de atividade, contribuíram por mais de 360 meses (30 anos) para o plano de benefícios (REsp 1.331.168-RJ, Rel. Min. Maria Isabel Gallotti, julgado em 12/11/2014).

- Informativo 463 – 18.02.2011

PREVI. RENDA CERTA. APOSENTADOS. Conforme os autos, após três anos de superávit consecutivos, a Previ, em 2006, realizou revisão obrigatória de seu plano de benefício consoante determina o art. 20, § 2º, da LC n. 109/2001. Entre as providências adotadas para tal, concedeu benefícios especiais, entre eles a renda certa. Esse benefício previa a devolução das contribuições pessoais e patronais que excediam a 360 contribuições feitas até a data da suspensão geral, contudo apenas àqueles que contribuíram com excesso durante o período de atividade. Agora, insurgem-se em múltiplas ações (mais de mil) aqueles que contribuíram com excesso, mas em período que abrange também a inatividade. Quanto a isso, é certo que, por força do art. 18, § 1º, da referida LC, a previdência privada fechada atuante no país deve obedecer ao regime financeiro de capitalização pelo qual só fazem jus a benefícios os que contribuíram para a formação da fonte de custeio, não se cogitando de isonomia geral e indiscriminada, tal como se se tratasse de regime estatal de previdência pública (regime geral de repartição singela). Dessarte, aqueles que se aposentaram antes de contribuir 360 vezes não têm direito à devolução de excesso de contribuição, isso porque todas as contribuições que realizaram já foram computadas na fixação dos respectivos benefícios de aposentadoria, quanto mais se constatado que o hipotético excesso, se, por um lado, não lhes foi devolvido, por outro não compôs o fundo referente à renda certa. Assim, não há falar em quebra de isonomia entre ativos e inativos pela concessão do referido benefício apenas àqueles que contribuíram por mais de 360 vezes ainda em atividade nas condições previstas no art. 88, caput e § 4º, do Regulamento do Plano de Benefício 1 daquela entidade (REsp 1.224.594-RJ, Rel. Min. Luis Felipe Salomão, julgado em 17/2/2011).

12.1.2. DEVOLUÇÃO

STJ - Superior Tribunal de Justiça

- Informativo 137 – 07.06.2002

CONTRIBUIÇÃO. PREVI. DEVOLUÇÃO. Prosseguindo o julgamento, a Turma, por maioria, entendeu que as contribuições efetuadas à Caixa de Previdência Privada dos Funcionários do Banco do Brasil (Previ) só serão devolvidas ao funcionário demitido do banco se efetuadas após 4/3/1980, data em que passou a viger o atual estatuto (Port. n. 2.033/1980). As contribuições efetuadas anteriormente não serão devolvidas, pois o estatuto anterior não previa a devolução em caso de desistência do beneficiário. O índice de correção monetária das contribuições deve ser o IPC, uma vez que melhor traduz a perda do poder aquisitivo da moeda (REsp 198.033-RJ, Rel. Min. Cesar Asfor Rocha, julgado em 6/6/2002).

CAPÍTULO 3 - ENTIDADES ABERTAS

1. ÍNDICE DE REAJUSTE

STJ - Superior Tribunal de Justiça

Tema	977	Situação	Trânsito em Julgado	Órgão julgador	Segunda Seção
Questão Controvertida	Definir, com a vigência do art. 22 da Lei n. 6.435/1977, acerca dos índices de reajuste aplicáveis aos benefícios de previdência complementar operados por entidades abertas.				
Tese Firmada	A partir da vigência da Circular/Susep n. 11/1996, é possível ser pactuado que os reajustes dos benefícios dos planos administrados pelas entidades abertas de previdência complementar passem a ser feitos com utilização de um índice geral de preços de ampla publicidade (INPC/IBGE, IPCA/IBGE, IGP-M/FGV, IGP-DI/FGV, IPC/FGV ou IPC/FIPE). Na falta de repactuação, deve incidir o IPCA-E.				
Informações Complementares	Afetado na sessão do dia 14/06/2017 (Segunda Seção). Há determinação de suspensão nacional de todos os processos pendentes, individuais ou coletivos (Art. 1.037, II, CPC). Ressalvando que não é obstada a propositura de novas ações, tampouco a sua distribuição, bem como que não se aplica o sobrestamento às transações efetuadas ou que vierem a ser concluídas. (acórdão publicado no DJe de 29/06/2017) SCAN ME				
Processo / Recurso	**Decisão de Afetação**	**Relator (a)**	**Acórdão Publicado**	**Embargos Declaratórios**	**Trânsito em Julgado**
REsp 1656161/RS **REsp 1663130/RS**	29/06/2017	LUIS FELIPE SALOMÃO	25/10/2021	18/03/2022	11/04/2022

2. CORREÇÃO MONETÁRIA

STJ - Superior Tribunal de Justiça

- Informativo 635 – 09.11.2018

PREVIDÊNCIA PRIVADA ABERTA. BENEFÍCIO COMPLEMENTAR. REVISÃO. CORREÇÃO MONETÁRIA. TAXA REFERENCIAL.

APLICAÇÃO INIDÔNEA A PARTIR DE 5/9/1996. SUBSTITUIÇÃO POR UM ÍNDICE GERAL DE PREÇOS DE AMPLA PUBLICIDADE. NECESSIDADE. INCIDÊNCIA DO IPCA NA FALTA DE REPACTUAÇÃO. A Taxa Referencial (TR) não pode ser utilizada como fator de correção monetária dos benefícios da previdência privada aberta, a partir de 5/9/1996, devendo o indexador ser substituído por um Índice Geral de Preços de Ampla Publicidade, que será o IPCA, na ausência de repactuação (EAREsp 280.389-RS, Rel. Min. Ricardo Villas Bôas Cueva, por unanimidade, julgado em 26/09/2018, DJe 19/10/2018).

- Informativo 480 – 12.08.2011

PREVIDÊNCIA PRIVADA ABERTA. SUBSTITUIÇÃO. TR. Trata-se de ação declaratória revisional de cláusula contratual com o objetivo de substituir o índice de correção do benefício previsto no contrato de previdência privada aberta firmado entre consumidor e entidade de previdência privada aberta. No caso, houve uma única contribuição, o chamado aporte único, para formação do fundo ou poupança de aposentaria com a estipulação de uma mensalidade de aposentadoria a ser reajustada mensalmente pela taxa referencial de juros (TR), isoladamente, o que vale dizer, um reajuste anual acumulado em percentual bem inferior aos demais índices que medem a corrosão da moeda e a remuneração da poupança. A Turma entendeu que a mensalidade de aposentadoria ou renda vitalícia tem característica alimentar (verba destinada ao sustento do contratante e de seus dependentes) e, se for corrigida unicamente pela TR, ou seja, sem qualquer outro acréscimo de juros como ocorre em contratos imobiliários ou cédulas de crédito, proporciona reajuste anual acumulado em percentual bem inferior aos índices que medem a corrosão da moeda e a remuneração da poupança, na qual, além da TR, há juros mensais de 0,5%. Assim, a permanecer como se encontra, haverá, ao longo dos anos, uma considerável perda de poder aquisitivo dessa mensalidade de aposentadoria; foi para evitar essas distorções que a Resolução n. 7/1996 do Conselho Nacional de Seguros Privados e a Circular n. 11/1996 da Susep orientaram a repactuação dos contratos com a consequente substituição da TR por índice geral de preços de ampla publicidade. Sendo os planos de previdência privada comercializados no mercado por sociedades empresárias com fins lucrativos, esses contratos estão inteiramente sujeitos ao CDC, que não tem por objetivo criar ou proteger situação em que o consumidor leve vantagem indevida sobre o fornecedor. O propósito da lei é cada parte receber o que lhe é devido, sem que ocorra exploração do consumidor ou prejuízo injustificado. Na hipótese, restou evidente a violação dos arts. 6º e 51 do CDC (REsp 1.201.737-SC, Rel. Min. Massami Uyeda, julgado em 4/8/2011).

3. NECESSIDADE DE FILIAÇÃO COMO CONDIÇÃO PARA CONTRATO DE EMPRÉSTIMO

STJ - Superior Tribunal de Justiça

- Informativo 581 – 28.04.2016

DIREITO DO CONSUMIDOR E PREVIDENCIÁRIO. NECESSIDADE DE FILIAÇÃO à ENTIDADE ABERTA DE PREVIDÊNCIA COMPLEMENTAR PARA CONTRATAR EMPRÉSTIMO. É possível impor ao consumidor sua prévia filiação à entidade aberta de previdência complementar como condição para contratar com ela empréstimo financeiro (REsp 861.830-RS, Rel. Min. Maria Isabel Gallotti, julgado em 5/4/2016, DJe 13/4/2016).

4. PLANO GERADOR DE BENEFÍCIO LIVRE (PGBL)

4.1. IMPENHORABILIDADE

STJ - Superior Tribunal de Justiça

- Informativo 535 – 12.03.2014

DIREITO PROCESSUAL CIVIL. IMPENHORABILIDADE DE FUNDO DE PREVIDÊNCIA PRIVADA COMPLEMENTAR. O saldo de depósito em fundo de previdência privada complementar na modalidade Plano Gerador de Benefícios Livres (PGBL) é impenhorável, a menos que sua natureza previdenciária seja desvirtuada pelo participante (EREsp 1.121.719-SP, Rel. Min. Nancy Andrighi, julgado em 12/2/2014).

4.2. INDISPONIBILIDADE

STJ - Superior Tribunal de Justiça

- Informativo 466 – 08.03.2011

FUNDO. PREVIDÊNCIA PRIVADA. PGBL. INDISPONIBILIDADE. Não possui caráter alimentar o saldo de depósito Plano Gerador de Benefício Livre (PGBL), que consiste em um plano de previdência complementar que permite a acumulação de recursos e a transformação deles em uma renda futura, sendo possível, também, o resgate antecipado, constituindo aplicação financeira de longo prazo, com natureza de poupança previdenciária, porém susceptível de penhora. Assim, entra no regime de indisponibilidade de bens imposto pela Lei n. 6.024/1974, independentemente de os valores depositados terem sido efetivados em data anterior ao ingresso do administrador na instituição em intervenção decretada pelo Banco Central (REsp 1.121.719-SP, Rel. Min. Raul Araújo, julgado em 15/3/2011).

5. PARTILHA

5.1. ANTES DA CONVERSÃO EM RENDA

STJ - Superior Tribunal de Justiça

- Informativo 767 – 21.03.2023

PLANO DE PREVIDÊNCIA PRIVADA COMPLEMENTAR ABERTA. NATUREZA DE INVESTIMENTO. POSSIBILIDADE. CONFIGURAÇÃO. EXCEPCIONALIDADE. NÃO CONVERSÃO EM RENDA E PENSIONAMENTO DO TITULAR. MORTE DO TITULAR. PARTILHA. POSSIBILIDADE. Na hipótese excepcional em que ficar evidenciada a condição de investimento de plano de previdência privada complementar aberta, operado por seguradora autorizada pela Superintendência de Seguros Privados (Susep), os valores devem ser trazidos à colação no inventário, como herança, devendo ainda ser objeto da partilha, desde que antes da conversão em renda e pensionamento do titular (REsp 2.004.210-SP, Relator Ministro João Otávio de Noronha, Quarta Turma, por unanimidade, julgado em 7/3/2023).

5.2. NO REGIME DE COMUNHÃO UNIVERSAL DE BENS

STJ - Superior Tribunal de Justiça

- Informativo 723 – 07.02.2022

PLANO DE BENEFÍCIO ADMINISTRADO POR ENTIDADE ABERTA DE PREVIDÊNCIA COMPLEMENTAR. CONTRIBUIÇÕES VERTIDAS NA CONSTÂNCIA DO CASAMENTO. REGIME DA COMUNHÃO UNIVERSAL DE BENS. PROVEITO DO CASAL. COMUNICABILIDADE. PARTILHA. POSSIBILIDADE. Os valores depositados em planos abertos de previdência privada durante a vida em comum do casal, integram o patrimônio comum e devem ser partilhados (REsp 1.545.217-PR, Rel. Min. Luis Felipe Salomão, Rel. Acd. Min. Maria Isabel Gallotti, Quarta Turma, por maioria, julgado em 07/12/2021).

CAPÍTULO 4 - ASPECTOS JUDICIAIS

1. PREJUDICIAL DE PRESCRIÇÃO

1.1. AÇÃO DE COBRANÇA

STJ - Superior Tribunal de Justiça

Tema	58	Situação	**Trânsito em Julgado**	Órgão julgador	**Segunda Seção**

Questão Controvertida	Discute-se, em autos de ação de cobrança, diferenças de correção monetária incidentes sobre valores recolhidos a fundo de previdência privada, entendeu que a prescrição incidente à hipótese é vintenária, bem como pela utilização do IPC como fator de atualização das parcelas restituídas.
Tese Firmada	A ação de cobrança de diferenças de valores de complementação de aposentadoria prescreve em cinco anos contados da data do pagamento.
Informações Complementares	A prescrição quinquenal prevista na Súmula do STJ/291 [que trata da cobrança de parcelas de complementação de aposentadoria] incide também, por aplicação analógica, na pretensão a diferenças de correção monetária incidente sobre restituição da reserva de poupança, cujo termo inicial é a data em que houver a devolução a menor das contribuições pessoais recolhidas pelo associado ao plano previdenciário. SCAN ME
Súmula Originada do Tema	Súmula 427/STJ

Processo / Recurso	**Decisão de Afetação**	**Relator (a)**	**Acórdão Publicado**	**Embargos Declaratórios**	**Trânsito em Julgado**
REsp 1110561/SP **REsp 1111973/SP**	23/03/2009 03/04/2009	SIDNEI BENETI	06/11/2009	23/02/2010	02/09/2010 16/12/2009

1.2. BENEFÍCIO PAGO INDEVIDAMENTE A TERCEIRO

STJ - Superior Tribunal de Justiça

- Informativo 588 – 31.08.2016

DIREITO CIVIL. PRESCRIÇÃO DA PRETENSÃO DE REAVER VERBAS PAGAS A TÍTULO DE BENEFÍCIO DE PREVIDÊNCIA PRIVADA COMPLEMENTAR INDEVIDAMENTE APROPRIADAS POR TERCEIRO. É trienal o prazo prescricional da pretensão de entidade de previdência privada complementar de reaver verbas relativas a benefício indevidamente apropriadas por terceiro (REsp 1.334.442-RS, Rel. Min. Luis Felipe Salomão, Rel. para acórdão Min. Raul Araújo, julgado em 7/6/2016, DJe 22/8/2016).

1.3. REAJUSTE DA RENDA MENSAL INICIAL

STJ - Superior Tribunal de Justiça

- Informativo 428 – 02.04.2010

APOSENTADORIA COMPLEMENTAR. REAJUSTE. PRESCRIÇÃO. Trata-se, na origem, de ação revisional com objetivo de obter reajuste da renda mensal (complementação de aposentadoria) com a inclusão do INPC e dos índices aplicados pelo INSS, bem como a condenação ao pagamento das diferenças verificadas no quinquênio anterior à demanda. Em primeiro grau, a ação foi julgada improcedente e, em segundo, deu-se parcial provimento ao agravo retido interposto pela entidade de previdência privada, ora recorrida, para decretar a prescrição e, em consequência, julgar extinto o processo nos termos do art. 269, IV, do CPC, ficando prejudicada a apelação. No REsp, o recorrente sustentou violação do art. 189 do CC/2002 e, também, dissídio jurisprudencial. Sustentou, ainda, que o caso versa sobre revisão de benefício previdenciário, não sobre restituição de reserva de poupança, portanto a prescrição não atinge o fundo de direito, mas apenas as parcelas vencidas cinco anos antes do ajuizamento da ação, por se cuidar de relação de cunho sucessivo. Nesta instância especial, entendeu-se que, apesar de tratar a mencionada demanda de pedido de revisão de prestações promovida por segurado, a prescrição atinge o fundo do direito. Isso porque o recorrente pretendia o reconhecimento do direito à aplicação dos índices inflacionários sobre os salários de contribuição e a alteração do cálculo da renda inicial concedida no momento da aposentadoria, e não a implementação de diferenças havidas posteriormente à concessão do benefício, quando então a prescrição alcançaria somente as parcelas anteriores ao quinquênio precedente à propositura da ação. Dessa forma, a pretensão ao fundo do direito (alteração do cálculo da renda mensal inicial) prescreve em cinco anos a partir da data da violação dele (REsp 1.144.779-DF, Rel. Min. Fernando Gonçalves, julgado em 23/3/2010).

1.4. COMPLEMENTAÇÃO DE APOSENTADORIA DO BANCO DO BRASIL

STJ - Superior Tribunal de Justiça

- Informativo 724 – 14.02.2022

PRETENSÃO DE COMPLEMENTAÇÃO DE APOSENTADORIA PRIVADA. BANCO DO BRASIL. PORTARIA N. 966/1947. ESTABELECIMENTO DE NOVO REGRAMENTO JURÍDICO. PRESCRIÇÃO DO FUNDO DE DIREITO. A demanda de complementação de aposentadoria nos termos da Portaria n. 966/1947 do Banco do Brasil configura pretensão de outro benefício previdenciário, sendo hipótese de reconhecimento da prescrição do fundo de direito (REsp 1.668.676-DF, Rel. Min. Moura Ribeiro, Rel. Acd. Min. Nancy Andrighi, Terceira Turma, por maioria, julgado em 08/02/2022).

2. COMPETÊNCIA

2.1. DO SUPERIOR TRIBUNAL DE JUSTIÇA

STJ - Superior Tribunal de Justiça

- Informativo 492 – 09.03.2012

COMPETÊNCIA. NULIDADE. ATO ADMINISTRATIVO. SECRETARIA DE PREVIDÊNCIA COMPLEMENTAR. A Primeira Seção é a competente para julgar ação que envolve pedidos de declaração de nulidade de atos administrativos da Secretaria de Previdência Complementar, órgão integrante da estrutura da União (CC 114.865-DF, Rel. Min. Francisco Falcão, julgado em 7/3/2012).

2.2. DA JUSTIÇA COMUM

2.2.1. COMPLEMENTAÇÃO DE APOSENTADORIA

STJ - Superior Tribunal de Justiça

- Informativo 510 – 18.12.2012

DIREITO PROCESSUAL CIVIL. COMPETÊNCIA DA JUSTIÇA ESTADUAL PARA JULGAR AÇÃO DE COBRANÇA DE COMPLEMENTAÇÃO DE APOSENTADORIA EM FACE DE ENTIDADE FECHADA DE PREVIDÊNCIA PRIVADA. Compete à Justiça estadual processar e julgar ação que objetiva a complementação de benefício previdenciário em face de entidade fechada de previdência privada (REsp 1.242.267-ES, Rel. Min. Raul Araújo, julgado em 4/12/2012).

STF - Supremo Tribunal Federal

Tema	**1092**	Situação	**Trânsito em Julgado**	Órgão julgador	**Plenário Virtual - RG**
Questão Controvertida	Competência para processar e julgar demandas sobre complementação de aposentadoria instituída por lei, cuja responsabilidade pelo pagamento recaia diretamente sobre a Administração Pública direta ou indireta.				
Tese Firmada	Compete à Justiça comum processar e julgar causas sobre complementação de aposentadoria instituída por lei cujo pagamento seja, originariamente ou por sucessão, da responsabilidade da Administração Pública direta ou indireta, por derivar essa responsabilidade de relação jurídico-administrativa.				
Informações Complementares	Modulação de efeitos: Embargos de declaração. Recurso extraordinário. Repercussão geral reconhecida e reafirmação de jurisprudência pacífica no STF. Competência. Justiça comum estadual e federal. Complementação de aposentadoria. Instituição por lei. Vínculo decorrente de regime de direito público. Modulação dos efeitos do julgamento para manter, na Justiça do Trabalho, até o trânsito em julgado e o final execução, todos os processos dessa espécie em que já houver sido proferida sentença de mérito até a data da publicação do acórdão do julgamento				

Tema	**1092**	Situação	**Trânsito em Julgado**	Órgão julgador	**Plenário Virtual - RG**
Informações Complementares	do recurso no Plenário Virtual da Repercussão Geral do Supremo Tribunal Federal (19/6/20). Embargos acolhidos, com modulação dos efeitos do acórdão embargado. 1. A competência para o processamento de ações em que se busca a complementação de aposentadoria instituída por lei é da Justiça comum, porque ela é decorrente de relação de direito público. 2. **Modulação dos efeitos da decisão em que se reconheceu a competência da Justiça do Trabalho para processar e julgar, até o trânsito em julgado e a correspondente execução, todas as causas da espécie nas quais houver sido proferida sentença de mérito até a data da publicação do acórdão do julgamento do recurso no Plenário Virtual da Repercussão Geral do Supremo Tribunal Federal (19/6/20).** 3. Embargos de declaração acolhidos, com modulação dos efeitos do acórdão embargado. SCAN ME				

Processo / Recurso	**Repercussão Geral**	**Relator (a)**	**Acórdão Publicado**	**Embargos Declaratórios**	**Trânsito em Julgado**
RE 1265549	05/06/2020	MINISTRO(A) PRESIDENTE	19/06/2020	26/06/2020	04/12/2020

2.2.2. *PARTICIPANTE X ENTIDADE FECHADA*

STJ - Superior Tribunal de Justiça

Tema	**539**	Situação	**Trânsito em Julgado**	Órgão julgador	**Segunda Seção**
Questão Controvertida	Discute-se a competência para processar e julgar litígio instaurado entre entidade fechada de previdência privada e participante de seu plano de benefícios.				
Tese Firmada	Compete à Justiça Estadual processar e julgar litígios instaurados entre entidade de previdência privada e participante de seu plano de benefícios.				
Informações Complementares	SCAN ME				

Tema	**539**	Situação	**Trânsito em Julgado**	Órgão julgador	**Segunda Seção**
Repercussão Geral	Tema 190/STF - Competência para processar e julgar causas que envolvam complementação de aposentadoria por entidades de previdência privada.				
Processo / Recurso	**Decisão de Afetação**	**Relator (a)**	**Acórdão Publicado**	**Embargos Declaratórios**	**Trânsito em Julgado**
REsp 1207071/RJ	20/04/2012	MARIA ISABEL GALLOTTI	08/08/2012	-	05/10/2017

- Informativo 571 – 27.10.2015

DIREITO PROCESSUAL CIVIL. FORO PARA O AJUIZAMENTO DE AÇÃO EM FACE DE ENTIDADE FECHADA DE PREVIDÊNCIA COMPLEMENTAR. É possível a participante ou assistido de plano de benefícios patrocinado ajuizar ação em face da respectiva entidade fechada de previdência privada no foro do domicílio da ré, no eventual foro de eleição do contrato ou, até mesmo, no foro onde labora ou laborou para a patrocinadora do plano (REsp 1.536.786-MG, Rel. Min. Luis Felipe Salomão, julgado em 26/8/2015, DJe 20/10/2015).

2.2.3. *SEGURADO X REFER (ANTIGA RFFSA)*

STJ - Superior Tribunal de Justiça

Tema	**693**	Situação	**Trânsito em Julgado**	Órgão julgador	**Segunda Seção**
Questão Controvertida	Questionamento acerca da competência para julgamento das ações que objetivam discutir contrato firmando entre o segurado e a Fundação Rede Ferroviária de Seguridade Social - REFER, entidade fechada de previdência privada, instituída pela extinta Rede Ferroviária de Seguridade Social - RFFSA, sociedade de economia mista sucedida pela União.				
Tese Firmada	A competência para processar e julgar as demandas que têm por objeto obrigações decorrentes dos contratos de planos de previdência privada firmados com a Fundação Rede Ferroviária de Seguridade Social (REFER) é da Justiça Estadual.				
Informações Complementares	SCAN ME				

Tema	693	Situação	Trânsito em Julgado	Órgão julgador	Segunda Seção
Súmula Originada do Tema		Súmula 505/STJ			

Processo / Recurso	Decisão de Afetação	Relator (a)	Acórdão Publicado	Embargos Declaratórios	Trânsito em Julgado
REsp 1183604/MG e REsp 1187776/MG	03/09/2013	PAULO DE TARSO SANSEVERINO	03/02/2014	-	11/03/2014

2.2.4. INCLUSÃO DE VERBA NO CÁLCULO DO BENEFÍCIO

STJ - Superior Tribunal de Justiça

- Informativo 498 – 01.06.2012

COMPETÊNCIA. CÁLCULO DE PREVIDÊNCIA COMPLEMENTAR. É da Justiça estadual a competência para julgar demandas que envolvam inclusão de verba (independentemente de sua natureza) no cálculo de previdência complementar. A natureza trabalhista da verba que será ou não incluída no cálculo do benefício não tem o condão de deslocar a competência para a Justiça laboral (EAg 1.301.267-RS, Rel. Min. Raul Araújo, julgados em 23/5/2012).

2.2.5. LIQUIDAÇÃO EXTRAJUDICIAL

STJ - Superior Tribunal de Justiça

- Informativo 400 – 26.06.2009

COMPETÊNCIA. PREVIDÊNCIA. LIQUIDAÇÃO. Compete ao juízo do foro do domicílio do consumidor processar e julgar ação de repetição de valores pagos à entidade de previdência privada em liquidação extrajudicial, bem como a indenização por danos morais. Não obstante as disposições das Leis ns. 10.190/2001, 6.024/1974 e 11.101/2005 (Lei de Falência), aplicáveis, no que couber, às entidades de previdência privada, quanto à liquidação extrajudicial, no caso, não se concluiu necessariamente pela fixação da competência em razão do juízo universal, por se entender que prevalece o art. 101, I, do CDC, coerente com a Súm. n. 321/STJ (CC 102.960-SP, Rel. Min. Paulo Furtado, julgado em 24/6/2009).

2.3. DA JUSTIÇA DO TRABALHO

2.3.1. REIMPLANTAÇÃO DE AUXÍLIO-ALIMENTAÇÃO PAGO EM PECÚNIA

STJ - Superior Tribunal de Justiça

- Informativo 804 – 19.03.2024

RECLAMAÇÃO TRABALHISTA PROPOSTA CONTRA A CAIXA ECONÔMICA FEDERAL - CEF E A FUNDAÇÃO DOS ECONOMIÁRIOS FEDERAIS - FUNCEF. REIMPLANTAÇÃO DO AUXÍLIO-ALIMENTAÇÃO PAGO EM PECÚNIA. REFLEXOS PREVIDENCIÁRIOS. PEDIDO QUE NÃO SE RESTRINGE À ANÁLISE DAS REGRAS DA PREVIDÊNCIA COMPLEMENTAR. COMPETÊNCIA DA JUSTIÇA DO TRABALHO E NÃO DA JUSTIÇA COMUM. Compete à Justiça do Trabalho julgar reclamação trabalhista contra a CEF e FUNCEF, visando a reimplantação do auxílio-alimentação pago em pecúnia, bem como a complementação da aposentadoria, a fim de que reflita a inclusão da parcela salarial no benefício (AgInt no CC 185.622-RN, Rel. Ministro João Otávio de Noronha, Segunda Seção, por unanimidade, julgado em 13/3/2024).

2.3.2. RECOMPOSIÇÃO DE RESERVA MATEMÁTICA

STJ - Superior Tribunal de Justiça

- Informativo 773 – 09.05.2023

PREVIDÊNCIA COMPLEMENTAR FECHADA. REVISÃO DE BENEFÍCIO. RECOMPOSIÇÃO DE RESERVA MATEMÁTICA. PRETENSÃO FORMULADA CONTRA O PATROCINADOR. COMPETÊNCIA DA JUSTIÇA DO TRABALHO. AÇÃO AJUIZADA PERANTE A JUSTIÇA COMUM. EXTINÇÃO DO FEITO SEM JULGAMENTO DE MÉRITO.

Não compete à Justiça comum processar e julgar causas ajuizadas contra o patrocinador para recomposição de reserva matemática, em cumulação sucessiva ao pedido de revisão do benefício pela entidade fechada de previdência privada complementar, em consequência da integração, ao salário de participação, de verbas reconhecidas pela Justiça do Trabalho (EAREsp 1.975.132-DF, Rel. Ministra Nancy Andrighi, Segunda Seção, por unanimidade, julgado em 12/4/2023, DJe 20/4/2023).

2.3.3. VERBAS TRABALHISTAS COM REFLEXOS NAS CONTRIBUIÇÕES DO RPC

STJ - Superior Tribunal de Justiça

- Informativo 733 – 25.04.2022

AÇÃO DE REVISÃO DE BENEFÍCIO PREVIDENCIÁRIO. CUMULAÇÃO DE PEDIDOS. RECONHECIMENTO DE VERBAS DE NATUREZA TRABALHISTA E REFLEXOS. JUSTIÇA DO TRABALHO. COMPETÊNCIA. TEMA 1.166/STF. Compete à Justiça do Trabalho processar e julgar causas ajuizadas contra o empregador nas quais se pretenda o reconhecimento de verbas de natureza trabalhista e os reflexos nas respectivas contribuições para a entidade de previdência privada a ele vinculada (EDcl no AgInt no AREsp 1.547.767-SP, Rel. Min. Marco Buzzi, Quarta Turma, por unanimidade, julgado em 22/03/2022, DJe 07/04/2022).

STF - Supremo Tribunal Federal

<table>
<tr><td>Tema</td><td>1166</td><td>Situação</td><td>Trânsito em Julgado</td><td>Órgão julgador</td><td>Plenário Virtual</td></tr>
<tr><td colspan="2">Questão Controvertida</td><td colspan="4">Competência para processar e julgar ação trabalhista contra o empregador objetivando o pagamento de diferenças salariais e dos respectivos reflexos nas contribuições devidas à entidade previdenciária.</td></tr>
<tr><td colspan="2">Tese Firmada</td><td colspan="4">Compete à Justiça do Trabalho processar e julgar causas ajuizadas contra o empregador nas quais se pretenda o reconhecimento de verbas de natureza trabalhista e os reflexos nas respectivas contribuições para a entidade de previdência privada a ele vinculada.</td></tr>
</table>

Tema	1166	Situação	**Trânsito em Julgado**	Órgão julgador	**Plenário Virtual**
Informações Complementares					

Processo / Recurso	**Repercussão Geral**	**Relator (a)**	**Acórdão Publicado**	**Embargos Declaratórios**	**Trânsito em Julgado**
RE 1265564	Há repercussão geral com reafirmação de Jurisprudência	MINISTRO(A) PRESIDENTE	09/09/2022	-	20/09/2022

3. INTERESSE DE AGIR DO PARTICIPANTE PARA PEDIR PRESTAÇÃO DE CONTAS

STJ - Superior Tribunal de Justiça

- Informativo 522 – 01.08.2013

DIREITO PROCESSUAL CIVIL. INTERESSE DE AGIR PARA O AJUIZAMENTO DE AÇÃO DE PRESTAÇÃO DE CONTAS EM FACE DE ENTIDADE DE PREVIDÊNCIA PRIVADA. O participante de entidade de previdência privada tem interesse em demandar a respectiva entidade em ação de prestação de contas para esclarecimentos sobre as importâncias vertidas ao fundo por ela administrado, ainda que ele não tenha esgotado a via administrava e mesmo que sejam cumpridas pela entidade as exigências legais de divulgação anual das informações pertinentes ao plano por ela administrado (AgRg no AREsp 150.390-SP, Rel. Min. Luis Felipe Salomão, julgado em 9/4/2013).

4. LEGITIMIDADE ATIVA PARA SUSPENSÃO DE SEGURANÇA

STJ - Superior Tribunal de Justiça

- Informativo 768 – 28.03.2023

CONCESSIONÁRIA DE SERVIÇO PÚBLICO DE ENERGIA ELÉTRICA. RETIRADA DE PATROCÍNIO DE PLANO PRIVADO DE PREVIDÊNCIA. PEDIDO DE SUSPENSÃO DE SEGURANÇA. AUSÊNCIA DE INTERESSE PÚBLICO PRIMÁRIO. ILEGITIMIDADE ATIVA. A pessoa jurídica de direito privado delegatária de serviço público somente tem legitimidade ativa para ingressar com pedido de suspensão de segurança na hipótese em que estiver atuando na defesa de interesse público primário relacionado com os termos da própria concessão e prestação do serviço público (AgInt na SLS 3.169-RS, Rel. Ministra Maria Thereza de Assis Moura, Corte Especial, por maioria, julgado em 15/3/2023).

5. LITISCONSÓRCIO PASSIVO

5.1. NECESSÁRIO EM RESTITUIÇÃO DE PARCELAS

STJ - Superior Tribunal de Justiça

- Informativo 522 – 01.08.2013

DIREITO PROCESSUAL CIVIL. NÃO CONFIGURAÇÃO DE LITISCONSÓRCIO PASSIVO NECESSÁRIO NO CASO DE AÇÃO EM QUE SE OBJETIVE A RESTITUIÇÃO DE PARCELAS PAGAS A PLANO DE PREVIDÊNCIA PRIVADA. Na ação em que se objetive a restituição de parcelas pagas a plano de previdência privada, não há litisconsórcio passivo necessário entre a entidade administradora e os participantes, beneficiários ou patrocinadores do plano (REsp 1.104.377-SP, Rel. Min. Luis Felipe Salomão, julgado em 18/4/2013).

5.2. PASSIVO NECESSÁRIO E UNITÁRIO EM PENSÃO POR MORTE

STJ - Superior Tribunal de Justiça

- Informativo 752 – 11.10.2022

AÇÃO DE COBRANÇA DE PENSÃO POR MORTE. PREVIDÊNCIA COMPLEMENTAR. PRETENSÃO DE COMPANHEIRA DO FALECIDO

DE SER RECONHECIDA COMO BENEFICIÁRIA. LITISCONSÓRCIO PASSIVO NECESSÁRIO E UNITÁRIO EM RELAÇÃO ÀS DEMAIS BENEFICIÁRIAS. CONFIGURAÇÃO. Na ação em que se requer a concessão do benefício de pensão por morte, há litisconsórcio passivo necessário e unitário entre o administrador do plano de previdência complementar e os demais beneficiários do falecido participante (REsp 1.993.030-SP, Rel. Min. Nancy Andrighi, Terceira Turma, por unanimidade, julgado em 27/09/2022, DJe 30/09/2022).

6. DENUNCIAÇÃO DA LIDE

STJ - Superior Tribunal de Justiça

- Informativo 534 – 26.02.2014

DIREITO PROCESSUAL CIVIL E PREVIDENCIÁRIO. DENUNCIAÇÃO DA LIDE AO PATROCINADOR DE PREVIDÊNCIA COMPLEMENTAR. É descabida a litisdenunciação da entidade pública patrocinadora de plano de previdência fechada complementar no caso de litígio envolvendo participantes e a entidade de previdência privada em que se discuta a revisão de benefício previdenciário (REsp 1.406.109-SP, Rel. Min. Luis Felipe Salomão, julgado em 21/11/2013).

7. PERÍCIA ATUARIAL

STJ - Superior Tribunal de Justiça

- Informativo 500 – 29.06.2012

REVISÃO DE BENEFÍCIO. PREVIDÊNCIA COMPLEMENTAR. PERÍCIA ATUARIAL. Para negar o pedido de produção de prova pericial, o magistrado deve fundamentar a decisão com critérios técnicos ou registrar, fundamentadamente, que os elementos dos autos são suficientes para apreciar a questão objeto da prova. No caso, a entidade de previdência complementar requereu, tanto na contestação quanto na fase de produção de prova, a realização de perícia atuarial com o intuito de demonstrar que não suportaria o pagamento de benefício nos termos pretendidos pela autora da ação. A produção da prova foi negada nas instâncias ordinárias. A Min. Relatora destacou que o pedido de revisão do benefício formulado pela autora seria resultante da mescla de dois planos de previdência, um que foi extinto em 1983 e outro vigente, situação que torna indispensável a realização de perícia para verificar a solvência, a liquidez e o equilíbrio econômico-financeiro e atuarial da entidade de previdência, exigidos pela LC n. 109/2001. Com essas e outras considerações, a Turma anulou a sentença e os atos subsequentes para que seja realizada a perícia atuarial, a fim de verificar a compatibilidade do pedido de revisão da pensão com o equilíbrio financeiro e atuarial da entidade de previdência complementar (REsp 1.244.810-RS, Rel. Min. Maria Isabel Gallotti, julgado em 19/6/2012).

8. INTERVENÇÃO FEDERAL E CUMPRIMENTO DE SENTENÇA

STJ - Superior Tribunal de Justiça

- Informativo 661 – 19 de dezembro de 2019

INTERDIÇÃO DA ENTIDADE DE PREVIDÊNCIA COMPLEMENTAR. CUMPRIMENTO DE SENTENÇA. SUSPENSÃO. A decretação de intervenção federal em entidade de previdência complementar implica a suspensão do cumprimento de sentença (REsp 1.796.664-RS, Rel. Min. Nancy Andrighi, Terceira Turma, por unanimidade, julgado em 19/11/2019, DJe 22/11/2019).

9. PRESTAÇÃO DE CONTAS DIVERSA DA MERCANTIL

STJ - Superior Tribunal de Justiça

- Informativo 522 – 01.08.2013

DIREITO PROCESSUAL CIVIL. PRESTAÇÃO DE CONTAS REALIZADA POR ENTIDADE DE PREVIDÊNCIA PRIVADA DE FORMA DIVERSA DA MERCANTIL. O magistrado não pode desconsiderar a prestação de contas realizada por entidade de previdência privada, ainda que de forma diversa da mercantil, na hipótese em que as contas tenham sido apresentadas de maneira clara e inteligível (AgRg no AREsp 150.390-SP, Rel. Min. Luis Felipe Salomão, julgado em 9/4/2013).

10. AÇÃO CIVIL PÚBLICA EM SEDE DE RPC

STJ - Superior Tribunal de Justiça

- Informativo 752 – 11.10.2022

AÇÃO CIVIL PÚBLICA. MINISTÉRIO PÚBLICO FEDERAL. INGERÊNCIA JUDICIAL NO LIAME ENTRE ASSISTIDOS E ENTIDADE DE PREVIDÊNCIA COMPLEMENTAR. PROIBIÇÃO DE CONCESSÃO DE NOVOS BENEFÍCIOS E CANCELAMENTO DE BENEFÍCIOS COMPLEMENTARES. DIREITOS INDIVIDUAIS HOMOGÊNEOS. RELEVÂNCIA SOCIAL. INEXISTÊNCIA. Não é possível, em ação civil pública ajuizada pelo MPF, a ingerência judicial no liame entre assistidos e entidade de previdência complementar, notadamente a proibição de concessão de novos benefícios e o cancelamento de benefícios complementares indevidamente concedidos, sem que exista prova concreta de que a manutenção desses poderia violar gravemente a esfera jurídica de número indeterminado de múltiplos sujeitos de direito (AREsp 1.325.652-RJ, Rel. Min. Gurgel de Faria, Primeira Turma, por unanimidade, julgado em 4/10/2022).

CAPÍTULO 5 - DEVOLUÇÃO/RESTITUIÇÃO DE VALORES

1. RECEBIMENTO A MAIOR POR ERRO DA ENTIDADE E BOA-FÉ DO ASSISTIDO

STJ - Superior Tribunal de Justiça

- Informativo 593 – 24.11.2016

PREVIDÊNCIA COMPLEMENTAR PRIVADA. RECEBIMENTO DE VALOR A MAIOR POR ERRO DA ENTIDADE. DEVOLUÇÃO. IMPOSSIBILIDADE. BOA-FÉ DO ASSISTIDO. Os valores recebidos de boa-fé pelo assistido, quando pagos indevidamente pela entidade de previdência complementar privada em razão de interpretação equivocada ou de má aplicação de norma do regulamento, não estão sujeitos à devolução (REsp 1.626.020-SP, Rel. Min. Ricardo Villas Bôas Cueva, por unanimidade, julgado em 8/11/206, DJe 14/11/2016).

2. POR FORÇA DE TUTELA POSTERIORMENTE REVOGADA

STJ - Superior Tribunal de Justiça

- Informativo 584 – 10.06.2016

DIREITO PREVIDENCIÁRIO E PROCESSUAL CIVIL. DEVOLUÇÃO DE VALORES RECEBIDOS A TÍTULO DE ANTECIPAÇÃO DE TUTELA POSTERIORMENTE REVOGADA. Se a antecipação da tutela anteriormente concedida a assistido de plano de previdência complementar fechada houver sido revogada em decorrência de sentença de improcedência do seu pedido, independentemente de culpa ou má-fé, será possível à entidade previdenciária – administradora do plano de benefícios que tenha suportado os prejuízos da tutela antecipada – efetuar descontos mensais no percentual de 10% sobre o montante total de cada prestação do benefício suplementar que vier a ser recebida pelo assistido, até que ocorra a integral compensação, com atualização monetária, da verba que fora antecipada, ainda que não tenha havido prévio pedido ou reconhecimento judicial da restituição (REsp 1.548.749-RS, Rel. Min. Luis Felipe Salomão, julgado em 13/4/2016, DJe 6/6/2016).

- Informativo 573 – 25.11.2015

DIREITO PREVIDENCIÁRIO E PROCESSUAL CIVIL. REVOGAÇÃO DE TUTELA ANTECIPADA E DEVOLUÇÃO DE BENEFÍCIO PREVIDENCIÁRIO COMPLEMENTAR. Os valores de benefícios previdenciários complementares recebidos por força de tutela antecipada posteriormente revogada devem ser devolvidos, observando-se, no caso de desconto em folha de pagamento, o limite de 10% (dez por cento) da renda mensal do benefício previdenciário até a satisfação integral do valor a ser restituído (REsp 1.555.853-RS, Rel. Min. Ricardo Villas Bôas Cueva, julgado em 10/11/2015, DJe 16/11/2015).

3. PARCELAS PAGAS EM SUBSTITUIÇÃO À PATROCINADORA

STJ - Superior Tribunal de Justiça

- Informativo 435 – 21.05.2010

PREVIDÊNCIA PRIVADA. RESTITUIÇÃO. VALOR. In casu, diante da perda do vínculo empregatício, o recorrente passou a contribuir por algum tempo para a previdência privada de duas formas: com as parcelas que lhe eram devidas e com aquelas que caberia à patrocinadora recolher. Depois, o instituto de seguridade social privada só devolveu a importância referente às parcelas pagas a título de reserva de poupança do beneficiário, sem que lhe fossem restituídas aquelas pagas em substituição à patrocinadora. Dessa forma, o cerne da discussão no REsp é saber se é abusiva a cláusula do regulamento do referido instituto que veda a restituição dos valores pagos a título de recolhimento da patrocinadora (Súm. 321-STJ). Ressalta o Min. Relator que a hipótese dos autos difere das demais, porquanto se discute a restituição de recolhimento pago em substituição à patrocinadora. Explica que, nessa hipótese, não há abusividade nem vantagem ou desvantagem de uma das partes, visto que as quantias pagas referentes às parcelas da patrocinadora, segundo o acórdão recorrido, tem por finalidade a cobertura dos custos administrativos e as vantagens que se revertem em favor de todo grupo segurado, mantendo-o em equilíbrio, em proporcionalidade aos direitos e obrigações. Também consignou-se que a patrocinadora oferece além da suplementação de aposentadoria, outros benefícios, como auxílio doença, abono anual e empréstimos aos participantes ativos. Diante do exposto, a Turma negou provimento ao recurso (REsp 1.053.644-SE, Rel. Min. Massami Uyeda, julgado em 20/5/2010).

4. FUNDO DE PENSÃO EXTINTO UNILATERALMENTE PELA ADMINISTRAÇÃO PÚBLICA

STF - Supremo Tribunal Federal

- Informativo 611 (03.02.2010) e 572 (18.12.2009)

RECURSO EXTRAORDINÁRIO. SERVIDOR PÚBLICO. DIREITO À RESTITUIÇÃO DE CONTRIBUIÇÕES. FUNDO DE PENSÃO FACULTATIVO, EXTINTO UNILATERALMENTE PELA ADMINISTRAÇÃO PÚBLICA. ALEGAÇÃO DE AFRONTA AO INCISO XXXVI DO ART. 5º E AO § 6º DO ART. 37 DA MAGNA CARTA. OCORRÊNCIA. RECURSO EXTRAORDINÁRIO PROVIDO. 1. Plano de pensão complementar facultativo, disponibilizado aos membros do Ministério Público do Estado do Rio de Janeiro que optassem pela sua filiação. Plano autônomo, esse, internamente desvinculado do regime obrigatório de contribuição mensal. 2. Caso em que a Administração Pública editou uma lei para dar fim a plano especial de pensão, quando ainda vivos os supridores estipendiais desse plano. Situação em que lei posterior fez retroagir a sua eficácia temporal para impedir a produção dos efeitos futuros de ato jurídico anteriormente consolidado, com violação à garantia constitucional do inciso XXXVI do art. 5º da Constituição Federal. 3. O dano suportado pelos servidores, derivado do rompimento unilateral pela Administração do plano de pensão, consubstancia direito à indenização, na forma do § 6º do art. 37 da Constituição Federal. Com o que se faz imperioso o reconhecimento da situação jurídica subjetiva dos recorrentes ante o Poder Público, sob pena de se chancelar o enriquecimento estatal sem causa. 4. Recurso extraordinário provido para determinar a devolução aos recorrentes das contribuições pagas ao fundo de reserva em tela (RE 486825/RJ).

5. DECISÃO JUDICIAL POSTERIORMENTE DESCONSTITUÍDA

STJ - Superior Tribunal de Justiça

- Informativo 735 – 09.05.2022

PREVIDÊNCIA PRIVADA. BENEFÍCIO PREVIDENCIÁRIO COMPLEMENTAR. QUANTUM FIXADO EM LIQUIDAÇÃO DE SENTENÇA TRANSITADA EM JULGADO. ERRO MATERIAL. DEVOLUÇÃO DE VALORES RECEBIDOS A MAIOR. INEXIGIBILIDADE. BOA-FÉ OBJETIVA. Não é cabível a devolução de valores recebidos a maior a título de complementação de aposentadoria por força de decisão judicial transitada em julgado, mesmo que ela seja posteriormente desconstituída (AREsp 1.775.987-RJ, Rel. Min. Luis Felipe Salomão, Quarta Turma, por unanimidade, julgado em 03/05/2022).

6. PRAZO PRESCRICIONAL

STJ - Superior Tribunal de Justiça

- Informativo 675 – 14.08.2020

PREVIDÊNCIA COMPLEMENTAR. RESTITUIÇÃO DE CONTRIBUIÇÕES INDEVIDAS. EXISTÊNCIA DE CAUSA JURÍDICA PARA AS CONTRIBUIÇÕES. PRAZO PRESCRIONAL DECENAL. ART. 205, CAPUT, DO CC/2002. O prazo prescricional aplicável à pretensão de restituição de contribuições descontadas indevidamente dos beneficiários de contrato de previdência complementar é de dez anos (REsp 1.803.627-SP, Rel. Min. Paulo de Tarso Sanseverino, Terceira Turma, por maioria, julgado em 23/06/2020, Dje 01/07/2020).

EDITORA
JusPODIVM
www.editorajuspodivm.com.br

Impresso por:

Docuprint
CNPJ 01.036.332/0001-99

JUS3589